2009 中国政府采购年鉴

中国政府采购年鉴编委会　编

中国财政经济出版社

图书在版编目（CIP）数据

中国政府采购年鉴. 2009 /《中国政府采购年鉴》编辑委员会编. —北京：中国财政经济出版社，2009. 12
ISBN 978 - 7 - 5095 - 1468 - 9

Ⅰ. 中…　Ⅱ. 中…　Ⅲ. 政府采购 - 中国 - 2009 - 年鉴　Ⅳ. F812. 45 - 54

中国版本图书馆 CIP 数据核字（2009）第 220231 号

中国财政经济出版社出版

URL：http：//www. cfeph. cn

E - mail：cfeph@ cfeph. cn

社址：北京市海淀区阜成路甲 28 号　邮政编码：100142

发行处电话：88190406　财经书店电话：64033436

北京新华印刷厂印刷　各地新华书店经销

787 × 1 092 毫米　16 开　36 印张　761 000 字

2009 年 12 月第 1 版　2009 年 12 月北京第 1 次印刷

定价：198. 00 元

ISBN 978 - 7 - 5095 - 1468 - 9/F · 1263

（图书出现印装问题，本社负责调换）

中国政府采购年鉴

编辑委员会

2008年4月22日，全国政府采购执行情况专项检查电视电话会北京主会场，财政部部长谢旭人，监察部部长、国家预防腐败局长马馼，监察部副部长、国家预防腐败局副局长屈万祥，审计署副审计长董大胜，财政部部长助理张通等领导同志出席会议。

2008年6月25日，中美政府采购培训班在北京开班，财政部部长助理张通在开幕式上致辞。

2008年4月28日，中欧政府采购研讨会在上海举行。

2008年2月19日，中国代表团在瑞士日内瓦与GPA参加方开展谈判。

2008年5月，中共中央直属机关采购中心受中宣部办公厅委托，就2008年度“电视进万家工程”项目进行采购，将采购到的电视机免费赠送到广西、西藏等地区的部分贫困群众手中。图为此次采购招标现场。

2008年1月15日，中国财经报与中国家用电器维修协会共同召开了“支持奥运　服务奥运电子电器服务保障研讨会”，携手多家电子电器生产厂商为提高中国电子电器行业的服务水平建言献策。

TOYOTA
车到山前必有路 有路必有丰田车
大器 至所未至
天降大任，百炼成器。
万千豪情，从容而至；实现至臻境界。
全新CROWN 皇冠 恢宏登场
豪华革新，实力见长。
历经不断革新与淬炼，实现豪华至臻境界。全新CROWN 皇冠代表了TOYOTA对最高级别汽车的至臻追求:全新5,005mm长车身,2,925mm长轴距,淋漓诠释远大气度;新一代4.3升V8发动机及空气悬架系统,将澎湃动力与舒适驾乘感受合而为一智能泊车辅助系统、G-BOOK智能副驾、豪华音响娱乐系统及预碰撞安全系统等诸多人性科技的尖端配备,更将驾驶支持娱乐功能与安全性能全面晋升至超凡境界。
AAA
TOYOTA
安心 安全 爱用
http://www.ftms.com.cn 丰田汽车顾客服务中心:800-8101210(免费)或010-64629300
TOYOTA竭诚为您提供24小时救援服务，详情请咨询一汽丰田经销店
CROWN 皇冠
REIZ 锐志
PRIUS 普锐斯
COROLLA 卡罗拉
COROLLA EX 花冠

荣耀杰作 移动办公新典范
COASTER

mazda
100M知马力
长安马自达邀您挑战100米
好省，省油，省钱，省心，不省面子！
省
超低油耗，热心环保
减购置税，惠新新家庭
多样配置，快·乐生活
驾乘舒适性堪比中级车
超省的日常维护费用
mazda 2 劲翔
zoom-zoom
实至名归的省油科技和优质工艺，驾驭一路从容舒心！
省
品质工艺，舒适省心
“油耗排行榜”，省油傲视同级
百公里油耗仅4.9升，行驶省油，节省油费
最高省5000元购置税，购车省钱
3年6万公里质保，用车省心
人性化配置，便捷省心
看
跑车动感外形，抢眼
著名设计师设计，潮流
15寸铝合金轮毂，拉风
高亮度前大灯组，耀
蓄势待发的腰线，酷
开
起步推背感强劲
视野宽阔，自如停车
油门敏捷，反应快速
最小转弯半径4.7米，灵活随心
换档清晰，操控顺畅
极短刹车距离，驾控更安全
百公里加速10.4秒，处处争先
长安马自达
全程关怀
三年六万公里保修
详情请莅临长安马自达4S特约经销店
免费服务热线：800-807-2777
网址：www.chana-mazda.com.cn
mazda 2 劲翔 mazda 2 mazda 3

S460

开启宽体大微客新时代

S460凝聚了来自丰田、福特、马自达等全球知名的汽车专家，在安全碰撞、车身、底盘等方面进行了精心设计和匹配，历时三年打造出来的宽体大微客，更荣获一百多项国家专利。

宽	大	固	稳	强
车身更宽	空间更大	底盘更固	驾驶更稳	动力更强

外观大气 内饰豪华

造型由意大利知名设计师汲取中国传统文化精髓，兼顾现代世界流行设计理念巧妙融合而成。

在内饰方面，S460采用轿车内饰的设计手法，其四幅方向盘，豪华仪表台，暖色灯光的多功能组合仪表，三合一阅读灯和符合人体工程学的5+1软轴换档机构，均引领着微客产品内饰方面的潮流。

车身宽大 行驶平稳

以全新的底盘技术，开启宽体大微客的新时代！

超宽的1425/1435mm轮距，使整车转弯时的操控性更加完美，行驶更加稳定。

车身宽度达到1645mm，超过传统微客1500mm的车身145mm，高达4.6立方米的内部容积，比同级车装载更多，彰显新一代宽体大微客的风范。

底盘坚固 超强装载

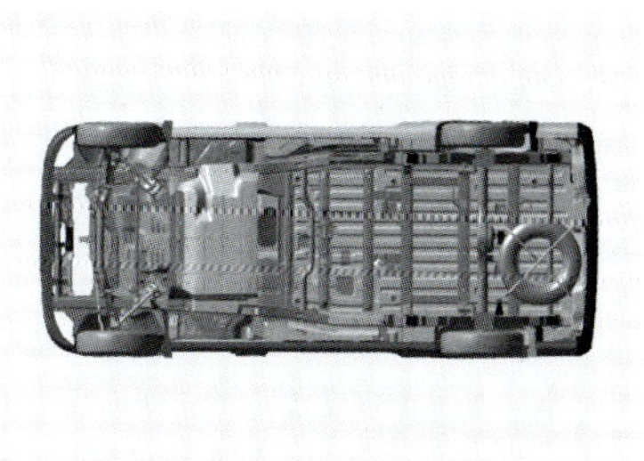

大梁采用2.0mm（普通微车1.4mm）厚钢板一次冲压成型。多达9根的底盘横梁采用1.6mm（普通微车1.0mm）厚钢板冲压而成，整车更结实耐用。

在车身侧围采用领先于同级车的整体冲压技术，提高了车身扭转、弯曲的刚度，抗变形能力更强，更好地满足了用户超强装载的需求。

www.changan.com.cn

CHANA
长安轿车
新能源汽车领航者
长安中度混合动力轿车驱动绿色未来！混合动力带来更多科技节能驾驶享受！
杰勋混动
志翔混动
新生动力·完美科技
New Power · Perfect Technology
◆按照C-NCAP标准通过四星碰撞，率先标配全球领先技术的TCS牵引力控制系统；
◆采用长安独创HHRB安全车身（高刚性高吸能笼形安全车身），主动安全性能一流；
◆配有SRS前排双安全气囊、侧安全气囊及前排预紧限力式安全带，提供可靠的被动安全保护；
◆同样实现怠速起停、加速助力、自动能量回收三大混合动力标志性功能，百公里油耗低于6.6L/100km（节油率20%以上）；
◆可享受三年或15万公里超长保修。
好看·好开·好省油
中国四大汽车制造商 长安汽车荣誉出品
悦翔 志翔 奔奔 杰勋
本广告最终解释权归长安汽车股份有限公司所有
销售服务咨询电话 / 长安轿车销售事业部：023-67595023 长安新能源汽车有限公司：023-67921239
重庆长安汽车股份有限公司
网址 http://www.changan.com.cn 客户服务热线 400-888-6677 023-67869999
长安·亲情服务
广告

新公务 新形象
郑州日产帅客，外观大气、经济灵便、舒适安全
帅客
www.zznissan.com.cn

SPORTAGE 狮跑
都市拓界车
都市双雄 安全先锋
全新狮跑、福瑞迪警务车，全力保障都市安全
公安
狮跑
公安
福瑞迪

致胜实力 赢环保美誉
MONDEO 致胜
蒙迪欧-致胜 MONDEO
长安福特马自达 荣誉出品
嘉年华 FIESTA
福克斯 FOCUS
蒙迪欧-致胜 MONDEO
麦柯斯 S-MAX
www.ford.com.cn
800-810-8168/400-887-7766
始终依据环境标准完善自身环保系统，长安福特以当之无愧的环保实力入选“2008年度政府绿色采购清单”企业。
福特蒙迪欧-致胜，不仅承袭卓越环保内涵，更兼具优越品质博人称赞；其大气沉稳外观伴您显赫登场，豪华宽绰空间任您铺展宏图；非凡精准驾驭载您直达事业的澎湃境界；精湛德国工艺与卓然安全规划，令阁下从容驰骋公、商务领域，
欢迎登录福特中国网站www.ford.com.cn或拨打免费热线:800-810-8168。
Ford

编 辑 说 明

一、本书收录了2008年1月1日至12月31日期间全国政府采购工作运行、发展的主要情况，收录了全年政府采购工作的重要文献和资料。

二、“法规、文件选编”栏目的“地方2008年政府集中采购目录”中，部分省份因故未提供相关资料。因循惯例，本书所收录的各地政府集中采购目录均根据地方提供的文件原样刊登，未求格式统一。

三、“统计资料”中的各项统计数据由财政部国库司提供。

四、“地方政府采购机构及信息发布媒体”栏目中，未列出机构或未列出地（市）级机构的地区均为未提供此项资料者。

五、为行文方便，本书中将《中华人民共和国政府采购法》统一简称为《政府采购法》，将《中华人民共和国招标投标法》统一简称为《招标投标法》。

六、《政府采购协议》是世界贸易组织管辖的单项贸易协议，是各参加方对外开放政府采购市场，以实现政府采购国际化和自由化的法律文件，简称GPA。本书中，《政府采购协议》和GPA两种称法并用，未作统一。

本书的编辑出版工作得到相关中央单位和各地财政部门的大力支持，也得到了财政系统外有关人士与部门的关注与帮助，在此一并致以诚挚的谢意！

中国财政经济出版社年鉴出版中心

二〇〇九年十二月

目 录

一、重要文献

在全国政府采购执行情况专项检查电视电话会议上的讲话

财政部部长　谢旭人

（2008 年 4 月 22 日）

同志们：

为了进一步贯彻落实《政府采购法》，规范政府采购行为，加强廉政建设，维护国家和社会公共利益，提高财政资金使用效益，根据国务院领导批示精神，财政部、监察部、审计署和国家预防腐败局联合召开这次电视电话会议。主要任务是：全面贯彻落实党的十七大精神，深入实践科学发展观，动员部署全国政府采购执行情况专项检查工作，推进依法行政、依法采购，为进一步深化政府采购制度改革和建立科学高效的政府采购管理体制奠定良好的基础。下面，我讲几点意见。

一、充分认识专项检查工作的重要意义

政府采购制度是从源头上预防和治理腐败，加强党风廉政建设的有效途径；是深化财政改革，强化财政支出管理的重要制度；是创造良好市场环境，实现市场经济条件下财政宏观调控的重要手段。《政府采购法》实施五年来，在党中央、国务院的正确领导下，政府采购工作取得了显著成效：采购规模不断扩大，由 2002 年的 1 009.6 亿元增加到 2007 年的 4 000 亿元左右，五年累计节约财政资金 1 800 多亿元；采购范围深入拓展，由单纯的货物采购扩大到工程及服务领域；管理制度和管理体系日趋健全，采购管理制度和操作行为进一步完善，依法采购、公开透明的运行机制逐步形成；政策导向功能日益彰显，在促进节能环保、自主创新和相关产业发展方面发挥了积极作用。但我们也清醒地认识到，我国政府采购制度改革起步较晚，尚有较多不完善、不规范的地方，与《政府采购法》的规定还有一定的差距，主要表现在：执行政府采购政策存在偏差，有的政策和规定还没有得到落实；违规操作、恶意串通，采取欺骗手段

谋取非法利益的现象仍然比较突出；个别从业人员循私舞弊、贪赃枉法，等等。这些现象都在一定程度上影响了政府采购制度的公正性和政府部门执法的规范性，破坏了公开、公平、公正的竞争环境，损害了公共利益。总体上看，政府采购无论从规模上还是行为的规范上，尚未达到预期的制度设计目标，必须着手进行规范和完善。温家宝总理在前不久闭幕的十一届全国人大一次会议、新一届国务院第一次全体会议和国务院廉政工作会议上，也多次对加强政府自身建设和政府采购工作提出了新的更高要求。因此，在当前形势下，开展政府采购执行情况专项检查具有十分重要的意义。

（一）开展政府采购执行情况专项检查，是规范政府采购行为的一项重要举措

通过专项检查，有利于推进依法行政和依法理财，使政府采购工作向规范化发展。督促采购人依法履行程序，采购代理机构“阳光”操作，供应商诚实守信、公平竞争，评标专家勤勉敬业、客观公正，形成财政、审计、供应商和社会公众等全方位参与监督的机制，从源头上有效地抑制幕后交易、以权谋私、暗箱操作等腐败现象，促进党风廉政建设。

（二）开展政府采购执行情况专项检查，是保障政府采购参与各方合法权益的重要途径

通过专项检查，有利于广泛深入地宣传政府采购的法律规定，提高各方面对政府采购工作的正确认识；有利于全面了解和掌握政府采购工作中存在的问题，促使相关单位及时整改和增强公正执法、依法采购意识，推动政府采购规章制度建设和规范化管理进程。同时，采购机关可以获得相对优质价廉的货物、工程和服务；供应商可以在更加公平公开的环境中参与竞争，为消费者服务；资金管理部门可以提高资金分配和使用的透明度，并节约支出。

（三）开展政府采购执行情况专项检查，是强化公共支出管理的重要手段

通过专项检查，梳理分析政府采购工作中存在的问题，有利于进一步明确今后的工作方向和重点，为完善制度、创新机制，构建科学的政府采购管理体制奠定基础。通过采购规模及结构的调整，事先调控市场供求关系及产业结构，扶持和促进国内相关产业的发展；通过强制实行公开竞争采购方式，引导社会公平、公正、公开的竞争环境的形成。

各地区、各部门要从学习实践科学发展观、推进依法行政和深化政府采购制度改革的高度，充分认识这次专项检查的重要性和必要性，切实增强做好专项检查工作的责任感和紧迫感。

二、正确把握专项检查工作的政策要求

财政部、监察部、审计署和国家预防腐败局联合制定下发了《关于开展全国政府采购执行情况专项检查的通知》，对这次专项检查的目标任务、检查范围、组织领导等方面做出了明确规定。各级财政部门要深刻领会、认真把握，结合本地区、本单位实际，积极组织好专项检查工作。

（一）明确目标和任务

这次专项检查的目标和任务是：在广泛开展对国家机关、事业单位、团体组织、采购代理机构政府采购执行情况检查的基础上，摸清和掌握政府采购领域中存在的问题，重点查找法律制度、管理体

制、监督机制、操作执行等方面存在的缺失和薄弱环节；通过认真开展自查自纠工作，促使采购人和采购代理机构受到深刻的思想教育和法制教育，自觉增强依法行政、依法采购意识，纠正错误观念和不正当交易行为，堵塞管理与操作执行的漏洞，促进廉政建设；针对自查和重点检查工作中暴露出的问题，严肃查处，确保各项政府采购法律制度得以正确地贯彻执行；建立健全各项规章制度，为建立健全科学的政府采购管理体制和运行机制奠定基础。

（二）把握时间和范围

这次专项检查的范围是《政府采购法》规定的各级国家机关、事业单位和社会团体，以及各级政府设立的集中采购机构和社会代理机构，2006 年和 2007 年两年政府采购的执行情况。同时，要对采购规模大、采购项目多的部门和单位、集中采购机构实施重点检查，其中，重点检查覆盖面要达到本地区整个部门单位总数的 20% 以上。专项检查工作采取自查自纠和重点检查相结合的方法，从五月开始，到九月结束，具体分为自查自纠、重点检查、整改提高和验收总结四个阶段。各级财政部门要严格按照通知要求的范围和工作阶段开展检查工作，切实把具有代表性的部门和单位列为重点检查对象，不得压缩时间范围和重点检查单位的覆盖面，防止出现重视不够，组织松散，敷衍了事、“走过场”等问题。

（三）坚持原则和纪律

在这次专项检查工作中，各级有关部门要依法行使职权，不能受其他部门、社会团体和个人的干涉。要实事求是，重证据、重调查研究。要在适用法律和纪律上人人平等。要坚持教育与惩处相结合，检查与改进工作相结合。检查工作要广泛依靠群众。

（四）抓住核心与关键

市场经济条件下的政府采购是在法律框架下，公开透明、规范有序的竞争。政府采购规范与否，关键在于是否坚持按照法律规章制度的规定和程序办事。只有严格按规定实施政府采购，才能有效遏制假冒伪劣产品，维护守法经营、产品优良供应商的切身利益。如果政府采购工作缺乏规范，不能严格按照规章制度办事，就会给腐败行为留下可乘之机。因此，要把专项检查工作的成效体现到财政支出体制改革和政府采购制度改革中去，切实推进政府采购体制改革完善与发展。通知中明确了十一个方面自查自纠的内容，各地区、各部门还可根据工作需要，增加检查内容，确保专项检查工作不留死角和盲区。要通过这些内容的检查，研究构建完备的法律法规体系，规范政府采购行为。加快政府采购电子信息化建设，促进政府采购廉洁高效。建立政府采购信息公开机制，打造“阳光采购”。

三、切实加强专项检查工作的组织领导

政府采购执行情况专项检查工作是今年全国财政工作的一项重要内容，各级有关部门，尤其是各级财政部门要紧紧围绕专项检查的任务和要求，切实加强领导，精心组织，周密部署，扎实开展工作。

（一）高度重视，加强领导

财政部、监察部、审计署、国家预防腐败局共同成立了全国政府采购执行情况专项检查领导小组，负责对全国和中央专项检查组织工作和地方专项检查的指导。地方省级财政、监察和审计部门也要组成

相应的领导小组，负责本地区专项检查工作的组织领导，并组织督导组加强对基层专项检查工作的指导和督导。

中央主管部门要加强对所属单位专项检查工作的组织领导和业务指导，统一领导、统一协调、统一部署。要及时了解、掌握和妥善处理工作中新情况、新问题，及时化解各种矛盾，确保专项检查工作顺利进行。在检查过程中遇到重大问题，要向上级部门汇报，及时加以解决。

（二）精心组织，狠抓落实

专项检查工作涉及面广，政策性强，工作难度大，各有关部门要根据通知的内容和要求，制定具体实施方案，明确工作要求，精心组织和安排各个阶段的工作，做到人员落实、经费落实、任务落实、措施落实，形成一级抓一级，层层抓落实的工作机制。对工作不力，造成消极后果的，要追究有关领导的责任。

要把检查质量、检查实效放在突出位置，坚持时间和进度服从质量。要求应查必查，事实清楚，定性准确，文书规范，程序合法，手续完备，处理得当。各单位要对本单位政府采购的执行情况进行全面的回顾、检查和总结，尤其对重大采购项目和重点采购环节的检查，务求全面、深入、细致。要认真做好以前年度政府采购资料的整理工作，如实填报自查自纠表格，认真撰写自查自纠报告。对于不符合工作要求的，要责令其重新进行自查自纠。

（三）依法检查，完善机制

财政、监察、审计等有关部门在专项检查过程中，要做到依法行政、依法检查，要准确地运用法律和有关政策，严格履行查办程序，排除干扰，秉公办事，防止检查工作失之于宽，失之于软。在专项检查过程中发现重大案件线索，要紧抓不放，坚决打击违法犯罪行为。

对检查中发现的问题和薄弱环节，要认真分析原因，强化制度建设，及时堵塞漏洞。要切实形成按制度办事、靠制度管人的良好局面。要进一步完善内部管理，规范政府采购操作行为，建立内部监督制约机制，建立依法操作、依法采购的长效管理机制。

（四）加强协作，形成合力

这次专项检查是由财政部、监察部、审计署和国家预防腐败局联合组织开展的，部门间相互支持和积极配合是搞好专项检查工作的关键。各级财政部门在专项检查工作中，要增强协作意识，主动与相关部门沟通情况，协商问题，建立有效的工作机制，充分发挥各自的职能作用，形成工作整体合力，共同做好本地区的专项检查工作。

（五）深入分析，全面总结

各地区、各部门要高度重视上报信息的汇总分析，认真查找工作中存在的薄弱环节和政策执行中存在的问题，在此基础上，形成各个地区有情况，有分析，有解决办法的专项检查工作报告。中央专项检查领导小组在汇总全国专项检查情况的基础上形成总报告，上报国务院。

同志们，全国政府采购执行情况专项检查工作，任务艰巨，责任重大，影响深远。让我们在党的十七大精神的指引下，深入贯彻落实科学发展观，解放思想，务实创新，扎实做好专项检查工作，确保政府采购工作全面、深入、健康发展，为构建社会主义和谐社会做出新的贡献。

在全国政府采购执行情况专项检查电视电话会议上的讲话

监察部副部长、国家预防腐败局副局长　屈万祥

（2008 年 4 月 22 日）

同志们：

开展全国政府采购执行情况专项检查，对于深入学习贯彻党的十七大精神，加强反腐倡廉建设和进一步推进政府采购健康发展具有重要意义。刚才，财政部谢旭人部长作了重要讲话，明确了开展这次专项检查的目的、意义和要求，我们要认真领会，抓好落实。下面，我就纪检监察机关如何做好这项工作谈几点意见。

一、增强政治责任感和工作紧迫感，切实加强对专项检查工作的领导

政府采购制度是公共财政的重要组成部分，做好政府采购制度改革工作，是落实党的十七大关于“加快行政管理体制改革”和“加强反腐倡廉建设”重大战略部署的必然要求，是从源头上防止公共资金滥用和滋生腐败的重要措施。今年 3 月 5 日，国务院总理温家宝在政府工作报告中指出，要“加快行政管理体制改革”，“加强廉政建设”，“特别要解决权力过分集中和缺乏制约的问题。从根本上加强制度建设，规范财政转移支付、土地和矿产资源开发、政府采购、国有资产转让等公共资源管理。”中央政治局常委、中央纪委书记贺国强在第十七届中央纪委第二次全会工作报告中提出：“扩大政府采购的范围，规范采购行为，严格实行‘管采分离’”，“治理领导干部违规插手招投标、土地出让、产权交易、政府采购等市场交易活动谋取私利的问题”，“严肃查办规避招标、虚假招标的案件”。温家宝总理和贺国强同志的讲话，把政府采购作为行政管理体制改革和反腐倡廉建设的主要内容，指明了工作方向，对做好政府采购制度改革工作提出了明确要求，我们要认真学习、深刻领会，切实落到实处。

前不久，中央纪委下发了《关于中央和国家机关贯彻落实 2008 年反腐倡廉

工作任务的分工意见》，把完善政府采购制度作为今年深化改革和创新制度，进一步推进从源头上预防和治理腐败的一项重要工作。文件明确，财政部是这项工作的牵头单位，监察部、审计署、国家预防腐败局等单位是责任单位，开展全国政府采购执行情况专项检查是这项工作的主要任务之一。专项检查是一项基础性的工作，通过检查可以发现薄弱环节，找出相关问题，为建立健全科学的政府采购管理机制和有效预防腐败机制奠定基础。各级纪检监察机关，特别是领导干部，一定要增强政治意识、大局意识和责任意识，充分认识开展全国政府采购执行情况专项检查的重要性和紧迫性。要切实加强领导，把这项工作摆在重要位置，做到认识到位、措施到位、人员到位、责任到位，防止工作不落实和走过场，以积极、认真的态度和扎实、有效的作风，全面做好专项检查的各项工作。

二、注意把握和体现改革创新、惩防并举、统筹推进、重在建设的反腐倡廉建设基本要求

《政府采购法》实施五年来，对于规范政府采购行为和从源头上防止腐败起到了重要作用。但是，由于政府采购制度本身是一项改革措施，推行的时间还不长，相关法律法规不够健全，体制机制还有一些深层次矛盾，还存在着制度不完善、管理有漏洞等问题，近几年在政府采购领域也发生了一些腐败案件，政府采购被列为治理商业贿赂的六个重点领域之一，各种媒体也经常报道相关问题，受到了人们的普遍关注。这次检查，主要是针对存在问题，查找法律制度、管理体制、监督机制、操作执行等方面存在的缺失和薄弱环节，找准有效预防腐败的关键环节和关键部位，并通过深化改革和创新体制机制，形成有效预防腐败的长效机制。

2008 年 1 月 15 日，中共中央总书记胡锦涛在第十七届中央纪委第二次全会上发表重要讲话指出："在实践中，要注意把握和体现改革创新、惩防并举、统筹推进、重在建设的反腐倡廉建设基本要求。"我们要深刻领会胡锦涛同志的重要讲话精神，全面贯彻落实到我们的每项工作之中。在这次专项检查中，主要注意把握以下几点：

1. 注意把握和体现改革创新，就是要在检查中注意总结新经验、研究新情况、解决新问题，要从实际出发，善于把握法律法规和政策界限，破解工作难题，提出完善体制机制的新方法、新思路，以改革的精神推进制度建设，以创新的思路寻求治本办法，通过专项检查寻找出更加科学有效防治腐败和推进政府采购工作的新措施、新途经。

例如，一些地方积极探索利用信息技术对政府采购实施电子监察，以减少采购过程中的人为因素，使政府采购更加公开、公平、公正。实践证明，这些探索收到了预期的效果，有助于促进政府采购的科学化、规范化，创新了监督机制，提高了有效预防腐败的效能。我们在检查中要注意总结和发现工作中形成的好作法、好经验。

2. 注意把握和体现惩防并举，就是要在检查中注意以完善惩治和预防腐败体系为重点，对于检查中所发现的违法违纪问题，要坚持治标和治本、惩治和预防两手抓、两手都要硬，既要坚决依法依纪查处检查中发现的违法违纪案件，依法严惩腐败分子，又要充分发挥职能部门的作用

和加大预防腐败的工作力度，不断铲除腐败滋生的土壤，努力把腐败减少到最低程度。

一是要加大对违法违纪行为的查处力度。对于在检查中发现的各种违法违纪行为，纪检监察机关要按照有关规定严肃查处。尤其对领导干部违规插手政府采购活动谋取私利的问题，对在政府采购活动中规避招标、虚假招标的问题，要严肃查处、公开曝光，以起到警示和教育作用。二是要通过检查，进一步建立健全有效预防腐败的监控机制。我们要建立和完善财政综合监督与监察、审计专门监督相结合的工作机制，建立动态的监控体系，逐步实现对政府采购行为的事前、事中和事后全过程、全方位监督。只有不断提高监控的范围和实效，才能不断扩大有效预防腐败的作用和效果。

3. 注意把握和体现统筹推进，就是要在检查中注意把反腐倡廉建设贯穿于政府采购乃至与之相关的政府全局工作和中心工作之中。

要注意把反腐倡廉建设的各项要求融合于政府采购和相关的经济工作之中。例如，要把扩大采购规模与防止因腐败而引发“质次价高”结合起来，把制度防范与廉洁自律结合起来，等等。要防止因片面强调了某一方面的工作，而忽视或影响了其他方面的工作。

4. 注意把握和体现重在建设，就是要在检查中注意把握政府采购是市场经济条件下公共财政管理的一项基本制度这个特点，以改革精神推进制度建设，不断地研究和把握其规律，以建设性的思路、建设性的举措、建设性的方法加强制度建设，在坚决惩治腐败的同时，更加注重治本，更加注重预防，更加注重制度建设。

要逐步建立政府采购市场诚信体系。要坚持诚实信用的原则，依靠全社会建立广泛的信用评价体系，对于严重违法违规的个人和失信违规的单位要列入“黑名单”，实行市场禁入，以加大处罚力度，提高违法成本。

三、发挥纪检监察机关职能作用，进一步推进政府采购工作

中央纪委、监察部对推进政府采购制度工作十分重视，始终把它作为从源头上治理腐败的重要措施之一。早在这项工作开展之初，就会同财政部、审计署进行调查研究，做了大量工作。2000 年 1 月，中央纪委第四次全会对积极推行政府采购制度提出了具体要求。从此，每年中央纪委全会都对推进政府采购工作做出部署。今年，按照中央经济工作会议和第十七届中央纪委第二次全会的总体部署和要求，各级纪检监察机关都要继续发挥职能作用，进一步协助有关部门积极推进政府采购工作。2008 年的工作任务，除了配合财政部门开展全国政府采购执行情况专项检查之外，我再强调几点：

1. 认真开展政府采购执法监察工作。主要是对有关人员依法行政的有关情况进行监督检查，重点检查“管采分离”和“应采尽采”的情况。一是要按照《政府采购法》和有关要求，督促各级政府统一思想、着眼全局，加强领导、克服困难、加大措施、搞好组织协调，全力推进“管采分离”。二是要配合职能部门扩大政府采购的范围和规模。对按照法律规定应纳入政府采购管理的项目，都要实施政府采购。纪检监察机关要依纪依法促使有关部门防止规避、逃避政府采购的行为。要特别注意抓好财政专项资金、以及涉及民生和社会关注项目的政府采购工作，确保政府采购规模继续稳步增长。

2. 认真开展政府采购效能监察工作。主要是对有关人员履行职责的情况进行监督检查，促使有关机关转变职能、理顺关系、优化结构、提高效能。重点抓好采购预算、采购范围、采购程序、集中采购目录执行情况，以及采购结果的经济和社会效益等方面情况的监督检查，促进行政效能的全面提高。

3. 推行绩效管理和行政问责制度。一是要结合效能监察，从采购程序、资源利用率、经济和社会效益、服务质量、公众满意度等方面进行绩效评估。二是要根据执法监察和绩效评估的情况，建立以领导干部为重点的行政问责制度，按照“有权必有责、用权受监督”的原则，做到有责必问，有错必究，努力建设责任政府。

4. 加强与有关部门的协调配合。一是要配合有关部门完善法律法规和规章制度；二是要配合有关部门完善政府采购的体制机制，健全管理机构；三是要注意与有关部门协调配合，形成相关工作的整体合力；四是要及时总结和推广成功经验和好的典型，推动政府采购工作顺利开展。

同志们：今年是全面贯彻落实党的十七大精神的第一年，我们要从加快行政管理体制改革，发展社会主义民主政治的高度，努力完成全国政府采购执行情况专项检查的各项工作任务，进一步全面推进政府采购各项工作，努力取得反腐倡廉建设和政府采购工作新的更加明显的成效。

谢谢大家！

在全国政府采购执行情况专项检查电视电话会议上的讲话

审计署副审计长　董大胜

（2008年4月22日）

同志们：

为深入贯彻落实党的十七大精神和《政府采购法》，总结《政府采购法》实施五年来的工作实践，了解和掌握政府采购执行中存在的问题，进一步推动和深化政府采购制度改革，促进廉政建设，根据国务院领导批示精神，由财政部牵头，会同监察部、国家预防腐败局和审计署共同组织开展全国政府采购执行情况专项检查，并于今天上午召开电视电话会议，进行总体部署。下面，我代表审计署讲如下四点意见，供同志们参考。

一、统一思想，提高认识

这次专项检查，是《政府采购法》实施五年后的第一次全国范围内的专项检查，这五年的政府采购实践，积累了一定经验，也暴露出了一些问题，选择这一时机开展全国范围内的专项检查，非常必要，也很及时，有利于总结实践，归纳经验，巩固成绩，同时也有利于集中发现问题，深入分析和研究，并有针对性地采取改进措施，对于推进和深化政府采购改革，完善相关法规规定和政策措施，加强政府采购领域的廉政建设，提高政府采购的功效等都具有重要的意义。因此各级审计机关要从推进财政体制改革，促进依法行政和依法采购，加强反腐倡廉工作的高度，来认真开展这项工作。

《政府采购法》实施五年来，各级审计机关在本级人民政府的领导下，在各部门的支持配合下，通过开展部门预算执行审计、专项审计调查，或会同有关部门开展专项检查等多种方式，不断加强对政府采购执行情况的审计监督，较好地履行了审计职责。从审计所掌握的情况看，《政府采购法》实施五年来，财政等主管部门及其他各部门，在贯彻落实《政府采购法》、推进政府采购改革中做了大量工作，进行了许多有益的探索和实践，取得了较好的经济效益和社会效益。但通过审计和审计调查，也发现当前政府采购中还存在一些不容忽视的问题，如有的部门或地区政府采购的制度和机制不够健全，工作衔接不够顺畅；政府采购的预算管理不规范，执行采购预算不够严格；执行政府采购的程序不规范，规避政府集中采购，或擅自改变政府采购方式的现象时有发生，等等。此外，审计还发现个别单位和人员在政府采购中违反法纪，收受商业贿赂，造成财政资金损失的违法问题和经济犯罪线索等等。这些问题的产生，既有有关单位和人员依法采购意识不强、内部控制薄弱等方面的原因，也有体制、制度、运行等深层次的原因，需要集中进行研究，逐步加以解决。

二、明确目标，抓好落实

这次专项检查，其目标一方面是要揭示采购人和采购代理机构在政府采购执行中存在的问题，促进采购当事人进一步掌握政府采购法律制度规定，提高依法采购的意识和能力，纠正错误行为，堵塞漏洞，确保政府采购各项政策和制度得以贯彻执行。另一方面，是要在把握《政府采购法》实施后尤其是近两年来全国政府采购执行总体情况的基础上，重点查找制度、体制、机制和操作执行中存在的问题，为建立健全各项规章制度，完善管理体制和运行机制奠定基础。为达到上述目标，采取了各采购当事人自查自纠和组织开展重点检查相结合的方式。各级审计机关要紧密围绕这两个目标开展工作，抓好落实。尤其在重点检查阶段，要配备精干力量，与财政、监察部门一道，搞好重点检查。在重点检查中，既要注意揭示和反映当前政府采购执行中存在的普遍性、倾向性和典型性问题，促进采购当事人增强依法采购意识，规范采购行为，同时也要立足长远目标，注重查找法律制度、管理体制、监督机制、操作执行等方面存在的缺失和薄弱环节，为完善制度、加强管理、健全机制、规范操作查找和收集第一手资料，为进一步深化政府采购改革奠定基础。

三、坚持原则，实事求是

这次专项检查涉及面广，政策性强，加上政府采购活动具有较多的环节，可以说涉及经济社会的许多方面，情况相对比较复杂，因此各级审计机关在参与开展的专项检查中既要坚持原则，也要实事求是。坚持原则，首先要坚持依法审计、依法检查的原则，要以事实为依据，以法律为准绳，确保工作质量；其次要坚持把握总体、突出重点的原则，要结合各部门、各单位自查自纠的情况，在把握总体的基础上，选择重点的领域、重点的环节和问题突出的单位进行重点检查，以提高工作效率，取得工作实效。实事求是，就是要考虑不同地区、不同部门、不同单位的实际情况，做到具体问题具体分析，尤其是针对当前政府采购执行和管理中存在的普遍性、倾向性问题，要用辨证的思维、发展的眼光来看待并深入地进行研究和分析，在依法开展监督检查的同时，善于听取和收集各有关方面的意见和建议，以便各级政府和有关主管部门确定下一步需要重点研究解决的问题和明确需要采购的措施。

四、积极配合，发挥优势

这次专项检查由财政部门牵头，审计等部门参与组织并联合开展。为了加强对此次检查工作的领导，按照工作计划和要求，各地将相应成立专项检查领导小组、重点检查小组和督导小组，各级审计机关要积极配合财政、监察部门组织开展好这次专项检查，既要积极参与领导小组工作，为搞好专项检查献计献策，并加强对下级审计机关的业务指导，还要协助开展重点检查和督导工作，加强横向间的沟通和协调，实现信息共享，确保检查工作顺利进行。要发挥审计的特点和优势，充分利用在政府采购审计和审计调查中所掌握的情况以及已经形成的审计成果，并结合各部门自查和重点检查中所了解的新情况，协助财政等部门做好综合分析提炼，并有针对性地提出审计的意见和建议，为各级政府及财政等主管部门的决策提供有价值的参考依据，共同推进政府采购改革的深化发展，促进依法采购，规范政府采购行为，加强政府采购领域的廉政建设，提高政府采购的经济效益和社会效益。

在全国政府采购执行情况专项检查电视电话会议上的讲话

财政部部长助理　张　通

（2008 年 4 月 22 日）

同志们：

根据国务院领导批示精神，财政部、监察部、审计署、国家预防腐败局于2008 年 4 月 7 日联合发布了《关于开展全国政府采购执行情况专项检查的通知》和《关于开展中央政府采购执行情况专项检查的通知》，现将两个通知的主要内容摘要宣读如下：

一、专项检查范围

这次政府采购执行情况专项检查的范围是，各级采购人、采购代理机构 2006 年和 2007 年政府采购执行情况。采购人是指国家机关、事业单位和社会团体，包括部门单独设立的部门集中采购机构。采购代理机构包括政府集中采购机构和社会代理机构。社会代理机构，是指获得省级以上财政部门认定的甲级和乙级政府采购业务代理资格的社会中介机构。

二、专项检查组织与实施

按照现行行政管理体制，各级政府有关部门要成立政府采购执行情况专项检查领导小组，负责检查工作的组织与实施。

财政部、监察部、审计署、国家预防腐败局共同成立了全国政府采购执行情况专项检查领导小组，负责全国和中央专项检查组织工作和地方专项检查的指导。全国专项检查领导小组下设办公室（设在财政部），负责整个检查工作的日常管理和工作协调，为确保检查工作的落实，中央还将成立检查小组，负责重点检查工作。

中央预算单位、政府集中采购机构和社会代理机构要在全国专项检查领导小组的统一指导下，按照规定制定具体检查工作计划，并组织实施。

地方省级财政、监察和审计部门组成的领导小组负责本地区专项检查工作的组织领导，并组织督导组加强对地（市）、县级专项检查工作的指导和督导。专项检查工作结束后，省级专项检查领导小组要负责汇总本地区专项检查情况和总结报告，报全国专项检查领导小组。

全国专项检查领导小组在检查期间将组织若干督导组到部分地区进行督导。

三、专项检查工作安排

这次专项检查工作采取自查自纠和重点检查相结合的方法，从5月开始，到9月结束，整个专项检查工作分为自查自纠、重点检查、整改提高和验收总结四个阶段。

5月4日至31日为自查自纠阶段。采购人、采购代理机构要认真组织学习《政府采购法》和有关制度规定，增强开展自查自纠的主动性。要从政府采购项目依法实施采购情况，政府采购预算、计划编制和执行情况，政府采购方式选择和执行情况，政府集中采购、部门集中采购和分散采购执行情况，政府采购组织程序、信息发布、专家抽取等环节执行情况，工程实施政府采购情况，上级专项资金实施政府采购情况，政府采购政策功能落实情况，受理质疑案件的答复处理情况，以及政府集中采购机构和社会代理机构财务开支情况等方面对本单位2006年和2007年政府采购执行情况开展自查自纠。自查自纠工作结束后，应当对自查自纠情况进行归纳整理，查找问题及根源，写出自查自纠报告，并填写自查自纠表格，报本级专项检查领导小组。

6月1日至7月31日为重点检查阶段。为了保证专项检查工作质量，要对采购规模大、采购项目多的采购人、政府集中采购机构和部分社会代理机构执行情况开展重点检查。在重点检查工作中，对采购人检查覆盖面要达到本地区所有采购人的20%，对政府集中采购机构检查覆盖面要达到100%，对社会代理机构检查覆盖面也要达到一定的比例。重点检查工作结束后，检查小组或检查工作承担机构应根据重点检查情况写出检查意见和处理建议上报本级专项检查领导小组。

8月1日至31日为整改提高阶段。采购人、采购代理机构要结合自查自纠和重点检查阶段中暴露出来的问题，以及重点检查意见，提出切实可行的整改措施，制定整改方案。整改情况要以书面形式提交给本级专项检查领导小组。整改措施不力，效果不好的，本级专项检查领导小组要督促其重新进行整改。

9月1日至30日为验收总结阶段。整改提高工作完成后，各专项检查领导小组要组织好本地区的验收总结工作，总结分析检查工作中发现的问题和原因，形成分析报告。确保专项检查工作不走过场，将整改措施落到实处。

摘要宣读完毕，谢谢大家！

认真贯彻落实科学发展观
推动政府采购制度改革深入发展

——在全国政府采购工作会议上的讲话

财政部部长助理　张　通

（2008 年 1 月 25 日）

同志们：

在全国人民深入学习贯彻党的十七大精神的重要时刻，我们在美丽的厦门市召开全国政府采购工作会议。部党组很重视这次会议，主要领导同志审阅了我的讲话稿。这次会议的主要任务是：认真学习贯彻党的十七大、中央经济工作会议和全国财政工作会议精神，按照科学发展观和全面建设小康社会的战略部署，总结《政府采购法》实施五年来政府采购工作的实践，研究进一步推动和深化政府采购制度改革的工作思路，布置 2008 年政府采购工作。同时，为应对加入《政府采购协议》(GPA) 的形势，研究地方政府应做好哪些准备工作。因此，开好这次会议，对于推进政府采购工作发展，充分发挥财政政策作用，加强反腐倡廉工作，具有十分重要的意义。下面，我讲几点意见，供大家讨论参考。

一、政府采购制度改革五年成绩斐然，政府采购发展实现新的跨越

《政府采购法》实施五年来，在党中央、国务院的正确领导下，各级政府和财政部门以科学发展观为统领，开拓进取，不断创新，做了大量卓有成效的工作，为政府采购制度改革由初创阶段进入全面发展阶段做出了重要贡献，为政府采购制度体系建设的再发展奠定了坚实的基础。总体来看，政府采购制度改革在以下几个方面取得了突出成就：

（一）政府采购范围和规模不断扩大，经济效益和社会效益大幅提高

五年来，各地区、各部门紧紧围绕“扩大政府采购范围，确保采购规模持续增长”的工作目标，采取了多种措施，

取得了突破性进展。政府采购范围已由单纯的货物类采购扩大到工程类和服务类采购，且工程采购的比重呈现上升趋势。政府采购资金构成日趋多元化，从最初的预算内安排的资金，扩展到包括预算内外、自筹资金在内的各种财政性资金。一些公益性强、关系民生的采购项目，如中小学免费教材、财政补贴农民购置机具、良种和测土配方施肥等也纳入政府采购范围，使农民、群众得到了实惠，日渐增多的民生项目成为政府采购规模扩大中的亮点。政府采购规模保持了快速增长，由2002年的1 009.6亿元增加到2006年的3 681亿元，年均增长达到39.5%，2007年将突破4 000亿元。采购规模的增长，带动了经济效益的提高，2002年至2007年我国政府采购采购资金年节约率在11%左右，累计节约财政资金1 800多亿元。

（二）政府采购制度建设取得新进展，法律制度框架基本形成

政府采购法律制度建设作为改革的制度基础和工作保障，对规范政府采购行为、促进政府采购改革与发展具有重要意义。自《政府采购法》正式实施以来，财政部作为政府采购监督管理部门，始终把法律制度建设作为一项重要工作来抓，相继制定了《政府采购货物和服务招标投标管理办法》、《政府采购信息公告管理办法》、《政府采购供应商投诉处理办法》、《政府采购代理机构资格认定办法》、《政府采购评审专家管理办法》、《集中采购机构监督考核管理办法》等配套规章和规范性制度30多个，初步建立了以《政府采购法》为统领的政府采购法律制度体系，为政府采购工作提供了制度保障。与此同时，地方法规制度建设取得很大进展。有的地方通过人大立法颁布实施了本区域的政府采购条例，不少地方以人民政府法规或规章的形式制定了本地区政府采购管理实施办法，绝大部分地方财政部门都结合本地实际，根据《政府采购法》的规定制定了专项管理办法和具体操作规程。地方政府采购法规制度建设使《政府采购法》及其配套规章制度的实施更具针对性和可操作性。

（三）政府采购管采分离成效显著，管理体制初步建立

按照《政府采购法》关于政府采购管理职能与操作职能相分离的要求，全国政府采购管理机构与操作机构分离工作取得了阶段性进展。到2007年年底，中央、省、市、县四级政府基本上在财政部门设立了政府采购管理机构，全国36个地区（省、自治区、直辖市、计划单列市）中的30个地区和大部分地市设置了集中采购机构，没有成立集中采购机构的地方，积极探索由采购单位委托社会中介机构组织实施采购，也收到了很好的效果。与此同时，政府采购管理机构、采购单位和集中采购机构的工作职责分工日趋合理，“管采分离、机构分设、政事分开、相互制约”的工作机制基本形成，初步建立了采购管理机构统一监督管理下的集中采购机构和采购单位具体操作执行的采购管理体制。

（四）政府采购政策功能实施取得重大突破，初步实现了由单一管理目标向政策目标的转变

按照《政府采购法》的规定，政府采购制度目标不仅包括规范采购行为、提高资金使用效益的管理目标，还包括有助于国家经济和社会发展的政策目标。随着政府采购制度改革的逐步推进，发挥政府采购的政策功能作用越来越成为深化改革

的重点。近年来，财政部门与有关部门密切配合，贯彻落实科学发展观，促进了政府采购政策目标的逐步实现。在促进节能环保方面：从 2004 年开始，先后制定了节能产品和环境标志产品政府采购实施意见，2007 年建立了政府强制采购节能产品制度。据不完全统计，2006 年节能产品政府采购金额占同类产品政府采购总额的比重达到 60% 左右，对节能减排工作发挥了重要作用。在促进自主创新方面：根据国家中长期科技发展规划纲要要求，先后制定了《财政部关于实施促进自主创新政府采购政策的若干意见》，以及《自主创新产品预算管理办法》等五个配套制度办法。在促进相关产业发展方面：制订了无限局域网产品采购政策、政府采购计算机预装正版软件等规定。一些地方也结合本地实际制定了相关配套措施。在实施工作中，采购单位实现政策目标的意识明显增强，集中采购机构认真组织落实，有效地支持了国内相关产业或行业的发展，政府采购发展与宏观经济政策实施和社会事业发展的联系更加紧密。

（五）集中采购工作逐步加强，形成了以集中采购为主要实施形式的采购格局

为了推进集中采购、实现规模效益，各地区、各部门积极采取措施，在制定集中采购目录、完善协议供货、探索联动的区域性大市场、整合运行程序、提高采购效率和质量、网上管理与操作等方面锐意进取，创新采购模式。集中采购机构作为集中采购项目的主要操作者，更加注重加强自身建设，业务素质、操作技能、采购效率和服务意识有了明显提高。这些工作提升了集中采购规范化和科学化程度，集中采购效果更加显著。2006 年，全国集中采购规模为 2 187.5 亿元，占全国采购总规模的 59%，部门集中采购规模占全国采购总规模的 22%，分散采购规模占全国采购总规模的 19%，已经形成以集中采购为主、部门集中采购和分散采购为辅，三种采购实施形式并行、相互补充的采购格局。

（六）依法采购水平全面提升，公开透明的采购运行机制逐步形成

五年来，依法管理、依法采购的意识普遍增强，采购行为不断规范，采购工作质量不断提高。公开招标作为主要采购方式的主导地位不断巩固。各地区、各部门按照省级以上人民政府规定的数额标准，全力开展以公开招标为主要方式的采购活动，公开招标项目数量逐年增加，保证了从采购方式上实现采购的公开、公正和公平。2006 年，全国采用公开招标方式的采购规模为 2 489 亿元，占全国采购总规模的 67.6%，比 2002 年增长了 19 个百分点。政府采购信息公开化和电子化程度不断提高。财政部先后指定《中国财经报》、《中国政府采购》和《中国财政》杂志、中国政府采购网、《政府采购信息报》等媒体为政府采购信息发布和宣传媒体，地方财政部门也指定了本地区的政府采购信息发布媒体，形成了固定权威的信息公开平台，政府采购信息公告数量成倍增加。到 2007 年年底，仅在财政部指定媒体上公告的信息就达到了 20 多万条，比 2002 年的 5 000 多条增加了几十倍。许多地方实现了政府采购管理与操作的电子化，建立了不同层次和内容的电子系统，促进了政府采购“阳光工程”的建设。政府采购预算和资金支付管理逐步完善。政府采购预算基本实现了与部门预算同步统一编制，预算内容趋于完整科学规范，无预算采购等现象明显减少。采购资

金实行国库集中支付的力度和规模越来越大，控制了违规采购和不正当交易行为。评审专家管理更加科学合理。通过在财政部门统一建立专家库、随机抽取、加强培训、实施考核等措施，实现了管理与使用分离、专家资源共享，有效地保障了政府采购评审工作质量。代理机构资格认定有序进行。从 2005 年开始，财政部对符合条件的社会中介机构进行政府采购代理资格认定。截至目前，全国已有 800 多家社会中介机构获得了甲级资格和确认资格。各省（自治区、直辖市）财政部门也开展了相应的乙级资质的认定，这些机构作为补充力量为建立充分竞争的政府采购市场增添了活力。供应商质疑答复和投诉处理工作日趋完善。各地区逐步建立和完善供应商质疑投诉处理操作规程，采购单位、采购代理机构和财政部门按照有关质疑投诉处理法律制度规定，答复处理质疑和投诉案件，保护了政府采购当事人的合法权益，保障了政府采购活动规范有序进行。此外，采购方式、组织实施、招标采购、合同审核等采购过程方面的管理程序、审批环节也更加规范。

（七）监管工作进一步加强，促进了廉政建设

随着各项管理制度的不断健全完善，各级财政部门认真履行监管职责，围绕着政府采购操作执行环节和重点岗位以及社会关注的热点问题，积极改进和创新监管模式，建立社会监督员制度，不断加大检查和处罚力度，许多地区连续几年开展了政府采购执行情况专项检查，有效地维护了市场经济秩序，在建立多层面多环节的动态监控机制和促进廉政建设方面取得了新突破。认真开展政府采购领域治理商业贿赂专项工作，在查找问题和漏洞、整顿采购环境、建立长效机制等方面取得阶段性成果。集中采购机构也注重完善自身约束机制，健全内部岗位责任制，许多集中采购机构按采购工作流程设置岗位，内部管理逐步规范。纪检监察、审计部门按照各自职责开展了对政府采购活动的监督检查，在查处和纠正违法乱纪行为上发挥了重要作用。这些工作有效地遏制和预防了腐败行为的发生，形成了政府采购与廉政建设的良性互动机制。

（八）对外交流不断拓展，应对政府采购国际化能力不断提高

随着我国财经对外交流与合作的深入开展，政府采购的国际化进程不断加快，领域也不断扩大。财政部先后建立了中国－欧盟政府采购对话机制、中国－美国政府采购技术性磋商机制；参加了 APEC 政府采购专家组、联合国贸易法委员会政府采购工作组会议，并以观察员身份参加 WTO 政府采购委员会活动；先后与澳大利亚、新西兰和韩国，在自贸区框架下开展政府采购谈判。2007 年底启动了加入 GPA 谈判。我们利用这些交流合作机制，积极宣传我国政府采购制度改革成效，有针对性地了解国际政府采购制度及改革动态，熟悉并参与国际规则制定。谈判工作由被动参与转向积极应对，确立了自贸区框架下政府采购谈判的总体立场，制定了我国加入 GPA 谈判的基本原则，为今后的谈判工作奠定了基础。

（九）采购人员队伍发展壮大，形成了一支专门从事政府采购的干部队伍

随着管理体制的完善和组织机构的建立，政府采购人员队伍不断壮大，尤其是经过多年的改革实践，从事政府采购人员的专业素质和知识结构逐步改善，业务技能和操作水平不断提高。目前，全国共有

6 000多名政府采购管理人员和7 000多名集中采购机构人员从事政府采购监督管理和操作执行工作。另外，还有大批获得财政部门认定资格的社会代理机构的从业人员，政府采购评审专家也在服务于政府采购工作。这支队伍已经成为推动政府采购事业发展的中坚力量。

总体来看，我国政府采购制度改革的影响力在不断扩大，制度的先进性已逐步得到显现和认可，实现《政府采购法》提出的目标取得了阶段性成果。但是在看到成绩的同时，我们也要清醒地认识到，政府采购制度改革时间还不长，我们的工作与建立完善的政府采购制度的要求还有不小的差距，前进中仍然面临不少困难和问题，一些深层次的矛盾开始显现。突出的是：仍然有一些地方和部门对政府采购制度改革认识不到位，存有抵触情绪，有的甚至规避和干预政府采购活动；政府采购法律制度体系尚不健全，具体操作规程规定还不严密，有关法律之间的规定还存在不协调的地方；政府采购范围和规模仍不理想，一些法律规定的采购项目还未纳入政府采购管理范围；政府采购运行机构还有待于进一步完善，操作执行环节还存在不规范问题；集中采购竞争程度低，效率和质量有待提高；政府采购疏于监督的现象比较突出，监督处罚的力度还有待于进一步加大；采购人员职业素质和能力还不能适应改革需要等等。对这些问题，我们要高度重视，继续认真加以解决。

回顾改革历程，特别是《政府采购法》颁布实施后的五年，是政府采购制度改革取得重大进展的五年，是依法管理、依法采购水平迅速提高的五年，也是政府采购制度改革由初创转入全面发展的五年。五年的改革成就开创了我国政府采购工作的新局面，使政府采购制度改革站到了一个新的起点上。改革成就充分证明，我国推行政府采购制度改革的方向和道路是正确的，成绩是有目共睹的。

改革和实践使我们体会到：只有深入贯彻落实科学发展观和可持续发展战略，才能把握政府采购发展规律，兼顾改革力度、发展速度和社会可接受程度，实现政府采购制度改革又好又快发展；只有坚持求真务实、开拓进取、勇于创新，才能保证在采购管理体制、运行机制、管理手段和操作能力等方面不断实现新的突破，提升政府采购管理水平；只有坚持以人为本、和谐发展，才能更好地改善民生、支持节能减排、自主创新等国家经济政策实施，构建政府采购和谐群体，服务于经济建设和社会发展；只有坚持依法行政，才能确保各项改革工作在法律框架下有序进行，形成监管有规、操作有方的改革环境，促进政府采购法制化水平不断提高。

五年来，政府采购制度改革经历了风雨坎坷，克服了各种困难和阻力，取得了丰硕的成果，这是各级党委、政府重视，是各级财政部门、采购单位和集中采购机构共同努力，是社会各界大力支持的结果。在此，我代表财政部向为此做出辛勤努力工作的各有关部门和同志们表示衷心的感谢！

二、深入贯彻党的十七大精神，准确把握进一步深化政府采购制度改革的工作思路和主要任务

党的十七大报告提出要深化财税、金融等体制改革，完善宏观调控体系，这为做好财政管理工作指明了方向。我们要深入学习贯彻党的十七大精神，结合政府采购改革实际，进一步推进政府采购制度改革向纵深发展。今后一个时期，深化政府采购制度改革的基本思路是：全面学习贯彻党的十七大精神，以邓小平理论和“三个代表”重要思想为指导，深入贯彻落实科学发展观，在政府采购法律框架下，以建立完善的管理体系为核心，以制度建设为重点，以管理交易系统为手段，优化和健全采购交易运行机制，实施监督惩罚并重的监控方式，不断规范管理操作行为，拓展采购制度实施领域，推进采购政策功能发挥和采购管理专业化，促进采购制度综合效益的提高，提升政府采购制度形象，推动政府采购制度改革全面和谐发展。要努力实现采购管理精细化、采购行为规范化、采购权责明晰化、采购监督科学化、采购手段电子化、采购人员专业化。具体工作任务是：

（一）继续推进制度建设与创新，建立完善的政府采购制度管理体系

要实现政府采购管理的科学化、精细化，必须有完善的法规制度作保障。市场经济发达国家政府采购制度的最大特点就是法规制度体系非常完善。我们要加快法规制度体系建设的进程，要着力研究目前法律规定上不协调、不明确、不细化的问题，力争在研究修改的《政府采购法实施条例》中予以解决；要针对制度缺失、规定不严格、操作性差等方面的问题，制定规范操作执行行为的规章制度，进一步修订完善现有规章制度；要继续充实采购政策功能规定，研究和制定符合政府采购特点的产品政策目录标准，整合现有产品政策目录；要研究制定政府采购代理机构资格管理、供应商诚信建设与处罚管理、政府采购执业人员资格管理等制度办法，加强采购市场环境的管理。各地区也要高度重视，结合本地区实际和法律法规制度规定，开展规章制度体系建设工作，尽早实现“用制度管采”，“用制度管人”，各项采购活动有法可依，有章可循。

（二）继续推进操作执行规范管理，建立科学的采购运行机制

任何一个制度规定都是通过操作执行来实现的。同样，操作执行也是政府采购制度实施的关键，它不仅关系到采购活动的质量，而且直接影响到政府采购制度的形象。操作执行越规范，制度优势和作用就发挥得越充分。按照《政府采购法》规定，要进一步完善“管采分离”的管理体制，财政部门要继续履行好监督管理和业务指导职责，逐步形成依法管采的工作规范，不得从事和干预具体采购交易活动；集中采购机构和采购单位应当接受财政部门的监督和业务指导，做到操作规范、执行有力。要进一步完善集中采购运行机制。集中采购机构应当按采购流程设置内部机构，形成制衡；要逐步引入竞争机制，完善集中采购代理制度；要继续完善创新协议供货等集中采购形式，提高集中采购效率与效益；要推进集中采购机构专业化、人员职业化，提高集中采购机构操作水平和能力。在投诉处理工作中要引入仲裁机制，完善决策方式，提高投诉处理工作的法律地位和权威。同时，还要对采购预算编制、采购文件编制、采购流程、专家评审、合同签订和资金支付等重要环节实施规范管理，全面打造“阳光工程”。

（三）继续推进监管方式创新，建立监督有力的动态监控体系

监控体系是政府采购制度体系的三大支柱之一，有效完善的监控体系对于提升政府采购整体管理水平有着重要意义。要建立监督与处罚并举的动态监控体系，逐

步实现对政府采购当事人操作执行行为的事前、事中和事后的全过程监督。要从采购需求确定、采购事项审批、采购操作执行、项目评审决策、合同履行验收等环节实施重点监控，发挥财政预算和支付制度作用，及时预警、发现和纠正采购操作执行中的偏差，提高监督的有效性。要充分发挥监察、审计等职能部门的监督作用，完善财政部门综合性监督与监察、审计部门专业性监督相结合的工作机制。要把供应商、评审专家和社会代理机构纳入监督范围，建立考核评价制度、不良行为公告制度和政府采购市场禁入制度，逐步推进政府采购市场诚信体系建设；要增强对政府采购活动监督的主动性、针对性、有效性；要建立严格的惩治制度，以查处促管理。要研究从合规性监督向合规与效益并重监督模式转变，不断提升监控的实效。

（四）坚持采购规模和效益并重，健全采购方式

政府采购范围和规模是衡量一个国家政府采购制度是否完善和健全的重要标志，直接反映政府采购制度发展的广度和深度。没有一定的规模，其制度的优势、政策目标、规范管理等都将受到制约，更谈不上又好又快发展。目前，政府采购范围和规模与法律规定和规范化管理要求相比还有很大差距，综合采购效益还很低。要坚持规模和效益并重的发展方式，在继续扩大范围和规模的同时，注重提高采购质量和综合效益。要完善政府采购预算编制管理，健全采购方式，对法律规定应纳而未纳入政府采购管理的项目实施政府采购；要继续做好社会关注和涉及民生项目的政府采购工作，加强分散采购管理；要进一步发挥政府采购政策功能，既要抓好已经出台政策措施的落实执行工作，又要开拓政策功能实施的新领域，为拓宽政府采购范围创造条件。要按照国际通行的采购管理范围研究我国政府采购制度适用范围，精心规划，逐步确立政府采购管理范围的发展目标。

（五）继续推进队伍素质建设，逐步建立政府采购执业资格制度

政府采购管理政策性很强，涉及的学科很多，对从业人员的要求较高。特别是随着改革的深化，新制度、新办法不断出台，政府采购工作面临的矛盾和难题也比改革初期复杂的多，客观上对从业人员的综合能力和业务素质提出了更高要求。党的十七大报告提出要着力造就高素质的干部队伍和人才队伍，对推进采购队伍建设有着重大指导意义。没有满足职业化要求的高素质队伍，就不能适应改革快速发展的需要，改革目标就不可能实现。要加大从业人员的德才培养，不断提高业务技能和操作能力；要借鉴国际管理经验，按照科学发展的要求，研究制定政府采购从业人员准则和岗位标准，实行科学的资格考核制度，持证上岗，形成优胜劣汰的良性机制，推动政府采购从业人员职业化管理制度的建立与发展。

（六）加大电子化采购平台建设，建立统一的政府采购管理交易系统

建立政府采购管理交易系统是提升政府采购管理水平，实现科学化、精细化管理的重要手段。目前，我国政府采购管理手段和运行机制不断成熟，已经具备了建立全国政府采购管理交易系统的实践基础。根据政府采购规则和市场统一性的要求，借鉴一些国家的成功做法，政府采购管理交易系统建设要树立一体化的指导思想，坚持统一领导、统筹规划、统一建设。财政部将在认真吸收国内各方面电子

化开发实施经验的基础上，启动和加快全国统一的政府采购管理电子交易系统建设工作，确立管理平台和交易平台的功能框架、技术设计和实施步骤，以及与现有各种系统整合衔接的方案，最终建立全国统一的系统平台，实现政府采购管理各环节通畅、操作功能完善、运行程序公开、全过程监控和网络安全可靠的系统建设目标。

三、迎接新挑战，积极应对加入政府采购协议谈判工作

2007 年底，我国正式启动了加入世界贸易组织（WTO）《政府采购协议》（GPA）谈判，这意味着我们将开始迎接新的挑战，面临新的考验。借此机会，我向大家通报一下我国加入政府采购协议谈判的工作情况，并就做好地方加入政府采购协议的有关政策研究和应对工作讲几点意见。

（一）我国政府为履行承诺，正式启动了加入 GPA 谈判

GPA 是 WTO 的一项诸边协议，旨在促进缔约方开放政府采购市场，从而扩大国际贸易。GPA 由 WTO 成员自愿加入，且仅对加入方具有约束力。我国在 2001 年加入 WTO 时承诺，在成为 WTO 成员后将尽快启动加入 GPA 谈判。2006 年再次承诺，在 2007 年底前向 WTO 提交加入 GPA 申请和初步出价清单，正式启动加入 GPA 谈判。国务院决定，由财政部负责我国加入 GPA 谈判准备和谈判工作。

党中央、国务院对履行我国加入 GPA 的承诺非常重视。2006 年组建了由财政部牵头、有发展改革委和商务部等 23 个部门组成的 GPA 研究工作组（以下简称工作组），研究 GPA 规则和 GPA 成员出价的基本规律，开展我国产业竞争力评估，分析加入 GPA 对我国产业以及经济、社会等方面的影响，并及时将研究情况向国务院报告。2007 年下半年，财政部根据国务院领导的批示，会同工作组其他成员单位研究确定了加入 GPA 的初步出价原则和基本思路，并按照 GPA 要求，结合国情，拟定了初步出价清单报国务院。2007 年 12 月 28 日，经国务院批准，谢旭人部长代表我国政府签署了加入 GPA 申请书。当日，我国常驻 WTO 代表团将我国加入 GPA 申请书和初步出价清单送达 WTO 秘书处。至此，财政部已按时履行了我国政府对加入 GPA 的承诺，向国际社会表明了我国政府是一个重承诺、守信用、负责任的政府，表明了我国深化改革、扩大开放的决心和魄力，同时也表明加入 GPA 谈判工作正式启动。

（二）谈判面临的形势将十分严峻，谈判准备和谈判工作将十分艰巨

加入 GPA 对我国经济和社会将带来全面深刻的影响。GPA 谈判的核心是开放政府采购市场，政府采购市场的开放以清单形式确定，因此，谈判的内容主要是确定清单。GPA 包括 5 个开放清单，其中，3 个清单用于载明承诺开放的中央实体、地方实体和其他实体，另外 2 个清单分别载明这些实体达到开放门槛价以上的工程和服务项目。由于各国政府采购管理范围不同，因此，GPA 没有对政府采购范围做出统一规定，各开放清单都是通过谈判确定。从目前 GPA 成员开放清单看，政府采购范围非常宽泛，采购实体不仅包括政府机关，还包括国有企业等政府具有控制力和影响力的机构；采购对象包括采购实体采购的货物、工程和服务，无论这些采购是否使用财政性资金。列入清单的

采购实体采购达到门槛价以上的货物、工程和服务项目，除 GPA 规定的例外和成员方约定的例外项目，都要按照 GPA 规定执行。由于 GPA 的主要规则体现的是发达国家的法律和实践，加入 GPA 表明我国的相关采购以及行政行为也要遵循发达国家的规则，从而将对我国的管理体制、行政管理制度和有关政策造成较大冲击。

欧美国家非常关注我国加入 GPA。我国是世界上最大的发展中国家，商机无限，欧美国家希望我国尽快加入 GPA，一方面是为他们的供应商和产品提供商机，另一方面是希望我国的加入为其他广大发展中国家发挥示范作用。因此，我们承担的压力将十分巨大。

GPA 成员已经对我国的初步出价做出反应。我国是以发展中国家身份加入 GPA 谈判的，初步出价清单包括中央采购实体、其他采购实体、工程项目和货物项目等 4 个清单，地方采购实体清单暂未填列，其他采购实体也不包括国有企业，货物、工程和服务项目是按照我国政府采购品目表作为分类依据的。从我们掌握的最新情况看，GPA 成员认为，我国提交的初步出价与他们的期望存在较大差异，尤其是对地方政府和国有企业未列入清单反应强烈，因此，我们需要应对的事项多，难度大。

由于各种原因，我国对加入 GPA 谈判的准备工作严重不足。加入 GPA 谈判是一项复杂的系统工程，需要在认识、组织、管理、配套改革等方面做好充足准备。很多 GPA 成员在加入 GPA 之前，在国内提前作了一系列重大改革，包括改革行政管理体制，大批国有企业实行私有化等，既从规则上与 GPA 保持一致，又最大限度地减少开放范围。我国加入 GPA 谈判已经启动，但在有关准备方面的行动还不够。因此，要争取谈判双赢，我们面临的谈判准备和谈判工作都将十分艰巨。

（三）各地区要尽快行动起来，抓紧部署，积极开展谈判的应对工作

省级地区列入开放清单，是 GPA 成员的普遍做法，也是我国加入 GPA 谈判的重要领域之一。我国宪法规定，全国地方各级人民政府都是国务院统一领导下的国家行政机关，都服从国务院，但同时赋予了地方各级人民代表大会审查和决定地方经济建设、文化建设和公共事业建设计划的职责。因此，地方加入 GPA 也需要各地区进行研究。为此，财政部决定在工作组框架下成立地方组。地方组的主要任务是，在全面总结 GPA 成员地方采购实体和其他采购实体开放规律的基础上，分析加入 GPA 对地方产业发展、管理体制等方面的影响，研究各地区开放政府采购市场的可行性，并提出应对方案。地方组在财政部的直接指导下，采取分工协作的方式开展工作。

加入 GPA 谈判是继加入 WTO 后，我国在对外经贸领域开展的又一项重大谈判，意味着我国将从更广范围、更深层次开放国内市场，事关国家利益，各地区要从全局和战略的高度予以重视，增强责任感和使命感。现就各地区开展这项工作提出几点希望和要求：

1. 高度重视，争取支持。财政部对加入 GPA 谈判工作非常重视，特地在春节前召开政府采购工作会议向大家通报有关情况，并要在会后安排 GPA 专题培训，表明了这项工作的重要性和紧迫性。各地区的研究报告，是制定我国加入 GPA 谈判方案的重要依据，关系到我国政府采购

市场开放范围，因此，请参加这次会议的各地区财政部门领导要将这次会议的情况及工作要求，尽快向省政府报告，并请省政府给予大力支持。

2. 抓紧部署，尽快行动。各地区财政部门要制定研究工作方案和时间表，并牵头成立 GPA 研究组，请有关部门和专家学者共同参与研究。同时，要加强组织和协调，请有关方面配合研究工作。

3. 创造条件，为研究工作提供保障。GPA 在我国是一件新事物，GPA 研究工作涉及面广，工作量大，政策性强，而且是一项长期性工作，任务非常艰巨。因此，各地区财政部门要为这项工作提供必要的人力、财力和物力保障，要安排固定的人员负责 GPA 研究工作。

4. 加强合作，及时沟通。地方组的工作将分区域开展，各地区在对本地区进行研究的同时，要积极与本区域内其他各地区合作，共同做好有关专题的研究工作。各地区的研究进展情况和遇到的困难和问题，要及时向财政部报告。

四、加强领导，狠抓落实，不断开创政府采购工作新局面

今后一个时期深化政府采购制度改革的工作思路和任务已经明确，我们要在巩固已取得改革成绩的基础上，紧紧围绕改革工作思路和任务安排各项工作，把各项任务做深、做细，在科学化和精细化管理上取得新进展，力争用 3 年左右的时间完成改革任务。为此，再强调以下几点：

（一）提高认识，加强领导

要充分认识到深化政府采购制度改革的复杂性、艰巨性，各级财政部门要切实加强对政府采购工作的领导，要充实队伍力量，把政府采购制度改革列入重要议事日程，纳入整个公共财政体制建设改革，与各项财政改革和重要政策措施相结合，在工作中要体现“围绕热点、突出重点、狠抓落实、提高发展”的原则，制定落实改革工作思路和主要任务的工作计划，明确工作责任，特别要加强对涉及社会普遍关心的民生项目实行政府采购、节能环保采购政策实施、提高效率质量、规范操作、政府采购执行情况大检查、电子化系统建设、GPA 对策研究等工作的领导，协调理顺各方面关系，真正做到有布置有落实，确保各项工作深入开展，切实在改革的深度和广度上抓出实效。

（二）协调配合，狠抓落实

要进一步明确管理操作职责，完善“管采分离”的工作机制。财政部门要在依法加强对集中采购工作监管、政策业务指导和业绩考核的同时，支持集中采购机构工作，关心机构建设，善于听取集中采购机构的意见，帮助集中采购机构解决实际困难，切实履行好法律赋予的监管职责。集中采购机构肩负着操作执行的重任，是政府采购制度改革的“窗口”，要坚定不移地推进规范操作，带头落实政策规定，确保政令畅通、执行有力，自觉接受监督，不断提高机构专业化和工作人员职业化水平。采购单位要严格按照批准的政府采购预算和采购计划规范执行，做到应采尽采。

要结合工作实际，把这次会议确定的改革思路和主要任务细化分解。当前要抓好中小学免费教材、药品、农机具等关系广大群众利益的项目和工程实行政府采购的工作，确保政府采购规模继续稳步增长。要抓好可操作性制度、采购文件编制规范，以及采购合同格式等制定工作，为精细化管理提供制度保障。要抓好采购预

算编制与执行机制的衔接，在集中采购操作规范、效率质量和服务意识等方面实现新突破。要抓好政府采购执行情况的检查工作，防止走过场。要在节能、环境标志产品采购规模和效益上创出新成效。要研究制定全国政府采购管理交易系统发展规划，为实现采购手段电子化创造条件。要加强监督检查和责任追究。2008 年，财政部将会同监察部、审计署共同在全国范围内开展政府采购执行情况检查。这是 2008 年的重点工作。目前正在抓紧制定工作方案，届时还要专门部署。希望各级财政部门要做好准备，借检查的“东风”，来促进制度规定和各项改革任务的落实。

（三）加强宣传，扩大影响

当前政府采购制度改革进入了全面发展的关键时期，加强宣传工作具有特殊重要的意义。要努力扩大对政府采购制度改革的正面宣传，充分利用报刊、广播、电视、互联网等多种传媒，开展各种宣传活动，让各个方面了解政府采购制度的政策规定、改革成果、改革思路、工作任务，以及 GPA 等国际规则和管理经验。同时，还要借《政府采购法》实施五周年之际，积极宣传政府采购制度改革中好的经验、做法和典型事例，营造良好的舆论环境。要加强对媒体宣传报道的领导，明确宣传重点，引导媒体深入改革实际，掌握第一手资料，做到宣传报导的科学性和准确性，防止片面性。

（四）联系实际，加强研究

理论对改革发展具有指导和支撑作用。随着政府采购制度改革的推进，许多新问题都需要深入研究。首先，党中央、国务院和国家重大发展规划、法律政策都对发挥政府采购政策功能提出了新要求，如何实现政府采购政策功能的最大化、发挥政策功能作用的理论基础和机制是什么，如何通过政府采购解决关系群众的切身利益问题等，都需要深入研究。其次，如何协调法律之间规定不一致的地方、兼顾采购效率与效益等实际问题，都需要从理论上予以解释。再有，市场环境和诚信体系建设、从业人员资格管理等许多涉及方向和思路的问题也都需要理论的支持与论证。另外，在当今国际贸易一体化趋势下，迫切需要加强对国际贸易问题和国外发展情况的研究，弄清国内改革与国际规则的关系。为了加强这些前瞻性研究工作，财政部将在与地方加强沟通交流的基础上，确定一些带有共性、全局性，乃至发展性的问题作为课题进行研究，其中，与实际工作联系紧密的题目将由地方承担。同时，地方也要结合本地方实际，选择一些课题进行研究，不断提高理论指导实践的水平。

（五）加强学习，提高素质

近几年来，政府采购干部队伍的思想道德和业务素质水平在逐步提高。面对新的改革形势和任务，采购干部队伍的任务将更加艰巨，责任将更加重大。为此，要重视培训工作，加大培训力度，充实培训内容，提高培训质量。广大从事政府采购制度改革的干部和工作人员，要加强学习，严以律己，讲政治、讲大局、讲法制，切实增强改革的使命感和工作的责任感，模范遵守各项法律法规和规章制度规定，努力探索政府采购制度改革的特点和规律，掌握新知识、新理论和新技术，不断丰富和提高工作能力和水平，为政府采购制度改革再立新功。

（六）求真务实，做好四个结合

一是要把扩大规模与提高质量结合起

来。近几年来，扩大规模一直是政府采购工作的首要任务。各地采取了很多切实有效的措施扩大政府采购规模，取得了很大成效。前一个时期，有媒体报道有的地方政府采购的东西存在“质次价高”的问题，引起社会各界的关注。政府采购制度追求的是物有所值，质次价高有悖于政府采购的基本原则。光有规模没有质量的政府采购将失去人心，失去制度推行的价值。对此，各级财政部门和集中采购机构要按照科学发展的要求，既抓规模，也要抓质量，实现由单纯追求规模向规模和质量并重转变。

二是要把规范行为与提高效率有机地结合起来。政府采购制度改革的一个主要目标，就是要规范行为、提高效率。二者是一对矛盾，规范讲程序要牺牲一定的效率，单纯讲效率会影响规范。规范是政府采购制度的生命线，但失去效率，政府采购制度也没有生命力。应该说，通过几年的努力，我们在规范行为和提高效率两方面都取得了显著成效，但在二者结合“度”的把握上还需努力。实际工作中，采购当事人以各种理由规避公开招标采购方式，“效率”倒是提高了，但规范问题却被抛到九霄云外。提高效率要在规范行为的基础上，通过减少审批环节、优化采购程序、提高管理水平来实现，而不能牺牲必要的法定环节和时间，通过“偷工减料”、“走捷径”来实现。

三是要把防范腐败与廉洁自律结合起来。促进廉政建设是政府采购立法的宗旨之一。几年来，各级财政部门和集中采购机构通过制度建设等措施，防范采购过程中的不正当交易行为，有力地促进了从源头上防治腐败工作。政府采购工作既是反腐败的一把利剑，也是容易产生腐败的领域。近年来，在政府采购队伍中也出现了个别违规违法牟取私利的人员，接受企业赞助、借研讨免费参加一些企业资助活动的情况时有发生，这些都会在一定程度上影响正常的采购行为。我们要进一步完善制度措施，在财政部门和集中采购机构内部建立监督制约机制，加强自身建设和廉政教育，真正做到“常在河边走，就是不湿鞋”。

四是要把国内改革与GPA谈判结合起来。随着我国正式启动加入GPA谈判工作，我国面临着在GPA统一规则下对等开放国内政府采购市场的新形势。为应对这一变化，我们要把深化政府采购制度改革和GPA谈判结合起来：一方面，要抓紧制订促进自主创新等相关政策，提高国内企业的国际竞争力，应对即将开放的政府采购市场竞争；另一方面，要抓紧学习研究GPA相关规则，深化政府采购制度改革，完善国内政府采购制度，逐步实现与国际规则的接轨。

同志们，政府采购制度改革已经发展到了一个新的起点上，我们面临着难得的发展机遇和广阔的发展前景。使命光荣，任务艰巨。让我们深入贯彻落实科学发展观，以饱满的热情和昂扬的斗志，开拓创新，真抓实干，团结拼搏，抓住战略机遇，继续谱写政府采购制度改革新篇章，为不断推进财政改革与发展、促进构建社会主义和谐社会做出新的贡献。

学习和实践科学发展观
推动中央单位政府采购制度改革向纵深发展

——在中央单位政府采购工作会议上的讲话

财政部部长助理　张　通

（2008 年 5 月 6 日）

同志们：

今天我们召开中央单位政府采购工作会议，主要任务是：以十七大精神为指导，深入学习实践科学发展观，在总结过去五年中央单位政府采购制度改革工作经验的基础上，研究和部署今后一个时期中央单位政府采购制度改革与发展的思路和任务，全面推进政府采购制度改革。下面，我讲几点意见，供大家参考。

一、中央单位政府采购制度改革取得了新进展

五年来，中央单位认真贯彻落实《政府采购法》，在加强采购管理、规范采购行为、实施集中采购、坚持公开透明运行机制、维护国家和社会公共利益、提高资金使用效益、完善政府采购管理体制等方面做了大量工作，取得了明显成绩；中央单位政府采购制度改革工作迈上了一个新台阶，为推动全国政府采购制度改革做出了贡献。

（一）采购范围进一步拓展，采购规模稳步增长

五年来，中央各部门、各单位和集中采购机构采取了许多积极措施扩大政府采购范围和规模。不少部门和单位在努力做好货物和服务类项目实施政府采购的同时，积极探讨推进公共工程实施政府采购。国土资源部、中华全国供销总社等部门将所属各单位的各类建筑工程项目纳入了政府采购；水利部不仅在水利工程实行政府采购方面进行积极探索和实践，而且还将冬季取暖用煤和用油也纳入了政府采购范围。各集中采购机构通过完善集中采购方案、创新采购手段等扩大集中采购规模。公安、环保等部门将下拨的专项资金

项目在系统内开展了部门集中招标采购。这些措施大大拓展了政府采购范围，丰富了政府采购内容。2002年中央单位政府采购规模为222亿元，2007年突破了600亿元，年平均增长率达到22.8%，实现了采购规模的稳定增长。

（二）制度建设进一步加强，采购活动有制度保障

五年来，财政部一直致力于《政府采购法》配套制度建设，先后制定了近三十个制度办法，其中包括针对中央单位管理实际制定的办法。中央各单位也将制定实施办法工作摆到突出位置。目前，半数以上中央单位根据《政府采购法》和财政部制度规定制定了本部门或本系统政府采购管理实施办法。卫生部、国家体育总局、民政部、高法院、安全部等部门结合行业特点还制定了专项管理办法；国家税务总局、中国人民银行、海关总署、水利部、公安部等部门制定了本系统、本部门集中采购管理办法；中央国家机关采购中心、中共中央直属机关采购中心依法制定了操作规程和工作人员守则等内部规章。这些制度办法为加强政府采购管理、规范政府采购行为提供了制度保障。

（三）管理体制改革进一步推进，管采分离机制逐步建立

按照《政府采购法》关于“政府采购监管部门不得设置集中采购机构，不得参与政府采购项目的采购活动”，“采购代理机构与行政机构不得存在隶属关系或者其他利益关系”的要求，初步建立了由财政部统一监督管理中央单位政府采购工作，中央国家机关采购中心、中共中央直属机关采购中心和全国人大机关采购中心等三个集中采购机构分别负责国务院系统、中直系统和全国人大系统的具体集中采购活动组织操作的“机构分设、政事分开、责权明确、相互制约”的政府采购管理体制。总体看来，“管采分离”的政府采购管理体制运行良好，管理体制和运行机制正在逐步形成，为政府采购规范和快速发展提供了重要的组织保障。

（四）采购行为日趋规范，采购过程日益公开透明

突出表现在以下五个方面：一是集中采购规范化、科学化程度和中央单位执行集中采购目录的自觉性逐年提高；集中采购机构注重自身建设，规范操作意识和服务意识进一步强化，组织实施手段不断改进和创新，采购工作水平和业务素质进一步提高，集中采购规模大幅度增加。与此同时，体现本部门特点的部门集中采购工作不断深入，在加强部门系统采购管理和推动整个政府采购制度的实施方面发挥了重要作用。分散采购作为集中采购的补充形式也取得一定进展。二是作为主要采购方式的公开招标项目数量逐年增加。2007年采用公开招标方式的采购规模达到采购总规模的60%以上。三是采购各环节工作机制趋于完善。确立了信息发布制度，方式审批更加规范，专家库管理不断科学完善，采购组织流程清晰，方式确定日趋合理，投诉处理有序进行，采购效率不断提高。四是价格、质量和服务控制机制初步建立，采购成本有所降低。五是政府采购和资金支付管理逐步加强。采购的预算意识和编制政府采购预算的主动性有所提高，预算内容趋于准确，无预算采购等现象明显减少。采购资金实行国库集中支付的力度和规模越来越大，在一定程度上控制了违规采购和不正当交易行为。

（五）相关政策措施陆续实施，政府采购的政策导向功能得到较好发挥

近几年，财政部与有关部门密切配合，在节能环保、自主创新、进口产品采购和维护国家信息安全等方面制定了一系列制度办法，促进了政府采购政策目标的逐步实现。中央单位维护国家利益的意识明显增强，较好地执行了政策规定；集中采购机构通过优化采购文件和设置评分细则，提高评标政策导向分值等措施，积极落实各项政策规定。如，中央国家机关采购中心近两年政府采购节能产品 19.5 亿元，占同类产品采购额的 56%；19 家自主品牌汽车生产企业成为中央国家机关协议供货商，占中标企业总数的 63%，有效地支持了国内相关产业或行业的发展。

（六）监督管理进一步强化，促进了廉政建设

五年来，财政部按照《政府采购法》和国务院有关规定，认真履行监管职责，通过制定办法、拟定集中采购目录、审批采购方式、审查集中采购方案、专家库抽取、投诉处理、集中采购机构年度考核等管理环节，不断加强对政府采购活动的监控，并通过政府采购领域治理商业贿赂专项工作，严肃查处违规违纪行为，促进了廉政建设。集中采购机构也注重完善自身约束机制，建立了内部岗位责任制，内部管理规程逐步规范。纪检、监察、审计部门按照各自职责开展了对政府采购活动的监督检查，加大了监督力度。

（七）组织机构进一步健全，政府采购队伍不断壮大

五年间，中央单位按照管理系统相继明确了职责和工作机制；一些垂直管理的中央部门成立了部门集中采购机构，负责系统的集中采购工作。此外，高检、高法、公安部、水利部、新华社、国家知识产权局、中科院、教育部等设立了内部政府采购管理机构；许多中央单位也都明确了内部负责政府采购管理的机构或者指定专人负责政府采购。专门从事政府采购的干部队伍不断壮大。

回顾五年的改革历程，中央单位政府采购改革工作所取得的显著成绩，是在党中央、国务院的正确领导下取得的；是在纪检、监察、审计部门大力支持配合下取得的；是各中央单位和集中采购机构共同努力、锐意进取、扎实工作取得的。在此，我代表财政部向为此做出辛勤努力工作的有关部门和同志们表示衷心的感谢！

在看到成绩的同时，我们也必须清醒地看到存在的问题和不足。要认识到一些深层次的矛盾开始显现，前进中面临不少困难和问题：一是有一些部门和单位对政府采购制度改革的认识仍然不到位，依法采购的意识仍然不强，有的在人员配备、制度建设等工作中不能给予充分重视，还存在规避和干预政府采购活动的现象；二是政府采购法律制度体系尚不健全，有关法律之间还存在不协调问题，适合中央单位管理特点的具体操作规定还不够完善和细化，京外单位政府采购如何管理还缺乏有效办法；三是执行操作环节不规范问题尤其突出，采购文件和采购流程标准化管理薄弱，评审专家管理也较为松散；四是集中采购活动竞争程度比较低，存在采购价格偏高、中标供应商不履约问题，采购效率、工作质量和采购运行机制有待于进一步改进；五是存在对采购操作执行监管“缺位”问题，特别是对集中采购结果的后续监督管理、中标供应商不履行合同等违规违纪的处罚力度不够，有效的监控体系尚未建立，等等。这些问题，我们要高

度重视，深入研究，并采取切实可行的措施努力加以解决。

二、当前和今后一个时期中央单位政府采购改革与发展的基本思路和主要任务

当前，中央单位政府采购制度改革环境和形势发生了很大变化，改革和制度创新的任务更加艰巨。这就要求我们要继续深入学习和实践科学发展观，把握政府采购发展规律，兼顾改革力度、发展速度和社会可接受程度，积极稳妥地推进政府采购制度改革；要继续坚持公开、公平、公正的原则，求真务实，开拓进取，勇于创新，努力在采购管理体制、运行机制、管理手段和操作能力等方面不断实现新的突破，提升政府采购管理水平；要继续坚持以人为本、和谐发展，更好地改善民生，支持节能减排、自主创新等政策实施，服务于经济建设和社会发展；要继续坚持依法行政，形成监管有规、操作有方的改革环境，促进政府采购法制化水平不断提高。

（一）抓规范，构建高效严谨的执行操作运行机制

健全的法规制度体系是加强政府采购科学化管理的重要保证。操作执行越规范，制度优势和作用就发挥得越充分。因此，要加强政府采购文件和采购合同的标准化、规范化管理。目前，财政部正着手研究政府采购文件编制规范指南，研究制定统一的政府采购合同格式。要完善政府采购评审专家库管理，财政部将整合中央与地方的专家库资源，充实涵盖政府采购各领域的专家学者，扩大专家数量，实现资源共享。同时，加强对评审专家行为的监督管理，探索和创新评审专家管理新模式。要加强部门预算中政府采购项目的编制工作，确保采购活动和方式审批严格按编制的预算或采购实施计划进行，要研究和规范部门统一组织涉及地方管理范围的集中采购行为。要建立集中采购机构和社会代理机构管理考评体系，积极发挥代理机构在政府采购活动中的作用。

（二）抓监管，加强对采购过程的监督管理

财政部依法对政府采购活动过程进行综合性监督管理，逐步实现对政府采购当事人操作执行行为的事前、事中和事后的全过程监督是法律赋予的职责。根据国务院领导指示，2008 年，财政部与监察部、审计署和国家预防腐败局联合开展全国政府采购执行情况大检查。检查对象是采购人和采购代理机构，检查的内容是政府采购预算编制情况，采购范围、采购方式和程序等方面的执行情况。这项工作已经于本月全面展开。我们要通过检查，达到对全国政府采购执行情况的全面摸底，并针对查找出的问题采取相应的规范性措施，实现对采购重点环节的监控，以及集中采购目录执行、项目方案制定、采购活动组织和实施效果的监管，把供应商、评审专家和社会代理机构纳入监督范围，建立不良行为公告制度和政府采购市场禁入制度，完善与审计和监察部门相互协调配合的工作机制，探索建立有威慑力的动态监控体系。

（三）抓关键，进一步提高政府采购管理的精细化水平

财政部将在进一步加大制度建设和创新力度的基础上，借助信息化手段，抓关键环节，不断细化对采购活动的管理。2008 年，我们拟按照管理较为成熟、易于实施的原则，确定从政府采购方式审批环节入手，细化和统一采购方式的申请与

审批管理。在不断总结经验和完善制度的基础上，再逐步覆盖所有采购管理环节，最终实现对每个采购项目从采购计划编制、信息发布、组织采购活动到合同签订、资金支付的全程电子化管理。目前，“中央单位变更政府采购方式审批管理系统”已经研究开发完毕，经征求意见并进一步完善后，拟于 6 月份开始选择部分单位试点。

（四）抓落实，进一步发挥政府采购政策功能作用

要进一步落实“管采”分离的工作职责，完善财政部统一监督管理、集中采购机构负责集中采购目录规定项目操作执行的管理机制，做到监管有规，操作有方，执行规范。要严格目录的执行，确保纳入政府集中采购目录的项目操作执行到位，切实提高集中采购的执行力和公信力。要强化政府采购政策功能服务于经济建设和社会发展大局的作用。目前，政府采购在推动节能环保、自主创新、进口产品审核等方面的功能作用越来越重要。中央单位采购项目规模大，涉及面广，要把执行和落实政府采购的政策功能作用置于重要地位，实时跟踪政策实施情况，及时总结执行中存在的问题，不断完善管理办法，在全国起到带头作用。此外，要加强基础性工作管理，把采购信息统计分析作为重要基础工作抓紧抓好。

（五）抓创新，推进政府采购制度改革深入发展

目前，我国政府采购规模年均增长 20% 左右，政府采购制度改革已经进入了一个新的发展阶段。今后政府采购工作要从过去抓规模、抓数量向抓质量、抓效率和效益转变，要从过去单一的解决问题向统筹兼顾、协调发展转变，要从重点强调节约资金向致力于社会政策的落实转变。特别是在政府采购制度建设方面，要从过去注重解决制度空白向遵循国际规则转变，加强对国际规则的比较分析，进一步完善政府采购制度，逐步确立内容完备、结构合理、功能健全、科学管用的政府采购管理体系。

三、进一步做好政府采购制度改革工作的几点要求

政府采购制度改革政策性强、涉及面广，当前要重点抓好以下工作：

（一）进一步提高认识，切实加强对政府采购工作的领导

各中央单位要高度重视政府采购工作，要充分认识政府采购制度改革的长期性、艰巨性和复杂性，要增强责任感、使命感和紧迫感，要把政府采购制度改革工作作为源头上反腐败的措施摆上重要日程，加强领导和协调；要完善组织机构，不断充实队伍力量；要及时了解、掌握和处理改革中出现的新情况、新问题，巩固和发展已经取得的改革成果。

（二）采取措施，认真做好各项改革工作

要抓紧落实政府采购项目预算，编制政府采购实施计划，确定 2008 年的采购任务。同时，要做好 2009 年政府采购预算编制细化工作。要落实好集中采购的有关工作，中央单位要加强事前的采购任务规划，项目委托要有合理的提前量。集中采购机构要加强组织实施工作的进度，要以完成集中采购目录项目作为首要任务。要做好部门集中采购工作，尽早确定部门集中采购项目范围报财政部备案。同时，主管部门按照行业管理的要求组织实施包括地方的集中采购项目，要事先制定方案

报财政部。要推进政府采购方式电子化进程，充实完善专家库，规范评审专家管理。

（三）积极开拓创新，切实推动改革向纵深发展

要以科学发展观为统领，创造性地开展工作。重点在如何扩大采购实施范围、提高采购效率和质量上做文章，在政策功能实施、电子化管理和监督方式上下功夫，将政府采购制度改革推上一个新水平。各中央单位和集中采购机构要勇于实践，不断提高开拓创新能力，在关键环节和难点问题上有所突破。

（四）加强监督与处罚，切实推进管理规范化

财政部作为政府采购监督管理部门，要按照科学化、精细化和规范化要求，加大监督管理力度。在监督方式上，要注重事前调查审核、事中跟踪和事后考核检查相结合，实现政府采购运行全过程的监督。要综合运用检查、调查、审核、督促、反馈等工作方式方法，不断提高监督管理实效。要通过对预算编制、集中采购项目委托和执行操作、集中采购实施方案、采购活动组织程序的日常监督审核，纠正和处罚不规范行为，促进政府采购管理规范化，切实使政府采购监督管理有成效。

（五）认真开展培训和研究工作，切实提高管理水平

政府采购制度改革工作头绪多，法规制度办法也多，程序规定比较严格具体。如果培训工作跟不上，会影响改革和发展的进程。因此，财政部将加大培训和宣传力度，中央各单位和集中采购机构要尽快全面掌握政府采购政策的制度规定，保证各项制度顺利实施。同时，财政部门、中央单位和集中采购机构要结合各自工作特点选择一些难点问题作为课题研究，不断增强做好政府采购工作的主动性、预见性和科学性，切实提高政府采购管理水平。

同志们，政府采购既是一项具有开拓性、挑战性的工作，又是一项具有战略性的伟大事业。我们所从事的工作任重道远，前景广阔。希望各中央单位和集中采购机构立足现实、着眼长远，抓住重点、开拓进取，及时研究新情况、解决新问题、总结新经验、探索新思路、创建新机制，为我国政府采购制度改革和发展做出新的更大的贡献。

二、综合概述

2008年全国政府采购工作概况

2008年，面对国际国内复杂多变的经济环境、历史罕见的自然灾害和经济运行中出现的各种新情况和新问题，在各级党委、政府的正确领导下，财政部门、集中采购机构以科学发展观为统领，开拓进取，不断创新，在规范操作运行、提高采购透明度、加强监督管理、提升采购效率和采购质量、GPA谈判等方面都取得了新的进展，在实现政府采购由规范财政支出行为、提高资金使用效益向发挥政策功能和市场导向作用转变方面迈出了坚实的步伐，政府采购制度改革工作取得了新的成效。

一、开展专项检查，积极构建政府采购监督机制

为了全面贯彻落实《政府采购法》，推进政府采购制度改革，根据国务院领导批示精神，2008年5月至10月，财政部会同监察部、审计署和国家预防腐败局首次在全国范围内开展了政府采购执行情况专项检查，取得了积极成效。一是实现了专项检查的既定目标。此次专项检查共检查了中央、省、市、县四级27.5万个采购单位、近2 400个集中采购机构和1 100个采购代理机构。通过自查自纠，采购单位和采购代理机构受到了深刻的法制教育和政府采购制度规定教育，自觉堵塞管理与操作执行中的漏洞，依法行政、依法采购的意识和能力明显增强。通过重点检查，基本摸清和掌握了政府采购领域中存在的问题，查找到了改革在法律制度、管理体制、监督机制、操作执行等方面存在的缺失和薄弱环节。为进一步完善政府采购管理体制奠定了基础，促进了廉政建设。二是全面梳理和总结了制度建设工作情况。《政府采购法》实施后，财政部会同有关部门就采购预算、招标投标、评审专家、供应商投诉、节能环保等方面制定了40多个规章制度。各省、市、县级政府和大部分中央部门也都结合各自情况制定了相应的具体实施办法。据统计，全国各地区、各部门制定政府采购制度办法90 591个，其中，中央单位8 621个，地方81 970个（省级10 460个，市级20 361个，县级51 149个）。三是初步建立和形成了政府采购执行监督工作机制。在专项检查工作中，从中央到地方，财政、监察、审计等部门通力合作，相互配合，在深化改革思路和措施等方面达成诸多共识，建立了良好的工作机制，为建立完善的监督检查机制奠定了基础。

二、迅速建立应急机制，抗震救灾紧急采购高效顺畅

汶川特大地震发生后，为全力保证抗震救灾物资的需要，各级财政部门建立了快速采购的应急机制，一方面，为民政、红十字会、卫生等重要救灾部门的紧急采购项目提供绿色通道，简化办事手续，确保紧急采购及时开展。集中采购机构迅速制定特事特办方案，与供应商联系货源，加班加点组织采购活动，确保物资采购及时到位。另一方面，紧急制定相应办法。在不影响抗震救灾工作的前提下，为保障物资的安全和采购程序的规范，财政部商中央纪委、监察部、审计署紧急制订了《关于加强汶川地震救灾采购管理的紧急通知》，对紧急采购和灾后恢复重建中的采购行为做出了规范性管理规定，要求紧急采购结果必须公布，建立救灾采购举报登记处理制度等，确保了救灾资金的安全和规范使用。全国许多地区，特别是四川、重庆、云南、陕西、甘肃等灾区财政部门和集中采购机构，均在第一时间做出快速反应，建立24小时值班制度，本着特事特办的原则，采取先采购、后补手续等办法，有力保障了抗震救灾工作的顺利进行。在灾后恢复重建对口支援工作中，各省市财政部门和集中采购机构认真履行职责，加强工作协调，采购保障与监管一起抓，为抗震救灾物资采购提供了有效保障，促进了灾后恢复生产和重建工作。

三、不断扩大政府采购范围和规模，经济效益和社会效益大幅提高

2008年，全国实际政府采购规模5 990.9亿元，占当年财政支出的9.6%，占全国GDP的2%，节约资金758.6亿元，节约率11.2%。内蒙古、黑龙江、安徽、广西等省（区）积极探索将工程纳入政府采购管理。其中，内蒙古自治区财政厅还出台了《内蒙古自治区政府采购工程管理暂行办法》。2008年，内蒙古自治区政府采购总规模133.8亿元，工程政府采购规模达到66.93亿元，占采购总规模的50.02%。广西壮族自治区财政厅以改进完善部门预算编制和运作机制为制高点，大胆探索政府采购预算管理模式，实现了政府采购规模和范围双突破。2008年政府采购规模为157.18亿元，其中，工程采购达83.66亿元，占政府采购规模的53.23%。云南省财政厅为配合中央扩大内需政策的实施，迅速制定并下发了《关于做好扩大内需中央投资项目政府采购工作的通知》，将许多涉及民生的政府投资项目实施了政府采购。河北、辽宁、吉林、河南等省还将中小学义务免费教科书、农机和农险采购等公益性强、关系民生的采购项目纳入了政府采购范围，日益增多的民生项目成为政府采购规模扩大的重要增长点。

四、采取措施抓落实，政府采购政策功能得到进一步发挥

财政部门、集中采购机构以扩大内需和实施积极财政政策为契机，会同有关部门，大力推动政府采购政策功能的发挥，加大了政策实施的落实力度。在支持国内产业方面：财政部在《政府采购进口产品管理办法》的基础上，印发了《关于政府采购进口产品管理有关问题的通知》，对进口产品审核管理中的一些具体问题作了进一步明确，使进口产品审核规定得到落实。湖北等省结合地方实际，制定了政府采购国有品牌等配套办法，推动

和促进了国内产业的发展。在支持节能环保方面：财政部联合有关部门扩大了节能产品政府采购清单、环境标志产品政府采购清单范围，节能清单共计 30 种产品，包括 496 家企业的 14 423 个产品型号/系列；环境标志清单将产品由过去的 14 类 2 823 种增加到 21 类 6 876 种。同时，在明确规定政府采购节能产品项目（含工程项目）只能采购清单中产品的基础上，建立了供应商承诺和退出机制，要求供应商保证在清单有效期内正常供货，违者将从节能清单中删除并两年内不再进入等。在支持自主创新方面：继续落实《自主创新产品政府首购和订购管理办法》、《自主创新产品预算管理办法》等制度规定，积极响应不同领域对政府采购扶持功能的要求，在支持自主创新品牌、推动保护政府机构信息系统安全、支持自主可控国产软件、推动 TD - SCDMA 发展、完善综合运输体系促进小排量汽车发展等方面进行了有益探索。

各级集中采购机构在组织实施集中采购活动中贯彻落实采购政策各项规定的意识明显增强，采购文件制定、评审办法和评审标准基本做到了体现政策功能要求，政策功能实施效果明显提高。北京、江苏、山东等省都制定了自主创新产品目录。浙江由省政府办公厅统一制发了《关于建立政府优先强制采购节能环保和自主创新产品制度的通知》，浙江省财政厅在全省范围内开展了自主创新和节能环保产品的专项调查，还在相关办法中设置了加分因素。河北省财政厅创新引入“政府采购政策功能系数”，通过公式计算确定优惠幅度，保障了优先采购政策的有效落实。2008 年，全省政府采购节能环保产品占同类产品比重达到 80%，政府采购民生项目中仅购买中小学免费教材就超过 6 亿元。

五、继续推进制度建设与创新，政府采购制度管理体系更加完善

辽宁、江苏、福建、新疆等省（区）围绕预防腐败工作制定了一系列的规章制度。湖北省财政厅制定了一整套《政府采购文件编制规范》、《政府采购廉洁自律十不准规定》和《政府采购工作规范》等制度，对政府采购各个环节进行了规范和监督。福建省财政厅制定了《政府采购公开招标评审规范》，对公开招标活动评审环节做出了明确规定。天津市财政局为了加强对合同验收环节的管理，制定了《政府采购项目验收管理规定》。新疆维吾尔自治区财政厅出台了《政府采购预防职务违法违纪工作规程》，要求政府采购代理机构、评审专家和采购单位在参与政府采购项目招标活动时必须填写《廉洁自律承诺书》，供应商必须填写《反商业贿赂承诺书》，以有效增强政府采购当事人廉洁从政的自律意识。2008 年对 9 家违规供应商进行了一年不许进入政府采购市场的处罚。青海省政府采购中心为加强对评审专家的监督，出台了《青海省政府采购中心专家打分复核制度》，在组成专家委员会的同时，成立了以政府采购中心、采购管理办公室、纪检监察部门三家组成的评分复核小组，对专家的打分进行复查核实。

六、加快推进操作执行规范管理，采购运行机制更加科学

上海市财政局从体制、机制和制度创新入手，将合同管理与支付管理、诚信管理、规范管理、履约跟踪、制度创新相结合，进一步夯实了政府采购合同管理等基础管理工作。自 1999 年至 2008 年，上海市累计签订各类政府采购合同近 25 万份，仅 2008 年签订的政府采购合同达 3 万多份。江西省财政厅加强财政直接支付管理，对采购人使用财政性资金采购政府采购目录内的货物、工程和服务的资金支付交由政府采购管理部门进行采购程序审核，对违法违规采购的行为一律不予支付资金，实现了集中采购规模以每年 20% 的比例快速增长。湖南省财政厅创新监管手段，效仿交警对违规驾驶员所采取的扣分模式，加强对中介代理机构的考核评价，考核内容涉及 21 类 60 余项，从根本上扭转了对代理机构监管手段缺失，措施不力，监管难于到位的不利局面。天津市采购中心着力完善管理标准，不断规范采购程序，2008 年制定了《各业务部门工作流程指南》,《采购业务关键环节复核制度》等近十项管理规定，设定了 172 道工序，各项业务工作更加有据、有序、有力。山西省采购中心建立了一套政府集中采购“一二八”运行机制，即以政府集中采购“三段式”管理模式为主线，以规范和效率两大主题为内涵，采取八项具体措施，不断加强规范化管理。辽宁省、安徽省采购中心坚持以提升采购业务操作和执行的规范化水平为核心，不断加强机构自身建设，全面推行目标责任管理，有效带动了各项工作的开展。

七、积极利用信息技术，电子化政府采购建设迈出重要步伐

各地高度重视电子化政府采购建设，利用信息化技术，不断规范政府采购行为的认识进一步提高，并且将电子化政府采购作为深化政府采购制度改革的重要技术手段和内容予以落实。北京、浙江、河南、广东等省份，山东烟台、河北邯郸等省市，建立了涵盖全省（市）政府采购管理交易全过程各个环节的电子化系统。其中，广东的电子交易同步监控系统还实现了与纪检监察、审计等相关部门的链接，使政府采购监管部门、纪检监察和审计部门可以实时对采购活动进行全方位、全过程的监控。福建省财政厅已建立起以“福建省政府采购网”一个网络系统为支撑、监督管理与操作执行两个平台并行、多个功能模块协调统一的覆盖全省的政府采购信息化综合系统，实现了在线监管、评审专家库网络化管理和远程随机抽取、对省级政府采购项目开标现场实行电子监控等多项功能。江苏省苏州市财政局开发了政府采购网上监管系统，主要由信息传输、统计分析、绩效评估等 13 个模块组成，拥有全程监管、预警纠错、统计分析和绩效评估四大功能。广西、深圳等地的集中采购机构从组织操作角度，对协议供货、定点采购等集中采购组织形式实施电子化操作，探索了网上竞价和拍卖方式，实现了网上下载文件、网上投标、评审专家语音自动通知等功能，提高了采购效率。

八、加入 GPA 谈判进入实质性阶段，政府采购国际交流不断深化

2008 年，是我国开始加入《政府采购协议》（GPA）谈判的第一年。财政部在全面组织谈判应对工作的同时，积极开展谈判活动。根据加入 GPA 的要求，组织起草了《中国政府采购国情报告》（又称《中国对加入 GPA 审议清单问题的答复》），在报国务院批准后，于 9 月提交 WTO 秘书处。这是继提交初步出价后，我国向WTO提交的又一份重要谈判文件，主要就中国政府组织体系、政府采购范围和政策，以及相关法律和管理体制等规定问题做出说明。GPA参加方将据此与我国开展法律修改谈判。2008年，财政部还收到了美国、欧盟、日本、韩国、加拿大、瑞士和挪威等7个GPA参加方对我国的初步要价。财政部两次组团赴日内瓦与GPA参加方开展谈判，分别与美国和欧盟在国内各开展了一次双边谈判，表明我国加入GPA的立场，并就我国加入GPA出价与GPA参加方进行磋商。WTO秘书处和GPA参加方对我国启动谈判，并按要求及时提交相关谈判文件给予了高度评价，对我国政府为加入GPA所做的努力给予了充分肯定，对我国加入GPA谈判面临的困难和问题表示理解，但希望我国尽快提交修改出价，加快谈判进程。同时，财政部还配合有关部门就有关政府采购议题开展谈判。对中美投资协定、中美商贸联委会、中欧完善《1985年贸易协定》，以及中国－韩国、中国－澳大利亚、中国－新西兰自贸区有关政府采购议题提出意见和建议，并参加了谈判活动。财政部还就瑞士、美国和韩国对我国贸易政策审议中的有关政府采购政策问题做出答复。

此外，财政部还不断加强政府采购领域的国际交流合作。一是在中欧财金对话框架下，开展了政府采购对话，就中欧政府采购法律政策进行交流。二是举办中美政府采购培训班，重点了解美国政府采购制度及加入GPA谈判机制。三是派人参加WTO政府采购委员会各次全体会议，跟踪了解GPA成员政府采购市场开放范围调整谈判进展，以及GPA新文本修改情况。四是参加亚太经济合作组织（APEC）政府采购专家组会议，审议有关成员政府采购非约束性原则执行情况，提出APEC领导人宣言草案修改建议。五是参加联合国贸易法委员会政府采购工作组会议，参与修订《货物、工程和服务采购示范法》。六是参加亚洲开发银行在孟加拉举办的年度政府采购国际研讨会，介绍我国政府采购制度改革情况。通过这些交流活动，及时了解国际上政府采购改革的最新动态，为我国的政府采购改革提供了借鉴。

（财政部国库司供稿）

充分发挥纪检监察职能作用 深化政府采购工作

2008 年 1 月 14 日，中央纪律检查委员会第十七届第二次全体会议要求，要扩大政府采购的范围，规范采购行为，严格实行“管采分离”。要治理领导干部违规插手招标投标、政府采购等市场交易活动谋取私利的问题。3 月 25 日，温家宝同志在国务院第一次廉政工作会议上指出，要继续完善政府采购等制度，公共资源都要通过公开透明和竞争方式交易，让市场机制充分发挥作用。按照党中央、国务院的统一部署和要求，中央纪委、监察部机关将完善政府采购制度列入了《2008 年“推进一批改革措施”工作要点》，由预防腐败室（国家预防腐败局办公室）具体承担该专项工作。

一、2008 年完善政府采购制度专项工作情况

（一）积极配合财政部开展全国政府采购执行情况专项检查

2008 年 5 月至 10 月底，财政部、监察部、审计署、国家预防腐败局联合首次在全国范围内开展了政府采购执行情况专项检查。这次检查的范围为中央、省、市、县四级政府采购单位、集中采购机构和社会代理机构 2006 年、2007 年的政府采购执行情况，共检查了 27.5 万个采购单位、近 2 400 个集中采购机构和 1 100 多个社会代理机构。监察部、国家预防腐败局抽调派驻机构 10 名同志全程参加了专项检查小组和督导小组。专项检查经过自查自纠、重点检查、整改提高和验收总结等阶段的工作，通过填报数据、检查指导、深入调查、座谈研究等方法，全面了解了政府采购目前的改革现状，全面梳理和深入研究了所存在的主要问题和原因。专项检查结束后，四部门联合向国务院呈送了《关于全国政府采购执行情况专项检查工作有关问题的请示》，并代拟了《国务院办公厅关于进一步加强政府采购管理工作的通知》。在此基础上，4 月 10 日，国务院办公厅下发了《关于进一步加强政府采购管理工作的意见》。

（二）认真开展政府采购执法监察工作

主要是对有关人员依法行政的有关情况进行监督检查，重点检查“管采分离”和“应采尽采”的情况。一是按照《政

府采购法》和有关要求，督促各级政府统一思想、着眼全局，加强领导、克服困难、加大措施、搞好组织协调，全力推进“管采分离”。二是配合职能部门扩大政府采购的范围和规模。对按照法律规定应纳入政府采购管理的项目，都要求实施政府采购。特别注意抓好财政专项资金、以及涉及民生和社会关注项目的政府采购工作，确保政府采购规模继续稳步增长。

（三）认真开展政府采购效能监察工作

主要是对有关人员履行职责的情况进行监督检查，促使有关机关转变职能、理顺关系、优化结构、提高效能。重点抓好采购预算、采购范围、采购程序、集中采购目录执行情况，以及采购结果的经济和社会效益等方面情况的监督检查，促进行政效能的全面提高。例如上海市浦东新区发挥纪检监察职能作用，将推进专项检查作为促进政府采购领域反腐倡廉建设重要内容，严肃纪律，坚决查处检查中暴露出的问题和不规范行为。

（四）推行绩效管理和行政问责制度

一是结合效能监察，从采购程序、资源利用率、经济和社会效益、服务质量、公众满意度等方面进行绩效评估。二是根据执法监察和绩效评估的情况，建立以领导干部为重点的行政问责制度，按照“有权必有责、用权受监督”的原则，做到有责必问，有错必究。例如，有关部门严肃查处了湖南省某市电业原总工程师倪某在电力工程承包、设备采购等方面为他人谋取利益受贿700余万元案。

（五）加强与有关部门的协调配合

一是配合有关部门完善法律法规和规章制度。二是配合有关部门完善政府采购的体制机制。如广东省创新监管手段，建立内部监控机制，将采购评审工作全面纳入实时在线监督，对评标会议室安装电子监控设施，评审过程全程实时监控和录像，并采用视频监控系统将评审现场同步实时传输到监管部门。三是及时总结和推广成功经验和好的典型，推动政府采购工作顺利开展。

二、目前政府采购工作的基本情况

通过全国政府采购执行情况专项检查，对于政府采购制度改革所取得的成效有了比较清晰的认识，也比较全面和深入地掌握了政府采购领域存在的主要问题和原因。

（一）政府采购改革取得的主要成效

一是政府采购规模和范围不断扩大。二是管采分离管理体制得到落实。目前，从中央到地方省、市级政府基本上完成了管采分离工作。30个省级和大部分市级政府设置了政府采购中心。三是政府采购行为和程序得到规范。公开招标采购、集中采购已经成为政府采购的主要方式和组织形式。

这些成绩充分证明，我国推行政府采购制度改革的方向和道路是正确的，改革的成效正逐步显现。

（二）政府采购改革面临的主要问题

一是规避政府采购问题严重。据专项检查发现，采购单位将政府集中采购目录内项目委托社会代理机构或自行采购，从而规避集中采购的现象比较突出，2006和2007两年规避集中采购的金额占两年政府采购总额的16.9%。二是法规制度尚不健全完善。《政府采购法》与《招标投标法》衔接不顺，《政府采购法实施条例》等相关配套法规还不完善，有的条款缺少可操作性，法规制度建设相对滞后。三是对集中采购机构监管难。有的集中采购机构行政色彩非常浓厚，对其监管难度大；有的集中采购机构与采购人和监督管理部门的职责划分不够清晰；有的集中采购机构具有政府采购业务的“垄断”地位，缺乏市场竞争机制，效率不高、质次价高等问题明显。四是供应商不正当竞争，谋取非法利益问题比较突出。供应商提供虚假材料，或与采购人、采购代理机构、评审专家恶意串通谋取中标，向采购人、采购代理机构行贿或者提供不正当利益等行为突出。五是政府采购专门机构和人员不足。很多采购单位没有设立专门的政府采购管理机构，缺乏专职从业人员，导致政府采购人员的专业性不强、政策水平不高、业务素质难以适应要求等，严重影响了政府采购法律制度的贯彻执行。

上述问题说明，政府采购制度改革目前还必须要进一步巩固和深化，这样才能使之迈上新台阶，提上新水平。

三、充分发挥纪检监察机关的职能作用，促进政府采购工作健康发展

对政府采购活动实施监督检查，是法律赋予纪检监察机关的重要职责。自改革政府采购制度工作开展以来，各地区各部门纪检监察机关积极配合财政部门，制定规章制度，开展监督检查，处理违法违纪问题，有力地促进了政府采购工作的健康发展。

今后，纪检监察机关要进一步统一思想认识，明确工作职责，充分发挥职能作用，继续抓实抓好这项工作。在工作中，要注意把握好以下几个方面：

一要加强协调配合。政府采购工作涉及面广，政策性强，需要各有关方面相互支持。纪检监察机关要继续保持与有关部门的联系和沟通，建立有效的协调机制，形成工作的整体合力。要与财政、审计等部门相互支持与配合，及时交流沟通有关信息，有效打击政府采购活动中的各种违法违纪和腐败行为。近期要会同财政部制定《政府采购违法违纪行为处罚处分办法》，对采购人、采购代理机构、评审专家、供应商及其他相关人员的违法违纪行为提供处罚依据。

二是要强化监督检查。纪检监察机关要按照《政府采购法》的规定，加强对政府采购活动的监督检查，既要加强对采购执行机构及其人员的监督，又要注意对政府采购管理活动进行监督。要了解和掌握工作的落实情况和薄弱环节，查明问题的症结和原因，有针对性地提出改进措施，推动工作的落实。

三是要严肃执行纪律。严肃执行纪律，是贯彻落实政府采购制度的重要保证。纪检监察机关要依纪依法对违反政府采购制度行为进行查处，严肃追究相关人员的责任。特别是对领导干部违反规定干预和插手政府采购活动的行为，要发现一起，查处一起。对典型案例，要公开曝光。

（监察部、国家预防腐败局供稿）

发挥审计建设性作用
推进政府采购事业不断完善

《政府采购法》实施五年多以来，各级审计机关在有关部门的配合下，大力开展政府采购审计工作，在推进政府采购制度深化改革，加强反腐倡廉等方面发挥了积极的作用。2008年，各级审计机关继续贯彻落实十一届全国人大一次会议和中纪委二次全会精神，切实履行审计监督职能，发挥审计建设性作用，推动政府采购事业不断发展。

一、2008年政府采购审计的主要工作

一是按照国务院领导的指示精神和2008年中央国家机关反腐倡廉工作部署，配合财政部、监察部和国家预防腐败局，联合组织开展全国范围内的政府采购执行情况专项大检查。检查工作从2008年5月开始，涵盖了各级采购人、采购代理机构2006年和2007年政府采购执行情况。各级审计机关积极配合财政、监察部门工作，根据职责分工参与专项检查领导小组，配备精干力量组织开展检查，同时加强对下级审计机关的业务指导，协助开展重点检查和督导工作。专项检查的目标：摸清和掌握政府采购领域存在的问题，严肃查处不规范行为，促进采购当事人增强依法采购、依法行政意识；针对自查和重点检查工作中暴露出来的问题，查找制度、体制、机制和操作执行中存在的缺失和薄弱环节，建立健全各项规章制度，完善体制和运行机制，为建立健全科学的政府采购管理体制奠定基础。在专项检查中，审计机关充分发挥自己的特点和优势，利用以往政府采购审计和审计调查中所掌握的情况以及已经形成的审计成果，丰富了专项检查实践，为搞好专项检查献计献策。审计还结合各部门自查和重点检查中所了解的新情况，协助财政等部门做好综合分析提炼，并有针对性地提出审计的意见和建议，为各级政府及财政等主管部门的决策提供有价值的参考依据。

二是各级审计机关在年度审计或审计调查项目中继续将政府采购情况作为一项主要内容予以关注，揭示和反映当前政府采购执行中存在的普遍性、倾向性和典型性问题，甄别不同情况对问题加以研究处理。对于发现的涉及政府采购的违法违规、损失浪费和个别涉嫌商业贿赂等问

题，通过下达审计决定、移送相关部门进一步处理等方式，促进有关部门及时进行纠正和整改，促进《政府采购法》的贯彻实施；对于政府采购过程中存在管理和操作不规范的问题，审计部门一方面通过建议函等方式建议有关单位进行研究和逐步予以规范，另一方面，将有关情况及时转送财政部等主管部门，供其研究和决策参考，从制度、机制层面予以完善。在2008年的审计中，还试行对政府采购预算资金执行绩效情况进行评价。

三是参与政府采购制度改革的政策研究，发挥审计建设性作用，推进公共财政管理制度改革。近年来，审计机关在规范政府采购行为、提高财政资金使用效益等方面发挥了积极作用，但政府采购领域目前尚未形成长效的监督机制，各级采购人、采购环节的监管仍有待加强。2008年，中央财经领导小组组织14家部门、单位对《进一步完善我国政府采购制度》进行专题研究，审计署作为成员单位参与了"强化政府采购的审计监督、促进政府采购工作科学发展"子课题的研究。研究结果认为，做好政府采购的监管工作，要大力完善政府采购制度的法律监督体系，要把监督工作的重点落在采购的执行环节，要进一步发挥政府采购监管的合力，形成多部门、多层次的监督阵线；要健全内部监督制约机制，加强对政府采购工作的日常监管。

二、2008年政府采购审计的基本情况

近年来，各部门各地区政府采购取得突出成效的同时，通过审计或审计调查、专项检查也发现仍存在一些问题，需要进一步研究和逐步解决。

一是政府采购预算编制不规范、不完整。有的单位未编制部门集中采购目录和执行计划，有的存在无预算采购的情况。政府采购预算是执行政府采购的约束性要求，未严格按照预算管理规定编制政府采购预算，导致预算约束力不强，实际操作计划性较差。

二是政府采购程序执行不规范。这个情况在中央部门中比较突出。有的随意变更采购方式，有的未经批准擅自实行非公开招标，有的任意缩短招标时间，随意追加合同，还有的甚至在招标文件中提出排他性指标，虚假招标，套取财政资金等。

三是部分政府集中采购项目价格高于同期市场价格。这类问题主要发生在集中采购活动中，现在协议供货已成为政府集中采购的主要实施方式，这种在一定时期内确定供应商范围和价格的组织方式，在提高采购效率上有明显作用，但同时也因协议供货产品调整周期长、中标价变化总比市场价格变化滞后，一些降价较快的产品的政府采购价格不能与市场价格相衔接，造成协议供货中标产品价格较高。同时还存在协议供货产品调整随意，用高价产品替换低价中标产品的问题。

此外，还发现有些采购文件编制漏洞大，文件中存在倾向性条款，或没有详细评标标准和方法；信息公告制度不完善，有的未在指定媒体发布，有的信息发布不完全；专家抽取使用不合规；采购结果与合同规定不符等问题。

产生上述问题的原因，除了个别单位未能做到依法行政、依法采购，存在规避政府采购或违规采购行为外，有的还须通过进一步加强政府采购的制度规范、强化政府采购预算约束力、提高政府采购的电子化水平等方式解决。

三、服务于扩大内需促进经济平稳较快发展政策目标，规范政府采购行为、推动政府采购制度建设

在接下来的政府采购审计工作中，审计部门将紧紧围绕中央扩大内需、促进经济平稳较快发展的政策目标，结合对工程建设领域突出问题的专项治理工作，切实履行审计监督职责，严肃查处突出问题，推动国家相关产业政策、环保政策和专项治理目标的贯彻落实，促进政府采购工作的健康发展。

一是服务于中央扩大内需促进经济平稳较快发展的工作重心。关注各级政府、部门和其他投资主体加大对民生工程、基础设施等领域的投入后，对于需要执行政府采购制度的建设内容，在审计中关注建设单位在采购范围、采购方式、采购价格和采购效果等方面的执行情况。结合国家鼓励自主创新、推动产业结构调整和升级、建设资源节约型、环境友好型社会的要求，分析国产自主品牌、节能环保产品所占的采购比重，推动节能环保、自主创新国策的贯彻落实，支持中小企业发展，推动政府采购在政策功能上支持国家宏观调控。

二是结合工程建设领域专项治理等工作深入查处问题。对各有关采购当事人实行全过程、全方位的监督，揭示项目建设中规避政府采购、操作执行环节不规范、运行机制不完善、监督处罚不到位、采购效率低价格高等问题，对违反财经法纪的贪污腐败、损失浪费、套取财政资金等情节恶劣的问题进行严厉打击，同时关注采购资金的节约情况，采购效果，对政府采购的绩效进行审计和评价，促进建立节约型、效能型政府。

三是发挥审计建设性作用，推动政府采购制度不断得以健全完善。通过履行审计监督职责，一方面继续加强对政府采购的监督管理，另一方面通过分析问题产生的原因，发挥审计建设性作用，着力协调和解决政府采购管理中存在的突出问题，完善政府采购的监督和运行机制，提高政府采购效率和质量，促进提高政府采购活动的管理水平和操作执行质量，推动政府采购信息化水平，加强采购队伍建设，完善政府采购政策功能，推进政府采购工作健康发展。

（审计署行政事业审计司供稿，
张宣波、周岩执笔）

三、中央单位政府采购工作概况

中共中央组织部

2008年，中共中央组织部及所属单位的政府采购工作以科学发展观为指导，以建设节约型机关为目标，按照政府采购工作的新要求，进一步贯彻落实政策法规，不断加大规范采购行为的力度，扩大政府采购范围和规模，努力提高工作质量和效率，在提升财政资金使用效益、规范政府采购行为、推进行政事业单位科学运行和发展等方面取得了新的成效。

一、总体情况及工作特点

2008年中共中央组织部系统（含上海浦东、井冈山、延安三所干部学院，以下简称“三所干部学院”）政府采购规模继续扩大，资金节约率为2.48%，基本实现了规模、质量和效益的统一。同时，除了系统内各单位使用的预算资金（占比92%）外，对使用自筹资金的采购项目（占比8%）也执行了政府采购政策，在确保财政资金安全有效使用的同时，更增强了单位整体财务支出规范管理的力度。

（一）采购规模逐年增长，采购项目结构调整

2008年中共中央组织部系统实际执行政府采购金额比2007年大幅增加，增幅达444%。这主要是因为随着政府采购政策的不断完善和深入发展，政府采购工作不断规范，由此执行政府采购的项目逐年增加，会议、出差住宿饭店等采购项目被纳入了政府采购管理的范围。

从采购项目构成看，货物类采购占采购资金总额的22%，工程类采购占采购资金总额的1%，服务类采购占采购资金总额的77%。这与2007年采购项目的构成相比发生了很大变化。其中，服务类采购超过总金额的3/4，成为政府采购中最主要的项目，同时，也以增加额增幅达20倍的速度成为金额增长最快的项目。其主要原因是部机关本级进一步规范和加强了会议、培训两个项目的政府采购管理，确保在定点单位召开会议和举办培训。

（二）政府集中采购形式、公开招标方式仍为主体，其他形式有效补充

从组织形式看，2008年以政府集中采购形式采购的金额占采购资金总额的82%，可见政府集中采购仍然是最主要的组织形式，且增幅最快（同比增长5.5倍）。同时，部门集中采购金额占采购资金总额的6%，同比增长5.2倍；分散采购金额占采购资金总额的12%，同比增长1.4倍，也已成为政府采购组织形式的有效补充。

从采购方式看，采用公开招标方式采购的金额占采购资金总额的90%，且绝大部分为协议供货和定点采购方式。同时，邀请招标、竞争性谈判、询价和单一来源方式也是部门集中采购和分散采购的重要采购方式。

（三）采购品目逐年增加，产品选择仍较集中

2008 年中共中央组织部政府采购重要品目涉及了货物、工程、服务三大类的 24 项品目，比 2007 年新增 3 项。同时，从各单位采购的项目看，产品仍较为集中。其中，货物类采购集中在计算机、办公消耗用品、专用设备和汽车等通用产品上，而计算机（含服务器）采购和汽车采购更是占货物类采购资金总额的 32%。

二、政府采购工作的主要进展

（一）主动适应新形势，加强对政府采购工作的领导

2008 年，中共中央组织部积极按照中央关于严格控制机关经费支出的要求，从加强和改进政府采购工作入手，强化内部管理。在管理体制上，进一步推进“管采分离”；在领导方式上，成立由副部长任组长的部办公自动化设备购置审核小组，坚持每个季度召开领导小组会议，严格审批所有采购项目。同时，各单位也相应建立了采购工作领导小组例会制度、领导小组成员参与招标谈判制度、纪检监察部门全过程监督制度等。

（二）配合专项检查，促进规范管理

在财政部会同监察部、审计署、国家预防腐败局联合开展的全国政府采购法律制度执行情况专项检查中，中共中央组织部精心组织，分步推进，狠抓落实，在部属各单位开展了富有成效的政府采购自查自纠工作。2008 年下半年，结合年度内部审计工作，对部属各单位，特别是三所干部学院，实施了有针对性的政府采购专项检查。通过将自查自纠与系统内专项审计检查相结合，各单位的政府采购管理意识普遍增强，工作的规范化、制度化程度明显提高，特别是对一些习惯性错误做法给予了彻底纠正，促进了政府采购工作的整体推进。

（三）适应改革发展需要，加强队伍建设

政府采购工作技术性、法律性、政策性都很强，而且涉及到招标、履约管理等诸多环节，同时还需要对市场行情、商品和劳务的标准准确把握，这对人员素质要求较高。为此，中共中央组织部以深入学习贯彻科学发展观活动为契机，大力开展岗位练兵，政府采购管理部门制定了岗位工作要求及行为规范，并与组织部系统开展的“讲党性、重品行、作表率”教育活动密切结合，加强作风建设，提高整体素质。

三、存在的问题及困难

一是在政府采购预算编制和执行方面，近年来由于组织工作深入发展，临时性专项工作和任务增多，年度政府采购预算及计划一般很难做到严格意义上的完整、科学和系统。因此，加强内部工作协调，科学把握发展趋势，将是今后机关政府采购预算编制和执行工作中的重要内容。

二是在政策宣传方面，个别单位、人员对政府采购的认识仍不够全面、深入。有些工作人员对实行政府采购制度不理解，认为程序复杂繁琐，价格不甚低廉，影响采购效率。

四、下一步改进思路

一是加大政府采购宣传教育力度。利用各种形式广泛深入宣传新形势下依法采购的紧迫性和重要性，不断提高相关人员的认识，切实消除思想认识上的问题，为

政府采购工作深入推进创造良好环境。

二是进一步规范政府采购工作体制和运行机制。重点做到“三个规范”。一要进一步规范采购归口管理，创新管理体制，实行宏观与微观管理相结合。二要规范采购方式，根据不同的使用条件选择不同的采购方式，坚持以公开招标为主，防止违规操作。三要规范运作程序，包括制定和细化操作规程及管理办法，加大电子化政府采购的建设力度，严肃采购纪律，杜绝商业贿赂。

三是完善制度与严格监督相结合。加强政府采购制度体系建设，突出重点，严格监管，建立单位内部监督与上下级单位监管相结合的监督模式。

（中共中央组织部机关事务管理局供稿，金迪执笔）

外　交　部

外交部开展政府采购工作始于1999年，是中央国家机关政府采购改革首批试点部门之一。10年来，外交部政府采购工作在规范政府采购行为、建立健全管理制度、采购预算编制与执行以及提高资金使用效益等方面取得明显成效，已初步形成一套适应外交工作特点的政府采购管理与运作体系，政府采购工作逐渐走上法制化、规范化和科学化管理轨道，采购规模逐年增长，采购范围持续扩大。

2008年，外交部政府采购工作在各级领导高度重视与正确领导下，以开展政府采购执行情况专项检查工作为契机，认真落实科学发展观，深入贯彻《政府采购法》及财政部相关文件精神，坚持依法采购，不断规范政府采购行为，努力提升政府采购管理水平，顺利完成了2008年政府采购工作。

一、政府采购工作基本情况

2008年，外交部政府采购预算总额4.03亿元，实际采购金额2.66亿元。其中：按组织形式划分，集中采购机构采购8 234.17万元，部门集中采购1.83亿元；按采购内容划分，货物类采购12 726件、金额4 931.65万元，工程类采购69项、金额1.82亿元，服务类采购56项、金额3 474.50万元。政府采购总额较2007年增加1.75亿元，其中工程类1.64亿元，服务类1 541.52万元。全年实际节约资金3 602.94万元，节约率8.9%。

2008年，外交部货物类和服务类采购执行情况较好，完成率达95%；工程类中部分大型基建项目受北京奥运会及亚欧首脑会议等因素影响，实施进度受阻，如新闻领事中心工程采购预算1.56亿元，实际采购金额4 380.57万元，预算仅完成28%，剩余部分于2009年实施采购。

二、2008年政府采购工作主要特点

（一）严格执行政府采购制度

2008年，外交部继续严格执行《中

央预算单位2007～2008年政府集中采购目录及标准的通知》，对列入政府采购目录的项目进行梳理和审核，认真落实"应采尽采"原则，确保采购工作不缺项不漏报，努力提高采购资金使用效益。

（二）认真开展政府采购执行情况专项检查工作

根据财政部等四部委《关于开展中央政府采购执行情况专项检查的通知》要求，外交部成立了由部领导牵头，部纪委、财务司及采购部门人员组成的外交部政府采购执行情况专项检查领导小组，在明确任务的基础上，安排自查自纠、重点检查和整改提高三个阶段检查工作，将外交部政府采购各个环节均纳入此次检查范围。

部属各单位通过全面、细致回顾本单位2006年及2007年政府采购执行情况，认真开展专项检查工作并提交工作报告。部政府采购办公室（以下简称"政采办"）对近年来重大政府采购项目和重点采购环节进行抽查，并实地调研部分部属单位政府采购执行情况，了解政府采购制度建设、工作流程、采购审核的情况以及面临的困难和存在的不足。通过专项检查工作，外交部认真梳理分析了政府采购工作中存在的问题，进一步健全了各项规章制度，完善了管理体制和运行机制，取得了良好效果。

（三）规范政府采购操作程序

对于部机关纳入年度工作计划或部门预算的采购需求，由部内各单位书面报归口管理部门，归口管理部门审核汇总后报部政采办审批，重要采购计划呈部领导签批。部属单位采购计划报本单位财务部门审核汇总，经行政领导审批后报部政采办汇总审核。部政采办根据有关规定确定具体组织形式和采购方式。列入政府集中采购目录的项目，交中央国家机关政府采购中心统一办理；属部门集中采购的项目，原则上委托部机关服务中心按政府采购规定流程办理。

2008年，外交部制订了《外交部政府采购工作内容及日常办案流程》，利用文字与图表结合的方式，对外交部政府采购资金来源、采购当事人、组织形式与采购方式、中央预算单位政府集中采购目录及标准以及部政采办日常工作内容进行明确规范。

（四）政府采购范围和规模不断扩大

外交部部属单位围绕"扩范围、上规模"的要求，积极采取措施，不断扩大政府采购范围。采购级次已扩展到二级预算单位。采购项目基本涵盖了货物、工程和服务三大类。部机关屏蔽室改造项目、边境联检项目、新闻领事中心综合办公楼工程等大型项目均纳入政府集中采购范围。政府采购规模不断增长，2008年采购总额2.66亿元，较上年增长191%。

（五）注重落实政府采购政策功能

外交部政府采购工作严格执行《节能产品政府采购实施意见》、《环保产品政府采购实施意见》等文件要求，坚持优先购买国货和自主创新产品，优先选用节能环保设计方案，强制采购节能环保清单中的产品。2008年，外交部节能产品采购金额860.30万元，占同类产品的98.57%，环保产品采购金额为972.13万元，占同类产品的96.5%，较好地发挥了政府采购的节能环保政策功能。

外交部在政府采购工作中还注意了严格执行《政府采购进口产品管理办法》，在邀请专家进行论证的基础上，由部保密办出具保密证明。对未经财政部批准的采购项目一律不予办理。对于涉及信息安全的项目，坚持采购具有我国自主知识产权的产品，切实维护国家信息安全。

（六）加强信息系统建设领域的政府采购工作

外交部政府采购中信息系统建设项目所占份额较大。为做好这一领域的政府采购工作，外交部充分引入竞争机制和专家评审制度，借助专家意见与开发商展开谈判，有效解决了技术环节薄弱和审核手段不足等问题，资金节约效果显著。如，办公厅文印系统改造项目采购金额由 730 万元降至 623.63 万元，节约资金 106.37 万元。

同时，针对外交工作突发事件多、不可预测等特点，外交部积极商请上级主管部门在合理、合法、合规前提下，做好特殊或紧急设备采购工作，提高采购的时效性，确保外交工作需要。

（七）药品采购模式不断优化

外交部将药品和医疗设备采购继续委托第三方交易平台进行询价采购，并进一步严格采购程序，优化供货单位，完善服务合同，成效明显。第一，药品采购成本显著下降。2008 年全年药品采购费用 1 482.79万元，节约资金 200 余万元。第二，保障了职工用药安全。通过利用第三方交易平台数据库资源，使外交部能从多个环节掌握供应商资质、药品质量公告等相关资料，有效保障了所采购药品的质量。第三，提高了药品采购与管理信息化水平。药品实行网上采购，简化了采购程序。利用信息管理软件，加强了药品进、出、存等全流程管理。

（八）举办政府采购业务培训

2008 年 10 月 24 日，外交部举办了政府采购业务培训班，邀请财政部国库司和中央国家机关政府采购中心主管同志到会授课，分别从政策法规、采购流程及实务案例等方面对政府采购业务进行了详细讲解。通过培训，使部属单位增强了对政府采购工作重要性的认识，明确了政府采购的政策规定、采购流程及操作程序。

（外交部财务司供稿，陶永全执笔）

交通运输部

2008 年，交通运输部政府采购工作以科学发展观为指导，继续围绕“健全制度、规范行为、扩大规模、加强监管”四项任务深入推进，顺利完成各项目标任务，为交通运输事业又好又快发展做出了贡献。

一、政府采购制度框架初步构建

为依法构建政府采购制度框架，不断夯实政府采购工作基础，交通运输部及时转发国务院、财政部、中央国家机关政府采购中心的政府采购相关文件，并根据交通运输系统的实际情况提出明确要求。

部属各单位根据《交通部行政事业单位政府采购管理办法》，进一步建立和完善政府采购具体管理办法和制度，明确相应的机构设置和职责分工，如交通部管理干部学院制定了《政府采购管理办法》，长江航务管理局制定了《长航局机关政府采购管理暂行办法》等。

二、政府采购行为进一步规范

依法采购，坚持优先采购国货，努力做到法律规定范围内的政府采购项目应采尽采，2008年交通运输部各单位国内产品采购金额占政府采购总金额的93%。同时积极贯彻落实国家“节约资源、保护环境”的基本国策，进一步发挥政府采购的政策导向作用，2008年节能、节水产品采购金额为5 900万元，占同类产品采购总金额的77%，较2007年增加2 500万元，增幅为72%。

各单位对采购进口产品和变更采购方式的项目，都能严格把关，报部审核后及时报财政部审批。2008年共向财政部申报天津水运工程科学研究所进口浅水多波束设备项目、交干院采购冬季取暖用煤变更采购方式项目等9个项目，均获得财政部批复。各单位严格按照《政府采购法》要求，及时组织实施获批项目，并将实施情况报部和财政部备案。

三、政府采购培训、宣传、交流工作不断加强

认真做好培训宣传工作。一是在山东济南举办培训班，对部属单位财务负责人进行政府采购培训。二是组织部属单位财务人员40人次，先后参加中央国家机关政府采购中心举办的3期政府采购业务培训班。三是在交通财会网上开设政府采购专栏，将所有不涉密的政府采购文件在该栏目中发布，方便各单位有关人员查询、学习。四是就2007年政府采购工作总体情况、政府采购工作存在的问题、做好2008年政府采购工作的要求等，向部属单位发文作了通报。

加强与中央部门及部属单位的沟通。一是参加财政部举办的2008年中央单位政府采购工作会议，以及中央国家机关政府采购中心举办的中央单位政府集中采购工作座谈会等，与有关中央部门交流经验。二是召集交通运输部部分在京单位，召开政府采购座谈会，对政府采购预算编制与执行、协议供货、工程采购等相关问题进行了研究，进一步明确了政府采购工作要求。

四、政府采购预算管理得到强化

坚持以预算管理为主线，力求把好三关。一是把好编制关。要求各单位科学编制年度政府采购预算，做到全面、完整、准确。先后召开两次预算汇审会，组织有关人员对政府采购预算进行严格把关。二是把好调整关。涉及年度预算执行中有关项目的变动，要求各单位必须及时调整政府采购预算并报部备案之后方可执行。调整后的2008年政府采购预算经审核汇总后能够及时报财政部备案。三是把好考核关。重视对各单位政府采购预算的监督考核，加强对政府采购预算执行情况的分析，不断提高政府采购预算编制的科学性、合理性和政府采购预算执行的有效性。在中央部门政府采购信息统计工作评比中，交通运输部的此项工作得到财政部的通报表扬。2008年交通运输部的政府采购金额12.17亿元，与2006年、2007年两年的政府采购金额平均数相比，增长15%，政府采购规模持续稳步增长。

五、政府采购执行情况专项检查取得实效

2008年，根据财政部、监察部、审

计署、国家预防腐败局的统一部署，交通运输部在全系统280个单位开展了政府采购执行情况大检查。一是召开了全系统视频会，明确了专项检查的依据、任务、范围、组织实施、工作安排、工作要求，动员部署就政府采购执行情况开展自查自纠工作。二是分别由财务司、监察局、审计办牵头，派出3个检查组，对北京、武汉、广州三个地区的部属单位进行了重点检查。三是积极做好整改工作，下发了《关于做好政府采购执行情况专项检查发现问题整改工作的通知》，对整改工作提出了明确要求。通过专项检查，全面梳理和总结了制度建设工作情况，提升了部属各单位的政府采购意识，规范了政府采购行为，促进了政府采购工作的健康发展。

六、GPA研究工作取得阶段性成果

一是根据GPA研究任务的分工，加入GPA研究服务组、工程组，在商务部、水利部两个牵头部门的组织下，明确了2008年GPA研究工作目标，确定了研究工作进度安排，建立了工作例会制度。二是结合交通行业实际，组织有关人员，对东、中、西部地区进行典型抽样调研。三是形成了题为“我国加入GPA对交通行业的影响及对策研究”的报告，对GPA参加方交通政府采购市场实际开放程度、不同门槛金额水平下我国交通工程和服务项目对外开放水平、开放交通行业可能对国家安全带来的不利影响等进行了深入研究，提出具有可行性与战略导向性的出价方案、谈判原则、技巧和策略，研究工作取得了阶段性成果。

（交通运输部财务司供稿，
王军执笔）

水 利 部

2008年，水利部以“三个代表”重要思想及科学发展观为指导，以贯彻落实《水利部直属预算单位政府采购管理实施办法》、《水利部部门集中采购管理实施办法》和《水利直属预算单位政府集中采购管理办法》为契机，服务水利中心工作，开展改革实践，在加强政府采购制度建设、扩大政府采购规模、规范政府采购行为等方面取得了实效，进一步推动了政府采购改革向纵深发展。

一、政府采购规模和范围不断扩大

2008年，水利部加大推进政府采购工作的力度，扩大政府采购管理实施范围。对使用纳入财政管理的其他资金或使用以财政性资金作为还款来源的借（贷）款进行的采购加强管理；加强对工程项目政府采购的管理，政府采购工程项目除招标投标外均按《政府采购法》规定执行。2008年，水利部政府采购规模继续增长，节约资金效益明显，累计节约政府采购资

金 1.24 亿元，资金节约率为 4.68%。

二、加强制度建设，规范政府采购行为

按照财政部《中央单位政府集中采购管理实施办法》精神，结合水利工作实际，水利部印发了《水利部直属预算单位政府集中采购管理办法》，明确了水利部政府集中采购管理的组织体制和机构以及政府集中采购基本程序、监督检查办法等。根据《水利部部门集中采购管理实施办法》，研究确定了水利部2008 年部门集中采购项目范围及限额标准，规定了部门集中采购项目组织实施的基本程序，进一步规范了部门集中采购行为。

三、树立服务意识，协调解决直属单位政府采购工作的难点问题

水利部在政府采购工作中注意做好政策宣传和解释工作，积极与有关部门协调解决直属预算单位工作中的难点问题。如，制定《水利部 2008 年政府采购工作要点》，指导直属预算单位政府采购工作；与财政部协调，完成直属单位 20 余个政府采购项目中的申请采购进口产品、变更政府采购方式等申报手续。同时协助直属单位完成了内部会议场所的申报审批工作，提高了采购效率和资金使用效益。

四、针对工作难点，积极开展有关政策研究

2008 年，水利部在做好关于水利行业加入 GPA 的影响和对策的研究工作的同时，还受财政部委托，牵头相关部委开展了工程组的具体研究工作，圆满完成了 2008 年度“加入 GPA 对工程行业的影响及对策”这一总课题的研究。开展了防治政府采购领域商业贿赂的课题研究，分析政府采购领域商业贿赂的成因，提出解决对策，为预防和治理政府采购领域的商业贿赂工作奠定良好基础。

五、完成财政部等四部委联合开展的全国政府采购执行情况专项检查工作

2008 年，水利部顺利完成了财政部、监察部、国家预防腐败局和审计署共同组织开展的全国政府采购执行情况专项检查。为做好此项工作，水利部召开了动员会，制定了《水利部政府采购执行情况专项检查工作实施方案》和重点检查阶段实施方案，开展了政府采购执行情况的自查自纠工作，并对在自查自纠和重点检查过程中发现的问题及时整改。专项检查组对水利部政府采购工作给予了充分肯定。

六、加强对政府采购的培训和宣传

2008 年水利部举办了两期政府采购培训班，基层预算单位共 300 人次参加了培训。培训的重点内容是水利部政府采购管理信息系统和中央国家机关政府采购管理中心采购人系统的使用等。同时，利用各种媒体加强对政府采购各项政策和水利部政府采购工作的宣传。

七、顺利完成政府采购各项基础工作

完成了 2007 年度水利部政府采购信息统计报表的汇总和报送、2008 年度水利部政府采购预算和计划的汇总和报送。对于已纳入年度部门预算的采购需求，在报送书面文件的同时，通过水利部政府采购管理信息系统报送电子数据，有效节省了报送时间，提高了报送效率。

（水利部预算执行中心供稿，
沈桑阳执笔）

中国人民银行

2008年，中国人民银行坚持以科学发展观为指导，认真执行政府采购有关规定，大力推进规范管理和业务创新，加强对政府采购资金的支出管理，提高政府采购资金使用效益，规范政府采购行为，努力构建公开、公平、公正的和谐政府采购环境，有效防范了商业贿赂，促进了廉政建设。

一、持续扩大政府采购规模，节约采购资金

2008年，中国人民银行根据《国务院办公厅关于印发中央预算单位2007~2008年政府集中采购目录及限额标准的通知》的要求，不断扩大政府集中采购范围，政府集中采购规模平稳增长，节约采购资金成效明显，节约率为10.36%，较2007年提高1.24%。政府采购中，实行集中采购的金额占采购额的75.84%，比2007年增加0.94%。

二、不断提高招标采购比重，增强政府采购公开性

2008年，中国人民银行严格按照《政府采购法》和《财政部关于印发〈中央单位政府集中采购管理实施办法〉的通知》的规定，确定政府采购方式。坚持以招标为主，对建设工程、大宗设备、通用服务等项目均按照公开招标方式实施采购，采用招标方式实施采购的比例逐年增长。

三、加大节能环保产品采购力度，降低能耗水平

2008年，中国人民银行认真贯彻执行《国务院关于加强节能工作的决定》，充分认识采购节能环保产品的重要意义，将“节能降耗，绿色环保”政策的贯彻与政府采购工作的开展紧密结合，寓节能环保于政府采购，以政府采购促进节能环保，节能降耗工作取得了较好的效果。2008年采购节能节水产品2.66亿元，占同类产品的81.71%，比2007年上升31个百分点。采购环境标志产品2.94亿元，占同类产品采购额的72.79%。

四、严格控制进口产品采购，优先支持国内企业发展

2008年，中国人民银行严格按照《政府采购进口产品管理办法》的有关要求，落实政府采购保护国内企业、支持国产产品提高竞争力的政策功能，控制进口产品采购。除国内供应商无法满足中国人民银行特殊需求的发行机具、信息化建设高端设备、护卫车等项目经财政部批准采购进口产品外，其他项目均采购国内产品，并在供应商评审中优先考虑具有自主知识产权和专利技术的企业。2008年采购国内产品金额占总采购额的96.20%；采购进口产品金额占总采购额的3.80%。

五、大力推行阳光采购，提高政府采购透明度

2008 年，中国人民银行结合近几年政府采购工作中的经验和教训，进一步规范了政府采购活动，理顺政府采购流程，扩大政府采购信息公告范围，除按照规定在相关媒体上公布采购项目公告外，部分单位还在本单位内部网站、办公场所公开政府采购项目实施情况，实现全员关注、全员监督政府采购。同时积极推行纪检、内审等部门对政府采购活动的事前、事中、事后监督管理，形成相互制约、相互监督的采购协作机制，杜绝了采购过程中某个部门暗箱操作行为的发生，确保了政府采购的公开、公平、公正。

六、加快政府采购信息化建设，实现集中采购电子化

2008 年，中国人民银行积极推进政府采购电子化建设，中国人民银行集中采购中心开发了电子化采购系统，并制订《中国人民银行集中采购中心电子化采购业务规定（试行）》，详细规定了电子化采购的操作规程，实现了集中采购报名、审核、下载资料、上传文件、评标的网上操作，进一步提高了采购效率，减少了供应商投标成本和采购环节，提高了政府采购效率。

七、认真开展政府采购专项检查，提高依法采购意识

2008 年，中国人民银行根据《财政部、监察部、审计署和国家预防腐败局关于开展中央政府采购执行情况专项检查的通知》要求，成立了由主管行长任组长、相关部门负责人为成员的政府采购专项检查领导小组，印发了《中国人民银行办公厅关于开展政府采购执行情况专项检查的通知》，制定了专项检查方案，组织总行机关、各分支机构、直属事业单位对 2006 年、2007 年的政府采购情况进行了认真、全面的自查自纠，并接受了全国政府采购执行情况专项检查重点检查小组的检查。通过自查自纠和重点检查，对采购项目实施过程中的采购合同签订不规范等薄弱环节进行了改进，提高了依法采购的意识和能力，对进一步健全规章制度、规范采购行为、加强采购日常管理和廉政建设起到了促进作用。

（中国人民银行会计财务司供稿，
王俊山执笔）

海关总署

2008 年，海关系统继续深入贯彻落实《政府采购法》，以“依法采购、应采尽采”为目标，以开展政府采购执行情况专项检查为契机，以建章立制为抓手，重新制定了《海关政府采购管理办法》，研究修订了具体操作规程，海关政府采购管理制度体系得到健全，采购规模进一步扩大，采购行为更加规范，政府采购在降低行政成本、提高资金使用效益、促进反腐倡廉建设方面取得了明显成效。全年政府采购规模达到21.22亿元，其中，货物类采购金额为10.17亿元、工程类采购金额为5.61亿元、服务类采购金额为5.43亿元，货物、工程、服务类采购金额比例大致为2:1:1。委托集中采购机构采购金额为3.23亿元，占15.24%；部门集中采购金额为8.41亿元，占39.64%；分散采购金额为9.56亿元，占45.08%；公开招标方式采购金额为8.28亿元，占39.03%；邀请招标方式采购金额1.09亿元，占5.12%；竞争性谈判方式采购金额5 219.45万元，占2.46%；询价方式采购金额3.67亿元，占17.29%；单一来源方式采购金额7.66亿元，占36.10%（单一来源采购比重较大主要是为各涉奥海关、口岸紧急增配了一大批奥运安保检查设备，因情况特殊，报经财政部批准采取了单一来源采购方式）。具体做法包括：

一、严格执行管采分离的原则

在海关总署层面，财务装备司为政府采购的职能管理部门，负责海关系统政府采购的管理和监督检查工作；物资装备采购中心为海关系统政府集中采购和部门集中采购的执行机构，业务上受财务装备司监督和指导。具体到各海关单位，明确财务部门为本单位政府采购的职能主管部门，同时指定各海关单位机关服务中心为本单位政府采购执行机构。

二、强化采购预算的刚性约束

海关系统政府采购预算由各海关单位财务部门在编制下一财政年度部门预算时，将该财政年度政府采购明细项目及对应的资金预算在预算表中单列，按程序和预算编制要求逐级上报，经批准后逐级下达执行。要求各海关单位应严格按照批准的预算实施，未列入年度政府采购预算的项目，不得实施采购。

以海关总署集中采购为例，海关总署有关业务司局在2008年年初根据各海关单位上报的设备需求计划编制相应的政府采购执行预算，财务装备司根据各业务司局的政府采购执行预算编制《海关总署集中采购计划》，下达给海关总署采购中心执行。在具体实施采购的过程中，设备主管部门填制“采购通知单”，送海关总署采购中心执行，同时抄送财务装备司政府采购管理部门和预算管理部门备案，通过“采购通知单”将设备主管部门、采购管理部门、预算管理部门和采购执行部门有机联系起来；海关总署采购中心接到“采购通知单”后，首先与《海关总署集中采购计划》所列的采购项目进行对照，如已列入采购计划，则逐笔核减相应的政府采购预算，无预算或超预算者不予执行，未列入采购计划的项目如无特殊情况一律不予执行。

三、扩大采购规模，规范操作程序

《海关政府采购管理办法》将海关政府采购的采购人范围扩大到所属事业单位，采购资金范围扩大到所有非财政性资金，既扩大了政府采购规模，又有效加强了对各海关单位的支出管理；要求对政府集中采购目录内或者采购限额标准以上的货物、工程和服务项目，必须全部纳入政府采购范围，严格按政府采购有关规定组织实施；规定海关政府采购以公开招标为主要采购方式，凡达到公开招标数额标准，但因特殊情况需采取非公开招标采购方式的采购项目，各海关单位应在实施采购前逐级上报财务装备司审核，如经审核确需改变采购方式的，由财务装备司统一归口报财政部国库司审批。从海关总署集中采购的数据看，目前海关信息类等通用设备实施公开招标采购方式的比例已达到70%以上，海关专有特殊设备的公开招标比例也提高到了30%以上。为防范廉政风险，海关总署要求各海关单位在招标过程中严格遵循财政部第18号令等相关规定，同时规定对于海关总署集中采购项目，海关工作人员一律不得作为评标委员会成员参加评标打分，并严格按照排序第一名推荐中标候选名单。

四、认真落实节能、环保及进口产品政府采购政策

在实施政府采购的过程中，海关系统积极支持并响应国家有关政府采购节能产品、环保产品和进口产品的政策规定，严格贯彻执行强制采购和优先采购制度，努力落实推进企业自主创新、推进国货采购等政府采购政策功能，取得了良好的经济和社会效益。积极贯彻国家产业政策，注重保护知识产权，按照有关文件规定全力支持并采购正版软件；在招标文件中明确列出对节能、环保及自主创新产品进行倾斜的条款，在评标过程中给予一定幅度的加分，对入围的产品，在同等条件下优先选择购买节能、环保及自主创新产品；严格贯彻《政府采购进口产品管理办法》的有关规定，要求所有可能涉及进口产品的政府采购项目，必须在实施前组织专家论证，如经论证确需采购进口产品的，再按规定程序报财政部审批，如经论证并非必须采购进口产品的，则直接在招标文件中明确规定采购国货。

五、建立健全监督制约机制

政府采购活动属腐败案件高发领域，海关系统历来高度重视对政府采购活动的监督制约，已建立起事前经过科学论证、事中进行全程监督和严格把关、事后开展追踪问效和财务检查的多环节并行的监督制约机制。

首先，一套完善的海关政府采购制度体系已初步建立。结合海关工作对设备需求的实际情况，大部分海关单位均制定了本单位政府采购实施细则、操作规程、采购人员守则等，坚持采购效益和采购规范两手抓、两手硬。如海关总署采购中心从成立伊始就下力气建章立制，经过九年多时间的实践和磨合，相继制定了《采购中心采购人员守则》、《采购中心政府采购项目文本复审制度》、《采购中心政府采购监督员制度》、《采购中心委托招标公司管理办法》和《采购中心实施党风廉政建设责任制措施》等制度，下一步还将制定出台《采购中心采购工作细则》、《海关总署政府采购编写标书规范》、《采购项目实施方案审批程序》、《采购中心委托招标代理机构管理办法》、《采购中心接受直属海关委托采购工作规程》等一系列制度办法，进一步健全完善海关政府采购制度体系。其次，各海关单位将政府采购活动检查工作纳入年度财务检查工作范围，监察、督审部门将本单位的政府采购工作纳入日常监督范围，监察部门对招标采购项目进行全程监督，督审部门对重大采购项目进行审计监督。同时要求政府采购合同（重大采购项目）必须经本单位法规部门或本单位指定的法

律中介机构审核，未经审核的采购项目一律不得实施。

国家税务总局

2008年，在财政部的正确指导及国家税务总局党组的高度重视和支持下，全国国税系统政府采购工作以邓小平理论和“三个代表”重要思想为指导，认真贯彻党的十七大、十七届三中全会精神，深入学习实践科学发展观，以开展政府采购执行情况专项检查为契机，紧紧围绕税收中心工作，深入贯彻《政府采购法》，突出工作重点，狠抓制度落实，增强风险防范意识，努力发挥政策功能，坚持依法采购，科学管理，各项工作有序开展，取得较好成绩。

一、突出工作重点，政府采购规范化管理持续深入

（一）严格执行集中采购目录和限额标准

积极贯彻落实国务院关于中央预算单位2007～2008年政府集中采购目录及标准的规定和精神，加大政府集中采购项目的执行力度，对国家税务总局机关和国税系统分别提出并印发贯彻落实意见，明确各级国家税务局和总局机关各部门在执行2007～2008年政府集中采购目录及标准中的职责权限，对政府集中采购目录、部门集中采购目录、分散采购项目限额标准、公开招标限额标准的执行做出详细补充规定，集中采购程度进一步提高；有的省市国税局不同程度降低政府采购限额标准，扩大政府采购制度的约束范围和规模，进一步强化了分散采购管理，促进国税系统政府采购管理规范化、精细化。

（二）严格执行报批报备制度

2008年，国家税务总局集中采购中心共计向财政部报批报备15项（文件），其中报备2007年相关政府采购项目的执行情况，涉及39个项目；报请核准12件、涉及14个采购项目的进口产品采购；报请审批单一来源采购28个项目。同时，办理国税系统集中采购项目授权审批107项，审批金额2.87亿元；办理国税总局机关采购项目授权审批211项，审批金额0.72亿元。

（三）以全国政府采购执行情况专项检查为契机，规范采购行为

2008年，根据财政部、监察部、审计署、国家预防腐败局统一部署，国家税务总局印发《国家税务总局关于开展政府采购执行情况专项检查的通知》，对国税系统政府采购执行情况专项检查工作进行全面安排部署，成立了政府采购执行情况专项检查领导小组，组织四个重点检查工作小组，分别对吉林、江苏、浙江、广东、广西、湖北等六个省（自治区）及其所属的苏州、佛山等六个市国家税务局进行重点检查，并积极配合中央四部门检查组对总局机关和河北、新疆及其所属的石家庄、衡水、沧州等市国税局的重点检

查。针对检查中发现的问题，国税系统各级采购部门认真分析问题根源，研究整改措施，以检查促管理，以检查促规范，对推动政府采购深入开展起到了积极的促进作用。

二、采取有效措施，政府采购质量和效率不断提高

（一）强化围绕中心、服务大局的工作理念

服务税收中心工作是国税系统政府采购工作的出发点和归宿，也是衡量税务系统政府采购工作水平的标准。2008 年，国税系统各级采购部门自觉将政府采购工作融入到税收工作全局当中，围绕新时期税收工作主题来开展政府采购工作，并以服务大局的实际成果来检验政府采购工作的成效，抓住了要害，使国税系统政府采购工作焕发出更强的生机和活力。

（二）大力推行协议供货制度

2008 年，国税系统加大协议供货执行力度，进一步扩大协议供货范围，先后实施了办公用品、信息化产品、公务用车协议供货项目。其中，（1）信息化产品扩展到 12 类，增加了移动存储设备、计算机通用软件、视频会议设备、存储设备；中标供应商由 70 个扩大到 74 个；中标产品由 800 多款扩大到 2 700 多款。（2）传真机、复印机、投影仪等常用办公用品共 11 个品目、111 款产品。（3）汽车协议供货扩展到轿车、面包车两大类 181 款产品，基本涵盖了系统信息化建设和日常行政办公所需。各级国税局采取有效措施，积极配合国家税务总局做好协议供货工作，应用并不断完善协议供货软件，为提高国税系统政府采购工作效率发挥出了积极作用。

（三）努力指导基层政府采购工作

2008 年，国家税务总局集中采购中心加强对系统政府采购工作的管理，抓好制度落实，强化业务指导，积极为基层采购项目提供采购技术和人员力量的支持，先后对浙江、广西、山东、辽宁、广东、河南、吉林、山西、天津、云南、陕西、宁夏等十多个省（区）国税局采购进口设备进行了专家论证，并具体实施了深圳市国税局新机房建设项目，既解决了基层实际困难，又规范、指导了基层采购工作。

三、依法实施采购，政府采购规模和效益继续保持良好势头

2008 年，国税系统各级采购部门强化服务经济社会发展大局、服务税收中心工作大局的“两个大局”意识，依法实施政府采购，发挥政府采购职能，取得了明显经济效益和社会效益。

国家税务总局集中采购中心先后完成税务系统信息化建设应用软件开发和各种硬件设备采购以及办税服务大厅税务标识、计算机类设备协议供货、办公用品协议供货、公务用车协议供货等采购项目。2008 年，全国国税系统完成政府采购预算金额 89. 81 亿元，实现采购金额 78. 32 亿元，节约资金 11. 49 亿元。其中，国家税务总局机关办理集中采购项目 67 个，完成政府采购预算 33. 35 亿元，节约资金 3. 92 亿元；合同执行 102 个项目，付款合计 7. 26 亿元；收退投标保证金、履约保证金 406 家次 8 133 万元；支付宣传费、评标费 27 项 234 万元；抽取 26 个项目评标专家 150 人次。四川汶川发生 8. 0 级特大地震后，国家税务总局启动紧急政府采购程序，协调重庆、陕西、河南等省

局为四川受灾地区采购了帐篷、药品、活动板房、发电机等救灾物资，金额2 236.11万元，体现了大局意识、服务意识和责任意识。整个政府采购项目的实施严格、规范、有序进行，范围在逐步扩大，规模稳中有升，效益日趋明显，为税收各项事业的发展提供了有力的采购保障。

2008 年，国税系统在工作理念和采购实践中注重研究、发挥政府采购政策功能，在全国国税系统信息化产品、公务用车协议供货的公开招标中，引入并设定了产业政策因素的评分评审内容，对符合节能、环保、自主创新、安全认证的产品酌情予以加分，国家有关产业政策在国税系统政府采购工作中得到积极体现。

四、加强宣传培训，积极推动《政府采购法》在国税系统的贯彻落实

（一）加大《政府采购法》的贯彻落实力度

2008 年，《中国税务报》共刊出 24 期政府采购专版宣传报道政府采购工作，刊登 205 篇稿件，其中：政府采购专论文章 12 篇，新闻稿件 67 篇，政策法规 12 篇，工作经验交流 21 篇，知识问答 31 篇，采购信息 26 篇，新闻图片 36 幅，宣传报道内容覆盖 31 个省（市）、自治区的政府采购工作；中国税务政府采购网更新信息 2 589 条，其中：招投标公告信息 291 条，国税系统政府采购工作动态 112 条，业务文章 253 条，政府采购法规 52 条，产品最新信息及行业采购动态 1 751 条。另外，还接听相关政府采购咨询电话 1 812 个，更新协议供货系统信息 23 706 条。

（二）积极开展政府采购业务培训

2008 年，国家税务总局在长沙举办了国税系统处级干部政府采购专业知识培训班，约 120 人参加了培训，陕西、山西、福建、大连等省市也举办了不同层次、不同形式的政府采购业务培训，形成上下联动、多方参与，共同研究学习政府采购专业知识的良好局面，为做好政府采购工作打下了基础。

五、加强廉政建设，努力构建国税系统政府采购反腐倡廉长效机制

2008 年，国税系统各级采购部门进一步加强思想道德修养和廉政教育，认真学习和贯彻落实中纪委二次全会精神，以 2008 年全国国税系统政府采购执行情况专项检查为契机，坚持依法采购，恪守职业操守，联系工作实际，对近年来政府采购工作进行全面回顾和梳理，对政府采购活动的各个主要环节，对可能规避集中采购的重点工作岗位、环节开展全面自查自纠；进一步加强政府采购干部队伍的思想道德修养和廉政教育，反复宣传和重申政府采购工作廉政守则，积极研究和探讨构建国税系统政府采购反腐倡廉长效机制，树立良好的国税系统政府采购形象。

（国家税务总局供稿，
赵兴玉、王庆成、张峰执笔）

国家知识产权局

2008 年，国家知识产权局以科学发展观重要思想为统领，认真贯彻《政府采购法》，严格执行国务院、财政部和国管局有关文件精神，求真务实，开拓进取，不断推进政府采购工作健康发展。

一、积极组织落实，认真开展政府采购专项检查活动

政府采购执行情况专项检查活动是《政府采购法》实施以来首次在全国范围内开展的政府采购大检查。国家知识产权局对此高度重视，按照财政部、监察部、审计署和国家预防腐败局等四部委联合通知的要求，积极部署，组织落实，认真开展政府采购专项检查活动。专项检查分为自查自纠、重点检查和整改提高三个阶段进行。

为确保工作落到实处，国家知识产权局强化了专项检查活动的组织实施，由主管财务工作的局领导担任总负责人；局政府采购领导小组负责组织领导，制定了详细的《国家知识产权局政府采购执行情况专项检查工作方案》；局属各单位均成立以分管领导为负责人的工作组，对本单位政府采购执行情况进行全面检查；局政府采购领导小组办公室负责管理和工作协调，并对各单位的检查工作予以指导。专项检查活动开展期间，还成立了专项检查工作督查组，对部分单位和局重大项目的政府采购执行情况进行督察与抽查。同时加大宣传力度，通过局内简讯、局政府采购通报栏目开展政策宣传与业务指导，及时反映工作进展情况；畅通信息渠道，公布监督举报电话和电子邮箱，便于职工反映有关政府采购执行情况的意见和建议。

在组织局系统各部门和单位认真开展自查自纠的基础上，专项检查督查工作组对 3 个局属单位进行重点检查，抽查了 5 个重点项目，涉及资金 1 200 多万元。局政府采购领导小组办公室对专项检查活动中发现的问题及时进行了全面梳理与客观分析，提出了可行的整改措施，指导各单位边查边改，全局依法采购意识进一步得到提高。

二、首次召开全局政府采购工作会议，明确发展思路

2008 年 1 月，国家知识产权局首次召开政府采购工作会议，局党组成员、副局长杨铁军到会并作重要讲话。会议全面回顾和总结了国家知识产权局政府采购工作发展历程，提出要立足于“管理科学、程序规范、执行有力、监督到位”的总体要求，不断构建和完善制度体系、组织体系、运行体系、监督体系，努力实现政府采购“科学化、规范化、信息化”的工作目标。此次会议对全局政府采购工作发展思路进行了系统谋划和整体部署，标志着国家知识产权局政府采购工作由实践探索阶段向全面健康发展阶段转变。会议

还邀请了财政部、审计署和国管局政府采购中心的领导作专题报告和工作指导。

三、不断健全工作体系，完善制度建设

2008年，国家知识产权局重点加强了局直属单位政府采购工作的工作体系建设，进一步完善了政府采购内部评审制度。有预算资金的局直属单位均成立了专门机构，负责组织和协调本单位政府采购工作。部分单位还制定了政府采购内部管理办法和采购工作流程。

为使政府采购内部评审制度发挥实效，国家知识产权局在全局范围内组织政府采购评审专家遴选活动，确定首批评审专家56人，制定了《国家知识产权局政府采购评审专家抽取使用管理规定》，明确规定评审专家的行为准则和抽取使用程序。2008年3月至12月，国家知识产权局共组织采购评审会议101次，抽取使用评审专家149人次，涉及采购金额3.02亿元。在项目评审过程中，评审专家作风严谨，工作认真，较好地完成了评审任务，为政府采购工作的顺利开展做出了贡献。

四、采购规模迅速增长，资金使用效益大幅提高

国家知识产权局严格遵守政府采购有关法律规定，做到政府采购目录内项目应采尽采。2008年，全局政府采购总额达3.89亿元，较上年增长22%，在中央单位委托国管局采购中心采购量的排名中，连续第二年位于前十名之列。同时，财政资金使用效益大幅提高，2008年政府采购节约财政资金1.44亿元，节约率为27%。

五、规范报批程序，采购文件管理更加高效

2008年财政部新增了对进口产品采购的审批要求，对于采购方式变更的管理也更加严格，国家知识产权局相应规范了采购文件的报批要求，并在局政府采购服务系统上在线显示，指导有关单位和人员学习和落实文件精神。

财政部开发了政府采购方式审批管理系统，国家知识产权局作为首批11个中央试点单位之一，通过该系统报送政府采购文件。该系统启用后，审批单位和报文单位的沟通更加通畅及时，采购文件管理效能进一步提高。

六、加强宣传培训，促进政府采购队伍建设

政策宣传和业务培训是提升政府采购工作人员能力的有效途径。国家知识产权局通过编制《政府采购宣传册》（并在局政府采购服务系统上开发相应电子检索模块）、在局内网主页上开通政府采购专栏、组织订阅《政府采购信息报》等方式，宣传贯彻政府采购政策，解答政府采购实际工作问题，为采购实践提供指导帮助。

为全面提高政府采购业务水平，在国管局采购中心的支持下，国家知识产权局组织局属单位有关人员参加政府采购业务培训。同时，创新培训模式，精心挑选案例，分批次对首批局政府采购评审专家开展了现场模拟评审训练，为评审专家尽快进入角色、公平公正地开展评审工作奠定了良好基础。

七、加强实证支撑，开展政策功能软课题研究

为配合《国家知识产权战略纲要》的实施，探索政府采购促进知识产权创造和运用的有效途径，国家知识产权局与对外经贸大学联合开展了“政府采购促进知识产权创造和运用的政策研究”的软课题研究。通过研究政府采购制度推动企业自主创新和在实施知识产权战略中的着力点和落脚点，努力为政府采购制度促进企业自主创新提供科学论断和政策支持。

2008 年，国家知识产权局政府采购部门务实求新、勤奋工作，取得了可喜成绩。政府采购领导小组办公室撰写的论文被第四届政府采购年会评为二等奖。专利局办公室政府采购处获得局廉政勤政先进集体光荣称号。这些荣誉既是对已取得成绩的肯定，也是对今后工作的鞭策，全局政府采购工作人员将再接再厉，不断进取，共同推动政府采购工作更好更快地发展。

（国家知识产权局供稿，
刘菊芳、刘文晶执笔）

中国科学院

自《政府采购法》实施以来，中国科学院按照国家政府采购工作总体部署及有关规定开展政府采购工作。2008 年，中国科学院纳入政府采购管理范围的事业单位为 123 户（其中：二级事业单位 116 户，三级事业单位 7 户）。2008 年在全院各级领导重视以及从事政府采购工作人员的努力下，中国科学院政府采购工作取得了一定成效。

一、认真开展政府采购执行情况大检查

按照财政部、监察部、审计署和国家预防腐败局联合开展全国政府采购执行情况专项检查工作部署，中国科学院成立了专项检查领导小组，召开了专项检查动员视频会议，转发了国家关于开展政府采购执行情况专项检查工作文件，提出了专项检查工作的具体要求，并对自查自纠表格填报口径进行了详细说明。在所属单位自查及中国科学院组织的重点检查基础上，中国科学院按阶段向全国专项检查领导小组上报了《中国科学院政府采购执行情况专项检查工作实施方案》、“中国科学院专项检查自查自纠表”、《中国科学院政府采购执行情况专项检查自查自纠阶段工作报告》、《中国科学院政府采购执行情况专项检查整改情况报告》，圆满完成大检查工作各项任务。

二、加强政府采购预算编制工作

中国科学院根据财政部关于编制部门预算的要求，对所属单位部门预算中政府采购预算工作认真布置，要求各单位政府

采购归口管理部门通过财务部门落实资金来源，根据资金来源向本单位内部职能部门、研究室进行布置，自下而上形成政府采购预算。为了保证部门预算项目支出政府采购预算落实到采购项目，中国科学院还要求各单位填报部门预算项目支出政府采购预算表，作为审核各单位部门预算项目支出政府采购预算的依据。2008 年，中国科学院部门预算政府采购预算总额为 15.24 亿元。

由于中国科学院部门预算中尚未论证确定的采购项目、国家有关部门及院追加预算形成的新增采购项目较多，因此，中国科学院政府采购追加预算占全部政府采购预算比重较大。针对这种状况，中国科学院重点抓了政府采购追加预算的布置和上报工作，并形成了定期上报政府采购追加预算的制度。2008 年中国科学院追加政府采购预算总额为 19.44 亿元。

三、按规定办理政府采购进口产品、变更政府采购方式申报工作

根据财政部制定的《政府采购进口产品管理办法》以及变更政府采购方式的有关规定，中国科学院在转发文件中进一步细化操作要求，在工作中对某采购代理机构需要提供的证明材料提出要求，为规范政府采购进口产品、变更政府采购方式申报工作打下基础。

由于中国科学院科研工作的特殊性，进口采购仪器设备量较大，满足科研单位仪器设备指标要求的供应商经常不足 3 家，因此办理政府采购进口产品、变更政府采购方式申报工作量较大。为了保证科研工作需要，中国科学院在办理过程中及时审核、上报，遇到问题及时与有关单位沟通。2008 年中国科学院共办理政府采购进口产品申报项目 297 项，项目金额 8.05 亿元，办理变更政府采购方式申报项目 74 项，项目金额 2.76 亿元。

四、做好政府集中采购工作

中国科学院规定凡采购集中采购机构采购项目中货物及服务，不论资金来源，所属单位按照中央国家机关政府采购中心（以下简称“采购中心”）有关协议供货、定点采购、单独委托、网上竞价、小额采购等采购程序实行政府集中采购。

据 2008 年政府采购统计表显示，中国科学院政府集中采购金额 4.17 亿元，占采购总额 18%，其中：货物 3.68 亿元，工程（工程中涉及的集中采购机构采购项目中的货物）0.03 亿元，服务 0.46 亿元。中国科学院政府集中采购金额与上年基本持平。在政府集中采购工作中，所属单位主要采取以下做法：

1. 建立健全政府采购内部控制制度及政府采购工作流程。各单位根据政府采购有关规定，结合本单位情况，在规范采购行为、建立政府采购监督制约机制方面建立健全政府采购内部控制制度及政府采购工作流程，使政府采购工作有章可循。

2. 加强政府采购法规及采购程序的宣传。各单位通过组织学习文件、开辟网上专栏、职工培训等形式宣传政府采购法规，同时使本单位职工掌握政府采购工作流程。由于中国科学院是科研单位，所需要的计算机等信息类产品在采购时间上、产品配置上往往不统一，大部分单位由科研人员按采购中心规定程序与供应商联系采购事宜，因此使广大科研人员了解采购程序至关重要。

3. 严格控制付款环节。各单位在采购流程中规定，政府采购归口管理部门有

关人员负责审核协议供货合同、验收单的真伪，在确定符合政府采购程序后财务部门才能付款，从源头上控制了规避政府采购的行为。

4. 尽可能采取批量采购方式。虽然中国科学院所属单位批量统一采购具有一定难度，但仍有一些单位政府采购归口管理部门尽可能通过提前做计划的方式进行批量采购，既节约了采购资金，又保证了较好的售后服务。

5. 特殊情况下采用网上竞价方式。由于中国科学院科研工作具有基础性、前瞻性，有时所需要的计算机等信息类产品属于协议供货范围之外的特殊配置，在此情况下，中国科学院要求所属单位上报书面申请，经财政部审批同意后，委托采购中心采用网上竞价方式采购。

五、做好部门集中采购工作

中国科学院规定凡采购中国科学院部门集中采购目录中的设备，不论其资金来源，所属单位均应按照中国科学院有关规定实行中国科学院部门集中采购。

据2008年政府采购信息统计表显示，中国科学院部门集中采购金额3.21亿元，占采购总额14%，全部为货物。中国科学院部门集中采购金额比上年有较大幅度增长，增加2.2亿元，增长2.17倍，增长原因是中国科学院加大了科研仪器设备方面的投入。在部门集中采购工作中，中国科学院采取了以下做法：

1. 制定部门集中采购目录。2008年中国科学院对部分大型通用仪器设备制定了部门集中采购目录，包括：大型计算机（不包括独立计算机软件、台式计算机、便携式计算机、服务器、网络设备）；核磁谱仪和核磁成像设备；电子显微镜、电子探针、能谱；质谱仪（包括有机质谱、无机质谱和同位素质谱）；X射线衍射及X射线荧光设备；其他单价或批量500万元以上的科研仪器设备。

2. 委托采购代理机构公开招标。中国科学院规定凡采购单价或批量120万元以上的中国科学院部门集中采购目录中设备时，采购单位统一委托某采购代理机构公开招标。

六、做好单位分散采购工作

中国科学院规定除集中采购机构采购项目及中国科学院部门集中采购目录之外，凡采购单价或批量50万元以上的货物及服务、60万元以上的工程，不论资金来源，所属单位按照《政府采购法》、招标投标法及政府采购有关规定实行单位分散采购。

据2008年政府采购信息统计表显示，中国科学院单位分散采购金额15.69亿元，占采购总额68%，其中：货物5.52亿元，工程10.12亿元，服务0.05亿元。中国科学院单位分散采购金额比上年增加1.63亿元，增长12%，增长的主要原因是中国科学院加大了科研仪器设备方面的投入。

中国科学院要求所属单位对达到公开招标限额标准的货物及服务，按照《政府采购法》及有关规定采用公开招标方式采购；对达到政府采购限额标准的货物和服务，按照《政府采购法》及有关规定采用邀请招标、竞争性谈判、询价、单一来源方式采购；对达到政府采购限额标准的工程，按照《招标投标法》及有关规定、院基建部门关于项目可行性研究报告批复中“建设项目招标核准意见”进行招标采购。

七、做好政府采购培训工作

2008年中国科学院为所属单位举办了一期资产管理培训班，将政府采购培训列为培训重要内容之一。另外中国科学院还组织所属单位参加采购中心举办的政府集中采购业务培训班。

中国科学院政府采购工作虽然取得了一定成效，但还需要进一步规范采购行为，需要不断探讨和解决执行中的有关问题，使中国科学院政府采购工作稳步向前推进。

中国气象局

一、中国气象局2008年政府采购管理工作情况

根据财政部“2008年政府采购工作要点”的部署，结合气象部门实际情况，中国气象局2008年政府采购主要管理工作如下：

（一）扩大采购规模，节约财政资金，积极落实扩大内需政策

2008年底，财政部追加气象部门“气象监测与预警工程项目”预算，该项目不但资金量大，而且涉及的预算单位较多，中国气象局在工作人员缺乏、预算执行时间短的情况下克服种种困难，在协议供货基础上进行二次竞价谈判，最终采购了国内生产的6个品牌共22种信息类产品，其中计算机采购的最终成交价比市场价格优惠了30%左右。通过此次采购，一方面规范了预算单位的采购行为，节约了财政资金，取得了明显的经济效益；另一方面积极落实了国家扩大内需，应对国际金融危机的宏观政策。

（二）努力做好全国政府采购执行情况专项检查工作

2008年5月初，中国气象局以四部委联合进行全国政府采购执行情况专项检查为契机，广泛动员全国各级气象局，对气象部门政府采购情况进行了全面自查；7月份，中国气象局积极配合全国政府采购执行情况专项检查小组，对局直属单位的重点项目进行了全面检查；8月份，中国气象局计财司、驻局纪检组、财务核算中心组成联合检查组，对相关省份进行重点抽查。通过检查及整改，使气象部门各级预算单位进一步掌握了政府采购政策及规章制度，提高了依法采购的意识和能力，纠正了不符合规定的采购行为，很大程度上提升了单位负责人和工作人员的政府采购意识，提高了工作人员的政策把握能力，为今后规范政府采购行为奠定了坚实基础。

（三）认真贯彻政府采购政策功能

落实财政部与国家发改委颁布的有关采购节能产品、自主创新产品、环保、安全产品政策，支持自主创新产品政府首购和订购活动，中国气象局2008年采购的国内产品占采购产品总量的95.63%，采购的节能节水产品和环保产品分别占其同类产品采购总量的66.80%和66.28%，充分发挥了政府采购的政策功能。

（四）加强对中国气象局直属单位政府采购行为的监管

中国气象局直属单位地处北京，执行政府采购的外部环境较好。针对中国气象局园区单位政府采购项目多、资金量大的特点，中国气象局制定了《中国气象局园区单位政府采购项目监督管理办法》。对超过一定限额的项目，中国气象局与驻局纪检组对招标文件或谈判文件进行事先审查与事后备案制度，实现对其预先控制和全程监督，对局直属单位严格规范政府采购行为起到了积极的监督和督促作用。

（五）继续加强政府采购工作目标考核力度

2008 年，中国气象局继续将政府采购工作纳入目标考核管理，对于不按照规定擅自进行采购或采购不符合规程的单位进行评分，以达到教育本单位，警醒其他单位的目的，进一步提升整个部门依法采购意识，规范采购行为。

二、2008 年气象部门政府采购基本情况

（一）政府采购预算编报情况

2008 年，气象部门政府采购信息统计报表采购预算为 16.11 亿元，其中预算内资金 14.48 亿元、预算外资金 79.50 万元、自筹资金 1.62 亿元，分别占实际采购预算的 89.87%、0.05%、10.08%。

（二）采购预算执行情况

2008 年，气象部门实际采购金额共计 15.41 亿元，其中财政直接支付金额为 3.74 亿元，占实际采购金额的 24.28%。总采购额中，预算内资金 13.87 亿元、预算外资金 74.81 万元、自筹资金 1.53 亿元，分别占实际采购金额的 90.03%、0.05%、9.92%。共计节约资金 7 044.91 万元，节约率为 4.37%。

2008 年，气象部门采购金额与 2007 年的 10.54 亿元相比，增加 4.87 亿元，增长 46.16%。比 2003 年到 2007 年采购金额平均每年增长 31.30% 的数据还高出 14.86%。

（三）采购组织形式分析

2008 年，气象部门政府集中采购 4.76 亿元、部门集中采购 4.23 亿元、分散采购 6.41 亿元，分别占总采购额的 30.90%、27.48%、41.62%。

（四）采购方式分析

2008 年，气象部门政府采购方式主要为公开招标采购方式，采购额为 9.18 亿元，占总采购额的 59.60%，其后按照采购金额大小依次为单一来源、竞争性谈判、邀请招标、询价。气象部门 2006 ~ 2008 年进行公开招标的政府采购金额分别为 2.88 亿元、5.15 亿元和 9.18 亿元。绝对数量逐年增大，表明各单位已将公开招标的采购方式作为政府采购的主要形式，政府采购行为日趋规范，政府采购的法制观念和政策意识逐步加强。气象部门单一来源方式采购数量较多的主要原因是：一些专业的气象类仪器，只有一个供货商或生产商，有些甚至需要定制。

（五）采购合同授予情况

2008 年气象部门政府采购合同授予国内厂商 14.74 亿元，占采购总额的 95.63%；授予国外厂商 6 729.07 万元，占采购总额的 4.37%。

授予国外厂商的采购合同主要是所采购的气象专用仪器设备由于国内无此技术，有些甚至世界各国都没有成品，只能采购或定制国外的仪器设备。

（六）政府采购品目分析

2008 年气象部门政府采购货物类

9.93亿元，占采购总额的64.42%（依次为专用设备、一般设备和交通工具）；工程类4.03亿元，占采购总额的26.15%；服务类1.45亿元，占采购总额的9.43%（见下图）。

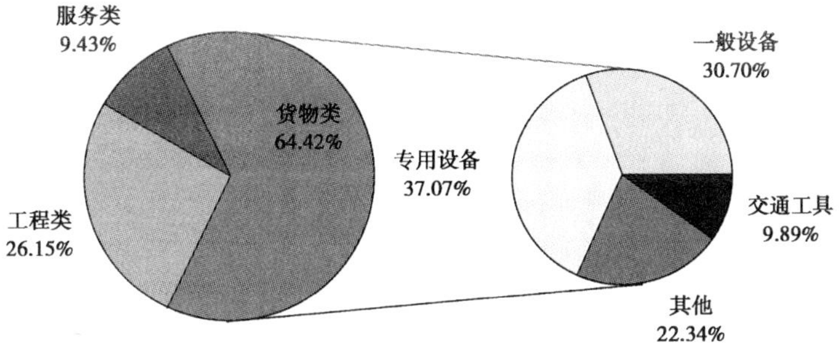

2008年气象部门政府采购品目分析

（七）节能节水产品采购情况

2008年气象部门政府采购节能节水产品的采购金额为1.26亿元，占同类产品采购总金额为1.88亿元的比重为66.80%，比2007年的37.28%增加了29.52%。

（八）环保产品采购情况

2008年气象部门政府采购环保产品的采购金额为1.27亿元，占同类产品采购总金额1.91亿元的比重为66.28%。

（中国气象局供稿）

国务院机关事务管理局 中央国家机关政府采购中心

中央国家机关政府采购中心（以下简称“国采中心”）自2003年成立以来，在国务院机关事务管理局党组的正确领导下，在财政主管部门的指导下，在审计监察部门的有力监督下，与中央国家机关各部门、各单位密切配合、共同努力，推动中央国家机关政府集中采购工作实现了从试点探索到全面推广再到精细管理的阶段式发展，基本建立了“运转协调、监督到位、规范高效”的集中采购工作机制。国采中心6年累计采购金额达到421亿元，节约财政资金逾50亿元，在经济效益和社会效益多方面取得了显著成效。

一、总体采购情况

国采中心2008年度采购规模由上年的117.53亿元增长到129.39亿元，增长约10.09%。人均采购金额从2007年的2.35亿元增长到2.59亿元，提高了0.24亿元，增幅10.21。资金节约率为10.90%，政府集中采购节约财政资金的功能得到进一步提高。

2008 年度公开招标采购金额为 111.73 亿元，占总采购金额的 86.35%；邀请招标采购金额为 5.40 亿元，占 4.17%；竞争性谈判采购金额 1.44 亿元，占 1.11%；询价采购金额 248.60 万元，占 0.02%；单一来源采购金额 2 亿元，占 1.54%；其他方式（包括网上竞价和小额采购）采购金额 8.81 亿元，占 6.81%。公开招标的采购项目比例为 86.35%，高于全国 68% 的平均水平，比 2007 年提高 8.66 个百分点，政府集中采购活动更加规范，公开透明度得到了进一步提高。

货物类采购金额为 86.85 亿元，占采购资金总额的 67.12%；工程类采购金额为 22.19 亿元，占 17.15%；服务类采购金额为 20.35 亿元，占 15.73%。货物类采购仍然占全年采购资金总额的大部分。与 2007 年相比，货物类采购金额减少 1 240.45万元，降幅 0.14%；工程类采购金额增加 4.35 亿元，增长 24.35%；服务类采购金额增长迅速，增加 7.64 亿元，增幅达 60.13%。

二、政府集中采购工作开展情况

（一）从宣传培训入手，促使集中采购意识深入人心

多年来，国采中心一直努力加强对政府集中采购的正面宣传。一方面充分利用报刊杂志、广播电视等大众媒体，通过发表理论文章、制作宣传片等多种方式，让各方面了解政府集中采购的工作思路、工作流程和工作成果。另一方面还通过走访座谈、培训研讨等形式，加强与采购人、供应商和地方采购机构的沟通联系，营造良好的集中采购环境。通过长期不懈的努力，宣传培训工作取得了良好成果，2008 年政府集中采购总额达到 129.39 亿元，较 2003 年的采购总额 7.1 亿元增长了 17 倍，年均增长 70% 以上，并且采购涉及面越来越广，采购范围越来越大。这一切表明，中央国家机关各部门、各单位依法集中采购的观念和意识明显增强。

（二）从建章立制入手，着力规范集中采购工作程序

国采中心结合中央国家机关政府集中采购工作的实际情况，针对集中采购规程、项目实施方案、业务操作标准、工作人员要求等多个方面，出台了《中央国家机关政府集中采购工作规程》等管理办法，建立起了一套比较完整的制度体系，初步适应了政府集中采购工作的需要，形成了用制度管事、靠制度管人、按制度办事的机制，提高了集中采购工作的规范化水平。6 年来中央国家机关集中采购工作中发生供应商质疑事项 68 起，涉及采购项目 37 个，占全部采购项目的 3.08%。其中形成投诉的 6 起，导致 4 个项目采购失败，采购失败的项目仅占全部采购项目的 0.33%。

（三）从完善采购方式入手，大力提高集中采购效率和质量

在调研考察的基础上，结合目前中央国家机关集中采购状况，国采中心确定了以协议供货、定点采购为主的采购思路，并在实践中不断创新采购手段，将批量采购、阶梯报价、二次竞价等方式与协议供货、定点采购相结合，同时引入价格与市场联动机制，大力加强对协议供货和定点供应商履约情况的考核管理，大大提高了采购效率和采购质量。

协议供货和定点采购在政府集中采购工作中发挥出越来越重要的作用。2008 年协议供货（包括信息类产品、空

调、汽车）总金额为60.27亿元，定点采购（包括家具、电梯、保险、印刷、工程监理、会议、加油、维修、信息监理、办公用品）为11.70亿元，共计71.97亿元，占总采购金额的55.62%，采购金额比2007年增长35.41%。2008年协议供货总采购次数为134 045次，定点采购为82 199次，全年日均采购次数约592次，共计216 244次，工作日日均采购近1 000次，但价格和服务投诉仅发生181起，占采购次数的比例不到0.1%。实践证明，协议供货和定点采购提高了采购效率，降低了采购成本，进一步方便了采购用户。

（四）从落实政策目标入手，逐步发挥政府采购宏观调控功能

在政府集中采购执行过程中，国采中心一直致力于政府采购政策目标的落实，严格执行购买国货规定，支持软件、汽车等国内薄弱产业的企业发展；优先购买节能环保产品，在中央国家机关一级预算部门范围内率先将公务车配备标准降低为排量1.8L以下、价格16万元以下。2008年中央国家机关集中采购节能产品18.20亿元，占同类产品采购总金额的79.60%。同时鼓励自主创新，扶持中小企业发展，在全国范围内起到了带头示范作用。

（五）从信息化建设入手，不断改进集中采购服务水平

为方便集中采购各方当事人，国采中心着力搭建了中央政府集中采购网络平台，网站访问量至今已突破1 500万人次，工作日访问量每天达到3万人次以上。截至2008年底，入库供应商22 000多家，采购单位6 000多家，商品数量27万余种。政府集中采购目录内75%的项目实现了网上采购，为采购监管部门、采购人、供应商、评审专家提供了一个统一的电子化、标准化平台，为采购人、供应商及相关部门运用网络进行信息查询和实施采购提供了便利，较好地解决了跨地域采购等难题。同时在网上公布了服务热线电话，开通了网上在线问答和“主任信箱”，为采购人和供应商提供及时、周到、热情的政策咨询和技术支持服务。2008年网上在线回复问题约1 400个，接听服务热线电话约43 000个，平均每个工作日做出答复约180个，建立了一个形象良好的对外服务窗口。

（国务院机关事务管理局中央国家机关政府采购中心供稿，黄涛执笔）

中共中央直属机关采购中心

2008年，中共中央直属机关采购中心（以下简称“采购中心”）在中央办公厅和中直管理局的正确领导下，在财政部的大力支持和各单位的密切配合下，牢固树立依法采购意识和服务意识，不断扩大政府采购影响，着力加大信息化建设力

度，切实提升整体工作效能，稳步推进了集中采购事业的发展。

一、集中采购工作开展情况

2008年采购中心共完成采购项目215个，完成采购预算8.32亿元，实际采购金额7.3亿元，节约资金1.02亿元，节约率14%。

为全面做好集中采购业务工作，采购中心着力抓好了几个重点。一是精心组织实施项目采购。围绕政府集中采购目录，认真完成采购单位委托的各项采购任务；在目录内项目的实施过程中，充分发挥协议供货和定点采购的优势作用，新开展了零星建设工程施工、建设工程监理、电梯等项目的定点采购工作，进一步扩大了协议定点项目的范围；结合中直机关工作特点，接受采购单位的紧急项目和涉密项目委托，顺利完成了抗震救灾主题展览设计施工采购项目等一批重大、涉密、紧急项目的采购任务，在保证国家秘密安全和采购进度要求的基础上，确保了项目采购的有效竞争、依法开展。二是围绕重点难点问题开展调查研究。通过市场走访、突击检查、暗访等形式，对计算机、公务车辆等产品的市场情况进行摸底调查，比较价格和服务等方面的差别，全年共进行各种调研二十余次，撰写了调研报告十余篇；与中国财经报社、中央国家机关采购中心、北京市采购中心等部门合作，对部分协议供货、定点采购项目的产品价格和服务质量进行深入调查；与中央财经大学政府管理学院合作，对信息类产品协议供货和部分定点采购项目进行专项课题研究，查找项目执行过程中的突出问题。此外，采购中心还通过召开座谈会、印发调查问卷等多种形式，广泛征求采购单位、供应商的意见和建议，掌握了许多宝贵的第一手资料，为进一步改进工作、完善机制奠定了良好的基础。三是建立强化项目后续管理的常态机制。初步建立了授标前的中标供应商谈话制度，对中标供应商明确提出诚实守信、依法履约的要求；针对协议供货和定点采购项目的上百家供应商，开展成交价格与市场价格、产品质量与售后服务、投标承诺与履约情况等方面的跟踪回访工作；开通了协议供货执行情况电话热线，接受采购单位和社会各界对协议供货产品价格和服务质量的监督和检查；对在招标过程中弄虚作假、在执行过程中不诚信履约的供应商，严格按照相关规定，给予了惩处，有效地维护了采购单位的合法权益。四是严格执行强制采购节能产品等政策要求。按照国管局、中直管理局关于节能减排工作的通知精神，开展了中直机关节能灯具、集中空调清洗、燃气灶具节能改造等节能项目的采购，取得了较好的采购效果；在采购组织过程中，严格执行国家关于政府强制采购节能产品的政策规定，通过严格规定投标产品的范围以及加大分值权重、给予价格扣除等方式，充分体现国家相关政策要求与导向作用。

二、其他相关工作开展情况

（一）深入开展业务宣传培训工作

2008年，采购中心组织召开了2008年中直机关政府集中采购工作监督员座谈会、中直机关政府集中采购工作座谈会，进一步宣传有关政策，沟通各方情况，听取意见建议，取得了很好的预期效果。7月和9月，举办了中直机关工程建设项目和货物类项目政府采购专题培训班，重点介绍了零星建设工程施工定点采购、建设工程监理定点采购和信息类产品协议供货采购等项目的开展情况、相关做法和操作程序，增强了业务培训的针对性和实效性，提高了培训的质量和水平。5月和7月，采购中心主要负责同志分别在中直机关相关培训班上进行专题讲座，使各单位主管政府采购或财务工作的负责同志对政府采购的相关情况有了更深入的了解，进一步统一了思想，提高了认识，起到了较好的宣传引导作用。9月，在中央办公厅网站上开通了政府采购宣传专栏，及时发布相关信息、法律法规和工作开展情况。此外，采购中心还通过修订《政府集中采购工作手册》、编印《政府集中采购信息交流》和《简报》等刊物的方式，进一步宣传政府采购政策法规和工作开展情况，提高了各单位依法采购的意识以及规范操作的能力和水平，为推进政府采购全面发展奠定了良好的基础。

（二）集中采购信息化建设初见成效

2008年5月，采购中心启动了基于互联网的中直机关集中采购信息管理系统研发工作。目前，该系统的中直频道模块已在财政部网站正式投入使用，基础信息库、电子招投标系统、定点采购交易管理系统等主要功能模块已基本开发完毕，进入到了试运行阶段。综合办公业务系统全面启用，除信息公告发布外，采购中心已实现了采购业务全流程的无纸化办公。为了进一步提高工作效率，采购中心还使用了自动语音提示系统，实现了评标专家的自动语音抽取功能，改进了电子评标辅助系统，进一步提高了专家评标的质量和效率，同时改造原有评标室为电子评标室，实现了专家评标环节的电子化。11月，采购中心正式启动了供应商网上注册工作，通过审核供应商提交的工商、社保、税务等各种资料，将合法、优秀的供应商纳入到信息库中，并通过监控库内供应商履约情况，逐步建立优质和诚信供应商的信息档案，为政府集中采购工作的顺利开展创造了有利条件。为确保各类工作信息和数据的安全管理，采购中心制定了《中心计算机管理暂行办法》和《中心计算机终端及移动存储设备安全管理暂行规定》，配备了独立的数据中间机和专业的安全管理软件，严格限制并区分使用外、内部存储设备，切断了内部数据未经批准流出中心的途径，进一步强化了中心信息安全保密工作。

（三）不断提升中心整体工作效能

采购中心以制度建设为重点，进一步完善了集中采购工作的运行机制，先后制定了《中心工作规则》、《中心财务管理暂行办法》、《涉密项目采购实施办法》等制度办法，修订了《中心印章管理办法》以及各类采购文件范本，并结合具体项目，拟定了工程施工、工程监理、电梯、变配电等项目的子范本，进一步规范了集中采购行为，完善了中心内部的制度框架体系。新聘请了6位各单位负责政府采购或相关工作的局级领导，担任第二批集中采购工作监督员，进一步加强了对中心工作行为和人员行为的监督。7月，在全国政府采购专项检查中，采购中心接受了财政部等四部委重点检查小组历时20天的政府采购专项检查，各项工作得到了检查小组的充分肯定；对于检查小组提出的细节问题进行了认真分析研究，制定了相应的整改措施，进一步规范了操作程序和相关要求。为适应政府采购工作的发展，采购中心对全体工作人员提出了强化

“五个意识”的要求，即强化服务意识、强化责任意识、强化大局意识、强化创新意识、强化自律意识，并通过多种方式不断提高工作人员的政治素质、政策水平和业务能力，为进一步推进集中采购工作的开展奠定了良好的基础。

（中共中央直属机关采购中心供稿，雷炜执笔）

四、地方政府采购工作概况

北 京 市

2008 年，北京市政府采购工作在财政部和北京市委市政府的领导下，以科学发展观统领各项工作，以开展政府采购执行情况专项检查为契机，将扩大政府采购规模与提升规范化水平相结合，做好应对《政府采购协议》（GPA）谈判的前期准备工作，加大力度发挥政府采购政策功能，政府采购工作取得新的成效。

一、稳步扩大政府采购规模

2008 年，全市完成政府采购预算 190.83 亿元，政府采购合同金额 185.29 亿元，节约资金 5.54 亿元，节约率 2.90%，财政直接支付金额为 107.27 亿元，公开招标金额 171.90 亿元，公开招标比例 92.77%。

其中，市本级完成政府采购预算 119.49 亿元，政府采购合同金额 118.86 亿元，财政直接支付金额 66.93 亿元，公开招标金额 118.02 亿元，公开招标比例 99.29%；区县完成政府采购预算 71.34 亿元，政府采购合同金额 66.43 亿元，财政直接支付金额 40.34 亿元，公开招标金额 53.88 亿元，公开招标比例 81.11%。

二、通力配合，精心部署，开展北京市政府采购执行情况专项检查

按照财政部、监察部、审计署和国家预防腐败局《关于开展全国政府采购执行情况专项检查的通知》，北京市政府采购执行情况专项检查顺利完成了自查自纠、重点检查、整改提高和验收总结四个阶段的工作，并取得了良好的成效。

1. 自查自纠工作覆盖面广，问题梳理到位。共收到 149 个预算单位、20 个区县财政局和 5 个采购代理机构的自查自纠报表，并对报表进行了分析汇总。通过对自查自纠数据的分析，梳理出政府采购执行情况中存在的问题：一是政府采购档案管理有待加强，二是政府采购废标率有待降低，三是个别区县管采分离工作有待进一步规范。

2. 重点检查工作部署周密，全方位实施检查。北京市财政局、监察局和审计局联合印发了《北京市政府采购执行情况专项检查第二阶段暨重点检查阶段实施方案》。在北京市政府采购专项检查领导小组的统一领导和协调下，成立 3 个重点检查组，按照“重点检查覆盖面要达到全部采购单位的 20%，以及所有集中采购机构和部分社会代理机构”的要求，共重点检查了 332 家单位，其中，市本级 36 家，区县 296 家。从重点检查情况看，北京市 2006 年和 2007 年政府采购执行情况总体情况良好、程序规范，同时也发现了存在的一些问题，主要体现在采购文件编制、采购信息公告、专家评标、采购结果执行、档案管理等方面。8 月 27 日，北京市向全国专项检查领导小组华北区督导组汇报了专项检查工作情况。华北区督

导组组长、财政部监督检查局副局长张强在听取汇报后，对北京市政府采购执行情况专项检查工作给予了充分肯定。

3. 及时提出整改措施，将整改提高落到实处。全市各级采购人、集中采购机构和乙级采购代理机构结合自查自纠和重点检查阶段中暴露出的问题，提出了切实可行的整改措施，并制定整改方案。尤其是重点检查中的被查单位还根据市政府采购执行情况重点检查小组下达的《整改建议书》，认真开展整改工作。北京市专项检查领导小组认真做好全市的验收总结工作，总结分析检查工作中发现的问题和原因，形成分析报告。

三、强化行政监督手段，开展北京市政府采购代理机构现场考核

为进一步加强对北京市政府采购代理机构的监督管理，及时、准确地了解政府采购代理机构的工作情况，提高采购代理机构的执业质量，保障政府采购活动规范有序地进行，依据《北京市政府采购代理机构现场考核工作细则》，2008 年 9～10 月，开展了对北京市政府采购代理机构的第二次现场考核工作。

此次考核工作委托熟悉政府采购法律法规和相关程序的律师事务所，组成三个考核小组，具体承担现场考核工作，将 15 家单位作为被考核单位，共计对其代理的 106 个政府采购项目进行考核。根据考核情况，编制了“2008 年度北京市部分政府采购代理机构现场考核情况表”。考核结果总体较好，15 家被考核单位全部合格，良好以上等级的占 67%。通过考核，还发现被考核单位在管理制度的建立、档案管理情况、人员培训情况以及代理的 106 个项目中政府采购项目委托程序、采购文件、采购信息公告、采购活动记录完整性等方面均存在不同程度的问题。

对于发现的问题，各考核小组在考核时已与被考核单位逐项沟通，各单位虚心接受，表示此项工作对其起到了促进和完善的作用，使其今后的政府采购代理工作更加合法，降低了法律风险，并主动对考核结果予以正式确认。

四、依法履行职责，做好政府采购投诉处理和行政处罚工作

（一）政府采购投诉呈现新特点，有效投诉大幅下降

2008 年，北京市政府采购工作在投诉处理方面采取重视协调解决、提前介入调查、加强法律宣传、加强人员培训等多管齐下的措施，在控制投诉数量过快增长的同时着力于提高处理质量，取得了较好的效果，政府采购投诉处理工作得到加强。一是投诉总量得到控制。2008 年共收到书面投诉总量 28 件，与上年持平，扭转了投诉总量快速增长的趋势。二是投诉受理数量下降。2008 年共受理投诉 17 件，比上年减少了约 1/4。一部分投诉案件，在受理审查阶段通过协调处理、宣传教育等方式化解了矛盾，投诉受理数量得到控制。三是驳回案件增加，有效投诉数量下降。2008 年驳回处理的投诉比上年有所增加，而有效投诉数量则有较大幅度下降。2008 年有效投诉共 7 件，比上年减少了近一半。四是投诉处理的复杂性有所增强。主要表现在政府采购投诉处理中呈现出的投诉问题涉及面广、内容专业化、法律规范体系庞杂。

（二）明确政府采购行政处罚流程，依法实施首例行政处罚

为规范北京市政府采购行为，做好政

府采购行政处罚工作，2008 年印发了《北京市政府采购行政处罚内部工作规程》，明确了北京市财政局实施政府采购类行政处罚工作的内部职责分工和工作流程，为实施政府采购类行政处罚提供了制度保障。2008 年，某采购代理机构在代理政府采购项目过程中，未经财政部门批准，擅自提高采购标准，超预算进行采购，导致中标结果超出预算。北京市财政局在调查核实的基础上，决定给予行政处罚，并按照法律规定的程序，做出了行政处罚决定，在北京市政府采购网上进行了公示。

五、按照财政部部署，开展北京市加入《政府采购协议》谈判应对工作

2008 年年初，财政部印发了《关于做好加入〈政府采购协议〉谈判应对工作的通知》，决定在 GPA 研究工作组框架下成立地方组，要求各地区研究加入 GPA 谈判的应对预案。根据财政部的要求，北京市财政局认真研究 GPA 谈判应对工作，并做好一系列准备工作。

1. 及时请示北京市政府，成立相关组织机构。起草了给北京市政府的请示，将我国加入 GPA 谈判的有关情况进行了报告，并就北京市开展 GPA 谈判应对工作进行了请示。根据北京市政府的批示，经北京市编委批准，在“北京市政府采购工作领导小组”上加挂“北京市加入政府采购协议谈判应对工作领导小组”的牌子，同时，增加负责本市加入《政府采购协议》谈判应对工作的领导和协调力量，并对重大事项进行决策等职责。“北京市加入政府采购协议谈判应对工作领导小组”组长由吉林常务副市长担任，副组长由王晓明副秘书长和北京市财政局杨晓超局长担任，成员单位包括 16 个部门。

2. 为领导小组第一次会议做前期准备工作。为顺利在北京市各有关部门推开 GPA 谈判应对工作，起草了《北京市政府采购协议谈判应对工作规划及 2008 ~ 2009 年度研究任务分工》和《GPA 保密工作实施细则》，将在领导小组第一次会议上予以讨论，从而正式启动北京市 GPA 研究工作，布置北京市 GPA 研究工作的具体任务，建立 GPA 研究工作机制，按照财政部的要求分阶段开展研究工作。

六、落实科学发展观，积极发挥政府采购政策功能

1. 建立政府采购支持节能环保制度。一是及时转发了财政部、国家发展改革委《关于调整节能产品政府采购清单的通知》，明确了空调机、双端荧光灯和自镇流荧光灯、电视机、电热水器、计算机、打印机、显示器、便器、水嘴等九大类产品为政府强制采购节能产品。二是及时转发财政部《关于贯彻落实政府强制采购节能产品座谈会精神的通知》，要求各区县认真学习会议精神，切实抓好政府强制采购节能产品工作。在实际工作中，要求采购人通过在招标文件中明确、设置技术参数等方式，优先采购节能产品和环境标志产品，属于政府强制采购节能产品的，要实施强制采购。

2. 建立政府采购支持自主创新机制。为鼓励、扶持自主创新产品的研究和应用，转发了财政部《关于印发自主创新产品政府首购和订购管理办法的通知》，要求采购人采购的产品属于首购产品类别的，应当购买《政府采购自主创新产品目录》中列明的首购产品；采购人应当通过政府采购方式，面向全社会确定订购产品供应商，签订订购产品政府采购合同。

3. 建立政府采购进口产品审核制。为推动和促进自主创新，规范进口产品政府采购行为，贯彻落实财政部《政府采购进口产品管理办法》，结合北京市实际情况，一是向市属各预算单位、各区县财政局、各采购代理机构印发了《关于贯彻落实〈财政部关于印发政府采购进口产品管理办法的通知〉的通知》，明确了对确需采购进口产品的项目，应在采购活动开展前向财政部门申请审核，在获得财政部门核准后才能依法开展政府采购活动。该通知对申报材料和具体流程做出了规定，并对目前已经开始实施的需采购进口产品的项目分情况提出了处理办法。二是及时转发财政部《关于政府采购进口产品管理有关问题的通知》，对进口产品认定、行业主管部门意见、采购执行、政府集中采购执行、论证专家、资金支付等问题进行明确。按照文件规定，及时建立了政府采购进口产品审核制度，无论是项目采购还是协议采购，都严格执行审核制度，在审核核准后才依法开展政府采购活动。

（北京市财政局供稿）

天　津　市

2008 年，天津市政府采购工作以贯彻落实科学发展观为统领，始终坚持“以强基建制为基础，以促进廉政建设为重点，以实现财政改革与发展为中心，以服务经济社会发展为目标”，把政府采购制度改革与财政改革紧密结合起来。全年实施政府采购预算 93.2 亿元，实际采购 78.5 亿元，与上年相比，采购预算和实际采购分别增长 15% 和 16%。政府采购整体呈稳步发展态势。

（一）不断扩大采购规模，提高政府采购效率和效益

2008 年，紧紧围绕“扩大政府采购范围，确保采购规模持续增长”的工作目标，积极采取多种措施，扩大采购规模，提高政府采购效率和效益。一是扩大了政府集中采购范围，增加了 4 大类 17 个品种的货物和服务项目；二是强化了协议供货和定点采购工作，明确了货物和服务采购中 12 类 40 个品种的项目，纳入政府采购协议供货和定点采购管理范围，并利用全市统一的政府采购协议供货信息管理系统实现全程电子化采购，确保政府采购活动的效率和效益。

（二）进一步强化制度建设，不断推进依法采购进程

根据政府采购工作开展的实际情况，将加强制度建设，完善采购规则作为重点工作来落实。一是研究制定了《天津市预算单位政府采购管理暂行办法》（以下简称《办法》）并上报天津市政府，于 2008 年 1 月份由天津市政府批转执行。

《办法》对政府采购预算管理、采购方式管理、采购程序管理和监督检查等几个方面内容和程序予以明确，特别强化了对政府采购预算和采购计划的管理和要求，为采购人进一步熟悉政府采购操作流程，更好地参与政府采购活动奠定了基础。二是研究制定了《关于加强市级预算单位协议供货和定点采购管理工作的通知》，扩大了纳入协议供货和定点采购的项目范围，明确操作规范，促进协议供货和定点采购工作有序开展。三是针对政府采购合同履行过程中暴露出的新问题，制定了《关于加强我市政府采购项目验收工作的通知》，进一步明确了必须由采购代理机构组织验收的采购项目范围，加大了对违法违规供应商的处罚力度，为营造健康、规范、有序的政府采购市场提供了有力的制度保障。

（三）创新政府采购监管模式，发挥政府采购政策功能作用

天津市财政部门在扩大规模促进规范的基础上，不断创新监管模式，进一步发挥政府采购政策功能，在促进节能环保、鼓励自主创新、促进相关产业发展等方面起到了良好的导向作用。一是落实国家政策，对节能照明产品采购试行协议供货制度。即在节能照明产品清单的范围内，通过资格准入方式确定入围产品范围，采购人可以根据各自的需求在该范围内与供应商签订采购合同。切实有效地促进采购人落实国家对节能产品强制采购的政策规定。二是大力践行《自主创新产品政府首购和订购管理办法》，在招标文件的制定、政府采购评审、合同签订及履约等环节分别采取相应的措施和方法，对属经国家或市相关部门认定的自主创新和节能环保产品生产、经营企业予以充分的支持和保护。三是创新思路和手段，积极制定政府采购促进财政增收节支工作的建议和措施，大力倡导对办公设备、公务用车等通用类资产建立配置标准，实行实物分配，为有效提高财政资金使用效益发挥积极的作用。

（四）强化政府采购计划管理，推进政府采购活动有序开展

加强政府采购预算管理，建立政府采购计划制度是2008年天津市政府采购工作的一项重要内容。印发了《关于印发市级预算单位政府采购计划报表的通知》，要求各市级预算单位按照统一制定的表格样式，按月编制政府采购计划。天津市财政部门每月底都将对各单位上报的政府采购计划进行梳理和审核，整合同类项目，下达采购任务，由政府采购代理机构依照财政部门审核的政府采购计划安排组织项目采购。全年共完成约450家次单位计划和补充计划审批，合计金额20余亿元，有序采购的氛围日渐形成。

（五）加强组织和领导，确保政府采购专项检查工作圆满完成

2008年，天津市财政部门将政府采购执行情况专项检查工作作为全年一项主要任务来进行。5月初，联合市监察局、审计局共同研究制定并印发了《天津市政府采购执行情况专项检查实施方案》，并组织召开分别由市级预算单位、区县财政部门和集中采购机构近300余人参加的“政府采购执行情况专项检查培训会议”，全面部署政府采购执行情况专项检查工作，并对专项检查操作软件进行了集中培训，确保专项检查工作取得实效。6月至9月，在审核和梳理各单位自查自纠阶段工作情况的基础上，联合监察、审计部门的工作人员以及部分政府采购监督员，组

建了8个重点检查工作组，深入各级预算单位进行重点检查，认真查找一些单位和部门在执行政府采购过程中不规范、不正确的行为，有针对性地提出整改意见。全市重点检查户数为312户，其中市属单位和采购代理机构61户，区县属预算单位和采购代理机构251户，重点检查面超过了规定的20%。10月中旬，先后组织召开由部分采购人、区县财政、代理机构、供应商参加的座谈会，广泛听取意见和建议，进一步落实专项检查整改提高和总结验收工作。在这次专项检查工作开展的过程中，还依托天津市政府采购网开辟专项检查专栏，刊发专项检查工作动态、工作简报等文章10余篇，及时报道和宣传专项检查工作；于自查阶段和重点检查阶段分赴六个区县和四个市级预算单位进行专项检查工作的宣传、推进和督导，确保各单位检查工作不走过场，落到实处。这次政府采购执行情况专项检查涉及21个区县、153个市级预算单位及其所属基层单位和采购代理机构共计3 332户，检查面达到100%。

（六）开辟绿色通道，保障应急采购

2008年，天津市财政部门充分发挥政府采购职能作用，优先保障抗震救灾物资项目和奥运及达沃斯项目的临时性、突发性采购，保障应急采购的优质和高效。一是确保渠道畅通，提高采购效率，优先安排对救灾物资实施采购。通过对特殊项目更改采购方式、批准采购人自行采购等措施，将原本至少需要20多天的采购周期缩短至10天左右，最大限度的节约采购时间，确保抗震救灾物资及时到位，保证前方救援队伍和后续增援力量有充足的救援装备。二是简化审批手续，缩短审批时间。针对与奥运和达沃斯相关的公安、卫生、城建、环保等系统的临时性、紧急性采购，坚持“特事特办”的原则，对公开招标不能满足时限要求的项目批准以竞争性谈判方式进行，并将审批时限也缩短到1天之内完成，涉及竞争性谈判方式审批8 625万元，单一来源采购方式审批3 534万元，最大限度地满足采购人的紧急需求，为国家重大活动的筹备工作开辟绿色通道。

（七）大力开展培训，不断提高政府采购队伍整体水平

2008年，天津市财政部门适应新形势发展的需要，注重做好政府采购业务培训工作，不断提高政府采购队伍素质，促进政府采购工作更好更快发展。一是针对《天津市预算单位政府采购管理暂行办法》的贯彻实施和政府采购信息统计工作，面向全市各级预算单位、区县财政部门以及政府采购代理机构共近300人分别进行培训，讲解政府采购法律法规和操作程序，促进政府采购各方当事人熟悉政府采购业务。二是分别对9家市级预算单位以和8个区县所属预算单位相关人员共1 700余人就政府采购执行情况专项检查工作内容及相关政府采购法规制度进行专题培训，引导各市级预算单位、各区县的专项检查工作逐步向纵深发展。三是借天津市财政系统政府采购工作会议的契机，对区县分管政府采购工作的负责人和经办人员进行政府采购相关业务的培训，为提高队伍素质和政府采购整体工作水平奠定了基础。

（八）加强基础建设，努力构建和谐的政府采购环境

天津市财政部门注重加强基础化建设，保证政府采购工作管理上水平，操作显规范。一是进一步加强专家库建设，细

化评审专家门类，优化专家结构。对1 400余名专家的评审专业等信息进行了细化再分类，进一步加强了对专家的动态跟踪和管理。二是做好供应商投诉、信访处理工作。坚持以法律为依据，秉承“程序规范，事实清楚，证据确凿”的原则，积极配合法制部门完成某公司提出的行政复议处理工作。天津市司法部门最终依法驳回该公司的行政复议，维持财政部门做出的投诉处理决定。同时，针对两起信访案件，先后多次到天津市政府采购中心进行沟通和了解情况，查清事实，做出令信访人满意的处理结果。三是加大对政府采购违法违规行为的处罚力度，针对合同验收中出现的供应商违规情况，依法分别对5家供应商做出不予退还保证金、罚款、列入不良供应商名单和禁止参与天津市政府采购活动等行政处罚处理。四是建立联席会议制度，通过政府采购主任联席会、区县政府采购分局长联席会等形式，实现信息互通，资源共享，促进政府采购工作整体水平的提高。

（天津市财政局供稿，
刘一凡执笔）

河 北 省

2008年，河北省政府采购工作以科学发展观为统领，深入贯彻落实《政府采购法》，紧紧围绕经济社会发展大局和财政中心工作，不断深化政府采购制度改革，较好地完成了各项任务。2008年全省政府采购规模达到205.44亿元，比上年增长39.2%，其中省本级增长81%，节约资金12%。

一、创新制度，积极发挥政府采购政策功能

政府采购可以通过采购什么、采购多少、向谁采购，来体现鼓励或限制的政策意图，以促进国家经济社会发展目标的实现。2008年，河北省积极落实促进科学发展的各项政府采购政策，特别注重在管理精细化上花力气、下工夫，制定出台了多项新的制度和措施。一是实施促进节能环保的强制采购节能产品政策。细化政府采购目录编制，新增了7个二级品目和25个三级品目，将节能产品类别全部纳入政府采购实施范围，并在目录中对优先采购和强制采购节能产品政策执行范围和有关要求作了强调。制定《关于贯彻落实政府强制采购节能产品制度有关事项的通知》，在采购预算编制、采购项目评审、采购合同签订等10个方面细化了强制采购政策规定。制定《关于通用节能产品政府采购实行协议供货管理的通知》，将空调机、电视机、计算机等9类通用节能产品纳入协议供货管理，凡协议供货范围内节能产品的技术、服务等指标能够满足采购需要的，采购单位应当购买节能产品；节能产品的技术、服务等指标

不能满足采购需要，或者法律法规政策文件另有规定可以采购非节能产品的，由采购单位提交申请表、专家论证意见、法律法规政策文件复印件等材料，报采购监管部门审核。二是实施鼓励自主创新的优先采购自主创新产品政策。配合省科技厅、省发改委制定公布了“河北省首批自主创新产品名单”，与2007年出台的优先采购规定相衔接，形成政策组合，使河北省自主创新产品在省内政府采购活动中获得政策扶持。同时，将公布的名单细化为产品名称、商标、型号等，增强了政策措施的操作性和执行力。三是对进口产品实施审核管理。规范了进口产品采购的审核和办理程序，在申请资料依据、拟购产品行业主管部门审核意见、专家论证意见、采购管理、监督检查等环节都作了明确规定。从照相机等小型器材到 CT 机等大型设备，只要是集中采购范围内的项目，通过审核才能购买进口产品，进一步保障了采购本国产品政策的落实。四是实施支持汽车工业发展的政府采购政策。为推动河北省内汽车工业做强做大，促进河北省经济平稳较快增长，我们对政府采购政策作了认真研究，提出了“运用政府采购政策支持汽车工业发展”的5项措施意见。

二、强化监督，集中开展政府采购专项检查

为了进一步贯彻落实《政府采购法》，了解和掌握政府采购执行中存在的问题，进一步推动和深化政府采购制度改革，促进廉政建设，经河北省政府批准，河北省财政厅联合省监察厅、审计厅，在全省各级各部门各单位中组织开展了实行政府采购制度以来规模最大的一次政府采购执行情况专项检查。这次专项检查从2008年4月份开始，经过了自查自纠、重点检查、整改提高、总结验收4个阶段。我们在推进这次专项检查过程中主要采取了4个方面的措施：一是加强领导，深入动员。经河北省政府批准，成立了由河北省财政厅齐守印厅长为组长，高志立副厅长、徐立海专员和省监察厅、审计厅两位厅领导为副组长的全省政府采购执行情况专项检查领导小组，并下设专门的工作机构。召开了全省政府采购执行情况专项检查工作电视电话会议，对检查工作做了全面动员和安排部署。二是精心组织，周密安排。我们和河北省监察厅、河北省审计厅联合制定了检查工作实施方案，印发各级各部门，明确了检查范围、内容和工作要求。在每个阶段开始时，又对具体任务和要求进行分解、细化，保障了专项检查工作的顺利开展。（1）自查自纠阶段，全省共有11 889个单位和机构对涉及政府采购的400多项具体情况进行了自查，自查面达到100%；（2）重点检查阶段，全省由1 338人组成388个检查组，对3 980个单位和机构进行了重点检查，重点检查覆盖率达到34%，其中对集中采购机构全部进行了重点检查；（3）整改提高阶段，省级共向28个部门和采购代理机构印发整改通知书督促其整改。三是深入宣传，强化督导。我们利用这次检查，深入宣传政府采购制度和商业贿赂危害，增强有关人员依法采购意识。既宣传规范做法，又宣传错误危害，特别注意从承担责任角度说明不规范问题的法律后果。同时，坚持将督促指导贯穿于专项检查工作始终。特别在重点检查阶段，我们进一步加强督导工作，省、市、县共576人组成193个督导组开展了督导，督导累计次数达到830次。四是注重结合，深入推动。我们将推进政府采购制度改革和深化政府采购领域商业贿赂专项治理工作，作为专项检查各项工作的出发点和落脚点，促进专项检查与规范采购行为、完善采购制度、扩大采购规模相结合，注重从完善制度、健全机制角度解决发现的问题，将专项检查工作引向深入。通过专项检查，宣传了政府采购法律法规，掌握了政府采购基本情况，发现和处理了一些不规范问题。中央督导组来河北省指导工作时，对河北省开展的政府采购专项检查工作给予了充分肯定和高度评价。

三、完善机制，深入推进政府采购规范管理

规范是政府采购工作的生命。2008年，我们紧紧抓住机制建设这个中心，推进了政府采购管理与操作的规范化。一是进一步理顺县级政府采购管理机制。对县级政府采购管理机构和执行机构分设工作进行探索和引导。对已经实行“管采分离”的，重点理清两个机构各自的职责，形成既分工协作又相互监督的管理机制；对已具备“管采分离”条件、尚未实行分设的，积极引导、推动管理机制的建立健全，一些县（区）采取了将县级采购项目委托社会招标机构代理采购的办法进行了探索；对暂不具备“管采分离”条件的，要求在岗位设置、人员分工上实现相互制约、相互监督。二是进一步探索政府采购网上运行机制。2008年，按照全省电子化政府采购实施方案，我们对电子化政府采购网上操作软件系统进行了集中开发，将河北省电子化政府采购进程由前期准备阶段推向试点应用阶段。由于政府采购实行分级管理，省级和各市县政府采购在某些具体流程和细节上还不完全一致。为了有效解决全省电子化政府采购软件编制的统一性和适用性问题，我们一方面反复就软件设计思路和编制细节向各市县征求意见、不断完善，另一方面采取了模块化、可选择的软件编制方法，并预留了一定的扩展空间。三是进一步加强政府采购环节监控机制。采购预算编制环节，落实“五统一”编制要求，经过两轮严格审核把关，2008年省本级采购预算达到50亿元，比部门自报政府采购预算金额增加一倍多。采购计划审核环节，加强对采购项目化整为零、规避公开招标的审核，2008年在省本级3 534个采购项目中，公开招标所占比重超过75%。采购专家抽取环节，在参与省本级采购项目评审的2 005人次专家选取中，应用了新的政府采购专家管理系统软件，采取限定时间、随机编号、隐去单位等办法最大限度地降低采购人、供应商与评审专家串通作弊的可能性。协议供货管理环节，进一步扩大协议供货政府采购项目品种，既方便了部门单位采购工作，提高了采购效率，也有利于促进采购单位将零星小额的采购项目纳入政府采购范围。与2007年相比，目前已纳入协议供货政府采购的项目品种由17种增加到26种，品牌由84个增加到130个，具体型号由1 040个增加到1 653个。采购信息公告环节，针对汶川地震救灾紧急采购项目，实行了先自行采购使用、后网上公示监督的办法，既满足救灾紧急需要、保护群众利益，又能够实施有效约束、规范采购行为。属地采购管理环节，制定属地政府采购计划，将2008年政府采购预算安排情况下达给单位所在地的财政部门，由当地按政府采购规定和程序组织采购活动，保障这些采购项目纳入当地采购监管程序。四是进一步

健全采购当事人行为规范。一方面加强采购代理机构监督管理，制定《关于政府采购代理机构资格申请和认定有关事项的通知》，对申请乙级采购代理机构资格应当具备的条件，在固定营业场所、业务培训、内部管理制度等 8 个方面进行了细化，强化采购代理机构资格审核，把好“进门关”。同时，起草涉及制度建设、岗位设置、代理业绩、操作规范等 10 个方面的具体考核办法及评分标准，对已取得资格的中介机构加强监督考核，目前正在征求有关方面的意见。另一方面，加强政府采购供应商诚信管理，研究拟定了政府采购供应商诚信管理暂行办法，要求各级财政部门建立供应商失信名单制度和失信行为档案，并依法依规对供应商的各种失信行为做出处理，从源头上防治政府采购领域商业贿赂和不正当交易行为，促进政府采购活动健康开展。

四、落实要求，认真应对加入 GPA 谈判工作

按照财政部的统一部署，河北省积极启动应对 GPA 谈判准备工作。一是向河北省委、省政府作了专题汇报。全国政府采购工作会后，考虑到应对 GPA 谈判工作影响重大、需要多部门的协作配合，我们起草了相关文件分别报省委、省政府同意。二是成立河北省加入 GPA 谈判应对工作领导小组。为了建立协调连动的工作机制，形成工作合力，共同做好应对工作，我们起草了成立工作小组的报告报河北省政府，建立了相应的机构。三是加强对应对工作的保密管理。

（河北省财政厅供稿）

山　西　省

2008 年，山西省政府采购工作围绕财政中心任务，以政府采购专项大检查为契机，认真贯彻《政府采购法》及相关法律法规，继续扩大政府采购范围和规模，深化与完善政府采购制度改革，推动全省政府采购工作健康有序地发展。

一、服务中心，不断扩大政府采购范围与规模

2008 年，山西省政府采购工作围绕财政中心任务，落实财政支农惠农政策，制定了粮食良种、农机具、畜禽疫苗、救灾物资、化肥农药等方面的政府采购措施；支持免费教科书、中小学危房改造政府采购和高校重点学科建设，确保优质高效，促进全省教育水平的不断提升；支持乡镇卫生院改造达标，巩固和健全新型农村合作医疗服务体系，切实做好国家政策性、社会关注和涉及民生项目的政府采购工作。一年来，在省级政府采购管理委员会的高度重视下，继续规范与科学制定年度政府集中采购目录及限额标准，扩大了政府集中采购的范围，将大型专业项目纳入集中采购管理范畴，保证了政府集中采购规模的稳步增长。2008 年全省共完成采购金额 90.65 亿元，比上年增加 23.8%，同预算相比节约资金 8.81 亿元；其中，集中采购规模为 67.79 亿元，占采购金额的 74.78%，从规模增长和占采购金额比重来看，都为政府采购制度实施以来最高。

二、周密部署，扎实开展政府采购执行情况专项检查

2008 年，山西省财政厅按照财政部、监察部、审计署和国家预防腐败局的统一要求，联合省审计厅、省监察厅于 4 月份开始开展了全省政府采购执行情况专项检查工作。山西省在全面自查基础上，重点检查了 105 家省直单位、19 家政府采购招标代理机构和省级政府采购中心，本着依规检查、依法处理的原则，对检查出来的违纪违规问题进行处理并针对暴露出来的制度性的、系统性的问题完善有关制度，同时，针对检查中发现的各类问题提出了整改意见：一是要求各被查单位对自查和重点检查中发现的问题全面开展“回头看”，看问题是否得到纠正，是否制定了整改措施，是否对政府采购工作加强了内部管理。二是从检查发现的问题中反思监管工作存在的管理漏洞和薄弱环节，立足从制度层面减少违规行为的发生。针对检查中垂直管理单位政府采购监管渠道不明确的问题，我们出台了《关于省级垂直管理部门和非驻并单位办理采购业务有关事项的通知》。针对采购文件编制不规范，质疑投诉问题较多的问题，我们拟定了货物、工程和服务类采购文件范本，针对采购人在具体采购活动中流程不规范、主观随意性突出的问题，拟定了一套规范的政府采购主要方式适用流程。

三、立足规范，强化政府采购精细化管理

规范政府采购行为是政府采购制度设立的出发点与归宿，也是政府采购制度生存和发展的根本保证。一是为了消除政府采购中采购人随意购买，重复购置、超前购置等损失浪费行为，选择部分单位试点新购设备与资产存量对应审核制度，对新增采购项目一律结合资产现行状况审查，杜绝重复采购、资产过度配置等不良行为。二是针对采购计划编报中存在的分散申报、化整为零、肢解项目、规避招标等违规行为，我们改革了采购计划的编报方式，将以往的分散申报、随报随批方式调整为集中申报与分散申报相结合、集中审批与及时审批相结合的管理方式，以规范采购行为，发挥政府集中采购的规模效益。三是在采购执行中严把公告发布关、标书审核关，消除歧视与排他行为，维护公平竞争秩序。四是在专家管理中增加数量、不断扩容，专家数量已由 2007 年的 1 400 名增加到 2008 年的 1 700 名，有效减少了短期重复使用现象。五是为进一步推动全省政府采购监督管理工作整体进步，着力解决地区间发展不平衡的问题，制定出台了《山西省政府采购监督管理工作考核暂行办法》，对各市财政部门政府采购预算与范围、政府采购监督与管理、政府采购信息统计、工作创新、其他等五个方面进行考核评价，设计了具体的指标评价和考核体系，规范了考评程序，初步建立了激励机制。

四、狠抓落实，积极发挥政府采购政策功能

进一步落实政府采购各项政策要求，

强化政府采购政策服务于经济建设和社会发展大局的作用是全省政府采购制度改革发展的方向。一是继续认真贯彻落实《关于建立政府强制采购节能产品制度的通知》及财政部《关于实施促进自主创新政府采购政策的若干意见》，充分发挥政府采购的政策功能，结合本省实际，制定出台了《关于政府优先及强制采购节能产品促进自主创新产品发展的实施意见》，在招标文件制作环节、评审环节、合同签订及履行环节等方面制定了细致的鼓励办法，以使优先采购政策落到实处。二是及时将《政府采购进口产品管理办法》文件转发各地、各采购主体、采购代理机构，建立了进口产品采购前置审批制度，要求采购人对确实需要购买进口产品的，要组织专家对申报理由进行充分论证，在此基础上决定是否允许购买进口产品。对未进行论证的，要求在招标文件中必须注明不接受进口产品的条款。通过政策制度的推行，有效遏制了采购人随意采购进口产品、过度配置采购资源的行为，客观上发挥了保护国内企业的政策功能。

五、积极应对，努力做好GPA研究前期准备工作

2008年，山西省按照财政部的要求，成立了由省政府常务副省长任组长、省政府办公厅、省财政厅、省发改委、省经贸委、省商务厅、省质监局、省外办等分管领导任副组长的山西省GPA谈判工作领导组。成立了中部地区GPA协调工作组山西联络小组。抽调专人参加了财政部联合欧盟及美国举办的GPA业务培训班，启动了山西省的基础性研究工作。

（山西省财政厅供稿，
王国栋执笔）

内蒙古自治区

2008年是《政府采购法》实施的第五年，也是全面推行政府采购制度十分重要的一年。一年来，自治区政府采购工作在厅党组的正确领导下，认真贯彻落实《政府采购法》，坚持依法采购，以扩大规模、规范管理为重点，加强各项监督管理工作，使采购规模持续快速增长，制度建设得到进一步加强，规范化管理日益完善，在加强财政支出管理、提高资金使用效益、促进廉政建设方面发挥了重要作用。

一、积极采取有效措施，保持政府采购规模快速增长

自治区和各盟市积极采取措施，促进政府采购发展，使全区政府采购规模突破了100亿元大关。一是严格执行政府采购预算制度，坚持先编制政府采购预算，后组织采购活动，增强政府采购预算的约束力。二是科学制定集中采购目录及限额标准，加大对各类专项资金项目实施政府采购的力度。三是改进政府采购监管手段、严格执行国库直接支付制度，有效控制了规避政府采购的行为。四是进一步完善了办公自动化设备和公务车辆的协议供货制度，加强了对零星采购项目的管理。五是严格政府采购程序，严肃查处违纪违规行为，提高采购人依法采购意识，确保应采尽采。

2008 年，全区计划完成政府采购规模 100 亿元，比上年同期增长 25%。截至 12 月底，全区累计执行政府采购预算 149 亿元，实际采购规模 134 亿元，节约资金 15 亿元，资金节约率为 10.1%。实际采购规模比上年同期增加 43 亿元，增长 47%，完成年度计划的 134%。其中，自治区本级执行政府采购预算 34 亿元，实际采购规模 30.5 亿元，节约资金 3.5 亿元，资金节约率 10.3%。实际采购规模比上年同期增加 8 亿元，增长 36%，完成年度计划的 117%；盟市执行政府采购预算 115 亿元，实际采购规模 103 亿元，节约资金 12 亿元，资金节约率 10%，实际采购规模比上年同期增加 34 亿元，增长 49%。

2008 年实际采购规模中，货物、工程、服务类采购项目占实际采购规模的比重分别为 44%、50% 和 6%。集中采购占实际采购规模的比重为 91%，其中，自治区本级和盟市集中采购的比重分别为 92% 和 91%。全区政府采购公开招标数额为 90 亿元，占实际采购规模的 67%。其中，自治区本级和盟市公开招标比重分别为 66% 和 67%。政府采购资金财政直接支付金额为 94 亿元，占采购资金的 70%。其中，自治区本级和盟市财政直接支付比重分别为 76% 和 68%。

二、认真贯彻落实《政府采购法》，政府采购规章制度建设得到加强

2008 年以全国政府采购执行情况大检查为契机，进一步加强制度建设，促进了规范化管理。一是研究制定了《节能、环保产品政府采购评审办法》，确定加分和价格扣除比例，增强了节能、节水和环保产品政府采购的可操作性。二是制定出台了《内蒙古自治区政府采购工程管理暂行办法》，对依法加强政府采购建设工程管理，全面推进政府采购建设工程监管提供了制度保障，使 2008 年政府采购工程规模大幅提高，达到 30 亿元，比 2007 年增长 12 亿元。三是根据财政部应急采购办法，研究制定了具体贯彻意见，保证了支援“5.12”汶川地震灾区、支持北京奥运会、应对乳业三聚氢氨事件的应急采购需要。

三、加强信息化建设，政府采购规范化管理水平得到提升

2008 年，我们提出了全力打造内蒙古自治区政府采购门户网站，搭建以招标采购信息为载体的网络工作平台和以办公自动化为手段的信息处理平台的政府采购信息化建设工作思路，并将其作为“金财工程”的一个重要组成部分，与其他财政管理系统相互衔接，共同建设。一是加强对内蒙古政府采购网站的建设和维护，不断扩充和更新内容，扩大信息发布范围，确保了政府采购信息的公开透明。据统计，截至 2008 年 12 月，共发布政府采购招标信息、中标公告 1 787 条，点击数量近 31.5 万人次。二是加快办公自动化建设步伐，政府采购管理信息系统在自治区本级全面施行，赤峰市、乌兰察布市、巴彦淖尔市、鄂尔多斯市等盟市也先后进行了开发建设，为自治区政府采购监督管理工作向科学化、规范化迈进奠定了基础。三是加强政府采购专家库建设。2008年，进一步完善专家库管理系统，对现有专家的资料进行了全面整合，使专家信息更加准确，选取手段更加科学。四是改进协议供货和定点采购管理办法，扩大定点采购、协议供货范围及供应商，增强竞争力，同时采取提前询价和网上二次询价等方式，加强了日常监督管理。2008年适当增加了自治区定点保险公司数量和中央、自治区国家机关一、二、三类会议和差旅人员定点饭店数量。

四、积极开展培训宣传工作，从业人员素质不断提高

根据政府采购业务培训计划，为提高政府采购工作人员整体素质，分不同层次、不同对象举办了多期培训班。3月份举办了政府采购代理机构从业人员培训班，参加培训人员达73人。8月份和9月份分别举办了两期政府采购监管人员和工作人员培训班，参加培训人员达240人。

总结《政府采购法》实施五年来取得的成绩，广泛开展了政府采购宣传工作，一是结合全国政府采购执行情况检查工作，充分利用一网、一报、一刊等财政部指定媒体进行宣传。在这些媒体上多次刊登厅领导有关政府采购的文章、讲话、自治区政府采购工作经验、研讨文章，提升了全社会对政府采购制度改革的认知度。二是编发了《内蒙古自治区政府采购领域治理商业贿赂专项工作制度汇编》、《内蒙古自治区政府采购法规制度选编（1999～2007）》和《国家和自治区有关发挥政府采购政策功能规章制度汇编》、《定点采购及协议供货政策制度汇编》等资料，及时让政府采购当事人了解掌握国家和自治区政府采购政策。三是以《政府采购法》实施5周年为契机，加大宣传力度，编辑《内蒙古财会》政府采购专辑。在全区政府采购工作会议上，利用展板展示了各盟市监管机构五年工作成绩、各采购中心成功采购案例。

五、认真开展了全区政府采购执行情况专项检查工作

根据财政部、监察部、审计署国家预防腐败局的统一部署，自治区从5月6日至10月30日开展了为期6个月的政府采购执行情况专项检查工作，专项检查工作圆满完成了自查自纠、重点检查、整改提高和验收总结四个阶段的检查任务。

全区共有11 123个采购单位进行了自查自纠，自查面达到了100%。对其中的2 930个预算部门及所属事业单位、46个集中采购机构和4个社会代理机构进行了重点检查。从检查的总体情况看，自治区政府采购工作经过多年的努力，尤其是《政府采购法》实施五年来，取得长足发展，采购规模和范围不断扩大，管理制度和体系不断完善，采购人、采购代理机构依法采购意识明显提高，采购程序更加规范和透明。但是，在法律制度、监督管理、操作执行等方面还存在薄弱环节，部分采购单位存在未编或不按要求编制政府采购预算或自行采购的问题，部分采购代理机构存在制度不健全、操作不够规范的问题，针对存在的问题，采取通报批评、提出整改意见和罚款等措施，使政府采购专项检查工作取得了明显的成效。

六、加入政府采购协议（GPA）研究工作顺利启动

按照财政部的部署，成立了少数民族地区加入GPA谈判研究工作领导小组及专家组，制定了少数民族地区加入GPA研究工作方案，召开了少数民族地区GPA研究工作座谈会，积极开展了基础性研究工作。

七、深入开展调查研究，解决工作中存在的问题

自治区政府采购工作经过10年的发展，取得了显著成绩，但也遇到了一些突出问题，如：政府采购预算编制难，政府采购规模需要进一步扩大，工程项目实行政府采购难度大，旗县政府采购发展不平衡，现有的政府采购规章制度还不能完全满足实际工作的需要等。针对以上问题，我们积极开展调研工作，形成了《少数民族地区政府采购制度执行情况研究》的调研报告，对少数民族地区政府采购的现状和存在的问题进行分析并提出相应对策。对政府采购专项检查情况进行梳理分析，重点分析问题的成因，提出了解决的方案。

（内蒙古自治区财政厅供稿）

辽宁省

2008年，辽宁省各级财政部门政府采购管理机构全面贯彻落实全国政府采购工作会议和全省财政工作会议精神，推进政府采购制度改革，完善“管采分离”政府采购管理体制和运行机制，进一步规范政府采购行为，不断扩大政府采购范围和规模，发挥政府采购政策功能，强化政府采购执行情况监督检查，取得了新的成绩。据初步统计，2008年全省实施政府采购规模为191.8亿元，比上年同期增长20.5%，节约资金15.5亿元，节支率7.5%。

2008年以来，重点做了以下七个方面的工作：

（一）全面部署2008年政府采购工作，推进政府采购制度改革和谐发展

为贯彻落实全国政府采购工作会议和全省财政工作会议精神，元月份，下发了《关于印发省财政厅政府采购管理办公室2008年工作要点的通知》，明确了当前政府采购工作的主要任务、工作目标和基本措施。4月份，会同省政府采购中心在锦州召开了全省政府采购工作会议，各市财政局和集中采购机构相关人员近百人参加了会议。会议总结了近年来辽宁省政府采购工作取得的成绩，分析了当前政府采购工作面临的新形势，指出了当前工作中存在的问题和困难，明确了今后政府采购工作的基本思路和工作措施。会议还通报了我国谈判加入世界贸易组织《政府采购协议》（GPA）的有关情况，并就《政府采购协议》（GPA）主要内容进行了培训，进一步拓宽了相关人员的国际化视

野，为推进政府采购内部制度建设与国际规则尽快融合发挥了积极作用。

（二）健全政府采购“管采分离”体制，完善政府采购运行机制

按照“政事分开、责权明确、程序规范、管理科学”的原则，不断完善政府采购管理体制和运行机制。在开展调查研究的基础上，明确了完善县（市、区）级政府采购管理体制的指导方针，并下发了《关于完善县（市、区）级政府采购管理与执行职责分离运行机制等有关事宜的通知》，提出了县（市、区）级政府采购组织体系建设的工作原则、工作目标和工作要求，为促进政府采购工作规范发展奠定了组织基础。与此同时，指导集中采购机构健全双轨制管理体系，在全省政府采购工作会议期间，协助省政府采购中心召开了辽宁省政府采购协会年度会议，讨论通过了《辽宁省集中采购机构行业自律公约》，为推动集中采购机构行业诚信和自律建设，发挥了积极作用。

（三）不断加强政府采购制度建设，切实规范政府采购行为

按照从严治政、依法理财、规范采购的原则，不断总结实践经验，积极研究制订相关规章制度。下发了《辽宁省政府采购相关机构及人员行为规则》、《关于继续深化政府采购管理有关事宜的通知》、《辽宁省省直部门应对突发事件物资采购管理暂行办法》、《关于进一步规范政府采购招标投标活动的实施意见》等制度办法，切实规范了政府采购监管机制、工作流程和操作行为。

（四）努力扩大政府采购范围和规模，进一步强化政府采购活动监管

实际工作中，努力拓宽政府采购范围，货物、工程、服务采购协调发展，多元化的财政性资金统筹管理，公益性、民生性等社会关注的“热点”项目逐步纳入采购品目，并集中力量抓好对大型采购项目的监管和大额采购资金使用的监督，规范采购项目实施程序，强化实施过程重点环节的监管，确保实施政府采购规模持续稳定增长，确保采购活动相关当事人行为规范，取得了良好的效果。会同辽宁省政府采购中心开展了现代化办公设备、家具等政府采购协议供货公开招标，既有效地扩大了政府采购范围、降低了采购成本，又满足了省直单位对采购需求多样性、时效性的要求。指导省公安厅、省安全厅等部门紧急实施了奥运安保工程项目采购，协助省民政厅、省卫生厅开展了支援地震灾区急需物资和药品的应急采购，会同省教育厅、省政府采购中心开展了中小学免费教科书集中采购工作，并将一些公益性、民生性等社会关注的“热点”项目逐步纳入采购范围，全省政府采购规模保持了高位快速增长的态势。

（五）推进政府采购工作精细化管理，强化政府采购资金使用监督

按照新调整的省本级政府采购资金支付管理办法有关要求，下发了《关于进一步完善省直单位政府采购资金管理有关事宜的通知》、《关于加强和规范省直单位政府采购资金集中支付管理的通知》，强化了采购单位细化项目内容、及时实施采购计划、合理安排资金支付周期等职责，并进一步规范了政府采购资金集中支付范围、支付原则和支付流程，有效地提高了政府采购资金使用管理的准确性、安全性和有效性。2008 年，累计审核拨付政府采购资金 3 985 笔，金额 17.95 亿元。

（六）加快政府采购电子化平台建设，全面推进“阳光采购”建设

会同信息中心进一步开发政府采购网站专用栏目和相关模块功能，完善政府采购电子化平台建设。不断强化采购信息发布管理和监督，健全政府采购信息发布固定平台和快捷通道，实现了采购信息全部上网、公开招标信息全部登报，全面开放政府采购市场业务。加强对省政府采购中心和采购代理机构发布政府采购信息的监管与考核，通过全面实施采购信息公开、采购过程公开、采购结果公开，充分发挥市场竞争机制的基础性作用，为确保政府采购活动和结果的公开、公平、公正奠定了坚实基础。

（七）积极推进政府采购执行情况专项检查，从源头上抑制政府采购活动相关当事人违规采购行为

为贯彻落实全国政府采购执行情况专项检查电视电话会议精神和《财政部 监察部 审计署 国家预防腐败局关于开展全国政府采购执行情况专项检查的通知》的有关要求，在各级专项检查领导小组精心组织和周密安排下，4月底至6月中旬，辽宁省各级采购人、集中采购机构及采购代理机构对照《政府采购法》和相关制度规定，对本单位政府采购执行情况开展了自查自纠；6月中旬至8月底，各级专项检查领导小组选拔和抽调有关人员组成重点检查小组，按照规定的检查内容和检查范围，对3 340个单位进行了重点检查，共查出未实施政府采购违规违纪行为累计金额2.48亿元，占被查单位应当实施政府采购总额的3.8%；各级采购人、集中采购机构及采购代理机构按照省财政厅《关于做好全省政府采购执行情况专项检查工作验收总结的通知》的有关要求，认真总结专项检查各项工作，全面分析检查发现的问题及原因，严格落实各项整改措施，严肃处理违规违纪行为，专项检查工作取得了预期成效，并得到了全国政府采购执行情况专项检查领导小组督导组的充分肯定。

（辽宁省财政厅供稿，田贵伟执笔）

大 连 市

2008年，大连市政府采购工作以“规范采购行为，强化服务意识，加强日常监管”为工作目标，进一步加强制度建设，不断强化重点环节的监管工作。

一、贯彻执行部、省下发的政府采购新规章

大连市转发了财政部《政府采购进口产品管理办法》、《自主创新产品政府首购和订购管理办法》和《财政部关于加强汶川地震救灾采购管理的紧急通知》等文件。大连市转发了辽宁省财政厅《关于印发辽宁省政府采购相关机构及人员行为规则的通知》等文件。在采购过程中，严格要求采购代理机构和采购人按照有关进口产品和自主创新产品的规定编

制招标文件，规范进口产品和自主创新产品政府采购行为，推动和促进自主创新政府采购政策的实施。

二、开展了对采购人、采购代理机构的培训工作

2008年3月3日，大连市组织召开了对市本级采购人和中介机构的培训会议，会议内容包括：通报2007年《政府采购法》贯彻执行情况检查结果；由大连大学代表介绍开展政府采购活动的经验；进行政府采购法律规章培训。

2008年4月26日至28日，与中国政府采购培训中心联合举办了“大连市政府采购代理机构培训班”，参加培训的代理机构人员共165人，培训内容包括政府采购基础理论、政府采购实务等。培训结束后，我们组织了对培训学员的考试，并向通过考试的学员颁发了“政府采购培训证书”。通过此次培训及考试，提高了采购代理机构从业人员的政策水平和业务水平。

三、开展了政府采购开评标集中场所的建设工作

2008年4月，大连市政府采购服务中心建设全面启动，使用面积约3 000平方米。该中心于10月24日揭牌并投入使用，市领导参加了揭牌仪式。为规范采购服务中心的使用和管理，大连市财政局制定下发了《大连市政府采购服务中心使用管理暂行办法》。

四、进一步强化了专家征集和管理工作

2008年4月，组织各中介机构负责人召开了专家推荐工作会议，对中介机构推荐专家工作提出了新的要求，并于7月下发了《关于加强政府采购专家储备工作的通知》，明确规定了中介机构征集专家的任务和程序以及响应的约束机制，以促进专家征集工作的开展。

上半年，对评审专家库系统进行了两次升级，包括语音通知系统升级和抽取程序升级，使抽取专家的工作效率得到提高。另外，还对专家的申请资料进行了重新审核、整理、完善。采购服务中心建成后，将专家库系统与服务中心的网络进行了有效整合。

五、完成了一些全局性的政府采购项目

为继续做好公务车辆定点保险采购工作，2008年5月组织了市直机关、事业单位及社会团体公务车辆2008年度定点保险的招标采购项目，共确定了6家定点保险企业。同时，向市直有关单位下发了《关于市直机关、事业单位及社会团体公务车辆2008年度定点保险有关事宜的通知》。

为提高政府采购工作效率，降低采购成本，2008年5月组织了2008年度市直单位政府采购协议供货招标采购项目，共确定中标供应商71家。同时，向市直各有关单位下发了《关于2008年度市直单位政府采购协议供货有关事宜的通知》。

六、开展了政府采购执行情况专项检查工作

2008年4月，按照《财政部、监察部、审计署、国家预防腐败局关于开展全国政府采购执行情况专项检查的通知》的要求，大连市成立了由市财政局、市监察局、市审计局组成的政府采购执行情况专项检查领导小组，并通知各区市县（先导区）立即组成专项检查领导小组。

4月29日，大连市财政局、大连市监察局、大连市审计局联合发出了《关于开展大连市政府采购执行情况专项检查的通知》。7月，展开了政府采购执行情况重点检查工作，由市财政局、监察局和审计局出人组成3个重点检查工作组，对29个单位进行了重点检查。8月18日，国家派出的专项检查督导组在大连听取了东北三省财政厅和大连市财政局的汇报。专项检查在10月完成了验收总结工作。

七、启用了电子化办公系统

我们根据日常的工作程序研发了电子化办公系统，功能包括文件审批、场所预定管理、发布公告、专家抽取等，有效提高了工作效率。同时，还重新开发了政府采购网站，丰富了网站功能，增加了“资料下载”、“网上直播”等功能，并使“市直标讯”和“县区标讯”分开，增强了应用性。

八、完成了导入ISO9000质量管理体系的相关工作

我们多次召开会议，强调导入ISO9000质量管理体系工作的重要性，并按照质量管理体系的要求开展各项工作。认真准备了相关资料，编制工作管理手册，制定质量目标分解目标，并顺利完成了内部审核和外部审核。

九、完成本年度小汽车购置审批管理工作

根据《中共大连市委办公厅、大连市人民政府关于进一步规范党政机关小汽车配备购置管理的通知》以及市委、市政府关于进一步严格控制党政机关、事业单位车辆购置的要求，我们进一步强化了对小汽车购置审批的严格管理。

2008年全市政府采购预算总额为32.67亿元，实际采购金额为29.92亿元，节约资金2.75亿元，节资率为8.43%。其中市本级政府采购预算总额为11.28亿元，实际采购金额为10.69亿元，节约资金0.59亿元，节约率为5.20%。2008年大连市共依法处理了政府采购投诉两起。

（大连市财政局供稿）

吉林省

2008年，吉林省政府采购工作在财政部的正确指导下，在吉林省委、省政府的正确领导下，认真贯彻落实党的“十七大”精神，积极宣传实施《政府采购法》，从改革、发展和稳定的大局出发，充分发挥政府采购的政策功能，积极支持全省经济和各项事业的发展。全年全省完成政府采购额 100.2 亿元，比 2007 年增加 18.7 亿元，增长 22.9%；节约资金 9.58 亿元，节支率 9.6%。其中，吉林省省直完成政府采购 25.8 亿元，比 2007 年增长 25.9%。实现了 2008 年年初预定的工作目标。

一、加强政府采购制度建设

按照《政府采购法》的规定，不断加强吉林省政府采购制度建设，对已经制定的规章制度，依据国家新的政策、制度的出台情况，进行补充、修改和完善；对工作需要而又没有管理制度的，抓紧时间研究制定；对目前法律规定上不协调、不明确、不细化的问题，从实际情况出发，制定具体操作制度，以弥补制度缺失，逐步建立并完善政府采购制度管理体系，使吉林省政府采购工作有法可依、有章可循。

二、成立了吉林省 GPA 研究领导小组和工作小组

按照财政部的统一部署，吉林省财政厅就加入《政府采购协议》谈判（GPA）工作进行了深入研究，并向吉林省政府呈报了《关于成立我省 GPA 研究领导小组和工作小组的意见》，对如何组建吉林省 GPA 研究领导小组和工作小组、进一步落实财政部文件精神提出了意见和建议。根据吉林省政府批示精神，成立了由吉林省财政厅牵头、共 14 个省直部门参加的 GPA 研究领导小组和工作小组。下一步将按照财政部的部署，结合吉林省的实际情况，制定工作方案，开展相关工作。

三、部署了全省政府采购执行情况专项检查工作

为进一步贯彻落实《政府采购法》，了解和掌握全省政府采购执行情况，推进政府采购制度改革，促进廉政建设，根据《财政部、监察部、审计署、国家预防腐败局关于开展全国政府采购执行情况专项检查的通知》精神，吉林省财政厅向吉林省政府呈报了《关于贯彻落实全国政府采购执行情况专项检查工作的报告》，对吉林省开展政府采购执行情况专项检查工作提出了意见和建议。根据吉林省政府的批复，吉林省财政厅会同吉林省监察厅、吉林省审计厅下发了《关于开展全省政府采购执行情况专项检查的通知》，对全省政府采购执行情况专项检查的任务、目的、范围、组织实施、具体工作安排等提出了明确要求。组织开展了自查自纠、重点检查、整改提高和验收总结。通过专项检查，及时发现工作中的漏洞和薄弱环节，采取有针对性的措施加以解决，进一步强化了政府采购监督管理工作，推动全省政府采购工作健康发展。

四、督促和指导各地做好“管采分离”后续工作

为确保全省各市、州、县完成政府采购“管采分离”后续工作任务，2008 年，吉林省财政厅安排专人，按月调度各地政府采购“管采分离”后续工作情况，并结合全省政府采购专项检查工作的开展，组织人力深入到有关市县进一步了解工作开展情况，督促各地尽快界定工作职能，理顺工作关系，完善工作制度，积极稳妥地开展各项工作，确保全年政府采购工作任务的完成。经过一年来的努力，全省各

市县建立和完善了各项工作制度，明晰了工作职能，进一步理顺了工作关系，有效地完成了“管采分离”后续工作任务。

五、开展了定点采购工作

根据《政府采购法》及相关规定，在总结上一轮运行经验的基础上，对陆续运行到期的“公务印刷及办公用纸”、“公务出国机票”、“公务用车保险”等项目依法组织采购，重新确定了定点供应商，并发文执行。

六、进一步发挥了政府采购政策功能

为贯彻落实国家有关政策精神，认真做好自主创新、进口产品和节能环保产品政府采购工作，进一步发挥政府采购政策功能，吉林省财政厅在及时转发《财政部办公厅关于进口产品管理有关问题的通知》和《财政部　环境保护部关于调整环境标志产品政府采购清单的通知》等文件的基础上，经认真研究和广泛征求意见，印发了《吉林省省级政府采购工作中若干具体问题处理的暂行规定》，在规范政府采购各个环节的运行程序的同时，重点规范采购人、集中采购机构和政府采购代理机构在编制招标文件时，在供应商资格要求、评审方法及评审标准中做出强制和优先采购节能、环保、自主创新产品的具体规定。在具体采购实施过程中，对投标人投标纳入《节能产品政府采购清单》、《环境标志产品政府采购清单》和《政府采购自主创新产品目录》的产品，对其投标价格给予一定比例的价格扣除并按照扣除后的价格参加排序。进一步增强了采购单位及集中采购机构实现政策目标的主观意识，推动了节能环保、自主创新产品政府采购工作的顺利开展。

七、起草了政府采购工作相关报告

2008 年，根据吉林省政府采购工作开展的实际情况，吉林省财政厅政府采购办相继起草并向吉林省财政厅报送了《我省政府采购制度改革情况》、《2007 年政府采购绩效完成情况》、《政府采购五年总体目标及 2008 年重点工作任务》、《我省政府采购制度改革成就概述》等报告；向吉林省政务公开办公室报送了《政府采购办公室信息公开内容》；向吉林省监察厅报送了《完善政府采购制度协调组工作落实完成情况》的报告；向财政部报送了《积极采取措施　加大工作力度　稳步推进“管采分离”工作的开展》的报告，真实地反映了吉林省政府采购制度改革的基本情况。

八、制定印发了《关于进一步加强吉林省省级政府采购工作的通知》

根据新时期吉林省政府采购工作发展变化的实际情况，在系统总结了几年来吉林省政府采购工作经验的基础上，吉林省财政厅政府采购办分别召开了吉林省省直采购单位、吉林省政府采购中心及各政府采购代理机构、政府采购供应商座谈会，就如何进一步加强吉林省政府采购工作征求了各方面的意见，在此基础上，研究制定了《关于进一步加强吉林省省级政府采购工作的通知》，对目前法律法规尚未做出规定的政府采购相关工作做出了明确规定，进一步规范了吉林省政府采购工作。

九、召开了全省政府采购工作会议

2008 年 8 月 7 日，吉林省财政厅组织召开了全省政府采购工作会议，传达贯彻了全国政府采购工作会议精神，回顾和总结了2006年以来吉林省政府采购工作开展情况；研究了新形势下吉林省政府采购工作面临的新情况、新问题；表彰了先进单位；部署了2009～2010年吉林省政府采购工作任务。来自全省各市、州、县（市）财政局主管政府采购工作的局领导和政府采购办主任参加了会议，周仁杰副巡视员到会并作了重要讲话。会议要求全省各级财政部门，要按照科学发展观的总体要求，进一步解放思想，与时俱进，齐心协力，开拓进取，以饱满的工作热情和科学严谨的工作态度，努力做好政府采购工作，为推动吉林省经济、社会和民生事业的和谐发展做出应有的贡献。

（吉林省财政厅供稿，
胡青山执笔）

黑龙江省

2008年，黑龙江省政府采购工作认真贯彻落实科学发展观和构建和谐社会的要求，从深化财政改革和从源头上预防腐败的大局出发，不断扩大政府采购范围和规模、完善采购运行规程、提高采购效率和服务水平，扎实有效地推进了政府采购制度改革，取得了显著的经济效益和社会效益。

一、扩大政府采购范围，拓展采购规模

2008年，全省各级财政部门结合本地实际，科学制定了本级政府集中采购目录和资金限额标准，将能纳入政府采购的项目都实行政府采购，并从深度和广度上扩大政府采购范围和规模。在采购资金上，从财政预算内、外资金扩展到中央、省专项补助、国债资金、农业开发资金及借（贷）款资金；在采购对象上，从各级国家机关、实行预算管理的事业单位和团体组织扩展到垂直管理系统和驻哈埠外的省直各预算单位；在采购范围上，货物类从一般通用采购项目扩展到行业部门有特殊要求的专用设备采购项目，服务类从会议定点扩展到车辆保险、软件开发、勘查勘探、地质调查等采购项目。我们在扩大货物、服务采购规模的同时，加大对财政性资金的市政道路、绿化、公共设施等工程项目实施政府采购的工作力度，在总结黑河市工程项目实行政府采购经验的基础上，研究拟订了《黑龙江省财政投资房屋建筑和市政基础设施工程项目政府集中采购监督管理暂行办法》，对工程范围、资金性质、建设部门和财政部门职责、采购方式、信息发布、专家抽取、合同履约验收、资金支付、投诉处理等问题进行了明确。开阔了各地推进工程项目采购的工作思路，使政府采购规模保持了较快的增长速度。2008年，全省政府采购额实现97.1亿元，同比增加25.9亿元，

增长36.38%，节约资金8亿元，平均节支率为7.62%。

二、认真开展专项检查，强化政府采购监管

按照财政部、监察部、审计署、国家预防腐败局关于开展全国政府采购执行情况专项检查的统一部署和要求，与省监察、审计部门积极协调、密切配合，共同组建了黑龙江省政府采购执行情况专项检查领导小组，并结合实际制定了工作方案，召开了全省政府采购执行情况专项检查电视电话会议进行了全面动员和部署。组织采购人和采购代理机构认真开展了自查自纠工作；与省监察厅、省审计厅联合组成9个检查组对部分省直单位及政府采购代理机构开展重点检查，并委托市县财政部门会同监察、审计部门对哈埠外省直单位及政府采购代理机构进行重点检查；组织开展了整改提高和总结验收工作，印发了《省财政厅关于开展政府采购专项检查整改提高阶段工作的有关问题的通知》两个文件，对采购人和政府采购代理机构整改提高工作分别提出了具体要求；印发了《省财政厅关于认真做好政府采购执行情况专项检查总结工作的通知》，对各行署、市、县的验收总结工作提出了指导性意见，各地认真开展了验收总结工作，并及时反馈了工作情况。通过专项检查，切实加强了政府采购政策法规宣传，查准了存在的问题，进一步规范了政府采购行为。

三、完善政府采购制度，规范采购运行规程

针对政府采购执行情况专项检查发现的问题，积极研究解决办法，完善制度措施。对政府采购预算编制执行、集中和分散采购执行、政府采购合同签订履约验收、投标保证金和政府采购代理费收取、招标文件收费及政府采购档案管理等方面发现的问题研究提出了规范意见，拟定了《关于省本级政府采购项目委托政府采购代理机构采购有关问题的通知》，采取由采购人“自行选择、随机抽取”的方式委托政府采购代理机构，纠正了省本级委托社会代理机构采购不规范的问题。还研究制定了《黑龙江省政府采购合同（试行）文本（工程类）》，规范和统一了全省工程类政府采购合同文本，提高了政府采购合同的签订质量。同时，2008年继续推行和完善了全省协议供货采购制度。2008年协议供货共包括办公自动化、电器类的13种产品，协议供货产品目录、价格、代理商信息全部在黑龙江省政府采购网上公布，预算单位在供货有效期内可通过网上自主选择中标供应商及中标产品。为解决协议供货产品和价格变化较大的问题，要求供应商需指定专人负责对成交产品的价格、产品型号进行实时更新，价格和产品更新每15个自然日必须在网上申报一次，价格或型号无变化也须在网上提交反馈申请进行回复确认。这些制度和办法有效规范了采购运行规程和采购当事人的采购行为，提高了工作效率和采购活动的透明度，为深化政府采购制度改革，实现程序化、规范化管理和操作奠定了基础。

四、加强信息化建设，提高采购工作透明度

政府采购电子信息化是保证采购过程透明公正和提高采购效率的重要技术措

施。2008年，黑龙江省进一步完善了政府采购信息管理系统，在省本级和哈尔滨、大庆等8个市（地）进行了试运行，省本级分散采购计划全部实现网上在线申报审核。在省本级先期20个预算单位应用试点的基础上，又将115个省本级预算单位纳入使用网上申报集中采购计划范围，其他未纳入试点的单位可以自愿选择在网上申报集中采购计划。同时，积极开展了以信息技术为支撑的政府采购新方式，探索了网上招标采购，2008年大庆网上询价采购为229万元，哈尔滨市所有询价采购项目都实现了网上采购，全年实现采购额4 000万元，省本级2008年网上询价采购额为4 100万元，网上竞争性谈判采购额为700万元，有效降低了采购成本、提高了采购效率、增强了采购活动透明度。

五、发挥政府采购政策功能，支持地方经济社会发展

2008年，随着改革的深入发展和国家关于发挥政府采购政策功能的规定出台，在采购计划执行中，我们不断加强了政府采购项目的政策审查，严格执行财政部和国家发改委、环保总局公布的“节能产品政府采购清单”和“环境标志产品政府采购清单”，鼓励和支持优先购买国货，优先采购节能、环保和自主创新产品。及时向市县财政部门转发了财政部关于政府采购进口产品管理办法和自主创新产品政府首购和订购管理办法，为促进社会经济发展，切实发挥了政策导向作用。

六、加强政府采购监督管理，加大源头治腐工作力度

2008年年初，按照财政部、监察部印发的《集中采购机构监督考核管理办法》，黑龙江省财政厅、黑龙江省监察厅组成联合监督考核小组，听取了黑龙江省政府采购中心2008年度工作自查情况，调阅抽查了部分采购档案，并根据考核情况，印发了《省财政厅　省监察厅关于省级政府集中采购机构考核结果的通报》，针对存在的问题提出了具体整改意见；加强了对政府采购代理机构、政府采购评审专家和供应商参与政府采购活动的监督管理；进一步完善了政府采购质疑、投诉处理机制，规范投诉受理工作。2008年，省本级共受理供应商投诉4起，均依法进行了妥善处理。

黑龙江省2008年的政府采购工作虽然取得了一定的成绩，但同时也存在一些困难和问题。在新的一年里，黑龙江省政府采购工作，要深入贯彻落实党的十七大精神，学习实践科学发展观，以建立完善的管理体系为核心，以制度建设为重点，以管理交易系统为手段，优化和健全采购运行机制，不断规范管理操作行为，拓展采购制度实施领域，促进采购制度综合效益的提高。要着力推进政府采购政策功能发挥，促进社会经济全面和谐发展，提升政府采购制度形象。

（黑龙江省财政厅供稿，
刘佩玉执笔）

上 海 市

2008年，上海市政府采购工作在市委、市政府、市政府采购委员会和财政部的正确领导下，按照市政府采购委员会第十六次会议确定的工作目标和思路，各职能部门、各预算单位协同配合，努力健全管理机制、提高服务质量和效率，积极开展调查研究，确保了上海市政府采购各项工作取得新的成绩。

一、采购规模进一步拓展

2008年，上海市共完成政府采购金额332.3亿元，比上年同期增加54.5亿元，增幅为19.7%，采购规模增幅高于同期财政收入增幅6.4个百分点；完成政府采购项目29 173批次，比上年同期增加2 228批次，同比增长8.3%；节约资金45.1亿元，节资额同比增长81.1%；节资率为11.9%，比上年同期提高3.7个百分点。从采购项目来看，货物采购78.8亿元，占23.7%；工程采购229.7亿元，占69.1%；服务采购23.8亿元，占7.2%。

2008年5月12日，四川省汶川县发生8.0级特大地震。地震发生后，市委、市政府做出决定，市、区县两级机关和事业单位分别压缩10%和5%的年初公用经费预算用于抗震救灾应急援助，相应减少了部分政府采购项目预算。在此情况下，上海市各级财政进一步强化采购预算管理和采购实施管理，加快项目实施进度，在继续保持采购规模较快增长的同时，采购节资率和节资金额同比有较大程度的增长。

二、“管采分离”体制基本到位

2007年底，根据上海市政府党组会议精神，贯彻“管采分离”的要求，将原由上海市财政局受托管理的上海市政府采购中心，移交上海市机管局管理。在上海市政府的指导和协调下，移交工作按照“明确职责、管采分离，紧密配合、工作不断不乱，平稳过渡、方便采购人”的原则，明确了“管采分离”后，市财政局、市政府机管局和市政府采购中心相关的工作职责和内容。2008年11月，上海市政府采购中心整建制（即机构、人员、资金、资产）移交上海市机管局。移交后，上海市政府采购中心为市机管局下属处级事业单位，并仍为非营利性独立事业法人。上海市市级政府采购“决策——监管——执行”三分离的管理体制初步形成。

三、信息化建设有序推进

信息化是提高政府采购效率和透明度，增强综合运作效能的重要手段。2007年年底，上海市正式启动建设以“全覆盖、全流程、全上网、全透明”为主要特征的全市一体化政府采购管理信息平台。2008年9月1日，上海市政府采购信息管理平台（以下简称“信息管理平台”）一期进入模拟运行阶段，11 月 1 日信息管理平台正式试运行，12 月底，信息管理平台一期项目规划的软硬件各项建设内容基本完成。试运行 5 个月来，平台资源管理、系统管理及电子集市采购等三个主体功能模块以及门户网站（上海政府采购网）、供应商登记、专家申报、采购信息公告发布、商品查询等各项既定功能运行稳定。

四、监督检查力度有效强化

根据《财政部、监察部、审计署、国家预防腐败局关于开展全国政府采购执行情况专项检查的通知》，2008 年 5 月至 10 月，上海市开展了历时 5 个月的全市政府采购执行情况专项检查。专项检查主要分为自查自纠、重点检查、整改提高和验收总结四个阶段，重点对各级采购人、集中采购代理机构、乙级政府采购代理机构进行检查，摸清和掌握政府采购领域中存在的问题，查找法律制度、管理体制、监督机制、操作执行等方面存在的缺失和薄弱环节。全市 137 个市级预算主管部门和 19 个区县均按规定要求完成了自查自纠工作，由上海市财政局、上海市监察委和上海市审计局组织的 6 个重点检查小组在 2 个月的时间里，对 29 家主管预算部门，43 家一级预算单位和 6 家采购代理机构进行了检查，19 个区县对 290 家区县一级预算单位进行了检查。上海市区检查覆盖面均超过了 20%。专项检查领导小组根据检查情况，对当前政府采购执行中存在的普遍性、倾向性和典型性的问题及法律制度、管理体制、监督机制等方面存在的薄弱环节进行了分析总结，提出了进一步改革完善的措施建议，同时在全市范围推广了一些市级部门和区县在政府采购工作中经验和做法，为建立健全长效管理机制打下基础。

五、相关制度建设加快推进

2008 年下半年，上海市财政局通过召开部分区县财政及部分通用产品供应商座谈会、走访市建委建招办等职能部门的形式，围绕推进完善政府采购制度，优化政府采购管理的重点和难点开展调研，探索保障和促进科学发展的制度设计和长效机制。在深入调研的基础上，针对目前政府采购相关法律规定上不协调、不明确、不细化的问题，拟定了《上海市政府采购管理办法》修订稿，对上海市政府采购监督管理体制、相关部门和各参与主体的职责定位、信息化管理要求等做出明确规定，并进一步突出政府采购的相关政策功能，相关修订稿正由上海市法制部门进行研究评估。市财政局结合信息管理平台试运行的实际情况和问题，适应信息化运行要求和特点，研究制定《上海市政府采购协议采购网上供货管理暂行办法》、《上海市政府采购供应商登记及诚信管理暂行办法》等制度规章，于 2009 年发布，为全面推进上海市政府采购信息化管理提供制度保障。

六、基础工作进一步夯实

2008 年，上海市财政局进一步充实政府采购管理的人员编制，继续做好评审专家、采购资金管理和法律救济服务等基础工作。一是将从事政府采购管理的专职人员从 4 人扩充到 8 人。新增人员普遍年纪较轻、学历较高，并具有法律和信息化等专业特长。主要充实到法律救济、信息化管理、GPA 研究等专业工作岗位。二是开展了上海市政府采购评审专家第五次增聘工作，聘请各类专家815人，并对新聘专家进行《政府采购法》等相关法律法规的集中培训工作。目前上海市政府采购评审专家库共用各类专家2 351人。三是开发启用了政府采购项目付款网上操作系统，在强化政府采购资金管理的同时，进一步简便了付款程序，方便采购人及时支付资金。四是全年共处理政府采购相关投诉13起。在深入调查取证的基础上，严格按照法律规定和客观事实做出投诉处理决定，当事人反响较好。

（上海市财政局供稿）

江 苏 省

2008年，江苏省政府采购工作立足于健全政府采购制度，加强政府采购监管，在扩大政府采购规模，规范政府采购行为，发挥政府采购政策功能，推动政府采购信息化建设，政府采购执行情况专项检查等方面取得了一定的成绩，主要表现在以下几个方面：

一、完善政府采购制度，及时指导政府采购工作

政府采购监管部门坚持依法行政，加强政府采购制度建设，保证政府采购活动公开、公平、公正。省级根据政府采购工作的实际情况，适时颁布政府采购配套规定办法，指导政府采购工作。根据财政部《关于政府采购进口产品管理有关问题的通知》精神，及时提出了江苏省贯彻落实《政府采购进口产品管理办法》的实施意见和操作程序，将国家进口产品政府采购政策落到实处。为保证汶川地震救灾应急救援和灾后恢复重建工作顺利进行，江苏省及时转发了《财政部关于加强汶川地震救灾采购管理的紧急通知》。针对江苏省政府采购制度改革的不断深化和公开招标限额标准偏低的实际情况，加强调研，适时地向省政府上报了《关于调整省级采购公开招标限额标准的请示》。

二、不断拓展政府采购范围，政府采购规模创新高

采购规模继续保持高位增长。全省政府采购规模继续保持了较好的增长态势，2008年，全省政府采购预算684.5亿元，实际支付602.3亿元，节约预算资金82.2亿元，资金节约率为12%，采购规模比2007年度增长41%。采购范围不断拓宽。采购品目向多样化发展，政府采购范围已经涵盖了货物、工程和服务三大类。节能、节电设备，防汛、抗旱、救灾、农用等物资，会议、国内机票等服务类项目都已列入政府集中采购目录。采购行为不断规范。集中采购和公开招标成为政府采购的主要方式。2008年全年的全部采购活动中，集中采购金额占总采购金额的81.7%，采用公开招标方式采购的比重达87.5%。

三、民生采购初见成效，政府采购政策功能逐步显现

从 2004 年起，江苏省在全国率先对涉及“三农”的财政补贴项目实施政府采购，不断扩大为“三农”服务的项目范围，从水稻小麦良种补贴、畜禽疫苗、插秧机、条播机、化肥农药、救灾物资到农村中小学免费教材、“校校通”工程中的远程教育系统、乡镇卫生院的医疗设备等，取得了较好的效果。截至目前，省级已累计实施涉及“三农”项目总采购预算金额 63.43 亿元，资金节约率约为 10%。政府采购作为一种重要的财政支出手段，给予“三农”、教育、社保、医疗卫生、环境保护等更多的关怀和支持，充分发挥公共采购政策导向功能，不仅得到了江苏省委省政府的肯定，而且社会反响较大。中央电视台七套“聚焦三农”对江苏省涉及“三农”的政府采购工作进行了报导，《中国财经报》2008 年 10 月以“江苏采购亮剑民生”为题对此也做了详细报导。

四、政府采购监管水平逐步提高，监管手段更为科学

一是完善对各市监管工作考核制度。2006 年江苏省财政厅制定了《政府采购监督管理工作考核暂行办法》，经过三年的实践，考核制度促进了政府采购的日常监管，激励了政府采购的工作创新，提升了各地政府采购监管水平。政府采购监管工作多次受到财政部表扬，在全国政府采购工作会议上，江苏省是唯一一个入选 3 篇经验交流材料的省份。二是健全集中采购机构监督考核机制。全省各级政府采购监管部门定期组织对集中采购机构的考核，公布考核结果，提出整改建议。三是加强政府采购专家库管理。通过公开征集、登记、选聘，印发政府采购专家申请指南等办法，江苏省政府采购专家评审库已有 123 大类近 8 900 名专家；定期组织培训，提高政策业务水平；启用“江苏省政府采购评审专家管理系统”，实行全省统一选聘标准、专家使用远程抽取、电子化管理资料，初步建立了全省政府采购评审专家库资料系统和管理机制。四是完善投诉处理机制。全省各级政府采购监管部门和集中采购机构依法及时认真处理质疑、投诉和举报，保护了政府采购当事人的合法权益，保障了政府采购活动规范有序进行。

五、政府采购信息透明度不断提高，公开透明的政府采购环境逐步形成

各级政府采购监督管理部门和集中采购机构积极采取多种措施，保证了政府采购活动公开、透明、高效。一是加强政府采购信息公开化建设。加强政府采购网站建设和管理，省级政府采购网站不断扩容，内容不断更新，及时、准确地发布政府采购政策、制度、规定和各类信息，为采购当事人提供服务。二是推广网上公开招标经验。进一步推广南京市远程网上公开招标的先进经验，在省级机关采购中心召开信息化建设现场会，现场观摩计算机及外设协议供货采用远程网上公开招标，不断提高政府采购效率。三是推动集中采购机构实施电子化操作。省厅组织政府采购业务操作演示和经验介绍，促进各市政府采购网上操作进程。省级行政机关政府采购中心实施政府采购业务电子化操作，政府采购业务管理系统以及网上比价系统已通过了江苏省软件产品检测中心的权威测试。

六、政府采购执行情况专项检查取得阶段性成果，治理商业贿赂长效机制初步建立

开展政府采购执行情况专项检查。根据财政部、监察部、审计署和国家预防腐败局等四部委要求，江苏省及时成立了政府采购执行情况专项检查领导小组，制定了实施方案，并从组织动员、自查自纠、重点检查、整改提高和验收总结等五个方面开展工作。全省 110 个政府集中采购机构、10 496 个采购人（其中，省本级采购人 585 个，市县级采购人 9 911 个）按要求参加了自查自纠。在自查自纠的基础上，组织对采购项目多、采购金额大的部门和单位及代理机构等进行了重点检查，得到了中央督导组的肯定。

构建治理商业贿赂长效机制，坚持源头防范。2006 年，中央决定开展治理商业贿赂工作，政府采购列为重点领域之一。根据省、部治理商业贿赂领导小组的要求，按照防治结合的原则，经过精心组织、周密部署、深入发动、广泛宣传、稳步实施，江苏省政府采购领域治理商业贿赂专项工作取得了阶段性成果，得到省、部治贿办肯定，多次在省、部相关会议上作交流发言。江苏以构建治理商业贿赂长效机制为重点，坚持源头防范，着力从三个方面构建长效机制：

一是建立健全政府采购法规制度，构建以“规范化”为核心的政府采购制度体系。健全政府采购法律法规体系，推动全省政府采购工作的规范化、法制化进程。完善政府采购代理机构竞争机制，形成优胜劣汰的政府采购市场竞争格局。提高政府采购代理机构的整体服务水平和规范程度，促进全省政府采购事业健康、有序发展。二是营造公开透明的政府采购环境，构筑“阳光型”政府采购体系。进一步明确管理机构与操作机构的职责和分工，完善财政部门与集中采购机构的监督制约机制。进一步营造公开、公平、公正的政府采购环境。做到信息公开、交易公平、结果公正。三是加强政府采购监管，形成“制约型”政府采购监管体系。建立内部监督和外部监督相结合，各部门相互配合的全方位、多层次的政府采购监督体系。健全质疑、投诉、举报制度，对违法违规行为及时查处，并进行通报，促进公平竞争。加强对风险性要素环节的控制，通过网上公示、组织论证、征询意见等方式，规范评审过程，建立健全政府采购项目验收制度。

（江苏省财政厅供稿）

浙 江 省

2008 年，浙江省财政厅认真贯彻落实党的十七大和浙江省委第十二次党代会、省委十二届历次全会精神，深入学习实践科学发展观，坚持“创业富民、创

新强省”总战略，围绕中心，服务大局，按照省委、省政府的工作部署和公共财政体制改革的要求，加快推进政府采购制度改革，大力倡导“依法采购、科学采购、和谐采购、廉洁采购”四大理念，以制度建设为基础，以信息化建设为突破，全面提升政府采购管理和操作水平。

一、坚持规模与效益并重，不断扩大政府采购规模和范围

政府采购规模是衡量政府采购工作广度和深度的重要指标。浙江省紧紧围绕“扩面增量”这一目标，通过加强政府采购预算和资金管理，强化采购预算执行监督，扩大协议定点采购范围，加强分散采购管理，以及将政府投资建设工程纳入政府采购监管等手段，多措并举，努力扩大政府采购的规模和范围。2008 年，浙江全省实际采购金额达到 437.97 亿元，同比增长 32.88%，资金节约率为 13.12%，全年采购总规模占本地区财政支出的 19.83%，占本地区 GDP 的 2.04%。

二、加快推进政府采购信息化建设

政府采购信息化建设是深化政府采购制度改革的重要手段，也是浙江省自 2008 年以来着力推进的一项重要工作。将现代信息技术手段与政府采购业务相结合，充分运用电子政务和电子商务技术，以“科学采购”来规范权力运行，既是政府采购行业的发展趋势，也是加强政府采购领域党风廉政建设和商业贿赂治理的必然选择。自 2005 年浙江省本级正式上线浙江省政府采购信息管理（内网）系统以来，到 2008 年，该系统已覆盖到所有省级预算单位，在政府采购预算调整、预算执行审批、资金支付申请、合同备案登记等方面发挥了积极作用。而浙江省政府采购信息管理（外网）系统也于 2008 年年初在省本级全面运行，外网系统包括协议定点网上采购、评审专家管理、委托代理采购、自行组织采购等四个子系统和集中采购机构内部业务管理系统，基本覆盖了政府采购活动的全过程和各个环节。2008 年 3 月，浙江省财政厅印发了《浙江省省级政府采购协议定点项目网上采购管理暂行办法》，省本级采购单位通过浙江省政府采购信息管理（外网）系统，即可采购协议定点范围内的产品和服务，节约了采购时间，确保了协议定点政府采购市场的充分有效竞争。政府采购信息化手段的运用，提高了政府采购管理的科学化、精细化。

三、开展全省政府采购执行情况专项检查

2008 年，财政部等四部委决定在全国开展政府采购执行情况专项检查，这是《政府采购法》实施五年来首次开展执行情况专项检查，以此来检验《政府采购法》的执行效果，查找制度和体制机制中的漏洞或薄弱环节。浙江省财政厅按照全国政府采购执行情况专项检查电视电话会议和财政部、监察部、审计署、国家预防腐败局《关于开展全国政府采购执行情况专项检查的通知》的要求，以及财政部的统一部署，组织力量开展自查自纠、重点检查、整改提高、验收总结等四个阶段的工作。据统计，浙江全省共有 13 441 家采购单位，79 家集中采购机构，157 家采购代理机构进行了自查自纠，其中省本级一级预算单位（行政主管部门）125 家、下属单位 600 余家，集中采购机构 1 家，部门集中采购机构 1 家。重点检

查阶段，仅省本级就对59家单位，包括1家集中采购机构、5家采购代理机构和25家省级主管部门及其28家下属单位进行了重点检查。检查结束后，浙江省财政厅、监察厅、审计厅联合发文，对发现问题的部门和单位进行了书面通报，被通报单位按照要求，均在规定时间内针对发现问题进行了认真整改，并上报了整改方案和说明。此次专项检查的力度、广度和深度前所未有，不仅查找出政府采购操作中的不规范行为和监管中的薄弱环节，有利于堵塞管理和操作中的漏洞，也为建立长效机制奠定了基础。同时，浙江也将其与开展商业贿赂专项治理“回头看”工作有机结合起来，防止了商业贿赂在政府采购领域中出现回潮和反复，确保巩固前一阶段治理政府采购领域商业贿赂的成效。

四、积极开展加入GPA谈判研究工作

加入GPA谈判工作是我国的一件大事，也是当前浙江政府采购工作的重点。2008年7月，浙江作为东部地区的牵头省份，组织召开了东部地区加入GPA谈判工作协调小组成立大会暨协调小组第一次会议和省级部门加入GPA谈判工作领导小组会议，组建成立了协调机构，明确了协调事项范围、协调形式和议事工作机制，审议通过了《东部地区加入GPA谈判工作协调机制》和《东部地区GPA谈判工作协调小组工作规划及2008~2009年研究任务分工》。同年8月5日，浙江省省级部门加入GPA谈判工作领导小组会议召开，审议通过《省级GPA领导小组及其成员单位工作职责》和《省级GPA谈判工作规划及2008~2009年度工作任务分工》。2008年，浙江省GPA各项研究和培训工作按照计划和职责分工有序开展。

五、发挥政府采购政策功能，促进经济社会发展

为促进经济发展方式转变和浙江经济社会又好又快发展，从2008年开始，浙江将政府采购制度改革的重点逐步向发挥政府采购政策功能拓展和延伸。2008年4月，由浙江省财政厅草拟，浙江省政府办公厅发布了《关于建立政府优先强制采购节能环保和自主创新产品制度的通知》，从政策设计、具体操作、监督管理、保障措施等方面，对政府优先或强制采购支持节能环保、自主创新和促进中小企业发展做出了详细规定。全省各级采购单位和采购代理机构可在具体采购活动中，加大对节能环保和自主创新产品的采购力度。该通知的出台，为进一步发挥政府采购的政策功能，加快浙江节约型社会和创新型省份建设，促进全省经济和社会的可持续协调发展增加了有力的制度保障，更使发挥政府采购政策功能的理念得到采购当事人和社会各界的重视和认同。

六、积极支持四川灾区抗震救灾和灾后重建

2008年5月份，四川汶川发生特大地震自然灾害。为支持四川灾区抗震救灾和灾后重建，对浙江发往灾区的应急物资采购特事特办，全力以赴保障应急支援物资顺利、按时、保质采购。浙江省对全省教育系统向广元地区捐赠的8.1万套课桌椅、3 000块黑板、3 000张讲桌和“汶川大地震赈灾专项基金”捐赠的2.5万套课桌椅进行部门集中采购和公开招标，实际合同金额1 400多万元，节约资金

120 多万元，既保证了采购质量和效益，又为灾区救援和重建抢得了时间。同时，浙江各级财政部门按照财政部的要求，加强对救灾应急采购的监督管理，确保具体采购活动透明、规范。

七、借助外力，创新制度，建立省本级政府采购督察员制度

浙江积极引进外力，创造性地建立省本级政府采购督察员制度，借助督察员的影响力来强化政府采购监管，促进政府采购领域党风廉政建设和商业贿赂防治。2008 年，浙江省财政厅、浙江省监察厅联合下发《浙江省省级政府采购督察员工作暂行办法（试行)》，聘请首批七位省本级政府采购督察员。根据制度安排，政府采购督察员由聘请的机关、院校、行业协会等领域的专家学者担任，其不仅可以监督各采购单位、采购代理机构、供应商和专家的采购活动和采购行为，还可对财政等监督部门的政府采购管理工作进行监督，并针对当前政府采购工作中存在的问题提出意见或建议。政府采购督察员制度的建立和实施，既为完善政府采购制度和工作开拓了渠道，又为防止政府采购领域出现商业贿赂行为添加了一道防火墙，对新形势下深化治理政府采购领域商业贿赂工作具有重要意义。

（浙江省财政厅供稿，
花晓山执笔）

宁 波 市

2008 年，宁波市财政局深入学习贯彻党的“十七大”精神，坚持科学发展观，全面贯彻落实全国政府采购工作会议提出的新时期深化政府采购制度改革的基本思路，以《2008 年度宁波市政府采购工作要点》为主线，按照“围绕热点、突出重点、狠抓落实、提高发展”的原则安排各项工作，在规范化和精细化管理上取得了一定进展。

2008 年全市实际政府采购 109.76 亿元，较上年同期增长 32.72%，资金节约率为 14.23%；剔除工程采购 85.28 亿元，实际政府采购 24.48 亿元，较上年同期增长 33.99%。市本级实际政府采购 6.55 亿元，比上年同期增加 14.51%，资金节约率 12.68%；各县（市）区实际政府采购 103.21 亿元，比上年同期增长 34.07%，资金节约率 16.75%。回顾 2008 年，主要做了以下 10 个方面的工作：

一、召开全市政府采购工作会议

为推动宁波市政府采购制度改革的深化发展，宁波市政府采购监督管理办公室组织召开了四年一次的全市政府采购工作会议，来自全市 15 个县市区财政局的分管局长、采购办主任、采购中心主任、市财政局内部相关业务处室的负责人以及政府采购代理机构和政府采购特邀监督员等

80多人参加了这次会议。本次会议传达了全国、全省政府采购工作会议精神，总结回顾了宁波市2004年以来政府采购监管和改革的经验，分析了当前阶段政府采购工作面临的主要问题，提出了今后一个时期政府采购监管和改革的基本工作思路，部署了宁波市今后一个阶段政府采购工作的主要任务。会议统一了思想，理清了思路，为促进政府采购工作规范化、科学化和精细化打下基础。

二、继续加强政府采购制度建设

首先，制订并公布了2008年度宁波市政府采购工作要点，指导各县（市）区政府采购监督管理部门和采购代理机构开展政府采购工作。其次，拟订了《宁波市政府采购代理机构考核办法（试行）》，加强对采购代理机构的监管，进一步规范政府采购代理行为；拟订了《宁波市政府采购评审专家工作管理暂行管理办法》，规范评审专家的评审行为，进一步提高评审质量；指导和改进办公自动化设备、空调器协议采购招投标方案，公布了新一轮办公自动化设备、空调器协议采购供货管理办法，完善了政府采购协议供货管理办法。第三，酝酿起草了《宁波市市级政府采购管理工作暂行规程（征求意见稿）》、《宁波市政府采购信息管理系统建设实施意见（征求意见稿）》、《宁波市政府采购规范性文本制作指引（征求意见稿）》等制度，待征求多方面意见后，再公布执行。

三、巩固和扩大政府采购范围和规模

巩固并继续扩大政府采购范围和规模，努力推进财政性资金偿还的借（贷）款、中央和省级补助专款、国债资金项目实施政府采购，2009年政府采购预算编制文件强调，要求对尚未列入部门预算管理的单位和资金，也要按照政府采购预算程序编制政府采购预算，该措施进一步从源头上严格了政府采购预算管理。

全年重点做好社会关注和涉及民生项目的政府采购项目，包括宁波市城镇职工医疗保险中心居民医保（学生）磁卡项目、宁波市图书馆电子图书和电子文献项目、宁波市机关事务管理局节能灯项目、宁波市公路管理局超治检测设备项目、宁波市安全监督局安全生产隐患排查治理信息平台应用开发项目、宁波市工商局行政管理系统信息化平台融资服务项目、宁波市公安局互联网舆情监控软件项目、宁波林场林改耕地项目等，既努力实现政府采购公平正义、节约成本、优化支出的目标，也促进实现与宁波市经济社会和谐发展的目标。

进一步加强建设工程采购管理，通过统一招投标平台，慈溪市、余姚市、北仑区率先将建设工程纳入政府采购统计范围，工程类实际采购金额分别为41.6亿元、30.24亿元、12亿元。这三个地区建设工程采购规模达83.84亿元，占全市政府采购规模的76.38%。

四、继续加快电了化政府采购建设

努力推进“金财工程”政府采购管理信息子系统建设，收集各方意见，分析系统测试中存在的问题，进一步完善该管理信息系统建设。同时，进一步加强宁波政府采购网建设，首次将空调纳入协议采购价格公示范围，扩大了协议采购价格公示范围，提高政府采购透明度。另外，加强对各县（市）区电子化政府采购工作建设的指导，进一步提高全市电子化政府采购水平。

五、进一步严格政府采购预算执行管理

在政府采购预算管理方面，积极配合财政业务处室，认真审核2008年度市级行政事业单位政府采购预算5.36亿元，并及时下达各单位。制订2009年政府采购预算编制规定，布置落实政府采购预算编制工作，审核全市约370家单位7.32亿元左右的政府采购预算。在预算执行阶段，要求各行政事业单位严格按批准的政府采购预算规范执行，无预算不给予申报月份政府采购计划开展具体采购活动，全年累计编制和汇总月份政府采购计划约8.35亿元左右。在资金支付方面，严把政府采购资金支付关，全年审核政府采购资金项下的财政支付1亿元左右。列入政府采购预算的项目，应当实行财政直接支付的，一律采用财政直接支付方式支付。未按规定要求实行政府采购和财政直接支付的，采取必要措施予以纠正和处理。

六、进一步加强政府采购规范化管理

加大政府采购操作执行环节的监管力度。严格执行新一轮政府采购目录及标准，发挥政府集中采购机构的作用，凡能够纳入集中采购的项目全部交由集中采购机构实施集中统一采购，不允许以项目特殊为名而自行采购。继续向社会各届征集政府采购评审专家，充实和扩大专家库容量，在此基础上，为各县（市）区提供评审专家，努力形成全市联网、相互共享的评审专家库。着手研究制订政府采购规范性文件标准格式，目前已起草《宁波市政府采购规范性制作文本指引》，并将具体编写任务切块分配给各县（市）区，促进政府采购操作程序的规范和细化。召开市级政府采购监督员座谈会2次，认真听取建议和意见，主动接受社会各届监督。做好供应商对鄞州区财务软件、120指挥调度系统改造升级等15起投诉处理工作，开展匿名举报高新园区家具政府采购项目的调查，并将调查结果在宁波政府采购网上进行通报。查处供应商在2008年办公自动化类设备协议供货定点资格招标过程中的违规行为，将处理结果在宁波政府采购网上进行通报，违规公司被列入政府采购不良行为记录名单，其中1家公司在3年内被禁止参加政府采购活动。多次深入定点印刷企业，加强对定点印刷企业的检查，督促企业严格按照定点供货管理办法的规定执行。通过一系列的监督管理，依法保障政府采购活动规范有序进行。

七、做好政府采购专项执法检查工作

按照财政部、浙江省财政厅统一部署，联合监察、审计等部门，成立宁波市政府采购执行情况专项检查（以下简称“专项检查”）领导小组，制订政府采购执行情况专项检查工作实施方案，布置落实了宁波市政府采购执行情况大检查工作。在专项检查开展活动中，首先广泛宣传，编印了《政府采购执行情况专项检查文件》、《宁波市政府采购法规制度汇编（2002～2007）》等，组织开展对专项检查中自查自纠报表填报和专用软件安装的培训，专门安排专项检查专项经费，保障专项检查有序开展。第二是认真开展自查自纠，组织对市级采购单位、集中采购单位和社会中介机构进行自查自纠，检查面达到100%。第三是实施重点检查，联合审计、监察等部门，抽调工作责任心

强、业务精通的工作人员组成联合检查组，对政府集中采购机构和社会代理机构开展重点检查，委托两家会计师事务所对市级重点检查单位进行重点检查。第四是梳理存在问题，针对检查中发现的问题进行分析整理，归纳总结，查找政府采购工作中的不足和漏洞。第五是整改提高，针对自查自纠和重点检查阶段暴露出来的问题，督促各采购单位制定整改方案，进行集中整改；对政府采购监督管理和操作执行等方面存在的缺失和薄弱环节，从规范和完善制度着手，进一步建立健全各项政府采购长效机制。第六是做好督导工作，组织了由宁波市财政局、宁波市审计局、宁波市监察局组成的3个督导组，督导组组长分别由3个局的有关领导担任，对15个县（市）区政府采购专项检查工作进行督导验收。总之，通过这次专项检查，基本摸清和掌握了目前宁波市政府采购工作的总体情况和存在的主要问题，宣传了政府采购制度政策，扩大了社会影响，加强了党风廉政建设，同时，为今后进一步深化政府采购体制改革，不断规范政府采购监督管理和操作执行行为奠定基础。

八、贯彻落实政府采购政策功能

坚持贯彻落实国务院、财政部关于政府采购支持建立促进节能减排、优先采购环境标志产品、支持自主创新、进口产品审核管理等政策规定。一是根据财政部有关规定，结合宁波市实际，研究起草《转发财政部办公厅关于政府采购进口产品管理有关问题的通知》，明确政府采购进口产品的审核程序、需要提供的相关资料、所属行业主管部门意见等，增强审核管理办法的操作性，同时督促各政府采购代理机构严格依法组织进口产品采购活动。严把政府采购进口产品审核关，除涉及重要医疗卫生安全等产品外，不得采购进口产品，支持和促进国内产业的发展。2008年全市政府采购进口产品仅1.33亿元，占政府采购总额的1.21%。二是在新一轮的办公自动化设备、空调器采购活动中，严格按照“节能产品政府采购清单”范围规定，强制采购节能产品，促进社会各界做好节能减排工作，2008年全市节能产品采购为1.6亿元。三是项目招标过程中，采取对环保产品进行政策加分，实行优先采购。2008年全市环保产品采购为2.4亿元，占政府采购总额的2.19%。四是对具有自主知识产权和自主创新的产品也进行加分，鼓励自主创新，扶持中小企业发展，590家中标商中95%以上均属于中小企业。

九、积极开展地方组加入WTO政府采购协议谈判的应对工作

派专人参加财政部组织的《政府采购协议》培训班，认真研究GPA国际规则和相关政策，提高宁波市政府采购监管队伍GPA知识。同时，认真做好向市政府关于《政府采购协议》谈判的请示汇报工作，积极准备宁波市加入WTO政府采购协议谈判的应对工作。

十、积极开展政府采购调查研究和业务培训

积极开展政府采购制度、体制调研，已经对余姚市、镇海区、宁波市文广电局、宁波市卫生局、宁波市美术馆、宁波大学等地区和部门进行了调研，积累了宝贵的第一手资料，为下一步完善工作思路打下基础。2008年11月对各县（市）区

政府采购监管机构、集中采购机构，举办业务培训会议，进行了政府采购法律和操作实务培训，取得了较好的效果，进一步提高政府采购队伍的业务水平。

（宁波市财政局供稿，周一伦、叶海瑛执笔）

安　徽　省

2008 年，安徽省政府采购工作坚持以科学发展观为统领，按照“完善制度体系，扩大采购规模，规范采购行为，发挥政策功能”的目标要求，加强政府采购监管力度，促进政府采购规范发展，政府采购规模和范围进一步扩大，政府采购制度不断完善，政府采购行为更加规范，政府采购政策功能逐步落实。

一、政府采购规模突破 200 亿元大关

2008 年，安徽省政府采购规模首次突破 200 亿元，达到 256.16 亿元，比 2007 年增加 93.98 亿元，增长 57.95%。政府采购规模大幅增长的主要因素：一是大力拓展政府采购范围。各级财政部门通过合理制定集中采购目录和限额标准，将绝大多数物资材料、各类办公用品及自动化设备购置，以及公务用车加油、保险、会议定点、会展等逐步纳入政府采购范围。货物及服务类实际采购金额 71.46 亿元，比 2007 年增加 22.21 亿元，增长 45.1%。二是突出抓好工程建设项目政府采购工作。各级、各部门继续推进财政专项资金安排的工程建设项目纳入政府采购范围，有效扩大政府采购规模。合肥、芜湖、巢湖工程政府采购规模分别达到 70 亿元、55 亿元、3 亿元，合计约占全省采购总规模的 70%。全省工程类采购金额 184.71 亿元，比 2007 年增加 71.77 亿元，增长 63.55%。三是抓好财政专项资金项目政府采购工作。将政府用于公共投入的项目、中小学免费教材、农业综合开发、良种补贴等专项资金支出逐步纳入政府采购范围。

二、完善政府采购制度体系

按照《政府采购法》的要求，结合安徽省政府采购制度改革发展实际，安徽省财政厅以“规范政府采购监管权力，正确行使、消除滋生腐败的条件和空间”为目标，重点抓好政府采购监管审批、政府采购预算执行等关键环节的制度建设。2008 年，先后制定了《关于加强省级政府采购预算执行工作的通知》、《关于加强集中采购执行工作的意见》、《安徽省财政厅内部政府采购工作管理办法》、《关于规范政府采购监督管理审批工作的通知》、《关于安徽省省级政府采购计算机等办公设备实行协议供货的通知》、《关于政府采购政策促进我省经济又好又快发展的意见》等 6 项政府采购监督管理制度。与此同时，对现行政府采购制

度、办法进行认真清理，“废”、“立”并重，废止已过时的制度10项，为加强政府采购监督管理，规范政府采购行为，奠定了坚实的基础。

三、组织开展政府采购执行情况专项检查

根据中央统一部署，组织开展了全省政府采购执行情况专项检查。一是成立“安徽省政府采购执行情况专项检查工作领导小组”，安徽省财政厅陈先森厅长担任领导小组组长，安徽省财政厅、安徽省监察厅、安徽省审计厅分管厅长担任副组长，领导小组下设办事机构，设在安徽省财政厅政府采购处，各市及省直各部门也相继成立领导小组及其办事机构。二是召开全省电视电话会议，省财政厅、监察厅、审计厅等部门领导到会并讲话，动员部署全省开展政府采购执行情况专项检查工作。三是扎实开展专项检查各阶段工作。及时转发全国专项检查有关文件，明确要求各地区、各部门切实加强对专项检查工作的领导，要求省垂直部门切实做好本系统的专项检查工作。组织发放自查自纠统计软件，指导各地、各单位认真开展自查自纠。先后组织6个重点检查小组，分别对25个省直一级预算单位、25个省直二级预算单位以及两个省级集中采购机构进行了重点检查。通过专项检查，摸清了情况，宣传了政策，促进采购人对政府采购工作理解与支持；对查找出的问题，督促采购人和代理机构进行整改，并以专项检查为契机，采取切实可行措施，不断完善政府采购制度体系建设，真正建立政府采购规范发展的长效机制。

四、创新采购方式，实行协议供货

为进一步规范政府采购行为，创新采购方式，提高采购效率，根据《政府采购法》、《政府采购货物和服务招标投标管理办法》等规定，对省直行政、事业单位和社会团体政府采购计算机等办公设备实行协议供货。安徽省财政厅专门制定印发了《关于安徽省省级政府采购计算机等办公设备实行协议供货的通知》，明确了协议供货的适用范围、有效期限、招标程序、采购方法、各方职责以及监督管理要求。实行协议供货是提高采购效率的重要手段，采购人采购规定范围内的货物，可以直接从网上选择确定相应供应商，能够节省大量时间，较好地解决了采购人普遍反映政府采购周期长的矛盾。2008年10月，安徽省财政厅委托安徽省政府采购中心对协议供货进行了公开招标，确定了中标供应商及中标产品，自11月起正式在省级实行协议供货方式，受到采购人的普遍好评。

五、依法受理政府采购供应商投诉

一是严格投诉受理程序，对供应商投诉案件认真进行审核，凡符合投诉要件、手续齐全的投诉案件准予受理。二是慎重处理投诉，坚持重事实、讲证据，在调查核实的基础上，及时召开质证会或澄清会，进一步澄清投诉事实，明确责任范围，弄清事实原由，依法及时做出处理决定。三是注重预防，要求集中采购机构严格按采购程序规范操作，对供应商的质疑和询问，要耐心细致地做好解释工作，并给予书面答复；对暂时不能答复的，也要做好宣传解释工作，积极主动地做好质疑投诉的前置性处理工作，力争使矛盾得到有效化解。2008 年，全省政府采购管理部门共收到供应商投诉 43 起，较上年增加 18 起。其中受理 36 起，转送有管辖权的部门 1 起，不予受理 6 起；按处理情况分类，财政部门按有关程序，依法处理投诉 36 起，其中撤诉 2 起，驳回 3 起，进行处理 31 起；按采购方式分类，公开招标 30 起，邀请招标 1 起，竞争性谈判 5 起；按被投诉人分类，采购人 27 起，招标代理机构 4 起，集中采购机构 4 起。此外，省级处罚 1 起供应商违规案件。

六、加强政府采购评审专家管理

一是完善政府采购专家管理软件。根据工作发展情况，安徽省财政厅对现行政府采购评审专家管理软件进行了升级改造，新的软件突出监管和效率两个原则。重新开发了以专家编号代替专家姓名等信息的软件，实行人工随机抽取、电话通知，屏蔽专家姓名等信息，增强了保密性。二是建立专家抽取制约机制。实行专家管理与专家抽取功能分离，财政部门对专家库进行管理，集中采购机构或代理机构网上远程随机抽取。三是加强了对评审专家的管理。对在评标过程中有违规行为的专家，按照安徽省财政厅《关于建立政府采购评审专家工作情况反馈制度的通知》等规定，给予严肃处理，并在以后的评标活动中尽量少用或者不用，有效地保障了政府采购评审工作质量。四是继续广泛征集充实更新专家库。按照安徽省财政厅《关于公开征集省级政府采购评审专家的通知》的要求，对经审核符合条件的政府采购专家及时充实到专家库中。2008 年，在全省医疗卫生系统征集专家 300 余人。截至 2008 年年底，省级专家库共有评审专家 1 700 余人。

七、启动电子化政府采购系统建设

一是研究制定了《安徽省政府采购电子化系统建设规划和实施方案》。为确保安徽省电子化政府采购系统建设顺利进行，省财政厅先后组织有关人员进行充分调研，并结合本省实际，研究制定了《安徽省政府采购电子化系统建设规划和实施方案》，明确了系统建设的目标、实施步骤、资金预算及保障措施。二是成立了系统建设项目组。为加强系统建设的组织领导，10 月份，正式成立安徽省财政厅电子化政府采购系统建设项目组，由分管副厅长任项目组组长，厅政府采购处、信息中心、采购中心负责人任副组长，厅各有关处室、单位负责人为项目组成员。三是招标确定项目软件开发商。委托省政府采购中心对项目软件开发商进行了政府采购，通过竞争性谈判方式，确定了项目软件开发商，开展了软件需求调研，明确了各模块软件的开发步骤及交付使用时限，并着手实施开发。

（安徽省财政厅供稿）

福　建　省

2008年，福建省政府采购工作以邓小平理论和“三个代表”重要思想为指导，坚持以科学发展观统领各项工作，全面贯彻党的十七大、省委八届三次会议和全省财政工作会议精神，围绕海峡两岸经济区建设大局和财政中心工作，进一步完善机制，着力解决采购效率和价格问题，及时研究出台具体措施促进节能、环保、自主创新等政府采购政策功能落实，加强监管，加快政府采购信息化建设，加大宣传培训力度，推进政府采购制度改革深入、向前发展。2008年全省政府采购规模119.2亿元，比2007年增加0.1亿元，增长0.08%；节约率为17.84%，比2007年提高1.84个百分点。其中，省级政府采购规模13.9亿元，节约率为13.68%。

一、进一步创新机制，着力解决采购效率和价格问题

（一）推行低价跟单采购，建立解决采购效率、价格问题新机制

在坚持公开招标为主要采购方式法定要求的前提下，为了切实提高采购效率，落实《政府采购法》规定的政府采购价格要低于市场平均价格的要求，出台了《部分省级政府采购项目可实行低价跟单采购的通知》，对省级集中采购目录内采购计划金额50万元以下的货物采购项目，以福建省政府采购网公布的30个日历日内相同的产品的采购中标、成交价下调5%为最高参考价，采购单位可按不高于参考价的价格向能提供相同产品的任何供应商询价采购。

（二）改进网上竞价采购办法，制定向下竞价最低幅度

出台《省级网上竞价采购办法的补充通知》，要求满足需求的供应商参与网上竞价时提出的报价必须低于公示的最高限价的3%，否则视为无效报价，进一步压实采购价格。

（三）规定公开招标公布的采购预算价作为最高限价

要求采购人应在对市场行情进行充分调查的基础上，提出所需采购项目的预算价，预算价不得高于近期同类产品的政府采购价，并作为最高限价。在招标文件中必须注明预算价，并明确规定超过预算价的报价为无效报价。发布招标公告时，应公告预算价（最高限价）。

（四）进一步做好招标文件的备案工作

将原有的招标文件备案完成后发布招标公告的运作流程调整为代理机构在发布招标公告的同时报备招标文件，进一步缩短招标流程的时间。

二、落实鼓励扶持政策，促进政府采购政策功能发挥

（一）强化招标文件的格式要求，必须载明优惠条款和幅度

出台省级政府采购货物和服务项目招

标文件编制指引和实施指引的补充通知，对招标文件编制及实施指引进行补充和完善，要求政府采购招标文件中必须载明对自主创新、节能环保产品的优惠条款和幅度，指导采购单位、采购代理机构制定合理有效的评标方法，设定自主创新、节能环保等评分要素及分值，对纳入《政府采购节能产品清单》、《政府采购环境标志产品清单》的产品，给予一定幅度的加分或价格扣除，予以优先待遇；引导采购人合理设置供应商资质条件，提升自主创新、节能环保产品在政府采购市场的竞争力，扩大自主创新、节能环保产品在政府采购市场的份额。同时要求不得以不合理的条件对供应商实行差别待遇或者歧视待遇。

（二）强化政府强制采购节能产品的执行

明确采购单位通过网上竞价或公开招标方式采购节能、减排产品政府采购清单中强制采购品目时，必须在竞价要求或招标文件中明确载明强制采购要求，仅在强制采购清单范围内通过网上竞价或公开招标选择产品，确保了强制采购清单内节能、减排产品政策的落实，对推进采购单位采购节能、减排产品具有实质意义。2008 年，全省政府采购节能、节水产品（《政府采购节能产品清单》内强制采购产品品目）金额达 3.01 亿元，占同类产品采购总金额的 63%，比 2007 年提高 11 个百分点。其中，省级政府采购节能、节水产品金额 1.18 亿元，占全省节能、节水产品采购金额的 39.2%，占省级同类产品采购总金额的 99%，比 2007 年提高 24.3 个百分点。全省政府采购环境标志产品（《政府采购环境标志产品清单》内产品品目）金额达 4.78 亿元，占同类产品采购总金额的 84%。

（三）加强政府采购进口产品管理

根据财政部《政府采购进口产品管理办法》，加强政府采购进口产品的审核管理，要求采购人、采购代理机构在招标文件编制中不得设置限制性资格条款排斥国产品牌。采购人需要采购的产品在中国境内无法获取或者无法以合理的商业条件获取，确需采购进口产品的，须在采购活动开始前获得财政部门的核准，要求出具进口产品所属行业设区市以上主管部门的意见及专家论证意见。2008 年，全省政府采购合同授予国内厂商 93.34 亿元，占政府采购合同授予总金额的 95.31%。

三、认真扎实开展政府采购执行情况专项检查工作

一是全面动员和部署全省专项检查工作。召开了全省政府采购执行情况专项检查电视电话会议，印发了福建省财政厅、福建省监察厅、福建省审计厅领导在电视电话会议上的讲话，制定了《福建省政府采购执行情况专项检查实施方案》，发放了专项检查数据统计光盘，确保全省专项检查自查自纠工作覆盖面达 100%，推动全省专项检查工作顺利开展。

二是认真组织开展自查自纠和重点检查阶段工作。按照全国专项检查工作的统一部署，在各单位、各政府采购代理机构对 2006 年度、2007 年度政府采购执行情况进行自查自纠的基础上，选取 20% 的采购人、部分的采购代理机构和全部的集中采购代理机构，进行重点检查。省专项检查领导小组派出人员对部分市、县（区）政府采购专项检查情况进行督导。各设区市专项检查领导小组也对各县（区）专项检查工作进行督促检查。全省共组成 205 个重点检查小组，派出检查人

员697人，重点检查采购人单位2 090个、采购代理机构83个，抽查采购项目13 210个，抽查采购项目金额49.88亿元。通过重点检查，进一步发现采购单位和代理机构在执行政府采购法规制度中存在的问题，及时掌握政府采购监管中的薄弱环节，督促被查单位加强制度建设，依法实施政府采购。

三是针对检查发现的问题，认真督促整改，促进政府采购制度的健全完善。针对重点检查中发现的体制机制方面的问题，草拟了《省级政府采购责任工作制度》、《省级政府采购项目招标评标方法》和《省级部分通用办公设备配置标准》，上报省政府采购工作领导小组，建立和完善惩防并举、适用有效的政府采购长效管理机制。

四、进一步加强政府采购监管，坚持依法监管

（一）完善和改进招标文件编制指引和实施指引，进一步规范省级政府采购活动

分别出台招标文件编制指引、招标实施指引的补充通知，补充申请变更采购方式需提供的材料、强调采购代理机构在组织开评标和答复质疑的责任、明确依法重新评标或招标的情形等，进一步明确政府采购招标活动中各方当事人的权利和义务，规范招标活动的实施。

（二）推进电子化采购向纵深发展，促进县区政府采购工作的规范发展

推进各县（区）有条件的通过本县（区）政府采购网站或主页直接开展网上竞价工作，条件暂不具备的可依托设区市进行网上竞价采购工作。以设区市电子化政府采购平台为依托，建立市、县、区联动的电子化采购网络，整合区县采购信息资源，将区县采购需求在设区市级政府采购平台上公告并接受更广泛的供应商竞价，提高采购效率，节约招标费用，促进采购过程更加公开透明，促进区县政府采购工作的规范发展。目前，全省大部分设区市的网上竞价采购平台建设已初具规模。

（三）推进网上审批工作，坚持依法行政

根据省政府推进网上审批工作的要求，对乙级政府采购代理机构资格认定（行政许可项目）和采购方式变更审批（非行政审批项目）实行网上申报，实现审批事项流程网上查询、办理状态网上可视，方便申请人办理审批事项，进一步提高工作效率，推进行政许可执行的公开、透明。2008年，共受理乙级政府采购代理机构资格变更申请6项，乙级政府采购代理机构资格审批申请3项。推进依法行政，认真对《政府采购法》所涉及的行政处罚自由裁量权进行细化，按照有关法律法规的规定对违法行为、处罚对象、处罚标准等提出细分意见，促进行政处罚有法可依，依法行使自由裁量权。

（四）拓宽救济途径，进一步维护政府采购当事人权益

在省级政府采购信息指定发布媒体开辟“举报”专栏，任何单位或个人发现招标文件或采购过程存在违反规定的，除依照法律规定向采购人和代理机构提出质疑的同时，均可登录该专栏进行举报，或书面向福建省财政厅政府采购监督管理办公室举报。福建省财政厅政府采购监督管理办公室针对举报情况将建议有关单位就举报问题进行核实，加强对采购过程的事前监督。对采购过程中因招标文件存在违反法律法规及相关规章制度导致投诉的，

或采购代理机构在限期内不对招标文件进行修改的，将对采购代理机构记不良行为记录并按相关法律、法规进行处理。2008 年，共对两起案件做出处理决定，并对违规代理机构记不良记录。

（五）积极推进财政系统公共资源市场化配置和市场中介组织专项治理工作，继续深入开展治理串通投标违反行为专项工作

从资格认定、市场准入、案件查处、信用监管等方面入手，对政府采购代理机构进行实地勘查、全面梳理，对检查中发现的政府采购代理机构主体资格、代理机构从业人员执业操作、行政主管部门与代理机构隶属等方面存在的问题，进行集中治理，严厉查处打击严重危害群众、企业利益的政府采购代理机构，有效维护政府采购代理市场秩序。

五、进一步加大宣传培训力度

（一）加大培训工作力度，加强政府采购队伍建设

分别于 2008 年 4 月和 11 月举办针对政府采购监管人员、集中采购机构工作人员、政府采购社会中介代理机构从业人员的培训，并于 10 月举办首次面向省直单位采购人的培训，累计参训人员达 600 多人，将政府采购新政策和业务要求作为培训的主要内容，促进政府采购监管和集中采购业务水平的提高，指导和推进政府采购工作不断走向规范化发展轨道。

（二）进一步修订《福建省省级政府采购监管工作手册》，方便采购当事人执行操作

根据政府采购改革的进展情况，及时将省级政府采购机构的设置情况、各环节的主要操作流程以及现行主要的法律法规、规章制度、采购办法，特别是新出台的制度、办法收录其中，便于政府采购当事人操作，依法规范政府采购行为，提高采购效率，同时扩大政府采购宣传，进一步推进政府采购工作。

（三）编发《政府采购监督管理》宣传材料，加大政府采购工作宣传力度

及时传达中央、省委、省政府对政府采购工作的指示精神、工作部署及具体要求，反映各界对政府采购监管工作的呼声，探讨涉及民生、与广大群众利益相关的带有普遍性的政府采购监管及执行层面的具体问题，交流政府采购改革推进过程中涉及采购效率、规范和采购价格等热点、难点方面的经验和举措，加大政府采购工作宣传力度。

（福建省财政厅供稿）

厦 门 市

2008 年，厦门市继续坚持以科学发展观统领政府采购工作全局，紧密围绕经济建设和财政工作中心，积极进取，健全机制，锐意改革，强化监管，加快推进政

府采购制度改革，不断开创政府采购工作新局面。2008 年全市共完成采购项目预算 31.04 亿元，采购金额 25.94 亿元，节约采购资金 5.10 亿元，资金节约率达到 16.42%，政府采购规模较上年同期进一步扩大。

一、健全完善政府采购制度体系

1. 为全面规范厦门市政府采购工作，解决政府采购工作中出现的问题和矛盾，通过认真调研和多方征求意见，经反复修改完成《厦门市政府采购管理办法》的起草工作，下一步拟以政府规章的形式出台。

2. 按照《厦门市市场中介管理办法》有关要求，制定《厦门市财政局关于政府采购代理机构执业资格备案管理的通知》和《厦门市政府采购代理机构执业人员培训考试暂行办法》，进一步规范政府采购代理中介机构管理，加强代理机构从业人员的培训考试工作，提高政府采购代理从业人员的综合素质，提升采购代理质量。

3. 进一步规范政府采购进口产品的审核程序和采购程序，转发财政部关于政府采购进口产品管理办法的通知，明确对各类进口产品审核时分别需出具的相应材料，如进口产品所属行业的设区的市、自治州以上主管部门意见及政府采购进口产品专家论证意见等。

4. 充分发挥政府采购政策功能，鼓励、扶持自主创新产品的研究和应用，转发财政部《关于自主创新产品政府首购和订购管理办法的通知》，规范政府首购和订购活动。

5. 按照财政部办公厅“关于贯彻落实政府强制采购节能产品”座谈会精神，建立政府强制采购节能产品制度，推进厦门市节能减排和政府强制采购节能产品工作。

二、积极开展政府采购改革创新

1. 继续做好协议供货相关工作，制定《厦门市财政局关于 2008 年计算机、部分计算机外部设备及办公辅助设备协议供货有关事项的通知》，进一步改进和完善协议供货“二次竞价”方式，提高协议供货效率，确保协议供货成交价格优惠合理。

2. 推行定点保险经纪服务。对厦门市属财政投融资建设项目建设工程一切险和市直机关事业单位投保其他险种实施定点保险经纪服务，通过公开招标确定了四家定点保险经纪公司，只能从这四家保险经纪公司中择优选择一家代理承保手续，进一步规范市直机关事业单位的投保行为，推动了行政资源市场化配置工作的发展。

3. 通过调研，制定大宗货物政府采购相关实施方案，拟于 2009 年 4 月开始在全市机关事业单位实行大宗货物政府采购工作，通过集中全市各机关事业单位的采购需求，扩大采购规模，形成规模效益，吸引更多的生产厂家直接参与到政府采购中来，减少采购的中间环节，有效降低采购成本，进一步促进廉政建设。

三、切实强化采购监督管理

1. 加强日常监督与专项监督，及时调查处理投诉案件，严肃查处采购违法违规行为。2008 年共正式受理投诉案件 3 件，比上年同期的 5 件减少 2 件，下降 40%。正式受理的 3 件投诉案件中，做出投诉处理决定 1 件，其余 2 件因投诉人撤诉做出终止投诉处理通知书。

2. 加强政府采购监管及从业人员管理，增强法律意识，提高综合素质。组织开展各区政府采购监管人员和采购代理机构从业人员政府采购法律、政策、业务培训，邀请有关法律专家及政府采购业务专家授课，强化监管人员、采购从业人员职业道德、法律和服务意识，提高监管水平及采购从业人员素质。

3. 加强政府采购专家管理，扩大政府采购专家库。在严格把好专家审核关的基础上，不断增加政府采购评审专家数量，2008 年增加政府采购评审专家 70 余名。强化对评审专家的监督管理，严查违法违规行为，对存在一般违规行为的评审专家，按不良行为予以通报批评或记录。对存在严重违法违规行为的评审专家，按有关规定取消其评审专家资格。

4. 加强采购代理机构监督管理，规范采购代理市场秩序。继续以厦门市政府采购网和厦门市企业和中介机构信用网站为依托，建立政府采购代理机构诚信记录动态发布机制，建立不诚信采购代理机构“黑名单”制度，对失信、失真、失公的政府采购代理机构和严重违法的政府采购代理机构和采购从业个人实行市场禁入制度，禁止其在本市行政区域内从事中介服务。

5. 加强供应商监督管理，提高中标履约质量。及时查处采购人对供应商提供商品质量和服务的投诉事件，提出督促协议供货供应商落实投标承诺、明确违规处理规定、加强质量服务跟踪回访等加强政府采购产品质量服务管理的若干措施。

四、扎实开展政府采购执行情况专项检查

按照财政部、监察部、审计署的统一部署，从 2008 年 5 月份开始在全市范围内对各有关单位及采购代理机构 2006 年、2007 年政府采购执行情况进行专项检查，检查分自查自纠、重点检查和整改提高等几个阶段进行。其中重点检查阶段全市共派出 22 个检查组，抽调相关部门 61 人组成，对 153 个单位 2006 年、2007 年政府采购执行情况进行了重点检查，检查涉及项目达一千多个，项目涉及金额达 3 亿余元。通过检查查找政府采购领域中存在的问题，对一些单位政府采购过程中出现的违规和不规范行为提出处理建议并督促单位制定措施及时整改，进一步规范政府采购活动，提高依法采购的意识和能力，堵塞管理和操作执行的漏洞，促进廉政建设。

五、积极参与“十佳中介机构”评选活动

为进一步规范市场中介机构执业行为，营造诚实守信的市场氛围，促进中介服务业的健康发展，厦门市政府组织开展了“厦门市首届十佳中介机构评选活动”，厦门市财政局积极参与组织了这次评选活动，并以此为契机带动政府采购代理机构学先进，争先进，进一步促进政府采购代理机构的健康发展。本次评选活动中，作为政府采购代理机构的厦门市经发机电设备招标公司被评为十佳中介机构。

（厦门市财政局供稿）

江　西　省

2008年，江西省政府采购工作在江西省省委、省政府及江西省财政厅党组的正确领导下，在财政部的指导下，紧紧围绕着强化监督管理、落实政府采购政策功能的工作重点，全省2008年政府采购规模迈上100亿元新台阶，达到104.95亿元，同比增长32.95%，资金节约率11.51%，节约财政性资金达13.65亿元。2008年政府采购规模超过10亿元的设区市为两个，分别是九江16亿元、赣州10.05亿元。同时对多项涉及民生的政府投资项目实施了政府采购，加大了专项资金项目政府采购的力度；同时，还将中小学义务免费教科书和享受财政补贴的农机购置等都纳入了政府采购，政府采购范围进一步扩大。

一、开展政府采购专项检查、规范政府采购行为

2008年，江西省财政厅、江西省监察厅、江西省审计厅按照中央的统一部署和安排，在全省开展了政府采购专项检查工作。江西省各级政府非常重视此次专项检查活动，成立了由省长助理、财政厅厅长胡幼桃同志为组长，省财政厅、省监察厅、省审计厅分管领导为成员的江西省政府采购执行情况专项检查领导小组，做到人员落实、经费落实、责任落实，防止检查工作流于形式。部分主管部门为确保专项检查工作按质按量完成，分别制定了本部门的专项检查方案。同时加强学习和宣传，部分设区市开办了专项检查培训班，提高了各单位有关业务人员进行本单位政府采购专项检查自查自纠能力。在组织单位自查自纠的基础上，全省对1 809家行政事业单位进行了重点检查，占全部行政事业单位总数的21%；对160家省直单位、政府采购业务代理机构进行了重点检查，重点检查覆盖面达到25%。通过重点检查，基本摸清和掌握了政府采购领域中存在的问题，促进了采购单位、采购代理机构的政府采购意识，查找到了改革在法律制度、管理体制、监督机制、操作执行等方面存在的缺失和薄弱环节，促进了廉政建设。检查中存在的违规问题得到了有效整改。较好地解决了一些政府采购中的突出问题。提高了政府采购改革的实施力度，各级政府更加重视政府采购工作。

二、加强政府采购队伍建设、加快采管分离进度

2008年，在省委、省政府的重视和厅党组的指导下，省级政府采购管采分离工作取得突破性进展，根据《江西省财政厅关于将省政府采购中心招标业务划转招标咨询集团有限公司所属机电设备招标有限公司的通知》，将原省政府采购中心职能划转给江西省机电设备招

标有限公司，财政部门政府采购工作全面转到履行监督管理职责上来，管采部门职能得到进一步理顺，有力推进了政府采购规范化建设。同时，地市“管采分离”工作也顺利推进，其中，萍乡市除湘东区外全部建立了“管采分离”运行机制；吉安市大部分县（市、区）做到了“管采分离”。

三、认真做好政府采购监督管理工作

建立了政府采购管理部门、采购人和政府采购代理机构三方互相监督的管理制度。项目采购方式由政府采购管理部门进行事前确定，下发了《江西省财政厅关于进一步完善政府采购有关具体工作程序的通知》，要求政府采购信息包括采购预算一律公开公布。同时要求政府集中采购项目一律委托经省级以上财政部门认定的政府采购代理机构组织采购，评审专家必须从省财政厅建立的评审专家库中抽取；采购单位的工作人员（纪检人员除外）不得进入专家评标现场。保证招标活动的公正性。同时实行由采购单位代表、招标代理机构代表、纪委驻采购单位纪检组监察室代表、政府采购办代表共同进行随机抽取，杜绝了人为因素和暗箱操作，最大限度地避免由于评审专家名单的泄漏，从而造成国家资金损失的情况发生，确保了政府采购的公平性和公正性。

四、积极落实政府采购政策功能

一年来，全省各级财政部门以扩大内需和实施积极财政政策为契机，会同有关部门，大力推动政府采购政策功能的发挥，取得了明显成效。一是认真落实进口产品审核。按照财政部《关于印发〈政府采购进口产品管理办法〉的通知》及财政部办公厅《关于政府采购进口产品管理有关问题的通知》，加强对进口产品的审核管理，对国内能生产的产品，且符合采购人要求的，财政部门严格把关，一律不得采购进口产品。确需采购进口产品的，需行业主管部门出具专家意见。二是认真落实有关节能环保产品制度。进一步扩大节能产品政府采购范围，加大节能产品政府采购工作力度，严格按照财政部、发展改革委发布的《节能产品政府采购清单》以及财政部、环保总局发布的《环境标志产品政府采购清单》实施节能、环保产品的政府采购。

五、继续加大政府采购领域治理商业贿赂工作力度

在2007年治理商业贿赂专项工作基础上，继续加大政府采购领域治理商业贿赂工作力度，在招标文件的编制、评审专家的管理，采购操作程序等方面要制定规范、科学的管理办法，严格落实“公开、公正、公平”的政府采购原则，使采购信息公开、透明，有效防止商业贿赂行为的发生。

（江西省财政厅供稿）

山 东 省

2008年，山东省各级财政部门深入学习贯彻科学发展观，全面贯彻落实全国政府采购工作会议提出的深化政府采购制度改革基本思路，不断推进政府采购监管科学化、精细化，并在扩大采购规模、规范操作程序、发挥政策功能、加强监督管理等方面取得较大的进展。

一、政府采购执行情况

2008年，山东省实际完成政府采购合同金额404.64亿元，比2007年同期增加118.8亿元，增长37.16%，与采购预算相比，节约资金61.33亿元，资金节约率达到13%；采购额占财政支出的比重为14.5%，比2007年提高了1.87%；采购额占GDP的比重为1.26%，比2007年提高了0.16%。

（一）采取有力措施，实现省级单位政府采购规模再增长

2008年，山东省省级采购规模持续增长，完成政府采购金额55.36亿元，比2007年同期增加16.89亿元，增长率为43.9%。采购额占财政支出的比重为15.81%，比2007年提高2.26%。采取的主要措施包括：一是对预算执行进度慢的采购大户进行重点督促；二是积极做好涉及民生的重大项目的采购工作；三是改革协议供货办法，进一步提高采购效益；四是开展专项检查，严肃政府采购法纪。

（二）市级政府采购范围不断扩大，采购规模迅速增长

2008年，各市强化各项政策的执行力度，加强公益岗位、市政工程等涉及民生的政府采购工作，逐步扩大政府采购范围。2008年，山东省17个市共完成政府采购金额349.28亿元，比2007年同期增加101.91亿元，增长41.2%。其中，采购规模达到30亿元以上的有4个市，合计为199.13亿元，占地方采购总规模的57.01%；采购规模在10亿~30亿元之间的有7个市，合计为114.14亿元，占地方采购总规模的32.68%；采购规模在10亿元以下的有6个市，合计为36.02亿元，占地方采购总规模的10.31%。

（三）工程类采购力度不断加大，所占比重进一步提高

2008年，山东省共完成工程类采购251.16亿元，比2007年增长55.27%，工程类采购占全部采购额的比重为62.07%，比2007年增加5.48%，其中，位居工程类采购规模前三位的分别是建筑、市政建设工程和环保、绿化工程，采购金额分别是60.83亿元、76.96亿元和27.73亿元，这三类项目的采购金额占到工程类采购总额的65.9%。山东省17个市中，有16个市工程类采购比重超过50%。货物和服务在采购总规模中的比重分别为34.35%、3.58%。

（四）采购方式更加合理，公开招标主导地位得到提升

2008年，山东省通过公开招标方式完成政府采购额271.2亿元，占采购总规模的67.02%，比2007年提高0.51个百分点。另外，2008年通过邀请招标、竞争性谈判、询价、单一来源方式，分别完成政府采购金额22.91亿元、66.68亿元、23.51亿元、20.33亿元，占全省政府采购总规模的5.66%、16.48%、5.81%、5.02%。

（五）以科学发展观为指导，最大发挥政府采购政策功能

2008年，山东省政府采购总规模中，国内合同比重为99.1%。同时，2008年山东省各级实现节能、节水产品类采购3.59亿元，占同类产品采购总额的52.63%；采购环保产品9.03亿元，占同类产品采购总额的71.81%，较好地促进了节能环保事业的建设和发展。

（六）积极做好涉及民生的重大项目的政府采购工作

2008年，山东省采购中小学免费教课书3 866万套，采购额12.17亿元；农机补贴项目采购额2.56亿元，范围涉及7大类19种机械100多个企业，实际补贴机械16 956台；农村中小学危房改造项目0.72亿元；6 341.54万亩小麦良种政府采购额达到15.44亿元。

二、主要工作措施

（一）启用省级政府采购大厅，强化采购过程监管

2008年1月1日，山东省省级政府采购招标大厅正式投入使用。省级机关政府采购中心负责的项目、省级部门集中采购的招标项目以及采购计划在100万元以上的竞争性谈判项目的开标（报价）、评标（谈判、评审）活动全部在招标大厅组织进行，并对招投标活动全过程进行录音、录像。招标大厅的建成使用，进一步提高了采购过程的透明度，增强了政府采购操作的规范性，并为解决招投标争议提供了可靠依据。2008年以来，省级没有发生一起供应商有效投诉案件。

（二）开展政府采购专项检查，掌握采购执行情况

根据财政部、监察部、审计署和国家预防腐败局的统一部署，从2008年5月份起山东省财政厅联合山东省监察厅、山东省审计厅全面开展了全省政府采购执行情况专项检查。全省各级共组成检查小组312个，人员1 095人，其中，省级7组28人，重点抽查预算单位4 191家，集中采购机构36家，社会中介机构141家，抽查面分别达到32.38%、100%、53.61%。全省共发现违规采购额10.27亿元，依法处理违规违纪单位1 451个。通过检查，一方面震慑了违规违纪行为，增强了当事人的守法意识；另一方面，摸清了全省政府采购执行情况，掌握了问题易发环节，为进一步完善制度奠定了基础。

（三）组织开展政府采购代理机构资格考试，强化采购队伍素质

为加强对政府采购代理机构的监督管理，2008年以来山东省先后组织了三次代理机构从业人员考试。全省共有574家代理机构（含分支机构）的4 450人（次）报名参加考试，其中考试合格的2 637名，及格率为60%。对未参加考试以及机构内部从业人员总合格率达不到70%的74家代理机构（含分支机构）暂停了政府采购代理资格。通过开展资格考

试，调动了从业人员学习政府采购法律、法规、制度的积极性，提高了从业人员执业水平，为规范采购代理机构代理行为，保证服务质量，提高采购效率奠定了基础。

（四）改进政府采购代理机构资格认定标准，强化采购代理机构监管

鉴于2008年前政府采购代理机构认定标准偏低，代理机构执业水平良莠不齐的情况，山东省在全国第一个实行了对新申请审批（确认）政府采购甲级和乙级代理资格的中介机构从业人员进行考试的资格认定办法。办法规定，申请乙级资格的代理机构，考试合格人数比例达到参加考试人数70%（含）以上且不少于5人，并符合乙级代理机构其他审批（确认）条件的，省财政厅予以审批（确认）。申请甲级代理资格的，省财政厅将考试结果直接上报财政部。资格认定前的考试制度的实行，提高了代理机构资质的准入门槛，对规范行业秩序，净化市场环境起到积极作用，得到了财政部的认可。

（五）完善政府采购协议供货制度，提高政府采购工作效率

针对协议供货工作中出现的由于生产厂家不能及时更新产品信息、采购人责任心不强等原因导致某些采购项目的效率和效益难以兼顾、个别协议供货产品价格比同期市场成交价格高的问题，对《山东省省级政府采购协议供货管理办法》进行了重新修订。主要是在协议供货的采购过程中增加了二次竞价程序，并通过协议供货交易系统自动确定二次报价最低的供应商为供货单位，从而保证了协议供货价格低于同期市场价格。2008年，山东省协议供货预算金额达到3 812.1万元，协议供货合同金额为3 623.8万元，提高了采购效益。

（六）加强政府采购政策功能

2008年，在继续执行支持节能环保产品等政府采购功能政策的基础上，根据财政部要求，山东省按照《政府采购进口产品管理办法》的规定，建立了政府采购进口产品审批制度，严格审批进口产品，规范进口产品采购行为。截至2008年底，共审核批准进口产品政府采购计划28 441.38万元，占全部采购预算的0.61%，促进了自主创新产品政府采购政策的实施，较好发挥了政府采购的政策功能。

（山东省财政厅供稿）

青 岛 市

2008年，在上级主管部门及青岛市财政局党委的正确领导下，紧紧围绕全局中心工作和重点工作目标要求，始终坚持以规范管理为核心，以机制创新为动力，以扩大政府采购范围、规模为重点，全面推进和深化政府采购制度改革，切实提高政府采购质量和工作水平，较好地完成了各项工作任务。

一、基础数据分析

2008 年，青岛市政府采购金额达到 53.86 亿元，节约 6.67 亿元，节约率 11.01%。与上年同期的 37.45 亿元相比，增加采购金额 16.41 亿元，增长 44%。市直单位和所辖区市分别为 31.88 亿元和 21.98 亿元，分别占全市采购规模的 59% 和 41%。

货物、工程、服务三大类采购金额为 23.09 亿元、28.81 亿元和 1.96 亿元，分别占总金额的 43%、53% 和 4%。

公开招标 45.72 亿元，占 85%，较上年增加 5 个百分点。

按照采购人的行业分类，政府采购规模排在前三位的是行政政法、经济建设、教科文部门 3 个系统，这三个行业的采购规模共计 46.2 亿元，占全市采购规模的 86%。

在 53.86 亿元的全市政府采购规模中，国内合同额为 53.45 亿元，占 99%，省内合同金额为 47.66 亿元，占 89%。

2008 年全市共受理有效投诉 5 个，都及时进行了调查核实、答复和处理。

全年共完成采购项目 2 058 个，发布采购公告信息 1 899 条，发布成交结果公告 1 682 个，抽取专家 2 058 次，有 4 213 人次参加评审。

二、政府采购工作情况

（一）加强政府采购法规宣传和制度落实，推进政府采购规范化管理

一是认真贯彻《政府采购法》及相关法规政策，继续扩大政府采购规模和范围。严格采购方式审批，不断提高公开招标项目比重。重点探索了对工程类和服务类项目的采购，把工程物资、工程代建、房屋维修、物业管理、汽车保险、维修加油、勘察设计以及畜禽疫苗、良种补贴等项目纳入了采购范围，努力做到应采尽采，取得明显的经济效益和社会效益。

二是完善制度体系建设，加强制度规范约束。根据《政府采购法》等国家的法律法规和政策，结合青岛市实际情况，出台完善了《政府采购评审专家管理办法》、《政府集中采购机构监督考核管理办法》等加强政府采购管理的多项规定、办法，进一步完善了政府采购制度体系建设，保证了政府采购行为的公开、规范、高效。

三是加大政府采购信息管理和信息公开披露力度。认真落实财政部出台的《政府采购信息公告管理办法》，制定信息发布规程，明确责任落实，加大政务公开力度，做到应发尽发。加大政府采购信息统计力度，确保统计信息全面、真实、准确，为采购各方提供优质、高效、便捷的服务。

（二）发挥政府采购政策功能，支持节能、环保、自主创新产品及企业的发展

按照政府采购有助于国家经济和社会发展的政策目标的总体要求，与有关部门密切配合，通过完善政府采购政策、细化操作规程，强化管理创新，积极引导优化产业结构，刺激或平稳经济发展，促进政府购买支出政策目标的实现。

1. 在促进节能环保方面，结合国家的政府强制采购节能产品制度，联合青岛市环保局制定了节能和环保产品政府采购清单，制定了支持节能环保产品的评审办法，与青岛市发改委、青岛市机关事务管理局完善工作措施，强制采购节能环保产品，有效地支持节能减排工作。

2. 在促进自主创新方面，转发了财

政部《关于实施促进自主创新政府采购政策的若干意见》及五个配套办法，同青岛市科技局协调出台青岛市自主创新产品政府采购目录，鼓励支持青岛市自主创新产品发展。

（三）完善政府采购监督制约机制，加大政府采购监督力度

加大政府采购监督力度，初步建立了一套行政监督、现场公证、社会监督三位一体的监督制约体系。

一是与监察部门密切配合，做好政府采购业务的日常监督。实行招标文件备案预审制度，规定100万元以上的项目招标文件报市纪检监察部门预审，财政、监察二审制，监察局现场监督，确保政府采购项目立项规范、科学合理。

二是聘请公证部门对政府采购活动的全过程现场公证。落实50万元以上项目必须公证处现场公证，加大对供应商资质审核力度，现场出具公证文书，确保政府采购活动公平公正。

三是主动接受社会各界的监督。完善社会监督方式，畅通投诉渠道，设立了投诉举报电话，制定凡诉必查制度，并实行限时办结制，对政府采购活动进行监督，对违规行为严肃处理，不断促进政府采购依法公正进行。

四是密切与监察、审计部门配合，建立联席工作会议制度，加强政府采购专项检查，加大违规行为处罚力度，不断规范政府采购工作秩序。

2008年专项检查工作，按照国家四部委关于开展政府采购执行情况专项检查通知要求，会同青岛市监察局和青岛市审计局积极研究布置青岛市的专项检查工作，制定工作实施方案，成立了专项检查领导小组和工作组，从4月份开始，历时5个月进行了政府采购专项大检查，经过自查自纠、重点检查、整改提高三个阶段，摸清了政府采购政策法规执行情况。对存在问题的8个部门31个项目，3 080万元违规金额，8家代理机构，下达了处罚决定或整改意见书，督促限期整改。进一步增强了采购单位守法意识，规范了政府采购行为，取得了良好效果。

（四）规范政府采购管理，不断提高政府采购质量

1. 规范招标文件的编制工作。招标文件是政府采购的第一法律文书，是决定政府采购质量和是否满足采购单位的最重要环节。通过规范招标文本格式，加强代理机构业务培训，研究采购单位项目需求，组织对重点采购项目会审，确保招标文书设置合法规范，科学合理。

2. 加强对专家监督和管理。通过网上随时征集专家，下达文件向市直部门、行业系统征集专家，不断充实专家库资源，目前已达到近3 000名专家。完善专家抽取监管方式，在财政部规定提前半天抽取的基础上，实现了开标当天随机匿名抽取，现场通知评审，大项目由公证处、监察局现场监督抽取，采购办人员现场轮流监督，确保专家独立公正评标，确保评审质量。完善专家评标意见反馈机制，加强现场评审纪律约束，建立专家评审意见质疑制度，规范专家评审行为。

3. 加强对采购代理机构的管理。针对采购代理机构日常工作中存在的问题，下发了《关于进一步规范采购代理行为有关问题的通知》，在规范代理费用的收取、处理供应商的质疑和投诉，加强廉政纪律和规范招标文件的编制等十个方面作了进一步明确规定，并定期召开通报会，完善代理机构考核办法，加强对代理机构的监

督考核，不断规范政府采购代理行为。

4. 完善对定点供应商的管理。加强对定点供应商资质、价格、服务的监督管理，重点加强对定点供应商执行优惠价格的监督，对定点采购的同类物品实行低价优先原则，切实解决个别定点商价格偏高的问题。若非定点供应商同品牌、同规格、同配置的产品销价低于定点供应商网上公示价格的，采购单位可以在非定点购买，切实保护采购人利益。

（五）夯实政府采购工作基础，加强相关工作的研究和落实

一是加强基础管理，做好日常监管工作。加强对代理机构的日常管理和考核，细化、规范考核标准和要求。严格执行“四严格”制度，即严格政府采购信息公告发布，严格政府采购招标文件编制，严格政府采购档案归集，严格政府采购网络系统管理，及时下发《政府集中采购目录》，指导采购单位编制政府采购执行计划，促进全市政府采购工作规范有序进行。

二是积极配合做好政府采购纳入市公共资源交易中心的相关工作。根据市政府统一部署，结合青岛市实际情况，本着力求高起点，立足长远发展，推动政府采购规范、有序、廉洁、高效的原则，提出了市公共资源中心硬件设施需求，重新梳理了政府采购业务流程，会同青岛市监察局完成了电子化采购和监管系统的基本框架等相关设计工作，力争实现项目立项、标书审核、开标执行、合同履行、验收评价全过程监控，不断提高政府采购质量。

三是启动应急处理机制，加强抗震救灾物资及设备政府采购工作。为了保障汶川地震救灾工作的顺利进行，确保采购资金的安全和使用效益，根据《政府采购法》和《中华人民共和国突发事件应对法》等法律法规及上级主管部门的文件精神，会同青岛市监察局、市审计局、市物价局、市质量技术监督局等部门，制定了《关于加强对抗震救灾物资采购监督管理的通知》，规定了抗震救灾物资的采购程序，加强了对抗震救灾物资采购的监管，做到既能高效快速地采购，迅速及时地支援灾区，又能形成监督合力，确保采购的物资和设备物美价廉。

三、存在问题及明年主要工作思路

（一）存在的问题和不足

总结全年政府采购工作，虽取得一定成绩，但仍存在一些问题和薄弱环节，主要有以下几个方面：

1. 政府采购预算编制不规范，预算约束力度不够，政府采购计划执行随意性大。由于公用、通用办公设备没有实施分类整合，没有统一配置标准，部分单位仍存在因贪高求大、脱离实际工作需要而造成浪费的现象。

2. 个别单位、领导对政府采购工作仍认识不足，政府采购相关政策宣传力度有待加强，采购单位、代理机构相关人员的业务政策水平有待进一步提高。政府采购评标专家数量不足，专家评审质量仍需进一步提高。

3.《政府采购法》虽颁布实施多年，但由于其实施细则一直没有出台，政府采购实际工作中仍存在一些与相关规定无法衔接、难以操作的问题。政府采购政策仍不够系统，政府采购宏观调整政策功能仍未能充分有效发挥。

（二）2009 年工作思路

2009 年政府采购工作要以党的十七大精神为指导，以科学发展观为统领，认真贯彻落实《政府采购法》，夯实基础，深化改

革，发挥政府采购政策功能，加大规范调整力度，扩大采购范围规模，加强监督检查，努力提高政府采购工作质量和水平，逐步构建科学和谐的政府采购运行机制。

一是继续巩固和扩大政府采购范围和规模；二是深化政府采购制度改革，积极推进制度建设与创新；三是充分发挥政府采购政策功能，支持青岛市经济社会又好又快发展；四是加强政府采购各环节的管理与监督，不断规范政府采购秩序；五是加快推进电子化政府采购进程，进一步加大政务宣传公开力度；六是加大政府采购从业人员素质建设力度，不断提高工作人员履行职责的能力；七是抓好政策宣传和前瞻性理论研究工作，不断提高政府采购质量和水平。

（青岛市财政局供稿）

河　南　省

2008 年，河南省政府采购工作，深入贯彻落实《政府采购法》，以“扩大范围规模、完善制度、强化监管、推动规范、发挥政策功能”为中心，以电子化政府采购系统建设为重点，努力在巩固完善和提高发展两个方面取得新进展。

一、政府采购规模再创佳绩

随着政府采购制度的深入推进，河南省逐步建立完善了政府采购预算和资金国库集中支付制度，严把政府采购资金的“入口”和“出口”两个关口，推进财政性资金偿还的借（贷）款、中央和省级补助专款、国债资金项目实施政府采购，探索建立公共工程实行政府采购规范化管理的有效机制，做好社会关注和涉及民生项目的政府采购工作，努力做到法律规定范围内的政府采购项目应采尽采。2008 年全省政府采购规模完成 245 亿元的全年目标任务，占财政一般预算支出比例的 11% 以上。

二、电子化政府采购工作取得新进展

2008 年河南省电子化政府采购系统建设稳步推进，并取得了新进展。截至 2008 年年底，系统已实现了政府采购预算管理、方式申报审批、资金集中支付、信息管理、专家管理随机抽取及自动语音通知等功能，协议供货、服务定点采购等项目网上招投标开始试运行，监督管理和电子交易平台初见成效。工业和信息化部和全国信息安全保障标准化委员会论证通过“信息安全保障试点方案”，试点工作有序推进。2008 年 1 月，世界银行访问团专程考察了河南省电子化政府采购系统，并给予了很高的评价。

三、政府采购执行情况专项检查取得积极成效

按照财政部、监察部、审计署、国家预防腐败局在全国范围内开展政府采购执行情况专项检查的要求，认真组织河南省

政府采购执行情况专项检查。据统计，河南省参加自查自纠的单位 16 390 个，重点抽查单位 5 735 个。河南省本级由省财政厅、省监察厅和省审计厅抽调人员 36 人分 6 个检查组，对 34 个省直部门（单位）和 16 个采购代理机构进行了重点检查，对个别单位进行了延伸检查。针对自查自纠和重点检查发现的问题，河南省财政厅、河南省监察厅、河南省审计厅联合印发了《关于做好政府采购专项检查整改验收工作的通知》，要求采购人、采购代理机构针对存在问题制定整改方案，切实进行整改纠正，建立内部管理的长效机制。针对查出的违法违纪严重的单位和个人采取不同方式，认真处理，大大促进了政府采购工作。

四、政府采购政策功能进一步发挥

加强对政府采购政策功能实施过程的管理和监督，进一步发挥政府采购的宏观调控功能和市场导向作用，采取有效措施，确保政府采购节能产品、环境标志产品等政策得到贯彻，支持建立促进节能减排、环境保护的新机制，继续推行优先采购环境标志产品政策。落实《政府采购进口产品管理办法》和《自主创新产品政府首购和订购管理办法》等，制订《河南省政府采购进口产品审批操作规程》，力促政府采购支持自主创新政策落到实处。

五、规范化管理与监督进一步加强

切实采取措施，加强对评审专家的管理，完善分类标准，充实专家库容量，科学整合专家库资源。规范对采购代理机构的管理，促使采购代理机构切实执行政府采购各项规定。继续做好投诉处理工作，建立专家评审机制，完善决策方式。加强对政府采购合同签订和履行阶段的监督，不定期对合同签订和履行进行抽查。以电子化政府采购为契机创新监管方式，探讨建立动态监控体系，将政府采购活动中的供应商、评审专家和采购代理机构纳入监督范围，对重点环节实施重点监控。

六、启动 WTO《政府采购协议》谈判应对工作

按照财政部的统一部署，在省政府的领导下，开始启动 WTO《政府采购协议》谈判应对和研究工作。河南省财政厅牵头成立了由 16 个单位组成的“河南省 GPA 工作领导小组”，建立工作机制，明确研究任务，安排专项经费，组织人员培训，积极开展研究工作，为 GPA 谈判做好基础研究。

湖　北　省

2008 年，湖北省政府采购监管机构深入学习实践科学发展观，开拓进取，不断创新，在政府采购规模、规范、效率、效益等方面做了大量的工作，成绩显著。

一、政府采购制度体系基本形成

制度是确保改革规范运行的基础，也是深化改革的有力保障。2008年，湖北省财政厅针对政府采购实际工作中突出存在的效率问题，制定了《省财政厅进一步提高政府采购工作效率的意见》、《省财政厅关于加强工程类政府采购管理工作的通知》两个文件，同时印发了《关于规范市州县（市）政府采购中心管理体制的通知》。进一步完善了以《政府采购法》为统驭、以《湖北省政府采购工作规范》为准绳的政府采购法规制度体系，从提高效率、扩大规模、加强组织机构建设等方面为政府采购制度改革纵深发展奠定了基础。

二、政府采购规模日趋扩大

从深度和广度上扩大政府采购规模，做到法律规定范围内的政府采购项目应采尽采，将节能减排、新农村建设、基层基础设施建设、中小学免费教材等项目纳入政府采购范围。强化对政府集中采购目录及限额标准的执行力度。积极做好与部门的协调、配合，将使用财政性资金的工程逐步纳入政府采购范围。

经过全省财政部门的共同努力，2008年，湖北省实现政府采购规模182亿元，超年度目标任务22亿元，比同期增加32亿元，增长21%；节约资金21亿元，资金节约率为10%；政府采购规模占GDP的比重接近2%。2008年省级政府采购规模达到50亿元，比上年同期增加15亿元，增长45%。2008年，武汉市政府采购规模28亿元；政府采购规模在10亿元以上的有黄石市、宜昌市2个市；7亿元以上的有十堰市、襄樊市、荆州市、黄冈市、孝感市、咸宁市、恩施州等7个市州；规模过亿元的县有19个。其他市县的政府采购规模也有大幅增长。

三、政府采购监管机制日臻完善

加强对采购人的监管。一是加强对政府采购预算编制的管理。严格审核采购单位年度部门预算文本，对部门预算文本中属年度政府采购目录的项目全部编入政府采购预算。二是加强对预算执行的监管。督促采购人按照需求申报政府采购计划。对公开招标的项目提前3个月通过网络申报政府采购计划，采用其他采购方式的提前1个月申报计划，按规定积极配合做好项目的实施工作。三是加强对采购资金支付的监管。采购人申报合同确认的中标成交单位、合同签订单位、收款单位必须一致，确保财政性资金的安全和中标供应商的权益不受损害。

加强对采购代理机构的监管。一是加强对代理机构资格审批。2008年审批乙级政府采购代理机构22家，上报财政部甲级资质5家。二是加强采购程序监管。重点监管公开招标、竞争性谈判、询价等政府采购方式的操作程序。三是加强采购效益监管。公开项目评审方法和评分标准、对政府采购项目原则上要求低价中标，凡是高价中标项目，评审委员会必须做出说明，确保了政府采购反映的价格高的问题得到有效的解决。四是加强工作效率监管。督促集中采购机构和采购代理机构按照政府采购制度规定的时限要求，组织实施政府采购项目，提高工作效率。五是加强采购信息监管。集中采购机构和采购代理机构全面公开政府采购的所有信息，包括招标公告、邀请招标公告、竞争性谈判公告、询价公告、中标公告、成交结果及其更正事项、法律、法规规定的其他信息公告内容。促进集中采购机构和采购代理机构依法、规范、高效地实施政府采购项目。2008 年全省发布政府采购信息公告 15 431 条，其中采购需求公告 7 225条，中标（成交）结果公告7 012条，政策法规公告 1 134 条，处理决定公告 60 条。

加强对评审专家和评审工作的监管。一是加强评审专家保密工作，对社会关注程度高的重大、敏感项目，评审工作开始前两小时，采用随机方式抽取评审专家。二是加强评审现场封闭管理，评审专家和参加评审的工作人员必须关闭移动通讯工具并集中保管，不得随意进出和请假离开评审现场。督促评审专家按照招标文件的要求，提出公正、独立的评审意见，按有关规定的内容和要求做出书面承诺。在严格监管的同时，不断加强专家库建设，扩充专家人数，细化专业分类。截至 2008 年全省已有评审专家 15 144 人，其中省级评审专家 2 272 人，市州级 4 541 人，县级 8 351 人，共分法律、经济和多类技术等 50 多个专业。

加强对供应商的监管。一是加强对省级政府采购协议供应商的监管。协议供应商的供货价格必须在市场实际成交价的基础上，给予政府采购不低于 3% 的优惠，保证采购人通过政府采购可以采购到价格最低的产品。协议供应商必须在中标的品牌和品目范围内供货，对有违规行为的协议供应商按照政府采购制度规定和协议供应商承诺给予警告。2008 年取消了 4 家协议供应商的供货资格。二是加强对投标供应商的监管。对有围标、串标行为以及恶意投诉的供应商记录诚信档案，积极研究了防治围标、串标的有效办法。三是加强对中标供应商合同履约的监管，构建公平、和谐的政府采购市场。2008 年全省依法协调处理供应商投诉 14 起，其中省级 3 起，市州 7 起，县级 4 起，投诉供应商对投诉处理情况全部满意，较好地维护了政府采购当事人的合法权益。

四、政府采购执行情况专项检查圆满完成

2008 年，在财政部、监察部、国家预防腐败局、审计署的具体指导下，湖北省财政厅按照全国政府采购执行情况专项检查电视电话会议精神，坚持“明确目标、统一部署、分步实施、分级负责”的原则，全省各级圆满完成了自查自纠、重点检查、整改提高和验收总结四个阶段的专项检查工作。

1. 加强领导，密切配合，为专项检查工作打下坚实的基础。2008 年 4 月 24 日，省财政厅、省监察厅、省审计厅印发了《关于成立湖北省政府采购执行情况专项检查领导小组的通知》，2008 年 5 月 6 日，省财政厅、省监察厅、省审计厅联合召开了湖北省政府采购执行情况专项检查电视电话会议，对专项检查的工作方案、任务、目的、范围以及自查自纠、重点检查、整改提高和验收总结四个阶段的工作进行了全面的部署和安排。

2. 精心组织，积极推进，确保自查自纠工作快捷高效。迅速将自查自纠电子表格光盘发放至全省各地各部门，自查自纠电子表格光盘的发放率达到 100%，确保了各级采购人和政府采购代理机构及时开展自查自纠工作。全省共有 11 524 个单位开展了自查自纠。其中，采购人 11 196个，集中采购机构 82 个，社会代理机构 76 个，自查面达到了 100%。省专项检查领导小组办公室及时对全省自查自纠数据进行了详细的审核、汇总和上报，做到不遗漏，不夸大，上报数据准确，实事求是。

3. 突出重点，系统检查，确保重点检查工作扎实开展。按照省财政厅、省监察厅、省审计厅《关于开展省级政府采购执行情况重点检查阶段工作的通知》，在全省范围内对采购人、集中采购机构和社会代理机构的政府采购执行情况进行了重点检查。省级重点检查的范围是采购人的重点检查面达到30%，其中，省级采购人的二级单位的检查面不少于50%，集中采购机构和社会代理机构的重点检查面达到100%。按以上方案，省本级对40家一级部门预算单位、10家社会代理机构和省政府采购中心共51家单位进行了重点检查。同时，重点检查组还对省直153家二级单位进行了延伸检查。省直单位被检查的40家采购单位2006～2007年纳入政府采购预算总额为26亿元，下达政府采购计划32亿元，实际执行政府采购总额为24亿元。湖北省政府采购中心和10家社会代理机构2006～2007年共代理政府采购项目2 441个，完成政府采购规模43亿元。根据重点检查情况，湖北省财政厅、监察厅、审计厅联合下发《关于下达政府采购执行情况专项检查重点检查结果通知书的通知》，要求省级51家重点检查单位对重点检查中发现的有关问题提出整改意见，制定整改措施和方案。

4. 深入调研，狠抓整改，确保专项检查工作不走过场。为进一步了解和掌握全省政府采购专项检查工作的进展情况以及前一段检查工作中发现的问题，省专项检查领导小组派出了4个督导组赴全省各市州对专项检查工作进行了督导。省财政厅党组副书记、副厅长（正厅级）周顺明同志亲自带领财政工作组到黄冈、黄石、鄂州进行了督导。2008年9月18～19日，省专项检查领导小组办公室召开全省政府采购执行情况专项检查工作座谈会，总结了湖北省政府采购执行情况专项检查自查自纠和重点检查阶段的工作，部署、安排了整改提高和验收总结阶段的工作。省纪委常委、省监察厅副厅长肖文汉同志在座谈会上作了重要讲话。全省重点检查单位对政府采购执行情况自查自纠和重点检查中反映出来的问题进行整理归类，全面、细致地分析梳理，针对不同类型的问题提出了改进意见和措施。

5. 抽查验收，认真总结，确保专项检查工作取得实效。为确保本次专项检查不走过场，将整改措施落到实处，省专项检查领导小组制定了详细的验收方案，对全省的验收工作进行了部署和安排。省专项检查领导小组还派出3个验收小组，赴部分市州和单位进行了验收抽查。2008年12月，省财政厅、省监察厅、省审计厅向财政部和省政府上报了关于全省专项检查的总结报告。

五、政府采购政策功能的力度不断加大

充分发挥政府采购的政策功能。在政府采购活动中监督、指导集中采购机构和采购代理机构在标书制作、采购程序、评审方法和评分标准的确定等方面，充分体现政府采购的政策功能，强制采购节能产品，优先购买环保产品。利用政府采购政策支持国产品牌、自主创新产品和中小企业。在2009年度政府采购协议供应商招标中，对计算机只招国产品牌；对汽车、

服务器、打印机、复印机、摄影摄像机、办公家具等，凡是我国自主品牌的产品，在评分标准中赋权值为5%。2008年，全省采购国内产品180亿元，占政府采购规模的99%；采购节能产品3亿元，占同类产品的81%；采购环保产品5亿元，占同类产品的93%。

积极支持省内企业发展。2008年，全省采购省产轿车1.4亿元，其中省级采购省产汽车4 960万元，占省级汽车采购总额的69%，较好地支持和服务了地方经济的发展。

六、集中采购机构规范化管理逐步加强

一年来，湖北省各级集中采购机构加强规范化管理，注重自身建设，政府采购操作行为逐步规范，依法组织采购活动的意识逐步加强，业务素质、操作技能、采购效率和服务意识有了明显提高。2008年，全省政府集中采购104亿元，占年度规模的57%；公开招标120亿元，占66%，基本确立了政府集中采购和公开招标的主导地位。

湖 南 省

2008年，湖南省政府采购管理办公室全面贯彻落实“十七大”精神，以科学发展观为指导，继续深化政府采购制度改革，不断拓展采购领域，全面开展专项检查，强化监督管理，创新机制、完善政策，切实提高政府采购的整体水平，较好地完成了各项工作任务。全省政府采购预算金额达到157.63亿元，实际合同金额（即政府采购规模）为138.88亿元，政府采购规模比2007年107.29亿元增长29.44%，节约资金18.74亿元，节支率为11.89%。

一、进一步扩大政府采购的规模和范围，切实抓好民生采购

湖南省政府采购管理办公室努力扩展政府采购的范围，重点抓好关系民生的政府采购项目。一是将规模目标分解下达到各市州，纳入年度工作考核内容，对完成规模任务不达标的单位实行一票否决，取消当年评优资格，以确保各地认真完成目标任务。二是加大对各省直高校的监管力度，出台规范性文件，将高校使用非税资金的采购项目纳入政府采购范围。三是高度关注专项资金安排动态，与湖南省财政厅负责各部门预算的处室积极配合，着重抓好民生项目的政府采购。2008年，省本级首次将中小学免费教科书纳入政府采购范围，采购金额超过3.6亿元；此外，财政补贴农机具采购1.97亿元，动物疫苗采购1.56亿元，疾病控制设备、疫苗采购近9 000万元，县级医院、社区卫生和农村卫生医疗设备采购逾3 000万元，棉种补贴采购1 200余万元，救灾棉被采购1 000余万元等。这些民生项目实施政府采购后，在获得规模效益的同时取得了良好的社会效益。

二、召开全省政府采购工作会议，狠抓落实“管采分离”工作

2008年4月在长沙召开了湖南省政府采购工作会议，湖南省财政厅副厅长石建辉作了工作报告，厅长李友志，省纪委副书记、省监察厅贺家铁厅长，省审计厅唐会忠厅长亲临会议并作了重要指示。各市州县政府采购管理机构负责人、省直单位政府采购联络员、各集中采购机构和代理机构负责人参加了此次会议。会上，湖南省财政厅厅长李友志和副厅长石建辉都着重强调了政府采购“管采分离”工作，要求2008年全省各市县财政部门不再承担政府采购具体操作，“管采分离”全部到位。2008年8月，原设在长沙市财政局的“长沙市政府采购中心”更名为“长沙市政府采购监督管理办公室”，负责政府采购监督管理，不再承担具体采购工作，实行“管采分离”。至此，全省市州一级全部实现管理与采购分离。截至2008年12月，全省127个县市区（含5个高新区或经济开发区），有121个已成立政府采购管理机构。县区级已成立的政府采购管理机构中，有108个完全实现“管采分离”。

三、发挥政府采购政策功能，支持地方经济发展

近年来，湖南省政府采购管理办公室一直将发挥政府采购政策功能，作为政府采购制度改革的重点和突破口。2008年，及时转发了财政部有关节能、环保和自主创新的文件，并在实际工作中狠抓落实、带头实践，同时在拓展政策支持行业、领域方面大做文章。一是严格执行国家强制采购节能产品政策，对节能产品清单上实行强制采购的品目，在协议供货和招标采购中实行一票否决制，即不在强制采购清单上的商品和型号一律不准采购。二是对环境标志产品和自主创新产品实行政策倾斜，要求采购人优先采购。如2008年湖南省政府采购管理办公室继续与远大空调签订了定向采购协议，推荐采购人优先购买自主创新、节能环保的远大非电中央空调。三是深入企业开展调研，积极拓展政策支持的行业和领域。2008年湖南省政府采购管理办公室走访了南车时代、开福家具、派意特服饰、恒润科技等省内知名企业。通过考察和座谈，湖南省政府采购管理办公室对这些企业的高科技、环保产品，自主创新能力和生产能力有了一定的了解。下一步，将出台具体措施对办公家具和行业着装加工实施省内定点采购；同时，积极研究将南车时代的环保电动力客车和恒润科技具有自主创新知识产权的养路、环卫机械设备纳入定向采购协议范围。在保障采购规范公正的前提下，通过发挥政府采购政策功能扶持省内相关行业和企业，支持地方经济建设，服务富民强省战略目标。

四、不断深化政府采购改革，加强制度建设

2008年，湖南省政府采购管理办公室着重抓好评审规范、高校采购、协议供货和定点服务、财政内部运行机制等方面的制度建设。一是制定出台了《湖南省政府采购评审工作规程》，进一步明确了政府采购评审的原则、评审委员会的权利和义务、评审工作纪律和不同政府采购方式下评审工作程序等事项。二是针对部分高校政府采购制度执行不力、规避政府采购现象严重的问题，联合省教育厅出台了《关于进一步规范普通高等院校政府采购工作的通知》，对高校政府采购的实施范围、组织形式、实施程序等进行规范和明确，确保高校采购纳入政府采购范围。三是充分发挥协议供货和定点服务既规范又高效的优势，完成了新一轮办公自动化设备、汽车空调协议供货和车辆保险、会议接待定点服务采购工作，并对相关制度进行修订和完善。四是完善内部制度，协调内部运行机制。为了促进厅内职能处室、单位的协调配合，提高采购监督管理的效率，印发了湖南省财政厅《关于进一步明确厅机关内部职能处室政府采购管理工作职责及运行程序的通知》，对政府采购各相关处室、单位的职责分工加以细化和明确，同时对工作纪律和工作责任做出规定。

五、狠抓规范监管，提高服务水平

首先，狠抓评审专家规范管理。一是扩充评审专家数量，2008 年以来，湖南省政府采购管理办公室通过网络征集和发函邀请，新增各类政府采购评审专家 300 余人。二是规范评审行为，印发了《政府采购评审工作规程》，对各种政府采购方式下专家评审行为做出规定，统一评审要求。三是加强评审专家职业道德教育。湖南省政府采购管理办公室制作了政府采购评审须知多媒体光盘，要求政府采购代理机构在每次评审活动开始前播放，对专家进行现场培训。四是规范专家抽取。2008 年，在湖南省政府采购管理办公室的监督下，从专家库随机抽取评审专家 415 次，抽取评审专家 1 609 人次，没有发生一起因专家名单泄漏造成的违规评审事件。

其次，狠抓透明度建设，实行“阳光采购”。湖南省政府采购管理办公室规定采购规模在 10 万元以上的项目均需在政府采购网站上发布采购公告，同时要求全省政府采购规范性文件和政府采购处理处罚决定及时上网公示。2008 年以来，湖南省政府采购网站共发布政府采购信息 7 000 余条。目前，湖南省政府采购信息发布数量（根据中国政府采购网实时统计数据）排全国第二位。

第三，狠抓政府采购举报与投诉处理，规范政府采购行为。2008 年，湖南省政府采购管理办公室共收到政府采购供应商投诉 9 起，举报 4 起，其中有 4 起因供应商撤诉，没有进入投诉处理程序。湖南省政府采购管理办公室依法、依规、依程序对正式受理的 5 起投诉和 4 起举报进行了处理，较好地维护了采购各方当事人权益。此外，湖南省政府采购管理办公室与法规处一起代表湖南省财政厅对一个行政诉讼案件进行了应诉，由于前期处理及时，适用法律准确，该起诉讼以湖南省财政厅胜诉而告终。

第四，坚持依法实施行政许可。根据《政府采购法》及行政许可法的要求，依法审批代理机构资格。2008 年共受理政府采购代理资格审批和认定申请 20 余次，批准资格 11 个，对 3 家申报甲级资格的代理机构办公场地进行了考察审核，出具了证明材料。

第五，规范集中采购行为，依法对省直政府采购中心进行考核。2008 年 1 月，湖南省政府采购管理办公室组织考核小组对省直政府采购中心进行了年度考核，并就采购中心的工作质量和服务态度等对部分政府采购供应商和省直单位进行了问卷调查。经过逐项打分统计和综合评议，对采购中心 2007 年度考核评定等级为良好。

六、组织开展全省政府采购专项检查，深入推进政府采购制度改革

2008年4月23日，财政部联合监察部、审计署和国家预防腐败局召开了电视电话会议，对政府采购执行情况专项检查进行专门部署并下发了《关于开展政府采购执行情况专项检查的通知》。湖南省政府采购管理办公室在全省政府采购工作会议上，及时传达了中央有关会议和文件精神，会同湖南省监察厅、湖南省审计厅印发了《关于开展全省政府采购执行情况专项检查的通知》，并对全省开展专项检查进行了动员和布置。会后，积极开展工作，完成了政府采购执行情况专项检查“三下三上”。一是及时将自查自纠统计光盘发放给省直有关单位、市州财政局和代理机构，布置开展自查自纠工作；6月初完成全省自查自纠数据汇总和上报工作。二是6月下旬开始组建5个检查小组，对40家省直单位和代理机构进行重点检查，对被查单位下发了专项检查整改意见；7月底完成重点检查汇总和上报工作，并到武汉向财政部督查组进行了专题汇报。三是到部分省直单位和市州进行工作督查，要求所有单位对自查自纠和重点检查中发现的问题，制定切实可行的整改措施并将整改落实情况书面上报；10月初按照财政部的要求完成全省整改落实情况的汇总上报。通过落实专项检查、整改提高、总结验收三个阶段的工作，较好地解决了一些政府采购中的突出问题，提高了政府采购制度的实施力度，为深入推进政府采购制度改革奠定了基础。

七、积极开展宣传活动，扩大政府采购的覆盖面和影响力

2008年是湖南省政府采购制度改革10周年，也是《政府采购法》实施5周年。湖南省政府采购管理办公室以此为契机，广泛开展宣传活动，不断提升政府采购形象，扩大政府采购的覆盖面和影响力。一是从改革和发展的大局着眼，引导媒体对政府采购重大事件进行宣传报道。2008年4月召开了全省政府采购工作会议，政府采购杂志、中国财经报、中国政府采购网、政府采购信息报四大专业媒体，省内十余家电视台、电台、报刊和网站都派出记者进行采访和报道。二是在制定2009年集中采购目录、协议供货和定点服务采购、落实管采分离工作、开展政策功能调研、开展专项检查等重要改革举措推出或采购活动开展时，主动撰写文章和编辑新闻稿件，在政府采购信息报、湖南日报和政府采购网站进行及时报道。三是印制《政府采购法规制度汇编》，加强政府采购法规制度宣传。为方便工作，让采购当事人掌握政府采购政策，我们对历年来政府采购的相关法律、规章和规范性文件进行梳理，编辑刊印成册，免费发放给各级政府采购管理部门、省直采单位和采购代理机构。四是结合政府采购专项检查，宣传普及政府采购法规制度。2008年，湖南省政府采购管理办公室先后派人到湖南省公安厅、湖南省质量技术监督局等24个省直单位，省直政府采购中心、国联招标公司等16家政府采购代理机构进行政府采购专项检查。在检查的同时积极宣传和普及政府采购法规制度，帮助单位建立健全内部规章制度。五是与湖南省财政厅科研所合作，在湖南财政杂志上刊印了一期政府采购专刊，回顾了十年改革历程，总结了成绩，对各地改革成果和改革经验进行了宣传、交流和推广。

八、筹备成立政府采购协会，加强行业自律

目前，湖南省政府采购制度改革正处于由初创阶段向全面发展阶段的转型时期，法规制度体系还不够健全，监管手段尚不完善，协会管理、行业自律是对政府采购行政监管的有益补充，有利于和谐采购和进一步深化改革。2008 年 7 月，经湖南省民政厅批准，湖南省政府采购管理办公室牵头发起筹备成立湖南省政府采购协会。协会成立后，将突出协调、服务、诚信、自律的宗旨，紧紧围绕政府采购行业规范与管理、行业自律、行业发展、行业维权开展工作，在政府和会员之间发挥桥梁和纽带作用，维护会员的合法权益，为促进湖南省政府采购事业的健康发展服务。协会筹备期间，得到了采购人、政府采购代理机构、供应商和社会各界的高度关注和积极响应，近 300 家单位和个人递交了入会申请。

2008 年，政府采购工作虽然取得了一些成绩，但也存在一些问题，主要表现为政府采购计划性不强，集中采购效率偏低，县区一级管采分离没有全部落实等。2009 年，湖南省政府采购管理办公室将继续努力，认真落实和实践科学发展观，全面推进湖南省政府采购改革，为加速推进新型工业化，加强基础设施、基础产业建设，促进经济又好又快发展做出更大的贡献。

（湖南省政府采购管理办公室
供稿，曹长阳执笔）

广 东 省

2008 年，广东省政府采购监管处坚持以邓小平理论和“三个代表”重要思想为指导，以科学发展观为统领，深入贯彻落实党的十七大和省委十届二次、三次全会精神，围绕服务全省经济社会发展大局，始终把政府采购作为加强财政支出管理、促进廉政建设的一项重要工作来抓，按照建立和完善公共财政体制的要求，积极推进政府采购制度改革各项工作，在采购规模、立法研究、竞争制约机制、电子政府采购和监督管理等方面取得了显著成效，较好地完成了全年各项工作任务。

一、认真履行职责，切实做好政府采购工作

（一）政府采购范围和规模不断扩大

政府采购范围从最初的公务用车等几项大物品逐年扩大到现在的各类通用或专用的货物、工程和服务，政府采购实施范围覆盖到所有省直单位和市、县级采购单位。政府采购规模逐年大幅度增长，2008 年政府采购规模增长到 626.2 亿元，已连续 8 年位居全国首位。

（二）制度建设不断完善，保障工作有序开展

实现政府采购管理的科学化、精细化，必须有完善的制度作保障。完善的法规制度是促进政府采购制度改革健康规范发展的保障，广东省政府采购工作一直坚持“制度先行，规范有序”的原则，以《政府采购法》为依据，不断细化和创新监管和操作规则，法制化建设走在全国前面。从省级层面来看，一是加快立法制度建设。为了进一步规范操作，加强监督管理，建立科学合理的政府采购制度，在制定印发政府采购相应制度办法的基础上，深入探讨和研究广东省贯彻落实《政府采购法》的实施细则，目前已被列为广东省2009年正式立法计划。从全国来看，这是第一部进入立法程序的政府采购方面的地方性法规。二是强化内部规范化制度建设。为了进一步细化管理，强化监督，尤其是从细化政府采购预算管理向细化政府采购计划及实施项目管理转变，从对采购活动的被动监管、事后监管向主动监管、全程监管转变，以厅内资金业务口为划分依据，分为4个业务组，确定职责，分工到人，强化协作，充分发挥监管职能。从地市层面来看，广东省各地市进一步加强制度建设，如广州市、佛山市、东莞市就采购代理机构考核、工程招投标规范化等出台了一系列规范化管理文件，进一步保障了当地政府采购工作的顺利开展。

（三）加强监督检查，保障采购活动规范有序

按照财政部、监察部、审计署和国家预防腐败局四部门联合部署的精神和要求，自2008年6月至10月底，广东省政府采购执行情况专项检查工作分自查自纠、重点检查、整改提高和验收总结四个阶段进行，检查范围为省、市、县三级采购人、集中采购机构和社会代理机构2006年和2007年政府采购执行情况。经统计，全省共计13 714个预算单位（含下属单位）、86家采购代理机构（含甲级采购代理机构和集中采购机构）上报了自查自纠报表及工作情况汇报，数据填报情况良好。在自查自纠的基础上，广东省各级财政、监察、审计三部门组织和抽调大量的人力、物力扎实开展重点检查工作。从省级来看，本次重点检查的覆盖面是全部采购单位的30%，以及所有集中采购机构和部分社会代理机构，列入重点检查的单位共64个，其中有采购单位48个（一级预算单位30个、二级预算单位16个）、政府集中采购机构1个以及广东地区的政府采购代理机构15个（甲级10个、乙级5个）。全省各市也参照省级的做法，深入开展了各具特色的重点检查工作。

开展政府采购执行情况专项检查工作以来，广东省坚持按照中央的安排部署和工作要求，统一思想认识，加强组织领导，突出工作重点，注重协调配合，求实绩、重实效，推动政府采购执行情况专项检查各项工作深入开展，取得了较好的成效，达到了预期目的。一是摸清了当前政府采购改革的基本情况，查出了问题。二是普及了政府采购制度，提高了政府采购当事人的政府采购意识。

（四）加强信息化建设，实现采购市场透明高效

继续围绕“统一领导、统一规划、统一平台、统一技术标准、统一组织实施”的“五统一”建设目标，大力推进电子化采购工作，努力提升省级和全省电子化采购水平。一是全省电子化政府采购

大平台的框架已基本成型，尤其是专家库抽取等资源已基本实现全省共享。二是对大平台的网上协议订购、电子竞价、网上招投标系统，电子合同、商品行情库、供应商库、代理机构系统进行了统一整合，并实现了与国库支付系统对接，政府采购合同信息与支付互联共享。三是精心筹备，顺利完成了省公安厅、省教育厅试点项目的网上招投标活动，收到了良好的成效，获得了宝贵的经验。四是按照财政部提出的“建设全国统一的电子化政府采购管理交易平台”的要求，结合广东省电子政府采购平台建设的工作部署，开始启动全省实施推广工作，在继续完善系统和试点先行的基础上，逐步在全省推开电子政府采购平台的上线运行工作。

（五）加强宣传培训，提高依法采购意识和水平

为进一步推进广东省政府采购制度改革，消减政府采购的社会负面影响，促进采购人、采购代理机构转变观念，提高依法采购意识，提升政策水平和操作技能。一是加大宣传力度。积极与中国财经报、政府采购信息报、羊城晚报等社会公众媒体进行联系和合作，邀请专业广告公司制作政府采购宣传片，与财政厅科研所共同筹划政府采购宣传画册，突出正面宣传，如广东省政府采购的成绩和经验做法，结合具体、生动的典型事例进行深入分析，注重解惑释疑，及时消除误解，以赢得社会各界和人民群众的理解和支持。二是加大培训力度。结合日常业务以及实际工作遇到的难点、疑点，精心组织了 7 次培训，对地市政府采购监管部门、省直单位、采购代理机构以及评审专家约 2 000 人进行了有针对性的培训。此外，受有关地市及省直单位，如云浮市、梅州市、揭阳市、省监狱局、省公安厅等的委托，省政府采购监管处派遣专人讲解政策法规及业务管理知识等。通过培训，促使政府采购从业人员不断提高法律意识、政策水平和专业技能，切实掌握和遵守制度法规，进一步规范政府采购程序和操作行为，依法进行政府采购活动。

（六）加强队伍建设，不断提高廉政意识

加强干部队伍建设和廉政建设，推动机关作风转变，实现党建工作与业务工作的双促进，积极构筑党风廉政建设和反腐败工作的内部约束防线，以及财政源头治腐的外部制度防线“两条防线”。按照省委的统一部署，以“深入学习实践科学发展观”主题实践活动为载体，认真组织理论学习和讨论。按照厅统一部署和要求，发动干部踊跃向四川灾区献爱心，深入惠东县开展党支部“一帮一”活动。

二、创新工作思路，探索改革新机制

结合当前政府采购工作面临的新情况、新问题，坚持以科学发展观为指导，努力从工作思路、方式及手段等方面开创新思路，打开新局面。具体表现为“三个创新”。

（一）创新工作思路

在业务管理方面，根据财政部及厅党组提出在政府采购工作中引入“两个竞争机制和一个制约机制”的要求，从加强采购代理机构的竞争性、增强采购代理机构服务意识、提高政府采购工作质量和效率着眼，率先尝试在 2009 ~ 2010 年度省直单位办公用品、公务车辆维修、公务车辆保险协议供货资格招标工作上引入“两个竞争机制”，由广州市两家集中采购机构组织实施，打破了现有按行政隶属

关系、按部门代理业务的垄断格局。在对外宣传方面，改变了过去只做不说、多干少说的工作观念，创新思路，以正面宣传为主，使社会大众对政府采购有一个全新的认识，为政府采购体制改革创造良好的舆论环境。

（二）创新工作方式

针对2008年的政府采购执行情况专项检查涉及面广、政策性强、工作难度大等特点，一方面为保证专项检查各阶段工作的顺利开展和运作，确保检查实效，有效借助社会专业力量，从9家会计师事务所聘请了注册会计师和专业审计人员70多人，参与重点检查活动。这种组织大规模检查人员队伍的做法在全国来看应该是首创之举。另一方面强调注重与监察、审计部门的协调配合，形成监管合力。通过进一步加强沟通和联系，充分发挥各自的业务优势，进一步加大检查监督力度，为日后建立健全监管联动机制提供了经验。

（三）创新工作手段

针对社会上流传的政府采购存在价格高、时间长、效率低的顽疾，在电子订购、议价、反拍系统建设日益完善的基础上，着手研究和试行网上电子招投标，以实现公开招标、邀请招标、竞争性谈判、单一来源、询价等5种采购方式的电子化运行，目前已完成了试点项目的招投标活动并取得了良好的效果。

（广东省财政厅供稿，
杨瑞执笔）

深　圳　市

2008年，深圳市政府采购工作在财政部和省财政厅的指导下，市区两级政府采购监管机构认真执行《政府采购法》和《深圳经济特区政府采购条例》，不断完善政府采购制度，拓宽政府采购范围，提高政府采购效率，全面实施网上政府采购，全年完成政府采购预算金额83.44亿元，实际采购金额75.33亿元，政府采购工作取得了显著成效。

一、政府采购规模略有增长

2008年，全市政府采购项目预算金额83.44亿元，比上年80.44亿元增长3.7%；实际采购金额75.33亿元，比上年70.69亿元增长6.6%；节约资金8.11亿元，资金节约率为9.7%。其中市本级完成预算金额42.28亿元，占全市政府采购额的50.7%；6个区完成预算金额41.16亿元，占全市政府采购额的49.3%。1998年至2008年，采购规模年平均增长率为28.8%。

在2008年完成的83.44亿元采购预算中，预算内资金64.46亿元，占77.3%；预算外及自筹资金18.99亿元，占22.7%。这种资金分布状况表明，采购资金实现了预算内外及自筹资金全面覆盖，在以财政预算内资金为主体的基础上，带动了相当数量的自筹及预算外资金纳入政府采购管理。

2008 年公开招标采购额 58.45 亿元，邀请招标 9 451.1 万元，竞争性谈判 7.76 亿元，单一来源 7.27 亿元，询价 6 576.3 万元，其他方式 2 496 万元，所占比例分别为 77.6%、1.3%、10.3%、9.6%、0.9%、0.3%，公开招标是主要采购方式。

二、进一步加强制度建设

1. 继续配合深圳市法制办做好《深圳经济特区政府采购条例》的修订工作，认真组织研究新条例的条款内容。

2. 继续与深圳市纪委等单位开展政府采购领域的相关政策调研工作，完成了《关于进一步加强政府采购管理的若干规定》的草案，对政府采购组织实施环节中需要明确与统一的操作规程予以明确并以政府规章的形式予以规定，该规定已经被列为深圳市政府本年度规范性文件制定的一类计划。

3. 科学合理地制定《2009 年深圳市本级政府集中采购目录》，细化了专用类政府采购项目，增加了通用类品目产品，调整了部分项目的金额标准，将出国经办代理机构采购项目纳入采购目录，增加了节能产品、自主创新和循环经济产品优先采购清单。同时对工程类采购项目与《深圳市人民政府印发关于加强建设工程招标投标管理若干规定的通知》作调整衔接，对长期服务合同期限问题作了更明确的规定，使目录更加全面规范。

4. 为加强政府采购计划管理，提高政府采购计划的编报质量，明确各相关部门的工作职责，深圳市财政局下发了《关于 2009 年政府采购预算编制和采购计划执行有关事宜的通知》，对政府采购计划的编制、计划的执行、采购资金的支付事宜作了详细、明确的规定，重申“先预算，后计划，再采购”原则，并对非公开招标采购方式（自行采购）的申请流程、物业管理等经常性服务项目的执行等热点问题做出具体规定。

5. 在组织实施环节，深圳市政府采购中心修订了《政府采购申报须知》，制定了《重大项目采购结果报备制度》、《招标失败原因反馈制度》，完善了协议采购相关制度；宝安区、龙岗区、罗湖区采购中心认真编写了质量管理体系文件，健全完善工作制度、工作纪律、工作程序，均顺利通过了 ISO9001 质量管理体系认证。

三、扎实开展政府采购执行情况专项检查

2008 年 5 月，深圳市财政局印发了《关于开展全市政府采购执行情况专项检查的通知》，联合市监察局、市审计局在全市范围内开展政府采购执行情况专项检查工作。检查对象包括各级采购人、集中采购机构、采购代理机构（社会代理机构）2006 年和 2007 年政府采购执行情况，具体分为自查自纠、重点检查、整改提高和验收总结四个阶段。2008 年 7 月 15 ~ 31 日，市财政局、市监察局、市审计局组织开展了全市政府采购执行情况第二阶段重点检查工作，全市重点检查单位共计 168 家。其中，采购单位 150 家，重点检查覆盖面达到了 20%；集中采购机构 7 家，社会代理机构 11 家，重点检查覆盖面达到了 100%。

四、完善网上电子化采购系统

2008 年 1 月 1 日，深圳市财政局“金财工程”政府采购系统一期正式上线运行。新系统上接预算指标，下联国库集

中支付，同时外接政府采购中心采购网，实现了从采购预算编报，到采购预算形成指标，各单位利用指标生成采购计划，可执行的采购计划通过系统自动下达到采购中心（代理机构），采购中标结果倒回财政系统后根据采购执行结果办理支付的一条龙管理。使政府采购计划、执行、支付的对接更加顺畅，改变了以前多个系统数据互不相通的情况，减轻了人工导入导出数据、手工对账的压力；实现了采购预算和采购计划相分离，采购计划实行分季度下达，有利于计划编实，减少调整；数据流程清晰，内外网传递无阻。在此基础上加强市区统一平台建设，不仅从硬件上升级，增加了数据库服务器、存储服务器和网页服务器等网络硬件，提高了系统的承载能力和统一平台的性能，而且从技术上协助各区加快推行网上政府采购系统。

深圳市政府采购中心在采购的组织实施中推行网上视频谈判，将谈判的业务流程与视频、音频相结合，使政府采购中心与谈判供应商在互联网上声音和图像互联互通，实现了远程视频谈判、网上报价、网上评标。同时试行了现场踏勘 DV 视频项目，先后启动了高级中学修缮和装饰工程、大学城图书馆物业服务等多个项目的现场踏勘 DV 视频项目。

五、高效完成政府采购预算编制及计划执行工作

在全年计划执行中，按照《关于2008年政府采购预算编制和采购计划执行有关事宜的通知》，积极稳妥地做好年度本级政府集中采购计划的网上审核与点击下达工作，确保采购计划执行的有效性。落实专人负责“金财工程”政府采购系统一期的运行工作，全年共审核并下达采购计划项目（条目）近万个。做好非公开招标采购方式初审及集中采购转自行采购、采购合同延期或变更、追加合同金额等审批工作，及时主动与单位沟通协调，并按法规规定条件与程序认真及时审核处理，从严把关。据统计，全年共受理和办理各采购单位及采购组织机构各类需要审批、提出意见、解答问题、报送材料等的文件 2 000 余件。其中，对相关审批事项发出的“政府采购方式审批表”达到 700 余件，以正式发文形式批复的 200 余件。

同时，做好日常咨询解答，协调解决各采购单位在采购活动中碰到的问题；做好信息统计工作，完成上级部门及本市纪检等部门布置的统计及材料报送等任务。

六、指导部门、单位建立完善政府采购管理制度

指导深圳市大运会执行局建立内部政府采购管理办法及工作流程，提出“切实增强采购的计划性，尽量减少临时采购项目”、“特殊项目集中报批”等，使其采购工作开展得井然有序；与深圳市卫生局共同就《深圳市医疗卫生机构医疗器械采购制度改革实施方案》进行研究，提出了统一全市公立医疗机构政府采购的政策，统一规范卫生系统内部采购管理制度和审核流程、统一编制市本级医疗卫生行业医疗器械采购计划并申报采购、均衡各档次设备在各类医疗机构的分布、对通用的医疗设备和医疗耗材通过协议采购或预选供应商名录进行采购等意见，有力地推进了相关改革工作。

七、加强和改进审批管理

2008 年，深圳市财政局转发了财政

部《关于印发〈政府采购进口产品管理办法〉的通知》，将采购进口产品纳入审批事项。针对《政府采购进口产品管理办法》在深圳市实施过程中出现的新问题、新情况，组织专人就政府采购进口产品审核管理的相关情况展开调研，形成了深圳市具体的实施办法——《深圳市实施财政部〈政府采购进口产品管理办法〉若干意见》。同时，着力提高非公开招标采购方式审批效率。对学校暑期紧急采购项目以及应对自然灾害的紧急采购等，均做到急事急办、特事特办，在保证公开竞争的前提下，提出紧急项目以公开征集供应商竞争性谈判为主的采购方式的建议，保证了相关项目的按期完成。针对相关职能部门专项资金安排的采购项目种类多、金额大、项目性质特殊的特点，采取“请进来、走出去”的方式，数次与相关部门和单位进行沟通协商，解答问题、讲解采购政策并指导实务，组织人员对所讲事项集中论证与审核，一次性为单位解决问题，受到广泛好评。

八、推行预选供应商名录制度

为贯彻落实 2008 年 1 月 4 日深圳市网上政府采购工作会议市领导的讲话精神，进一步规范政府采购供应商管理，提高采购效率，对部分小额、零星、涉及面广、采购频繁的采购项目，在全面核实其资质、业绩、纳税、诚信记录等基础上，预选一定数量的供应商建立不同类别采购项目“预选供应商名录”。首批试行的项目包括小额装修、物业管理、家具、会计中介服务、评估中介服务、律师服务、公路养护工程项目等七小类，由政府采购中心组织实施。

九、发挥政策功能，支持自主创新和循环经济发展

深圳市高度重视发挥政府采购政策功能，制定并发布了《2009 年深圳市政府集中采购目录》，首次专门将国家及深圳市认定的自主创新、节能减排及环境标志等循环经济产品列入政府优先采购清单。在政府采购评标中，对清单中的产品予以一定幅度的加分，或在计算其报价时给予一定幅度的价格扣除，确保其优先中标机会。市政府采购中心为深圳市自主创新企业设立了网站视频展示区，建立深圳市政府采购自主创新供应商库和自主创新产品库。通过合理设定资质门槛，鼓励循环企业竞争；科学采用协议采购，扩大自主创新循环经济份额；正确采用评标方法，实施优惠待遇；灵活运用采购方式，引导进入政府采购市场等方式方法，逐步提高政府采购中符合自主创新循环经济要求的产品比例，鼓励自主创新循环经济产品和企业进入政府采购领域。在具体项目操作中积极试点，在办公用纸协议采购、办公家具招标、复印机协议采购等项目中采购了大量循环经济产品，取得明显成效。

十、加强日常监管

加强对采购中心协议采购方案的审定和对重大、敏感项目的现场监督与指导，发现问题，提出改进意见并敦促相关机构及时落实。定期召集集中采购机构及采购代理机构负责人通报有关情况，提出规范操作的具体要求，确保采购操作的规范进行。及时谨慎细致地处理政府采购投诉，2008 年，共收到政府采购投诉 35 宗，均及时认真进行调查取证，弄清事实，依照法规提出处理意见并反馈投诉人。

十一、做好治理商业贿赂专项工作

2008年，继续将政府采购领域治理商业贿赂工作作为一项重要工作常抓不懈。通过在办公场所张贴宣传警示教育挂图、办宣传板报专栏等，开展形式多样的宣教活动。开展治理商业贿赂专项工作知识答题活动，组织全体工作人员参加治理商业贿赂专项工作知识答题，总计128人参与答题，收回有效答卷128份。经审核评定，优秀率为100%。

（深圳市财政局供稿，邓广执笔）

广西壮族自治区

2008年广西壮族自治区政府采购工作实现了政府采购规模和范围双突破。政府采购规模由1999年的1.66亿元飙升到2008年的157.18亿元，年均增长达到65.8%，政府采购规模累计达到482.88亿元，累计节约资金92.35亿元。政府采购规模占当年一般预算支出的比例由1999年的0.73%提高到2008年的13%，占GDP的比例由1999年的0.084%提高到2008年的3%。

一、全区政府采购基本情况

（一）扩大政府采购范围和规模取得新的突破，发展势头强劲

2008年全区完成政府采购预算186.65亿元，实际执行政府采购金额157.18亿元，分别比上年增加55.64亿元、50.25亿元，分别增长42.47%、46.99%。2008年全区政府采购节约资金29.48亿元，比上年增加5.39亿元，增长23%，节支率为15.79%。

2008年自治区本级完成政府采购预算54.67亿元，实际执行政府采购金额49.22亿元，分别比上年增加22.21亿元、21.91亿元，分别比上年增长69%、81%。节约采购资金5.45亿元，与上年基本持平。采购规模占自治区本级当年一般预算支出的比例为15%，比上年提高4个百分点。采购金额高达7.4亿元的中小学免费教科书首次纳入政府采购，民生项目成为广西扩大政府采购范围和规模的主力军。

各市政府采购规模快速攀升。2008年全区14个地级市完成政府采购预算131.98亿元，实际执行政府采购金额107.93亿元，分别比上年增加32.93亿元、28.31亿元，分别增长34%、36%。节约采购资金24.04亿元，比上年增加4.62亿元，增长2.4%。各市采购规模占市级当年一般预算财政支出的比例为14%，比上年提高3个百分点。采购规模增长较大的主要有：南宁市与上年同比增加12.97亿元，增长50%，政府采购规模增长主要原因是工程采购增长。桂林市同比增加3.47亿元，增长54%。百色市同比增加2.97亿元，增长48%。北海市同比增加0.65亿元，增长172%。防城港市同比增加0.74亿元，增长135%。

工程采购的监督管理又有新突破。2008年工程采购规模是货物采购规模的两倍之多，第一次远超货物类采购。南宁市和百色市抓好市投资开发公司和市政建设管理的政府重点工程项目，南宁市2008年工程采购规模是货物采购规模的4.6倍，占该市采购规模的77%；百色市政府工程采购金额由2004年的1.6亿元上升至2008年的6.25亿元，年均增长40.5%，工程采购规模占该市政府采购规模的69%。贵港市本级将全部市政工程、公路建设的大部分采购项目纳入政府采购范畴。桂林市将房屋建筑工程、市政道路工程、可行性研究项目等工程项目纳入政府采购范围。

（二）严格预算编制行为，狠抓政府采购预算（计划）的编制和审核工作

广西政府采购监督管理部门严格政府采购预算、计划编制、报批制度和纪律，对应编制政府采购预算而未编制的支出项目，采取不予核拨经费，对未列入政府采购预算的政府采购项目，不得实施采购等措施，强化政府采购预算的编制工作。2008年广西本级编列政府采购预算110.14亿元，比上年增加50.12亿元，增长83.51%。政府采购预算由2006年的9.19亿元增长到2008年的110.14亿元，首次突破百亿元大关。仅用3年时间，实现了政府采购预算十倍的增长规模。《中国财经报》在改革30年的制度巡礼的系列报道中，专门发表《抓住预算管理这个牛鼻子》一文全面介绍和报道广西政府采购预算管理先进经验。

严格政府采购计划审批工作。对单位报来政府采购计划表按三原则进行审核：凡无政府采购预算的，不批复政府采购计划；调整政府预算，必需完善政府采购预算调整手续；随意调整政府采购预算的，不予批准采购人的采购计划。

严格执行《自治区党委　自治区人民政府关于厉行节约全力支援灾区抗灾救灾的通知》文件规定。各级财政部门从该文件下发之日起一律停止审批各采购人申报的办公设备、公务用车政府采购计划。据统计，全区2008年计算机采购数量为41 083台（套），比上年减少159 776台（套）；小汽车采购数量为1 946辆，比上年减少2 135辆。

二、开展专项检查，积极构建政府采购监督机制

按照财政部、监察部、审计署和国家预防腐败局的部署，广西财政厅联合自治区监察厅、审计厅召开了全区政府采购专项检查电视电话会议，传达贯彻了中央三部一局会议精神，全面启动和部署了自治区政府采购执行情况专项检查工作。整个专项检查活动从5月开始，10月结束。通过专项检查，扩大了政府采购社会影响，消除了一些误解和误区，加强了党风廉政建设，成效显著。

达到了专项检查的既定目标。专项检查自查自纠阶段全区范围内共有7 049个采购人单位完成了自查自纠工作，其中自治区本级609个；集中采购机构28个（其中自治区本级1个）；共检查乙级代理机构32个。通过自查自纠，采购单位和采购代理机构受到了深刻的法制教育，进一步熟悉、理解和掌握了政府采购政策，自觉堵塞管理与操作执行中的漏洞，依法行政、依法采购的意识和能力明显增强。通过重点检查，基本摸清和掌握了政

府采购领域中存在的问题，查找出了法律制度、管理体制、监督机制、操作执行等方面存在的缺失和薄弱环节，为进一步完善政府采购管理体制奠定了基础，促进了廉政建设。

专项检查工作得到财政部的充分肯定。广西收到自查自纠统计光盘比较迟，但是我们克服人员少、时间紧的困难，在各级专项检查领导小组的领导下，各级专项检查领导小组办公室的同志加班加点，高效率、高质量地完成了自查自纠阶段工作并按照财政部的要求及时上报了自查自纠统计表和分析报告。中央督导组 2008 年 8 月 15 ~19 日到广西进行了督导检查，在听取广西专项检查领导小组的汇报和现场调研后，对广西的政府采购工作给予了很高的评价，充分肯定了广西政府采购成功做法和专项检查所取得的成效。

政府采购制度得到广泛宣传。广西电视台前后两次报道了近几年来我区政府采购所取得的成绩和专项检查工作取得的进展和成效。通过宣传，政府采购的影响力得到了进一步提升，政府采购执行情况专项检查工作达到了预期效果。

初步建立和形成了政府采购执行监督工作机制。在专项检查工作中，全区各级财政、监察、审计等部门通力合作，三部门加强政府采购监督管理的联动新机制正在形成，促进了政府采购监督管理向制度化、常态化、专业化方向发展。

三、加强对操作环节的监督，规范政府采购行为

加强对供应商和定点采购的监督管理。对有违“三公”原则的供应商，对其实行市场禁入，依法禁止其进入政府采购市场。自治区本级预算单位第二期办公消耗品及小额设备定点采购的公开招标过程中，通过采取向授权公司函证、市场调查、要求提供以前签订的商业合同对相关业绩进行核实等措施，排除掉 23 家提供虚假投标材料的预中标供应商，“挤净”虚高优惠率。2008 年，广西本级利用金财工程国库支付系统监督自治区本级单位公务用车的定点维修、加油、保险的政府采购制度执行情况。从检查统计情况来看，自治区本级公务车辆定点维修的执行率为 30.33%；公务车辆定点加油的执行率为 68.85%；公务车辆定点保险的执行率为 79.5%。广西财政厅对自治区本级 100 多个单位下达了公务车辆定点采购检查整改通知。被通知单位都向财政厅报送了整改解释的书面报告，并表示将在今后的工作中改正改进、整改合格。

加强对政府采购评审专家的动态管理。各级财政部门对不遵守专家规定，滥用权力、不自觉执行回避制度的专家，取消其政府采购评审专家资格。2008 年自治区本级对 10 多名违反政府采购评审规定的专家，取消了其政府采购评审专家资格。

四、依法处理政府采购供应商投诉，有效维护了政府采购市场秩序

2008 年全区各级财政部门共收到投诉 52 件，比上年增加 10 件，增长了 24%。其中，自治区本级收到投诉 17 件，各市共收到投诉 16 件。各级财政政府采购监管部门认真把好投诉的入口，认真审查供应商投诉书及举证材料，及时召开有供应商、评审专家、采购人、采购代理机构参加的听证会并依法依规、依事实依据处理每件投诉案件。通过对政府采购投诉的公正处理，宣传了政府采购法律法规，

维护了政府采购市场秩序。

五、认真开展政府采购培训

为了进一步扩大《政府采购法》的影响、加强政府采购监管工作，促进政府采购改革深入推进，帮助从业人员提高业务技能和执业水平，各级财政部门举办了多期培训班。对评审专家、代理机构的从业人员进行培训，培训人次达到1 000多人次。

（广西壮族自治区财政厅供稿，陈江涛执笔）

海南省

2008年海南省财政厅以构建和谐财政思想为指导，全面贯彻落实科学发展观，在规章制度建设、规范采购操作行为、提高采购透明度、提高采购效率和质量等方面取得了一定成效，进一步强化了财政支出管理，提高了资金使用效益，促进政府采购管理工作不断走向法制化、制度化、规范化。

一、2008年海南省政府采购执行情况

总体来看，海南省政府采购信息统计报表数据显示：2008年度全省政府采购预算总计金额18.55亿元，采购金额总计17.85亿元，节约资金4 636.08万元，资金平均节约率为3.8%。

1. 从采购规模看，2008年比上年度增加5.64亿元，增长43.64%。2008年度采购规模基本情况如下表。

2. 从采购项目构成看，从下表中可以看出，货物类采购14.12亿元，工程类采购2.69亿元，服务类采购1.04亿元，在采购规模中所占比例分别为79%、15%、6%。其中，货物类采购量比上年增长43%，工程类采购量比上年增长7.8%，服务类采购量比上年增长90.7%。服务类采购量的大幅增长是拉动2008年采购总量增加的重要因素。

单位：元

项目	采购预算	采购金额	节约资金	节约率（%）
合计	1 855 217 520.57	1 784 748 556.40	70 468 964.17	3.80
货物	1 477 600 302.09	1 411 726 622.30	65 873 679.79	4.46
工程	270 626 807.66	268 587 627.71	2 039 179.95	0.75
服务	106 990 410.82	104 434 306.39	2 556 104.43	2.39

3. 从采购品目看，多数采购集中在计算机、物资、小汽车、专用设备等一些

大宗产品上。政府采购计算机 17 148 台，采购金额为 1.12 亿元；物资采购数量 270 013 件，采购金额 1.41 亿元，主要涵盖救灾物资、防汛抗旱物资、农用物资和储备物资几个方面；采购汽车 1 652 辆，采购金额为 2.91 亿元；采购专用设备 41 785台，采购金额 5.94 亿元，其中医疗设备、教学设备和实验室设备所占比例较大，分别采购了 1.31 亿元、1.57 亿元和 1.11 亿元。计算机、小汽车的采购采用了协议供货的方式，国产品牌占绝对优势。这反映出通过政府采购可以有效地保护国内具发展潜力的民族工业，支持有竞争力的国产品牌。

4. 从采购组织形式和采购方式看，在 17.85 亿元的采购规模中，集中采购资金量为 13.37 亿元，占采购金额的 75%，比上一年度提高了 11 个百分点；在政府采购规模中，采用公开招标方式采购的金额为 9.30 亿元，占采购金额的 52%。可见，集中采购和公开招标是政府采购的主要组织形式和采购方式。

5. 从采购效益看，政府采购的平均节支率为 3.8%，与上一年度持平。

二、完善制度建设，规范采购行为

为进一步建立健全规章制度，规范政府采购各方当事人的行为，2008 年省财政厅草拟了《海南省省级政府采购代理机构管理暂行办法》。在政府采购代理市场中引入竞争机制后，随着申请政府采购代理资格的中介机构增多，中介机构代理的业务量加大，通过该管理办法加强对中介代理机构的监管，采购代理机构的工作效率和服务质量有了一定的改观，采购速度相应加快。

科学制定《海南省 2008 年政府集中采购目录和标准》。2008 年的目录较之以前有很大的突破，主要是将采购项目划分为通用项目和专用项目，通用项目委托集中采购机构采购，专用项目由采购人选择委托集中采购机构或经省财政厅认定资格的政府采购代理机构实施采购。打破了以前采购项目由两家采购机构垄断组织采购的局面，引入了代理机构竞争机制，有利于提高政府采购的服务和质量。

三、创新协议供货模式，提高采购效率

2008 年海南省在协议供货方面主要有三个改变：一是改变以往招标指导价格的方法，此次招标的标的是折扣率，折扣率一经确定不得变更。在采购过程中，由预算单位和供应商按当时的市场行情确定协商价格，协商价格乘以折扣率才是实际采购的价格。这样，很好地解决了协议供货商品价高的问题。二是扩大协议供应商的数量，凡有意加盟的供应商都可以入围政府采购的市场，通过多家供应商的竞争，能够有效地降低商品的价格。三是简化采购环节，降低了采购成本。一次招标，一年使用招标结果，省去了采购重复招标的过程，降低了采购成本；同时简化了手续，实行招标结果直接导入政府财政管理信息系统，实行网上采购到资金支付一条龙管理，不再经过海南政府采购中心受理，无需向其交纳采购代理费，这样不仅节约了采购资金，而且加快了采购速度。三个方面的转变使得协议供货更加方便快捷，降低了采购价格，提高了采购效率。

四、开展专项检查，促进改革深入

2008 年按照财政部、监察部、审计

署、国家预防腐败局《关于开展全国政府采购执行情况专项检查的通知》精神，海南省财政厅与省监察厅、省审计厅共同成立检查领导小组，下设办公室负责日常的检查工作。为了进一步做好专项检查工作，制定了检查工作计划和重点检查工作方案，并从相关部门抽调业务骨干成立检查小组，实施检查前的业务培训。检查工作分自查、重点检查、整改提高和总结验收四个阶段进行。针对自查和重点检查中发现的问题，不仅从制度建设、采购资料管理、采购人员配备、分散采购规范操作等方面提出了完善政府采购工作的意见和建议，而且加大了对违规违纪行为的处理处罚力度，取消了 1 家乙级政府采购代理机构的资格，对两家提供虚假材料参与政府采购的供应商做出了 3 年内不准进入政府采购市场的处罚。

五、加强业务指导，提高从业人员素质

一方面，为做好协议供货的采购工作，2008 年海南省财政厅信息中心研究开发了采购系统协议采购新模块，举办了 6 期培训班，分批对省直预算单位相关人员进行了培训，使其能够独立、熟练操作协议采购新模块。另一方面，对采购代理机构从业人员进行了业务培训。一共为海南政府采购中心举办了 3 期业务讲座，旨在提高代理机构从业人员的业务水平和操作能力，规范采购程序。培训班上不仅进行了业务操作的指导，还重点学习了《政府采购法》以及相关规章制度，加强了对采购政策的宣传力度，营造了良好的政府采购氛围，以进一步规范政府采购行为，提高政府采购资金使用效益。

2009 年政府采购工作继续沿着加强法规和制度建设、努力扩大政府采购范围和规模的道路前进，强化政府采购预算管理，逐步推行政府采购的规范化、程序化、标准化，为采购当事人创造一个公开、公平、公正的政府采购环境。进一步优化政府采购管理信息系统，加大监督检查力度，加大对政府采购工作的宣传力度，切实解决目前实际工作中的不足，促进全省政府采购工作的健康发展。

（海南省财政厅供稿，张梦执笔）

重　庆　市

2008 年，重庆市财政局政府采购工作在局党组的正确领导下，在财政部的指导下，积极解放思想，努力践行科学发展观，按照年初制定的《2008 年重庆市政府采购工作要点》，紧密结合全市政府采购工作的实际，以“完善制度、创新机制、拓展领域、扩大规模、规范行为”为工作主线，积极进取，政府采购工作取得了新进步。

一、努力拓宽采购领域，扩大采购规模，提高财政资金使用效益

（一）扩大政府采购规模取得新突破

根据《重庆市2008年政府集中采购目录及限额标准》，积极采取措施，拓展政府采购领域，确保列入采购目录内的政府采购项目应采尽采。据统计，全市2008年完成政府采购金额64.8亿元，超额完成年初预算金额19.3亿元，完成年初计划的142%，与上年同期相比增长14%。其中，市级完成政府采购规模20.01亿元，首次突破20亿元大关，完成年初计划的133.4%，与上年同期相比增长23.7%，圆满完成了市政府下达的15亿元政府采购目标任务。采购规模的持续扩大，为利用政府采购杠杆服务重庆市经济和社会发展打下了坚实的基础。

（二）财政资金节约显著

全年节约资金2.1亿元，节约率为10.8%。其中一些大项目的资金节约尤为明显，充分体现了政府采购提高财政资金使用效益的作用。如：农村义务教育免费教科书预算资金5.2亿元，中标金额5.1亿元，节约资金1 000万元；农村中小学体育器材预算资金4 235万元，中标金额3 429万元，节约资金806万元，节约率为11.9%；因公出差意外伤害保险定点招标，在与上一轮保额相同的情况下，新一轮中标保费由上一轮的45元/年/人下降为18元/年/人，减少了27元/年/人，节约率达60%。

二、脚踏实地夯实基础，完善制度规范管理，大力开展工作创新

（一）采购制度建设取得新进展

制度建设是政府采购的生命线，政府采购的公正、透明、高效等目标都需要通过切实可行的制度来规范和维系。为进一步加强评审现场管理，标书编制规范，制定了《进一步加强政府采购评审现场和采购文件编制管理暂行管理办法》，明确了所有招标文件都要将节能、环保和强制采购相关政策纳入标书，作为其必要条款，从而提升政府采购的引导功能，落实国家和市级相关政策；进一步明确了评审现场代理机构组织人员和监督人员、评审人员的责任，强化了评审现场监督。从保护财政资金安全、提高政府采购款项拨付效率等目的出发，制定了《进一步规范政府采购资金支付管理有关事项的通知》，进一步明确了拨款程序和采购人应提供的有关拨款资料。为强化对政府采购各关键环节，特别是采购文件编制环节的监督，根据《政府采购法》精神，经反复协商，配合市纪委、市监察局制发了《政府采购工作监督管理办法》，该办法将财政与监察部门在政府采购领域的监督职能有效结合，对进一步规范重庆市政府采购市场，规范各采购当事人的行为有积极的推动作用。

（二）强化信息管理平台，提升政府采购管理水平

1. 管理软件使用范围实现全覆盖。政府采购管理软件预算单位版已在市级部门中全面使用，管理软件财政版已在42个区县使用。通过这一系统实现了政府采购业务流程在统一平台上操作；采购申请、业务处审核、计划下达、合同登记采购付款等流程均在网上进行查询。采购单位能随时掌握采购项目审批、计划、付款等相关情况。

2. 实现了政府采购管理系统与国库集中支付系统信息共享。开发了政府采购

管理系统与国库集中支付系统的双向接口，预算指标从国库集中支付系统导入政府采购管理系统，实现了对采购项目的指标管理，有利于落实按指标采购要求；政府采购拨款直接导入国库集中支付系统，且拨款信息可以返回政府采购管理系统，实现自动对账，使政府采购的执行以及国库的资金支付都有了准确、及时的资金信息，确保了财政资金安全与采购项目有效控制。同时，取消重复录入，指标信息、采购项目信息、拨款信息等可以在两个系统自动流转，从而极大地提升了工作效率。

3. 网上政府采购取得实质性进展。针对网上政府采购系统开通以来发现的一些问题，政府采购管理处会同采购中心、标网公司等有关单位对运行中存在的问题和隐患进行了梳理和研究，先后多次召开分析、论证和协调会议，通过共同的努力，网上政府采购系统建设不断完善，系统功能进一步扩展，目前已具有 4 大子系统，37 个模块，283 项功能，基本实现了网上发布采购信息公告、标书下载和询价、定点采购试点等功能，公开招标、竞争性谈判的网上采购等功能也在稳步推进。截至 11 月底，该网络已与全国近 300 家政府采购网成功链接，网上点击率达 6 000 人次/天，累计突破 200 万人次，且点击率还不断增加；共发布采购公告信息 6 010 个；全程网上采购完成项目 65 个，部分环节通过网上进行的项目 46 个；网上下载标书量达 578 932 份，其中市级下载 136 100 份，区县及其他下载442 832 份；采购人、采购代理机构和供应商注册达 1 172 家，其中供应商 953 家，采购代理机构 24 家，采购人 195 家，政府网上采购的影响逐步扩大，日益受到社会关注。通过这一平台，实现了多人、多部门间政府采购数据处理与共享，有效地促进了政府采购信息公开化、透明化，方便了采购人和供应商，降低了采购成本，提高了采购效率。

（三）强化约束机制，规范定点采购管理

对市级部门办公设备、家具、汽车等 13 类 76 项规格、标准统一、现货货源充足且价格变化幅度小的政府采购项目产品继续实行定点采购制度。针对上一轮定点采购工作中存在的价格监督和动态管理缺位、售后服务不规范等问题，政府采购管理处通过深入调研，预公示招标文件等形式，广泛征求听取意见。在新一轮定点采购中引入价格动态监督机制、最低折扣率准入制、定点供应商淘汰制等系列管理制度，从制度上规范定点采购行为：一是统一定点采购限额标准。为获得更优惠的采购价格以及提高规模采购效益，方便采购人，提高采购效率，对定点采购限额标准进行了调整，由原来的定点采购限额 15 万元至 50 万元，调整为 20 万元。二是从既节约财政资金，又保证采购质量出发，根据采购项目的不同性质设定不同的采购方式，如计算机等 17 类产品、办公家具等项目采用公开招标的方式确定了定点品牌，办公设备耗材、纸张等采用公开招标的方式确定了定点供应商，零星印刷服务采用公开招标的方式确定了定点印刷厂家；市级部门工作人员因公出差意外伤害保险通过询价采购确定了定点保险公司。三是制定了最低折扣率准入制度。在新一轮招标中，投标价格应在大商场或主流媒体网上公布的价格基础上给予一定幅度的优惠（折扣率），最低折扣率不能低于 10% 作为定点供应商准入条件，否则不得进入定点采购范围。通过招标，在市场价基础上办公文具类最高折扣率达 50%，家具类最高折扣率达 50%，计算机类最高折扣率达 46%、办公设备耗材类最高折扣率达 43%，纸张类最高折扣率达 28%，零星印刷最高折扣率达 22%，大大提高了财政资金使用效益。四是强化价格动态监督，引入商品信息公示制度。定点供应商必须将中标的所有协议商品价格、型号、联系方式等相关信息录入重庆市政府采购网，及时更新协议商品相关信息。五是建立定点供应商淘汰机制。如果定点供应商不及时更新政府采购网上产品相关信息，存在违约行为等，市财政局将给予定点供应商警告、通报批评、取消定点品牌等处罚。通过创新，简化了新一轮定点采购程序，为提高政府采购效率，降低采购成本，方便采购单位，起到了积极作用。

（四）改变评标专家信息传递方式，提高信息保密程度

1. 充实专家库。针对重庆市专家总量少、分类不科学等问题，政府采购管理处深入有关高校和科研单位征集专家，同时发出了征集专家的函，通过努力，目前，重庆市市级专家库人数已达到 1 166 人，比年初增加了 229 人。

2. 改进专家抽取流程。针对专家抽取环节保密性不够、抽取工作效率较低等问题，政府采购管理处对原有专家管理软件系统进行了升级和优化，改变人工通知专家参加模式为语音自动通知模式，改变人工传递专家名单模式为直接通过光纤打开、抽取专家名单模式，不仅提高了专家抽取工作效率，而且可以最大限度确保抽取信息的保密性。具体做法如下：

（1）设置专门的政府采购专家抽取室，安排专人负责专家室管理与专家抽取，完善了政府采购评审专家抽取管理制度。

（2）改变人工通知专家参加评标模式。在政府采购专家抽取系统增加自动语音功能，在抽取计算机中加装语音卡，通过软件控制使项目评审信息通过语音系统自动拨通专家，语音通知专家评审信息，专家根据情况回复是否参加评审信息，软件自动识别专家回复信息。所有抽取过程由计算机自动处理，除显示抽取结果外，屏幕不显示其他任何相关专家信息。同时，短信平台，将对确认参加评审的专家以短信形式向其发送评审项目、时间、地点等信息，供专家备查。

（3）改变人工传递专家名单模式。将以前使用普通纸打印专家名单、由人工传递专家名单这种不利于保密的做法，改为抽取结果保存后自动进行加密处理，以电子文档形式保存在政府采购数据库中，只打印出提取密码。到设定的评审时间，抽取单位人员通过设在市政府采购中心的终端输入密码，提出专家抽取记录，并打印存档。

改进后的专家抽取系统进一步规范了专家抽选流程，加强了专家抽选流程的规范性，避免了专家抽选的随意性和不可控性，确保了专家抽取信息的保密性，充分体现了政府采购公平、公正的原则。

三、积极发挥政府采购政策功能，支持经济发展，服务和谐社会

（一）扩大对外开放，促进地方经济发展

为进一步扩大对外开放，引进先进技术，促进地方经济发展，政府采购管理处

积极配合市政府及相关部门做好招商引资工作，充分发挥政府采购政策功能，积极支持惠普公司落户重庆，提升重庆市产业，政府采购管理处会同市信产局等有关部门，在遵守《政府采购法》的前提下，从充分运用政府采购政策的角度积极谋思对策，提出以下建议：一是在政府采购 PC 产品的招标文件中，注明“优先采购西部地区生产的环保节能型产品”，从而给惠普公司提供强大的政策支持。二是充分利用政府采购信息管理平台，主动加强与惠普公司的联系，及时告知相关 PC 采购信息。三是根据政府有关支持惠普公司 PC 产品文件精神，在定点采购中支持采购惠普公司 PC 产品，这些建议目前都被市政府《关于进一步支持惠普公司在渝建立电脑生产基地有关事项的通知》采纳。同时，对具有原创性的重大技术创新产品海扶相关无创治疗设备给予了两方面支持，一方面按照国家技术创新产品采购政策给予支持，同等条件下优先采购；另一方面充分利用《政府采购法》提供的空间，相关采购只采购国内生产的产品。

（二）特事特办，支持“5.12”地震救灾和灾后重建工作

配合有关部门，特事特办，支持四川灾区救灾重建。面对突如其来的“5.12”汶川大地震，政府采购管理处灵活把握政府采购相关政策，把原则性与灵活性有机地结合起来，对支持四川灾区救灾重建的物资采购开辟“绿色通道”，凡是救灾物资采购一律免去政府集中采购程序，由市民政局等自行组织采购 1 335 万元的救灾物资，其中包括药品、医疗器械、帐篷和棉衣棉被等，以确保救灾物资快速运往灾区，支持四川灾区救灾重建。

四、加强监督检查，妥善处理投诉，提高政府采购公信度

（一）切实开展政府采购全国大检查，规范政府采购行为

为全面了解《政府采购法》实施 5 年来政府采购工作发展现状，了解采购法实施中存在的问题，2008 年 4 月初，财政部、监察部、审计署和国家预防腐败局下发了《关于开展全国政府采购执行情况专项检查的通知》，要求对政府采购执行情况进行一次全国性的大规模专项检查。政府采购管理处高度重视，会同市监察局、市审计局就全市检查工作专门向分管市领导作了专报。重庆市专项检查从 4 月中旬开始，10 月初结束。检查中，我们注意将发现问题与完善制度、整改提高相结合，措施得当，检查工作顺利完成。

1. 层层落实责任。在政府采购管理处具体组织下，5 月 5 日，市财政局会同市监察局、市审计局联合召开了全市政府采购执行情况专项检查电视电话会议，市和 40 个区县财政、监察、审计相关部门领导以及各级采购人代表约 300 人参加了电视电话会议，对全市政府采购执行情况专项检查工作进行了具体部署。市和区县财政、监察、审计部门都分别联合成立了采购执行情况专项检查领导小组，负责指导协调本地区专项检查工作。各级专项检查领导小组按照统一领导、统一部署、责任到位的原则，形成“一级抓一级，层层抓落实”的全市专项检查工作的组织体系，为全面做好重庆市专项检查工作提供了强有力的组织保障。

2. 措施有力、稳步推进。为做好重点检查工作，采取了以下几项措施：一是鼓励区县扩大检查面。将 20% 作为重点

检查检查面的基本要求，鼓励区县结合实际扩大检查面。如黔江区的检查面达到40%以上。二是引入专业机构进行检查。这次政府采购重点检查检查面广、政策性强、时间紧任务重，根据这一情况，政府采购管理处同市监察局、市审计局反复协商，确定了财政主导，监察、审计配合，聘请社会中介机构（会计师事务所）参加的检查模式。按照这一模式，结合财政部相关财政检查法律法规，市财政局专门拟定了重点检查方案上报局长办公室审议。根据检查方案，在市本级这一层面，确定检查对象为32家（29家预算单位、3个采购代理机构），检查前，市财政局专门对受检的32家单位2006～2007年采购基本情况进行了初步统计，按照检查工作量的大小划分为6个检查单元，每个检查单元一个检查组，每个检查组由2名以上财政干部和相关会计师事务所参检人员组成。

3. 专门培训。结合重点检查的要求，专门开展了重点检查阶段业务培训。此次培训包括受检单位、检查组成员和委托参检的会计师事务所共90余人，培训分法律、采购政策实务、检查工作纪律、检查操作实务等，同时进行了现场答疑，培训效果良好。

4. 高度重视对区县检查的指导工作，市财政牵头组织，对渝北区等9个区县的政府采购执行情况进行了专项督导检查。

5. 整改针对性强。针对检查中发现的一些较突出问题，如采购制度建设还不健全，政府采购程序的执行情况还不很理想等，市财政局除专门发文要求有关单位进行针对性整改外，还考虑在2009年工作中采取有针对性的措施加以完善。

（二）及时妥善处理投诉，维护政府采购公信度

从维护政府采购工作形象，纠正采购活动中存在的偏差，保护政府采购各方当事人合法权益出发，认真处理供应商的投诉，积极配合法规处处理好有关政府采购复议和诉讼案件。全年共处理了投诉12件、行政复议2件，及时制止和纠正了30起违规采购行为。特别是对市文广局07A505项目招标一案的处理很具有代表性。2008年6月，市文广局07A505项目公开（项目预算1 300多万元，是重庆市直辖以来该类产品单批次采购的最大一单），开标后，多家投标商提出质疑、投诉和举报，主要是认为一些关键环节如专家抽取、现场评审等存在不规范行为。为处理好案件，政府采购管理处专门拟定了工作方案：一是严格审查标书，比对招标文件与评审记录。二是充分听取原现场组织人员说明和原评审专家意见。三是借助“外脑”提供专家咨询意见。为做到万无一失，将对该案的处理办成“铁案”，考虑到重庆市该领域的政府采购专家不多，且一些评审专家牵涉其中，我们专门请云南省财政厅推荐了两名高级专家为我们提供咨询意见，专家的咨询意见再次证明了我们对主要事实的判断，为我们处理该案提供了更加充分的证据。因为该案牵涉部分评审专家，为慎重起见，主要的调查过程我们都和市监察局、局监察室，局法规处共同进行。通过深入细致调查，我们对整个投诉案情有了全面的把握，在此基础上，市财政局制发了相关文件，对该案做出了正确处理，即责成该项目的采购予以废标，修改标书后重新采购，这一处理意见得到了采购人、采购中心和大多数投标商的好评。

五、加强舆论宣传，强化业务培训，提高业务能力

1. 加强舆论宣传。积极开展系列宣传活动，充分利用报刊、广播、互联网等多种传媒，从政策规定、经济和社会效益、操作执行等方面，宣传政府采购制度改革的成功经验、改革成效及典型事例，通过广泛深入的宣传，提高社会对政府采购制度改革的认识。

2. 强化业务培训。先后开展了政府采购管理软件升级的技术培训、政府采购检查相关法律法规和业务培训等，此外，还对市经委、市教委等部门进行了政府采购法律法规和业务专门培训；对九龙坡等部分区县政府采购工作进行了培训指导；对乙级政府采购代理机构及相关人员 30 余人进行了培训，培训的内容包括政府采购的相关法律法规和网上政府采购的基本知识、基本操作流程。使政府采购代理机构相关人员熟悉政府采购的相关法律、法规及重庆市网上政府采购系统的操作流程，提高政府采购代理机构相关人员的工作能力和业务水平，减少政府采购中出现的投诉现象。

六、积极开展《政府采购协议》（GPA）谈判应对准备工作

按照财政部对我国正式启动加入世界贸易组织《政府采购协议》（GPA）谈判工作的有关部署，积极开展 GPA 谈判应对有关准备工作。一是组建了重庆市 GPA 工作领导小组。领导小组成员单位由市财政局、市商委等 16 个部门组成，同时，牵头组建了西部地区 GPA 工作领导小组；根据财政部分工要求，明确了工作组职能职责。二是积极做好 GPA 基础工作。召开了重庆市 GPA 工作领导小组办公室成员座谈会。今年 9 月，召集领导小组成员单位通报了 GPA 工作情况，对 GPA 的加入背景、GPA 首轮谈判情况、谈判面临的形势和任务、各部门具体研究任务分工等进行了分析和协商。三是印发了 3 期《工作简报》和 WTO《政府采购协议》相关资料。同时，认真做好了 GPA 相关文件的收发、登记、传递工作，妥善保管了相关文件和资料。

此外，及时向财政局报送地方政府采购信息，完成了《政府采购年鉴（2008）》的编写工作；完成了《重庆市财政志（1986～2005 年度）》控购和政府采购部分的编写等。

2008 年政府采购工作取得了一些成绩，但仍然存在一些问题和不足，全面推进政府采购工作还面临很多困难，主要体现在以下几方面：一是政府采购程序还有待进一步精简和规范，市场监管方面的制度建设任务还很重，相关规则、程序、办法还不够健全。二是部门预算中的政府采购预算编制细化不够，应纳入而未纳入政府采购的项目还不少。三是政府采购违规行为的查处和处罚难度大，相关办法还不多。四是政府采购培训和对区县的业务指导工作还开展不够。

七、2009 年政府采购工作重点

第一，进一步扩大政府采购规模和领域，市级 2009 年政府采购任务实现 16 亿元；采购领域进一步拓展，在货物和服务领域稳步推进，力争在工程采购领域有所突破。

第二，对政府采购目录的执行进行完善，结合实际，适度扩大政府采购社会中介机构的采购代理范围，提高采购效率。

第三，实行政府采购项目责任制。落实项目责任人，改变采购项目计划下达方式，追踪政府采购项目执行，精减政府采购审核流程，公开项目执行流程，跟踪问效项目执行，提高采购效率。

第四，进一步完善制度建设，进一步完善采购代理机构考核制度；拟建立《网上采购供应商登记备案制度》、《政府采购专家网上申请登记备案管理制度》等。

第五，网上政府采购更加健全，市级预算单位基本实行网上采购（询价和定点采购），积极推进区县试点。

第六，积极探索，发挥政府采购政策功能。

第七，进一步加强对市级部门和区县政府采购工作的指导。

第八，加强政府采购工作监督检查，完善相应的管理制度，构建财政、审计、监察、社会多层次多方位的政府采购监督体系。

（重庆市财政局供稿）

四　川　省

2008 年，四川省遭受了“5·12”汶川特大地震灾害袭击。在党中央、国务院和省委、省政府的坚强领导下，在中央财政、全国各兄弟省、市、自治区和港澳同胞、海外侨胞的大力支持下，在各有关部门的紧密配合下，省财政厅和全省各级财政部门充分发挥财政职能，积极制定并落实各项救灾政策，全力筹集和调拨救灾资金，保证了各项救灾减灾工作的顺利进行。由于遭受特大地震灾害，四川省政府采购的正常工作也受到一定程度影响，但是，全省政府采购监管部门和执行机构的同志们仍然坚守岗位，努力工作，坚持用科学发展观统领政府采购工作，通过科学化和精细化管理，进一步深化政府采购制度改革，扩大采购规模，完善制度建设，规范采购行为，四川省政府采购改革正迅速向纵深发展。

一、强化预算管理，政府采购规模进一步扩大

2008 年，我们通过加强采购预算管理，扩大采购范围，全省政府采购规模得到快速增长。省级财政年初编制的政府采购预算达到 54.79 亿元，较上年增加 18.13 亿元，增长 33.09%。截至 2008 年年底，全省政府采购规模实际完成 190 亿元，较上年同期 151 亿元增加 39 亿元，增长 25.82%。

二、加强制度创新，完善法规制度体系

为加快制度建设的进程，进一步完善法规制度，发挥政府采购政策功能和市场导向作用，先后出台了《四川省政府采购专家管理实施细则》、《四川省自主创新、节能环保政府采购管理实施意见》。

针对目前采购过程中反映的招标文件不规范，缺乏科学、合理性等问题，通过在全省范围内多次调查研究，举办政府采购监督管理部门和代理机构座谈会，反复修改具体条款，于2008年年底出台了《四川省政府采购通用项目招标文件规范性文本（试行）》。

三、加强采购预算管理和监督，实行规范化管理

一是结合四川省政府采购制度改革进展，起草了《四川省政府采购基本程序》、《四川省政府采购预算管理流程》、《四川省政府采购计划管理流程》，科学、合理地细化了政府采购业务工作流程；二是完成2008年公务用车加油、维修、保险的定点采购招标工作，其中对定点保险采取引进保险经纪人制度运作，既提高效率，又节约资金；三是针对政府采购社会代理机构在采购执行中出现的信息发布、专家抽取等方面不规范的问题，出台《四川省财政厅关于加强四川省政府采购集中采购机构和社会代理机构管理的补充通知》，明确具体监管措施。

四、加强政府采购评审专家库的建设和管理

按照四川省政府采购评审专家库的建设目标，继续加大评审专家征集力度，完成宜宾市、德阳市、广安市等地区第二批新入库专家的征集和培训，到2008年年底，入库专家达到2 000名，同时，进一步完善专家库信息管理系统，进一步规范评审专家的抽取，加强对专家使用的监督、考核和管理。

五、开展全省政府采购执行情况大检查

按照财政部、监察部、审计署、国家预防腐败局《关于开展全国政府采购执行情况专项检查的通知》（财库【2008】31号）和全国政府采购执行情况专项检查电视电话会议安排，2008年5月至9月在全国范围内开展政府采购执行情况专项检查。由于受特大地震灾害影响，经向中央请示并征得同意，四川省专项检查工作推迟到12月底结束。四川省按照中央和省政府领导的要求，4月25日及时召开全省电视电话会议，统一部署全省专项检查工作。省财政厅、监察厅、审计厅成立了领导小组，制定了自查自纠、重点检查、整改提高和验收总结四个阶段的实施方案，组成8个检查组，对省级32个单位，20%的覆盖面进行了重点检查。对查出的问题进行了严肃处理，各问题单位也按照领导小组的要求进行了认真整改，领导小组对检查工作进行全面总结，专项检查工作如期完成。

六、积极推进电子化政府采购

为推进四川省政府采购信息化建设，根据省政府领导、厅领导的指示和年初计划安排，年初，由安春华副巡视员带队，省财政厅省监察厅招监办、省政府采购中心和部分市州财政局相关同志组成三个联合考察组，分别到浙江、上海、天津等省市考察，学习借鉴兄弟省市电子化政府采购建设的先进经验。结合四川省实际，拟定了四川省电子化政府采购业务流程和建设方案。

七、加强抗震救灾以及灾后重建政府采购工作

为保证汶川地震救灾工作顺利进行，确保采购资金的安全，规范抗震救灾物资紧急采购行为，根据《汶川地震灾后恢

复重建条例》以及财政部和省委、省政府的要求，省财政厅、省监察厅、省审计厅、省民政厅先后发出《关于加强抗震救灾物资紧急采购监督管理的通知》《关于加强抗震救灾物资紧急采购监督管理的通知》，制定了关于加强抗震救灾物资紧急采购监督管理的相关规定，明确在地震应急救援以及灾后重建中涉及政府采购活动的相关政策及执行程序，既保证灾区紧急救灾的需要，又符合合理规划和公平、公正地组织实施采购活动的原则，明确各方责任，加强监督管理，为保障采购资金的安全和使用效益发挥了积极作用。

（四川省财政厅供稿，但文焰执笔）

贵　州　省

2008年，贵州省政府采购工作在财政部的指导和各级党委、政府的领导下，在有关部门的大力支持和配合下，全面贯彻落实全国财政工作和政府采购工作会议精神，严格按照“围绕热点、突出重点、狠抓落实、提高发展”的工作思路开展各项工作，坚持科学发展观，开拓创新，踏实工作，取得了较好的成绩。

一、政府采购执行情况

2008年，贵州省共执行政府采购预算59.81亿元，比上年同期的36.15亿元增加23.66亿元，增长65.44%，占财政支出的5.67%；完成采购资金53.72亿元，比上年同期的32.41亿元增加21.31亿元，增长65.78%；节约资金6.09亿元，资金节约率10.18%（其中：省级政府采购共执行采购预算23.52亿元，比上年同期的12.37亿元增加11.15亿元，增长90.2%；采购资金21.76亿元，比上年同期的11.07亿元增加10.69亿元，增长96.50%；节约资金1.76亿元，资金节约率7.48%）。

从资金构成看，预算内资金为48.0亿元，占预算资金总额的80%；预算外资金4.63亿元，占预算资金总额的8%；自筹资金7.18亿元，占采购预算总额的12%。

从采购项目构成看，货物类采购51.13亿元，占采购金额总规模的85.49%；工程类采购7.16亿元，占采购金额总规模的11.97%；服务类采购1.52亿元，占采购金额总规模的2.54%。

从采购方式看，公开招标采购21.02亿元，占采购金额总规模的39.14%，基本突出了以公开招标为主的采购方式；邀请招标采购1.61亿元，占采购金额总规模的3%；竞争性谈判方式采购10.70亿元，占采购金额总规模的19.91%；询价采购11.21亿元，占采购金额总规模的20.84%；单一来源方式采购9.19亿元，占采购金额总规模的17.11%。

二、政府采购工作开展情况

（一）召开政府采购工作会议，进一

步推动和深化全省政府采购制度改革

为了贯彻落实全国政府采购工作会议精神，总结《政府采购法》颁布实施以来全省政府采购制度改革和发展的情况，研究进一步推动和深化政府采购制度改革等工作，贵州省财政厅于4月15日在贵阳召开了全省政府采购工作会议，省级各单位政府采购业务经办人、各地区财政局政府采购监督管理负责人共130多人参加了会议，省财政厅季可副厅长和省监察厅黄汉金副厅长到会并作了讲话。季可副厅长在讲话中除了全面总结《政府采购法》颁布实施5年来贵州省政府采购制度改革和发展的情况外，重点就进一步推动和深化贵州省政府采购制度改革提出了具体要求。省监察厅黄汉金副厅长在会上就如何建立健全预防商业贿赂长效机制、努力推进政府采购诚信体系建设作了重要讲话。两位领导的讲话为进一步推动和深化贵州省政府采购制度改革指明了方向。

（二）巩固并扩大政府采购规模和范围，确保采购规模稳定增长

在巩固并扩大政府采购范围和规模方面，继续推进中央和省级补助专款、国债资金项目实施政府采购，做好社会关注和涉及民生项目的政府采购工作。特别是对冰冻雪灾等自然灾害和灾后重建所需要的各种应急物资采购，采用了“特事特办，急事急办”的方式，确保了救灾和灾后重建工作的应急需要。同时，各级财政部门采取积极有效措施，不断拓展政府采购范围，政府采购规模比上年同期增长65.44%。

（三）采取积极有效措施，发挥政府采购政策功能作用

为了进一步发挥政府采购的宏观调控功能和市场导向作用，同时也为了支持建立促进节能减排新机制和促进自主创新产品的发展，在进一步贯彻落实并转发财政部等部委联合制定印发的《自主创新产品政府采购首购和订购管理办法》和《政府采购进口管理办法》的同时，贵州省财政厅制定印发了《贵州省政府采购节能环保产品促进自主创新产品发展的实施意见》，要求各级财政部门要采取切实有效措施，加强对政府采购节能环保自主创新产品的监督管理工作，确保政府采购节能环保自主创新产品取得了实效。

（四）抓好政府采购预算和计划的编制、执行工作，实现计划采购、规模采购

为指导和督促省级预算单位抓好政府采购预算和计划编制工作，贵州省财政厅于年初制定下发了《关于填报2008年政府采购预算执行情况的紧急通知》，要求省级各单位在规定时间内填报政府采购预算执行计划，未按规定报送的，暂停一切采购活动。所有省直预算单位都已按通知要求报送了执行计划，并按照上报的执行计划开展采购工作，从而进一步强化了财政支出管理工作，基本上实现了计划采购、规模采购。

（五）抓好电子化政府采购工作，真正贯彻和落实科学发展观

为了稳步推进电子化政府采购步伐，贵州省财政厅将电子化政府采购纳入了金财工程统一规划、统一实施、统一建设。2008年，贵州省财政厅从“金财工程”中安排100余万元，建成了省级政府采购项目网上音视频远程监控系统。该项目投入使用后，不再安排专人到开标评标现场进行监督，而是通过音视频系统对其进行远程监控，并自动刻录保存开标评标过程。没有安装监控设备的政府采购代理机构，不得代理省直单位政府采购项目。

这一项目的实施，不但为贵州省全面实行政府采购电子化迈出了第一步，也为加强政府采购监督管理，进一步规范政府采购行为，提高政府采购工作效益，加快政府采购电子化进程创造了良好条件。

（六）建立奖快促慢机制，促进政府采购监督管理工作上新台阶

为调动各地州市政府采购工作的积极性，贵州省财政厅制定并印发了《贵州省政府采购监督管理奖快促慢工作考核评比暂行办法》，对各地区财政部门政府采购工作进行考核评比。考核评比内容主要包括政府采购监督管理机构建设、政府采购制度建设与执行、政府采购规模和范围、政府采购统计报表报送、政府采购信息报送、政府采购供应商投诉、电子化政府采购、人员培训等八个方面。考核评比结果除了在全省财政系统进行通报外，还将与补助挂钩，得分越高，补助越多。补助主要用于政府采购监督管理部门改善办公条件、电子化制度建设、人员培训等方面。这一激励机制既受到各市、州、地的普遍欢迎，又增加了各市、州、地工作的活力和动力，对全省政府采购制度的改革和发展，促进政府采购监督管理工作上新台阶起到了积极的推动作用。

（七）继续抓好制度建设，规范政府采购行为

加强政府采购制度建设是规范政府采购行为，确保政府采购公开、公平、公正最重要的基础工作。2008 年，贵州省财政厅先后制定印发了《贵州省政府采购监督管理奖快促慢工作考核评比暂行办法》、《贵州省采购节能环保产品促进自主创新产品发展的实施意见》、《贵州省省级单位政府采购行为准则（试行）的通知》、《贵州省政府采购代理机构考核暂行办法》和《贵州省政府采购代理机构考核评分标准》等。这些制度和办法的出台，对于规范政府采购行为，强化政府采购监督管理，提高政府采购工作水平，从制度上预防腐败现象的发生，起到了积极的作用。

（八）举办政府采购知识培训班，提高政府采购从业人员的业务水平和操作技能

为了增强政府采购代理机构从业人员政府采购法制观念，熟练掌握和运用政府采购相关业务知识，提高政府采购从业人员的业务水平和操作技能，进一步规范政府采购操作行为，贵州省财政厅于 4 月 28～30 日在贵阳连续举办了 3 期政府采购代理机构从业人员业务知识培训班，共有 335 名政府采购代理机构从业人员参加了培训。培训的主要内容有：政府采购相关法律法规、政府采购质疑投诉、政府采购政策功能作用、政府采购领域商业贿赂预防与案例分析等。通过培训，达到了增强法制观念、掌握知识、培训提高的预期目的。

（九）精心布置、周密组织，圆满完成了全省政府采购执行情况专项检查工作

为了贯彻落实全国政府采购执行情况专项检查电视电话会议精神，贵州省财政厅与省监察厅、省审计厅于 4 月 29 日在贵阳共同召开了全省政府采购执行情况专项检查工作会议，对全省的政府采购执行情况专项检查工作进行动员和布置，各市、州、地财政局、监察局、审计局分管领导，财政局政府采购科（办）负责人、省直各单位相关负责人以及各政府采购代理机构负责人共 160 多人参加了会议。省

财政厅、审计厅、监察厅领导分别在会上作了动员讲话。为了保证此项工作的顺利开展，贵州省财政厅还成立了有监察、审计部门人员参加的专项检查工作领导小组和办公室。全省自查自纠单位共9 248个，其中采购人9 153个，采购中心52个，采购代理机构43家。全省共组织了153个重点检查小组，对1 893个单位进行了重点检查。对自查和重点检查出来的问题，各单位已进行了整改。检查工作按期完成。

通过开展政府采购执行情况专项检查工作，一是发现了问题，找准了症结，为进一步建立健全各项规章制度，完善管理体制和运行机制，建立健全科学的政府采购管理体制，推进政府采购制度改革的发展奠定了基础。二是大力宣传了政府采购法，政府采购法律和相关知识也得到了普及。三是提高了依法采购的意识和能力，纠正了一些错误观念和不正当交易行为，为堵塞管理与操作执行的漏洞，促进廉政建设，确保各项政府采购法律制度正确地贯彻执行创造了良好条件。

（十）认真做好《政府采购协议》（GPA）谈判前期准备工作

我国已正式启动GPA谈判工作，为配合做好我国GPA谈判工作，按照财政部有关GPA谈判要求，贵州省积极做好有关前期准备工作。一是明确专门的工作人员具体负责加入GPA谈判有关工作。二是成立了GPA谈判应对工作领导小组，负责GPA谈判应对工作的领导和协调工作。三是安排专人参加了财政部先后在北京、上海举办的3期GPA谈判相关政策和业务培训班、研讨班。

（十一）对省直单位零星购车推行协议供货制度

为了方便省直各行政机关、事业单位、人民团体及其所属部门购置公务用车，降低采购成本，提高采购工作效率，进一步推动省级单位政府采购工作，贵州省财政厅根据《政府采购法》的有关规定和法定要求，采用公开招标方式确定了省直单位购置公务用车第一期政府采购协议供货生产制造商及协议供货商。省直单位一次购置两辆以下（含两辆）同一车型的公务用车，可直接到省财政厅通过招标方式确定的协议供货生产制造商及协议供货商处购买，不再通过委托招标代理机构采购。采购未列入协议供货范围或购买超过两辆以上的公务用车仍委托代理机构进行政府采购。

（十二）依法受理和处理政府采购投诉案件

2008年，贵州省财政厅共受理和处理了9个政府采购投诉案件。在受理和处理投诉过程中，始终坚持按法定程序办事，以事实为依据，以法律为准绳，客观、公正。由于程序规范，事实清楚，引用法律得当，至今未发生行政诉讼或行政复议。

（十三）对申报政府采购代理资格的中介机构进行了资格认定

贵州省财政厅严格按照财政部31号令的有关规定，对申请政府采购代理乙级资格的贵州方正招标有限公司等10家招标公司依法进行了资格认定，颁发了资格证书，并将认定结果上报财政部备案。

（贵州省财政厅供稿，蒲秀坤执笔）

云 南 省

2008 年，政府采购工作以建立完善管理体系为核心，以制度建设为重点，以政府采购专项检查为契机，以加强监督管理为手段，优化和健全采购运行机制，实施监督检查和改进服务并重的监控方式，不断规范管理操作行为，拓展采购制度实施领域，提高采购制度综合效益，提升政府采购制度形象，推动政府采购制度改革深入发展。

一、拓展采购范围

一是重点扩大政府采购范围。省级除继续将中小学免费教科书、使用财政性资金的建设招标工程纳入政府采购的统计范围外，还对物业管理、融资租赁等项目实行政府采购。昆明市将“阳光工资”发放、城市规划、国土规划、交通运输工程等公共服务项目纳入政府采购范围。其他地区将政府采购更多地体现在社会关注和涉及民生的项目上。如普洱市对新农村建设工程、移民搬迁物资实施政府采购，迪庆州对退耕还草、退牧还林、安居工程进行政府采购，红河州和大理州将培训项目纳入政府采购范围。二是大力推行协议供货和定点采购方式。省级在办公自动化设备协议供货的经验和基础上，提出开展协议供货的实施意见和方案，对公务用车和党政机关人员出差及会议分别实行协议供货和定点采购，进一步规范采购行为，有效节约财政资金，大大提高采购的时效性和便捷性。三是健全组织形式和采购方式管理，严格审批行为，强化政府集中采购目录执行的严肃性。

2008 年全省政府采购规模 96.82 亿元，占当年财政支出的 6.58% 和 GDP 的 1.70%，较 2007 年的 75.08 亿元增长 28.96%，超额完成年初制定的 90 亿元的总体目标，共计节约资金 8.26 亿元，节约率 7.86%。其中省级和省级以下采购规模分别为 35.25 亿元和 61.57 亿元，同比增长 8.36% 和 44.70%，分别占全省采购规模的 36.41% 和 63.59%。公开招标比重从 2007 年的 50.96% 上升到 54.49%，省级公开招标比重从 2007 年的 65.62% 提高到 70.25%。

二、推进制度建设

一是进一步加强政府采购预算执行管理，财政厅出台了《关于进一步加强省级政府采购预算执行管理的通知》，完善政府采购预算编制办法、采购预算执行和采购资金支付制度。二是为配合扩大内需政策的实施，财政厅迅速制定出台了《关于做好扩大内需中央投资项目政府采购工作的通知》，以确保采购事项既按照《政府采购法》规定的程序要求完成，又避免因采购环节多、采购周期长而影响云南省拉动内需投资项目的顺利实施。三是省财政厅会同科技厅及时制定出台了《云南省自主创新产品政府采购管理暂行办法》，进一步充实采购政策功能规定，对科技含量高、有市场潜力的产品实行首购和直接订购的政策，支持具有自主知识产权的自主创新产品采购。普洱市财政局制定了《市级政府采购项目审批管理暂行规定》、项目审批流程和实施情况表；保山市财政局印发了《政府采购操作规程》和《政府采购中心内部管理暂行办法》。

三、专项检查

2008 年 5 月，财政部牵头，会同监察部、审计署和国家预防腐败局，组织开展首次全国政府采购执行情况专项检查。为及时贯彻落实中央专项检查领导小组的有关精神和要求，全省各级财政、监察、审计部门精心组织、全力以赴，采取有力措施，较好地开展检查工作。一是各级政府和相关部门相继成立政府采购执行情况专项检查领导小组，加强领导，为专项检查提供组织保障。二是省政府牵头，省财政厅、省监察厅、省审计厅联合组织召开全省政府采购执行情况专项检查电视电话会议，深入动员，全面部署，层层落实专项检查任务。三是政府采购执行情况专项检查领导小组制定自查自纠、重点检查、整改提高和验收总结四阶段工作方案，明确目标和任务，确定专项检查的范围、重点和实施步骤以及组织形式，确保专项检查工作的顺利开展。四是各级财政、监察、审计部门积极配合，相互协作，形成检查工作整体合力。五是编印工作简报，加强宣传，狠抓落实，有序开展专项检查。六是按照要求分别形成全省汇总的电子表格、自查自纠、重点检查和专项检查工作总结报告，按时向全国专项检查领导小组上报。七是组织召开全省政府采购执行情况专项检查总结表彰会，总结政府采购执行情况专项检查开展的情况，明确整改措施，布置政府采购下一步工作任务，并对州（市）和省级先进单位进行表彰。八是积极协助全国政府采购专项检查领导小组督导组在昆明组织召开西南片区专项检查工作汇报会，配合督导组到丽江、迪庆进行督导，云南省专项检查工作和做法得到了督导组的充分肯定。

四、举办云南省首届政府采购展览会

11 月，财政厅成功组织举办云南省首届政府采购展览会。展会采取专题展区与专业展区相结合的方式，设有政府采购形象展区、供应商展区和政府采购代理机构展区。在展馆设置上，力求既符合推进政府采购深入发展需要，又具有政府采购专业特征，重点突出政府采购的法规特点。展会期间开展 2009 年省级行政事业单位公务用车协议供货签字仪式、采购知识培训、政府采购执行情况专项检查总结表彰会、政府采购公开招标项目现场开标观摩会以及企业宣传、产品推介和展示等一系列活动，既宣传了《政府采购法》，促进供需交流，又加强了相互学习。全省 16 个州（市）财政局、15 家省级行政事业单位和 81 家企业参展，展位达 242 个，参观展览万余人次。展会以内容多样、活动丰富、专业性和互动性强等特点吸引了新闻媒体和公众参会，并受到社会各界的普遍赞誉。

五、加强培训

一是配合新的招标代理机构的认定工作和持证上岗的要求，5 月举办了采购代理机构培训，加强对政府采购五种采购方式及三种评标办法的适用范围和操作程序的培训，提高了采购代理机构编制招标文件和主持招标、评标的能力，提高了代理机构的业务水平和政策水平。对考试合格的近百名从业人员颁发了培训证，作为今后从事政府采购代理业务的上岗资格证。二是在政府采购展览会期间专门 举办了为期1天的培训会，邀请财政部国库司领导对当前政府采购现状进行讲解和分析，安排对采购管理和操作程序、政府采购目录及限额标准的制定和应用、采购信息发布及管理、采购实施申报表的填制、评标方法的运用、云南省政府采购管理信息系统业务流程、采购预算的编制、代理招标的操作实务等内容的培训，共有400多人参训。玉溪市始终坚持对政府采购从业人员的培训，形成了监管部门、集中采购机构、采购人、评标专家的培训制度。

六、规范日常监管

一是4月组织召开全省政府采购工作会议，及时传达全国财政工作会议、全国政府采购工作会议和全省财政工作会议精神，对云南省2008年政府采购工作做出部署和要求。省级各行政事业一级预算单位、全省州（市）政府采购监督管理部门和集中采购机构政府采购主管领导和负责人共320余人参加会议。二是做好政府采购计划，严格按照政府集中采购目录规定确定采购项目的组织形式和采购方式。坚持以公开招标作为政府采购的主要采购方式，对采购计划确定为公开招标的项目，在招投标过程中发生废标或流标情况认真进行调查研究，严格把关，依法进行采购方式的变更。三是顺利完成省级政府集中采购机构职能划转工作。经省编委批准，5月，省级政府集中采购职能划转云南省招标采购局。为确保政府采购专项检查工作不留死角，在要求原省政府采购中心自查自纠的基础上，又由省监察厅、省审计厅两部门联合对原省政府采购中心2006～2007年政府采购执行情况进行重点检查，保证省级政府集中采购业务不断、不乱，平稳过渡。四是依法认真处理供应商投诉。高度重视供应商投诉处理工作，对供应商投诉认真做好调查研究，并及时进行协调、沟通，顺利解决政府采购过程中发生的争议和矛盾，严格按照《政府采购供应商处理办法》及相关制度的规定，处理供应商投诉事件共9起，严肃法纪，确保政府采购监管职能的正确履行。五是在政府采购管理系统初步开发完成以及与云南政府采购网上交易系统整合的基础上，于12月首先在部分省级单位进行试运行，探索实现网上申报采购计划，网上招标、投标，网上申报专家，网上申报采购代理机构，网上审核采购合同，网上提供政府采购预算及资金支付信息，与预算、国库及省级预算单位实现资源共享、信息互通的电子化政府采购体系，为全省政府采购电子化运行奠定基础。

七、课题研究

积极配合财政部做好GPA谈判准备工作。按照财政部部署，积极向省政府汇报，参加财政部组织的两次会议和两次专项培训。按照财政部牵头负责加入《政府采购协议》（简称GPA）谈判正式启动和对各省市区工作布置的工作任务，制定工作方案，设立组织领导机构。由省财政厅、省经济研究院、省发改委、省商务厅、省监察厅、省审计厅、省保密局的相关职能处室和部分州市财政局共同参与，开展对GPA成员政府采购制度分析、加入 GPA 对云南省的影响、加入 GPA 云南省政府采购实体清单、应对加入 GPA 的对策等四项主要内容的研究，9 月底完成阶段性研究报告上报财政部，在全国第一家完成 GPA 研究报告，成为 2008 年年底前唯一向财政部提交 GPA 研究报告的省份。

八、廉洁自律

一是建立学习制度，增强教育的针对性和时效性。二是按照政府采购法确定的宗旨，制定政府采购监督管理人员准则。三是按要求层层签订廉政责任合同，切实履行“一岗双责”的职责。

（云南省财政厅供稿）

西藏自治区

2008 年，西藏政府采购工作在自治区各级党委、政府的正确领导下，以科学发展观为指导，以采购管理和 GPA 研究为工作主线，以扩大规模、规范执行、完善制度、加强研究、改进系统为工作重点，着力发挥政府采购强化财政支出管理和宏观政策导向功能，有效支持了拉萨“3·14”事件后生产经营秩序恢复工作，全年政府采购工作在各个方面有了新的突破。

一、扩大政府采购规模，提高财政资金使用效益

政府采购规模大幅增长。2008 年受拉萨“3·14”事件影响，全区政府采购工作尤其是自治区本级政府采购活动受到干扰，各级财政部门采取多种措施克服不利影响，确保了全区采购规模的持续增长。2008 年，全区采购规模达到 28.64 亿元，比上年增加 9.34 亿元，增长 48.39%；采购规模占当年财政一般预算支出的 7.52%，比上年提高 0.52 个百分点。按照“保民生、保稳定”的大政方针，社会关注度高、影响面大的众多民生项目得到较好落实，实现了“老百姓受惠、商家受益、预算单位满意”的多赢局面，收到了显著的社会经济效益。如：为全区县乡农牧民统一采购配送太阳能灶 336 000 套，采购资金 1.2 亿元；首批采购价值 320 万元的碘盐，免费配送到病区，涉及 36 个县、121 个乡、386 个村，惠及 10 万人口；为全区中小学采购 2008 年春季教材 329 种，秋季教材 440 种，采购资金达到 5 914 万元；为提高全区消防抢险救灾能力，批准由自治区消防总队自行采购救援设备 597 件（套），采购资金 531 万元，等等。

集中采购总量和节约资金均创新高。通过政府采购将分散的采购项目集中起来，形成了规模购买力，不仅能够购买到质优价廉的产品和服务，还能节约财政资金。2008 年，全区采购节约资金 0.47 亿元，节支率达1.64%；确立了以集中采购和公开招标为主的采购格局，集中采购金额达27.98亿元，占政府采购总金额的99.32%。

二、做好政府采购监督检查，加强财政资金安全监管

强化政府采购监督管理。一是强化基础管理，严格制度约束。在电子化政府采购管理信息系统支持下，全面加强对采购预算、采购计划、采购过程、资金支付的监控。对于无采购预算的计划一律不予审批；未经电子化政府采购管理网上报政府采购计划或是未经采购办审批计划的，一律不予采购；要求执行部门严格按照批准的采购方式进行采购，不得擅自更改采购方式；对于没有在电子化政府采购管理网进行合同登记，没在采购办进行纸质合同备案，没有通过验收的，一律不予拨付资金；在资金支付过程中，严格审核项目完成情况、供应商履约情况、合同要求事项、账户信息等相关内容，严把审核关，确保了资金支付安全。通过将采购预算到合同履约以及资金支付整个政府采购过程的各个环节相互结合，规范管理，进一步夯实了政府采购的基础管理工作，有效防范和制止了违规行为发生。二是实施综合监管，发挥监管合力。在具体工作中，财政、监察、审计等监督部门互相配合，各司其职，加强对政府采购执行事前、事中、事后全过程监督。通过对采购文件、有关信息的及时公示，强化对采购活动的事前监督；2008年区直政府采购场次达到了二百余次，对于大型项目、特殊项目以及敏感项目，邀请纪检、公证等人员到场，强化对政府采购活动的事中（现场）监督；完善供应商质疑答复和投诉处理工作，加强对采购人、集中采购机构及评审专家的事后监督。对于出现的违规问题，严格依法对相关当事人进行严惩，积极推进区内政府采购市场诚信体系建设，2008年，依法查处政府采购验收人员违规一起，供应商违规两起。三是完善采购专家库管理，促进采购评审科学。针对全区政府采购范围不断拓宽、规模持续扩大，原有专家库难以满足要求的实际，印发《关于再次公开征集自治区政府采购评审专家的通知》，并通过《西藏日报》、《西藏商报》、《拉萨晚报》等媒体发布公告，面向全区范围再次征集专家。对专业技术人员云集的科研事业单位主动上门寻求支持，同时还通过专家推荐专家等多种方式广为吸纳。到2008年年底，自治区专家库已有92大类，近400名专家，并对专家按专业进行了分类。自治区专家库实行专家随机抽取、全区共享、专人管理的机制，为地方政府采购评审工作的顺利进行提供了人力保障。

开展政府采购专项检查。根据中央的部署安排和区内实际情况，西藏自治区精心组织、周密安排政府采购专项检查工作，注重专项检查和督导工作相结合，注重建立防范违规问题发生的制度和机制，取得了良好的检查效果。一是加强组织领导和动员部署。为便于全区政府采购专项检查工作的开展、组织与协调，各级政府成立了政府采购专项检查领导小组，领导小组下设办公室，办公室设在各级财政部门，为顺利开展此项工作提供了有力的组织保障。厅领导在“全国政府采购执行情况专项检查电视电话会议”西藏分会场上专门对西藏自治区的专项检查工作进行了动员部署。自治区财政厅印发《西藏自治区财政厅　西藏自治区监察厅　西藏自治区审计厅关于在全区开展政府采购执行情况专项检查的通知》和《西藏自治区财政厅 西藏自治区监察厅 西藏自治区审计厅关于开展政府采购专项重点检查的通知》，制定了专项检查方案，明确了重点检查内容、检查方式及工作要求。二是认真开展专项检查和工作总结。根据工作方案，全区的专项检查工作分为自查自纠、重点检查、整改提高及验收总结四个阶段。全区共有 409 家单位通过自查自纠查找了单位自身存在的问题，写出了自查自纠报告。由自治区财政厅、监察厅、审计厅抽调人员组成 2 个检查督导小组深入到教育、卫生、文化、广电、环保、公安、检察院、法院、警校、农牧等部门，以及拉萨、山南、那曲等地区进行重点检查与督导，检查覆盖面达 20%，各项专项检查内容圆满完成。通过此次检查，不仅看到了西藏政府采购成功的经验，而且发现了存在的问题，为全区进一步完善政府采购管理制度、加强采购活动监督管理、促进采购程序规范运行奠定了基础。

三、加快政府采购信息化建设，增进政府采购管理效率

积极向全区推广应用电子化政府采购管理系统。为规范采购程序和采购行为，提高采购管理效率，明确采购机构与执行机构的职责，西藏自治区财政厅将政府采购管理信息化建设全部纳入“金财工程”，要求在“十一五”期间全面推行政府采购电子化管理，建立统一管理平台。2006 年，自治区本级成功上线了政府采购电子化管理系统，实现了政府采购计划、合同、专家库、供应商库的信息化管理。在此基础上，2007 年开始向地（市）一级推广。截至 2008 年年底，全区已有山南、昌都、那曲、阿里等四个地区运行政府采购电子化管理系统。

强化经办人员操作培训。为提高西藏自治区政府采购管理和操作业务水平，2008 年，西藏自治区财政厅继续对区直采购单位政府采购人员进行了政府采购流程和电子化管理系统操作培训，通过培训，使政府采购业务人员进一步熟悉了业务流程和操作技能，极大促进了我区的政府采购工作的规范发展。

四、发挥政策导向功能，体现国家宏观政策和管理要求

支持国货采购。2008 年，全区政府采购合同 99.51% 授予了国内企业，其中 89.59% 的合同授予了自治区内的企业，从而有力促进了区内企业、国内企业的发展。

促进了自主品牌的发展。以计算机为例，2008 年，全区计算机采购总量中，联想、方正等自主品牌计算机占 57.3%，在一定程度上支持了民族品牌的发展。

强化资源节约和环境保护型产品采购。2008 年，全区节能、节水产品采购金额占同类产品采购总额的 80.66%；环保产品采购金额占同类产品采购金额的 98.76%，进一步促进了资源节约型产品在区内的推广应用，提高了社会环境保护意识，对于推动西藏自治区经济社会可持续发展，具有积极意义。

为有效发挥政府采购政策功能，西藏自治区财政厅及时转发了财政部关于进口产品、节能环保产品、自主创新产品的政府采购政策规定，为政策落实提供了制度保证。

五、积极推进 GPA 研究工作，实现采购工作新跨越

加入 GPA 对西藏来说是一项全新的工作，极具复杂性。为做好此项工作，根据财政部的工作部署，结合区内实际，专门拟定了工作计划，确立了工作目标，推进了实施工作。

建立组织保障。根据 2008 年年初全国政府采购会议精神，西藏自治区财政厅及时向区人民政府领导作了一次专题汇报，西藏自治区人民政府办公厅专门印发了《关于成立西藏自治区政府采购协议（GPA）研究工作领导小组的通知》，及时成立了以邓小刚副主席为首、区直 14 个主要经济部门领导共同组成的领导小组和领导小组办公室，为全区 GPA 相关工作开展提供了组织保障。

开展宣传培训。GPA 研究意义重大，为提高各成员单位对此项工作的认识，专门组织召开西藏自治区 GPA 研究成员单位协调会，向成员单位主要领导和相关处室领导介绍 GPA 的概念、背景及发展情况。通过宣传和培训，提高了各部门对此项工作的关注度、理解力，以及参与的积极性和责任感。

推动西藏自治区 GPA 研究。积极参加西部组的可行性研究，参加西部地区 GPA 协调小组会议，参与讨论制订西部地区协调小组协调机制、工作规划及任务分工。积极参与少数民族地区例外专题研究，及时组建研究小组，认真分析了我区自然、经济、社会、文化等各方面的情况，按照牵头方（内蒙古财政厅）有关要求，于 2008 年年底报送《西藏自治区政府采购协议（GPA）研究报告》，并上报财政部。

（西藏自治区财政厅供稿，
袁庆海、黄燕执笔）

陕 西 省

2008 年，陕西省认真贯彻落实《政府采购法》，以科学发展观为统领，落实政府采购委员会制定的“规范采购行为，提高资金效益，维护国家利益，促进廉政建设”的目标要求，坚持“以人为本，规范运作，文明服务，和谐采购”的工作理念，圆满完成了年初预定的各项工作任务。当年，全省共安排政府采购预算资金 83.97 亿元（含陕西省财政安排的基本建设投资 12 亿元），实际使用采购资金 75.35 亿元，节约 8.62 亿元，节支率为 10.27%。

一、2008 年陕西省政府采购主要工作

1. 紧紧围绕陕西省委、省政府的中心工作，积极发挥政府采购的服务功能。一年来，陕西省始终坚持把扩大采购规模作为推行政府采购工作的中心环节和第一要务来抓。年初将确定的计划采购规模分解到各市，并将其完成情况作为考核各市政府采购工作的重要指标；通过逐步完善预算编制体系以及科学制定集中采购目录和限额标准，使政府采购项目实施范围和品种不断扩大。第二，按照“急事急办、特事特办”的原则，在政策允许的范围内，最大限度支持抗震救灾工作。办理了陕西省建设厅、陕西省民政厅采购活动板房、救灾帐篷、应急灯、救灾棉被等物资1.19亿元。同时规定凡涉及灾民紧急救治、安置、防疫和临时性救助的采购活动可以作为紧急采购项目，在保证质量的前提下，由采购单位自行以合理的价格向一个或多个供应商直接购买。以上措施很好地满足了抗震救灾和灾后重建的各项工作需要。第三，各级财政预算、会计核算部门积极配合，在政府采购的“入口”和“出口”严格把关，确保了应采尽采。在不断拓宽采购范围的同时，强化了对政府采购活动的监管。第四，进一步完善了办公自动化设备和公务车辆的协议供货制度，扩大政府采购定点范围，创建政府采购大市场。政府采购协议供货范围已经覆盖公务用车维修、加油、保险、办公用纸、空调、计算机及外设等七大项，更大范围地方便了采购人，提高了工作效率。

在实际完成的采购规模中，货物、工程、服务类采购项目采购规模分别为38.69亿元、31.43亿元、5.23亿元，分别占51%、42%和7%。

2. 加强制度建设，推进政府采购改革和规范化管理。2008年，陕西省政府采购管理部门制定的相关制度办法主要有以下几个方面：一是拟订了《2008年陕西省政府集中采购目录和采购限额标准》，明确了政府集中采购、部门集中采购和分散采购的范围和标准。二是明确了陕西省财政厅内部处室在政府采购方面的职责及工作规范，出台了《陕西省财政厅政府采购工作责任制办法》，规定了各有关处室在政府采购工作中的分工和职责。三是为加强对政府采购活动的监督管理，规范省级政府采购方式的采用，提高公开招标方式所占的比例（公开招标方式的采购规模达42.53亿元，占陕西省采购总规模的56%），出台了《陕西省省级单位政府采购方式变更管理暂行办法》，明确了改变采购方式的条件和程序。四是为保证政府采购档案的完整和规范，制定了《陕西省政府采购档案管理办法》。五是为进一步加强政府采购项目评审质量，扩大专家库规模，细化分类，建立对专家的动态管理机制。制定了《陕西省财政厅关于公开招聘政府采购评审专家的通知》，建立了评审专家能进能出的动态机制。六是整理汇编近年政府采购的制度规定，编印了《陕西省政府采购制度汇编》。

3. 重视基础建设，使政府采购规范化管理不断加强。一是进一步规范了采购人和部门集中采购行为。一方面，要求陕西省级各单位明确专门处室和指定专人负责政府采购工作，驻单位纪检监察室要全程参与政府采购的监督。同时，完善了部门预算、国库集中支付和政府采购协调配合制度，实行了对未编进政府采购预算、不办理政府采购和对未履行政府采购程序、不支付资金的制度，有效地规范了采购人的采购行为。另一方面，严格控制部门自行组织采购，对达到公开招标数额标准的专用采购项目，采购人应当委托政府采购代理机构代理采购，有效规范了部门集中采购行为。二是进一步完善了政府采购专家库的管理。针对目前陕西省政府采购专家库中人数较少、有些专业还不能满足评审工作的实际状况，在陕西政府采购网、《陕西日报》等媒体上发布征聘公告，面向社会公开招聘。同时，对专业人才多，有专家管理经验和优势的教育、科技、人事、医疗等部门，继续主动上门协调，寻求支持，并采用专家推荐专家的形式广泛吸纳。按照《政府采购评审专家管理办法》，通过多种形式动员协调，充实了陕西省政府采购评审力量。至此，陕西省政府采购评审专家库人数达到 1 698 人。三是开展代理机构资格认定和培训工作。按照财政部《政府采购代理机构资格认定办法》的有关要求，依法开展了政府采购代理机构资格认定工作。经过认定和审批，截至目前，陕西省共有 38 家政府采购代理机构，甲级 8 家，乙级 30 家，初步建立了政府采购的有效竞争机制，为进一步规范采购代理机构的管理奠定了基础。四是加强对供应商投诉的处理工作。2008 年，共处理 3 起供应商投诉案件，依法下达投诉处理决定书。五是进一步提高政府采购管理的电子化和网络化水平，为网上办公、电子化采购创造条件。六是加大培训和宣传力度，提高政府采购监管和执行水平。2008 年，陕西省政府采购部门分别举办了政府采购社会代理机构、政府采购监督员培训班，协助陕西省政府采购中心、西安市财政局举办政府采购业务培训班，宣讲政府采购政策规定，指导市县工作的开展。在陕西财政信息网、《西部财会》、《中国财经报》、《中国政府采购》、《政府采购信息报》等媒体刊发有关制度、办法、经验介绍等内容的文章十余篇，达到了政策宣传、业务交流、工作指导的目的。七是开展调查研究工作。完成了《关于扩大政府采购范围和规模》的调研报告；会同陕西省纪委魏燕副书记完成了《关于进一步推进陕西省政府采购工作》的调研报告，调研成果已经开始用于指导工作。

4. 加强监管，促进政府采购健康运行。2008 年，为加大政府采购的监管力度，一是要求驻采购单位纪检监察人员要参与本单位政府采购项目的全过程监督管理，对有违反规定的行为必须现场制止，确保政府采购的公平、公正、公开。二是聘请政府采购社会监督员，建立多层次全方位的监督体系。邀请人大代表、政协委员、民主党派工商联人士、纪检监察、审计人员及新闻工作者等作为政府采购监督员，通过业务培训，择优持证上岗。凡属公开招标的采购项目邀请其进行现场监督。政府采购社会监督员已经开始对集中采购机构的公开招标项目实施监督，之后再逐步扩大。三是联合陕西省监察厅、陕西省审计厅对陕西省政府采购中心 2008 年的工作进行了考核。

5. 召开陕西省全省政府采购工作会议。会议传达了全国政府采购工作会议精神，回顾总结了《政府采购法》实施 5 年来陕西省政府采购工作所取得的成绩，研究、探讨了政府采购工作中存在的问题，安排部署今后一个时期陕西省全省政府采购工作。陕西省财政厅党组成员、副厅长苏新泉同志，陕西省审计厅党组成员、副厅长徐宗一同志，陕西省监察厅综合监察室主任王鹏民同志，陕西省财政厅副巡视员张洪斌同志出席会议。苏新泉副厅长作了题为《强化监管　规范操作　促进陕西省政府采购工作再上新台阶》的重要讲话，张洪斌同志传达了全国政府采购会议精神，会议表彰了陕西省政府采购工作先进集体 14 个、先进个人 9 名。陕西省工商局、西安市财政局等 10 个部门及部分市县还就各自在扩大规模、加强监管、理顺关系、规范操作、提高效率等方面的工作经验进行了大会交流。《陕西日报》进行了专题报道，会议取得圆满成功。

6. 制定车辆编制管理办法，提高财政精细化管理水平。按照陕西省委、省政府领导批示精神以及陕西省委办公厅、陕西省政府办公厅《关于清理整顿省级党政机关违规配备和使用车辆的通知》的要求，从 2007 年开始，对陕西省省级机关现有车辆状况进行了调查摸底，并结合资产清查工作对车辆数字进行了认真核对。陕西省财政厅与陕西省监察厅两次联合发文，通知陕西省级机关核对上报车辆现状，陕西省财政厅厅内各相关处室结合部门预算逐一进行核对确认，在调查研究、摸底测算并参照外省市做法的基础上，起草了《陕西省省级机关公务车辆编制管理试行办法》和《陕西省省级机关公务车辆管理办法》。这两个办法已经以陕办发［2008］19 号文件正式下发。根据车辆编制管理办法，已经制定下发了《陕西省省级公务车辆编制管理实施细则》及《关于做好陕西省省级机关公务车辆编制核定工作的通知》。

7. 开展了陕西省政府采购执行情况大检查工作。按照财政部、监察部、审计署和国家预防腐败局关于开展政府采购执行情况专项检查的整体部署，陕西省政府采购部门牵头组织实施政府采购专项检查工作。2008 年 7 月，陕西省政府采购部门联合审计、监察部门成立了 3 个检查组，分别由三部门的一名厅级领导带队，对陕西省教育厅等 21 个省级部门和除汉中、宝鸡之外的所有市区以及 8 家政府采购代理机构进行重点检查，检查总结报告已上报财政部。2008 年第四季度，检查组再次下到有关部门和市县进行检查验收，确保陕西省全省专项检查工作真正取得实效。

二、2009 年工作思路

1. 进一步加强制度建设，建立健全科学规范的政府采购体系。2009 年，我们将有针对性地制定出台一些制度和办法。主要包括政府采购预算管理办法，政府采购资金集中支付办法，政府采购执行情况考核制度，政府采购代理机构考核评价制度，政府采购市场诚信制度及协议供货管理办法等。

2. 充分发挥政府采购的政策功能，促进经济发展。充分利用政府采购的规模效应和政策功能，保护环境和民族工业，支持节能减排企业、高新技术企业、自主创新企业和中小企业的发展，鼓励购买节能型和节约型产品，为建设节约型社会做出贡献。

3. 积极推进电子化政府采购和陕西全省联动协议供货制度，不断提高采购效率和服务水平。

4. 做好加入 WTO《政府采购协议》（GPA）谈判的相关工作。

5. 做好车辆编制管理工作，努力构建节约型政府。促进陕西省车辆编制管理工作步入规范化、科学化。

6. 加强政府采购队伍自身建设。有针对性地对采购人、采购代理机构、评审专家和监督员等政府采购当事人及市县政府采购管理部门制定年培训工作计划，确定培训方法和内容，进行业务培训，统一和规范管理行为，提高政府采购监督管理的整体水平。

（陕西省财政厅供稿）

甘 肃 省

2008年，在财政部的指导下，在省财政厅党组的高度重视下，甘肃省政府采购工作按照年初制定的全年工作要点和工作计划，以贯彻落实《政府采购法》为宗旨，以推进政府采购规范化管理为重点，以夯实基础为突破口，不断扩大政府采购规模和范围，进一步提高工作质量和服务水平，圆满完成了各项工作任务。

一、采取措施，不断扩大政府采购范围和规模

一年来，全省各级政府采购部门积极采取有效措施，在继续做好通用类项目采购的基础上，将农用地膜、农村沼气、农村书屋等涉农项目纳入了政府采购范围。据统计，2008年全省政府采购规模达35.63亿元，比2007年增长了6.43亿元，增幅达22%，节约资金4.78亿元，节约率为11.83%，占当年全省财政支出的3.69%。其中：省级政府采购15.99亿元，占全省采购总量的44.88%，节约资金2.73亿元，节约率为17.07%；14个市、州政府采购19.64亿元，占全省采购总量的55.12%，节约资金2.05亿元，节约率为9.44%。地区采购规模最大的是兰州市，采购资金3.9亿元，占市、州级政府采购的19.86%。

从采购项目构成上看，货物类项目采购24.86亿元，工程类采购6.83亿元，服务类采购3.94亿元，分别占政府采购总量的69.77%，19.17%，11.06%。货物类采购中一般设备、交通工具和专用设备采购占很大比重，分别占货物类的14.4%、14.9%和20.49%，计算机采购占一般设备的42.5%，医疗设备采购占专用设备的37.12%。工程类采购主要以建筑物和修缮、装饰工程为主，分别占工程类采购规模的35.36%和19.18%。服务类采购主要以印刷出版为主，占28%。

从采购组织形式及采购方式构成上看，集中采购27.32亿元，其中：政府集中采购17.05亿元，部门集中采购10.27亿元；分散采购8.31亿元。从采购方式看，公开招标采购18.76亿元，邀请招标采购2.6亿元，竞争性谈判采购4.66亿元，询价采购7.79亿元，单一来源采购1.82亿元；招标采购占采购总量的59.95%，非招标采购占采购总量的40.05%。

从以上数据可以看出，政府采购以政府集中采购形式为主、其他采购形式为辅的采购模式已基本形成。在政府采购方式中，公开招标已占主导地位，已成为全省政府采购的主要采购方式，体现出政府采购有较高的公开性和透明度。货物类项目采购占政府采购总量的69.77%，比重有上升趋势，货物类采购中交通工具、计算机和医疗设备采购占很大比重。全省采购规模仅占财政支出的3.69%，与国际通行的政府采购约占财政支出的30%相比，

仍有较大的差距，尤其是公共工程、服务类采购项目还没有完全开展，比重有下降趋势。地市间采购规模差距较大，政府采购工作发展不平衡，有的地区的采购总额还不足4 000万元，但地区政府采购发展迅速。

另外，政府采购缺乏计划性，政府采购预算还未开始编制，使用单位采购随意性较大，一方面影响了采购规模的形成，另一方面也加大了采购成本，降低了采购效率。

二、加强制度建设，推进政府采购规范化管理

一是根据《政府采购法》和财政部相关办法的规定，结合全省政府采购工作实际，研究拟订了《2009年甘肃省政府采购目录和标准》，明确了政府集中采购、部门集中采购和分散采购的范围。二是按照省政府抗震救灾指挥部的统一部署，及时拟订了《甘肃省地震灾后重建建材政府采购项目管理暂行办法》，上报省政府印发实施。三是为强化监管，规范各当事人的采购行为，促进政府采购健康协调发展，拟定了《关于认定（确认）政府采购代理机构乙级资质的通知》、《关于进一步规范全省政府采购信息公告发布格式的通知》，以上制度办法的制定出台，不仅为深化全省政府采购改革提供了有力的制度保证，而且为规范管理创造了良好条件。

三、完善政府采购专家评审制度，推动评审工作科学公正发展

针对目前甘肃省政府采购专家库中人数较少、有些专业还不能满足评审工作需要的实际状况，在甘肃省政府采购网等媒介上发布征聘公告，面向社会公开招聘。同时，到专业人才多、有专家管理经验和优势的教育、科技、医疗等部门，主动协调，寻求支持。通过多渠道、多形式广泛吸纳，省级政府采购专家库中达到了1 600多人，充实了政府采购的评审力量。

为及时了解和掌握评审专家的状况，全面反映执业能力，实现专家的动态管理，建立了考核反馈制度，由采购执行机构对其业务水平、评审能力、职业道德、出勤情况和其他有关情况做出综合评价，并归入专家个人档案，达到了对专家有效监管的目的，保证了评审的公正性。

2008年11月，举办了政府采购评审专家业务培训班，邀请省纪委纠风室领导、厅领导到培训班上讲话，并请有关专家讲解政府采购法律法规和操作实务等。培训人数达到200多人，收到了很好的效果。

四、严格审批，努力做好公务用车配置管理工作

一是认真贯彻落实《甘肃省机关事业单位公务用车配备管理办法》和《甘肃省财政厅、公安厅、监察厅关于严格控制公务用车配备管理的通知》精神，坚持“两审三控”制度，从车辆申报、政府采购、入户、过户等环节严格审核把关，全面规范公务用车配备行为，进一步遏制了公务用车消费攀比的势头。二是根据《甘肃省省直机关事业单位公务用车编制管理办法（试行）》的规定，扎实开展车辆核编工作，研究制定了核编方案，开发了公务用车管理软件，对全省公务用车进行摸底登记，基本摸清了公务用车的家底，拟定了公务用车编制，为科学配置奠定了可靠基础。

五、加强监管，确保采购代理机构的健康发展

根据法律规定，通过实地考察，认定了5家具有政府采购乙级资质的社会代理机构，与财政部认定的4家甲级资质的政府采购代理机构一起参与政府采购工作，促进了政府采购规模的扩大和服务水平的逐步提高。

为了加强对采购代理机构的有效监管，对已认定政府采购业务代理机构从计划审批、信息发布、专家抽取、现场监督、合同备案等各个环节进行了明确规定。组织政府采购代理机构从业人员参加培训，提高了采购代理机构从业人员的业务水平，保证了多元化的政府采购执行体系的健康运行，保证了集中采购机构和其他代理机构共同发展，健全了政府采购执行体系。与监察、审计部门联合对政府采购代理机构从基础工作、代理组织程序、工作质量和业绩、廉洁自律、信息统计、财务管理等方面进行重点监督检查。

六、认真部署，扎实开展政府采购执行情况专项检查

根据财政部、监察部、审计署和国家预防腐败局关于开展全国政府采购执行情况专项检查的统一部署，省上及时召开会议专题研究，并成立了全省专项检查工作领导小组和办公室，先后研究制定了《关于落实全国政府采购执行情况专项检查工作的实施方案》和《关于认真组织开展政府采购执行情况专项检查工作的通知》，明确了总体目标、指导原则、主要任务和方法步骤等，有力推动了专项检查工作的顺利进行。为使专项检查工作落到实处，组织省级单位参加了全国政府采购执行情况专项检查电视电话会议；同时，于2008年5月16日召开了全省政府采购执行情况专项检查工作电视电话会议，对组织开展好专项检查工作做了具体部署。根据汇总情况，全省列入政府采购专项检查范围的单位都按要求进行了自查自纠，参加自查自纠的单位共4 947个，自查面达到了100%。为推动专项检查工作深入地开展，省专项检查领导小组编印了《甘肃省政府采购执行情况专项检查工作简报》，分发检查对象，介绍工作动态和先进做法，增进了社会各界对专项检查工作的理解和支持。同时，抽调财政、监察、审计部门人员组成3个重点检查组，从7月30日开始，分别对省直33个预算单位、4家政府采购代理机构和7个市州并延伸到7个省直管县进行重点督促检查，分别占重点检查面的26%、100%和50%。通过这次专项检查，基本理清了全省政府采购工作的现状和存在的问题，有针对性地提出了进一步改进和完善的措施建议，为做好今后全省政府采购工作打下了良好的基础。

七、统筹兼顾，努力做好政府采购各项工作

1. 认真做好供应商投诉处理工作。2008年度，共收到供应商投诉4起，经调查核实，受理1起，不予受理2起，撤销1起，维护了采购当事人的合法权益，净化了政府采购市场。

2. 稳妥开展GPA（WTO《政府采购协议》）调查研究工作。根据财政部的要求，就GPA的有关情况向省政府做了专题汇报，提出了甘肃省应对加入GPA谈判的原则、方式和方法，并就有关事项向省政府提出建议。

3. 进一步完善信息统计体系。专门召开了政府采购信息统计培训会，对统计工作进行安排布置，对操作软件进行业务培训；加大催报力度，保证了采购统计信息全面完整和真实可靠。

4. 切实推进协议供货制度。在政府采购目录中明确了实行协议供货的项目，通过公开招标确定了时段最高限价，由采购人自主选择品牌和服务，由事前审批转为事后备案，方便了采购人，提高了工作效率。

5. 按照厅党组的统一部署和安排，在厅学习实践科学发展观活动领导小组办公室的直接指导下，认真贯彻落实《甘肃省财政厅关于开展深入学习实践科学发展观活动实施方案》和厅党组每个阶段的各项要求，精心组织，周密安排，扎实开展学习实践科学发展观活动。

（甘肃省财政厅供稿）

青 海 省

2008 年，青海省财政厅围绕提高政府采购规模和扩大范围、强化政府采购监管，狠抓了政府采购管理工作，主要做了七方面的工作。

一、进一步完善政府采购制度建设

制定下发了《青海省省级单位政府分散采购管理暂行办法》，进一步强化了政府采购管理，规范了政府分散采购程序，使采购活动和采购行为都能做到有章可循。同时，针对青海省省级政府采购活动中存在的薄弱环节，为加强和规范政府采购管理，起草了《进一步加强和规范我省省级政府采购监督管理工作的意见》，与有关部门完善后印发。

二、加强了采购预算资金的执行监管力度

对省级政府采购预算执行进行了认真的排查。从年初就开始组织相关人员对省级上年政府采购资金结转情况进行了分部门的排查，对资金量大的省国土部门、环保部门等，采取沟通协调、督促办理等方法，督促相关部门尽快上报采购项目计划，加快采购进度。同时，加强了对追加指标的管理，凡属于政府采购目录以内项目，要求单位必须填报政府采购申请，依法实施政府采购。全年共下达省级集中采购计划 21 批，下达采购计划金额 8.3 亿元，比上年同期增加 14.4%。

三、认真开展了全省政府采购执行大检查工作

积极协调省监察、审计部门，对青海省开展政府采购执行大检查工作。从组织领导、检查内容、检查方式和各阶段的工作进行了认真的安排布置，成立了专门领导小组，组成 3 个重点检查工作组，对省本级 37 个单位和 5 个地区进行了重点检查及督导工作。按时完成了自查，提前完

成了重点检查，并针对自查和重点检查工作中暴露出的问题，严肃查处了不规范行为，建立健全了各项规章制度，依法采购的意识进一步提高，政府采购的有关知识得到了进一步宣传，影响力和社会各界对政府采购工作的理解和支持进一步扩大。这些为增强依法行政、依法采购的意识，全面贯彻《政府采购法》创造了良好的社会氛围；使整改提高、验收总结阶段的工作顺利完成，取得了预期的成效。同时，顺利完成了财政部在青海省召开西部省份政府采购大检查汇报会的承办工作。

四、积极扩大青海省政府采购的范围和规模

认真开展了药品采购试点工作。会同青海省和西宁市政府采购中心，深入湟中县，与相关部门共同就药品采购试点情况召开了调研座谈会，对试点中存在的问题和开展试点的具体实施工作进行了座谈、提出了要求，促进了试点工作的进行，并与采购中心一起为省卫生厅实施了药品采购，节约资金 58.4%。同时，积极把农机具、农药、牲畜疫苗等关注民生的公共项目纳入了政府采购。参与了农牧系统的农机具政府采购购置补贴工作，保证了国家支农惠农工作的顺利开展。继续推动全省政府采购上下联动、资源共享，为海西、海东、玉树等地区进行了代理采购；在全省实行了行政事业单位公务用车定点保险、办公设备的协议供货，开展了服务类定点会议的采购活动，确定了中央单位在西宁开会和出差的定点饭店。通过上述措施，今年以来全省政府采购范围得到了扩大，采购规模继续保持稳步增长。全省政府采购预算完成 16.08 亿元，采购金额达到 14.6 亿元，增长 23.9%。节约资金 1.47 亿元，节约率为 9.15%。省本级采购规模达 8 亿元，比上年增长 12.6%。

五、加快电子化政府采购进程

积极配合有关单位组织研发了省政府采购评审专家库管理系统，在整合评审专家资源，实现专家的资源共享、动态管理、随机抽取，以及建立电子化的“青海省省级政府采购供应商信息库”方面进行了准备，已进入实施阶段。同时积极配合进行青海省电子化政府采购系统基础平台开发搭建工作，初步确立了政府采购监管、执行平台的技术设计和框架，为提高政府采购效率和公开化程度奠定了基础。

六、有效发挥政府采购的政策功能

为推动和促进企业走自主创新之路，积极发挥政府采购促进经济和社会发展目标的重要作用，认真贯彻落实财政部《政府采购进口产品管理办法》精神，进一步加强了对进口产品的政府采购管理，严格规范了进口产品政府采购行为。

七、开展了地方应对加入《政府采购协议》谈判的前期准备工作

向厅领导专题汇报了关于应对加入政府采购协议谈判工作情况，并与全国其他省份进行了有关情况沟通，参加了财政部的培训，并就有关情况向财政部进行汇报和请示。目前，我们已与省发改委科研所有关专家联系，做了一些准备工作，待财政部具体安排部署后，开展相关工作。

（青海省财政厅供稿，党军执笔）

宁夏回族自治区

2008 年按照政府采购管理精细化、采购行为规范化、采购权责明晰化、采购监督科学化、采购手段电子化，采购人员专业化的要求，宁夏政府采购工作紧紧围绕自治区党委、政府的中心工作从以下几个方面进行了改革和实践：

一、以治理政府采购领域商业贿赂的长效机制为重点，积极推动政府采购制度改革

为了巩固治理商业贿赂专项工作的成果，我们重点抓了完善政府采购制度建设，规范政府采购行为，提高政府采购效率等工作：

一是对定点采购和协议采购进行了改革。将定点印刷、办公自动化设备和家具的采购金额从原来的 50 万元降低到 10 万元，并对 2 万元至 10 万元内的项目实行了二次竞价，10 万元以上仍然实行公开招标，有效杜绝了定点和协议采购方面的漏洞，遏制了商业贿赂行为的发生。

二是加强了对国家机关事业单位和团体组织公务机动车辆采购的管理，将小汽车、商务车、越野车的采购标准，分别由原来的 20 万元、23 万元、28 万元，降低到 18 万元、20 万元、25 万元，采购次数也由上年每周采购一次，改为协议范围内每月采购一次，协议外公开招标车辆，并严格限制车辆采购标准和配置，以每次批量采购招标价为最高限价，发挥了规模采购效应，汽车采购向统一标配迈出了重要的一步。

三是对专家管理库进行了清理和补充，清理不合格专家 10 人，增补专家 20 多人，截至目前，专家库总人数达到 600 多人，保证了政府采购工作的需要。

四是印发了《关于自治区国家机关事业单位团体组织印刷项目实行定点管理的通知》，制定了《宁夏回族自治区政府采购评审专家管理办法》、《宁夏回族自治区电子化政府采购系统管理暂行办法》、《关于聘请政府采购评审专家的通知》和《宁夏政府采购项目公告标准范本》、《宁夏回族自治区政府采购专家评审报告》标准范本等有关制度。

二、以自治区成立五十周年活动为契机，积极扩大政府采购规模

据统计，2008 年全区完成政府采购预算金额达到 63.2 亿元，比上年增长 37%，实现合同金额 59.9 亿元，比上年增长 38.3%，节约资金 3.3 亿元，节约率 5.3%。货物类采购预算金额达到 25.93 亿元，实现合同金额 23.6 亿元，节约资金 2.3 亿元，节约率 8.99%；工程类采购预算金额达到 35.9 亿元，实现合同金额 34.9 亿元，节约资金 1 亿元，节约率 2.64%；服务类采购预算金额达到 1.4 亿元，实现合同金额 1.3 亿元，节约资金 0.1 亿元，节约率 5.13%。我们

通过集中采购优势，对全区中小学操场、课桌椅、免费教科书等项目进行了全区统一招标，完成了自治区“三馆二中心”的大型设备采购项目，较好地完成了自治区五十周年大庆重点项目采购任务。采购对象涉及所有国家机关、事业单位和团体组织。采购范围包括货物、工程和服务。货物采购主要涉及办公自动化设备、家具、锅炉、电梯、公务机动车辆等通用设备、教学仪器、医疗器械、测绘仪器、实验室、道路交通检测、体育、广播、水利、电力、机械、公安、检察、法院、司法、抗旱物资、网络等专用设备、树苗、林草、种子、农药、中小学课本、图书、声乐器、劳保用品、锅炉用煤等。工程项目主要涉及网络工程、中小学操场、电力、水利、交通、绿化、市政建设、房屋维修、装修、装饰、建筑工程等。服务项目主要涉及公务机动车辆定点加油、定点保险、定点印刷、培训、软件开发设计、物业管理，工程监理、定点会议等项目。

三、以电子化政府采购工作为突破口，为有效解决采购效率低下和采购成本大的问题探索出了新路子

2008 年完成了电子化政府采购平台的招标采购任务，并将启动前的培训工作基本完成，为 2009 年网上报送采购计划和网上竞价打下了良好的基础。

四、发挥了政府采购政策功能

2008 年，我们以支持和促进国家政策目标的实现，注重研究和运用政府采购政策功能，转发了国务院办公厅和财政部、国家发展改革委等部门制定的《节能产品政府采购实施意见》、《环境标志产品政府采购实施意见》、《无线局域网产品政府采购实施意见》、《关于实施促进自主创新政府采购政策的若干意见》、《关于调整节能产品政府采购清单的通知》和财政部制定的《关于自主创新产品政府采购相关管理办法》、《自主创新产品政府首购和订购管理办法》、《政府采购进口产品管理办法》等文件。将节能环保，保护支持中小企业发展，支持自主创新产品，作为政府采购的一个考核量化指标，在评标中做出了明确的规定，此举得到了投标供应商的响应和支持。进一步落实了国家的环保政策和扶持中小企业发展的政策，有效地发挥了政府采购政策功能作用。据统计，2008 年，全区政府采购节能产品采购达到 2 904 万元，占同类产品的 28.59%，同比增加 979 万元，环保产品达到 5 937 万元，占同类产品的 29.05%，进口产品采购得到有效控制，采购金额 1 433 万元。

五、认真搞好培训工作，提高了政府采购管理水平

我们主要采取了多种培训方式：一是组织全区各市、县（区）政府采购管理机构的培训，结合多年在政府采购工作中的经验、做法、体会进行了交流、沟通。二是对供应商和社会中介代理机构进行针对性培训，提高了大家对政府采购工作的理解和认识。三是对采购人进行了政府采购政策和电子化系统操作的培训，提高了采购人对《政府采购法》的进一步认识和理解。截至目前，共培训 6 期，培训人员 1 000 人次，其中：政府采购管理机构工作人员 520 人次，采购人 250 多人次，供应商 130 人次，政府采购代理机构 100 多人次，通过宣传政策，业务培训，提高了素质，促进了工作，进一步营造了良好的学习环境。为了提高全区各级政府采购监管工作的水平。

六、以政府采购大检查为手段，加大《政府采购法》的执行力度

2008 年财政部、监察部、审计署、国家预防腐败局印发了《关于开展全国政府采购执行情况专项检查的通知》，我们按照财政部的部署，对大检查工作进行了全面安排部署。首先成立了自治区政府采购大检查领导小组，领导小组由自治区监察厅、审计厅主要领导组成，负责全区的政府采购大检查工作。其次对全区国家机关、事业单位和团体组织进行了自查，自查面达到 100%。三是按照财政部的要求，对全区 726 个单位进行了重点检查，检查面达到 30%，超过了财政部要求 20% 的比例。其中：重点检查国家机关 436 家，差额补助事业单位 217 家，自收自支单位 73 家，查出违纪金额 1.79 亿元。检查政府集中采购机构 20 家（区本级 1 家，市级 5 家，县级 14 家）。

七、妥善处理投诉案件，维护政府采购当事人的合法权益

把处理政府采购投诉案件作为政府采购工作的一项重要内容之一。为了适应法制环境的变化，我们从依法行政，充分体现公开、公平、公正、择优的原则，对在政府采购活动中发生的投诉案件严肃处理，保证了供应商、采购人的合法权益。2008 年，依法受理供应商的投诉案件 1 起，纠正违规操作 10 多起。

八、做好应对加入《政府采购协议》工作机制准备工作

按照财政部的要求，研究我区应对我国加入 WTO 政府采购协议谈判的相关工作，建立和完善 GPA 工作机制，我们认真组织研究 GPA 国际规则和相关政策的汇报，制定谈判策略和谈判预案的准备工作，提出了成立 GPA 谈判领导小组的方案。切实做好 GPA 谈判准备工作，维护国家利益。同时对 GPA 知识进行相关内容的宣传和培训。

九、理顺了政府采购操作工作机制

对自治区政府采购中心按照《政府采购法》非营利事业单位的要求，将采购中心由差额预算拨款单位改为全额预算拨款事业单位，打破了采购中心业务收入与个人收入挂钩的局面。在实际操作中实现了专业化分工、规范化管理的目标。

（宁夏回族自治区财政厅供稿，
路平生执笔）

新疆维吾尔自治区

2008 年新疆维吾尔自治区政府采购工作围绕年初制定的工作计划和工作要点，以做好政府采购执行情况专项检查为中心，以发现和解决政府采购工作中存在的问题为重点，进一步深化政府采购改革，提高政府采购质量、效益、服务水平和工作效率，加强对政府采购的宣传，提高各方对政府采购的重视，促进党风廉政建设，全面地完成了各项工作任务。

一、继续扩大政府采购规模，着力做好重点项目政府采购工作

2008 年全疆政府采购规模共完成 87.23 亿元，占全区 GDP 的 2.08%，占全区财政总支出的 7.42%。政府采购规模按可比口径计算，比 2007 年增加了 12.31 亿元，增长 14.11%。节约资金 7.52 亿元，资金节约率达 7.94%。其中：集中采购为 48.68 亿元，占采购规模的 55.81%；分散采购为 34.80 亿元，占采购规模的 39.90%；公开招标采购为 40.34 亿元，占采购规模的 45.55%。其中：货物类采购 41.01 亿元，工程类采购 38.62 亿元，服务类采购 7.60 亿元，在政府采购总规模中所占的比例分别为 47.02%、44.27%、8.71%。基本形成了集中采购机构采购、部门集中采购和分散采购相结合，公开招标方式为主、其他采购方式为辅的整体格局。货物类主要完成对全疆农牧民群众电视进万家、自治区“环天山万里体育长廊”工程体育健身器材、自治区食品药品监督局系统检测设备、自治区卫生及计生系统医疗设备、自治区广播电影电视局村村通大喇叭设备等保民生项目的集中采购；工程类主要组织实施了塔里木河流域综合治理项目、伊犁河南岸干流项目、新疆引额济乌水利工程和国土资源整理工程；服务类全面推行公务车定点维修，加大了印刷、出版物等集中采购力度，组织实施了 2009 年自治区本级车辆保险、定点维修等项目的采购。

二、精心组织，全面完成自治区政府采购执行情况专项检查

2008 年 5～12 月按照财政部、监察部、审计署和国家预防腐败局关于开展全国政府采购执行情况专项检查的总体部署，成立了由财政、监察、审计部门主要领导组成的自治区政府采购执行情况专项检查领导小组和办公室，组织实施和指导全疆的政府采购专项检查工作。专项检查共分四个阶段：自查自纠阶段，全疆共 10 088 个部门（单位）进行了自查自纠，基本达到了应查面的 100%。重点检查阶段，全疆的重点检查覆盖面超过国家要求的 20% 的比例，达到 30% 以上，同时自治区专项检查领导小组组织对全疆 15 个地州（市）的 60 个部门（单位）、自治区本级的 74 个部门（单位）和 15 个开展了政府采购业务的代理机构进行了重点抽查，听取专项检查工作汇报 112 场（次），召开供应商、采购人参加的座谈会 28 场（次），参加座谈人员近 300 人（次），收回《政府采购满意度调查问卷》200 余份，收集意见建议近百条。整改提高阶段，针对自查自纠和重点检查中反映出的突出问题，制定了相应的整改方案和措施，共收回各地州（市）和自治区本级单位整改报告 130 份。总结验收阶段，各地州（市）、各部门（单位）对专项检查进行了认真的总结。2008 年 12 月 22 日召开全疆政府采购执行情况专项检查总结验收暨表彰大会，对政府采购工作成绩突出、专项检查组织得力、整改效果显著的地州（市）和部门进行了表彰，对好的做法和经验进行了交流。

三、推进制度建设与创新，继续完善政府采购管理体系

针对自治区区级政府采购协议供货、分散采购过程中存在的薄弱环节和具体问题，研究制订了《自治区区级政府采购协议供货和定点采购管理（暂行）办法》和《关于审批自治区区级政府分散采购和变更采购方式有关事项的通知》，保障了政府采购各当事人的合法权益，提高了财政资金的使用效益。

配合 2009 年部门预算编制工作，在广泛调研和充分征求意见的基础上，结合区本级实际，下发了《关于印发〈新疆维吾尔自治区区级 2009 年度政府集中采购目录和分散采购限额标准〉的通知》；为提高政府采购执行工作效率和质量，规范政府采购计划运作规程，制定了《关于报送和执行自治区区级政府集中采购计划有关问题的通知》；按照财政部进口产品政府采购管理制度的有关要求，对进口产品采购实行了审批制度。

四、采取多种方式，积极开展政府采购调研活动

2008 年 3 月联合自治区政府采购中心对公务用车定点维修厂商进行了实地考察。5 月，针对运行中出现的价格偏高、厂商定点少、维修时间长等问题，召集部分厅局就大家比较关注的问题进行了座谈。10 月，联合自治区政府采购中心对公务用车协议供应商进行了走访调研，为 2009 年公务用车定点维修厂商公开招标打下了良好的基础。为做好 2008 年至 2009 年中小学秋季教科书政府集中采购工作，会同教科文处召开了两次协调会，与自治区发改委、教育厅、新闻出版局等部门共同就中小学教科书政府集中采购事宜进行了研究探讨，并在 2008 年的中小学教科书政府集中采购中付诸实施。为使政府采购品目及限额标准制定更趋于科学合理，组织自治区党委办公厅等 17 个部门的相关人员召开了座谈会，听取各方面的意见和建议，在保持采购目录与以前年度相对稳定的前提下，对 2009 年区本级部分品目进行了适当调整，为科学编制部门预算和扩大采购规模提供了依据。为对自治区垂直管理部门所属驻外单位的政府采购工作加强管理，9 月组织自治区地税局等 11 家垂管单位就各垂管驻外单位的政府采购审批程序、资金支付等相关事宜进行了调研。

五、加大防治腐败力度，建立多层面动态监督体系

建立廉政建设内部岗位责任制度，从计划审批、信息发布、专家抽取、合同备案等各个环节履行好监督管理职责。涉及自治区政府采购中心重大项目的招标工作，派专人进行监标，对招标过程进行全方位监督。积极发挥纪检、监察、审计等部门的职能作用，与审计部门配合做好政府采购专项审计工作，与监察部门配合做好政府采购项目的取证工作，形成了综合监督和行业专业监督相结合的协作机制。在自治区各级财政部门设立举报箱和举报电话，把供应商、评审专家和社会代理机构纳入到监督范围，2008 年 4 月，联合监察厅在全疆通报了 9 家违规供应商，并对其做出了禁入政府采购市场 1 年的处罚决定。

六、加快政府采购信息化管理系统建设

2008 年 3 月会同“金财工程”办公

室完成了政府采购信息管理和交易系统建设的采购工作，确立了管理和交易平台的功能框架和实施步骤。建立了与软件研发小组周三联系会议制度，与采购人、相关业务处、政府采购中心、地州（市）财政部门进行了需求调研。

七、加强政策引导，切实发挥政府采购政策功能

在及时转发了财政部鼓励购买自主创新、节能环境标志产品的相关文件的同时，对自主创新、节能环保产品在采购预算执行中进行强化和安排，在技术、服务等指标同等条件下，引导采购人优先购买疆内产品，运用政府采购政策扶持不发达地区，支持民族产业，促进自治区中小企业发展。在公务用车管理方面坚持购买国产汽车，严格控制高能耗、大排量越野车的购置，充分发挥控购政策导向作用，把国家节能、环保措施落到实处。

（新疆财政厅供稿，洪源执笔）

五、法规、文件选编

（一）全国性法规、文件

国务院办公厅关于印发中央预算单位 2009 ~2010 年政府集中采购目录及标准的通知

（2008 年 12 月 17 日　国办发［2008］129 号）

国务院各部委、各直属机构：

《中央预算单位 2009 ~2010 年政府集中采购目录及标准》已经国务院同意，现印发给你们，请遵照执行。

中央预算单位 2009 ~2010 年政府集中采购目录及标准

一、集中采购机构采购项目

（一）以下项目必须按规定委托集中采购机构代理采购：

目录项目	适用范围	备　注
一、货物类		
台式计算机		
便携式计算机		
计算机通用软件	京内单位	指直接从市场可以购买的标准软件等非定制开发的商业软件
服务器		
网络设备		
复印机		

续表

目录项目	适用范围	备　　注
文印设备		指速印机、胶印机、数码印刷机、装订机
多功能一体机		
打印机		
传真机		
扫描仪		
投影机		
碎纸机	京内单位	
摄像机	京内单位	
电视机	京内单位	
电冰箱	京内单位	
复印纸	京内单位	
移动存储设备		
照相机		指单台或批量金额在 3 000 元以上
汽车		指单价在 5 万元以上的轿车、越野汽车、面包车、大客车
电梯	京内单位	指单价在 10 万元以上
供暖锅炉	京内单位	
空调机		指中央空调、商用空调、民用空调、精密空调
办公家具	京内单位	指单项或批量金额在 2 万元以上
变配电设备	京内单位	
二、工程类		
统一组织的房屋（含宿舍）修缮、装修	京内单位	
三、服务类		
汽车维修	京内单位	
汽车保险		
汽车加油	京内单位	
印刷项目	京内单位	指单项或批量金额在 2 万元以上
会议服务	京内单位	指单项会议金额在 2 万元以上
工程监理	京内单位	
机关办公场所物业管理	京内单位	指单项或批量金额在 50 万元以上

注：表中“适用范围”栏中未注明的，均适用所有中央预算单位。

（二）列入财政部等有关部门下发的节能环保政府采购清单中的产品应当委托集中采购机构实行集中采购。

二、部门集中采购项目

以下项目原则上应当实行部门集中采

购。部门集中采购由部门自行组织，可以委托集中采购机构采购，也可以委托社会采购代理机构采购，其中涉及集中采购机构采购的项目，必须委托集中采购机构组织采购。

（一）货物类

救灾物资、防汛物资、抗旱物资、农用物资、储备物资、医疗设备和器械、计划生育设备、交通管理监控设备、港口设备、农用机械设备、气象专用仪器设备、人工影响天气作业设备、测绘专业仪器设备、消防设备、警用设备和用品、专用教学设备、广播电视和影像设备及专业摄影器材、文艺设备、体育设备、海关专用物资设备、税务专用物资装备、边界勘界和联检专用设备、质检专用仪器设备、金融系统专用设备及有价单证和凭证、救助船舶和直升机、执法船艇、检察诉讼设备、法庭内部装备、特种车辆（指事先在车内装有固定专用仪器设备，从事监测、消防、医疗、电视转播、雷达等专业工作的车辆）、缉私船、地震专用仪器设备、水利专用仪器设备（水保、水文专用仪器设备）。

（二）工程类

部门确定的本系统单位公用房建设及修缮和装修工程。

（三）服务类

本部门或本系统信息管理系统开发及维护项目，部门确定的其他有特殊要求的专用服务项目。

三、分散采购限额标准

除集中采购机构采购项目和部门集中采购项目外，各部门自行采购单项或批量达到50万元以上的货物和服务的项目、60万元以上的工程项目应执行《政府采购法》和《中华人民共和国招标投标法》有关规定。

四、政府采购货物和服务公开招标数额标准

政府采购货物或服务的项目，单项或批量采购金额一次性达到120万元以上的，必须采用公开招标方式。政府采购工程公开招标数额标准按照国务院有关规定执行，200万元以上的工程项目应采用公开招标方式。

财政部办公厅关于政府采购进口产品管理有关问题的通知

（2008年7月9日　财办库［2008］248号）

各省、自治区、直辖市、计划单列市财政厅（局）、新疆生产建设兵团财务局，党中央有关部门办公厅（室），国务院各部委、各直属机构办公厅（室），全国人大常委会办公厅秘书局，全国政协办公厅机关事务管理局，高法院办公厅，高检院办公厅，有关人民团体办公厅（室）：

财政部于2007年12月印发了《政府采购进口产品管理办法》（财库［2007］119号）。该办法印发后，各地采取措施贯彻落实，对规范政府部门采购进口产品行为发挥了积极作用。但在实际工作中，也反映了一些具体操作性问题，经与海关总署研究，现就进口产品采购中有关问题规定如下：

一、关于办法适用范围

根据《中华人民共和国政府采购法》的规定，财库［2007］119号文件的适用范围为、各级国家机关、事业单位和团体组织使用财政性资金采购省级以上人民政府公布的政府集中采购目录以内或者采购限额标准以上的进口产品。

二、关于关境和海关特殊监管区域产品认定

根据《中华人民共和国海关法》（以下简称海关法）的规定，我国现行关境是指适用海关法的中华人民共和国行政管辖区域，不包括香港、澳门和台湾金马等单独关境地区。

保税区、出口加工区、保税港区、珠澳跨境工业区珠海园区、中哈霍尔果斯国际边境合作中心中方配套区、综合保税区等区域，为海关特殊监管区域，这些区域仅在关税待遇及贸易管制方面实施不同于我国关境内其他地区的特殊政策，但仍属于中华人民共和国关境内区域，由海关按照海关法实施监管。因此，凡在海关特殊监管区域内企业生产或加工（包括从境外进口料件）销往境内其他地区的产品，不作为政府采购项下进口产品。对从境外进入海关特殊监管区域，再经办理报关手续后从海关特殊监管区进入境内其他地区的产品，应当认定为进口产品。

三、关于已在境内多次流转进口产品认定

对经过多次流转、无法提供报关单证的产品，应按照以下方法进行查证：

（一）通过正常渠道进口的产品，无论在境内流转多少次，尽管中间商业环节没有保留进口报关单证，但通过层层倒推，最终可以找到进口代理商或者进口收货人，从而可以向海关查询进口报关记录。这种方法一般适用于生产设备、机械、汽车等大宗商品。

（二）通过走私违法方式进口的产品，由于未进行进口申报，不存在进口报关记录，因此，应当通过商品或者其包装上的原产地标识等其他证据来间接证明其为境外生产的产品。

四、关于行业主管部门意见

财库［2007］119号文件规定的国家限制进口产品，是指商务部、发展改革委、科技部等部门制订的相关目录。采购人采购产品属于国家限制进口产品时，除需要向设区的市、自治州以上人民政府财政部门（以下简称财政部门）出具专家论证意见外，还要同时出具产品所属行业主管部门的意见，其中，产品属于国家限制进口的重大技术装备和重大产业技术的，应当出具发展改革委的意见；属于国家限制进口的重大科学仪器和装备的，应当出具科技部的意见。当采购人的行政主管部门也是采购产品所属行业主管部门时，以产品所属行业主管部门出具意见。

当采购人的行政主管部门与采购产品所属行业主管部门不一致时，仍以产品所属行业主管部门出具的意见为有效意见。

五、关于采购执行问题

采购人采购进口产品时，必须在采购活动开始前向财政部门提出申请并获得财政部门审核同意后，才能开展采购活动。在采购活动开始前没有获得财政部门同意而开展采购活动的，视同为拒绝采购进口产品，应当在采购文件中明确做出不允许进口产品参加的规定。未在采购文件中明确规定不允许进口产品参加的，也视为拒绝进口产品参加。采购活动组织开始后才报经财政部门审核同意的采购活动，属于违规行为。

财政部门审核同意购买进口产品的，应当在采购文件中明确规定可以采购进口产品，但如果因信息不对称等原因，仍有满足需求的国内产品要求参与采购竞争的，采购人及其委托的采购代理机构不得对其加以限制，应当按照公平竞争原则实施采购。

六、关于政府集中采购执行

对于实行协议供货的政府集中采购目录产品，集中采购机构在组织采购时，可以不限制进口产品入围，但采购人在采购入围进口产品前，需要报经财政部门审核同意。对于非协议供货的政府集中采购目录产品，采购人没有出具财政部门同意采购进口产品审核意见的，集中采购机构一律不得为其组织采购进口产品。

对于政府集中采购目录内的、采购量小且采购次数多的经常性产品，可以实行批量审核，即采购人向财政部门提出一揽子采购进口产品清单的申请、所需证明材料和采购计划，经财政部门审核同意后，在本年内随时按规定组织购买，无需再逐一申请报批。

七、关于论证专家问题

进口产品专家论证意见原则上由采购人自行组织，其论证专家应当是熟悉该产品，并且与采购人或采购代理机构没有经济和行政隶属等关系。因进口产品论证与采购文件评审不同，进口产品论证专家可以不从财政部门建立的专家库中抽取专家作为进口产品论证专家，凡从财政部门专家库中抽取的专家，应当告知被抽取专家其论证内容和相应的责任。财政部门应当制定相应的论证专家考核标准和监督办法，加强对论证专家的管理，确保论证意见科学准确，原则上不得承担或组织其专家论证工作。

八、关于资金支付问题

采购人向财政部门申请支付政府采购进口产品资金时，应当提供财政部门审核同意文件、采购合同和产品报关单等材料，以确保所采购的产品规格、数量金额等与审批或采购文件规定的一致，否则不予支付。

九、关于文件执行时间衔接

财库［2007］119 号文件规定，自 2007 年 12 月 27 日印发之日起施行。对于在该日期前已经通过公开招标等方式确定采购货物涉及进口产品的，在该日期前采购程序已经启动或启动后采购项目经财政部门批准需重新招标或采用其他采购方式的，不需要办理进口产品审核手续。

财政部关于印发 2008 年政府采购工作要点的通知

（2008 年 2 月 4 日　财办库［2008］41 号）

各省、自治区、直辖市、计划单列市财政厅（局）、新疆生产建设兵团财务局，党中央有关部门办公厅（室），国务院各部委、各直属机构办公厅（室），全国人大常委会办公厅秘书局，全国政协办公厅机关事务管理局，高法院办公厅，高检院办公厅，有关人民团体办公厅（室）：

为了进一步深化政府采购制度改革，落实全国政府采购会议关于下一步改革工作的部署，做好 2008 年政府采购工作，现将《2008 年政府采购工作要点》印发给你们，请遵照执行，并结合本地区、本部门具体情况，积极开展政府采购制度改革工作。

2008 年政府采购工作要点

2008 年，要深入学习贯彻党的十七大会议精神，坚持科学发展观，全面贯彻落实全国政府采购工作会议提出的新时期深化政府采购制度改革基本思路，按照“围绕热点、突出重点、狠抓落实、提高发展”的原则安排各项工作，把各项任务做深、做细。在科学化和精细化管理上取得新进展，推进政府采购制度改革向纵深发展。

一、巩固和扩大政府采购范围和规模

巩固并继续扩大政府采购范围和规模，继续推进财政性资金偿还的借（贷）款、中央和省级补助专款、国债资金项目实施政府采购；探索建立公共工程实行政府采购规范化管理的有效机制；继续做好社会关注和涉及民生项目的政府采购工作，将中小学免费教科书、药品、农机具等关系群众利益的项目纳入政府采购范围。健全采购方式管理，严格审批行为，提高审批效率。财政部门要对政府集中采购目录的执行情况进行跟踪掌握，强化政府集中采购目录执行的严肃性。在继续扩大范围和规模的同时，注重提高采购质量和综合效益。

二、继续推进制度建设与创新

加快法规制度体系建设的进程，着力研究目前法律规定上不协调、不明确、不细化的问题，继续研究修改《中华人民共

和国政府采购法实施条例》。针对制度缺失、规定不严格、操作性差等方面的问题，重点抓好执行操作环节的规章制度建设，制定发布《政府采购非招标采购方式管理办法》等若干制度办法和政府采购文件编制规范指南、政府采购格式合同文本等。研究制定政府采购代理机构、供应商诚信建设与处罚、政府采购职业人员资格等管理办法。

三、开展全国政府采购执行情况大检查

财政部将联合监察部、国家预防腐败局、审计署对各级国家机关、事业单位和团体组织，以及各个政府集中采购机构和社会代理机构执行政府采购法律制度规定的情况进行政府采购执行情况大检查。各级财政部门要按照财政部统一部署，与监察、审计等部门密切配合，积极沟通，做好本地区检查的部署和开展。严格按照政府采购法律制度规定和检查工作的统一要求布置好本地区自查自纠工作，组织好重点检查工作，切实做好本地区汇总统计和分析上报，抓好整改提高。

四、深化发展政府采购政策功能工作

进一步发挥政府采购的宏观调控功能和市场导向作用。采取强制政府采购政策，支持建立促进节能减排新机制；继续推行优先采购环境标志产品政策。积极配合有关部门制定自主创新产品标准配套政策，确保政府采购支持自主创新政策落到实处；落实《政府采购进口产品管理办法》和《自主创新产品政府首购和订购管理办法》。重点是对政策的贯彻落实情况实施跟踪问效，做好实施情况统计及经验总结推广等工作。财政部门要加强对政府采购政策功能实施过程的管理和监督，听取采购人、供应商和代理机构的意见和建议，及时发现和解决执行过程中存在的问题，遇有重大政策性问题应及时向财政部请示。

五、加强操作执行环节的规范化管理与监督

加大政府采购操作执行环节的监管力度。进一步完善“管采分离”的管理体制，优化协议供货等采购形式的实施方案，发挥采购规模效益，逐步建立和形成科学合理的政府集中采购目录和“管采分离、机构分设、政事分开、相互制约”的集中采购运行机制。切实采取措施，加强对评审专家的管理，完善分类标准，充实专家库容量，科学整合专家库资源。规范对采购代理机构的管理，确保采购代理机构切实执行政府采购各项规定。继续做好投诉处理工作，建立专家评审机制，完善决策方式。要创新监管方式，建立动态监控体系，将供应商、评审专家和社会代理机构纳入监督范围，对重点环节实施重点监控。从机制上完善集中采购机构考核和监督检查工作，加大对违规行为的处罚力度。研究建立考核评价制度、不良行为公告制度和政府采购市场准入制度。

六、严格政府采购预算执行管理

要进一步完善政府采购预算管理，改进编制内容和办法，确保各预算单位所有使用财政性资金及其他配套资金采购货物、工程和服务的支出都必须编制政府采购预算和政府采购实施计划，逐步实现法律规定的政府采购项目全部实施政府采购。各预算单位要严格按批准的政府采购预算和计划规范执行，对无正当理由不严格按照规定的时间与中标（成交）供应商签订书面合同的，财政部门将按有关规定处理。列入政府采购预算的项目，应当

实行财政直接支付的，一律采用财政直接支付方式支付。未按规定要求实行政府采购和财政直接支付的，财政部门应当按照规定采取必要措施予以纠正和处理。

七、加快推进电子化政府采购进程

各地区要加强电子化政府采购的研究和试行工作，不断提高管理和操作的电子化水平，为启动全国统一的政府采购管理交易系统建设，确立管理平台和交易平台的功能框架、技术设计和实施步骤等研究工作创造条件，推动政府采购管理工作的精细化、科学化。

八、着重做好我国加入WTO政府采购协议（简称GPA）谈判和相关工作

建立和完善GPA工作机制，认真组织研究GPA国际规则和相关政策，科学制定谈判策略和谈判预案，切实做好GPA谈判工作，维护国家利益。同时，大力开展GPA知识宣传和培训等。

九、加大人员素质建设工作力度

加大对政府采购工作人员的培训力度，尤其是对市、县和基层工作人员的培训，加大对政府采购代理机构、供应商和评审专家的培训力度，确定与实际结合紧密的培训内容。着手研究政府采购从业人员准则和岗位标准，探索资格考核、持证上岗制度。

十、抓好宣传舆论和前瞻性研究工作

要以《政府采购法》实施五周年为契机，积极开展系列宣传活动，充分利用报刊、广播、电视、互联网等多种传媒进行宣传，从制度设计、政策规定、经济和社会效益、操作执行、救济制度以及国际经验等多方面扩大对政府采购制度改革的宣传，使改革成效、经验、做法和典型事例不断深入人心，提高社会对改革的认识，扩大政府采购制度的影响。要加强对关系改革深化发展重大问题的前瞻性研究。财政部将确定一些带有共性、全局性、发展性的问题作为课题深入研究，与实际工作联系紧密的题目将由地方承担。各级财政部门要结合本地实际，选择一些对改革发展具有重大影响的课题进行研究，确保理论支撑和指导实践相结合。

财政部、监察部、审计署、国家预防腐败局关于开展全国政府采购执行情况专项检查的通知

（2008年4月7日　财库［2008］31号）

各省、自治区、直辖市、计划单列市财政厅（局）、监察厅（局）、审计厅（局）：

为了进一步贯彻落实《政府采购法》，了解和掌握政府采购执行中存在的问题，进一步推动和深化政府采购制度改革，促进廉政建设，根据国务院领导批示

精神，财政部、监察部、审计署、国家预防腐败局决定于 2008 年 5 月开始在全国范围内开展政府采购执行情况专项检查。现就地方专项检查工作提出以下意见：

一、专项检查的重要性和必要性

此次专项检查是在深入学习贯彻党的十七大精神过程中，根据政府采购改革发展形势做出的重要决策，这既是深化政府采购制度改革，建立完善的政府采购管理体制的客观需要，又是从源头上防止腐败、建立长效机制的有力措施。

《政府采购法》实施五年来，在党中央、国务院的正确领导下，采购规模和范围不断扩大，管理制度和管理体系不断完善，政府采购制度改革取得了明显成效，政府采购制度改革由初创阶段进入全面发展阶段，在防治腐败方面发挥了基础性的、有效的和明显的作用。但是，我们仍需清醒地看到，政府采购制度改革时间还不长，我们的工作与建立完善的政府采购制度的要求还有一定的差距，仍然面临不少困难和问题，一些深层次的矛盾开始显现，采购活动中行为不够规范、违规操作、恶意串通等违规违纪行为比较突出，甚至个别从业人员贪污受贿。这些问题严重破坏了公开、公正、公平竞争环境，损害了公共利益，也败坏了政府采购制度的声誉，阻碍了政府采购制度改革的深化与发展。因此，我们要充分认识到开展政府采购执行情况专项检查工作的紧迫性和重要性，加强学习，统一思想，认真开展政府采购执行情况检查，切实贯彻落实《政府采购法》的各项规定。

二、专项检查的任务和目的

此次专项检查的任务和目的是：在广泛开展对国家机关、事业单位、团体组织（以下简称采购人）、采购代理机构政府采购执行情况检查的基础上，摸清和掌握政府采购领域中存在的问题，重点查找法律制度、管理体制、监督机制、操作执行等方面存在的缺失和薄弱环节；通过认真开展自查自纠工作，使采购人和采购代理机构受到深刻的思想政治教育和法制教育，自觉增强依法行政、依法采购意识；针对自查和重点检查工作中暴露出的问题，严肃查处不规范行为，建立健全各项规章制度，完善管理体制和运行机制，为建立健全科学的政府采购管理体制奠定基础。

通过检查，促进采购人、采购代理机构进一步掌握政府采购法律制度规定，提高依法采购的意识和能力，纠正错误观念和不正当交易行为，堵塞管理与操作执行的漏洞，促进廉政建设，确保各项政府采购法律制度得以正确地贯彻执行。

三、专项检查范围

此次专项检查的范围是，各级采购人、采购代理机构 2006 年和 2007 年政府采购执行情况。其中，采购代理机构包括政府集中采购机构和社会代理机构（指获得省级财政部门认定乙级政府采购代理资格的社会中介机构）。

四、专项检查组织与实施

按照现行行政管理体制，财政部、监察部、审计署、国家预防腐败局共同成立全国政府采购执行情况专项检查领导小组（以下简称全国专项检查领导小组），负责全国和中央专项检查组织工作和地方专项检查的指导。地方省级财政、监察和审计部门组成的领导小组负责本地区专项检查工作的组织领导，并组织督导组加强对地（市）、县级专项检查工作的指导和督导。专项检查工作结束后，省级专项检查领导小组要负责汇总本地区专项检查情况和总结报告，报全国专项检查领导小组。

五、专项检查工作安排

专项检查工作采取自查自纠和重点检查相结合的方法，从5月开始，到9月结束，具体分为自查自纠、重点检查、整改提高和验收总结四个阶段。具体安排如下：

（一）自查自纠。5月4日至31日为自查自纠阶段。采购人、采购代理机构要认真组织学习《政府采购法》和有关制度规定，增强开展自查自纠的主动性。各单位要对本单位2006年和2007年政府采购执行情况开展自查自纠。主要内容包括：

1. 政府采购范围的项目依法实施采购的情况，是否存在规避政府采购行为；

2. 政府采购预算、计划编制和执行情况，是否存在不编、漏编现象；

3. 采购方式选择和执行情况，有无违规行为；

4. 政府集中采购、部门集中采购和分散采购的执行情况，纳入集中采购目录的项目是否都执行了集中采购；

5. 采购组织程序、信息发布、专家抽取等环节执行情况，是否执行了制度规定，有无违规行为；

6. 工程实施政府采购情况，有无规避招标等违规行为；

7. 上级专项资金实施政府采购情况，是否都执行了制度规定；

8. 政府采购政策功能落实情况，是否严格执行了制度规定；

9. 受理质疑案件的答复处理情况；

10. 采购代理机构财务开支情况，是否存在违反财经纪律现象；

11. 其他有关情况。

采购人、采购代理机构自查自纠工作结束后，应当对自查自纠情况归纳整理，查找问题根源，写出自查自纠报告，并填写自查自纠有关表格（电子版）。采购人应当填写表格1、表格2和表格7；政府采购集中采购机构应当填写表格3、表格4和表格7；社会代理机构应当填写表格5、表格6和表格7。

财政部负责将自查自纠表格光盘（母盘）发放给各省级财政部门，各省级财政部门负责本级以及地（市）、县级财政部门的发放工作。省级财政部门发放时，可以拷贝光盘，也可以将电子版光盘上载到本地区有关网站，便于被查单位下载。

（二）重点检查。6月1日~7月31日为重点检查阶段。为了保证专项检查工作质量，各地要对采购规模大、采购项目多的采购人、集中采购机构和部分社会代理机构执行情况开展重点检查。自查自纠结束后，各级专项检查领导小组要根据本地区实际确定重点检查范围，其中，采购人的重点检查覆盖面要达到本地区所有采购人的20%，以及所有集中采购机构和部分社会代理机构。重点检查工作结束后，检查小组或检查工作承担机构应根据重点检查情况写出检查意见和处理建议上报本级专项检查领导小组。

（三）整改提高。8月1日~31日为整改提高阶段。采购人、采购代理机构要结合自查自纠和重点检查阶段中暴露出的问题，以及重点检查意见提出切实可行的整改措施，制定整改方案。整改情况要以书面形式提交给本级专项检查领导小组。整改措施不力，效果不好的，本级专项检查领导小组将督促其重新进行整改。

（四）验收总结。9 月 1 日 ~30 日为验收总结阶段。整改提高工作完成后，各个专项检查领导小组要组织好本地区的验收总结工作，总结分析检查工作中发现的问题和原因，形成分析报告。确保专项检查工作不走过场，将整改措施落到实处。

全国专项检查领导小组在检查期间将组织若干督导组到部分地区进行督导。

六、专项检查工作要求

（一）高度重视，加强组织领导。各级专项检查领导小组要加强专项检查工作的组织领导，中央按照重点检查的要求组成若干检查小组和督导小组，分别负责对中央单位的重点检查工作和地方专项检查工作的督导。省级专项检查领导小组要根据本通知要求，制定出符合本地区实际的相关配套文件和工作方案，确定负责重点检查的工作人员和督导工作的小组。以指导本地区专项检查工作，在检查过程中遇到问题要及时向上级部门汇报，及时加以解决。

（二）精心组织，狠抓落实。政府采购执行情况专项检查工作涉及面广，政策性强，工作难度大，财政、监察、审计部门要通力合作，从经费和工作人员上给予必要的保障，精心组织和安排各个阶段工作，做到人员落实、经费落实、任务落实、责任落实。确保一级抓一级，层层抓落实。对工作不力，造成不良后果的，要追究有关领导的责任。

（三）依法行政，公正严格。财政、监察、审计部门在专项检查工作过程中，要做到依法检查，要准确运用法律和政策，严格履行查办程序，排除干扰，秉公办事，防止检查工作失之于宽，失之于软，切实做到依法行政，公正严格。

（四）加强协调配合。各地财政、监察、审计部门在专项检查过程中要协调配合，相互沟通，建立有效的工作机制，形成工作整体合力，确保此次专项检查工作达到预期目的。

（五）加强信息统计汇总和定期报告工作。各地区、各部门要高度重视自查自纠电子化表格的发放、填报、汇总、上报工作，确保电子化表格发放到所有采购人、采购代理机构，要督促采购人、采购代理机构认真填写，自查自纠阶段结束后要按时汇总上报。同时，在每一个工作阶段完成后，将有关工作成效、存在的问题和有关工作情况逐级报告专项检查领导小组。

各省级领导小组应在自查自纠工作结束后的 15 日内将自查自纠报告和汇总后的电子化表格报中央领导小组。

联 系 人：财政部国库司政府采购管理一处

联系电话：010 - 68552272

010 - 68552233

电子邮件：xialing@ mof. gov. cn 或 ligen@ mof. gov. cn

电子化表格联系人：南昌兴业科技有限责任公司北京办事处

联系电话：010 - 88357763

010 - 88356251

010 - 68069627

010 - 68063093

附件：全国政府采购执行情况专项检查自查自纠表格（表 1 ~ 表 7）

表 1　　基本情况表（采购人填写）

<table>
<tr><td>单位名称</td><td colspan="3"></td><td>组织机构代码</td><td></td></tr>
<tr><td>单位级别</td><td></td><td>预算单位代码</td><td colspan="3"></td></tr>
<tr><td rowspan="3">单位性质</td><td colspan="5">国家机关□</td></tr>
<tr><td colspan="2">事业单位□：</td><td colspan="2">财政补助□</td><td>自收自支□</td></tr>
<tr><td colspan="2">团体组织□：</td><td colspan="2">财政补助□</td><td>自收自支□</td></tr>
<tr><td rowspan="9">政府采购
职能机构
设置及人员配备</td><td rowspan="5">设立专职
政府采购机构</td><td>专职机构名称</td><td colspan="3"></td></tr>
<tr><td>机构类型</td><td colspan="3"></td></tr>
<tr><td>机构级别</td><td></td><td>人　数</td><td></td></tr>
<tr><td>负 责 人</td><td></td><td>联系人</td><td></td></tr>
<tr><td>联系电话</td><td colspan="3"></td></tr>
<tr><td rowspan="4">未成立专职
政府采购机构
但有专职人员</td><td>兼职机构名称</td><td colspan="3"></td></tr>
<tr><td>机构级别</td><td></td><td>负 责 人</td><td></td></tr>
<tr><td>专职人数</td><td></td><td>兼职人数</td><td></td></tr>
<tr><td>联 系 人</td><td></td><td>联系电话</td><td></td></tr>
<tr><td colspan="3">采购业务是否每年接受审计　是□　否□</td><td colspan="3">采购业务是否每年接受监察　是□　否□</td></tr>
<tr><td>2003 年以来制定的内部政府采购管理制度</td><td colspan="5">时间　　序号　　名称　　文号</td></tr>
<tr><td>2003 年以来组织或参加的政府采购培训（不包括社会上举办的各类培训）</td><td colspan="5">时间　　培训班名称　　人数　　组织部门</td></tr>
</table>

填表说明：

1. 填报单位：中央和地方各级国家机关、事业单位和团体组织。

2. 单位名称：填列单位全称。一级预算单位填报本级报表时，应在单位名称后加“（本级）”。

3. 组织机构代码：根据各级技术监督部门核发的单位代码填列。

4. 单位级别：指行政级别，包括部级、副部级、司局级、副司局级、处级、副处级、科级、副科级、其他。

5. 预算单位代码：即各单位的财政预算单位编码。个别有财政拨款但无预算单位编码的填“其他”。

6. 单位性质：依据政府编制管理部门确定的单位性质，在“国家机关”、“事业单位”和“团体组织”三种类型中选择填列。

7. 专职机构：指正式挂牌的从事政府采购业务的机构（包括两块牌子一套人马的机构）。

8. 机构类型：是指采购机构隶属于机构的类型。在“财务部门”、“资产管理部门”、“设备装备部门”和“其他”四种类型中选择填列。

9. 机构级别：指采购机构的行政级别，包括“司局级”、“副司局级”、“正处级”、“副处级”、“正科级”、“副科级”、“其他”。

表 2　　全国政府采购执行情况专项检查自查自纠表格（采购人填写）

行	项　目	2006 年	2007 年	合计
1	**一、总体情况**			
2	（一）部门支出总额			
3	其中：部门预算支出总额			
4	（二）编制政府采购预算总额			
5	其中：1. 年初编报政府采购预算总额			
6	2. 年中补报政府采购预算总额			
7	（三）应编未编政府采购预算总额			
8	（四）编制政府采购实施计划总额			
9	其中：根据政府采购预算编制政府采购实施计划总额			
10	（五）实际执行政府采购总额			
11	1. 当年政府采购预算执行总额			
12	2. 配套资金总额			
13	（六）货物、工程、服务采购总额			
14	1. 货物采购总额			
15	2. 工程采购总额			
16	3. 服务采购总额			
17	（七）节约资金总额			
18	节约率（%）			
19	**二、采购方式**			
20	（一）应当采用公开招标方式采购总额			
21	（二）实际采用公开招标方式采购总额			
22	1. 政府集中采购公开招标总额			
23	2. 部门集中采购公开招标总额			

续表

行	项　　目	2006年	2007年	合计
24	3. 分散采购公开招标总额			
25	（三）应当公开招标而未公开招标总额			
26	其中：经财政部门审批采用非公开招标方式采购总额			
27	其中：采购开始时间早于财政部门审批时间采购总额			
28	（四）实际采用非公开招标方式采购总额			
29	1. 邀请招标方式采购总额			
30	其中：（1）政府集中采购邀请招标总额			
31	（2）部门集中采购邀请招标总额			
32	（3）分散采购邀请招标总额			
33	2. 竞争性谈判方式采购总额			
34	其中：（1）政府集中采购竞争性谈判总额			
35	（2）部门集中采购竞争性谈判总额			
36	（3）分散采购竞争性谈判总额			
37	3. 询价方式采购总额			
38	其中：（1）政府集中采购询价总额			
39	（2）部门集中采购询价总额			
40	（3）分散采购询价总额			
41	4. 单一来源方式采购总额			
42	其中：（1）政府集中采购单一来源总额			
43	（2）部门集中采购单一来源总额			
44	（3）分散采购单一来源总额			
45	**三、采购模式**			
46	（一）政府集中采购			
47	1. 应当纳入政府集中采购的预算总额			
48	实际委托集中采购机构采购的采购总额			
49	其中：（1）协议供货总额			
50	（2）定点采购总额			
51	（3）非协议供货、定点采购总额			
52	2. 委托社会代理机构采购总额			
53	3. 自行采购总额			
54	4. 经批准在集中采购之外采购总额			
55	（二）部门集中采购总额			
56	1. 委托社会代理机构采购总额			
57	2. 委托集中采购机构采购总额			

续表

行	项　目	2006年	2007年	合计
58	3. 自行组织采购总额			
59	（三）分散采购总额			
60	1. 委托社会代理机构采购总额			
61	2. 委托集中采购机构采购总额			
62	3. 自行组织采购总额			
63	**四、工程采购**			
64	（一）工程预算总额			
65	1. 财政部门预算总额			
66	2. 其他部门预（概）算（或计划）总额			
67	其中：货物预算总额			
68	（二）编制政府采购预算的工程总额			
69	编制政府采购实施计划的工程总额			
70	（三）工程实际支出总额			
71	其中：工程实行政府采购总额			
72	**五、使用上级主管部门专项资金采购情况**			
73	（一）使用上级主管部门专项资金总额			
74	（二）应当实行政府采购总额			
75	其中：实际实行政府采购总额			
76	**六、委托代理协议**			
77	（一）签订委托代理协议项目数（个）			
78	1. 与集中采购机构签订协议项目数（个）			
79	2. 与社会代理机构签订协议项目数（个）			
80	（二）签订委托代理协议项目总额			
81	1. 与集中采购机构签订协议项目总额			
82	2. 与社会代理机构签订协议项目总额			
83	**七、政策功能**			
84	（一）节能产品采购总额			
85	采购同类产品的总额			
86	（二）环境标志产品采购总额			
87	采购同类产品的总额			
88	（三）未体现采购节能、环境标志产品政策要求项目数（个）			
89	未体现采购节能、环境标志产品政策要求项目总额			
90	**八、专家抽取、信息发布及合同签订情况**			
91	（一）应当发布政府采购信息项目数（个）			

续表

行	项　　目	2006 年	2007 年	合计
92	实际发布政府采购信息项目数（个）			
93	（二）应按规定抽取政府采购评审专家项目数（个）			
94	实际按规定抽取政府采购评审专家项目数（个）			
95	使用政府采购评审专家总人次			
96	其中：在财政部门建立的专家库抽取专家总人次			
97	（三）按规定签订合同总额			
98	合同标的与中标、成交标的不一致的合同个数			
99	合同金额与中标、成交金额不一致的合同总额			
100	（四）按规定验收的金额			
101	**九、质疑投诉**			
102	（一）被质疑、投诉项目数（个）			
103	1. 被质疑项目数（个）			
104	其中：（1）应按规定答复质疑项目数（个）			
105	实际按规定答复质疑项目数（个）			
106	（2）因质疑而改变采购结果项目数（个）			
107	2. 被投诉项目数（个）			
108	其中：（1）行政复议或行政诉讼的项目数（个）			
109	（2）因投诉而改变采购结果项目数（个）			
110	（二）被质疑、投诉项目总额			
111	1. 被质疑项目总额			
112	其中：（1）按规定答复质疑项目总额			
113	（2）因质疑而改变采购结果项目总额			
114	2. 被投诉项目总额			
115	其中：（1）行政复议或行政诉讼的项目总额			
116	（2）因投诉而改变采购结果项目总额			

填表说明：

1. 填报单位：中央和地方各级国家机关、事业单位和团体组织。

2. 填报内容：2006 年和 2007 年使用财政性资金采购纳入集中采购目录以内的或者采购限额标准以上的货物、工程、服务的有关情况。

3. 本套表格中的所有采购项目执行数据均以当年签订合同的实际采购金额及有关数据为准。

4. 单位：金额均以“千元”为单位，项目数以“个”为单位，节约率、比重以“%”为单位。

5. 部门支出总额：指当年单位全部资金支出总额，包括预算支出和未纳入预算的支出总额。

6. 部门预算支出总额：指当年财政批准年初纳入部门预算的支出（包括预算内外资金和单位自筹资金）和年度执行中通过预算追加安排的支出的总额。

7. 编制政府采购预算总额，是指采购人对当年预算中，属于省级以上人民政府公布的集中采购目录以内或者采购限额标准以上项目，按规定编制政府采购预算的总额，包括年度执行中追加的预算。

8. 应编未编政府采购预算总额，是指采购人对当年预算中，属于省级以上人民政府公布的集中采购目录以内或者采购限额标准以上项目，未编制政府采购预算的总额（不包括财政部门没有要求编制政府采购预算的部分）。

9. 编制政府采购实施计划总额，是指根据批准的政府采购预算而编制的政府采购实施计划的总额。

10. 实际执行政府采购总额，是指实际按照政府采购规定执行采购活动的所有采购数额之和。

11. 当年政府采购预算执行总额，是指当年已编制政府采购预算的采购项目的实际采购数额之和。

12. 配套资金总额，是指单位使用自有资金采购或者与预算资金配套采购的数额之和。

13. 节约资金总额，是指采购人当年实际按照政府采购规定执行采购活动的所有项目安排资金总额减去实际采购总额。

14. 应当采用公开招标方式采购总额，是指单项或批量采购金额一次性达到省级以上人民政府规定的公开招标数额标准以上的，依法应当公开招标的项目总额。其中包括经财政部门批准采用非公开招标方式的项目。

15. 政府集中采购，反映采购人执行政府集中采购目录情况。其中，没有设立集中采购机构的地区，由中介机构负责组织的协议供货、定点采购项目，也在第49、50行填列。

16. 经批准在集中采购之外采购总额，是指依法经省级以上人民政府批准，不委托集中采购机构采购集中采购目录内产品的采购总额。其中包括经财政部门批准不在协议供货、定点采购内采购的总额。

17. 工程预算总额，包括《政府采购法》规定的工程，以及其他部门规定的工程预（概）算或计划总额。

18. 其他部门预（概）算或计划总额，是指政府其他部门安排的预（概）算或计划资金总额。

19. 工程实行政府采购总额，是指按照政府采购制度规定，既实行了招标投标，又执行了政府采购其他有关规定的工程项目。

20. 使用上级主管部门专项资金采购情况，是指采购人使用上级主管部门和系统（行业）主管部门专项资金和补助收入进行的采购活动。其中，属于省级以上人民政府公布的集中采购目录以内或者采购限额标准以上项目，应当依法实行政府采购。

21. 未体现采购节能、环境标志产品政策要求的项目数，是指在采购节能、环境标志产品政府采购清单中所列类别的产品时，没有按照政府采购制度规定优先采购节能产品和环境标志产品的采购活动数（包括协议供货）。

22. 应当发布政府采购信息项目数，是指按照《政府采购法》、财政部第19号部长令和省级以上财政部门有关规定，全面、完整、及时地在省级以上财政部门指定媒体上发布政府采购信息的项目数。

23. 应按规定抽取政府采购评审专家项目数、实际按规定抽取政府采购评审专家项目数、使用政府采购评审专家总人次和在财政部门建立的专家库抽取专家总人次，均指采购人自行采购而抽取专家的项目和总人次。

24. 专家总人次，是指每次使用（抽取）专家的人数相加。

25. 应按规定答复质疑项目数，是指供应商对政府采购活动事项有疑问，向采购人提出的质疑或者需要由采购人进行答复质疑的项目数。

26. 被投诉项目数，是指财政部门受理投诉的项目数，包括已处理、未处理和因当事人撤回投诉而终止处理的。

27. 基本公式：4 行 =（5 + 6）行；10 行 = 13 行；13 行 =（14 + 15 + 16）行；21 行 =（22 + 23 + 24）行；25 行 =（20 − 21）行；28 行 =（29 + 33 + 37 + 41）行；29 行 =（30 + 31 + 32）行；33 行 =（34 + 35 + 36）行；37 行 =（38 + 39 + 40）行；41 行 =（42 + 43 + 44）行；48 行 =（49 + 50 + 51）行；55 行 =（56 + 57 + 58）行；59 行 =（60 + 61 + 62）行；64 行 =（65 + 66）行；77 行 =（78 + 79）行；80 行 =（81 + 82）行；102 行 =（103 + 107）行；110 行 =（111 + 114）行。

表 3　　基本情况表（政府集中采购机构填写）

机构名称				组织机构代码	
机构性质	财政补助□			自收自支□	
成立时间	年　　月　　日			机构级别	
上级主管部门				级　别	
机构负责人		职　务		电　话	
机构联系人		职　务		电　话	
编制人数			实际从业人数		
实际从业人员	正式在编人员	中专以上学历人数		占正式在编人员比例	
		大专以上学历人数		占正式在编人员比例	
		中级职称人数		占正式在编人员比例	
		高级职称人数		占正式在编人员比例	
	借调或外聘人员	中专以上学历人数		占借调或外聘人员比例	
		大专以上学历人数		占借调或外聘人员比例	
		中级职称人数		占借调或外聘人员比例	
		高级职称人数		占借调或外聘人员比例	
全年代理采购业务总额	2006 年		2007 年		
执行政府集中采购目录业务总额	2006 年		2007 年		

续表

<table>
<tr><td colspan="3">采购业务是否
每年接受审计　　　是□　否□</td><td colspan="3">采购业务是否
每年接受监察　　　是□　否□</td></tr>
<tr><td colspan="2">建立供应商库：是□否□</td><td colspan="2">供应商入库收费 是□否□</td><td colspan="2">实行网上采购：是□否□</td></tr>
<tr><td>网　址</td><td colspan="5"></td></tr>
<tr><td>内部机构设置情况</td><td>部门</td><td colspan="2">职能</td><td>负责人</td><td>电话</td></tr>
<tr><td>业务操作流程</td><td colspan="5">一人到底□　　分段操作□　　其他□</td></tr>
<tr><td>2003 年以来制定的内部管理制度</td><td>时间</td><td colspan="2">序号</td><td>名称</td><td>文号</td></tr>
<tr><td>2003 年以来组织或参加的政府采购培训（不包括社会上举办的各类培训）</td><td>时间</td><td colspan="2">培训班名称</td><td>人数</td><td>组织部门</td></tr>
</table>

填表说明：

1. 填报单位：各政府集中采购机构。

2. 机构名称：填列机构全称。

3. 组织机构代码：根据各级技术监督部门核发的单位代码填列。

4. 机构级别：指行政级别，包括部级、副部级、司局级、副司局级、处级、副处级、科级、副科级、其他。

5. 借调或外聘人员，是指非本单位正式人员，但在本单位工作时间达到一年以上的。

6. 全年代理采购业务总额，是指代理所有采购业务的总合同金额。

表 4　　全国政府采购执行情况专项检查自查自纠表格
（政府集中采购机构填写）

行	项　　目	2006 年	2007 年	合计
1	一、总体情况			
2	（一）集中采购目录采购情况			
3	1. 受委托采购政府集中采购目录内项目数（个）			
4	其中：（1）本机构组织采购的项目数（个）			
5	（2）转委托或以其他方式转交给社会代理机构（或个人）的项目数（个）			
6	2. 受委托采购政府集中采购目录预算总额			
7	3. 受委托采购政府集中采购目录实际采购总额			
8	其中：（1）本机构组织采购总额			
9	（2）转委托或以其他方式转交给社会代理机构（或个人）采购总额			
10	（二）未接受采购人委托采购政府集中采购项目数（个）			
11	未接受采购人委托采购政府集中采购总额			
12	（三）集中采购目录外采购情况			
13	1. 受委托采购政府集中采购目录外项目数（个）			
14	其中：（1）本机构组织采购的项目数（个）			
15	（2）转委托或以其他方式转交给社会代理机构（或个人）的项目数（个）			
16	2. 受委托采购政府集中采购目录外预算总额			
17	3. 受委托采购政府集中采购目录外实际采购总额			
18	其中：（1）本机构组织采购总额			
19	（2）转委托或以其他方式转交给社会代理机构（或个人）采购总额			
20	（四）节约资金总额			
21	其中：政府集中采购目录节约资金总额			
22	节约率（%）			
23	其中：政府集中采购目录节约率（%）			
24	二、组织方式情况			
25	（一）协议供货总额			
26	协议供货占政府集中采购的比重（%）			
27	（二）定点采购总额			
28	定点采购占政府集中采购的比重（%）			
29	（三）非协议供货、定点采购总额			

续表

行	项　　目	2006 年	2007 年	合计
30	**三、采购方式**			
31	（一）应当采用公开招标方式采购项目数（个）			
32	其中：实际公开招标方式采购项目数（个）			
33	（二）应当采用公开招标方式采购总额			
34	其中：实际公开招标方式采购总额			
35	实际公开招标方式采购占所有采购总额的比重（%）			
36	（三）非公开招标方式采购项目数（个）			
37	其中：1. 邀请招标方式采购项目数（个）			
38	2. 竞争性谈判方式采购项目数（个）			
39	3. 询价方式采购项目数（个）			
40	4. 单一来源方式采购项目数（个）			
41	（四）非公开招标方式采购总额			
42	其中：1. 邀请招标方式采购总额			
43	2. 竞争性谈判方式采购总额			
44	3. 询价方式采购总额			
45	4. 单一来源方式采购总额			
46	（五）应当公开招标而未公开招标项目数			
47	其中：经财政部门审批采用非公开招标方式采购项目数（个）			
48	其中：采购开始时间早于财政部门审批时间采购项目数（个）			
49	应当公开招标而未公开招标总额			
50	其中：经财政部门审批采用非公开招标方式采购总额			
51	其中：采购开始时间早于财政部门审批时间采购总额			
52	（六）采购失败项目数（个）			
53	其中：招标失败项目数（个）			
54	采购失败项目总额			
55	其中：招标失败项目总额			
56	（七）采购失败原因			
57	1. 因采购人在商务和技术等方面提出排他性要求导致采购失败总额			
58	2. 因供应商报价超预算导致采购失败总额			
59	3. 因组织工作失误导致采购失败总额			
60	4. 因采购文件不明确、不规范、不具体等原因导致采购失败总额			

续表

行	项　　目	2006 年	2007 年	合计
61	5. 因专家原因导致采购失败总额			
62	6. 因有效投标人不足三家导致采购失败总额			
63	7. 因其他原因导致采购失败总额			
64	**四、政策功能**			
65	（一）节能产品采购总额			
66	采购同类产品的总额			
67	（二）环境标志产品采购总额			
68	采购同类产品的总额			
69	（三）未体现采购节能、环境标志产品政策要求项目数（个）			
70	未体现采购节能、环境标志产品政策要求项目总额			
71	**五、专家抽取和信息发布**			
72	（一）应当发布政府采购信息项目数（个）			
73	其中：1. 应当发布公开招标公告项目数（个）			
74	2. 应当发布邀请招标资格预审公告项目数（个）			
75	3. 应当发布中标公告项目数（个）			
76	4. 应当发布成交结果项目数（个）			
77	5. 应当发布更正事项项目数（个）			
78	实际发布政府采购信息项目数（个）			
79	其中：1. 实际发布公开招标公告项目数（个）			
80	2. 实际发布邀请招标资格预审公告项目数（个）			
81	3. 实际发布中标公告项目数（个）			
82	4. 实际发布成交结果项目数（个）			
83	5. 实际发布更正事项项目数（个）			
84	（二）应按规定抽取政府采购评审专家项目数（个）			
85	实际按规定抽取政府采购评审专家项目数（个）			
86	使用政府采购评审专家总人次			
87	其中：在财政部门建立的专家库抽取专家总人次			
88	**六、质疑投诉**			
89	（一）被质疑、投诉项目数（个）			
90	1. 被质疑项目数（个）			
91	其中：（1）应按规定答复质疑项目数（个）			
92	按规定答复质疑项目数（个）			
93	（2）因质疑而改变采购结果项目数（个）			

续表

行	项　目	2006 年	2007 年	合计
94	其中：①因商务和技术等方面存在排他性要求的项目数（个）			
95	②因组织工作失误的项目数（个）			
96	③因采购文件不明确、不规范、不具体等原因的项目数（个）			
97	④因专家原因的项目数（个）			
98	⑤因其他原因的项目数（个）			
99	2. 被投诉项目数（个）			
100	其中：（1）行政复议或行政诉讼的项目数（个）			
101	（2）因投诉而改变采购结果项目数（个）			
102	其中：①因商务和技术等方面存在排他性要求的项目数（个）			
103	②因组织工作失误的项目数（个）			
104	③因采购文件不明确、不规范、不具体等原因的项目数（个）			
105	④因专家原因的项目数（个）			
106	⑤因其他原因的项目数（个）			
107	（二）被质疑、投诉项目总额			
108	1. 被质疑项目总额			
109	其中：（1）按规定答复质疑项目总额			
110	（2）因质疑而改变采购结果项目总额			
111	其中：①因商务和技术等方面存在排他性要求改变的总额			
112	②因组织工作失误改变的总额			
113	③因采购文件不明确、不规范、不具体等原因改变的总额			
114	④因专家原因改变的总额			
115	⑤因其他原因改变的总额			
116	2. 被投诉项目总额			
117	其中：（1）行政复议或行政诉讼的项目总额			
118	（2）因投诉而改变采购结果项目总额			
119	其中：①因商务和技术等方面存在排他性要求改变的总额			

续表

行	项　　目	2006 年	2007 年	合计
120	②因组织工作失误改变的总额			
121	③因采购文件不明确、不规范、不具体等原因改变的总额			
122	④因专家原因改变的总额			
123	⑤因其他原因改变的总额			
124	**七、财务收支情况**			
125	（一）收入			
126	其中：1. 财政拨款			
127	2. 收费			
128	（1）采购代理费			
129	（2）采购文件工本费			
130	（3）其他			
131	3. 其他收入			
132	（二）支出			
133	其中：1. 基本支出			
134	（1）人员支出			
135	（2）公用经费			
136	（3）其他支出			
137	2. 项目支出			
138	（1）专家费			
139	（2）公告费			
140	（3）场地租用费			
141	（4）其他支出			
142	**八、相关资金管理情况**			
143	（一）投标保证金总额			
144	按规定时间退还投标保证金总额			
145	未及时退还投标保证金总额			
146	其中：1. 因供应商违反有关规定依法不予退还投标保证金总额			
147	2. 集中采购机构逾期退还投标保证金总额			
148	3. 集中采购机构逾期退还投标保证金资金占用费总额			
149	违反投标保证金使用管理规定总额			
150	（二）履约保证金总额			
151	（三）质量保证金总额			

填表说明：

1. 填报单位：各政府集中采购机构。

2. 填报内容：2006年和2007年受委托执行政府采购活动的情况。

3. 本套表格中的所有采购项目执行数据均以当年签订合同的实际采购金额及有关数据为准。

4. 单位：金额均以“千元”为单位，项目数以“个”为单位，节约率、比重以“%”为单位。

5. 受委托采购政府集中采购目录内项目数，是指采用公开招标方式、非公开招标方式和协议供货、定点采购、网上竞价等方式采购政府集中采购目录内的产品的所有项目数。

6. 本机构组织采购的项目数，是指采购全过程均由本单位独立承担完成的项目数。

7. 转委托给社会代理机构（或个人），是指将采购项目的部分或全部以有偿或无偿的方式，交由其他社会代理机构或非本单位工作人员执行的情形。

8. 以其他方式转交给社会代理机构（或个人），是指将采购项目的部分或全部以有偿或无偿的方式，由本单位工作人员与非本单位工作人员共同执行的情形。也即，凡是项目的操作过程中，没有进行转委托但是有非本单位工作人员参与的情形。

9. 未接受采购人委托采购政府集中采购项目数，是指以各种理由未接受采购人提出的委托申请、或者未按采购人要求的采购方式或形式采购政府集中采购目录内产品的项目数。

10. 未接受采购人委托采购政府集中采购总额，是指项目的预算数额之和。

11. 节约资金总额，是指当年实际按照政府采购规定执行采购活动的所有项目安排资金总额减去实际采购总额。

12. 应当采用公开招标方式采购项目数，是指单项或批量采购金额一次性达到省级以上人民政府规定的公开招标数额标准以上的，依法应当公开招标的项目数。其中包括经财政部门批准采用非公开招标方式的项目。

13. 采购项目失败数：项目整体失败的，按照项目统计，采购项目部分失败的按照包数统计。

14. 因专家原因导致采购失败总额，是指在规定时间内抽不到满足评标需要的专家和专家评审期间出现过错造成采购失败的总额。

15. 未体现采购节能、环境标志产品政策要求的项目数，是指在采购节能、环境标志产品政府采购清单中所列的产品类别时，没有按照政府采购制度规定优先采购节能产品和环境标志产品的采购活动数（包括协议供货）。

16. 应当发布政府采购信息项目数，是指按照《政府采购法》、财政部第19号部长令和省级以上财政部门有关规定，全面、完整、及时地在省级以上财政部门指定媒体上发布政府采购信息的项目数。

17. 专家总人次，是指每次使用（抽取）专家的人数相加。

18. 应按规定答复质疑项目数，是指供应商对政府采购活动事项有疑问，向政府集中采购机构提出的质疑或者需要由政府集中采购机构进行答复质疑的项目数。

19. 被投诉项目数，是指财政部门受理投诉的项目数，包括已处理、未处理和因当事人撤回投诉而终止处理的。

20. 财政拨款，包括经费拨款（补助）、纳入预算管理的非税收入安排的拨款、预算内拨款、预算外专户安排的资金、政府性基金等。

21. 基本公式：3 行 = （4 + 5）行；7 行 = （8 + 9）行；13 行 = （14 + 15）行；17 行 = （18 + 19）行；20 行 = （6 + 16） − （7 + 17）行；21 行 = （6 − 7）行；22 行 = 20/（6 + 16）行；23 行 = 21/6 行；26 行 = 25/7 行；28 行 = 27/7 行；35 行 = 34/（7 + 17）行；46 行 = （31 − 32）行；49 行 = （33 − 34）行；89 行 = （90 + 99）行；107 行 = （108 + 116）行；125 行 = （126 + 127 + 131）行；127 行 = （128 + 129 + 130）行；132 行 = （133 + 137）行；133 行 = （134 + 135 + 136）行；137 行 = （138 + 139 + 140 + 141）行。

表 5　　　　基本情况表（社会代理机构填写）

机构名称				组织机构代码	
经济性质	有限责任公司　□		股份有限公司　□		其他□
代理资质	甲级政府采购资质　□		乙级政府采购资质　□		
	甲级政府采购确认资质□：		工程□	国际招标□	
	乙级政府采购确认资质□：		工程□	国际招标□	
成立时间	年		月	日	
法定代表人		职　务		电　话	
联　系　人		职　务		电　话	
营业地址				邮政编码	
税务登记机关					
采购业务是否每年接受审计		是□　否□	采购业务是否每年接受监察		是□　否□
是否依法缴纳税收：是□否□		是否依法缴纳社会保障资金：是□否□		近三年内有无违法记录：有□无□	
营业执照	注册号码			注册资金	
	发证日期	年		月	日
	营业范围（主营）				
	营业范围（兼营）				
实际从业人员数		中专以上学历人数		占实际从业人员比例	
		高级职称人数		占实际从业人员比例	
建立供应商库：	是□　否□	供应商库收费：	是□　否□	实行网上采购：	是□　否□
代理机构资质	资质名称		批准时间	批准机关	是否年检

续表

内设机构情况	部门　　职能　　负责人　　电话
业务操作流程	一人到底□　　分段操作□　　其他□
正式人员名单	姓名　　性别　　职务　　学历　　职称
2003年以来制定的内部管理制度	时间　　名称　　文号
2003年以来组织或参加的政府采购培训（不包括社会上举办的各类培训）	时间　　培训班名称　　人数　　组织部门

填表说明：

1. 填报单位：财政部门认定政府采购代理资格的社会代理机构，包括授予甲（乙）级政府采购代理机构和确认资格的甲（乙）级政府采购代理机构。

2. 机构名称：填列机构全称。

3. 组织机构代码：根据各级技术监督部门核发的单位代码填列。

4. 营业范围主营和兼营情况以营业执照为准。

5. 人员总数应为专职人员人数(以签订劳动合同和缴纳社会保障基金人数为准)。

表 6　　全国政府采购执行情况专项检查自查自纠表格

（社会代理机构填写）

行	项　　目	2006 年	2007 年	合计
1	**一、总体情况**			
2	（一）全年业务总额			
3	（二）政府采购业务情况			
4	1. 政府采购项目数			
5	其中：（1）本机构组织采购项目数			
6	（2）转委托或以其他方式转交给其他代理机构（或个人）采购项目数			
7	2. 政府采购项目预算总额			
8	3. 政府采购项目实际采购总额			
9	其中：（1）本机构组织采购项目总额			
10	（2）转委托或以其他方式转交给其他代理机构（或个人）采购项目总额			
11	（三）节约资金总额			
12	节约率（%）			
13	**二、采购方式**			
14	（一）应当采用公开招标方式采购项目数（个）			
15	其中：实际公开招标方式采购项目数（个）			
16	（二）应当采用公开招标方式采购总额			
17	其中：实际公开招标方式采购总额			
18	实际公开招标方式占所有政府采购总额的比重（%）			
19	（三）非公开招标方式采购项目数（个）			
20	其中：1. 邀请招标方式采购项目数（个）			
21	2. 竞争性谈判方式采购项目数（个）			
22	3. 询价方式采购项目数（个）			
23	4. 单一来源方式采购项目数（个）			
24	（四）非公开招标方式采购总额			
25	其中：1. 邀请招标方式采购总额			
26	2. 竞争性谈判方式采购总额			
27	3. 询价方式采购总额			
28	4. 单一来源方式采购总额			
29	（五）应当公开招标而未公开招标项目数			
30	其中：经财政部门审批采用非公开招标方式采购项目数（个）			

续表

行	项　　目	2006 年	2007 年	合计
31	其中：采购开始时间早于财政部门审批时间采购项目数（个）			
32	应当公开招标而未公开招标总额			
33	其中：经财政部门审批采用非公开招标方式采购总额			
34	其中：采购开始时间早于财政部门审批时间采购总额			
35	（六）采购失败项目数（个）			
36	其中：招标失败项目数（个）			
37	采购失败项目总额			
38	其中：招标失败项目总额			
39	（七）采购失败原因			
40	1. 因采购人在商务和技术等方面提出排他性要求导致采购失败总额			
41	2. 因供应商报价超预算导致采购失败总额			
42	3. 因组织工作失误导致采购失败总额			
43	4. 因采购文件不明确、不规范、不具体等原因导致采购失败总额			
44	5. 因专家原因导致采购失败总额			
45	6. 因有效投标人不足三家导致采购失败总额			
46	7. 因其他原因导致采购失败总额			
47	**三、政策功能**			
48	（一）节能产品采购总额			
49	采购同类产品的总额			
50	（二）环境标志产品采购总额			
51	采购同类产品的总额			
52	（三）未体现采购节能、环境标志产品政策要求项目数（个）			
53	未体现采购节能、环境标志产品政策要求项目总额			
54	**四、专家抽取和信息发布**			
55	（一）应当发布政府采购信息项目数（个）			
56	其中：1. 应当发布公开招标公告项目数（个）			
57	2. 应当发布邀请招标资格预审公告项目数（个）			
58	3. 应当发布中标公告项目数（个）			
59	4. 应当发布成交结果项目数（个）			
60	5. 应当发布更正事项项目数（个）			
61	实际发布政府采购信息项目数（个）			

续表

行	项　　目	2006年	2007年	合计
62	其中：1. 实际发布公开招标公告项目数（个）			
63	2. 实际发布邀请招标资格预审公告项目数（个）			
64	3. 实际发布中标公告项目数（个）			
65	4. 实际发布成交结果项目数（个）			
66	5. 实际发布更正事项项目数（个）			
67	（二）应按规定抽取政府采购评审专家项目数（个）			
68	实际按规定抽取政府采购评审专家项目数（个）			
69	使用政府采购评审专家总人次			
70	其中：在财政部门建立的专家库抽取专家总人次			
71	**五、质疑投诉**			
72	（一）被质疑、投诉项目数（个）			
73	1. 被质疑项目数（个）			
74	其中：（1）应按规定答复质疑项目数（个）			
75	按规定答复质疑项目数（个）			
76	（2）因质疑而改变采购结果项目数（个）			
77	其中：①因商务和技术等方面存在排他性要求的项目数（个）			
78	②因组织工作失误的项目数（个）			
79	③因采购文件不明确、不规范、不具体等原因的项目数（个）			
80	④因专家原因的项目数（个）			
81	⑤因其他原因的项目数（个）			
82	2. 被投诉项目数（个）			
83	其中：（1）行政复议或行政诉讼的项目数（个）			
84	（2）因投诉而改变采购结果项目数（个）			
85	其中：①因商务和技术等方面存在排他性要求的项目数（个）			
86	②因组织工作失误的项目数（个）			
87	③因采购文件不明确、不规范、不具体等原因的项目数（个）			
88	④因专家原因的项目数（个）			
89	⑤因其他原因的项目数（个）			
90	（二）被质疑、投诉项目总额			
91	1. 被质疑项目总额			

续表

行	项　　目	2006 年	2007 年	合计
92	其中：（1）按规定答复质疑项目总额			
93	（2）因质疑而改变采购结果项目总额			
94	其中：①因商务和技术等方面存在排他性要求改变的总额			
95	②因组织工作失误改变的总额			
96	③因采购文件不明确、不规范、不具体等原因改变的总额			
97	④因专家原因改变的总额			
98	⑤因其他原因改变的总额			
99	2. 被投诉项目总额			
100	其中：（1）行政复议或行政诉讼的项目总额			
101	（2）因投诉而改变采购结果项目总额			
102	其中：①因商务和技术等方面存在排他性要求改变的总额			
103	②因组织工作失误改变的总额			
104	③因采购文件不明确、不规范、不具体等原因改变的总额			
105	④因专家原因改变的总额			
106	⑤因其他原因改变的总额			
107	**六、财务收支情况**			
108	（一）收入			
109	其中：1. 收费			
110	（1）采购代理费			
111	（2）采购文件工本费			
112	（3）其他			
113	2. 其他收入			
114	（二）支出			
115	其中：1. 基本支出			
116	（1）人员支出			
117	（2）公用经费			
118	（3）其他支出			
119	2. 项目支出			
120	（1）专家费			
121	（2）公告费			
122	（3）场地租用费			

续表

行	项　　目	2006 年	2007 年	合计
123	(4) 其他支出			
124	**七、相关资金管理情况**			
125	(一) 投标保证金总额			
126	按规定时间退还投标保证金总额			
127	未及时退还投标保证金总额			
128	其中：1. 因供应商违反有关规定依法不予退还投标保证金总额			
129	2. 逾期退还投标保证金总额			
130	3. 逾期退还投标保证金资金占用费总额			
131	违反投标保证金使用管理规定总额			
132	(二) 履约保证金总额			
133	(三) 质量保证金总额			

填表说明：

1. 填报单位：财政部门认定政府采购代理资格的社会代理机构，包括授予甲（乙）级政府采购代理机构和确认资格的甲（乙）级政府采购代理机构。

2. 填报内容：2006 年和 2007 年受委托执行政府采购活动的情况。

3. 本套表格中的所有采购项目执行数据均以当年签订合同的实际采购金额及有关数据为准。

4. 单位：金额均以“千元”为单位，项目数以“个”为单位，节约率、比重以“%”为单位。

5. 全年业务总额，是指代理所有采购业务的总合同金额。

6. 本机构组织采购的项目数，是指采购全过程均由本单位独立承担完成的项目数。

7. 转委托给社会代理机构（或个人），是指将采购项目的部分或全部以有偿或无偿的方式，交由其他社会代理机构或非本单位工作人员执行的情形。

8. 以其他方式转交给社会代理机构（或个人），是指将采购项目的部分或全部以有偿或无偿的方式，由本单位工作人员与非本单位工作人员共同执行的情形。也即，凡是项目的操作过程中，没有进行转委托但是有非本单位工作人员参与的情形。

9. 节约资金总额，是指当年实际按照政府采购规定执行采购活动的所有项目安排资金总额减去实际采购总额。

10. 应当采用公开招标方式采购项目数，是指单项或批量采购金额一次性达到省级以上人民政府规定的公开招标数额标准以上的，依法应当公开招标的项目数。其中包括经财政部门批准采用非公开招标方式的项目。

11. 采购项目失败数：项目整体失败的，按照项目统计，采购项目部分失败的按照包数统计。

12. 因专家原因导致采购失败总额，是指在规定时间内抽不到满足评标需要的专家和专家评审期间出现过错造成采购失败总额。

13. 未体现采购节能、环境标志产品政策要求的项目数，是指在采购节能、环境标志产品政府采购清单中所列的产品类别时，没有按照政府采购制度规定优先采购节能产品和环境标志产品的采购活动数。

14. 应当发布政府采购信息项目数，

是指按照《政府采购法》、财政部第19号部长令和省级以上财政部门有关规定，全面、完整、及时地在省级以上财政部门指定媒体上发布政府采购信息的项目数。

15. 专家总人次，是指每次使用（抽取）专家的人数相加。

16. 应按规定答复质疑项目数，是指供应商对政府采购活动事项有疑问，向采购代理机构提出的质疑或者需要由采购代理机构进行答复质疑的项目数。

17. 被投诉项目数，是指财政部门受理投诉的项目数，包括已处理、未处理和因当事人撤回投诉而终止处理的。

18. 基本公式：4行=5+6行；8行=（9+10）行；11行=（7-8）行；12行=11/7行；18行=（17/8）行；29行=（14-15）行；32行=（16-17）行；72行=（73+82）行；90行=（91+99）行；108行=（109+113）行；109行=（110+111+112）行；114行=（115+119）行；115行=（116+117+118）行；119行=（120+121+122+123）行。

表7　　总体测评表（采购人、政府集中采购机构、社会代理机构填写）

填表单位：　　　　负责人：

内　容	评　价
一、采购人填写	
（一）内部管理情况	
1. 本单位政府采购档案管理情况	好□　较好□　一般□　较差□
2. 本单位内部监督管理机制	好□　较好□　一般□　较差□
3. 互相制约的内部操作流程建设	好□　较好□　一般□　较差□
4. 廉政建设情况	好□　较好□　一般□　较差□
5. 验收工作制度建设情况	好□　较好□　一般□　较差□
6. 按规定或合同条款及时支付资金情况	好□　较好□　一般□　较差□
7. 按政府采购监管部门要求及时报送有关资料情况	好□　较好□　一般□　较差□
8. 按政府采购监管部门要求公布采购信息情况	好□　较好□　一般□　较差□
（二）对政府集中采购机构的评价	
1. 业务水平	满意□　较满意□　一般□　不满意□
2. 服务态度	满意□　较满意□　一般□　不满意□
3. 操作规范	满意□　较满意□　一般□　不满意□
4. 采购质量	满意□　较满意□　一般□　不满意□
5. 采购价格	满意□　较满意□　一般□　不满意□
6. 采购效率	满意□　较满意□　一般□　不满意□
7. 协议供货价格与市场价格比较	满意□　较满意□　一般□　不满意□
8. 公平公正对待参加采购活动的供应商情况	满意□　较满意□　一般□　不满意□
9. 廉洁自律	满意□　较满意□　一般□　不满意□
（三）对社会代理机构的评价	
1. 业务水平	满意□　较满意□　一般□　不满意□
2. 服务态度	满意□　较满意□　一般□　不满意□

续表

内　　容	评　　价
3. 操作规范性	满意□　较满意□　一般□　不满意□
4. 采购质量	满意□　较满意□　一般□　不满意□
5. 采购价格	满意□　较满意□　一般□　不满意□
6. 采购效率	满意□　较满意□　一般□　不满意□
7. 公平公正对待参加采购活动的供应商的情况	满意□　较满意□　一般□　不满意□
8. 廉洁自律	满意□　较满意□　一般□　不满意□
二、政府集中采购机构和社会代理机构填写	
（一）内部管理情况	
1. 本单位政府采购档案管理情况	好□　较好□　一般□　较差□
2. 本单位内部监督管理机制	好□　较好□　一般□　较差□
3. 互相制约的内部操作流程建设	好□　较好□　一般□　较差□
4. 廉政建设情况	好□　较好□　一般□　较差□
5. 验收工作制度建设情况	好□　较好□　一般□　较差□
6. 按政府采购监管部门要求及时报送有关资料情况	好□　较好□　一般□　较差□
7. 按政府采购监管部门要求公布采购信息情况	好□　较好□　一般□　较差□
（二）对采购人的评价	
1. 采购人是否及时、全面、准确提供采购需求	经常□　有时□　很少□　从不□
2. 采购人是否要求或标明特定的投标人或产品的情况	经常□　有时□　很少□　从不□
3. 采购人是否含有倾向性或者排斥潜在投标人的情况	经常□　有时□　很少□　从不□
4. 参与评审活动人员是否遵守评审纪律，是否干扰评审专家工作的情况	经常□　有时□　很少□　从不□
5. 采购人是否及时签订合同	经常□　有时□　很少□　从不□

财政部、监察部、审计署、国家预防腐败局 关于开展中央政府采购执行情况专项检查的通知

（2008 年 4 月 7 日　财库［2008］32 号）

国务院各部委、各直属机构，新疆生产建设兵团，中共中央直属机关采购中心，中央国家机关政府采购中心，全国人大机关采购中心，各甲级政府采购代理机构：

为了进一步贯彻落实《政府采购法》，了解和掌握政府采购执行中存在的

问题，进一步推动和深化政府采购制度改革，促进廉政建设，根据国务院领导批示精神，财政部、监察部、审计署、国家预防腐败局决定于 2008 年 5 月开始在全国范围内开展政府采购执行情况专项检查。现就中央单位专项检查工作有关问题通知如下：

一、专项检查的重要性和必要性

此次专项检查是在深入学习贯彻党的十七大精神过程中，根据政府采购改革发展形势作出的重要决策，这既是深化政府采购制度改革，建立完善的政府采购管理体制的客观需要，又是从源头上防止腐败、建立长效机制的有力措施。

《政府采购法》实施五年来，在党中央、国务院的正确领导下，采购规模和范围不断扩大，管理制度和管理体系不断完善，政府采购制度改革取得了明显成效，政府采购制度改革由初创阶段进入全面发展阶段，在防治腐败方面发挥了基础性的、有效的和明显的作用。但是，我们仍需清醒地看到，政府采购制度改革时间还不长，我们的工作与建立完善的政府采购制度的要求还有一定的差距，仍然面临不少困难和问题，一些深层次的矛盾开始显现，采购活动中行为不够规范、违规操作、恶意串通等违规违纪行为比较突出，甚至个别从业人员贪污受贿。这些问题严重破坏了公开、公正、公平竞争环境，损害了公共利益，也败坏了政府采购制度的声誉，阻碍了政府采购制度改革的深化与发展。因此，我们要充分认识到开展政府采购执行情况专项检查工作的紧迫性和重要性，加强学习，统一思想，认真开展政府采购执行情况检查，切实贯彻落实《政府采购法》的各项规定。

二、专项检查的任务和目的

此次专项检查的任务和目的是：在广泛开展对中央预算单位、政府集中采购机构和社会代理机构政府采购执行情况检查的基础上，摸清和掌握政府采购领域中存在的问题，重点查找法律制度、管理体制、监督机制、操作执行等方面存在的缺失和薄弱环节；通过认真开展自查自纠工作，使中央预算单位、政府集中采购机构和社会代理机构受到深刻的思想政治教育和法制教育，自觉增强依法行政、依法采购意识；针对自查和重点检查工作中暴露出的问题，严肃查处不规范行为，建立健全各项规章制度，完善管理体制和运行机制，为建立健全科学的政府采购管理体制奠定基础。

通过检查，促进中央预算单位、政府集中采购机构和社会代理机构进一步掌握政府采购法律制度规定，提高依法采购的意识和能力，纠正错误观念和不正当交易行为，堵塞管理与操作执行的漏洞，促进廉政建设，确保各项政府采购法律制度得以正确地贯彻执行。

三、专项检查范围

专项检查的范围是，中央预算单位、政府集中采购机构和社会代理机构 2006 年和 2007 年政府采购执行情况。政府采购活动的各个环节都应纳入检查范围。

中央预算单位，包括国家机关、事业单位和社会团体，以及部门单独设立的部门集中采购机构。政府集中采购机构，是指中央国家机关政府采购中心、中共中央直属机关采购中心和全国人大机关采购中心。社会代理机构，是指财政部授予甲级政府采购业务代理资格的社会中介机构。

四、专项检查组织与实施

财政部、监察部、审计署、国家预防腐败局共同成立全国政府采购执行情况专项检查领导小组（以下简称全国专项检查领导小组），负责全国和中央专项检查工作的组织领导。全国专项检查领导小组下设办公室（设在财政部国库司），负责整个检查工作的日常管理和工作协调，为确保检查工作的落实，中央还将成立检查小组，负责重点检查工作。

中央预算单位、政府集中采购机构和社会代理机构要在全国专项检查领导小组的统一指导下，按照本通知规定，制定具体检查工作计划，并组织实施。

五、专项检查工作安排

专项检查采取自查自纠和重点检查相结合的方法，从 5 月开始，到 9 月结束。中央预算单位、政府集中采购机构和社会代理机构在此期间要认真做好自查自纠、重点检查、整改提高等三个阶段工作。

（一）自查自纠阶段（5 月 4 ~ 31 日）。中央预算单位、政府集中采购机构和社会代理机构要认真组织学习《政府采购法》和有关制度规定，增强开展自查自纠的主动性。各单位要按照专项检查文件要求对本单位 2006 年和 2007 年政府采购执行情况开展自查自纠。主要内容包括：

1. 政府采购范围的项目依法实施采购的情况，是否存在规避政府采购行为；

2. 政府采购预算、计划编制和执行情况，是否存在不编、漏编现象；

3. 采购方式选择和执行情况，有无违规行为；

4. 政府集中采购、部门集中采购和分散采购的执行情况，纳入集中采购目录的项目是否都执行了集中采购；

5. 采购组织程序、信息发布、专家抽取等环节执行情况，是否执行了制度规定，有无违规行为；

6. 工程实施政府采购情况，有无规避招标等违规行为；

7. 上级专项资金实施政府采购情况，是否都执行了制度规定；

8. 政府采购政策功能落实情况，是否严格执行了制度规定；

9. 受理质疑案件的答复处理情况；

10. 政府集中采购机构和社会代理机构财务开支情况，是否存在违反财经纪律现象；

11. 其他有关情况。

中央预算单位、政府集中采购机构和社会代理机构自查自纠结束后，应当对自查自纠情况进行归纳整理，查找问题根源，写出自查自纠报告，并填写自查自纠表格（电子版）。中央预算单位应当填写表 1、表 2 和表 7；政府集中采购机构应当填写表 3、表 4 和表 7；社会代理机构应当填写表 5、表 6 和表 7。

自查自纠表格电子版将以光盘形式下发，中央一级预算单位可在 4 月 25 日至 30 日，到财政部国库司或南昌兴业科技有限责任公司北京办事处领取本单位及所属单位所需光盘，并及时下发给所属单位。自查自纠报告和自查自纠表格电子版应于 6 月 10 日前报全国专项检查领导小组。

（二）重点检查阶段（6 月 1 日 ~ 7 月 31 日）。为了保证专项检查工作质量，财政部、监察部、审计署、国家预防腐败局将组织检查小组，对中央预算单位、政府集中采购机构和社会代理机构执行情况进行重点检查。自查自纠工作结束后，全国专项检查领导小组根据自查自纠情况和政府采购工作开展情况，选择20%的中央预算单位、部分社会代理机构和所有集中采购机构作为重点被查对象，由检查小组对其实施重点检查。重点检查工作结束后，检查小组应根据检查情况写出检查意见和处理建议上报全国专项检查领导小组。

（三）整改提高阶段（8月1日~8月31日）。中央预算单位、政府集中采购机构和社会代理机构要结合自查自纠和重点检查阶段中暴露出的问题，以及重点检查意见提出切实可行的整改措施，制定整改方案。整改情况要以书面形式提交给全国专项检查领导小组。整改措施不力，效果不好的，全国专项检查领导小组将督促其重新整改。

整改提高工作结束后，全国专项检查领导小组将组织验收总结工作，总结分析检查工作中发现的问题和原因，形成分析报告。中央预算单位、政府集中采购机构和社会代理机构要积极配合全国专项检查领导小组做好验收总结工作。

六、专项检查工作要求

（一）高度重视，加强领导。此次专项检查是《政府采购法》颁布实施以来第一次全国性的专项检查，是2008年政府采购制度改革的一项重点工作。检查涉及面广，政策性强，要求高，各单位的领导要予以高度重视。要组织召开有关会议，对专项检查和搞好自查自纠工作进行动员部署，统一思想，明确要求，建立领导负责制和有效的工作机制。要结合本通知的要求，提出本单位自查自纠的工作步骤和安排，以保证专项检查工作的顺利进行。

（二）认真布置，精心组织。各单位要确定专人负责本单位专项检查有关工作，建立自查自纠工作责任制。要认真组织好学习，掌握政府采购各项制度规定，对照查找自身工作存在的问题和不足，切实提高对专项检查工作重要性的认识。中央主管部门在做好机关自查自纠工作的同时，还要加强对所属单位的领导和指导，及时布置和统筹本系统专项检查工作，督促所属单位做好自查自纠工作，保证按要求完成各项工作，防止检查工作流于形式。

（三）抓实抓细，不留死角。各单位要全面回顾本单位政府采购执行的总体情况，尤其是对重大采购项目和重点采购环节的检查，务求全面、深入、细致地做好检查工作。要认真做好以前年度政府采购资料的整理工作，深刻分析本单位政府采购工作现状和存在问题，认真撰写自查自纠报告。要督促所属单位如实填报自查自纠表格，按时完成自查自纠报告。对于不符合自查自纠要求的，不认真自查自纠甚至敷衍了事的，应当责令其重新进行自查自纠。

（四）积极配合，切实整改。重点检查被查单位要积极配合检查小组对本单位开展的重点检查工作。在重点检查阶段要明确专人协助检查小组工作，如实反映本单位政府采购工作开展情况，按检查小组要求提供合同、账簿等有关文件资料和线索，不得消极敷衍，确保重点检查工作质量。重点检查工作结束后，各单位要认真制定整改方案，明确整改目标和方法步骤，提出具体可行的措施，切实改进本单位政府采购工作。

（五）检查与预防并重，务求实效。

各单位对检查中发现的问题和薄弱环节，要认真分析原因，强化制度建设，及时堵塞漏洞。要切实做到用制度规范行为，形成按制度办事、靠制度管人的良好局面。要进一步完善内部管理，规范政府采购操作执行，建立内部监督制约机制，建立依法操作、依法采购的长效管理机制。

联 系 人：财政部国库司政府采购管理一处

联系电话：010－68552272

010－68552233

电子邮件：xialing@ mof. gov. cn 或 ligen@ mof. gov. cn

电子化表格联系人：南昌兴业科技有限责任公司北京办事处（北京市阜外大街2号万通新世界B座2118房间）

联系电话：010－88357763

010 －88356251

010－68069627

010－68063093

附件：全国政府采购执行情况专项检查自查自纠表格（表1～表7）（略）

财政部关于加强汶川地震救灾采购管理的紧急通知

（2008年5月29日　财库［2008］43号）

国务院各部委，各直属机构，新疆生产建设兵团，各省、自治区、直辖市、计划单列市财政厅局：

为了保障汶川地震救灾工作的顺利进行，确保采购资金的安全和使用效益，根据《中华人民共和国政府采购法》和《中华人民共和国突发事件应对法》等法律法规规定，经商中央纪委、监察部、审计署同意，现就有关问题通知如下：

一、在汶川地震救灾应急救援和灾后恢复重建工作中，各级国家机关、事业单位和团体组织（以下简称采购单位），在中华人民共和国境内使用财政性资金（含政府部门获得的捐赠资金）采购货物、工程和服务的行为，按本通知的要求执行。

本通知所称政府部门获得的捐赠资金，是指《政府采购法》规定的各级国家机关、事业单位和团体组织获得的各类捐赠资金，以及以中国政府部门名义获得的国外政府和非政府机构捐赠的资金。

二、在汶川地震灾害应急救援和灾后恢复重建工作中，涉及灾民紧急救治、安置、防疫和临时性救助的采购活动可以作为紧急采购项目，在保证采购货物、工程和服务质量的前提下，由采购单位自行以合理的价格向一个或多个供应商直接购买。

三、各采购单位在实施上述采购活动中，要以保证国家利益、灾区人民群众利益和捐赠人的意愿为宗旨，充分考虑灾区救灾和恢复重建的实际需要，合理规划和公平、公正地组织开展采购活动。

紧急采购活动完成后，其采购项目的品种、数量、单价等结果应当在财政部门指定的政府采购信息披露媒体或其他媒体上公布，接受社会监督。

四、采购单位应当指派专人负责采购活动，并落实采购人员工作岗位责任制。

采购人员应当严格遵守国家有关法律法规，恪尽职守，廉洁奉公，认真做好采购工作。

紧急采购项目的采购应当由两名以上采购人员组织实施。采购人员及供应商必须在发票等购买凭据上背书签字。

五、采购单位应当对所采购的货物、工程和服务进行查收，办理查收和交接手续，确保其种类和数量准确无误。

所采购货物、工程和服务的种类和数量出现问题的，应当由采购单位及其采购人员承担相应责任。

所采购货物、工程和服务的质量出现问题的，应当由供应商承担相应责任；涉及采购单位及其采购人员的，依法从严追究责任。

六、各采购单位应当加强救灾采购项目采购文件和凭据的管理，特别是要保存好紧急采购项目的有关采购文件或凭据，并对采购情况进行统计汇总，以备财政、审计、监察等部门检查。

七、各级财政部门要加强对本办法规定的救灾采购工作的监督管理。各级审计、监察等部门要根据各自职责，加强对救灾采购工作的监督检查。

八、任何单位和个人发现采购单位及采购人员存在徇私舞弊等违法违纪行为的，应当及时向同级财政部门或有关部门举报。

九、各级财政部门应当建立救灾采购举报登记处理制度，依法开展有关工作，并将处理情况向有关当事人做出答复；发现采购单位或采购人员有严重违法违纪行为的，应及时移交纪检监察或司法机关处理。

十、除本通知第二条规定的紧急采购项目外，发生货物、工程和服务采购行为，应当按照《政府采购法》的有关规定组织实施。

十一、依法成立的以发展公益事业为宗旨的基金会、慈善组织等社会团体，用所获捐赠资金采购救灾货物、工程和服务的行为，可参照本通知执行。

财政部　环境保护部关于调整环境标志产品政府采购清单的通知

（2008 年 7 月 3 日　财库［2008］50 号）

党中央有关部门，国务院各部委、各直属机构，全国人大常委会办公厅，全国政协办公厅，高法院，高检院，有关人民团体，各省、自治区、直辖市、计划单列市财政厅（局）、环保局（厅），新疆生产建设兵团财务局、环保局：

为了扩大环境标志产品政府采购范围，确保环境标志认证产品的有效性和准确性，根据财政部、原环保总局印发的《环境标志产品政府采购实施的意见》（财库［2006］90 号）的规定，我们对已发布的“环境标志产品政府采购清单”进行了调整，现将调整后的“环境标志产品政府采购清单”印发给你们，请遵照执行。

一、采购人购买的产品属于政府强制采购节能产品范围的，应当按照《国务院办公厅关于建立政府强制采购节能产品制度的通知》（国办发［2007］51 号）和《财政部　发展改革委关于调整节能产品政府采购清单的通知》（财库［2007］98 号）规定，在“节能产品政府采购清单”的强制采购节能产品范围内购买。对于其中同时列入“环境标志产品政府采购清单”的产品，应当优先于只获得单项节能认证的产品。

二、采购人购买轻型汽车产品时，应当按照中共中央办公厅、国务院办公厅关于党政机关汽车配备使用标准的有关规定执行。

三、“环境标志产品政府采购清单”在中国政府采购网（http：//www. ccgp. gov. cn/）、国家环境保护部网（http：//www. sepa. gov. cn/）、中国绿色采购网（http：//www. cgpn. cn/）公布。为确保上述信息的准确性，未经财政部、环境保护部允许，不得转载。2007 年发布的“环境标志产品政府采购清单”同时废止。

附件：环境标志产品政府采购清单

附件：

环境标志产品政府采购清单

一、轻型汽车：执行标准 HJ/T182－2005

序号	企业名称	注册商标	产品名称、规格型号	中国环境标志认证证书编号	认证证书有效截止日期
1	神龙汽车有限公司	东风标致	DC7204D 307、DC7164D 307、DC7146DB、DC7166DB、DC7164DTA 307、DC7204DTA 307	CEC－EL－019－001	2009－9－20
		东风雪铁龙	DC7205D、DC7160DAXC 16V、DC7163D 16V、DC7163MD 16V、DC7162D、DC7200DAT、DC7148DB、DC7168DB		
2	东风汽车有限公司东风日产乘用车公司	NISSAN	轩逸轿车：DFL7200AB、DFL7162AB 颐达轿车：DFL7160AC 骐达轿车：DFL7161AC 骊威轿车：DFL7163AC 骏逸轿车：DFL7180AC 天籁轿车：EQ7203BC、EQ7230BC	CEC－EL－019－003	2008－8－29
3	东风本田汽车有限公司	思威（CR－V）	多用途乘用车（07 款）： DHW6450B（CR－V 2.0）、 DHW6451B（CR－V 2.0 M）、 DHW6452B（CR－V 2.4）、 DHW6453B（CR－V 2.4 M）、 DHW6454B（CR－V 2.4）、 DHW6456B（CR－V 2.0）、 DHW6457B（CR－V 2.0 M）	CEC－EL－019－004	2008－9－4
		思域（CIVIC）	多用途乘用车： DHW7180B（CIVIC 1.8）、 DHW7181B（CIVIC 1.8 M）		
4	一汽－大众汽车有限公司	奥迪（AUDI）	FV7183TG、FV7183TCVTG、FV7203TCVTG、V7201TCVTG、FV7201TG、FV7201TE、FV7201TCVTE、FV7183TFE、FV7183TFCVTE、7203TFCVTE	CEC－EL－019－005	2009－1－23

续表

序号	企业名称	注册商标	产品名称、规格型号	中国环境标志认证证书编号	认证证书有效截止日期
4	一汽－大众汽车有限公司	宝来（Bora）	FV7162ATG、FV7162G、FV7162SATG、FV7162SG、FV7162FE、FV7162FATE、FV7162SATE、FV7162SE	CEC－EL－019－005	2009－1－23
		高尔夫（Golf）	FV7164ATG、FV7164G、FV7164E、FV7164ATE		
		捷达（Jetta）	FV7160CiFG、FV7160CiXG		
		迈腾（MAGOTAN）	FV7207TATG、FV7187TATG、FV7187TG、FV7207G、FV7187TE、FV7187TATE、FV7207E		
		速腾（SAGITAR）	FV7186TATG、FV7186TG、FV7166ATG、FV7166G、FV7206ATG、FV7206G、FV7166ATE、FV7166E、FV7206E、FV7206ATE		
5	北京现代汽车有限公司	北京现代	轻型汽车： BH6431BY、BH6430NY、BH6430AY、BH6430MY、BH7240AY、BH7202AY、BH7202MY、BH7200AY、BH7200MY、BH7180AY、BH7180MY、BH7162AY、BH7162MY、BH7163AY、BH7163MY、BH7161AY、BH7140AY、BH7140MY、BH7182AY、BH7182MY、BH7164AY、BH7164MY	05506P1019006ROL	2009－9－20
6	上海大众汽车有限公司	帕萨特	上海帕萨特轿车： SVW7183LJD、SVW7183MJD、SVW7203EPD、SVW7203FPD、SVW7283KKD、SVW7183GJD、SVW7183HJD、SVW7203CPD、SVW7203DPD、SVW7183PJD、SVW7183QJD	CEC－EL－019－007	2009－12－26

续表

序号	企业名称	注册商标	产品名称、规格型号	中国环境标志认证证书编号	认证证书有效截止日期
6	上海大众汽车有限公司	途安 Touran	多用途乘用车：SVW6440AAD、SVW6440BAD、SVW6440CAD、SVW6440DAD、SVW6440JAD、SVW6440KAD、SVW6440LAD、SVW6440MAD、SVW6440SBD、SVW6440TBD、SVW6440UBD、SVW6440VBD	CEC-EL-019-007	2009-12-26
		桑塔纳	SVW7180LED 上海桑塔纳轿车、SVW7181LED 上海桑塔纳旅行轿车、SVW7182CQD、SVW7182HQD 上海桑塔纳 3000 轿车		
		波罗（POLO）	轿车：SVW7164ASD、SVW7164BSD、SVW7164CSD、SVW7164DSD、SVW7144ARD、SVW7144BRD、SVW7144CRD、SVW7144DRD、SVW7164ESD、SVW7164FSD		
		明锐（Octavia）	轿车：SVW7206APD、SVW7206BPD、SVW7186AJD、SVW7166ASD、SVW7166BSD		
7	上海通用汽车有限公司	别克（BUICK）	凯越 EXCELLE-SGM7161MTA、SGM7161ATA、SGM7180MTA、SGM7180ATA、SGM7163MTA、SGM7163ATA、SGM7181MTA、SGM7181ATA、SGM7167MTA、SGM7167ATA 君越 LaCrosse-SGM7240ATA、SGM7305AT	CEC-EL-019-008	2009-12-26
8	上海通用东岳汽车有限公司	雪佛兰（CHEVROLET）	景程-SGM7203MTA、SGM7203ATA 乐骋-SGM7140MTA、SGM7140ATA 乐风-SGM7141MTA、SGM7141ATA、SGM7164MTA、SGM7164ATA	CEC-EL-019-009	2009-12-26
9	上海通用（沈阳）北盛汽车有限公司	别克（BUICK）	陆尊-SGM6527AT、SGM6528AT GL8-SGM6515ATA、SGM6516ATA	CEC-EL-019-010	2009-12-26

续表

序号	企业名称	注册商标	产品名称、规格型号	中国环境标志认证证书编号	认证证书有效截止日期
10	奇瑞汽车有限公司	奇瑞	旗云系列：SQR 7150A157、SQR7130A157； A5 系列：SQR7180A217A、SQR7180A21T7、SQR7160A217、SQR7200A21T7； 凯瑞系列：SQR6462A187； 东方之子系列：SQR7180B117、SQR7200B117、SQR7200B11T7； 瑞虎系列：SQR7160T117、SQR7180T117、7200T11T7； A3 系列：SQR7160M117、SQR7180M117、SQR7200M117、SQR7160M127、SQR7200M127； QQ3 系列：SQR7080S117、SQR7110S117、SQR7110S11T7； QQ6 系列：SQR7110S217、SQR7130S217； A1 系列：SQR7130S127； 瑞麒系列：SQR6400S227； 东方之子 CROSS 系列：SQR6470B147、SQR6471B147、SQR6470B14T7	05506P1019011R0L	2009－12－26
11	河北长安汽车有限公司	CHANA 长安	客车：SC6345F4、SC6345G4、SC6391C4、SC6395C4、SC6395D4 载货汽车：SC1022DB4 厢式运输车：SC5022XXYA4	CEC－EL－019－012	2009－11－1
12	广州本田汽车有限公司	ACCORD	HG7240AB（ACCORD 2.4 i－VTEC）、HG7301AB（ACCORD 3.0 V6 VTEC）、HG7241AB、HG7203AB、HG7204AB	CEC－EL－019－013	2010－1－25
		CITY	HG7130AB（i－DSI 5AT） HG7131AB（i－DSI）、 HG7150BB（VTEC 5AT）、 HG7151BB（VTEC）		
		Fit	HG7132AB（i－DSI CVT）、 HG7133AB（i－DSI）、 HG7152BB（VTEC CVT）、 HG7153BB（VTEC）		
		ODYSSEY	HG6480AB、HG6480BB		

续表

序号	企业名称	注册商标	产品名称、规格型号	中国环境标志认证证书编号	认证证书有效截止日期
13	广州丰田汽车有限公司	丰田 TOYOTA CAMRY	GTM7200EB、GTM7200GB、GTM7200GB - NAVI、GTM7240GB、GTM7240GB - NAVI、GTM7240EB、GTM7240VB、GTM7240VB - NAVI	CEC - EL - 019 - 014	2010 - 1 - 25
14	北京奔驰—戴姆勒·克莱斯勒汽车有限公司	梅赛德斯 - 奔驰（Mercedes - Benz）	BJ7181（E200）、BJ7181A（C200）、BJ7251A（C230）、BJ7300A（C280）	CEC - EL - 019 - 015	2010 - 1 - 25
		克莱斯勒	BJ7270C、BJ7270CX、BJ7200J、BJ7200JX、BJ7240J、BJ7270J		
15	东南（福建）汽车工业有限公司	三菱 MISTUBISHI	轿车：DN7243H、DN7243P、DN7243M、DN7160H4B、DN7160M4B、DN7160P4B 指挥车：DN5022XZHA、DN5021XZH4B	CEC - EL - 019 - 016	2010 - 2 - 11
		克莱斯勒 CHRYSLER	旅行车：DN6510M、DN6510P、DN6511M、DN6511P		
		道奇 DODGE	旅行车：DN6512L、DN6512M、DN6512P		
		东南 SOUEAST	多用途乘用车：DN6492L4PB、DN6492C4PD 轿车：DN7243L 救护车：DN5020XJH4B 指挥车：DN5020XZHP4B、DN5020XZH4B 囚车：DN5020XQC4B 小型客车：DN6492L4B、DN6492C4B 邮政车：DN5020XYZ4B 厢式运输车：DN5020XXY4B		
16	长安福特马自达汽车有限公司	蒙迪欧 MONDEO	CAF7230A、CAF7203M	CEC - EL - 019 - 017	2010 - 2 - 11
		福特 ford	CAF6480A		

续表

序号	企业名称	注册商标	产品名称、规格型号	中国环境标志认证证书编号	认证证书有效截止日期
17	天津一汽丰田汽车有限公司	丰田（TOYOTA）	威驰（VIOS）系列： TV7130GLM3D、TV7130GL3D、 TV7150GL－iM3D、TV7150GL－i3D、 TV7150GLX－i3D、TV7150GL－SP3D、 TV7150GLX－iNS3D、 TV7131GL－iMD、TV7131GL－iD、 TV7162GL－iMD、TV7162GL－iD、 TV7162GL－SD、TV7162GLX－iD； 花冠（COROLLA）系列： TV7180GL－i3D、TV7180GLX－S3D、 TV7180GLX－SNAVI3D、 TV7180GLX－i3D、 TV7180GLX－iNAVI3D、 TV7180GL－iM3D、 TV7180GLX－SM3D、 TV7180GLX－SNAVIM3D、 TV7180GLX－iM3D、 TV7180GLX－iNAVIM3D、 TV7180DLXD、TV7180DLX－iD； 皇冠（CROWN）系列： TV7300Royal3D、TV7300RoyalE3D、 TV7300RoyalSln3D、 TV7300RoyalSln3AD、 TV7300RoyalSln3SD、 TV7300RoyalSln3BD、 TV7250RoyalD、 TV7250RoyalAD、TV7250D 锐志（REIZ）系列： TV7300V3SD、TV7300V3ND、 TV7300V3D、TV7300V3NSD、 TV7250V3SD、TV7250V3NSD、 TV7250V3ND、TV7250V3D、 TV7250S3D、TV7250S3PD、 TV7250S3SPD、TV7300V4NSD、 TV7250V4SGD、TV7250V4NSD、 TV7250V4SD、TV7250V4D、 TV7250S4SPD、TV7250S4D	CEC－EL－019－018	2010－2－11

续表

序号	企业名称	注册商标	产品名称、规格型号	中国环境标志认证证书编号	认证证书有效截止日期
17	天津一汽丰田汽车有限公司	丰田（TOYOTA）	卡罗拉（COROLLA）系列： TV7161GLMD、TV7161GLD、 TV7181GL－SMD、TV7181GL－iMD、 TV7181GLX－iMD、 TV7181GLX－iMBD、 TV7181GLX－SMD、 TV7181GLX－iD、TV7181GL－iD、 TV7181GLX－SD、TV7181GL－SD、 TV7181GLX－iAD、 TV7181GLX－SAD、 TV7181GLX－iBD、 TV7181PREMIUMD、 TV7181PREMIUMAVND； 花冠（COROLLA EX）系列： TV7160GMD、TV7160DLXD、 TV7160DLX－iD、TV7160GD	CEC－EL－019－018	2010－2－11
18	沈阳华晨金杯汽车有限公司	中华	SY7180CSBBA 轿车（酷宝） SY7180CZBBA 轿车（酷宝） SY7180DSBBA 轿车（酷宝） SY7181DSBBB 轿车（尊驰） SY7182DSBBB 轿车（骏捷） SY7181CSBBB 轿车（尊驰） SY7182CSBBB 轿车（骏捷） SY7181CZBBB 轿车（尊驰） SY7182CZBBB 轿车（骏捷） SY7241AZBBB 轿车（尊驰）	CEC－EL－019－019	2010－2－11
		金杯	SY6513US1BH 轻型客车（金杯海狮） SY6513US3BH 轻型客车（金杯海狮） SY6543US1BH 轻型客车（金杯海狮） SY6543US3BH 轻型客车（金杯海狮） SY6481MSBG 轻型客车（阁瑞斯） SY6521MS1BG 轻型客车（阁瑞斯） SY6521MS3BG 轻型客车（阁瑞斯） SY5033XJH－USBH 救护车（金杯海狮） SY5033XQC－USBH 囚车（金杯海狮） SY5033XXY－USBH 厢式运输车（金杯海狮） SY5033XSC－USBH 伤残运送车（金杯海狮） SY5033XYZ－USBH 邮政车（金杯海狮） SY5033XGC－USBH 工程车（金杯海狮） SY5033XJE－USBH 监测车（金杯海狮）		

续表

序号	企业名称	注册商标	产品名称、规格型号	中国环境标志认证证书编号	认证证书有效截止日期
19	四川一汽丰田汽车有限公司	丰田、TOYOTA	轻型客车： SCT6490E4、SCT6491E4	CEC－EL－019－020	2010－4－18
20	浙江吉利控股集团有限公司	吉利美日	MR7131D、MR7180D	CEC－EL－019－021－1	2010－5－24
		朗风	SMA7131E4、SMA7132E4	CEC－EL－019－021－2	
		吉利	金刚 JL7152D、JL7152B1D	CEC－EL－019－021－3	
21	华晨宝马汽车有限公司	宝马（BMW）	BMW7200AD（BMW320i）、 BMW7200BD（BMW320i）、 BMW7200ED（BMW320i）、 BMW7251EL（BMW523Li）	CEC－EL－019－022	2010－6－5
22	哈飞汽车股份有限公司	哈飞	轿车：HFJ7130E4、HFJ7110E4、 HFJ7100E4、HFJ7133E4、 HFJ7161E4、HFJ7162E4	CEC－EL－019－023	2010－6－10
		松花江	客车：HFJ6370D4、HFJ6370E4、 HFJ6391D4、HFJ6391E4、 HFJ6371D4、HFJ6376D4 邮政车：HFJ5022XYZE4、 HFJ5022XYZE4； 货车：HFJ1020GD4、HFJ1011GD4		
23	中国第一汽车集团公司	马自达	马自达6系列： CA7201AT4、CA7201MT4、 CA7202AT4、CA7231AT4、 CA7232AT4、CA7233AT4	CEC－EL－019－024	2010－6－14
		红旗	奔腾系列： CA7204AT4、CA7204MT4、 CA7234AT4 HQ3 系列：CA7300N4		
24	重庆长安铃木汽车有限公司	长安	天语：SC7161A4、SC7161C4、 SC7162A4、SC7162C4 雨燕：SC7150、SC7150A	CEC－EL－019－025	2010－7－18

续表

序号	企业名称	注册商标	产品名称、规格型号	中国环境标志认证证书编号	认证证书有效截止日期
25	东风悦达起亚汽车有限公司	起亚	RIO锐欧系列：YQZ7140E、YQZ7140AE、YQZ7163E、YQZ7163AE、YQZ7141E、YQZ7141AE 狮跑系列：YQZ6430E、YQZ6430AE、YQZ6430WE、YQZ6430AWE、YQZ6431 嘉华系列：YQZ6491EF 赛拉图系列：YQZ7162EF、YQZ7162AEF、YQZ7181EF、YQZ7181AEF、YQZ7164E、YQZ7164AE	CEC－EL－019－026	2010－7－18
26	北京汽车制造厂有限公司	北京	轻型越野汽车：BJ2032CJD4、BJ2032CJE4、BJ2025CBB8、BJ2025CBD7、BJ2036CJE3、BJ2036CJE4 旅行车：BJ6470WJD4、BJ6470WJE4、BJ6430WBB5、BJ6430WBD5	CEC－EL－019－027	2010－7－23
27	东风柳州汽车有限公司	风行	景逸系列：LZ6430BQ5E5 菱智系列：LZ6472AQ3S、LZ6512AQ3S、LZ6512AQ3SN、LZ6512AQ3SQ	05507P1019028R0L	2010－7－30
28	安徽江淮汽车有限公司	瑞风	轻型客车：HFC6470AR3F、HFC6500A1C8F、HFC6500A1C7F、HFC6470A3F、HFC6500A3C8F、HFC6500A3C7F	05507P1019029R0L	2010－7－30
		瑞鹰	轻型客车：HFC6451M1SG4、HFC6450M1G4、HFC6450M2G4 轿车：HFC7240SG4、HFC7240EG4、HFC7200EG4		
29	上海汽车股份有限公司	荣威	轿车（CSA7250AC－DL、CSA7250AC－GD、CSA7181AC、CSA7180AC－DL、CSA7180MC－DL、CSA7180MC－S、CSA7181MC）	CEC－EL－019－030	2010－8－15

续表

序号	企业名称	注册商标	产品名称、规格型号	中国环境标志认证证书编号	认证证书有效截止日期
30	跃进汽车集团公司	名爵	轿车：NJ7180ZT4、NJ7140ZR4	CEC－EL－019－031	2010－12－3
31	上海汇众汽车制造有限公司	（第672403号图标） 汇众 SHAC	轻型客车：SH6530G、SH6531G、SH6492G、SH6493G； 救护车：SH5031XJHG、SH5032XJHG、SH5033XJHG、SH5034XJHG； 伤残运送车：SH5030XSCG、SH5031XSCG； 囚车：SH5030XQCG	CEC－EL－019－032	2010－12－25
32	长城汽车股份有限公司	哈弗 HOVER 嘉誉 COWRY	旅行车： CC6460KM09、CC6460KM29； 轻型客车：CC6460VM00	05508P1019033R0L	2011－5－3

二、复印机：执行标准 HJBZ40－2000

序号	企业名称	注册商标	产品名称、规格型号	中国环境标志认证证书编号	认证证书有效截止日期
1	东芝泰格信息系统（深圳）有限公司	TOSHIBA	静电复印机（多功能数码复印机） DP－2320（e－STUDIO230）、 DP－2820（e－STUDIO280）、 DP－2330（e－STUDIO230S）、 DP－2830（e－STUDIO280S）、 DP－2330（e－STUDIO230）、 DP－2340（e－STUDIO232S）、 DP－2340（e－STUDIO233S）、 DP－2840（e－STUDIO282S）、 DP－2350（e－STUDIO232）、 DP－2350（e－STUDIO233）、 DP－2840（e－STUDIO283S）、 DP－2850（e－STUDIO282）、 DP－2850（e－STUDIO283）、 DP－3520（e－STUDIO350）、 DP－4520（e－STUDIO450）、 DP－3530（e－STUDIO350S）、 DP－4530（e－STUDIO450S）、	CEC－EL－026－001	2008－9－28

续表

序号	企业名称	注册商标	产品名称、规格型号	中国环境标志认证证书编号	认证证书有效截止日期
1	东芝泰格信息系统（深圳）有限公司	TOSHIBA	DP－3540（e－STUDIO352S）、 DP－3540（e－STUDIO353S）、 DP－4540（e－STUDIO452S）、 DP－4540（e－STUDIO453S）、 DP－3550（e－STUDIO352）、 DP－3550（e－STUDIO353）、 DP－4550（e－STUDIO452）、 DP－4550（e－STUDIO453）、 DP－5200（e－STUDIO523）、 DP－8500（e－STUDIO850）、 DP－8500（e－STUDIO853）、 DP－7200（e－STUDIO720）、 DP－7200（e－STUDIO723）、 DP－6000（e－STUDIO600）、 DP－6000（e－STUDIO603）、 DP－5200（e－STUDIO520）、 FC－3511（e－STUDIO3511）、 FC－4511（e－STUDIO4511）、 FC－281C（e－STUDIO281c）、 FC－351C（e－STUDIO351c）、 FC－451C（e－STUDIO451c）、 DP－1640（e－STUDIO163）、 DP－2030（e－STUDIO203）、 DP－1650（e－STUDIO165）、 DP－2040（e－STUDIO205）、 DP－1660（e－STUDIO166）、 DP－2060（e－STUDIO206）、 DP－1670（e－STUDIO167）、 DP－2070（e－STUDIO207）、 DP－2370（e－STUDIO237）、 FC－2500C（e－STUDIO2500c）、 FC－3500C（e－STUDIO3500c）、 FC－3510C（e－STUDIO3510c）	CEC－EL－026－001	2008－9－28

续表

序号	企业名称	注册商标	产品名称、规格型号	中国环境标志认证证书编号	认证证书有效截止日期
2	理光（中国）投资有限公司	RICOH	多用途打印复印机、数码复印机：Aficio 3030、Aficio 3025、Aficio 1515、Aficio 1515MF、Aficio 3045PS、Aficio 3045、Aficio 3035PS、Aficio 3035、Aficio 3232C、Aficio MP1610L、Aficio MP1610LD、Aficio 2020、Aficio 2020D、Aficio 2015L、Aficio 2015、Aficio MP C2500、Aficio MP C3000、Aficio MP 1800、Aficio MP 2000、Aficio MP 2000SP	CEC－EL－026－002（1）	2008－8－29
			多用途打印复印机：Aficio MP 7500、Aficio MP 6500、Aficio MP 5500；多功能数码工程机：Aficio 480W、Aficio 241W－e、Aficio MP W2400、Aficio MP W3600	CEC－EL－026－002（2）	2010－1－21
3	夏普办公设备（常熟）有限公司	SHARP	数码复印机：AR－158X、AR－2616、AR－2618、AR－2620、AR－2620S、AR－2620SZ、AR－2618Z、AR－A208X；数码多功能一体机：AR－158、AR－158F、AR－158S、AR－A208、AR－A208N；数码复合机：AR－M160、AR－2818、AR－2718、AR－2718N、AR－2718NZ、AR－2718Z、AR－2918、AR－2820N、AR－2820NZ、AR－M205、AR－2820、AR－2820Z、AR－M209、AR－M209T、AR－M236、AR－M236T、AR－M258、AR－256L、AR－M276、AR－M276T、AR－M318、AR－316L、AR－M550N、AR－M550NT、MX－M550U、MX－M550N、AR－M620N、	CEC－EL－026－003	2009－11－15

续表

序号	企业名称	注册商标	产品名称、规格型号	中国环境标志认证证书编号	认证证书有效截止日期
3	夏普办公设备（常熟）有限公司	SHARP	AR－M620NT、MX－M620U、MX－M620N、AR－M700N、AR－M700NT、MX－M700U、MX－M700N、AR－2921、MX－M350N、MX－M450N、MX－M350U、MX－M450U、MX－M850、MX－M950、MX－M1100； 数码彩色复合机： MX－2300N、MX－2700N、MX－3500N、MX－4500N、MX－5500N、MX－6200N、MX－7000N、MX－2000L	CEC－EL－026－003	2009－11－15
4	柯尼卡美能达办公系统（中国）有限公司	KONICA MINOLTA	数码彩色打印－复印一体机：C250、C252； 数码彩色打印－复印－传真（可选）一体机：C253、C353、C300、C352、C450、C451、C550、C650； 多功能数码打印－复印－传真（可选）一体机：420、500、163、7616、211、7621、220、7622、200、250、350； 多功能数码打印－复印一体机：600、750	CEC－EL－026－005	2010－3－7
5	三星电子（山东）数码打印机有限公司	三星 SAMSUNG	激光复合机： SCX－4521F、SCX－4321、SCX－4720FN、SCX－4720F、SCX－4520、SCX－4200、SF－565P、SF－560、SCX－4725F、SCX－4725FN	CEC－EL－026－006（1）	2010－3－7
			激光复合机： SCX－6345N、SCX－6322DN、SCX－6122FN、SCX－5530FN、SCX－5330N	CEC－EL－026－006（2）	2010－3－7
6	方正科技集团股份有限公司	文峰	复印机： ML316、ML316D、ML320、ML320D	CEC－EL－026－007	2010－12－16

续表

序号	企业名称	注册商标	产品名称、规格型号	中国环境标志认证证书编号	认证证书有效截止日期
7	上海震旦办公自动化销售有限公司	AURORA（第 1457881 号商标）	数码彩色打印－复印一体机：ADC258； 多功能数码打印－复印－传真（可选）一体机：AD428、AD508、AD258、AD358	CEC－EL－026－008	2011－3－25
8	京瓷美达办公设备（东莞）有限公司	KYOCERA（第 2016526 号商标）	黑白数码复合机：FS－1016MFP、KM－1635、KM－2035、KM－2050、KM－2540、KM－2560、KM－3040、KM－3060、KM－4050（≤40p/m）；KM－5050、KM－6030、KM－8030（＞40p/m）； 彩色数码复合机：KM－C3225	05508P1026009R0L	2011－5－12

三、打印机、传真机及多功能一体机：执行标准 HJ/T302－2006

序号	企业名称	注册商标	产品名称、规格型号	中国环境标志认证证书编号	认证证书有效截止日期
1	南京富士通计算机设备有限公司	FUJITSU Fujitsu 富士通 NFCP NFCP DPK FUJITSU DPK	高速通用汉字打印机： DPK3500E、DPK300、DPK300H、DPK300S、DPK300T、DPK310、DPK310H、DPK310S、DPK310T、DPK320、DPK320H、DPK320S、DPK320T、DPK330、DPK330H、DPK330S、DPK330T、DPK3600E＋、DPK3600H、DPK500、DPK500H、DPK500S、DPK500T、DPK510、DPK510H、DPK510S、DPK510T、DPK520、DPK520H、DPK520S、DPK520T、DPK530、DPK530H、DPK530S、DPK530T 通用点阵打印机：DPK3600E 超高速汉字打印机：DPK7600E 高速存折打印机： DPK100、DPK100＋、DPK200、DPK200A、DPK200B、DPK200C、DPK200D、DPK200E、DPK200F、DPK200G、DPK200H、DPK200I、DPK200J、DPK200K、DPK200L、	CEC－EL－044－001	2008－8－29

续表

序号	企业名称	注册商标	产品名称、规格型号	中国环境标志认证证书编号	认证证书有效截止日期
1	南京富士通计算机设备有限公司	FUJITSU Fujitsu 富士通	DPK200M、DPK200N、DPK200O、DPK200P、DPK200Q、DPK200R、DPK200S、DPK200T、DPK200U、DPK200V、DPK200W、DPK200X、DPK200Y、DPK200Z 存折/票据打印机：DPK8600E 超高速票据存折打印机：DPK8580E、DPK8680E 高速存折打印机：DPK8780E 平推式点阵打印机： DPK8300E+、DPK8400E+、DPK8500E、DPK8500EΠ 增值税票据打印机：DPK8310TAX、DPK8410TAX、DPK－HT2480 平推票据打印机：DPK700、DPK710、DPK700H、DPK700S、DPK700T、DPK710H、DPK710S、DPK710T、DPK720、DPK720H、DPK720S、DPK720T、DPK730、DPK730H、DPK730S、DPK730T、DPK6750、DPK800、DPK810、DPK900、DPK910、DPK900H、DPK900S、DPK900T、DPK910H、DPK910S、DPK910T、DPK920、DPK920H、DPK920S、DPK920T、DPK930、DPK930H、DPK930S、DPK930T、DPK800H、DPK800S、DPK800T、DPK810H、DPK810S、DPK810T、DPK820、DPK820H、DPK820S、DPK820T、DPK830、DPK830H、DPK830S、DPK830T、DPK6950、DPK6850 票据证件打印机： DPK880、DPK910P、DPK810P、DPK880H、DPK880S、DPK880T、DPK890、DPK890H、DPK890S、DPK890T、DPK8510E 24针证件专用打印机： DPK9500GA 证件专用打印机：DPK9520GA	CEC－EL－044－001	2008－8－29

续表

序号	企业名称	注册商标	产品名称、规格型号	中国环境标志认证证书编号	认证证书有效截止日期
2	富士施乐（中国）有限公司	富士施乐、FUJI XEROX、施乐、	WorkCentre520， DocumentCentre156/186， DocumentCentre236/286， DocumentCentre900/1100， DDC250/360/450， DocuCentre/ApeosPort 450I/550I， DocumentCentre336， WorkCentre518/518II， DocuCentre - II C3000， DocuCentre/ApeosPort 650I/750I， DocuCentre/ApeosPort C5540I/C6550I/C7550I，Fuji Xerox 4590/4110， DocuCentre - II/ApeosPort - II C2200/C3300/C4300，DocuColor 5065/4055， DocuCentre1080/2000，DocuCentre - II 3005/2055/2005，DocuCentre 1055xx/1085xx，DocuCentre - II 7000xx/6000xx，ApeosPort - II 7000xx/6000xx	CEC - EL - 044 - 002	2008 - 8 - 29
3	理光（中国）投资有限公司	RICOH	激光打印机：Aficio AP600、Aficio AP600N； 彩色激光打印机： Aficio SP C811DN； 多用途数码机： Aficio MP C4500、Aficio MP C3500、Aficio MP C1500、Aficio GX3000SF； 激光普通纸传真机： RICOHFAX3320L； 多功能打印复印机：Aficio GX3000S	CEC - EL - 044 - 003	2008 - 8 - 29
4	佳能（中国）有限公司	iR	多功能一体机： iR2870、iR2830、iR2270、iR2230	CEC - EL - 044 - 004	2008 - 12 - 12
5	新会江裕信息产业有限公司	Jolimark	票据打印机： LQ - 120K、LQ - 120KF、LQ200K、LQ200 - KF； 24 针点阵打印机： CP - 280、GSX - 230K、GSX - 330K、GSX - 330K +、CP - 380K； 点阵打印机： CP - 3200II、LQ - 1630K	CEC - EL - 044 - 005	2010 - 1 - 25

续表

序号	企业名称	注册商标	产品名称、规格型号	中国环境标志认证证书编号	认证证书有效截止日期
5	新会江裕信息产业有限公司	Jolimark 映美	高速高拷贝宽行针式打印机： CP－9000K； 高速高负荷宽行针式打印机： CP－9100K； 打印机：FP－500K、KY－540K、 FP5400K、FP5800K、GSX－230； 平推式打印机：TP－590K、 FP－530K、FP－530K＋、FP580K； 高速平推票据打印机：FP－530KII、 FP－550K、FP－580KII、FP－660K、 FP－700K； 通用宽行平推打印机：FP－5800KII； 宽行平推票据打印机： FP－5900K、FP－5920K、 FP－8400KII、FP－8480K； 平推票据打印机：FP－650K 24针宽行平推式点阵打印机： FP－8700K、FP－8800K、FP－8800K＋ 微型针式打印机：MP－110DPCR、 110DPC、110DSCR、110DSC、 110DPR、110DP、110DSR、110DS、 111DPR、111DP、111DSR、11DS； 微型票据打印机：MP－210D 专业存折打印机：BP－900K 证本打印机：BP－800K 高速点阵打印机： LQ－350K、LQ300KIII	CEC－EL－044－005	2010－1－25
6	中国惠普有限公司		激光打印机： HP LaserJet 1018、HP LaserJet 1020、 HP LaserJet 1022、HP LaserJet 1160、 HP LaserJet p2015、HP LaserJet 5200L、 HP LaserJet p3005、HP LaserJet 5200、 HP LaserJet 4250、HP LaserJet 4350； 多功能一体机： HP LaserJet 3050 MFP、 HP LaserJet 3052 MFP、 HP LaserJet 3055 MFP、 HP LaserJet 3390 MFP、 HP LaserJet 3392 MFP	CEC－EL－044－006－1	2010－3－7

续表

序号	企业名称	注册商标	产品名称、规格型号	中国环境标志认证证书编号	认证证书有效截止日期
6	中国惠普有限公司	invent	hp 牌激光打印机： HP LaserJet 9040/n/dn、 HP LaserJet 9050/n/dn、 HP Color LaserJet 1600、 HP Color LaserJet 2600/n、 HP Color LaserJet 2605/dn/dtn、 HP Color LaserJet 2700/n、 HP Color LaserJet 3000/n/dn、 HP Color LaserJet 3600/n/dn、 HP LaserJet Color 3800/n/dn、 HP Color LaserJet 4700/n/dn/dtn、 HP Color LaserJet 5550/dn/dtn、 HP Color LaserJet 9500/n/hdn； 多功能一体机： HP LaserJet m3027/x MFP、 HP LaserJet m5025 MFP、 HP LaserJet m3035/xs MFP、 HP LaserJet m5035/x/xs MFP、 HP LaserJet 9040 MFP、 HP LaserJet m4345/x MFP、 HP LaserJet 9050 MFP、 HP Color LaserJet cm1015、 HP Color LaserJet cm1017、 HP Color LaserJet 2820、 HP Color LaserJet 2840、 HP Color LaserJet 4730/x MFP、 HP Color LaserJet 9500 MFP	CEC－EL－044－006－2	2010－4－2
7	三星电子（山东）数码打印机有限公司	三星 SAMSUNG	喷墨复合机：SF－361P、SF－360； 单色激光打印机：ML－2010、 ML－1610、ML－2250、ML－3051N、 ML－3050、ML－3051ND、 ML－2571N、ML－2570、ML－2510； 彩色激光打印机：CLP－300N、 CLP－300； 喷墨 OA 多功能复合机：SF－370、 SF－371P	CEC－EL－044－007－1	2010－3－7
			彩色激光打印机：CLP－600N、 CLP－600、CLP－610ND、 CLX－3160FN、CLX－3160N	05507P1044007R0L－2	2010－3－7

续表

序号	企业名称	注册商标	产品名称、规格型号	中国环境标志认证证书编号	认证证书有效截止日期
8	柯尼卡美能达办公系统（中国）有限公司	KONICA MINOLTA	多功能打印－复印一体机： PagePro1380MF； 多功能传真一体机： PagePro1390MF、magicolor 2490MF、magicolor 2590MF、C10； 彩色激光一体机：magicolor 2480MF； 彩色激光打印机：magicolor 2500W、magicolor2530DL、magicolor 2550、magicolor 5430DL、magicolor 5440DL、magicolor 5450、magicolor 7440、magicolor 7450、magicolor 5550、magicolor 5570、magicolor 8650、magicolor 4650EN、magicolor 4650DN	05507P1044008R0L	2010－3－7
9	爱普生（中国）有限公司	EPSON	EPSON STYLUS PHOTO EX3 A3 彩色喷墨打印机； EPSON LQ－670K＋T 针式平推打印机； EPSON LQ－660K 针式平推打印机； EPSON LQ－630K 针式平推打印机； EPSON LQ－635K 针式平推打印机； EPSON LQ－1600KⅢH 针式滚筒打印机； EPSON LQ－300K＋Ⅱ 针式滚筒打印机	CEC－EL－044－009－1	2010－5－9
			针式平推打印机：DLQ－3250K、DLQ－3500K、LQ－680K PRO、LQ－680K； 针式滚筒打印机：LQ－1900KⅡ＋、LQ－590K、LX－300＋； 存折打印机：PLQ－20K、PLQ－20KM； 喷墨打印机、多功能一体机： STYLUS CX 5900、STYLUS CX 8300、STYLUS CX 9300F、STYLUS C 110、ME 200； 针式打印机：EPSON LQ－2680K、EPSON LQ－690K、EPSON LQ－680KII、EPSON LQ－675KT	CEC－EL－044－009－2	2010－5－14

续表

序号	企业名称	注册商标	产品名称、规格型号	中国环境标志认证证书编号	认证证书有效截止日期
9	爱普生（中国）有限公司	EPSON	彩色喷墨打印机： EPSON STYLUS PHOTO R800、 EPSON STYLUS PHOTO R1800、 EPSON STYLUS PHOTO R2400、 EPSON STYLUS PHOTO 1390、 EPSON STYLUS PHOTO R1900； 大幅面喷墨打印机： EPSON STYLUS PRO 3800C、 EPSON STYLUS PRO 4450、 EPSON STYLUS PRO 4880C	CEC－EL－044－009－3	2010－5－9
			大幅面喷墨打印机： EPSON STYLUS PRO 9450 EPSON STYLUS PRO 9880C	CEC－EL－044－009－4	2010－5－14
			多功能一体机：EPSON STYLUS CX5500	CEC－EL－044－009－5	2010－5－9
			大幅面喷墨打印机： EPSON STYLUS PRO 7450 EPSON STYLUS PRO 7880C EPSON STYLUS PRO 11880C	CEC－EL－044－009－6	2010－5－14
10	虹光精密工业（苏州）有限公司	虹光、 虹光 AVSION、 虹光精密、 ΛV 虹光、 ΛV AVSION、 AVSION、	AM3100L、AM3200、AM3230、AM3130、AM3130L	CEC－EL－044－010	2010－6－14
11	松下电器（中国）有限公司	Panasonic	多功能数码机 DP－8060－PK/8045－PK/8035－PK DP－3030－PKR/2330－PKR DP－8020E－PK/8020P－PK/8016P－PK	CEC－EL－044－011	2010－8－29
12	日冲商业（北京）有限公司	OKI	针式打印机： MICROLINE8340CП、 MICROLINE8450CL； 彩色页式打印机： C3300n、C3400n、C5600n、C5900n	CEC－EL－044－012	2010－9－24

续表

序号	企业名称	注册商标	产品名称、规格型号	中国环境标志认证证书编号	认证证书有效截止日期
13	联想（北京）有限公司	lenovo 联想、lenovo	激光打印机：LJ7800N、LJ2000 企业版、LJ2050N、LJ2000L、LJ2000Pro、M7020Pro、LJ6000、LJ6300、LJ6300D、LJ2200、LJ2250、LJ2250N； 激光传真机：M3020、M3120； 激光多功能一体机：M3220、M7120Pro、M7130N、M7750N	05507P1044013R0M	2010－11－11
14	方正科技集团股份有限公司	方正文杰	打印机：A321、A321N、A650	CEC－EL－044－014	2010－12－16
15	富士施乐（中国）有限公司	富士施乐、FUJI XEROX、施乐、X	WorkCentre520，DocumentCentre156/186，DocumentCentre236/286，DocumentCentre900/1100，DDC250/360/450，DocuCentre/ApeosPort 450I/550I，DocumentCentre336，WorkCentre518/518II，DocuCentre－II C3000，DocuCentre/ApeosPort 650I/750I，DocuCentre/ApeosPort C5540I/C6550I/C7550I，Fuji Xerox 4590/4110，DocuCentre－II/ApeosPort－II C2200/C3300/C4300，DocuColor 5065/4055，DocuCentre1080/2000，DocuCentre－II 3005/2055/2005	CEC－EL－044－015	2008－8－29
16	航天信息股份有限公司	Aisino	小型 24 针平推打印机： Aisino TY－500、Asino TY－500＋； 80 列 24 针平推打印机： Aisino SK－800、Aisino SK－800II、Aisino SK－800III、Aisino SK－800＋、Aisino TY－800、Aisino TY－800＋； 106 列 24 针平推打印机： Aisino SK－600、Aisino SK－600II、Aisino SK－600III、Aisino SK－600＋、Aisino TY－600、Aisino TY－600＋；	CEC－EL－044－016	2011－1－1

续表

序号	企业名称	注册商标	产品名称、规格型号	中国环境标志认证证书编号	认证证书有效截止日期
16	航天信息股份有限公司	Aisino 第 3090832 号商标	136 列 24 针平推打印机： Aisino SK－300、Aisino SK－300II、 Aisino SK－300III、Aisino SK－300＋、 Aisino TY－300、Aisino TY－300＋； 80 列 9 针平推打印机： Aisino SK－810、Aisino SK－810II、 Aisino SK－810III、Aisino SK－810＋、 Aisino TY－810、Aisino TY－810＋； 136 列 24 针高速滚筒打印机： Aisino TY－2300、Aisino TY－2300＋、 Aisino TY－2310、Aisino TY－2320； 136 列 24 针滚筒打印机： Aisino TY－1300、Aisino TY－1300＋、 Aisino TY－1310、Aisino TY－1320； 80 列 24 针滚筒打印机： Aisino TY－1800、Aisino TY－1800＋、 Aisino TY－1810、Aisino TY－1820、 Aisino TY－1800II、Aisino TY－1800DS	CEC－EL－044－016	2011－1－1
17	江门市得实计算机外部设备有限公司	得实	小型 24 针平推打印机： DS－1000、DS－1000H、DS－350、 DS－350H、DS－360、DS－500、 DS－500H、DS－500TX、DS－510、 DS－510H、DS－510TX、 DS－1000TX； 80 列 24 针平推打印机 AT10 系列： DS1100、DS－1100H、DS－1700、 DS－1700H、DS－1700TX、 HY－2000、DS－600、DS－600H、 DS－610、AR－500、AR－500＋、 AR－500II、AR－500III、AR－510、 AR－500TX、AR－510TX、 AR－500PRO； 106 列 24 针平推打印机 AT12 系列： DS－5400III、DS－2100、DS－700、 DS－710、AR－600、AR－600＋、 AR－600II、AR－600III、AR－610、 AR－600TX、AR－610TX、 AR－600PRO；	CEC－EL－044－017	2011－1－1

续表

序号	企业名称	注册商标	产品名称、规格型号	中国环境标志认证证书编号	认证证书有效截止日期
17	江门市得实计算机外部设备有限公司	得实 DASCOM	106列24针高速平推打印机AT52系列：DS－2100H、DS－2100HPRO、DS－2100H＋、DS－2100II、DS－2100II＋、DS－2100PRO、DS－5400HPRO、DS－5400H、DS－5400H＋、DS－5400IV、DS－5400PRO、DS－700H、DS－700H＋、DS－700HPRO、DS－700PRO、AR－600H、AR－610H、AR－600H＋、AR600－H II、AR－600H II＋、AR－600HPRO； 136列24针平推打印机AT15系列：DS－6400III、DS－6400H、DS－6400TX、DS－3100、DS－3100H、DS－3100TX、DS－800、DS－800H、DS－810、AR－700、AR－700＋、AR－700II、AR－700III、AR－710、AR－700TX、AR－710TX、AR－700PRO； 80列9针平推打印机AT20系列：DS－190、DS－900、DS－900H、DS－900TX、DS－910、DS－910H、DS－910TX、DS－940、DS－940H、DS－940TX、DS－980、AR－400、AR－400＋、AR－400II、AR－400III、AR－410、AR－410TX、AR－400PRO、AR－420； 136列24针高速滚筒打印机AW55系列：DS－3200H、DS－3200II＋、DS－3210H、DS－3200II PRO、DS－3240H、DS－400H、DS－410H、AR－3000H、AR－3100H、AR－3000HS、AR－3100HS、AR－3000H＋、AR－3000H II、AR－3000H II＋、AR－3000HPRO； 136列24针滚筒打印机AW15系列：DS－3200IV、DS－3200III＋、DS－3210、DS－3210＋、DS－3240、	CEC－EL－044－017	2011－1－1

续表

序号	企业名称	注册商标	产品名称、规格型号	中国环境标志认证证书编号	认证证书有效截止日期
17	江门市得实计算机外部设备有限公司	DASCOM	DS－3240＋、DS－400、DS－410、AR－3000、AR－3000＋、AR－3000II、AR－3000III、AR－3100、AR－3000TX、AR－3100TX、AR－3000II＋、AR－3000PRO； 80列24针滚筒打印机AW10系列：DS－2600II、DS－2600II＋、DS－2600II PRO、DS－2600III、DS－2620、DS－300、DS－300K、DS－300K＋、DS－300＋、DS－300PRO、DS－310、DS－310＋、DS－310K、DS－310PRO、DS－320、AR－300K、AR－300K＋、AR－300KPRO、AR－310K、AR－310TX、AR－330K	CEC－EL－044－017	2011－1－1
18	利盟打印机（深圳）有限公司	利盟、LEXMARK	激光打印机：4506－xxx、4512－xxx、4061－xxx、4024－xxx、5061－xxx、7003－xxx、5057－xxx、7002－xxx、7500－xxx、5022－xxx、4036－xxx、7510－xxx、7100－xxx、5023－xxx	05508P1044018R0M	2011－5－20

四、微型计算机、显示器：执行标准 HJ/T313－2006

序号	企业名称	注册商标	产品名称、规格型号	中国环境标志认证证书编号	认证证书有效截止日期
1	天津三星电子显示器有限公司	SAMSUNG 三星	彩色显示器：PN17LS、AN19MS 液晶彩色显示器：GH15LS、GH17MS、GH17LS、GH17PS、GH17WS、GH19PS、GH19LS、GH19WS、GH20PS、GH20WS、BR21CS、DP22WS、DO19WS、BR24CS、BE32PS、BE40PS、BE46PS、BE57PS、CR22WS、ED20BS、GH15PS、GH22WS、GH17TS、GH19TS、PE20BS、PE22BS、HU27BS、HU24BS、GH19UB、TR19MS、TR17MS、BT08PS、MY17LS、AQ19WS、MY19LS、MY19WS、AQ20WS、MY20WS、AQ22WS、MY22WS、KM24WS、KM26WS、HU30BS、BP40TS、BP46TS、BP70TS、PE22MS、MY19MS	CEC－EL－007－001	2010－2－11

续表

序号	企业名称	注册商标	产品名称、规格型号	中国环境标志认证证书编号	认证证书有效截止日期
2	苏州三星电子电脑有限公司	SAMSUNG 三星 第694540号图形商标	便携式个人电脑 Hainan：NP－X11、NP－X11I、NP－X11E、NP－X12、NP－X12A、NP－X12B、NP－X11A、NP－X11B； Santafe：NP－Q1、NP－Q1b； Macao：NP－Q1u； Hainan2：NP－R18、NP－R18A、NP－R19、NP－R19A、NP－R20、NP－R20A、NP－R21、NP－R21A、NP－R25； Firenze：NP－R39、NP－R40、NP－R41、NP－R39 plus、NP－R40 plus、NP－R41 plus、NP－R55； Torino：NP－Q35、NP－Q45、NP－Q46；Beijing：NP－Q70； Rimini：NP－Q40；Monaco：NP－G15； OSLO：NP－R70、NP－R71； Paula：NP－X22； Praha：NP－R58、NP－R58Y、NP－R58E、NP－R58I、NP－R58S、NP－R60、NP－R60Y、NP－R60E、NP－R60I、NP－R60S、NP－P500Y、NP－P500I； Rimini－R：NP－Q40 plus； Accordion：NP－G25； Hainan3：NP－R18Y、NP－R18I、NP－20Y、NP－R20I、NP－R21Y、NP－R21I、NP－R25E、NP－R25S、NP－R26E、NP－R26S、NP－P400Y、NP－P400I； Torino2－VE：NP－Q45C、NP－Q46C、NP－Q45I、NP－P200C、NP－P200I； Beijing－VE：NP－Q70Y、NP－Q70I； Macao－P：NP－Q1UP； Geneva：NP－R700； Xian：NP－R408Y、NP－R408I、NP－R410Y、NP－R410I、NP－R411Y、NP－R411I； Hainan3：NP－R23E、NP－R23S	CEC－EL－007－002	2010－6－14

续表

序号	企业名称	注册商标	产品名称、规格型号	中国环境标志认证证书编号	认证证书有效截止日期
3	惠州三星电子有限公司	SAMSUNG	CDT 显示器： PN17KS（KS17CNJVHQ/XSF、KU17ARKM/XSF、KU17ARKMK/XSF）； PN17LS（LB17KSBB/XSF）； AN19MS（KS19LHIWHQ/XSF）； LCD 显示器： GH17LS（LS17HALKSY/XSF、LS17HALKBY/XSF、LS17PEASF/XSF）； GH19LS（LS19HALKSY/XSF、LS19HALKBY/XSF、LS19PEBSFV/XSF）； GH19WS（LS19MEWSFV/XSF、LS19HANSSB/XSF、LS19HANSBB/XSF、LS19HAKCBB/XSF）； GH22WS（LS22MEHSFV/XSF）	CEC－EL－007－003	2010－11－30
4	方正科技集团股份有限公司	方正君逸	台式机：M5XX	CEC－EL－007－004－1	2010－12－16
		方正商祺	台式机：N110、N21X、N22X、N26X、N3XX、N5XX、N68X		
		方正文祥	台式机：E33X、E35X、E63X		
		方正卓越	台式机：KXXX、S100		
		尊越	台式机：A36X		
		天瀑	台式机：T200		
		飞越	台式机：V5XX		
		方正	笔记本：T650X、R650X、S650X、A656X、Mininote、S111X、A100X、R611X、A611X、S611X、R511X、A511X、S511X、R600X、S620X、A620X、R610X、A605X、R651X、A651X、S651X、S201X、S211X、R211X、T211X、A211X、S260X、A200X、S280X、T280X、S300X、A300X、S621X、A621X、S660X、T660X、A660X、R660X、S665X、T665X、A665X、T550X、A550X、A630X、S200X、T600X、R400X、A400X、R410X、A420X、A430X、R350X、T370X、S600X、A610X、S500X、A580X		

续表

序号	企业名称	注册商标	产品名称、规格型号	中国环境标志认证证书编号	认证证书有效截止日期
4	方正科技集团股份有限公司	FOUNDER	笔记本：T650X、R650X、S650X、A656X	CEC－EL－007－004－1	2010－12－16
		圆明	服务器：LT100、LT200、LT300、MT100、MT200、MT300、MT500、倚天系列		
		方正文祥	台式机：E33X、E35X	CEC－EL－007－004－2	2010－12－16
		方正卓越	台式机：KXXX、S101		
		圆明	服务器：MT100		
5	联想（北京）有限公司	lenovo 联想	台式电脑： 开天 BXXXXX、开天 MXXXX、 开天 AXXXX、开天 SXXXX、 开天 XXXXX、启天 MXXXX、 扬天 MXXXXX、扬天 EXXXXX、 扬天 TXXXXX、扬天 AXXXXX、 补天 AXXXX 笔记本电脑： 旭日系列： 旭日 C430XX、旭日 N440XX、 旭日 N220 XX、14001XXXX、 14002 XXXX、15003 XXXX； 天逸系列： 天逸 F50X、7756XXXX（系列名称：天逸 F31XX）、7757 XXXX（系列名称：天逸 F41XX）、7758XXXX、 15303XXXX、17305XXXX； 昭阳系列：昭阳 X41XX、 昭阳 X42XX、昭阳 E390X	CEC－EL－007－005	2011－2－20
6	同方股份有限公司	清华同方、（第1222907号商标）	台式计算机：真爱 XXXXXX、 超越 XXXXX、超翔 XXXXX、 超扬 XXXX、火影 XXXXXX、 cocoXXXXXX、网悦 XXXXX； 笔记本电脑：超锐 V100X、 锋锐 X5XXX、锋锐 X3XXX、 锋锐 K4XXX、锋锐 S2XXX、 锋锐 K430X、超锐 K430X、 锋锐 X31XX、锋锐 K3XXX、 超锐 X3XXX、锋锐 X410X、	CEC－EL－007－006	2011－4－22

续表

序号	企业名称	注册商标	产品名称、规格型号	中国环境标志认证证书编号	认证证书有效截止日期
6	同方股份有限公司	清华同方、（第1222907号商标）	超锐 X410X、锋锐 K411X、 超锐 K411X、锋锐 X50XX、 超锐 X50XX、锋锐 K41XX、 锋锐 K43XX、超锐 K41XX、 锋锐 K410X、锋锐 K42XX、 超锐 K415X； 服务器：超强 XXXXX； 工作站：超炫 XXXX	CEC－EL－007－006	2011－4－22
7	中国长城计算机深圳股份有限公司	Great Wall 长城（第1248995号商标）	台式电脑：嘉翔 ABCD、世恒 ABCD、俊杰 ABCD； 笔记本电脑：E ABCD、T ABCD、A ABCD； 服务器：至翔 ABCD	CEC－EL－007－007	2011－4－22

五、水性涂料：执行标准 HJ/T201－2005

序号	企业名称	注册商标	产品名称、规格型号	中国环境标志认证证书编号	认证证书有效截止日期
1	雅士利涂料（苏州）有限公司	雅士利 美佳室 MAJS	内墙乳胶漆 外墙乳胶漆 底漆 腻子	CEC－EL－002－003	2008－12－30
2	南京天祥涂料有限公司	天祥 第 3204597 号商标	内墙乳胶漆 外墙乳胶漆 底漆 腻子	05506P1002004R1M	2010－3－7
3	海南大中漆厂（香港）有限公司/紫薇花制漆（海南）有限公司	Monarch（大孚） 润宝 椰花 紫薇花	内墙乳胶漆 外墙乳胶漆 底漆	CEC－EL－002－014	2009－2－15
4	紫荆花制漆（成都）有限公司	紫荆花	内墙乳胶漆 外墙乳胶漆 底漆	CEC－EL－002－015	2009－1－23

续表

序号	企业名称	注册商标	产品名称、规格型号	中国环境标志认证证书编号	认证证书有效截止日期
5	江苏丰彩新型建材有限公司	丰彩	内墙乳胶漆 外墙乳胶漆 底漆	CEC－EL－002－017	2009－3－26
6	鳄鱼制漆（上海）有限公司	鳄鱼 申真	内墙乳胶漆 外墙乳胶漆 底漆 腻子	CEC－EL－002－018	2008－12－13
7	深圳市宝光工业有限公司	宝丽 好房子	内墙乳胶漆 外墙乳胶漆 底漆	CEC－EL－002－022	2009－11－28
8	厦门鑫威爱新型墙漆技术有限公司	JVI Ai SUR PRIDE	内墙漆 外墙漆 底漆 腻子	CEC－EL－002－024	2009－4－12
9	亚士漆（上海）有限公司	亚士漆 SOK	内墙乳胶漆 外墙乳胶漆	CEC－EL－002－027	2009－12－26
10	浙江天女集团制漆有限公司	天女	内墙乳胶漆 外墙乳胶漆	CEC－EL－002－028	2009－12－17
11	石家庄市油漆厂	金鱼 慧心	内墙乳胶漆 外墙乳胶漆 弹性乳胶漆 腻子 底漆 水性木器漆 水性金属漆 水性防腐漆	CEC－EL－002－035	2010－11－5
12	福州福川化学有限公司	海峡	内墙乳胶漆 外墙乳胶漆 防水漆 底漆	CEC－EL－002－039	2010－8－15

续表

序号	企业名称	注册商标	产品名称、规格型号	中国环境标志认证证书编号	认证证书有效截止日期
13	佛山市嘉乐士化工企业有限公司	嘉乐士(SALUX) 耐奇 NAKY 亚美乐 YAMINO	内墙乳胶漆 外墙乳胶漆	CEC－EL－002－040	2010－5－22
14	广东巴德士化工有限公司	巴德士 卡丹 大帅 BOKER	内墙乳胶漆 外墙乳胶漆	CEC－EL－002－043	2010－11－30
15	卜内门太古漆油（中国）有限公司	多乐士 多乐士专业 幻色家 美时丽 梦色家 越彩 ICI ICI专业 卡普林诺 利登(GLIDDEN) DULUX CUPRINOL MAXILITE PLUS SUPER MAXILITE MAXILITE	内墙乳胶漆 外墙乳胶漆 木器漆	CEC－EL－002－045	2010－10－21
16	廊坊立邦涂料有限公司	N＋NIPPONPAINT 立邦 N＋立邦	内墙乳胶漆 外墙乳胶漆 底漆	CEC－EL－002－049	2010－7－23

续表

序号	企业名称	注册商标	产品名称、规格型号	中国环境标志认证证书编号	认证证书有效截止日期
17	北新集团建材股份有限公司	北新 龙牌	内墙乳胶漆 外墙乳胶漆 底漆	CEC－EL－002－050	2011－1－15
18	北京星牌建材有限责任公司	金隅星	内墙乳胶漆 外墙乳胶漆	CEC－EL－002－051	2010－10－24
19	广东华润涂料有限公司	华润 Idol Idol 爱的漆 世纪明珠 华润漆	内墙乳胶漆 外墙乳胶漆 水性木器漆	CEC－EL－002－052	2010－12－13
20	济南玛博伦环保涂料有限公司	瑪博倫 Marbelon	内墙乳胶漆 外墙乳胶漆	05508P1002055R2S	2011－5－25
21	常州光辉化工有限公司（常州常新涂料有限公司/常州金狮油漆有限公司/常州光大化工涂料有限公司）	光辉 柏林莱 拜伦 宝杰	内墙乳胶漆 外墙乳胶漆 底漆	CEC－EL－002－058	2011－2－20
22	美巢装饰材料股份公司	美巢	内墙涂料 底漆 腻子	CEC－EL－002－059	2011－1－31
23	卜内门太古漆油（上海）有限公司	多乐士 DULUX ICI ICI 专业 多乐士专业 越彩 梦色家 幻色家 美时丽 利登 卡普林诺	内墙乳胶漆 外墙乳胶漆	CEC－EL－002－060	2010－11－19

续表

序号	企业名称	注册商标	产品名称、规格型号	中国环境标志认证证书编号	认证证书有效截止日期
24	中华制漆（深圳）有限公司	菊花 菊花皇 长颈鹿	内墙涂料 外墙涂料 水性磁漆 水性木器漆 底漆 腻子	CEC－EL－002－061	2011－3－20
25	顺德市顺德区先科漆油有限公司	3h 福派	内墙乳胶漆 外墙乳胶漆 隔热防水涂料 底漆 自干型氟碳漆	CEC－EL－002－063	2009－6－18
26	无锡市虎皇漆业有限公司	虎皇 雅鑫欧克 金鑫中虎 彪皇	内墙乳胶漆 外墙乳胶漆 底漆	CEC－EL－002－065	2008－8－11
27	辽宁一一三（集团）化工有限责任公司	波莱特 BRIT	内墙乳胶漆 外墙乳胶漆 水性木器漆	CEC－EL－002－066	2008－11－24
28	南京长江涂料有限公司	长江	内墙乳胶漆 外墙乳胶漆 弹性外墙乳胶漆 墙面底漆	CEC－EL－002－067	2011－2－20
29	升华集团湖州升宝涂料有限公司	升宝 第 1688827 号商标	内墙乳胶漆 外墙乳胶漆 外墙底漆 弹性涂料 真石漆	CEC－EL－002－068	2008－10－10
30	广州立邦涂料有限公司	NIPPONPAINT（第 3485390 号图形商标）	内墙乳胶漆 外墙乳胶漆 底漆 水性木器漆	05508P1002074R2M	2011－5－3

续表

序号	企业名称	注册商标	产品名称、规格型号	中国环境标志认证证书编号	认证证书有效截止日期
31	广东鸿昌化工有限公司	鸿昌 HONGCHANG	内墙乳胶漆 外墙乳胶漆 底漆 腻子	CEC－EL－002－075	2008－9－18
		鸿昌			
		第701467号商标			
		LUXE 丽时			
		第1345531号商标			
		AOPO 澳珀			
32	广东粤港大地制漆有限公司	粤港大地漆	内墙乳胶漆 外墙乳胶漆	CEC－EL－002－077	2011－5－22
		DAD			
		枫树			
		美阁丽			
33	青岛大洋涂料厂	大洋	内墙涂料 外墙涂料	CEC－EL－002－078	2008－8－11
34	中山市爱普诗涂料有限公司	爱普诗	内墙乳胶漆 外墙乳胶漆	CEC－EL－002－079	2008－12－13
		APOSE			
		可耐美			
		CLIME			
35	立邦涂料（中国）有限公司		内墙乳胶漆 外墙乳胶漆 底漆	05508P1002080R2L	2011－2－20
		立邦漆			
		立邦			
36	江门市制漆厂有限公司	蓬江	内墙乳胶漆 外墙乳胶漆	CEC－EL－002－081	2008－10－19
		PJ 蓬江			
		宝士威			
		欧派朗			
		斑豹			
		锦绣河山			
		至高			
		艾美森			
		蓝威堡			

续表

序号	企业名称	注册商标	产品名称、规格型号	中国环境标志认证证书编号	认证证书有效截止日期
37	北京中电芬林装饰材料有限公司	芬琳	内墙涂料、超强涂料、通用底漆、防水涂料 室内木器漆、室内木器清漆、室内木器底漆 外墙涂料、外墙底漆	CEC－EL－002－082	2008－9－1
38	江苏大象东亚制漆有限公司	大象 爱地 華倫 千人掌 第 1086299 号图形商标	内墙乳胶漆 外墙乳胶漆 水性木器漆 底漆	05508P1002083R2S	2011－5－12
39	山西摩天实业有限公司	摩天 庆典 美根 美基	内墙乳胶漆 外墙乳胶漆 底漆 外墙弹性涂料 腻子	CEC－EL－002－084	2008－9－1
40	广东嘉宝莉化工有限公司	嘉宝莉 CARPOLY	内墙乳胶漆 外墙乳胶漆 水性木器漆	05505P1002086R1M	2008－9－28
41	上海汇丽涂料有限公司	汇丽 晴风 Huili 第 848203 号商标	内墙涂料 外墙涂料	CEC－EL－002－087	2008－9－1
42	广东赛特国际集团化学工业有限公司	SAT	内墙乳胶漆 外墙乳胶漆 水性木器漆 底漆	CEC－EL－002－089	2008－9－28
43	新疆华生化工涂料有限公司	HS 豪生 HAOSHENG 东方华生 HS	内墙乳胶漆 外墙乳胶漆	CEC－EL－002－090	2009－2－15
44	山东史宾莎涂料有限公司	泰山史宾莎	外墙涂料 内墙涂料	CEC－EL－002－092	2010－12－13

续表

序号	企业名称	注册商标	产品名称、规格型号	中国环境标志认证证书编号	认证证书有效截止日期
45	山东乐化漆业股份有限公司	乐化	内墙乳胶漆 外墙乳胶漆	CEC－EL－002－093	2008－12－13
46	山东省建筑科学研究院/山东省建筑科学研究院科技开发中心	科韵	内墙乳胶漆 外墙乳胶漆	CEC－EL－002－094	2008－10－10
47	北京富亚涂料有限公司	富亚 健康儿童 健康大使 壁得保 健康 唐韵 第1708182号商标 豪丝	内墙乳胶漆 外墙乳胶漆 水性木器漆 复层涂料 腻子 底漆	CEC－EL－002－095	2008－10－10
48	承德兴华恒通实业有限公司	珂丽	内墙乳胶漆 外墙乳胶漆	CEC－EL－002－097	2008－9－18
49	上海阿帝兰实业发展有限公司	阿帝蘭 Artilin YAHUANG Fragonard 霸王画	内墙乳胶漆 外墙乳胶漆	CEC－EL－002－099	2008－8－11
50	邱氏（湖北）涂料有限公司	钻丽 六五 必特思 爱司克丝	内墙乳胶漆 外墙乳胶漆	CEC－EL－002－100	2009－7－10
51	佛山市顺德区澳贝化工有限公司	澳贝 汇龙 彩涂美 赛科	内墙乳胶漆 外墙乳胶漆 底漆	CEC－EL－002－101	2008－10－19

续表

序号	企业名称	注册商标	产品名称、规格型号	中国环境标志认证证书编号	认证证书有效截止日期
52	东莞大宝化工制品有限公司	TAIHO 大宝漆	内墙涂料 外墙涂料 底漆	CEC－EL－002－103	2008－9－18
53	上海拜伦化工有限公司	鲨克 古马 拜伦欧豹 鲨龙 波鹰 靓格 尚格 劲钻 卫丽 保德丽	内墙乳胶漆 抗碱底漆 外墙乳胶漆	CEC－EL－002－104	2009－4－9
54	纳尔特漆业（北京）有限公司	纳尔特 Naret	内墙乳胶漆 外墙涂料 防水涂料 防尘涂料 墙拔涂料	CEC－EL－002－106	2009－11－1
55	内蒙古蒙西高分子材料股份有限公司	蒙西	内墙涂料 外墙涂料	CEC－EL－002－107	2008－12－13
56	深圳彩虹环保建材科技有限公司	7CF	内墙乳胶漆 外墙乳胶漆 水性底漆	CEC－EL－002－108	2010－1－4
57	西安利澳科技股份有限公司	利澳 LeeO	内墙涂料 外墙涂料	CEC－EL－002－109	2009－5－31
58	山东奔腾漆业有限公司	奔腾 迪富丽 奥美家	外墙涂料 内墙涂料	CEC－EL－002－110	2008－11－15
59	颐中（青岛）实业有限公司	颐中	内墙乳胶漆 外墙乳胶漆 木器漆	CEC－EL－002－111	2010－8－15

续表

序号	企业名称	注册商标	产品名称、规格型号	中国环境标志认证证书编号	认证证书有效截止日期
60	超尔固涂料（廊坊）有限公司	SP 超尔固	内墙涂料 外墙涂料	05505P1002115R1S	2008－12－22
61	北京展辰化工有限公司	展辰 经典 总督	内墙乳胶漆 外墙乳胶漆 水性木器漆	05508P1002120R2M	2011－5－22
62	上海中南建筑材料公司	中南	内墙涂料 外墙涂料 水性木器漆	CEC－EL－002－121	2009－1－23
63	广州美威涂料有限公司	美威 海威	内墙乳胶漆 外墙乳胶漆	CEC－EL－002－124	2009－9－25
64	杭州三鹰化工有限公司	三鹰 第 940910 号商标	内墙水性涂料 外墙水性涂料	CEC－EL－002－128	2008－12－13
65	庞贝捷漆油贸易（上海）有限公司	大师 MARSTER'S MARK	内墙底漆 内墙面漆	CEC－EL－002－129	2009－11－6
66	北京佳悦涂料有限公司	佳悦	外墙乳胶漆 内墙乳胶漆 复层浮雕漆 弹性拉毛 真石漆	CEC－EL－002－130	2008－12－30
67	广州市星冠化工涂料有限公司	星冠 堡狮龙 宝必得 浪鲸 固定邦	内墙乳胶漆 外墙乳胶漆 底漆 腻子	CEC－EL－002－132	2009－6－5
68	天津中油渤星工程科技股份有限公司	渤星	外墙乳胶漆 内墙乳胶漆	CEC－EL－002－133	2009－1－23

续表

序号	企业名称	注册商标	产品名称、规格型号	中国环境标志认证证书编号	认证证书有效截止日期
69	上海百威化工材料制造有限公司	威	内墙涂料 外墙涂料 弹性漆 底漆 木器漆	CEC - EL - 002 - 136	2009 - 6 - 18
70	山东承安装饰工程有限公司、山东承安澳柯漆有限公司	澳柯 景阳岗	内墙乳胶漆 外墙乳胶漆 真石漆 多功能弹性涂料	CEC - EL - 002 - 139	2009 - 1 - 9
71	福州金日涂料有限公司	金日	外墙乳胶漆 内墙乳胶漆	CEC - EL - 002 - 140	2009 - 3 - 9
72	上海三银制漆有限公司	三银牌 雅丹尼 亿邦	内墙乳胶漆 外墙乳胶漆 底漆	CEC - EL - 002 - 142	2009 - 8 - 3
73	上海奥可斯涂料有限公司	梦幻	内墙涂料	CEC - EL - 002 - 143	2009 - 5 - 31
		多芬达	内墙乳胶漆 外墙乳胶漆 弹性乳胶漆		
74	上海泰欧亚涂料有限公司	TOA	内墙涂料 外墙涂料 木器漆 底漆	CEC - EL - 002 - 144	2009 - 3 - 21
75	山东圣光化工集团有限公司	圣工	内墙乳胶漆 外墙乳胶漆 弹性涂料	CEC - EL - 002 - 145	2009 - 5 - 14
76	烟台环球漆业有限公司	澳世	内墙涂料 外墙涂料 底漆 合成树脂砂壁状建筑涂料	CEC - EL - 002 - 147	2010 - 6 - 10
77	桐乡市曼得丽涂料有限公司	爵思美 MAIDLNLY	内墙涂料 外墙涂料	CEC - EL - 002 - 152	2009 - 2 - 26

续表

序号	企业名称	注册商标	产品名称、规格型号	中国环境标志认证证书编号	认证证书有效截止日期
78	维新制漆（深圳）有限公司	华天仑（第3262442号商标和第3715756号商标）	内墙漆 外墙漆 底漆	CEC－EL－002－153	2009－10－9
79	紫荆花制漆（深圳）有限公司	紫荆花	内墙乳胶漆 外墙乳胶漆 腻子 底漆	CEC－EL－002－159	2009－4－26
80	永记造漆工业（昆山）有限公司	虹 RAINBOW（第1323218号商标）	底漆 外墙涂料 内墙涂料	CEC－EL－002－160	2009－5－14
81	浙江华特实业集团华特化工有限公司	华德 华特	底漆 外墙涂料 内墙涂料 弹性涂料 真石漆 罩光漆 砂胶漆	CEC－EL－002－161	2009－5－18
82	老人涂料（深圳）有限公司	海虹	内墙乳胶漆 外墙乳胶漆 派斯系列	CEC－EL－002－163	2009－5－14
83	广州千江油漆化学有限公司	欧文 东方快车 流星花园	内墙乳胶漆 外墙乳胶漆	CEC－EL－002－164	2009－11－6
84	湖州天阁粘合剂有限公司	天阁	内墙乳胶漆 外墙乳胶漆	CEC－EL－002－165	2009－7－20
85	乐意涂料（上海）有限公司	鸽 第1179968号商标	内墙涂料 外墙涂料 水性木器漆	CEC－EL－002－168	2009－8－31
86	烟台开发区宇辰涂料有限公司	瑜纲 蜥蜴漆	内墙乳胶漆 外墙乳胶漆	CEC－EL－002－169	2009－5－18

续表

序号	企业名称	注册商标	产品名称、规格型号	中国环境标志认证证书编号	认证证书有效截止日期
87	泉州市三立漆有限公司	三立	内墙乳胶漆 外墙乳胶漆 真石漆 腻子	CEC－EL－002－170	2010－6－10
88	莆田市三江化学工业有限公司	三棵树	内墙乳胶漆 外墙乳胶漆	CEC－EL－002－171	2009－4－12
89	佛山市顺德区华联涂料有限公司	高悦 GAFTEX 加富士	内墙涂料 外墙涂料	CEC－EL－002－173	2009－7－3
90	宁波翔神化工有限公司	翔神	内墙涂料 外墙涂料	CEC－EL－002－178	2010－1－22
91	北京美涂三旗涂料有限责任公司	SANQI 牌	防火涂料 外墙涂料 内墙涂料	CEC－EL－002－179	2009－1－23
92	上海圣丹化工涂料有限公司	圣丹 第 1972893 号商标 第 1929092 号商标	内墙乳胶漆 外墙乳胶漆	CEC－EL－002－181	2009－9－29
93	江苏河海纳米科技股份有限公司	Haina	内墙涂料 外墙涂料 底漆	CEC－EL－002－183	2010－8－15
94	佛山市美联涂料有限公司	飞鸿 MERLIN	内墙涂料 外墙涂料	CEC－EL－002－185	2009－10－26
95	北京益利达建筑涂料厂	驰美	外墙乳胶漆 内墙乳胶漆	CEC－EL－002－188	2009－11－15
96	唐山市思远涂料有限公司	思远	内墙乳胶漆 外墙乳胶漆	CEC－EL－002－190	2010－7－30

续表

序号	企业名称	注册商标	产品名称、规格型号	中国环境标志认证证书编号	认证证书有效截止日期
97	佛山市顺德区北滘镇迪邦涂料实业有限公司	一品迪邦	内墙乳胶漆 外墙乳胶漆	05508P1002192R1M	2011 - 5 - 8
		现代邦德			
		麦迪			
		贝格			
		康洁庭			
		KOT			
		第1508139号图标			
		1164117号图标			
		3001991号图标			
		1901243号图标			
		1345530号图标			
		1540144号图标			
98	上海赛格涂料有限公司	赛格	内墙乳胶漆 外墙乳胶漆	CEC - EL - 002 - 201	2009 - 4 - 12
99	上海华生化工有限公司	古象	内墙涂料 外墙涂料	CEC - EL - 002 - 203	2010 - 2 - 4
		生			
		华生			
		古象			
100	紫荆花制漆（上海）有限公司	紫荆花	内墙乳胶漆 外墙乳胶漆 水性木器漆	CEC - EL - 002 - 207	2009 - 7 - 10
		青蓝（第1492251号商标）			
101	辽宁吕氏化工（集团）有限公司	吕氏	内墙乳胶漆 外墙乳胶漆 腻子	CEC - EL - 002 - 212	2008 - 10 - 19

续表

序号	企业名称	注册商标	产品名称、规格型号	中国环境标志认证证书编号	认证证书有效截止日期
102	富思特（北京）制漆有限公司	富思特 福思特 富立彩 Free colors	内墙涂料 外墙涂料 弹性涂料 理石漆 浮雕漆 真石漆 封闭底漆	CEC－EL－002－214	2009－10－9
103	佛山市世冠化工科技有限公司	世冠 SHIGUAN 连冠 LIANGUAN 森瑞纳米 SRNM	外墙涂料 内墙涂料	CEC－EL－002－216	2010－10－31
104	北京红星广厦建筑涂料有限责任公司	广厦	外墙涂料 内墙涂料 外墙柔性腻子 外墙弹性涂料 复层建筑涂料 仿石涂料（真石漆）	CEC－EL－002－217	2009－9－17
105	广州富美奥涂料有限公司	高登 GARLAND 格来特 幸福人家	内墙乳胶漆 外墙乳胶漆	CEC－EL－002－218	2009－11－9
106	南通雄鹰涂料有限公司	雄鹰	内墙乳胶漆 外墙乳胶漆 底漆	CEC－EL－002－220	2010－4－18
		嘉华丽保 奈丽特	内墙乳胶漆 外墙乳胶漆		
107	中山大桥化工建筑涂料有限公司	惠友 金树 GOLDEN tree	内墙乳胶漆 外墙乳胶漆 腻子	CEC－EL－002－221	2010－4－18
108	福州金凤涂料有限公司	朝代 凤美 英联	内墙水泥漆 内墙乳胶漆 C3800 净味全效乳胶漆 水性木器漆	CEC－EL－002－224	2011－3－9

续表

序号	企业名称	注册商标	产品名称、规格型号	中国环境标志认证证书编号	认证证书有效截止日期
109	上海欣隆化工涂料有限公司	古松	内墙乳胶漆 外墙乳胶漆	CEC－EL－002－227	2009－12－26
		YULONG 裕隆漆			
		第3114545号商标			
110	山西东方红制漆有限公司	东方红	内墙涂料 外墙涂料	CEC－EL－002－230	2009－10－9
111	江门市乔本化学工业有限公司	CarLux 嘉莱士	内墙乳胶漆 外墙乳胶漆 底漆 腻子	CEC－EL－002－232	2010－6－14
		Qbon 乔本			
		涂饰家			
112	北京首建恒纪建筑工程有限公司	恒纪超邦	内墙乳胶漆 外墙乳胶漆 弹性涂料	CEC－EL－002－233	2009－11－9
113	中山市三森汉诺威化工涂料有限公司	三森	内墙乳胶漆 外墙乳胶漆 底漆	CEC－EL－002－237	2009－12－11
		大风车			
		三森漆			
		三森精彩涂装			
		sansen			
		OWL			
		伯顿 BODUN			
		OWL			
		第1901930号商标			
		第1901932号商标			
		第1401113号商标			

续表

序号	企业名称	注册商标	产品名称、规格型号	中国环境标志认证证书编号	认证证书有效截止日期
114	山东昌裕集团聊城齐鲁漆业有限公司/聊城市麦得尔化工有限公司	一鸣 飞图 乐图美 金麦得尔 齐鲁	内墙乳胶漆 外墙乳胶漆	CEC－EL－002－241	2010－6－14
115	广东天银化工有限公司	天银(TIANYIN) 沃垒 WALLEW 海柔(HYZO)	水性木器漆 儿童漆	CEC－EL－002－243	2010－9－11
116	深圳市金南化工有限公司	金南 超特 GOLD WELLY	内墙乳胶漆	CEC－EL－002－244	2010－7－8
117	上海金狮化工有限公司	高德兰	外墙涂料 内墙涂料	CEC－EL－002－246	2009－12－26
118	天津市裕北涂料有限公司	裕柏—伯丁克 伯丁克	底漆 面漆	CEC－EL－002－249	2010－9－19
119	台州市中凯实业有限公司	ZHONG KAI 中凯	内墙涂料 外墙涂料	CEC－EL－002－250	2009－10－16
120	贵州水晶涂料科技有限公司	爱维斯	内墙乳胶漆 外墙乳胶漆	CEC－EL－002－251	2009－12－26
121	厦门东顺涂料有限公司	东顺 欧丽	内墙涂料 外墙涂料 腻子	CEC－EL－002－252	2009－9－17
122	中山市丽莎涂料有限公司	沙漠绿洲 金枪鱼 美得益 龙润 银城 ASK	内墙乳胶漆 外墙乳胶漆	CEC－EL－002－253	2010－5－22

续表

序号	企业名称	注册商标	产品名称、规格型号	中国环境标志认证证书编号	认证证书有效截止日期
123	杭州金质化工有限公司	金质丽	内墙乳胶漆 外墙乳胶漆	CEC－EL－002－256	2009－11－15
124	杭州高雅化工涂料有限公司	爱邦 拉斐尔 百里 高雅 GAO YA	内墙涂料 外墙涂料 弹性涂料	CEC－EL－002－257	2011－3－25
125	深圳市广田环保涂料有限公司	三叶 广田	内墙漆 外墙漆	CEC－EL－002－260	2010－5－28
126	杭州传化涂料有限公司	传化 美莱	内墙乳胶漆 外墙乳胶漆 底漆 腻子	CEC－EL－002－266	2010－3－12
127	中山市爱迪利涂料化工有限公司	埃利斯 中港 亿彩 七彩 美自达 彼丽时 花奇 得丽纷	内墙乳胶漆 外墙乳胶漆	CEC－EL－002－271	2010－9－26
128	北京市通州利强涂料厂	利强	内墙乳胶漆 外墙乳胶漆 天然真石漆 内用耐水腻子	CEC－EL－002－272	2009－5－18
129	上海劳格化工涂料有限公司	劳格	内墙乳胶漆 外墙乳胶漆	CEC－EL－002－273	2010－3－7
130	中山市三和气雾有限公司	SANVO 三和	内墙乳胶漆 外墙乳胶漆 底漆	CEC－EL－002－275	2009－11－28

续表

序号	企业名称	注册商标	产品名称、规格型号	中国环境标志认证证书编号	认证证书有效截止日期
131	南京华丽化工涂料有限公司	大祥 澳西汀	外墙涂料 内墙涂料 腻子	CEC－EL－002－277	2010－3－12
132	广州市福田化学工业涂料有限公司	福田 翼彩 凯金利	内墙乳胶漆 外墙乳胶漆	CEC－EL－002－279	2010－11－19
133	上海富臣化工有限公司	富臣 展辰 经典 总督	水性内墙涂料 水性外墙涂料 水性木器漆 水性底漆 腻子	CEC－EL－002－282	2010－9－6
134	重庆宏漆涂料有限公司	宏漆 HQ（第1496256号商标） h＋HONGQI PAINT 第842165号商标 宏时丽 宏雅丽	内墙涂料 外墙涂料	CEC－EL－002－284	2010－3－27
135	江苏晨光涂料有限公司	晨光 澳派	内墙 外墙 水性木器漆 玻璃透明隔热涂料	CEC－EL－002－285	2010－4－2
136	湖州市南浔百胜涂料厂	阳光斯娃 宇虹	内墙乳胶漆 外墙乳胶漆	CEC－EL－002－287	2009－11－9
137	天津天涂豪邦涂料有限公司	双鸽	内墙涂料 外墙涂料	CEC－EL－002－291	2010－3－20
138	北京友安盛防火技术有限公司	友安盛	防火涂料	CEC－EL－002－294	2010－3－20

续表

序号	企业名称	注册商标	产品名称、规格型号	中国环境标志认证证书编号	认证证书有效截止日期
139	上海红魔涂料有限公司	红魔	内墙漆 外墙漆	CEC－EL－002－297	2010－6－10
140	重庆百信实业有限公司	BAI XIN（第1512139号图标） BAI XIN（第5553920号图标）	内墙乳胶漆 外墙乳胶漆	CEC－EL－002－300	2011－2－2
141	广州市坚红化工厂	南方 SOUTHERN 第1105001号图形商标 第3709575号图形商标 HONETHOME 香屋 斑麗	内墙乳胶漆 外墙乳胶漆 水性聚酯漆	CEC－EL－002－299	2011－4－22
142	青岛益群漆业集团有限公司	益群	内墙涂料 外墙涂料 底漆 腻子	CEC－EL－002－302	2010－8－15
143	北京东方雨虹防水技术股份有限公司	雨虹 YUHONG	防水涂料	CEC－EL－002－303	2010－6－14
144	式玛卡龙长春藤（上海）化工有限公司	IVY 长春藤	内墙乳胶漆 外墙乳胶漆 水性木器漆	CEC－EL－002－304	2010－4－2
145	常州宝联新型环保材料有限公司	BL（申请号4817474）	内墙乳胶漆 外墙乳胶漆	CEC－EL－002－308	2010－12－3

续表

序号	企业名称	注册商标	产品名称、规格型号	中国环境标志认证证书编号	认证证书有效截止日期
146	顺德区靓尔嘉化工有限公司	第1224209号商标 lld 绿蛙 斑点狗 NEWTECH	内墙涂料 外墙涂料	CEC－EL－002－309	2009－11－9
147	南宝树脂（中国）有限公司	NANPAO	外墙乳胶漆 内墙乳胶漆	CEC－EL－002－316	2010－9－26
148	广西启利新材料科技股份有限公司	啟利	墙堡漆、石头漆、内墙漆、真石再现、石彩漆	CEC－EL－002－318	2011－4－9
149	天津灯塔涂料有限公司	灯塔	内墙乳胶漆 外墙乳胶漆	CEC－EL－002－320	2010－8－6
150	洛阳大豫实业有限公司	大禹	内墙漆 外墙漆	CEC－EL－002－322	2010－11－19
151	北京太伟建材制造有限责任公司	太伟赛科	内墙漆 外墙漆 腻子	CEC－EL－002－327	2011－1－8
152	江苏猴王涂料有限公司	猴王	内墙涂料 外墙涂料 底漆	CEC－EL－002－330	2010－8－2
		莫妮莎	生态环保乳胶漆		
153	浙江升华云峰新材股份有限公司	莫干山（第3280979号） 森泉（第3972056号）	内墙乳胶漆 外墙乳胶漆	CEC－EL－002－333	2010－12－3
154	宜宾五粮液集团精细化工有限公司	惠美佳	内墙乳胶漆 外墙乳胶漆 水性木器漆	CEC－EL－002－338	2010－9－11
155	四国化研（上海）有限公司	SKK	内墙涂料 外墙涂料 底漆 特种涂料	CEC－EL－002－340	2010－11－22

续表

序号	企业名称	注册商标	产品名称、规格型号	中国环境标志认证证书编号	认证证书有效截止日期
156	杭州求是实业有限公司	求是 德拜特	内墙乳胶漆 外墙乳胶漆	CEC－EL－002－350	2011－1－31
157	成都万盛化工漆业有限公司	康斯佳 惠多	内墙乳胶漆 外墙乳胶漆	CEC－EL－002－352	2011－2－2
158	上海皓联涂料有限公司	鑫甲 第1536149号商标	内墙涂料 外墙涂料	CEC－EL－002－356	2011－3－17
159	德华兔宝宝装饰新材股份有限公司	兔宝宝	内墙乳胶漆 外墙乳胶漆	CEC－EL－002－367	2008－10－30
160	南宁亚多制漆有限公司	HODOL好多 亚多	内墙涂料 外墙涂料 腻子 木器漆	CEC－EL－002－371	2011－3－17
161	红狮涂料国际有限公司	红狮 HONG SHI	内墙涂料 外墙涂料	CEC－EL－002－374	2011－1－1
162	广州市枫源化工有限公司	好日子 油美世界 枫源漆 金色年华 VDESI jinweishi	内墙乳胶漆 外墙乳胶漆 底漆	05508P1002379R1S	2011－5－25
163	江门市苹果化工有限公司	健康苹果 GUOMEI APPLE	内墙乳胶漆 外墙乳胶漆	05508P1002384R1M	2011－5－25
164	顺德区容桂亚太化工实业有限公司	A&T aPPG	内墙涂料 外墙涂料	05508P1002385R1S	2011－5－3

续表

序号	企业名称	注册商标	产品名称、规格型号	中国环境标志认证证书编号	认证证书有效截止日期
165	佛山市顺德区八骏化工实业有限公司	HRC 鸿日 HBS 亚洲龙 八骏 BATSUN BATSUN JIANG ZHEN FENG	内墙乳胶漆 外墙乳胶漆	05508P1002386R1S	2011－5－3
166	淄博齐曜工贸有限公司	齐曜 第 3207516 号图形商标	外墙乳胶漆 内墙乳胶漆 木器漆	CEC－EL－002－387	2011－3－9
167	上海卡西龙涂料有限公司	卡西龙	内墙涂料 外墙涂料 底漆	CEC－EL－002－389	2011－3－9
168	江苏兰陵高分子材料厂	兰陵（第 213947 号商标）	内墙涂料 外墙涂料 防火涂料 无机富锌涂料	CEC－EL－002－395	2011－4－15
169	胜利油田万方建材有限责任公司	蓝帅	外墙乳胶漆 内墙乳胶漆	CEC－EL－002－400	2011－1－15
170	北京市丰台京厦建筑涂料厂	京厦 ORAMAS 澳美驰	内墙涂料 高级外墙漆	CEC－EL－002－406	2011－5－12
171	北京美涂装饰涂刷有限公司	壁贝	内墙腻子 外墙腻子	CEC－EL－002－409	2011－5－22
172	山西亮龙涂料有限公司	亮龍（第 3199308 号商标）	外墙乳胶漆 内墙乳胶漆 腻子	05508P1002417R1S	2011－5－8
173	中山裕北涂料有限公司	玉莲漆油 YULIAN PAINT 碧彩 BICAI	内墙乳胶漆 外墙乳胶漆	CEC－EL－002－422	2011－4－7

续表

序号	企业名称	注册商标	产品名称、规格型号	中国环境标志认证证书编号	认证证书有效截止日期
174	铃鹿复合建材（上海）有限公司	铃鹿涂料 SUZUKA	合成树脂乳液砂壁状建筑涂料	CEC－EL－002－437	2011－5－22
175	广州西卡建筑材料有限公司	西卡 第956040号商标	防水涂料 混凝土表面装饰涂料	CEC－EL－002－438	2011－5－22
176	北京科瑞德建材制造有限公司	碧玺 玉衬 温馨港湾 艾莱衬 莱亮丽 莱馨丽	（室内）耐水腻子	CEC－EL－002－442	2010－12－13
		莱彩丽	（室内）墙体腻子		
		一壁之力	找平砂浆		
		缝得保	嵌缝腻子		
		碧玺	内墙乳胶漆 抗碱封底漆		
177	福嘉欧诺漆料科技有限公司	欧诺 鼎花 NOBLEMEN 可丽耐 漆太郎 靓绿多	外墙乳胶漆 内墙乳胶漆 底漆 腻子	CEC－EL－002－453	2008－8－11
178	安徽爱迪尔涂料有限责任公司	迪奥 DIOR 第3284925号商标	内墙乳胶漆 外墙乳胶漆	CEC－EL－002－454	2008－8－11
179	爱洁世环保材料（宁波）有限公司	爱洁世 AJISCO	内墙涂料 外墙涂料	CEC－EL－002－456	2008－8－11
180	江苏欧摩德漆业有限公司	欧摩德 欧梦达	内墙乳胶漆 外墙乳胶漆 底漆	CEC－EL－002－457	2008－8－11

续表

序号	企业名称	注册商标	产品名称、规格型号	中国环境标志认证证书编号	认证证书有效截止日期
181	兖州永华化工有限公司	华尔馨	外墙乳胶漆 内墙乳胶漆	CEC－EL－002－461	2008－9－8
182	开平市星科涂料有限公司	易多得	外墙乳胶漆 内墙乳胶漆	CEC－EL－002－463	2008－9－18
183	大同市华田涂料有限责任公司	华田得丽	内墙乳胶漆 外墙乳胶漆 腻子粉	CEC－EL－002－465	2008－9－18
184	浙江志强涂料有限公司	志强 第 1588002 号商标	外墙乳胶漆 内墙乳胶漆 内墙腻子 外墙腻子	CEC－EL－002－468	2008－9－28
185	江苏亚邦涂料股份有限公司	亚邦	雅丝丽墙面丝面漆 高级水性外墙漆	CEC－EL－002－472	2008－10－19
186	北京格丽斯聚合技术发展有限公司	悠雅	木器漆 外墙漆 内墙漆	CEC－EL－002－473	2008－10－19
187	常熟市万象涂料有限公司	科塑屋 Kesuwu	内墙封底漆 内墙乳胶漆 弹性乳胶漆	CEC－EL－002－474	2008－10－31
188	苏州青叶涂料有限公司	青叶 (CHING YEH) 第 711281 号商标	内墙乳胶漆 外墙乳胶漆 弹性涂料 底漆 水性天然真石漆 复合防水弹泥	CEC－EL－002－477	2008－10－31
189	广东千色花化工有限公司	FORTRESS 千色花	内墙乳胶漆 外墙乳胶漆 底漆	CEC－EL－002－479	2008－11－7
190	PPG 涂料(天津)有限公司	奥尼德 Oneed 大师 Master's Mark	内墙乳胶漆 内墙底漆 外墙乳胶漆	CEC－EL－002－481	2008－11－24

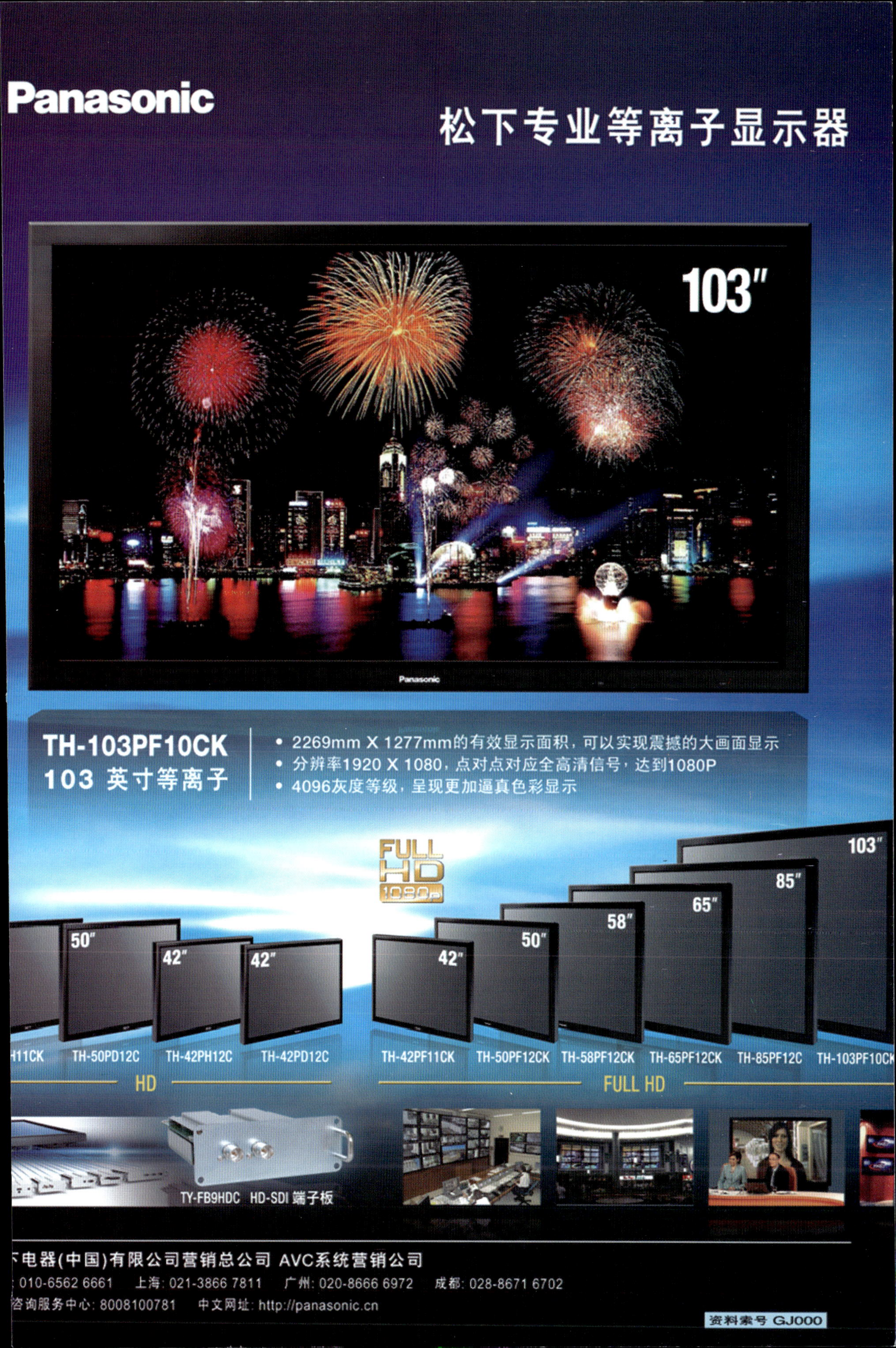
Panasonic
松下专业等离子显示器
103"
Panasonic
TH-103PF10CK
103 英寸等离子
• 2269mm X 1277mm的有效显示面积，可以实现震撼的大画面显示
• 分辨率1920 X 1080，点对点对应全高清信号，达到1080P
• 4096灰度等级，呈现更加逼真色彩显示
FULL HD 1080p
50"
42"
42"
42"
50"
58"
65"
85"
103"
TH-50PD12C
TH-42PH12C
TH-42PD12C
TH-42PF11CK
TH-50PF12CK
TH-58PF12CK
TH-65PF12CK
TH-85PF12C
HD
FULL HD
TY-FB9HDC HD-SDI 端子板
下电器(中国)有限公司营销总公司 AVC系统营销公司
010-6562 6661 上海: 021-3866 7811 广州: 020-8666 6972 成都: 028-8671 6702
咨询服务中心: 8008100781 中文网址: http://panasonic.cn
资料索号 GJ000

AURORA
震旦
玉之華
玉華
御天下主管家具系列
Executive Furniture Series
孔子论玉十德
夫昔者君子比德于玉焉。
温润而泽，仁也。
缜密从栗，知也。
廉而不刿，义也。
垂之如坠，礼也。
其终诎然，乐也。
瑕不掩瑜、瑜不掩瑕，忠也。
孚尹旁达，信也。
气如白虹，天也。
精神贯于山川，地也。
圭璋特达，德也。
震旦办公家具 电话:021-59161010 上海市嘉定区申霞路369号 www.aurora-of.com
全国服务专线：
800820666
中国2010年上海世博会 参展企业
AURO
震旦集

续表

序号	企业名称	注册商标	产品名称、规格型号	中国环境标志认证证书编号	认证证书有效截止日期
191	广州贝铂涂料有限公司	贝铂	外墙漆 底漆 弹性外墙漆	CEC－EL－002－482	2008－12－4
192	德州市金友漆业有限公司	德舟 生态	内墙乳胶漆 外墙乳胶漆	CEC－EL－002－483	2008－12－13
193	南京淳辉涂料有限公司	淳辉	内墙乳胶漆 外墙乳胶漆	05505P1002485R0S	2008－12－13
194	北京清欣涂料有限责任公司	清欣	内墙乳胶漆 外墙乳胶漆	CEC－EL－002－488	2008－12－29
195	福州中科化工有限公司	中舜	内墙漆 外墙漆 底漆	CEC－EL－002－490	2009－1－9
196	上海一田涂料有限公司	壹田 嘉名仕	内墙乳胶漆 外墙乳胶漆	CEC－EL－002－491	2009－1－23
197	葫芦岛现代化学工业有限公司	第1218891号商标	内墙乳胶漆 外墙乳胶漆	CEC－EL－002－492	2009－1－23
198	徐水县白玉化工涂料有限公司	白雪 冀邦 赛雪	内墙乳胶漆 腻子	CEC－EL－002－493	2009－1－23
199	梅菲特（北京）涂料有限公司	都芳	底漆 墙面漆 内墙漆	CEC－EL－002－496	2009－1－23
200	武汉钊旭化工涂料有限责任公司	品奥 双力卡罗	内墙乳胶漆 外墙乳胶漆	CEC－EL－002－497	2009－1－23
201	烟台市好利洁水性涂料有限公司	好利洁 蓝天使	外墙涂料 内墙涂料 木器漆	CEC－EL－002－499	2009－2－15
202	得彩（上海）涂料有限公司	“纳路”（第5500065号商标）	内墙涂料 外墙涂料	CEC－EL－002－501	2009－2－26

续表

序号	企业名称	注册商标	产品名称、规格型号	中国环境标志认证证书编号	认证证书有效截止日期
203	南京双菱涂料实业有限公司	双菱	内墙乳胶漆 外墙乳胶漆	CEC－EL－002－502	2009－2－26
204	福州海西岸装潢涂料有限公司	海西岸	内墙乳胶漆 外墙乳胶漆	CEC－EL－002－504	2009－3－9
205	北京瑞建信尔科贸有限公司	信尔涂料	内墙乳胶漆 外墙乳胶漆	CEC－EL－002－505	2009－3－9
206	天津科瑞达涂料化工有限公司	第 3298900 号商标	内墙乳胶漆	CEC－EL－002－506	2009－3－21
207	北京普石建筑材料有限责任公司	普石	防水涂料	CEC－EL－002－507	2009－3－21
208	杭州德尔福漆业有限公司	碧特氟 恒泽	内墙乳胶漆 外墙乳胶漆	CEC－EL－002－510	2009－4－6
209	东莞市博元生物科技有限公司	博元·纳诺 养生 绿色清道夫	内墙乳胶漆 外墙乳胶漆	CEC－EL－002－511	2009－4－6
210	佛山市顺德区乐从镇科斯化工有限公司	君子蘭 Gugin	内墙乳胶漆 外墙乳胶漆	CEC－EL－002－512	2009－4－26
211	上海易涂屋工贸有限公司	DOCOL	内墙乳胶漆 外墙乳胶漆	CEC－EL－002－516	2009－5－31
212	上海欧瑞涂料有限公司	欧瑞尔	内墙乳胶漆 外墙乳胶漆	CEC－EL－002－519	2009－6－5
213	上海亮迪涂料有限公司	好又安 不夜城	内墙乳胶漆 外墙乳胶漆	CEC－EL－002－520	2009－6－5
214	北京普龙涂料有限公司	瑞地斯 阿克雷	外墙乳胶漆 内墙乳胶漆	CEC－EL－002－521	2009－6－18

续表

序号	企业名称	注册商标	产品名称、规格型号	中国环境标志认证证书编号	认证证书有效截止日期
215	北京市蓝宝新技术有限公司	蓝宝集佳	内墙乳胶漆 外墙乳胶漆 水性木器漆	CEC－EL－002－523	2009－6－18
216	上海琛丰涂料有限公司	龙涂士 琛丰	内墙乳胶漆 外墙乳胶漆	CEC－EL－002－524	2009－7－3
217	杭州宝佳丽实业有限公司	宝佳丽	外墙乳胶漆 内墙乳胶漆	CEC－EL－002－526	2009－7－10
218	青岛合力嘉涂料有限公司	合力嘉 卓琴	内墙漆 外墙漆	CEC－EL－002－527	2009－7－20
219	浙江玲珑纸业集团悉奥涂料有限公司	悉奥	内墙乳胶漆 外墙乳胶漆 弹性涂料 金属漆	CEC－EL－002－528	2009－8－3
220	漳州三德利油漆涂料有限公司	三德	内墙涂料 外墙涂料 复层涂料 砂壁状建筑涂料	CEC－EL－002－531	2009－9－4
221	惠州市大亚湾德一涂料有限公司	德一 TE－1	内墙涂料 外墙涂料	CEC－EL－002－532	2009－9－4
222	山东赛德丽涂料有限公司	漆彩生活 赛德丽漆业	内墙涂料 外墙涂料	CEC－EL－002－534	2009－9－25
223	福州护墙宝建材有限公司	护墙宝 EMULSION	腻子	CEC－EL－002－535	2009－9－25
224	福建惠安县惠兴工贸有限公司	美惠 雅狮 康美士 康老大 第1333049号图形商标	防水涂料 内墙乳胶漆 外墙乳胶漆 内墙腻子	CEC－EL－002－536	2009－9－25

续表

序号	企业名称	注册商标	产品名称、规格型号	中国环境标志认证证书编号	认证证书有效截止日期
225	福建白莲花化工有限公司	白莲花	内墙乳胶漆 外墙乳胶漆	CEC－EL－002－538	2009－9－29
226	上海美收工贸发展有限公司	银河 加美来	内墙乳胶漆	CEC－EL－002－540	2009－10－16
227	苏州亨得利涂料有限公司	花旗 HUA QI 美标 MEIBIAO 金苹果 JINPINGGUO 冠王 GUANWANG	内墙乳胶漆 外墙乳胶漆 水性木器漆 底漆	05508P1002541R2S	2011－5－12
228	北京格林豪斯建材制造有限责任公司	HOSEAPAINT LUWULUXE 绿屋安康	GH－380 活之色墙面漆	CEC－EL－002－542	2009－10－26
229	艾思斯（上海）化工有限公司	莎迪 Sandy 爱酷 ECO 巴尔迪摩 PAL－DEMO 第 3419300 号商标	内墙乳胶漆 外墙乳胶漆	CEC－EL－002－543	2009－10－26
230	上海奥宇纳米净化技术有限公司	AOWELLS	内墙乳胶漆 外墙乳胶漆	CEC－EL－002－544	2009－10－26
231	北京纳尔特防火材料有限公司	纳尔特 Naret	室内薄型钢结构防火涂料：NT－502 室内厚型钢结构防火涂料：NT－501	CEC－EL－002－545	2009－11－11
232	杭州临安万晶涂料有限公司	萬晶 WANJING	内墙涂料 外墙涂料	CEC－EL－002－547	2009－11－6

续表

序号	企业名称	注册商标	产品名称、规格型号	中国环境标志认证证书编号	认证证书有效截止日期
233	江苏阿波罗建筑科技发展有限公司	A阿波罗 A波罗 Apollo	腻子	05506P1002548R0S	2009-11-9
234	北京欧科化工有限公司	欧科乐	内墙涂料 外墙涂料	CEC-EL-002-551	2009-11-28
235	安徽好思家涂料有限公司	好思家	内墙乳胶漆 外墙乳胶漆	CEC-EL-002-552	2009-11-28
236	广东科顺化工实业有限公司	科顺	防水涂料	CEC-EL-002-553	2009-11-28
237	上海卡谱乐尔建材有限公司	CAPAROL	内墙乳胶漆 外墙乳胶漆 墙面底漆 墙面腻子	CEC-EL-002-554	2009-12-26
238	徐州市西关化工厂	奇艳丽	内墙乳胶漆 外墙乳胶漆	CEC-EL-002-555	2009-7-3
239	北京大通华鹏建筑材料有限公司	乐孚 LEFU 乐孚漆 LEFU PAINT	内墙涂料 外墙涂料	CEC-EL-002-556	2009-12-26
240	唐山市长虹涂料有限公司	派特	内墙乳胶漆	CEC-EL-002-560	2009-12-26
241	埃尔伊建筑工程材料（北京）有限公司	海璧	内墙涂料 外墙涂料	CEC-EL-002-564	2010-12-16
242	南京龙虎涂料有限公司	虎踞 宝宁	内墙涂料 外墙涂料 弹性漆 底漆	CEC-EL-002-565	2010-1-22
243	沈阳滴臣涂料有限公司	莱邦	外墙涂料 内墙涂料	CEC-EL-002-566	2010-1-22

续表

序号	企业名称	注册商标	产品名称、规格型号	中国环境标志认证证书编号	认证证书有效截止日期
244	中山市歌顿涂料化工有限公司	美时美刻 歌顿 高尔夫	内墙乳胶漆	CEC - EL - 002 - 568	2010 - 1 - 22
245	浙江高丽涂料有限公司	高丽 gaoli	内墙乳胶漆 外墙乳胶漆	CEC - EL - 002 - 569	2010 - 1 - 22
246	佛山市顺德区伦教广美涂料有限公司	爱希漆 IC Paint 金浪 JIL BESTHOME	内墙乳胶漆 外墙漆	CEC - EL - 002 - 571	2010 - 2 - 4
247	湖北亿华化工有限责任公司	慧华 绿邻	外墙漆 内墙漆	CEC - EL - 002 - 573	2010 - 2 - 12
248	合肥万博制漆有限公司	Wainbell	内墙乳胶漆 外墙乳胶漆	CEC - EL - 002 - 575	2010 - 3 - 7
249	揭阳市卓雅丽化工实业有限公司	卓雅丽 涂师	内墙漆 外墙漆	CEC - EL - 002 - 576	2010 - 3 - 7
250	江苏泰春胶粘剂有限公司	泰春 泰春·三色鸽 橙果	内墙乳胶漆	CEC - EL - 002 - 577	2010 - 3 - 7
251	福建裕和皓月生物工程材料有限公司	皓尔宝	内墙涂料	CEC - EL - 002 - 578	2010 - 3 - 7
252	哈尔滨美巢装饰材料有限公司	美巢	821 刮墙腻子、易呱平、墙叶、墙泥	CEC - EL - 002 - 579	2010 - 3 - 20
253	辽宁美巢装饰材料有限公司	美巢	821 刮墙腻子、易呱平、墙叶、墙泥	CEC - EL - 002 - 580	2010 - 3 - 20
254	安徽省鳄鱼涂料有限公司	面面俱到 第 3145179 号商标	内墙涂料 外墙漆 水泥漆	CEC - EL - 002 - 581	2010 - 3 - 20

续表

序号	企业名称	注册商标	产品名称、规格型号	中国环境标志认证证书编号	认证证书有效截止日期
255	上海三瑞化学有限公司	三瑞	封地剂	CEC－EL－002－582	2010－3－27
256	南京冠军涂料实业有限公司	鲸海	内墙乳胶漆	CEC－EL－002－584	2010－4－18
		冠军			
257	宜兴市万石永明涂料厂	永明	内墙乳胶漆	05507P1002585R0S	2010－4－25
		邦德丽			
		普乐士			
		雅丽斯			
		宝蕾			
		澳利达			
		华丽士			
		雅室佳			
		英丽斯			
		绿苹果			
		天王星			
258	北京莱恩斯涂料有限公司	欣莱衬	腻子	CEC－EL－002－587	2010－12－13
		居得保			
		爽墙宝			
		康得保			
		好墙衣			
		抹墙保			
		刮得乐			
		上墙乐			
		缝得保			
		一壁之力			
		墙衣无缝			
		青春永驻	底漆		
		欢乐时空	内墙乳胶漆		
		金花四溅			
		平湖秋月			
		温馨港湾			
		七子之歌	外墙乳胶漆		
		碧波枫桦			

续表

序号	企业名称	注册商标	产品名称、规格型号	中国环境标志认证证书编号	认证证书有效截止日期
259	上海美巢装饰材料有限公司	美巢	易呱平、墙叶、墙尼	CEC-EL-002-588	2010-5-22
260	海聚高分子材料科技（广州）有限公司	海聚 hydraer	水性木器漆 内墙乳胶漆 外墙乳胶漆 弹性漆	CEC-EL-002-589	2010-5-28
261	山东美巢装饰材料有限公司	美巢	821 腻子、墙叶、易呱平、墙尼	CEC-EL-002-590	2010-6-10
262	上海雅达特种涂料有限公司	KOALA 考拉	室内涂料	CEC-EL-002-594	2010-6-10
		雅达	内墙涂料 外墙涂料		
263	安徽嘉年华涂料有限公司	嘉年华	内墙乳胶漆 外墙乳胶漆	CEC-EL-002-595	2010-6-21
264	盐城春之声装饰材料有限公司	春之声	内墙乳胶漆 外墙乳胶漆	CEC-EL-002-596	2010-6-21
265	上海可令新建材有限公司	树木	无机内墙涂料	CEC-EL-002-597	2010-6-21
266	上海斯泰安涂料有限公司	斯泰安 STA	内墙涂料	CEC-EL-002-598	2010-6-21
267	上海侨茂建筑防水材料有限公司	侨茂	内墙涂料 内墙彩色墙饰料 纳米涂料	CEC-EL-002-600	2010-7-8
268	新疆赛普森纳米科技有限公司	赛普森	内墙漆 外墙漆	CEC-EL-002-601	2010-7-15
269	北京沃德建材有限公司	沃德	防水涂料	CEC-EL-002-602	2010-7-18

续表

序号	企业名称	注册商标	产品名称、规格型号	中国环境标志认证证书编号	认证证书有效截止日期
270	浙江豪邦涂料有限公司	爱莉思	内墙乳胶漆 外墙乳胶漆	CEC－EL－002－603	2010－7－18
271	广东盛方化工有限公司	盛方	内墙涂料 外墙涂料 水性木器漆	CEC－EL－002－604	2010－8－2
272	阿克苏诺贝尔装饰涂料（廊坊）有限公司	来威（Levis） 保丽佳（Beaucolor） 高乐（Colo） 博丽（Poly）	内墙乳胶漆 外墙乳胶漆	CEC－EL－002－605	2010－8－2
273	北京生态家园科技发展有限公司	生态家园	腻子粉	CEC－EL－002－606	2010－8－22
		京彩	内墙涂料 外墙涂料		
274	佐敦涂料（张家港）有限公司	佐敦	内墙乳胶漆 外墙乳胶漆 底漆	CEC－EL－002－607	2010－9－24
275	中山市昕诺涂料有限公司	第5669265号商标 第5669266号商标	内墙漆 外墙漆 真石漆	CEC－EL－002－608	2010－10－9
276	北京市欣中原顺科技有限公司	博新	内墙乳胶漆 外墙乳胶漆	CEC－EL－002－609	2010－10－21
277	上海雪山涂料有限公司	山峰	内墙涂料 外墙涂料	CEC－EL－002－610	2010－10－24
278	湖南福湘木业有限责任公司	福湘	内墙乳胶漆 外墙乳胶漆 底漆 腻子	CEC－EL－002－611	2010－11－5
279	中山市华洋化工涂料有限公司	Hope－young 丽涂宝 豪 自由美	内墙涂料 外墙涂料	CEC－EL－002－612	2010－11－19

续表

序号	企业名称	注册商标	产品名称、规格型号	中国环境标志认证证书编号	认证证书有效截止日期
280	江山市漆业有限公司	富德	内墙乳胶漆 外墙乳胶漆	CEC－EL－002－613	2010－11－12
281	佛山市顺德区花王涂料有限公司	花王 白雪公主 宝鹿 莱英达 Yalus	内墙乳胶漆 外墙乳胶漆	CEC－EL－002－614	2010－11－30
282	中山市罗丹涂料有限公司	罗丹	内墙乳胶漆 外墙乳胶漆	CEC－EL－002－615	2010－11－30
283	南康市大澳涂料有限公司	大澳	内墙乳胶漆 外墙乳胶漆	CEC－EL－002－616	2010－11－30
284	陕西宝塔山油漆股份有限公司	宝塔山 异彩 豪诗曼 第 3214011 号商标	内墙乳胶漆 外墙乳胶漆	CEC－EL－002－617	2010－11－30
285	江西沃尔斯漆业有限公司	沃尔斯 WORSY	内墙乳胶漆：WR－1006 外墙乳胶漆：WR－2005	CEC－EL－002－618	2010－12－13
286	珠海市冠宇涂料科技有限公司	喜莲漆 冠科	内墙乳胶漆 外墙乳胶漆 水性木器漆	CEC－EL－002－619	2010－12－25
287	中科纳米涂料技术（苏州）有限公司	中科金纳	内墙乳胶漆 外墙乳胶漆 水性木器漆	CEC－EL－002－620	2010－12－25
288	沈阳美狮化工有限公司	欧宝 OUBAO 美狮 第 1074273 号商标	内墙乳胶漆	CEC－EL－002－621	2011－1－1

续表

序号	企业名称	注册商标	产品名称、规格型号	中国环境标志认证证书编号	认证证书有效截止日期
289	沈阳天美新型建材有限公司	铭驼	内墙乳胶漆 外墙乳胶漆	CEC－EL－002－622	2011－1－15
290	立邦涂料（成都）有限公司	立邦 （第3485390号图标） 第665336号图标	内墙乳胶漆、外墙乳胶漆、底漆	CEC－EL－002－623	2011－2－2
291	汉科乐业（北京）建材有限公司	HIKOTE	内墙涂料 外墙涂料	CEC－EL－002－624	2011－2－21
292	龙岩市宝丽涂料有限公司	雅特 小雨伞 依然 YIRAN 芳然	内墙面漆 外墙面漆 底漆 腻子	CEC－EL－002－625	2011－2－2
293	福州欣达邦装饰材料有限公司	欣达邦 XINDABANG 京盾 鸿吉 HONG JI	内墙乳胶漆 外墙乳胶漆	CEC－EL－002－626	2011－2－20
294	苏州永华涂料有限公司	華皇	内墙乳胶漆 外墙乳胶漆	CEC－EL－002－627	2011－3－2
295	昆山锦飞化工有限公司	锦飞 KIND FULL 美恩乐 第4050581号图形商标	内墙涂料 外墙涂料	CEC－EL－002－628	2011－3－9

续表

序号	企业名称	注册商标	产品名称、规格型号	中国环境标志认证证书编号	认证证书有效截止日期
296	莆田市荔城区新虹油墨有限公司	九仙溪	内墙乳胶漆 外墙乳胶漆	CEC－EL－002－629	2011－3－13
297	杭州中亮化工涂料有限公司	中亮 涂尔美	内墙乳胶漆 外墙乳胶漆	CEC－EL－002－630	2011－3－17
298	河北晨阳工贸集团有限公司	晨陽	水性建筑漆 水性工业漆 水性柳编漆	CEC－EL－002－631	2011－3－25
299	德州皇嘉丽涂料有限公司	皇嘉丽 锦绣川	内墙涂料 外墙涂料	CEC－EL－002－632	2011－3－25
300	汉高粘合剂有限公司	美德兰	美德兰熟胶粉（室内）MFA50、美德兰牌高级柔性防水涂料（双组分）MW60、赛力特柔性防水宝（双组分）CR75、赛力特弹性防水宝（双组分）CR85、赛力特通用外墙腻子 CT31、赛力特外墙柔性腻子 CT32、美德兰内墙耐水腻子 MP20BJ、美德兰内墙耐水腻子（水泥基）MP20C、美德兰批墙灰 MPP20HK	CEC－EL－002－633	2008－12－30
301	小丑鱼水性漆（北京）有限公司	小丑鱼 第 5685472 号图标	底漆 面漆	CEC－EL－002－634	2011－4－15
302	上海柯达士环保化工有限公司	柯达士	水性木器漆 内墙乳胶漆 外墙乳胶漆	CEC－EL－002－635	2011－4－22
303	上海海基涂料有限公司	佳佳俪 美洲枫 MEI ZHOU FENG	内墙乳胶漆	05508P1002636R0S	2011－5－8
304	常州市依梯艾制漆有限公司	Palade 帕拉迪	内墙乳胶漆 外墙乳胶漆	05508P1002637R0S	2011－5－25

六、人造木质板材：执行标准 HBC17－2003

序号	企业名称	注册商标	产品名称、规格型号	中国环境标志认证证书编号	认证证书有效截止日期
1	柯诺（北京）木业有限公司	SINHUA	中、高密度纤维板 （厚度：3～25mm）	CEC－EL－010－006	2011－1－31
2	湖北巨宁森工股份有限公司	巨宁	中（高）密度纤维板 （厚度：8、9、11、12、15mm）	CEC－EL－010－008	2008－11－7
3	浙江升华云峰新材股份有限公司	莫干山（第3972054号） 森泉（第3972055号） 第1413630号商标	多层胶合板 （厚度：2.3、2.7、5、9、12、18mm） 装饰贴面板 （厚度：2.3、2.5、2.7、3.0mm） 细木工板（厚度：12、15、18mm）	CEC－EL－010－010	2010－12－3
4	广西三威林产工业有限公司	三威	中密度纤维板（厚度：2.5、2.75、2.8、3、4、4.5、4.75、4.8、5.75、6、7.7、8、8.5、8.7、9、11.5、12、14、14.5、15、16、17、17.5、18、20、22、25、28、30）	CEC－EL－010－014	2011－3－9
5	湖南福湘木业有限责任公司	福湘 金福湘 福湘王	细木工板（厚度：14、15、17、18、20mm） 胶合板（厚度：3、4、5、9、12mm） 装饰单板贴面胶合板（厚度：3、4mm）	CEC－EL－010－021	2008－10－10
		馨居 万圆	细木工板（厚度：14、15、17、18、20mm） 胶合板（厚度：3、4、5、9、12mm）		
6	德华兔宝宝装饰新材股份有限公司	兔宝宝 花冠 双跃 第3779870号商标 第3779871号商标 第1280311号商标 第1612826号商标 第978940号商标	贴面板（厚度：2.3、2.7、3.0、3.6、5、9、12、18mm） 胶合板（厚度：2.3、2.5、2.7、3.0、3.6、5、9、12、15、18mm） 细木工板（厚度：15、16.5、18mm）	CEC－EL－010－026	2008－10－30

续表

序号	企业名称	注册商标	产品名称、规格型号	中国环境标志认证证书编号	认证证书有效截止日期
7	吉林森林工业股份有限公司露水河刨花板分公司	露水河	刨花板、均质刨花板、浸渍纸饰面刨花板（厚度：3、4、6、8、9、10、12、14、15、16、18、21、25、28、30、38mm）	CEC－EL－010－027	2008－10－10
8	南通综艺合板有限公司	综艺	胶合板（厚度：2.7、3、3.6、3.9、5、6、7、8、9、10、11.5、12、15、16、16.5、18mm）	CEC－EL－010－030	2008－10－19
9	湖北东森木业有限公司	福江	细木工板（厚度：15、18mm）	CEC－EL－010－038	2009－6－5
10	吉林福敦木业有限公司	亚威 福墩 美世	高密度纤维板 （厚度：5、6、8、10、12mm） 刨花板 （厚度：12、15、16、18、25mm） 浸渍胶膜纸饰面人造板 （厚度：8、10、12、15、16、18、25mm） 高密度模压木纹门板 （厚度：3.2mm）	CEC－EL－010－042	2009－2－15
11	湖北福汉木业有限公司	福汉	细木工板（厚度：15、18mm）	CEC－EL－010－044	2008－11－15
12	安徽华林人造板有限公司	WAN HUA LIN	中密度纤维板 （厚度：8、9、11.5、12、15、15.5、16、16.5、17、18、19、20、22、25、30、32mm）	CEC－EL－010－046	2009－1－9
13	上海常茂胶合板有限公司	第1373339号商标 第1704632号商标 第1786149号商标	胶合板（厚度：2.7、3、5、9、12、15、18、20、25mm）	CEC－EL－010－048	2009－4－26
14	吉林省福春木业有限公司	福春	细木工板（厚度：12、15、18mm）	CEC－EL－010－050	2009－1－9

续表

序号	企业名称	注册商标	产品名称、规格型号	中国环境标志认证证书编号	认证证书有效截止日期
15	环球木业（昆山）有限公司	第1086374号商标 第1086375号商标 第1624249号商标	装饰单板贴面胶合板 （厚度：3mm）	CEC－EL－010－051	2008－10－31
16	湖北吉象人造林制品有限公司	吉象 吉耐 Jeunesse 力儆 LEOWALL qTp PTP 第1118710号商标	中密度纤维板 （厚度：1.8、2.0、2.2、2.5、2.7、3.0、4.0、4.5、4.75、5.0、6.0、7.8、8.0、9.0、10.0、12.0、15.0、18.0mm）； 直接印刷中密度纤维板 （厚度：2.0、2.2、2.5、2.7、3.0、4.0、4.5、4.75、5.0、6.0、7.8、8.0、9.0、10.0、12.0、15.0、18.0mm）	CEC－EL－010－052	2008－9－28
17	河北金秋木业有限公司	金秋	细木工板（厚度：17mm） 装饰单板贴面人造板（厚度：2.5mm） 刨花板（厚度：16mm）	CEC－EL－010－057	2009－1－9
18	湘阴县兴湘木业有限责任公司	兴湘	细木工板（厚度：15、18mm） 胶合板（厚度：3、5、9、12、15、18mm）	CEC－EL－010－060	2009－10－16
19	安徽肯帝亚皖华人造板有限公司	皖华 WANHUA	浸渍胶膜纸饰面刨花板（厚度：10、12、15、16、18、25mm） 中密度纤维板（厚度：8、12、15、18mm）	CEC－EL－010－066	2009－5－31
20	广州星河湾实业发展有限公司	樹熊 SHU XIONG KOALA BEAR	薄木装饰胶合板（厚度：2.5、2.7、3.0、3.5mm）	05506P1010075R1M	2009－9－4
21	美森耐（上海）贸易有限公司	美森耐	模压门面板：木纹系列和无木纹系列（2050、2153、2440、2457）×（416－1220）×3.2（mm）	CEC－EL－010－078	2009－1－22

续表

序号	企业名称	注册商标	产品名称、规格型号	中国环境标志认证证书编号	认证证书有效截止日期
22	昌黎县沿海木业有限责任公司	沿海 第 4763025 号商标	装饰单板贴面胶合板（厚度：2.5、3.0mm）	05506P1010083R1M	2009－1－9
23	乐山吉象人造林制品有限公司	吉象 第 1118710 号商标 qTp PTP	中密度纤维板 （厚度：2.5、2.7、3、4、4.5、4.75、6、6.65、7.8、9、9.8、11.8、12、15、18、25mm）	CEC－EL－010－094	2009－3－21
24	杭州华海木业有限公司	千年舟 千喜鸟 美莱居 ERHU PiPa	细木工板（厚度：15、16.5、17、17.5、18mm） 千年舟、千喜鸟、ERHU、PiPa、美莱居牌装饰单板贴面胶合板（厚度：2.5、2.7mm）	CEC－EL－010－095	2009－9－25
25	漳州鸿伟木业集团有限公司	鸿伟 鸿云	细木工板（厚度：12、15、18、21、26、38mm） 胶合板（厚度：3、5、8、9、12、15、18mm）	CEC－EL－010－097	2009－8－3
26	江西雪岭木业有限公司	雪岭 雪仑	细木工板（厚度：15、17、18mm）	CEC－EL－010－101	2010－1－14
27	武汉市鹰冠木业有限公司	鹰冠 福汉 顺风牛 君王	细木工板（厚度：15、18mm）	CEC－EL－010－104	2010－12－13
28	廊坊三利木业有限公司	鑫利 奥松	胶合板 （厚度：3、5、7、9、12、15、18、22、24、28、30、38、42、45、48、52、56、58、60mm） 细木工板（厚度：15、18mm）	CEC－EL－010－105	2011－2－2
29	东莞市天成木业有限公司	宏昌 HONGCHANG 第 960619 号商标 山羊 Goat Brand	装饰单板贴面人造板（厚度：2.5mm）	CEC－EL－010－112	2009－10－9

续表

序号	企业名称	注册商标	产品名称、规格型号	中国环境标志认证证书编号	认证证书有效截止日期
30	广州力恒木业制造有限公司	力恒 比嘉 BIJIA BIGJARRAH 力恒木业 LI HENG TIMBER H（第1440656号商标） 第4196649号商标	细木工板（厚度：15、18mm） 胶合板（厚度：3、4、5、9、12、15、18、21、24mm）	CEC－EL－010－117	2009－10－16
31	伊春福旺木业有限公司	汤旺河	刨花板（厚度：16、18、25mm）	CEC－EL－010－128	2010－4－18
32	德清县大亚木业有限公司	莫干湖（第1604867、1612812号商标）	装饰单板贴面胶合板 （厚度：2.6、2.7、3.0、3.2、3.6mm）	CEC－EL－010－133	2010－5－22
33	哈尔滨市凯达木业有限公司	凯达 怡昌 康派（第1576815号商标）	细木工板 （厚度：15、18mm） 装饰单板贴面人造板 （厚度：3、5、18mm）	CEC－EL－010－134	2010－12－3
34	桃江县大众木业有限责任公司	健湘 大众 鸿鹰 碧螺	细木工板（厚度：15、18mm）	CEC－EL－010－143	2011－3－25
35	廊坊洪宽木业有限公司	洪宽	装饰单板贴面胶合板（厚度：3.0mm）	CEC－EL－010－144	2011－1－3

续表

序号	企业名称	注册商标	产品名称、规格型号	中国环境标志认证证书编号	认证证书有效截止日期
36	河北森通木业有限公司	绿天使 小神通 森通 森之宝 森林大帝 森林王子 欧特来	细工木板（厚度：12、15、18mm） 装饰单板贴面胶合板（厚度：2.5、2.7、3.0、3.6mm）	CEC－EL－010－156	2011－4－22
37	江西省绿野木业有限公司	LUYE	细木工板（厚度：12、15、18mm）	CEC－EL－010－164	2010－11－11
38	杭州金迪家私装饰有限公司	金迪 Goldea 第3827841号商标	浮雕门（厚度：38～40mm）； 浸渍胶膜纸饰面中密度纤维板/线条（厚度：3～15mm）	CEC－EL－010－167	2011－1－8
39	云南景谷林业股份有限公司	航天	胶合板（厚度：3、5、7、9、11、12、15、18mm） 中密度纤维板 （厚度：12、15、18mm） 细木工板（厚度：15mm）	CEC－EL－010－179	2011－3－25
40	衡阳市岑芳装饰材料实业有限公司	蒸湘王 岑芳 CEN FANG 林子	细木工板 （厚度：14、15、17、18mm） 胶合板（厚度：3、5、9、12mm）	CEC－EL－010－181	2011－3－2
41	湘乡市湘龙木业芯板厂	绿湘	细木工板（厚度：17mm）	CEC－EL－010－232	2008－9－18
42	湘潭县天中木业装饰材料厂	玉湘	细木工板（厚度：18、9mm）	CEC－EL－010－234	2008－9－28
43	江西绿海木业有限公司	LVHI（第4396291号商标）	细木工板（厚度：15、18mm）	CEC－EL－010－252	2008－12－22
44	根河板业有限责任公司	根河	刨花板（厚度：12、16、18、25mm）	CEC－EL－010－253	2008－12－29

续表

序号	企业名称	注册商标	产品名称、规格型号	中国环境标志认证证书编号	认证证书有效截止日期
45	东营正和木业有限公司	正和林美	中密度纤维板（厚度：2.7、3.0、4.0、4.5、4.75、5.0mm）	CEC－EL－010－256	2009－1－8
46	临沂豪景木业有限公司	豪景 HAOJING	装饰单板贴面胶合板（厚度：2.3、2.6、3.0mm）	CEC－EL－010－261	2009－2－15
47	婺源县百源木业有限公司	Bycn 万年树	细木工板（厚度：18mm）	CEC－EL－010－262	2009－2－26
48	湖州巨峰木业有限公司	巨峰	装饰单板贴面胶合板（厚度：2.3、2.8、3.0mm）	CEC－EL－010－272	2009－7－10
49	德清县众旺木业有限公司	酷龙 众望	装饰单板贴面胶合板（厚度：2.3、2.5、2.7、3.0、3.6mm）	CEC－EL－010－273	2009－7－20
50	临沂益春木业有限公司	益春	装饰单板贴面胶合板（厚度：2.0、2.5mm）	CEC－EL－010－277	2009－8－31
51	临沂豪盛木业有限公司	山临 SHANLIN	装饰单板贴面胶合板（厚度：2.2、2.5、2.7、3.0、5.0mm）	CEC－EL－010－278	2009－9－17
52	德清县鼎王木业有限公司	千年鼎	装饰贴面胶合板（厚度：2.3、2.6、2.8、3.0mm）	CEC－EL－010－280	2009－9－25
53	临沂市福业木业有限公司	狗宝宝 拼搏 富贵鱼	装饰单板贴面胶合板（厚度：2.3、2.5、2.8、3.0mm）	CEC－EL－010－289	2009－10－26
54	内蒙古呼伦贝尔中集木业有限公司	CIMC	集装箱底板用胶合板（厚度：28mm）	CEC EL 010 311	2010－3－7
55	临沂安信木业有限公司	第3668054号商标	胶合板（厚度：3、5.2、6.6、8.3、9、10.5、11.5、12、15、16.2、18mm）	CEC－EL－010－316	2010－3－27
56	临沂市星海木业有限公司	星海 海王星 小阁楼	胶合板（厚度：2.3、2.6、3.3、5、9、12、15、18mm） 装饰单板贴面胶合板（厚度：2.35、2.8、3.3mm）	CEC－EL－010－323	2010－4－18

续表

序号	企业名称	注册商标	产品名称、规格型号	中国环境标志认证证书编号	认证证书有效截止日期
57	河北深州长城木业发展有限公司	东驰 Dongchu	纤维板（厚度：8、12mm）	CEC－EL－010－329	2010－6－10
58	广州市凌利木业有限公司	凌利	胶合板（厚度：4、5、9、12、15、18mm） 细工木板（厚度：15、18mm）	CEC－EL－010－332	2010－6－14
59	山东恒瑞木业有限公司	泰山板材 hrwico	装饰单板贴面胶合板（厚度：2.0、2.1、2.2、2.3、2.4、2.5、2.6、2.7、2.8、2.9、3.0、3.3、3.6mm）	CEC－EL－010－333	2010－7－8
60	宿迁市福庆木业有限公司	福庆 第 1325349 号商标	胶合板（厚度：3、4、5、6、7、9、12、15、18、20mm）	CEC－EL－010－335	2010－8－15
61	曹县庄寨镇康达木制品厂	美居乐 筑巢 第 5124960 号商标	细工木板（厚度：17.5mm）	CEC－EL－010－337	2010－9－6
62	临沂市韩宇东来木业有限公司	第 1740773 号商标 第 1740769 号图形商标 第 1740892 号商标 第 1745949 号商标	装饰单板贴面人造板（厚度：2.4、2.7mm）	CEC－EL－010－338	2010－9－6
63	菏泽天成木业有限公司	同成	细工木板 （厚度：12、15、16、17、18mm）	CEC－EL－010－339	2010－9－11
64	湖南省万象装饰材料有限公司	万象 银天	细工木板（厚度：15、18mm） 胶合板（厚度：3、5、9、12mm）	CEC－EL－010－344	2010－11－5
65	大亚科技集团有限公司	DareGlobal	中（高）密度纤维板 （厚度：2～40mm） 刨花板（厚度：6～40mm）	CEC－EL－010－347	2010－11－11

续表

序号	企业名称	注册商标	产品名称、规格型号	中国环境标志认证证书编号	认证证书有效截止日期
66	宿迁市德伟木业有限公司	望鹤兰 雪花开 佳天下 鹤王	胶合板（厚度：3、4、5、6、7、9、12、15、18mm）	CEC－EL－010－351	2010－12－3
67	衡山县双星木业有限责任公司	国湘	细木工板（厚度：15、17mm）	CEC－EL－010－352	2010－12－13
68	常熟市大堡木业有限公司	大堡 红玫王 奇尔富 安格尔	装饰单板贴面胶合板（厚度：2.4、2.7mm）	CEC－EL－010－355	2011－1－15
69	宁化县三和木业有限责任公司	凰宝	室内用细木工板（厚度：16mm）	CEC－EL－010－359	2011－2－20
70	广西丰林木业集团股份有限公司	丰林	中密度纤维板（厚度：3、3.7、3.8、4、4.3、4.5、4.7、4.75、5.6、5.75、6、6.7、7.7、7.8、8、9、9.8、11、12、13.3、15、16、17、18mm）	CEC－EL－010－360	2011－3－2
71	河南兴博实业有限公司	怡兴 YI XING	三聚氰胺饰面板（厚度：3、4、5、9、12、15、16、18、25mm） 薄木饰面板（厚度：9、12、15、18mm） 聚酯饰面板（厚度：9、12、15mm）	CEC－EL－010－362	2011－3－17
72	亚洲创建（惠州）木业有限公司	亚创	刨花板（厚度：6～30mm）	CEC－EL－010－363	2011－3－13
73	浙江金迪门业有限公司	金迪 第3827841号图形商标	木质复合门（厚度：38～40mm） 装饰板（厚度：3～18mm） 线条（厚度：3～18mm）	CEC－EL－010－364	2011－3－20

七、木地板：执行标准 HBC17－2003

序号	企业名称	注册商标	产品名称、规格型号	中国环境标志认证证书编号	认证证书有效截止日期
1	天津福亚实业有限公司	福满地	环保型多层实木复合地板（厚度：5.8、7.5、8.0、8.5、9.5、10、12、13、13.5、15、18mm）	CEC－EL－010－001（S）	2009－8－9
2	乐山吉象地板制品有限公司	第1118710号商标 qTp PTP	浸渍纸层压地板 吉象炫木、吉象康府、吉象康府新天地、吉象阁林兰、吉象福洛、吉象新时代：（厚度：8mm） 吉象时代、吉象100型、吉象200型、吉象300型、吉象500型、吉象600型：（厚度：8mm） 吉象傲世、吉象傲世创世纪、吉象康府新天地加强型、吉象400型：（厚度：10mm） 吉象优木：（厚度：12mm）	CEC－EL－010－001（Q）	2009－3－21
3	粤海装饰材料（中山）有限公司	PACO柏高 TIARA天诺	强化木地板（厚度：7、8、9、10、12、14、15mm）	CEC－EL－010－005	2010－10－9
4	湖北巨宁森工股份有限公司	威狮 巨宁	浸渍纸层压木质地板（厚度：8、12、15mm）	CEC－EL－010－008	2008－11－7
5	上海汇丽地板制品有限公司	汇丽（第1256064号） Huili（第1256068号） （第1256065号）	强化木地板（厚度：8、10、12mm）	CEC－EL－010－009	2010－12－3
6	浙江升华云峰新材股份有限公司	莫干山（第3972054号） 森泉（第3972055号） 第1413630号商标	实木复合地板（厚度：15、18mm）	CEC－EL－010－010	2010－12－3

续表

序号	企业名称	注册商标	产品名称、规格型号	中国环境标志认证证书编号	认证证书有效截止日期
7	福建省永安林业（集团）股份有限公司	永林蓝豹	强化木地板（厚度：8、9.3、10.5、12.5mm）	CEC－EL－010－011	2011－2－2
8	广西三威林产工业有限公司	三威	强化木地板（厚度：8、8.4、12mm）	CEC－EL－010－014	2011－3－9
9	湖南福湘木业有限责任公司	福湘 金福湘 金满地 银满地	实木复合地板（厚度：12、15、18mm）	CEC－EL－010－021	2008－10－10
10	德华兔宝宝装饰新材股份有限公司	兔宝宝 花冠 双跃 第3779870号商标 第3779871号商标 第1280311号商标 第1612826号商标 第978940号商标	实木复合地板（厚度：10、11、12、13、14、15mm）	CEC－EL－010－026	2008－10－30
11	维德木业（苏州）有限公司	红A 维德 八威	实木复合地板（厚度：5.0～28.0mm）	CEC－EL－010－032	2009－3－21
12	湖北东森木业有限公司	福江	细木工板（厚度：15、18mm）	05506P1010038R1M	2009－6－5
13	吉林福敦木业有限公司	亚威 福墩 美世	浸渍纸层压木质地板（厚度：8、10、12mm）	CEC－EL－010－042	2009－2－15

续表

序号	企业名称	注册商标	产品名称、规格型号	中国环境标志认证证书编号	认证证书有效截止日期
14	北京瑞嘉欧亚木业有限公司（德国 fritz Egger G. m. b. H. & Co. 生产）	瑞嘉 WELLUX	强化木地板（厚度：8mm）	CEC－EL－010－047	2008－8－11
15	江西康达竹制品集团有限公司	通贵 康盛	精致竹地板（厚度：9、12、15、17、18mm）	CEC－EL－010－067	2010－10－21
16	广州星河湾实业发展有限公司	樹熊 SHU XIONG KOALA BEAR	多层实木复合地板（厚度：12、15、18、20mm）	05506P1010075R1M	2009－9－4
17	东莞市兴昌木业有限公司	恒昌个性 HENG CHANG CHARACTERFUL	实木复合地板（厚度：9、12、15mm）	CEC－EL－010－076	2009－4－12
18	江西宏丰人造板有限公司	柏顿	浸渍纸层压木质地板（厚度：8、12、15mm）	CEC－EL－010－077	2009－7－20
19	中国纺织物资（集团）总公司（德国 KRONO 公司生产）	欧陆佳	浸渍纸层压木质地板（厚度：8、12mm）	CEC－EL－010－081	2009－6－18
20	江苏德威木业有限公司	德威	浸渍纸层压木质地板（厚度：8、12mm） 实木复合地板（厚度：15mm）	CEC－EL－010－092	2009－6－18
21	德尔集团有限公司	得尔 DER 赫斯	浸渍纸层压木质地板（厚度：8、12、15mm） 复合木地板（厚度：10、12、14.5、15、18mm）	CEC－EL－010－099	2010－3－27

续表

序号	企业名称	注册商标	产品名称、规格型号	中国环境标志认证证书编号	认证证书有效截止日期
22	昆明红塔木业有限公司	第1492893号商标	浸渍纸层压木质地板（强化木地板）（厚度：8、9、12mm） 实木复合地板（厚度：14、15、18mm） 工艺木地板（厚度：12mm） 新型复合木质地板（厚度：13mm）	CEC-EL-010-108	2010-3-12
23	长沙欧珀莱木业有限公司	艾弗林 弗莱德 邦特 迪奥	浸渍纸层压木质地板（厚度：8、12mm）	CEC-EL-010-111	2010-4-18
24	广州力恒木业制造有限公司	力恒 比嘉 BIJIA BIGJARRAH 力恒木业 LI HENG TIMBER H（第1440656号商标） 第4196649号商标	实木复合地板（厚度：8、12、15、18mm）	CEC-EL-010-117	2009-10-16
25	圣象集团有限公司	圣象	强化木地板（厚度：8、10、11、12、13mm）	CEC-EL-010-125	2010-3-7
		康树	实木复合地板（厚度：14、15、16、17、18mm）		
		圣象·安德森	实木复合地板（厚度：8~18mm）		
26	圣象实业（深圳）有限公司	圣象	强化木地板（厚度：8、8.5、10、11、11+2mm）	CEC-EL-010-126	2010-3-7
		Power Dekor	实木复合地板（厚度：8.6、15mm）		
27	江苏肯帝亚木业有限公司	肯帝亚	浸渍纸层压木质地板（厚度：8.2、12.2mm） 实木复合地板（厚度：15mm）	CEC-EL-010-132	2010-12-13

续表

序号	企业名称	注册商标	产品名称、规格型号	中国环境标志认证证书编号	认证证书有效截止日期
28	宜昌山山林业有限责任公司	山山	强化复合木地板（厚度：8、12mm）	CEC－EL－010－135	2010－9－26
29	广州市番禺康达木业有限公司	奥德隆 adler	实木复合地板（厚度：12、15 mm）	CEC－EL－010－154	2011－1－21
30	湖南康派木业有限公司	聖保羅（第3348836号商标） 康派（第1576815号商标）	浸渍纸层压木质地板（厚度：8、11、12mm）	CEC－EL－010－157	2010－11－22
31	新生活家木业制品（中山）有限公司	生活家	实木多层地板（厚度：12、15mm）	CEC－EL－010－160	2011－6－23
32	南京罗伦特地板制品有限公司	惠尔 HeAr 罗伦特·惠尔	强化复合地板（厚度：8、12mm）	CEC－EL－010－162	2011－3－2
33	上海合丽木业有限公司	合丽 第1620203号商标	强化复合地板（厚度：8、10.5、11、12mm）	CEC－EL－010－178	2011－4－15
34	滁州扬子木业有限公司	第3484670号图形商标 YANGZI	浸渍纸层压木质地板（厚度：8.3、12mm） 实木复合地板（厚度：15mm）	CEC－EL－010－203	2011－3－25
35	江苏洛基木业有限公司	洛基 LODGI 第4198910申请号图形商标	浸渍纸层压木质地板（厚度：8.3、12.3mm）	CEC－EL－010－226	2008－8－11

续表

序号	企业名称	注册商标	产品名称、规格型号	中国环境标志认证证书编号	认证证书有效截止日期
36	武汉市豪迈木业有限责任公司	欧顿 圣豹 博高 贝得 好亿 欧惠尔 柏蓝 迈尔特	浸渍纸层压木质地板（厚度：8、11、12mm）	CEC－EL－010－227	2008－8－29
37	柯诺（北京）地板有限公司	克诺森华 Kronosenhua 欧家 Euro Home 莱茵阳光 RHINESHINE 克诺斯邦	强化木地板（厚度：8～12mm）	CEC－EL－010－222	2011－1－31
38	南京爱诺法赛木业制造有限公司	爱诺法赛	浸渍纸层压木质地板（强化木地板）（厚度：12、8mm）	CEC－EL－010－229	2008－9－8
39	嘉兴市良友木业有限公司	旺得福 WONDERFULL	实木复合地板（厚度：15、18mm）	CEC－EL－010－231	2008－9－18
40	江苏欧龙地板有限公司	格林斯特	浸渍纸层压木质地板（厚度：8、12mm）	CEC－EL－010－236	2008－9－28
41	上海创高木业（沈阳）有限公司	圣罗娜强化复合地板	浸渍纸层压木质地板（厚度：12、8mm）	CEC－EL－010－242	2008－10－31
42	沃达王木业（上海）有限公司	沃达王 WOODONE	实木复合地板（厚度：12、13、15、16、18mm）	CEC－EL－010－246	2008－11－15
43	北京瑞嘉欧亚木业有限公司	瑞嘉	强化木地板（厚度：8.2、10、12、12.2mm） 踢脚线（厚度：15mm）	CEC－EL－010－259	2009－1－23
44	上海升达竹业有限公司	升达	实木复合地板（厚度：10、12、15mm）	CEC－EL－010－264	2009－4－6

续表

序号	企业名称	注册商标	产品名称、规格型号	中国环境标志认证证书编号	认证证书有效截止日期
45	广东省宜华木业股份有限公司	宜华	宜华牌实木复合地板（厚度：8、12、14mm） 强化木地板（厚度：8、12mm）	05506P1010266R0L	2009－5－14
46	江苏中鑫德赛木业有限公司	德赛 荣登	浸渍纸层压木质地板（强化木地板）（厚度：8、12mm）	CEC－EL－010－267	2009－5－14
47	江苏玉兰木业有限公司	玉兰 帕伦克	浸渍纸层压木质地板 （厚度：8.3、12mm）	CEC－EL－010－268	2009－5－18
48	北京宏耐木业有限公司	宏耐 HOMENICE	浸渍纸层压木质地板 （厚度：8、12mm） 实木复合地板 （厚度：12、15mm）	CEC－EL－010－271	2009－7－3
49	湖北万树木业有限公司	万树 ONESURE 艾维森	浸渍纸层压木质地板（厚度：8、12mm）	CEC－EL－010－274	2009－7－20
50	常州市欧普莱斯装饰材料有限公司	欧普莱斯	浸渍纸层压木质地板 （厚度：12.3mm）	CEC－EL－010－281	2009－9－25
51	沈阳市好运达木业有限公司	好运达 思美家	浸渍纸层压木质地板、陶瓷漆复合地板（厚度：11、12mm）	CEC－EL－010－285	2009－10－9
52	北京伙伴建材科技有限公司（奥地利萨尔斯堡科林木业集团（KAINDL FLOORING GmbH）生产）	欧米兰 OMILAN	强化复合木地板（厚度：8mm）	CEC－EL－010－286	2009－10－9

续表

序号	企业名称	注册商标	产品名称、规格型号	中国环境标志认证证书编号	认证证书有效截止日期
53	江苏永成木业有限公司	永成 YONGCHENG（第5016938申请号） YOCN（第5110433申请号） 第5110432申请号图形商标	浸渍纸层压木质地板（厚度：8.3、12.3mm）	CEC－EL－010－291	2009－11－1
54	嘉丰木业（苏州）有限公司	北美枫情（第3394115号商标）	实木复合地板（厚度：12、15mm）	CEC－EL－010－294	2009－11－6
55	苏州市汇丽木业制造有限公司	永丽 yongli	浸渍纸层压木制地板（厚度：8.3、12.3mm）	CEC－EL－010－295	2009－11－15
56	常州禾丰木业有限公司	鸿联 HOnLAnD	强化复合地板（厚度：8、12.3mm）	CEC－EL－010－299	2009－12－11
57	常州市赛欧地板有限公司		浸渍纸层压木质地板（厚度：8、12mm）	CEC－EL－010－300	2009－12－26
58	常州市欧港昌盛装饰材料有限公司	穗鼎 SUIDING 杰黎雅 Jieliya	浸渍纸层压木质地板（厚度：8、12mm）	CEC－EL－010－301	2010－1－4
59	郴州海华竹木制品有限公司	HAWA	竹地板（厚度：15mm）	CEC－EL－010－302	2010－1－14
60	常州东家装饰材料有限公司	东家 斯可爱 瓦克尔 Most	浸渍纸层压木质地板（厚度：8.3、12mm）	CEC－EL－010－303	2010－1－14

续表

序号	企业名称	注册商标	产品名称、规格型号	中国环境标志认证证书编号	认证证书有效截止日期
61	江西省青云地板有限公司	百嘉	竹地板（厚度：15、17mm）	CEC－EL－010－304	2010－1－14
62	江西省资溪县青云地板有限公司	风云（第3823772号商标）	竹地板（厚度：15、17mm）	CEC－EL－010－305	2010－1－14
63	北新建材（集团）有限公司	北新	实木复合地板（厚度：18mm）	CEC－EL－010－307	2010－2－13
64	浙江世友木业有限公司	世友 shiyou SUNYARD	浸渍纸层压木质地板（厚度：12.3、12、10、8.3、8mm） 实木复合地板（厚度：15.6、15、14.3、12.5、10mm）	CEC－EL－010－309	2010－3－7
65	上海佳乐美木业有限公司	美丽岛 我爱·美丽岛 第5405589号图形商标	浸渍纸层压木质地板（厚度：8、12mm）	05507P1010310R0M	2010－3－7
66	绿之嘉木业有限公司	绿之嘉 LEEKA	实木复合地板（厚度：8、9、10、12、15、18、20、22mm）	CEC－EL－010－312	2010－3－13
67	江西松涛竹业有限公司	竹涛 御景	竹地板（厚度：17mm）	CEC－EL－010－313	2010－3－20
68	河北省邓州市北园木业有限公司	益嘉 益嘉地板 安诺德	实木复合地板（厚度：15mm）	CEC－EL－010－315	2010－3－20
69	沈阳市多彩木业有限公司	太阳鸟	浸渍纸层压木质地板（厚度：8、12mm）	CEC－EL－010－317	2010－3－27
70	滁州市三星木业有限公司	欧美雅格 森帝龙	浸渍纸层压木质地板（厚度：8.3、12mm）	CEC－EL－010－318	2010－3－27

续表

序号	企业名称	注册商标	产品名称、规格型号	中国环境标志认证证书编号	认证证书有效截止日期
71	成都市三杉实业集团有限公司	三杉 万豪	浸渍纸层压木质地板（厚度：8、10、12、15mm） 实木复合地板（厚度：9、13、15mm）	CEC－EL－010－320	2010－4－18
72	济宁永鸿木业有限公司	惠宜佳	浸渍纸层压木质地板（厚度：8、12mm）	CEC－EL－010－321	2010－4－18
73	滁州市春洲木业有限公司	春洲奥德	强化木地板（厚度：8、12mm）	05507P1010322R0S	2010－4－18
74	马克森木业（滁州）有限公司	马克森	强化木地板（厚度：8.2、12mm）	05507P1010324R0S	2010－4－18
75	上海傲胜木业有限公司	傲胜 傲凯	浸渍纸层压木质地板（厚度：8.0、12mm）	CEC－EL－010－325	2010－5－22
76	常州市恒祥装饰材料有限公司	德泽 威斯康星	浸渍纸层木质地板（厚度：8mm）	CEC－EL－010－327	2010－5－22
77	常州市绿意木业有限公司	绿意 圣踏	浸渍纸层压木质地板（厚度：8、12.3mm）	CEC－EL－010－328	2010－6－10
78	河北深州长城木业发展有限公司	东初® Dongchu	强化木地板（厚度：8、12mm）	CEC－EL－010－329	2010－6－10
79	江苏明盛木业有限公司	伊普莱思	浸渍纸层压木质地板（厚度：8.3、12.3mm）	CEC－EL－010－330	2010－6－10
80	无锡富韵木业有限公司	布鲁兰德 爱莉特 苏宝兰德 富韵	浸渍纸层压木质地板（厚度：8.3、12.3mm）	CEC－EL－010－334	2010－7－30
81	广东盈彬大自然木业有限公司	盈彬大自然	生态木地板（厚度：8、12、15mm）； 实木复合地板（厚度：12、15、18mm）； 浸渍纸层压木质地板（厚度：7、8、10、12.2mm）	CEC－EL－010－340	2010－9－11

续表

序号	企业名称	注册商标	产品名称、规格型号	中国环境标志认证证书编号	认证证书有效截止日期
82	中山市大自然木业有限公司	盈彬大自然	生态木地板（厚度：8、12、15mm）； 实木复合地板（厚度：12、15、18mm）； 浸渍纸层压木质地板（厚度：7、8、10、12.2mm）	CEC－EL－010－341	2010－9－11
83	沈阳市凯隆木业有限公司	菲乐 热带阳光 TRCPJC	强化木地板（厚度：8、11、12mm）	CEC－EL－010－342	2010－9－24
84	怀化市华宇竹业有限公司	366（第5371139号商标）	竹地板（厚度：12、15、17、20、22mm）	CEC－EL－010－345	2010－11－11
85	湖南地宝龙装饰材料有限公司	DIBOLO 地宝龙	强化复合木地板（厚度：8、12mm） 实木复合地板（厚度：14、15mm）	CEC－EL－010－346	2010－11－11
86	武汉明枫正威木业有限公司	正威 美地森林	浸渍纸层压木质地板（厚度：8、11、12mm）	CEC－EL－010－349	2010－11－22
87	沈阳海阔木业有限公司	思诺尔家	浸渍纸层压木质地板（厚度：8、12mm）	CEC－EL－010－350	2010－11－30
88	上海誉丰实业有限公司	（第1500727号商标）	实木复合地板（厚度：12、15、18mm）	CEC－EL－010－353	2010－12－16
89	浙江贝亚克木业有限公司	贝亚克 贝亚克 BIYORK	实木复合地板（厚度：12、15、18mm） 浸渍纸层压木质地板 （厚度：8、12mm）	CEC－EL－010－354	2010－12－16
90	沈阳宇进木业有限公司	宇进 宇进木业	浸渍纸层压木质地板（厚度：8、12mm）	CEC－EL－010－356	2011－1－15
91	常州博登木业有限公司	博登 BODENG 世紀歐風 shijioufeng 美如家 Mei Ru Jia	浸渍纸层压木质地板：1215×193×8.3mm、805×125×12.3mm、1214×141×12.3mm、808×128×12.3mm	CEC－EL－010－357	2011－1－15

续表

序号	企业名称	注册商标	产品名称、规格型号	中国环境标志认证证书编号	认证证书有效截止日期
92	北京中企爱尔环保装饰材料制造有限公司	绿霸地衣 拜尔 海顿 蝶后 固顿 精彩 英邦 Demer Homes	浸渍纸层压木质地板（厚度：8、11、12mm）	CEC－EL－010－358	2011－2－2
93	济宁蓝旗木业有限公司	蓝旗 璐瑶 好丽家 奈泽 俊豪	浸渍纸层压木质地板（厚度：8、11mm）	CEC－EL－010－361	2011－3－9

八、家具：执行标准 HJ/T303－2006

序号	企业名称	注册商标	产品名称、规格型号	中国环境标志认证证书编号	认证证书有效截止日期
1	成都市全友家私有限公司	QUANU 全友 优美科 UMYCO	板式家具（床、柜、妆台、茶几、桌、椅），床垫，布艺沙发	CEC－EL－042－001	2011－2－2
2	合肥菱湖家具有限公司	菱湖	办公家具（桌、柜） 民用家具（桌、柜）	05508P1042003R1M	2011－5－22
3	北京曲美家具有限公司	曲美 QM	实木家具：柜/桌/椅/台； 板式家具：柜/桌/椅/台； 软体家具：沙发/床垫（皮革制品除外）	CEC－EL－042－005	2011－4－7
4	天津市圣斯克家具有限公司	Sansk 圣斯克家具	板式家具：柜类、餐桌椅（不含纺织品）、床类、木制写字桌类	CEC－EL－042－006	2011－3－2
5	北京天坛股份有限公司	天坛	木质家具：台、桌、椅、凳、床、柜、茶几 金属家具：桌、椅、床、茶几 软体家具：沙发 其他：木门	CEC－EL－042－007	2008－8－29

续表

序号	企业名称	注册商标	产品名称、规格型号	中国环境标志认证证书编号	认证证书有效截止日期
6	北京东方百盛家具有限公司	东方百盛 第 3355740 号商标 第 3527779 号商标	卧房系列（床头柜、妆台、衣柜、床） 客厅系列（茶几、组合柜、酒吧车） 餐厅系列（餐台椅、餐边柜、装饰柜） 书房系列（书柜、书台、电脑台） 软体家具（布艺沙发、床垫）	CEC－EL－042－008	2008－9－8
7	诚丰家具（中国）有限公司	诚丰 SHING FENG	椅子：职员椅、弓型椅、班椅、钢制排椅、礼堂椅 沙发：布艺沙发 屏风：519 屏风、A30 屏风、A38 屏风、50 屏风、65 屏风、隔断墙屏风 板式办公家具：鸭嘴办公台、会议台、台面板、文件柜、条形桌 实木办公家具：大班台、会议桌、茶几、背柜	CEC－EL－042－009	2008－9－28
8	湖南省伟特家具有限公司	伟特	书柜、办公桌、茶水柜	CEC－EL－042－011	2008－10－31
9	浙江富得宝家具有限公司	富得宝 FUDEBO 第 1766164 号商标	柜类：床头柜、衣柜、组合柜、酒柜、餐边柜、妆柜、茶几、装饰柜； 餐桌椅类：餐台、书台、电脑台； 床类：床架	CEC－EL－042－013	2008－11－30
10	杭州名仕厨具有限公司	名仕科洛纳	厨柜（吊柜、底柜）	CEC－EL－042－015	2008－12－13
11	泊头市吉荣教学家具有限责任公司	吉荣	教学家具（课桌、椅、软硬席排椅、公寓床） 办公家具（桌、椅、柜） 民用家具（桌、椅、床）	CEC－EL－042－018	2009－2－15
12	昆明红塔木业有限公司	第 1492893 号商标	套装工艺木门：F1、F2、F3、F4、F6、Q、H、C、Z 系列门、T4、T6、T6B 调控型门套、窗套、哑口	CEC－EL－042－019	2010－3－12
13	成都明珠家具（集团）有限公司	掌上明珠	板式家具（组合柜、床头柜、床、茶几、听视柜、餐桌椅、书台、电脑台）（不含纺织品）	CEC－EL－042－021	2009－3－15

续表

序号	企业名称	注册商标	产品名称、规格型号	中国环境标志认证证书编号	认证证书有效截止日期
14	广州欧派厨柜企业有限公司	欧派	欧派厨柜、卫浴柜、衣柜	CEC－EL－042－023	2009－7－3
15	重庆玮兰床垫家具有限公司	玮兰 Weland 兰婷	弹簧软床垫、棕纤维弹性床垫	CEC－EL－042－024	2009－5－31
16	广州星河湾实业发展有限公司	樹熊 SHU XIONG KOALA BEAR	实木门	05506P1042028R0M	2009－9－4
17	美克投资集团有限公司	美克·美家 Markor Furnishings	木家具、软体沙发（皮革沙发除外）	CEC－EL－042－029	2009－9－25
18	湖南省光明家具有限公司	创远家私	宾馆家具：柜子、桌子、床架； 办公家具：柜子、桌子	CEC－EL－042－030	2009－9－25
19	七台河市双叶家具实业有限公司	双叶	实木家具：柜、桌、椅、门、沙发、床、台、几	CEC－EL－042－031	2009－9－25
20	宁夏华泰家具制造有限公司	华泰龙 琅吉 BONNIE	实木复合门，办公家具（会议桌、办公桌、条桌），橱柜	CEC－EL－042－032	2009－10－22
21	湖南星港实业有限公司	星港	弹簧软床垫：喜梦、爱梦、平安夜、星期天、H800、护脊星、H500、N500、H100、H218、H300、H318、C10、N100、N200、N300	CEC－EL－042－034	2009－12－11
22	北京猫王家具有限公司	猫王家具	钢木家具（桌子、床、柜子、套桌、边架、搁板、椅子）	CEC－EL－042－035	2010－1－4
23	湖南梦洁家纺股份有限公司	梦洁	弹簧软床垫	CEC－EL－042－036	2010－11－11
24	湖南梦洁新材料科技有限公司	梦洁	弹簧软床垫	CEC－EL－042－036－1	2010－11－11

续表

序号	企业名称	注册商标	产品名称、规格型号	中国环境标志认证证书编号	认证证书有效截止日期
25	深圳大富豪实业发展有限公司	富之岛 FZD	板式家具：床、柜、台、几、桌、椅； 软体家具：布艺沙发、弹簧软床垫	CEC－EL－042－037	2010－3－7
26	成都好迪家具有限公司	好迪 HAODI HD 第 4079973 号商标	板式家具：床、桌、椅、柜、台、几； 软体家具：沙发、床垫	CEC－EL－042－038	2010－4－18
27	山东新郎欧美尔家居置业有限公司	欧美尔（OVEMAR）	软体家具：沙发（皮革沙发除外）、床垫； 木家具：柜、桌、床	CEC－EL－042－039	2010－4－25
28	北京市丽日办公用品有限责任公司	第 1736802 号商标	实验台：LRH－01 型钢化玻璃台面化学实验台、LRH－02 型铝木实芯理化板化学实验台、LRH－03 型贴面理化板台面化学实验台、LRW－0104 型物理实验台、LRW－02 型（力学）实验台、LRW－04 型物理实验台、LRS－01 型耐火板面生物实验台、LRS－02 型理化板台面生物实验台、LRS－03 型钢化玻璃台面生物实验台、LRS－04 型铝木实芯理化板实验台； 课桌椅：LRK－01 型（升降）课桌椅、LRK－02 型课桌椅（固定）、LRK－04 型（升降）课桌椅、LRK－05 型课桌椅（固定）、LRK－06 型（升降）课桌椅、LRK－07 型课桌椅（固定）； 文件柜：LRB－39 型六屉文件柜、LRB－40 型文件柜、LRB－41 型文件柜、LRB－42 型文件柜、LRB－43 型文件柜（密码锁）、LRB－44 型四门更衣柜、LRB－45 型六门更衣柜、LRB－46 型八门更衣柜； 公寓床：LRC－09 型公寓床、LRC－10 型全金属公寓床、LRC－11 型公寓床、LRC－12 型公寓床、LRC－13 型公寓床、LRC－14 型公寓床	CEC－EL－042－040	2010－5－22

续表

序号	企业名称	注册商标	产品名称、规格型号	中国环境标志认证证书编号	认证证书有效截止日期
29	成都列维士家具有限公司	列维士 美琦	实木家具：床、桌、柜、茶几 软体家具：沙发（皮革沙发除外）	CEC－EL－042－041	2010－6－21
30	北京强力家具有限公司	QIANGLI 强力 第571421号商标	实木家具、板式家具：柜类、桌椅凳类、床类 软体家具：沙发（皮革沙发除外）、床垫、软床（皮革软床除外）	CEC－EL－042－042	2010－7－8
31	北京黎明文仪家具有限公司	LMFU 曼帝诗 帕帝尼	板式家具：屏风、职员桌、文件柜、公寓床； 实木家具：木制文件柜、班台、文件柜； 实木复合门：实木复合门； 软体家具：沙发、职员椅、班椅（皮革制品除外）	CEC－EL－042－043	2010－8－15
32	北京舒雅轩家具厂	雅轩通盛	学生公寓床：2000×900×2000（单位：mm） 电脑桌：1200×600×760（单位：mm）	CEC－EL－042－044	2010－8－15
33	北京武进现代办公设备有限责任公司	武丰	钢木家具 （实验桌、公寓床、课桌椅、文件柜、电脑办公桌、餐桌椅）	CEC－EL－042－045	2010－8－15
34	深圳天诚家具有限公司	红苹果 redapple 第3063752号商标	板式家具：床、柜、台、椅、几； 软体家具：床垫、沙发（皮革制品除外）	CEC－EL－042－046	2010－8－15
35	广州市宁基装饰实业有限公司	索菲亚	板式家具 衣柜：1#、2#、3#、4#、7#、8#； 书柜：A款书柜－EA、B款书柜－EB、C款书柜－EC； 装饰柜：B款四斗柜、B款五斗柜、B款六斗柜	CEC－EL－042－047	2010－8－29

续表

序号	企业名称	注册商标	产品名称、规格型号	中国环境标志认证证书编号	认证证书有效截止日期
36	廊坊华日家具股份有限公司	华日	实木家具、板式家具：床、衣柜、床头柜、写字桌、办公椅、电视柜、客厅柜、茶几、书柜、酒柜、餐桌、餐椅、鞋柜、屉柜； 软体家具：沙发、床垫（皮革制品除外）	CEC－EL－042－048	2010－9－6
37	重庆市港风办公家私有限公司	港风	办公家具（柜、台、几）	CEC－EL－042－049	2010－9－19
38	广州市至盛冠美家具有限公司	冠美 QUAMA	板式家具、实木家具（班台、办公台、文件柜、会议桌、屏风）	CEC－EL－042－050	2010－9－24
39	河北蓝鸟家具有限公司	蓝鸟	实木家具 （床、桌、几、台、柜、椅）； 板式家具 （床、桌、几、台、柜、椅）； 棕垫、弹簧软床垫、布艺沙发	CEC－EL－042－051	2010－10－9
40	北京耐特利尔家具有限公司	Natleer（第3205104号商标）	板式家具：柜、桌、台、几、床； 软体家具：沙发（皮革制品除外）	CEC－EL－042－052	2010－10－17
41	成都市双虎实业有限公司	双虎	板式家具： 床、桌、椅、柜、台、几 软体家具：弹簧床垫、棕床垫、布艺沙发、布艺软床	CEC－EL－042－053	2010－11－5
42	北京鹰冠精工家具有限责任公司	鹰冠 鹰冠精工	班台 YG－BT1007、写字桌 YG－XT4060、书柜 YG－WJG3008、餐桌 YG－CZ375、衣柜 YG－WJG3069、床头柜 YG－CT5045、茶具柜 YG－WJG3039、会议桌 YG－HY2031、床 YG－C1520、茶几 YG－SF5021	CEC－EL－042－054	2010－11－11
43	江门市中新家具实业发展有限公司	中新	办公家具：文件柜、班椅、班台、茶几、屏风、胶板办公台、会议台； 酒店家具：电视柜、木制柜、木制床、沙发、门	CEC－EL－042－055	2010－11－19

续表

序号	企业名称	注册商标	产品名称、规格型号	中国环境标志认证证书编号	认证证书有效截止日期
44	鸿盛家具（福建）有限公司	鸿盛	板式家具：大班台、办公桌、屏风组合、学生公寓家具、文件柜； 软体家具：沙发（皮革沙发除外）； 钢木家具：课桌、椅； 实木家具：柜、桌	CEC－EL－042－056	2010－11－22
45	深圳雅兰家具有限公司	AIRLAND 第3719985号商标 第3270416号商标	弹簧软床垫 （雅兰金雅兰、雅兰之宝、雅兰姿美、雅兰婚庆、雅兰百安居、雅兰超市、雅兰 Bamboo、雅兰金贵族、雅兰酒店）	CEC－EL－042－057	2010－11－30
46	浙江升华云峰新材股份有限公司	莫干山（第3972054号） 森泉（第3972055号） 第1413630号商标	木质工艺门	CEC－EL－042－058	2010－12－3
47	合肥蓝天家具制造有限责任公司	第1410776号商标	办公家具（桌、柜、几）	CEC－EL－042－059	2010－12－13
48	合肥美高家具有限公司（合肥蓝天家具制造有限责任公司生产）	第3920146号商标 蓝天美高 Maxco Furniture	办公家具（桌、柜、几）	CEC－EL－042－060	2010－12－13
49	北京嘉德欧博尔家具有限公司	嘉德	板式双饰面橱柜（注：板材为露水河牌饰面刨花板）	CEC－EL－042－061	2010－12－20
50	北京东方万隆家具有限公司	第6364818号商标 万隆嘉业	办公桌、会议台、文件柜	CEC－EL－042－062	2010－12－25

续表

序号	企业名称	注册商标	产品名称、规格型号	中国环境标志认证证书编号	认证证书有效截止日期
51	深圳长江家具有限公司	长江	会议台、班台、演讲台、柜、办公桌、茶几、屏风、布艺沙发、班椅、礼堂椅、会议椅	CEC－EL－042－063	2010－12－25
52	杭州金迪家私装饰有限公司	金迪 Goldea 第 3827840 号商标	卫浴橱柜	CEC－EL－042－064	2011－1－8
53	北京郑氏昌盛家具有限公司	鑫昌盛	木制家具：ED－2001 班台、ED－1902 文件柜； 软体家具：SF－9805 沙发（皮革制品除外）	CEC－EL－042－065	2011－1－8
54	北京巨卓家具有限责任公司	巨卓 第 3616979 号商标	板式家具、软体家具（皮革制品除外）	CEC－EL－042－066	2011－1－8
55	德州豪美帝家家具有限公司	HOWK 豪克 MH 迈赫	板式家具：床、柜、桌、台、几	CEC－EL－042－067	2011－1－15
56	东莞新兴钢具厂有限公司	STEELINE 钢之杰	钢木柜、钢木台、钢木屏风	CEC－EL－042－068	2011－2－2
57	北京市永昌办公设备有限责任公司	京品	钢木家具、板式家具（公寓床、办公桌、电脑桌、书架、屏风）	CEC－EL－042－069	2011－2－20
58	北京爱德天办公家具制造有限公司	ADT	中分平开文件柜（玻璃隔板）、整体玻璃门文件柜（玻璃隔板）	CEC－EL－042－070	2011－2－21
59	浙江圣奥家具制造有限公司	圣奥	文员桌、会议桌、文件柜、班台、椅子（不含纺织品）、屏风、布艺沙发	CEC－EL－042－071	2011－2－21

续表

序号	企业名称	注册商标	产品名称、规格型号	中国环境标志认证证书编号	认证证书有效截止日期
60	北京世纪京洲家具有限责任公司	IBOSS	板式家具、软体家具 台类：A－17（3200×1200×760）、A－203A（2100×2100×760）； 柜类：D－305X（1050×450×2000）、D－18（2400×1600×760）； 桌类：C－17（4600×1600×760）； 布艺沙发：S049	CEC－EL－042－072	2011－3－2
61	北京傲威环亚家具有限公司	傲威之星	办公桌、会议桌、班台、文件柜、木椅、布艺沙发	CEC－EL－042－073	2011－3－2
62	大连飞马文仪家具有限公司	第4041736号图形商标	实木家具：DB（班台）、DT（会议台）、FC（茶几）、FF（文件柜）； 板式家具：DE（办公桌）、DT（会议台）、FC（茶几）、FF（文件柜）； 软体家具：FS（沙发）、CB（大班椅）、CE（中班椅）、CT（会议椅）、CC（职员椅）（皮革产品除外）； 屏风：320、428	CEC－EL－042－074	2011－3－2
63	北京今圣梅家具制造有限公司	SUNMAY 圣梅 申请号第5982033号图形商标	板式家具：床、文件柜、办公桌、写字台、会议桌、屏风	CEC－EL－042－075	2011－3－9
64	宁波邦达实业有限公司	邦达	钢木家具：密集架（柜）、重型密集藏品架（柜）、书架（柜）、期刊架（柜）、办公桌、课桌椅	CEC－EL－042－076	2011－3－9
65	亚萨合莱－王力保安制品有限公司	王力	钢木室内门、木质门	CEC－EL－042－077	2011－3－13
66	广丰月兔高级装饰板材厂	月兔（第3258710号商标）	整体橱柜	CEC－EL－042－078	2011－3－25
67	杭州德意厨具有限公司	德意厨	烤漆类、实木类、双饰面类整体厨柜（吊柜/底柜）（不含台面）	05508P1042079R0S	2011－5－3
68	北京西星家具有限公司	西星（第3025563号商标）	软体家具：布艺沙发； 板式家具：桌、柜、几； 钢木家具：钢木桌	05508P1042080R0M	2011－5－20

九、彩色电视机：执行标准 HJ /T306 - 2006

序号	企业名称	注册商标	产品名称、规格型号	中国环境标志认证证书编号	认证证书有效截止日期
1	四川长虹电器股份有限公司	长虹 CHANGHONG	液晶彩色电视机：LT19600、LT26600、LT32600、LT37600、LT40600、LT42600、LT47600、LT15700、LT19700、LT4028、LT4099、LT4299、LT4699、LT3719. COM、LT4019P、LT4219HD、LT4619P、LT4719HD、LT2012、LT3212、LT4266、LT4766、iTV4296、LT4798、LT3218、LT3718、LT4018、LT2619、LT3719P、LT3219P、LT42700、LT47700、LT32866、LT37866、LT42866、LT3288、LT4288、LT4233、LT47866HD、LT3788、LT32700、LT37700、LT2712、LT3712、LT32900、LT37900、LT47900、LT57900、LT2618、LT4219P、LT26700、LT2612、LT52866HD、LT42900、LT4798、LT5520、LT3719HD、LT5520HD、LT42866HD； 等离子体彩色电视机：PT42600、PT50600、PT6520、PT4218、PT4216、PT50600HD、PT4228、PT4288、PT63600HD、PT42700、PT50866HD、PT6520HD、PT5016、PT5066、PT4209、PT4266、PT4298； 彩色电视机：PF2155、SF2111、PF25118、SF2583、CHD29156、PF29156、PF21183、SF21183、PF25183、SF25183、PF29008、CHD34J15S、CHD34J18S、SF3495、FS34J11、CHD29600、CHD29666、CHD29866、CHD29900、PF29300、PF29366、CHD32366、CHD32600H、CHD32300、CHD32600、SF21300、SF21366、SF21800、PF21300H、PF21366H、CHD21388、PF21600、CHD21666、PF21866、CHD21900、CHD25800、SF25800、SF25366、	CEC - EL - 013 - 006	2010 - 3 - 7

续表

序号	企业名称	注册商标	产品名称、规格型号	中国环境标志认证证书编号	认证证书有效截止日期
1	四川长虹电器股份有限公司	长虹 CHANGHONG	PF25800、PF25156、CHD28300、CHD28900、CHD29800H、CHD29366、CHD29600H、CHD29155、CHD34300、CHD29300、PF29156G、CHD34155、CHD29156G、PF29118、CHD30300、PF21118、PF21366、CHD28800、CHD28866、PF29800、PF21156、CHD28600、CHD29168 大屏幕投影彩色电视机：CHD4379、CHD47F6W、CHD52F6W、CHD51B5HD、CHD43B5HD、DLP5815、DLP5816、DLP63B5、DLP63B6、JP7025、CHD5179、CHD51E5W	CEC－EL－013－006	2010－3－7
2	青岛海信电器股份有限公司	海信	32 英寸及以上：HDP3406D、HDP3411H、HDP3419H、HDTV－3211、HDP3411、HDP3411G、HDP3406M、HDP3411GB、HDTV3277H、HDP3411D、HDP3419CH、HDTV3278H、HDTV3277CH、HDTV3278CH； 29 英寸：HDP2908、HDP2911H、HDP2919H、HDP2911、HDP2999D、HDP2902D、HDP2906D、HDP2911G、HDP2910、HDP2907M、HDP2902G、HDP2977、HDP2911GB、HDP2919M、HDP2919CH、HDP2978H、HDP2911D、HDP2919DH、HDP2978M、HDP2978CH、HDP2967、HDP2977HM、HDP2966、HDP2966H、HDP2968CH、HDTV2877、TF2968H、TC2977CH、TF2919CF、TF2902DF、TF2978DF 25 英寸：HDP2511G、HDP2566、HDP2568、TF2577DH、TC2518F、TF2511HF、TC2577DH、TF2566CH、TF2568CH	CEC－EL－013－008	2009－8－31

续表

序号	企业名称	注册商标	产品名称、规格型号	中国环境标志认证证书编号	认证证书有效截止日期
2	青岛海信电器股份有限公司	海信	21 英寸：TF2119CH、TF2177H、TF2106CH、TF2111DG、TF2178H、TF2166H、TF2168H、HDP2111G、TC2119DH、TF2111DF、HDP2166H	CEC－EL－013－008	2009－8－31
3	天津三星电子显示器有限公司	SAMSUNG 三星	液晶彩色电视接收机：LA32S71B LA40S71B、LA27S71B、LA32R71B LA32R71W、LA37R71B、LA40R71B LA32N71B、LA40N71B、LA46N71B LA40F71B、LA46F71B、LA52F71B LA40M61B、LA32R81B、LA32R81BA LA37R81B、LA37R81BA、LA37R81B LA37R81BA、LA32R81W、LA19R71B LA32S81B、LA37S81B、LA40S81B LA46S81B、LA32R71BA、LA40R71BA LA40M81B、LA46M81B、LA52M81B LA40N81B、LA46N81B、LA52N81B LA40R81B、LA40R81BA、LA46F81B LA52F81B、LA70F91B、LA70F92B LA70F91R、LA70F91BD、LA32A350C1 LA32A550P1R、LA37A350C1 LA37A550P1R、LA40A350C1 LA40A550P1R、LA40A650A1R LA46A550P1R、LA46A650A1R LA52A650A1R、LA40F81BD、LA46F81BD、LA52F81BD； 等离子显示屏：PPM42M6HB PPM50M6HB、PPM50M5HB、PPM63M5HB、PPM50M7HB、PPM42M7HB、PPM63M7FB 等离子彩色电视接收机：PS42Q7H PS42Q7HP、PS42E7S、PS42E7SP PS42C7S、PS42C7SP、PS50Q7H PS50Q7HP、PS63P5H、PS42Q91H PS50Q91H、PS42C91H、PS50C91H PS50P91FH、PS63P71FH、PS42A350P PS50A350P1、PS50A550S1R	CEC－EL－013－009	2010－2－11

十、轻质墙体板材：执行标准 HJ/T223－2005

序号	企业名称	注册商标	产品名称、规格型号	中国环境标志认证证书编号	认证证书有效截止日期
1	泰山石膏股份有限公司	泰山 泰山王 泰山西湖 五星 马牌	普通纸面石膏板、耐火纸面石膏板、耐水纸面石膏板	CEC－EL－038－001	2009－1－23
2	阿姆斯壮世界工业（中国）有限公司	阿姆斯壮 Armstrong	矿棉吸音天花板	CEC－EL－038－002	2010－4－18
3	北京星牌建材有限责任公司	星牌	矿棉装饰吸声板	CEC－EL－038－003	2010－10－24
4	北新集团建材股份有限公司	北新 龙牌 BNBM（第1075255号） 第1244015号商标	矿棉装饰吸声板	CEC－EL－038－004	2011－1－15
5	广州埃特尼特有限公司	埃特 嘉居	低密度埃特板（ELD）、中密度埃特板（EMD）、多丽埃特板、雅丽埃特板瓷力埃特板、佳壁埃特板、康洁埃特板、赛迪埃特板、嘉居板	CEC－EL－038－006	2011－5－22
		Promat	Promatect－H 板、Promatect－N 板、Promina 板		
6	江西华春企业集团有限公司	华春雅柏	无甲醛装饰板、装饰线条（以中纤板为基材）	CEC－EL－038－007	2008－11－7
		斯丹那	三防洁净天花板		
		堡斯德	三防洁净天花板、布面石膏装饰板		
7	黄骅东方建材科技有限公司	金巢	氧化镁板（厚度：3、5、6、8、9、10、12、15、18mm）	CEC－EL－038－009	2009－7－3
8	格满林（南京）实业有限公司	COMANY	金属面夹芯板	CEC－EL－038－010	2009－9－8

续表

序号	企业名称	注册商标	产品名称、规格型号	中国环境标志认证证书编号	认证证书有效截止日期
9	开平伟雄绿色板业有限公司	Sobenboard 松本威保 松本泰安 秀壁	纤维增强硅酸钙板：康居板（LD）、威保板（NT）、Sobenboard 板 纤维增强水泥板：维保板（MD）、秀壁板、壁山板、EF 板、泰安墙板	CEC－EL－038－012	2009－9－24
10	浙江汉德邦建材有限公司	汉德邦 hdb	压蒸无石棉纤维素纤维水泥平板（CCA 板） 高密度墙体板材（代号 H）：1220 *（2440－4880）*（3－16）mm 中密度墙体板材（代号 M）：1220 *（2440－4880）*（3－16）mm	CEC－EL－038－013	2010－1－22
11	佛山市南海新元素板业有限公司	新元素	无石棉纤维增强硅酸钙板（樱花板、百合板、生态板、波特板、佳堡板）	CEC－EL－038－014	2010－5－21
12	北新集团建材股份有限公司	龙牌、北新	吸声用穿孔顶板：595×595×9.5； 装饰用顶板：595×595×9.5、605×605×9.5 吸声用穿孔大板： 2700×1200×9.5、 2700×1200×12、3000×1200×12 覆膜天花板：595×595×8、 595×595×9.5、605×605×9.5 家装纸面石膏板：3000×1200×9、 2400×1200×9 普通纸面石膏板： 3000×1200×9.5、2400×1200×9.5、 2440×1220×9.5、2440×1220×12、 3000×1200×12、2400×1200×12、 3000×1200×15 耐水纸面石膏板： 3000×1200×9.5、2400×1200×9.5、 3000×1200×12、2400×1200×12、 2400×1200×15 高级耐水纸面石膏板： 3000×1200×12 高级耐水耐火纸面石膏板： 3000×1200×12	CEC－EL－038－015	2010－7－18

续表

序号	企业名称	注册商标	产品名称、规格型号	中国环境标志认证证书编号	认证证书有效截止日期
12	北新集团建材股份有限公司	龙牌、北新	耐潮纸面石膏板： 3000×1200×9.5、3000×1200×12、2440×1220×9.5、2440×1220×12、2400×1200×9.5、2400×1200×12 耐潮耐火纸面石膏板： 3000×1200×12； 耐火纸面石膏板： 3000×1200×9.5、3000×1200×12、3000×1200×15、3660×1220×12.7、3660×1220×15.9 高级耐火纸面石膏板： 3000×1200×12、3000×1200×15 特级耐火纸面石膏板： 3000×1200×15	CEC-EL-038-015	2010-7-18
13	湖南福湘木业有限责任公司	福湘 金福湘	普通纸面石膏板：2400×1200×（8、9、9.5、11.5、12）mm；2400×1220×（8、9、9.5、11.5、12）mm；3000×1200×（8、9、9.5、11.5、12）mm	CEC-EL-038-018	2011-1-15

十一、塑料门窗：执行标准 HJ/T237-2006

序号	企业名称	注册商标	产品名称、规格型号	中国环境标志认证证书编号	认证证书有效截止日期
1	皇家建筑系统（上海）有限公司	第3637863号商标	RP60平开窗（PVC-U平开塑料窗）	CEC-EL-032-001	2009-9-7
2	大连吉田建材有限公司	YKK、YKKaP、	PVC-U塑料窗（60型平开系列、90型推拉系列）	CEC-EL-032-003	2010-9-18
3	天津乐金塑钢门窗有限公司	好佳喜	60平开门窗、65平开门窗、60slim平开门窗	CEC-EL-032-004	2011-1-1
4	浙江中财型材有限责任公司	中财 第1069337号商标	塑料平开窗：P60、P65、P70 塑料推拉窗：T60、T80、T88、T95 塑料平开门：P60 塑料推拉门：T60、T80、T88、T95	CEC-EL-032-005	2010-7-18
5	广东顾地塑胶股份有限公司	（第2018444号图标）、GOODY、顾地	60系列（平开、推拉）；80系列（推拉、提拉）	CEC-EL-032-006	2011-1-1

十二、白乳胶：执行标准 HJ /T220－2005

序号	企业名称	注册商标	产品名称、规格型号	中国环境标志认证证书编号	认证证书有效截止日期
1	西安汉港化工有限公司	汉港	醋酸乙烯－乙烯共聚乳液（VAE）白乳胶	CEC－EL－008－003	2008－9－28
2	抚顺哥俩好化学有限公司	哥俩好	白乳胶	CEC－EL－008－005	2009－9－29
3	石家庄市油漆厂	第 3690474 号商标	白乳胶、木得宝白胶	CEC－EL－008－008	2010－11－5
4	美巢装饰材料股份公司	美巢	占木宝（白乳胶）	CEC－EL－008－014	2011－1－31
5	山西三维集团股份有限公司/太原胶粘剂厂	SANWEI	聚乙酸乙烯酯乳液 WH－Ⅲ（SWTY－Ⅰ）、BRJ－5010、BRJ－3904（SWMZ－Ⅰ）、BRJ－235（SWMZ－Ⅱ）、BRJ－2803（SWMZ－Ⅲ、BRJ－Ⅰ、BRJ－XBZI）、BRJ－Ⅱ	CEC－EL－008－015	2011－5－22
6	贵州水晶化工股份有限公司	水晶	聚乙酸乙烯酯乳液（白乳胶）：GYJ TY－50、GYJ TY－40、GYJ TY－35、GYJ TY－30、GYJ TY－25	CEC－EL－008－017（2）	2011－5－22
7	北京东方石油化工有限公司有机化工厂	华表	醋酸乙烯－乙烯共聚乳液（VAE 乳液）：BJ－705、BJ－707	CEC－EL－008－025	2011－5－22
8	辽宁吕氏化工（集团）有限公司	吕氏	吕氏白乳胶（实木型、粘板型、VAE）	CEC－EL－008－028	2008－10－19
9	北京市居欢化工有限责任公司	居欢	聚醋酸乙烯乳液 235；白乳胶 230、225、220、218、215、205、201	CEC－EL－008－029	2008－9－1
10	汉高粘合剂有限公司	美德兰	墙纸白胶浆 MA11	CEC－EL－008－036	2008－12－30
		熊猫	706、708、709、710、706D、708D、709D		

续表

序号	企业名称	注册商标	产品名称、规格型号	中国环境标志认证证书编号	认证证书有效截止日期
11	浙江升华云峰新材股份有限公司	莫干山（第3280979号）、森泉（第3972056号）	聚乙酸乙烯酯乳液（I型和Π型）	CEC－EL－008－057	2010－12－3
12	湖州天阁粘合剂有限公司	天阁、TIAN BANG天邦	D505型、D505Ⅰ型、D505Ⅱ型、D505Ⅲ型白胶	CEC－EL－008－067	2009－7－20
13	中国石化集团资产经营管理有限公司重庆天然气化工分公司	川维	白乳胶：CW－3、CW－4、CW－5、Z－2	CEC－EL－008－081	2010－1－22
14	厦门东顺涂料有限公司	DONGSHUN 易顺 唯佳	白乳胶	CEC－EL－008－084	2009－9－17
15	江苏黑松林粘合剂厂	黑松林	聚醋酸乙烯多用白胶	CEC－EL－008－099	2010－3－27
16	广东金万得胶粘剂有限公司	金萬得、米納斯、双叶、义和、斧头	白乳胶（300#、400#、500#、600#、800#、900#、1000#、1200#、1300#、1400#、1500#、2000#）	CEC－EL－008－101	2011－1－3
17	上海三雅实业有限公司	二雅	白乳胶	CEC－EL－008－110	2011－2－2
18	南宝树脂（中国）有限公司	NANPAO	3800L胶粘剂	CEC－EL－008－102	2010－9－26
19	浙江黄岩顶立胶业有限公司	顶立	白乳胶	CEC－EL－008－141	2010－2－13
20	常德市金芙蓉精细化工有限责任公司	芙蓉王	改性聚醋酸乙烯酯乳液粘合剂（环保乳白胶）：VPE－Ⅰ、VPE－Ⅱ、VPE－Ⅲ、VPE－Ⅳ、VPE－Ⅴ、VPE－Ⅵ	CEC－EL－008－144	2010－6－21

续表

序号	企业名称	注册商标	产品名称、规格型号	中国环境标志认证证书编号	认证证书有效截止日期
21	北京生态家园科技发展有限公司	生态 绿色家园 生态家园	白乳胶（02、08、09、09B、230、235）	CEC－EL－008－148	2010－8－22
22	西安海礁王化工有限公司	海礁王	VAE 型白乳胶（HB－2、HB－3、HB－4、HB－5、HB－6）	CEC－EL－008－126	2008－9－18
23	立邦涂料（中国）有限公司	立邦	环保白乳胶	CEC－EL－008－133	2009－3－9
24	湖南福湘木业有限责任公司	福湘、万圆	耐水快干白乳胶：FX－1、FX－1C、FX－2C	CEC－EL－008－151	2010－11－5
25	徐州市西关化工厂	奇龙	352 聚醋酸乙烯乳液胶粘剂、502 聚醋酸乙烯乳液胶粘剂	CEC－EL－008－152	2010－11－30

十三、建筑用塑料管材：执行标准 HJ/T226－2005

序号	企业名称	注册商标	产品名称、规格型号	中国环境标志认证证书编号	认证证书有效截止日期
1	佛山高明顾地塑胶有限公司	goody 顾地	U－PVC 排水管 ϕ32－400 U－PVC 给水管 ϕ20－400 PP－R 给水管 ϕ16－110	CEC－EL－014－002	2010－6－10
2	佛山市日丰企业有限公司	日丰	铝塑复合压力管（PAP）：冷热给水管、燃气管（ϕ12～ϕ75mm） 交联聚乙烯管材（PE－X）：冷热给水管（ϕ12～ϕ110mm） 耐热聚乙烯管材（PE－RT）：冷热给水管（ϕ12～ϕ110mm） 聚丙烯管材（PP－R）：冷热给水管（ϕ12～ϕ110mm）	CEC－EL－014－004	2010－8－2
3	北新建材（集团）股份有限公司	北新 第 1473627 号商标	聚丙烯静音排水管材：ϕ50×3.2mm、ϕ75×3.8mm、ϕ110×4.5mm、ϕ160×5.0mm； 聚丙烯静音排水管件：ϕ50、ϕ75、ϕ110、ϕ160； 冷热水用聚丙烯管材、管件：ϕ20mm～110mm	CEC－EL－014－005	2011－1－15

续表

序号	企业名称	注册商标	产品名称、规格型号	中国环境标志认证证书编号	认证证书有效截止日期
4	上海白蝶管业科技股份有限公司	白蝶 第1979852号商标	冷热水用聚丙烯（PP－R）管材、管件 给水用聚乙烯（PE）管材、管件 燃气用埋地聚乙烯（PE）管材、管件 冷热水用耐热聚乙烯（PE－RT）管材、管件	CEC－EL－014－006	2011－5－22
5	广东联塑科技实业有限公司	联塑	PVC－U给水管系列 (dn20mm～dn630mm) 铝塑复合管系列（ϕ14mm～50mm） PPR饮用水管系列 (dn20mm～dn110mm) PE给水管系列（dn20mm～dn630mm）	CEC－EL－014－007	2008－8－11
6	上海上丰集团有限公司	上丰	铝塑复合管及管件、聚丙烯管及管件、聚乙烯管及管件、交联聚乙烯管及管件	05506P1014008R1S	2009－1－23
7	广东雄塑科技实业有限公司	雄塑	PVC－U建筑排水管材/管件 (dn50mm～dn630mm) 给水用PVC－U管材/管件 (dn20mm～dn630mm) 铝塑复合管（1012mm～2632mm） HDPE饮用水管及配件 (dn20mm～dn630mm) PVC难燃电线槽管/波纹管 (dn16mm～dn110mm) PP－R给水管材/管件 (dn20mm～dn160mm) 通信电缆管（dn50mm～dn250mm）	CEC－EL－014－009	2009－6－5
8	四川森普管材股份有限公司	森普 SENPU	给水用聚乙烯管材、管件：dn20～dn1200 冷热水用聚丙烯管材、管件：dn20～dn160 燃气用埋地聚乙烯管材、管件：dn20～dn630 埋地排水用聚乙烯双壁波纹管：dn100～dn1600	05506P1014010R1M	2009－11－15

续表

序号	企业名称	注册商标	产品名称、规格型号	中国环境标志认证证书编号	认证证书有效截止日期
9	上海上塑控股（集团）有限公司	上塑 SHANGSU SHSU	PP－R 冷热给水管（φ20－φ160） PE 给水管（φ20－φ400）	CEC－EL－014－011	2011－1－1
10	金德管业集团有限公司	GINDE 金德 JINDE 金德 Ginde GINDE 管遍天下	铝塑复合管材（φ14－φ75）及管件 PPR 管材（φ20－φ160）及管件 PVC－U 给水管材（φ40－φ400）及管件 PVC－U 复合排水管材（φ40－φ500）及管件 PE 系列管材（φ20－φ3000）及管件	CEC－EL－014－012	2010－10－31
11	昆明金莲山塑胶化工工贸有限责任公司	云山	PVC 阻燃冷弯穿线管材、管件（φ16－φ40）mm PVC－U 排水管材、管件（φ50－φ200）mm PVC－U 地下通信管材（φ100－φ110）mm PVC－U 螺旋中空消音管材（φ50－φ160）mm LDPE 管材（φ20－φ110）mm 梅花管材、管件（φ110）mm	CEC－EL－014－013	2011－4－7
12	天津市必拓制钢有限公司	利达	给水衬塑（PE）复合钢管（冷水）DN15～DN300 给水衬塑（PEX）复合钢管（热水）DN15～DN300	CEC－EL－014－014	2010－1－22
13	浙江中财管道科技股份有限公司	中财 第 1069337 号商标	给排水管材、管件：建筑排水用硬聚氯乙烯（PVC－U）管材、件（D50～D200） 给水用硬聚氯乙烯（PVC－U）管材、件（D20～D400；0.63MPa～2.5MPa） 给水用聚乙烯（PE）管材、件（D20～D630；SDR11～SDR33）PE－RT 管材、件（D16～D32；S2.5～S5） 冷热水用聚丙烯（PPR）管材、件（D20～D160；S2.5～S5）PPR 稳态管材、件（D20～D110；S2.5～S4） 燃气用埋地聚乙烯管材、管件：D32～D400；SDR11、SDR17.6 建筑用绝缘电工套管及配件：D16～D50；L～H	CEC－EL－014－015	2010－7－8

续表

序号	企业名称	注册商标	产品名称、规格型号	中国环境标志认证证书编号	认证证书有效截止日期
14	呼和浩特市君子兰塑胶有限责任公司	派普	PVC－U 给水管材（ϕ20—ϕ500）	CEC－EL－014－016	2010－9－26
15	上海申水建材有限公司	金船	冷热水用聚丙烯（PP－R）管材； 给水用聚乙烯（PE）管材、管件	CEC－EL－014－017	2010－10－21
16	广东顾地塑胶股份有限公司	GOODY 顾地 （第783360号图标）	聚氯乙烯塑料波纹电线管（ϕ16、ϕ20、ϕ32、ϕ40、ϕ50、ϕ25）	CEC－EL－014－018	2011－1－1
17	联塑科技发展（武汉）有限公司	联塑 L&S	PE 给水用管材、管件系列（dn20mm～1200mm） PP－R 冷热水用管材、管件系列（dn16mm～dn160mm）	05508P1014019R0M	2011－5－8
18	联塑科技发展（贵阳）有限公司	联塑 L&S	PE 给水管系列（dn20mm～1200mm） PP－R 饮用水管系列（dn20mm～dn160mm）	05508P1014020R0M	2011－5－8

十四、陶瓷砖：执行标准 HJ/T297－2006

序号	企业名称	注册商标	产品名称、规格型号	中国环境标志认证证书编号	认证证书有效截止日期
1	广东新明珠陶瓷集团有限公司	冠珠 金朝阳陶瓷 GOLDEN SUN CERAMICS 萨米特 SUMMIT 路易摩登 格莱斯 GELAISI 惠万家 蒙地卡罗 MENG DI KA LUO 康建 KANGJIAN	干压瓷质砖 干压炻质砖 干压陶质砖	CEC－EL－048－001	2009－8－31

续表

序号	企业名称	注册商标	产品名称、规格型号	中国环境标志 认证证书编号	认证证书有 效截止日期
2	佛山石湾鹰牌陶瓷有限公司	鹰牌 华鹏	干压瓷质砖 干压陶质砖	CEC – EL – 048 – 002	2009 – 8 – 31
3	广东东鹏陶瓷股份有限公司	DONGPENG 东鹏	干压瓷质砖	CEC – EL – 048 – 003	2009 – 8 – 31
4	广东蒙娜丽莎陶瓷有限公司	MONALISA 蒙娜丽莎	干压瓷质砖 干压炻质砖 干压陶质砖	CEC – EL – 048 – 004	2009 – 8 – 31
5	佛山市樵东陶瓷有限公司	QIAODONG 樵东 QIAODONG	干压瓷质砖 干压炻质砖 干压陶质砖	CEC – EL – 048 – 005	2009 – 8 – 31
6	佛山市兴辉陶瓷有限公司	兴辉 XINGHUI	干压瓷质砖 干压陶质砖	CEC – EL – 048 – 006	2009 – 8 – 31
7	佛山欧神诺陶瓷有限公司	OCEANO 歐神諾 OCEANO	干压瓷质砖 干压陶质砖	CEC – EL – 048 – 007 CEC – EL – 048 – 008	2009 – 8 – 31
8	佛山市特地陶瓷有限公司	特地 TiDiY	干压瓷质砖 干压陶质砖	CEC – EL – 048 – 009 CEC – EL – 048 – 010	2009 – 8 – 31
9	广东新中源陶瓷有限公司（佛山新中源陶瓷有限公司）	新中源	干压陶质砖	CEC – EL – 048 – 011	2009 – 8 – 31
10	佛山市嘉俊陶瓷有限公司	JIAJUN	干压瓷质砖	CEC – EL – 048 – 012	2009 – 8 – 31

续表

序号	企业名称	注册商标	产品名称、规格型号	中国环境标志认证证书编号	认证证书有效截止日期
11	广东宏陶陶瓷有限公司	HONGYU 宏宇 WIN TO 宏陶 VENIZEA 威尔斯 KMY 卡米亚	干压瓷质砖 干压陶质砖	CEC－EL－048－015	2009－8－31
12	淄博德惠来装饰瓷板有限公司	薄斯美 BOTH 第3378446号商标	挤压陶质砖（亚光、亮釉）	CEC－EL－048－016	2009－8－31
13	广东新中源陶瓷有限公司（广东新中源陶瓷有限公司顺德粤中分公司）	新中源	干压瓷质砖	CEC－EL－048－017	2009－8－31
14	信益陶瓷（中国）有限公司	冠军	干压陶质砖	CEC－EL－048－018	2010－3－29
15	信益陶瓷（中国）有限公司（信益陶瓷（蓬莱）有限公司生产）	冠军	干压瓷质砖	CEC－EL－048－019	2010－3－29
16	上海斯米克建筑陶瓷股份有限公司	CIMIC	干压瓷质砖 干压细炻砖 干压陶质砖	CEC－EL－048－020	2010－5－21
17	佛山金意陶陶瓷有限公司	金意陶	干压瓷质砖 干压细炻砖	CEC－EL－048－021	2010－9－29

续表

序号	企业名称	注册商标	产品名称、规格型号	中国环境标志认证证书编号	认证证书有效截止日期
18	杭州诺贝尔集团有限公司	诺贝尔 NOBEL	干压瓷质砖 干压炻瓷砖 干压陶质砖	CEC－EL－048－022	2010－12－20
19	佛山市加西亚瓷砖有限公司	加西亚	干压瓷质砖 干压陶质砖	CEC－EL－048－023	2010－12－20
20	广东金牌陶瓷有限公司		干压瓷质砖 干压陶质砖	CEC－EL－048－024	2011－3－13
21	佛山市澳翔陶瓷有限公司	澳翔（第3449768号图形商标）	干压瓷质砖 干压陶质砖	CEC－EL－048－025	2011－3－13

十五、卫生陶瓷：执行标准 HJ/T296－2006

序号	企业名称	注册商标	产品名称、规格型号	中国环境标志认证证书编号	认证证书有效截止日期
1	唐山惠达陶瓷（集团）股份有限公司	huida	分体坐便器（喷射虹吸式、冲落式）、 连体座便器（喷射虹吸式、冲落式） 蹲便器（有存水弯、无存水弯） 小便器（直落式挂式、入墙式挂式、直落式立式） 洗面器（台盆、柱盆、柜盆、艺术碗） 槽（HD1单槽、HD4单槽、HD1方双槽、HD2方双槽、HD3方双槽）	CEC－EL－047－001	2009－8－31
2	佛山市顺德区乐华陶瓷洁具有限公司	ARROW	连体座便器（喷射虹吸式） 分体座便器（喷射虹吸式） 小便器（挂墙式底排、挂墙式横排、落地式底排） 盆（柱盆、挂盆、台上艺术盆、台下盆、台面盆） 蹲便器（有存水弯、无存水弯）	CEC－EL－047－002	2009－8－31

续表

序号	企业名称	注册商标	产品名称、规格型号	中国环境标志认证证书编号	认证证书有效截止日期
3	山东美林卫浴有限公司	美林 Milim	座便器 小便器（直排、后排） 蹲便器 拖布池 洗面器 洗槽 立柱	CEC－EL－047－003	2009－8－31
4	佛山市法恩洁具有限公司	FAENZA 法恩莎	连体座便器（喷射虹吸式） 小便器（挂墙式横排、落地式底排） 盆（柱盆、挂盆、柜盆、台上艺术盆、台下盆、台面盆） 蹲便器（有存水弯）	CEC－EL－047－004	2009－8－31
5	佛山市高明安华陶瓷洁具有限公司	ANNWA 安华	连体座便器（喷射虹吸式） 小便器（挂墙式横排） 盆（柱盆、柜盆、台上艺术盆、台下盆、台面盆） 蹲便器（有存水弯）	CEC－EL－047－005	2009－8－31
6	美标（天津）陶瓷有限公司	American Standard	坐便器 蹲便器 小便器 洗面器	CEC－EL－047－007	2010－8－2
7	佛山东鹏洁具股份有限公司	东鹏	坐便器（冲落式、喷射虹吸式） 蹲便器（有存水弯、尢存水弯） 小便器（冲落式） 面盆 洗涤槽 净身器	CEC－EL－047－008	2010－8－22
8	新乐卫浴（佛山）有限公司	FYING	分体坐便器（冲落式） 连体座便器（喷射虹吸式、冲落式） 小便器（挂墙式、落地式） 蹲便器（有存水弯、无存水弯） 洗面器（台上盆、台下盆、柱盆、柜盆、角盆、拖布盆） 净身器	CEC－EL－047－009	2010－10－31

十六、太阳能集热器：执行标准 HJ/T362－2007

序号	企业名称	注册商标	产品名称、规格型号	中国环境标志认证证书编号	认证证书有效截止日期
1	北京清华阳光太阳能设备有限责任公司	清华阳光 TSINGHUA SOLAR	太阳能集热器（玻璃－金属真空管型、承压式）： SLU4715－16 太阳能集热器（全玻璃真空管型、非承压式）： SLL4715－50 太阳能集热器（热管式真空管型）： SLR4715－16	CEC－EL－050－001	2010－9－17
2	山东力诺瑞特新能源有限公司	力诺瑞特	太阳能集热器（全玻璃真空管型、非承压式）： BJ－YF－3/18－1、BJ－YF－2/12－1	CEC－EL－050－002	2010－9－17
3	江苏太阳雨太阳能有限公司	日出东方太阳雨 第 3641856 号商标	太阳能集热器（全玻璃真空管型、非承压式）： TYMK47/1600/50	CEC－EL－050－003	2010－9－17
4	江苏省华扬太阳能有限公司	华扬 幸福泉 华扬 幸福泉	太阳能集热器（全玻璃真空管型、非承压式）： Z－BJ/0.6－WF－1.20/12－58	CEC－EL－050－004	2010－9－17
5	山东桑乐太阳能有限公司	桑乐	太阳能集热器（全玻璃真空管型、非承压式）： Z－QB－WF－4.25/52－58/1	CEC－EL－050－005	2010－9－17
6	江苏桑夏太阳能产业有限公司	桑夏（第 1922332 号商标）	太阳能集热器（全玻璃真空管型、非承压式）： Z－QB/0.05－WF－3.38/26－58/1	CEC－EL－050－006	2010－9－17
7	北京恩派太阳能科技有限公司	牛	太阳能集热器（玻璃－金属真空管型、承压式）： NPU－WF－16－1 太阳能集热器（全玻璃真空管型、非承压式）： QB－WF－56－1 QB－WF－42－1	CEC－EL－050－007	2010－9－17

续表

序号	企业名称	注册商标	产品名称、规格型号	中国环境标志认证证书编号	认证证书有效截止日期
8	北京四季沐歌太阳能技术有限公司	四季沐歌 第 1922623 号商标	太阳能集热器（全玻璃真空管型、非承压式）： MGMK47/1600/50	CEC - EL - 050 - 008	2010 - 9 - 17
9	浙江美大太阳能工业有限公司	美大 MEIDA ® 美大	太阳能集热器（全玻璃真空管型、非承压式）： Z - QB/0. 05 - WF - 1. 71/18 - 47/1 Z - QB/0. 05 - WF - 3. 42/36 - 47/1 Z - QB/0. 05 - WF - 2. 56/18 - 58/1 Z - QB/0. 05 - WF - 5. 12/36 - 58/1	CEC - EL - 050 - 009	2010 - 9 - 17
10	江苏淮阴辉煌太阳能有限公司	辉煌	太阳能集热器（全玻璃真空管型、非承压式）： NB - 25 MB - 25	CEC - EL - 050 - 010	2010 - 9 - 17
11	北京天普太阳能工业有限公司	天普太阳能	太阳能集热器（全玻璃真空管型、非承压式）： TP47/1500 × 56 TP47/1500 × 60	CEC - EL - 050 - 011	2010 - 9 - 17
12	江苏元升太阳能有限公司	元升 ® YUANSHENG	太阳能集热器（全玻璃真空管型、非承压式）： Z - QB/0. 05 - WF - 5. 50/50 - 47/2 （YS - JR - 50G16A/Ⅱ） Z - QB/0. 05 - WF - 6. 20/50 - 47/2 （YS - JR - 50G18A/Ⅱ）	CEC - EL - 050 - 012	2010 - 9 - 17
13	深圳市嘉普通太阳能有限公司	嘉普通 COMMONPRAISE	太阳能集热器（平板型）： PYT/L - 2 - 2 太阳能集热器（玻璃 - 金属真空管型、承压式）： Z - BJ/0. 6 - WF - 1. 6/8 - 100/Ⅱ 太阳能集热器（全玻璃真空管型、非承压式）： Z - QB/0. 05 - WF - 6. 12/56 - 47/Ⅰ	CEC - EL - 050 - 013	2010 - 9 - 17
14	扬州日利达有限公司	Sunleada ® 日利达	太阳能集热器（全玻璃真空管型、非承压式）： Φ47 × 1500 × 50 支管	CEC - EL - 050 - 014	2010 - 9 - 17

续表

序号	企业名称	注册商标	产品名称、规格型号	中国环境标志认证证书编号	认证证书有效截止日期
15	北京英豪阳光太阳能工业有限公司	英豪阳光	太阳能集热器（全玻璃真空管型、非承压式）： YH47/1500×56 YH47/1500×60	CEC－EL－050－015	2010－9－17
16	江阴万龙源科技有限公司		太阳能集热器（平板型）： P－G/0.6－T/HGT－1.5 P－G/0.6－T/HGT－1.2 P－G/0.6－T/HGT－1.8 P－G/0.6－T/HGT－2.0 P－G/0.6－T/HGT－2.4 P－G/0.6－T/HGT－2.8	CEC－EL－050－016	2010－9－17
17	芜湖贝斯特新能源开发有限公司	貝斯特	太阳能集热器（全玻璃真空管型、非承压式）： bestΦ58/1.8－20	CEC－EL－050－018	2010－12－20
18	皇明太阳能集团有限公司	欧迪克 皇明	太阳能集热器（玻璃－金属真空管型、承压式）： BJ－WF－1.003/12－I BJ－WF－1.131/12－I BJ－WF－1.328/12－I BJ－WF－1.337/16－I BJ－WF－1.508/16－I BJ－WF－1.764/16－I	CEC－EL－050－020	2010－12－20
19	山东亿家能太阳能有限公司	Ecoo Solar 亿家能	太阳能集热器（玻璃－金属真空管型、承压式）： BJ－WF－1.003/12－I BJ－WF－1.131/12－I BJ－WF－1.328/12－I BJ－WF－1.337/16－I BJ－WF－1.508/16－I BJ－WF－1.764/16－I	CEC－EL－050－021	2010－12－20

十七、家用太阳能热水系统：执行标准 HJ/T363－2007

序号	企业名称	注册商标	产品名称、规格型号	中国环境标志认证证书编号	认证证书有效截止日期
1	北京清华阳光太阳能设备有限责任公司	清华阳光 TSINGHUA SOLAR	家用太阳能热水系统（全玻璃真空管、紧凑式、非承压）： JB4715－13－85/45 JB4715－16－115/45 JB4715－18－115/45 JB4715－20－130/45 JB4715－24－150/45 JB4715－27－170/45 JB4715－32－200/45 JB4715－13－85/45 JB4715－16－100/45 JB4715－20－130/45 JB4715－24－150/45 JB4715－27－170/45 JB4715－32－200/45 JT4715－18－130/45 JT4715－21－150/45 JT4715－24－170/45 JT4715－28－200/45 JT5816Z－15－125/45 JT5816Z－18－150/45 JT5816Z－21－175/45 JT5816Z－24－200/45 JT5818Z－15－150/45 JT5818Z－18－175/45 JT5818Z－21－200/45 JT5818Z－24－230/45 JT5818Z－28－260/45 JT5818Z－32－300/45 JB5818Z－14－130/45 JB5818Z－16－150/45 JB5818Z－19－175/45 JB5818Z－22－200/45 JB5818Z－25－230/45 JB5818Z－30－270/45 家用太阳能热水系统（玻璃－金属真空管、紧凑式、承压）： JR4715－21－158/45	CEC－EL－049－001	2010－9－17

续表

序号	企业名称	注册商标	产品名称、规格型号	中国环境标志认证证书编号	认证证书有效截止日期
1	北京清华阳光太阳能设备有限责任公司	清华阳光 TSINGHUA SOLAR	JR4715－24－178/45 JR4715－28－208/45 家用太阳能热水系统（玻璃－金属真空管、分离式、承压）： SUZ200 SUZ300	CEC－EL－049－001	2010－9－17
2	山东力诺瑞特新能源有限公司	力诺瑞特	家用太阳能热水系统（全玻璃真空管、紧凑式、非承压）： QBJ1－148/2.19/0－58/42－AY QBJ1－130/1.91/0－58/42－AY QBJ1－166/2.47/0－58/42－AY QBJ1－184/2.75/0－58/42－AY QBJ1－220/3.31/0－58/42－AY QBJ1－110/1.54/0－58/42－ALF QBJ1－148/2.19/0－58/50－AY QBJ1－184/2.75/0－58/50－AY QBJ1－108/1.55/0－47/42－AH QBJ1－95/1.35/0－47/42－AH QBJ1－120/1.74/0－47/42－AH QBJ1－145/2.14/0－47/42－AH QBJ1－180/2.73/0－47/42－AH QBJ1－108/1.55/0－47/42－AH（BF） QBJ1－120/1.74/0－47/42－AH（BF） QBJ1－145/2.14/0－47/42－AH（BF） QBJ1－180/2.73/0－47/42－AH（BF） QBJ1－108/1.55/0－47/42－AH（NF） QBJ1－120/1.74/0－47/42－AH（NF） QBJ1－145/2.14/0－47/42－AH（NF） QBJ1－180/2.73/0－47/42－AH（NF） QBJ1－110/1.60/0－47/50－AHT QBJ1－85/1.33/0－47/42－ALF QBJ1－95/1.52/0－47/42－ALF QBJ1－105/1.72/0－47/42－ALF QBJ1－120/1.91/0－47/42－ALF QBJ1－135/2.00/0－58/50－AL QBJ1－155/2.29/0－58/50－AL QBJ1－175/2.58/0－58/50－AL QBJ1－190/2.87/0－58/50－AL QBJ1－230/3.46/0－58/50－AL	CEC－EL－049－002	2010－9－17

续表

序号	企业名称	注册商标	产品名称、规格型号	中国环境标志认证证书编号	认证证书有效截止日期
2	山东力诺瑞特新能源有限公司	力诺瑞特	QBJ1 –285/4. 33/0 –58/50 – AL QBJ1 –185/2. 91/0 –58/42 – AAN QBJ1 –245/3. 88/0 –58/42 – AAN QBJ1 –300/4. 87/0 –58/42 – AAN QBJ1 –155/2. 29/0 –58/50 – ALD QBJ1 –175/2. 58/0 –58/50 – ALD QBJ1 –190/2. 87/0 –58/50 – ALD QBJ1 –230/3. 46/0 –58/50 – ALD QBJ1 –285/4. 33/0 –58/50 – ALD QBJ1 –120/1. 73/0 –58/42 – AS（健康型） QBJ1 –135/1. 96/0 –58/42 – AS（健康型） QBJ1 –190/2. 75/0 –58/38 – AY QBJ1 –245/3. 58/0 –58/38 – AY QBJ1 –300/4. 42/0 –58/38 – AY 家用太阳能热水系统（玻璃 – 金属真空管、分离式、承压）: B – J – F – 2 – 100/1. 82/0. 6 B – J – F – 2 – 80/1. 47/0. 6 B – J – F – 2 – 200/4/0. 6 B – J – F – 2 – 150/3/0. 6 B – J – F – 2 – 100/2/0. 6 B – J – F – 2 – 300/5/0. 6 B – J – F – 2 – 300/6/0. 6	CEC – EL – 049 – 002	2010 – 9 – 17
3	江苏太阳雨太阳能有限公司	日出东方太阳雨 第 3641856 号商标	家用太阳能热水系统（全玻璃真空管、紧凑式、非承压）: TYQBCD58/2100/16 – 158/2. 40/0. 03/35°D TYQBCD58/2100/14 – 140/2. 10/0. 03/35°D TYQBCD58/2100/18 – 175/2. 70/0. 03/35°D TYQBCD58/2100/20 – 195/3. 02/0. 03/35°D TYQBCD58/2100/24 – 230/3. 63/0. 03/35°D TYQBCD58/2100/30 – 285/4. 55/0. 03/35°D	CEC – EL – 049 – 003	2010 – 9 – 17

续表

序号	企业名称	注册商标	产品名称、规格型号	中国环境标志认证证书编号	认证证书有效截止日期
3	江苏太阳雨太阳能有限公司	日出东方太阳雨	TYQBCD58/2100/36 - 340/5.46/0.03/35°D TYQBCD58/2100/14 - 140/2.10/0.03/45°D TYQBCD58/2100/16 - 158/2.40/0.03/45°D TYQBCD58/2100/18 - 175/2.70/0.03/45°D TYQBCD58/2100/20 - 195/3.02/0.03/45°D TYQBCD58/2100/24 - 230/3.63/0.03/45°D TYQBCD58/2100/30 - 285/4.55/0.03/45°D TYQBCD58/2100/36 - 340/5.46/0.03/45°D	CEC - EL - 049 - 003	2010 - 9 - 17
		第 3641856 号商标	TYQBCD58/1800/16 - 127/2.05/0.03/45°D TYQBCD58/1800/14 - 112/1.80/0.03/45°D TYQBCD58/1800/18 - 140/2.32/0.03/45°D TYQBCD58/1800/20 - 156/2.58/0.03/45°D TYQBCD58/1800/24 - 185/3.10/0.03/45°D TYQBCD58/1800/30 - 230/3.88/0.03/45°D TYQBCD58/1600/18 - 140/2.04/0.03/45°D TYQBCD58/1600/20 - 156/2.28/0.03/45°D		
4	江苏省华扬太阳能有限公司	华扬	家用太阳能热水系统（全玻璃真空管、紧凑式、非承压）： Q - B - J - 1 - 140/1.93/0 Q - B - J - 1 - 120/1.60/0 Q - B - J - 1 - 170/2.26/0 Q - B - J - 1 - 190/2.59/0 Q - B - J - 1 - 120/1.93/0	CEC - EL - 049 - 004	2010 - 9 - 17
		幸福泉			

续表

序号	企业名称	注册商标	产品名称、规格型号	中国环境标志认证证书编号	认证证书有效截止日期
4	江苏省华扬太阳能有限公司	华扬 幸福泉	Q－B－J－1－120/1.83/0 Q－B－J－1－140/2.20/0 Q－B－J－1－170/2.57/0 Q－B－J－1－140/2.32/0 Q－B－J－1－170/2.71/0	CEC－EL－049－004	2010－9－17
5	山东桑乐太阳能有限公司	桑乐	家用太阳能热水系统（全玻璃真空管、紧凑式、非承压）： Q－B－J－1－129/2.22/0 Q－B－J－1－92/1.54/0 Q－B－J－1－104/1.76/0 Q－B－J－1－104/1.77/0 Q－B－J－1－117/1.98/0 Q－B－J－1－117/2.00/0 Q－B－J－1－129/2.20/0 Q－B－J－1－154/2.65/0 Q－B－J－1－154/2.66/0 Q－B－J－1－192/3.31/0 Q－B－J－1－192/3.32/0 Q－B－J－1－192/3.33/0	CEC－EL－049－005	2010－9－17
6	江苏桑夏太阳能产业有限公司	桑夏（第1922332号商标） 桑夏（第3655270号商标） 桑夏 SUNSHORE（第3655272号商标）	家用太阳能热水系统（全玻璃真空管、紧凑式、非承压）： Q－B－J－1－90/1.78/0 Q－B－J－1－80/1.56/0 Q－B－J－1－100/1.98/0 Q－B－J－1－105/2.09/0 Q－B－J－1－125/2.52/0 Q－B－J－1－160/3.16/0 Q－B－J－1－140/2.57/0 Q－B－J－1－155/2.47/0 Q－B－J－1－180/2.88/0 Q－B－J－1－220/3.58/0 Q－B－J－1－255/4.14/0 Q－B－J－1－135/2.14/0 Q－B－J－1－150/2.45/0 Q－B－J－1－170/2.77/0 Q－B－J－1－200/3.23/0 Q－B－J－1－240/4.01/0 Q－B－J－1－280/4.46/0	CEC－EL－049－006	2010－9－17

续表

序号	企业名称	注册商标	产品名称、规格型号	中国环境标志认证证书编号	认证证书有效截止日期
7	北京恩派太阳能科技有限公司	牛	家用太阳能热水系统（全玻璃真空管、紧凑式、非承压）： Q－B－J－1－135/2. 1/0. 05 Q－B－J－1－210/3. 3/0. 05 Q－B－J－1－185/2. 9/0. 05 Q－B－J－1－160/2. 5/0. 05 Q－B－J－1－155/2. 7/0. 05 Q－B－J－1－135/2. 4/0. 05 Q－B－J－1－115/2. 0/0. 05 Q－B－J－1－100/1. 3/0. 05 Q－B－J－1－110/1. 4/0. 05 Q－B－J－1－135/1. 7/0. 05 Q－B－J－1－160/2. 0/0. 05 Q－B－J－1－185/2. 4/0. 05 Q－B－J－1－210/2. 7/0. 05 Q－B－J－1－250/3. 3/0. 05 Q－B－J－1－300/3. 9/0. 05	CEC－EL－049－007	2010－9－17
8	北京市太阳能研究所有限公司	sunpo 桑普	家用太阳能热水系统（全玻璃真空管、紧凑式、非承压）： Q－B－J－1－90/1. 09/0. 05 Q－B－J－1－117/1. 46/0. 05 Q－B－J－1－146/1. 82/0. 05 Q－B－J－1－175/2. 19/0. 05 Q－B－J－1－97/1. 51/0. 05 Q－B－J－1－125/1. 90/0. 05 Q－B－J－1－149/2. 29/0. 05 Q－B－J－1－119/1. 71/0. 05 Q－B－J－1－144/2. 14/0. 05 Q－B－J－1－178/2. 57/0. 05 Q－B－J－1－95/1. 31/0. 05 Q－B－J－1－120/1. 69/0. 05 Q－B－J－1－150/2. 07/0. 05 Q－B－J－1－99/1. 73/0. 05 Q－B－J－1－121/2. 18/0. 05 Q－B－J－1－143/2. 63/0. 05 Q－B－J－1－120/2. 0/0. 05 Q－B－J－1－220/3. 75/0. 05 Q－B－J－1－150/2. 43/0. 05 Q－B－J－1－175/2. 87/0. 05	CEC－EL－049－008	2010－9－17

续表

序号	企业名称	注册商标	产品名称、规格型号	中国环境标志认证证书编号	认证证书有效截止日期
8	北京市太阳能研究所有限公司	SUNPO 桑普	Q－B－J－1－120/2.36/0.05 Q－B－J－1－150/2.87/0.05 Q－B－J－1－175/3.39/0.05 Q－B－J－1－220/4.43/0.05 Q－B－J－1－280/4.92/0.05	CEC－EL－049－008	2010－9－17
9	北京四季沐歌太阳能技术有限公司	四季沐歌	家用太阳能热水系统（全玻璃真空管、紧凑式、非承压）： MGQBCD58/2100/16 － 158/2.41/0.03/45°D MGQBCD58/2100/14 － 140/2.10/0.03/45°D MGQBCD58/2100/18 － 175/2.72/0.03/45°D MGQBCD58/2100/20 － 195/3.03/0.03/45°D MGQBCD58/2100/24 － 230/3.64/0.03/45°D MGQBCD58/2100/30 － 285/4.56/0.03/45°D BCD58/2100/36－340/5.48/0.03/45°D	CEC－EL－049－009	2010－9－17
		第1922623号商标	MGQBCD58/1920/16 － 150/2.20/0.03/35°D MGQBCD58/1920/14 － 132/1.92/0.03/35°D MCQBCD58/1920/18 － 167/2.48/0.03/35°D MGQBCD58/1920/20 － 185/2.76/0.03/35°D BCD58/1920/24－218/3.32/0.03/35°D MGQBCD58/1920/30 － 270/4.15/0.03/35°D MGQBCD58/1800/16 － 127/2.05/0.03/45°D MGQBCD58/1800/14 － 112/1.80/0.03/45°D MGQBCD58/1800/18 － 140/2.32/0.03/45°D BCD58/1800/20－156/2.58/0.03/45°D		

续表

序号	企业名称	注册商标	产品名称、规格型号	中国环境标志认证证书编号	认证证书有效截止日期
10	浙江美大太阳能工业有限公司		家用太阳能热水系统（全玻璃真空管、紧凑式、非承压）： Q－B－J－1－128/1. 693/0 Q－B－J－1－108/1. 406/0 Q－B－J－1－100/1. 298/0 Q－B－J－1－123/1. 629/0 Q－B－J－1－146/1. 96/0 Q－B－J－1－237/2. 978/0 Q－B－J－1－293/3. 73/0 Q－B－J－1－137/1. 839/0 Q－B－J－1－214/2. 96/0 Q－B－J－1－112/1. 466/0 Q－B－J－1－163/2. 213/0	CEC－EL－049－010	2010－9－17
		美大	Q－B－J－1－188/2. 586/0 Q－B－J－1－265/3. 706/0 Q－B－J－1－215/3. 32/0 Q－B－J－1－110/1. 638/0 Q－B－J－1－137/2. 06/0 Q－B－J－1－163/2. 48/0 Q－B－J－1－190/2. 90/0 Q－B－J－1－153/2. 57/0 Q－B－J－1－180/3. 1/0 Q－B－J－1－240/4. 15/0 Q－B－J－1－276/4. 323/0 Q－B－J－1－143/2. 135/0 Q－B－J－1－176/2. 682/0 Q－B－J－1－210/3. 229/0 Q－B－J－1－243/3. 776/0		
11	江苏淮阴辉煌太阳能有限公司		家用太阳能热水系统（全玻璃真空管、紧凑式、非承压）： QBJ1－175/2. 3－HA QBJ1－120/1. 5－HA QBJ1－140/1. 8－HA QBJ1－158/2. 1－HA QBJ1－195/2. 6－HA QBJ1－252/3. 4－HA QBJ1－290/3. 9－HA QBJ1－112/2. 1－EB180 QBJ1－127/2. 3－EB180	CEC－EL－049－011	2010－9－17

续表

序号	企业名称	注册商标	产品名称、规格型号	中国环境标志 认证证书编号	认证证书有 效截止日期
11	江苏淮阴辉煌太阳能有限公司		QBJ1 -142/2.5 -EB180 QBJ1 -117/1.8 -FA QBJ1 -92/1.4 -FA QBJ1 -104/1.6 -FA QBJ1 -155/2.3 -FA QBJ1 -168/2.7 -FA QBJ1 -92/1.4 -FB QBJ1 -104/1.6 -FB QBJ1 -117/1.8 -FB QBJ1 -155/2.3 -FB QBJ1 -168/2.7 -FB QBJ1 -127/2.0 -EA QBJ1 -112/1.8 -EA QBJ1 -142/2.3 -EA QBJ1 -188/3.0 -EA QBJ1 -203/3.4 -EA QBJ1 -112/1.8 -EB QBJ1 -127/2.0 -EB QUBJ1 -142/2.3 -EB QBJ1 -188/3.0 -EB QBJ1 -203/3.4 -EB QBJ1 -117/2.1 -F QBJ1 -104/1.9 -F QBJ1 -129/2.3 -F QBJ1 -155/2.7 -F QBJ1 -193/3.5 -F	CEC -EL -049 -011	2010 -9 -17
12	北京天普太阳能工业有限公司	天普太阳能	家用太阳能热水系统（全玻璃真空管、紧凑式、非承压）： TP58/1800×16 TP58/1800×12 TP58/1800×14 TP58/1800×15 TP58/1800×18 TP58/1800×20 TP58/1800×21 TP58/1800×24	CEC -EL -049 -012	2010 -9 -17

续表

序号	企业名称	注册商标	产品名称、规格型号	中国环境标志认证证书编号	认证证书有效截止日期
12	北京天普太阳能工业有限公司	天普太阳能	TP58/1800 × 30 TP58/1800 × 36 TP70/2008 × 20 TP70/2008 × 16 TP70/2008 × 24 TP70/2008 × 30 TP70/2008 × 34 TP47/1600 × 18 TP47/1600 × 12 TP47/1600 × 14 TP47/1600 × 16 TP47/1600 × 20 TP47/1600 × 24 TP47/1600 × 30	CEC – EL – 049 – 012	2010 – 9 – 17
13	江苏元升太阳能有限公司	元升 YUANSHENG	家用太阳能热水系统（全玻璃真空管、紧凑式、非承压）： QBJ1 – 120/1. 8/0（YS – 1600 – Φ450A – 18） QBJ1 – 130/2. 0/0（YS – 1600 – Φ450A – 20） QBJ1 – 150/2. 4/0（YS – 1600 – Φ450A – 24） QBJ1 – 190/3. 1/0（YS – 1600 – Φ450A – 30） QBJ1 – 130/2. 1/0（YS – 1800 – Φ480A/C – 16） QBJ1 – 120/1. 9/0（YS – 1800 – Φ480A/C – 14） QBJ1 – 150/2. 4/0（YS – 1800 – Φ480A/C – 18） QBJ1 – 160/2. 6/0（YS – 1800 – Φ480A/C – 20） QBJ1 – 180/2. 9/0（YS – 1800 – Φ480A/C – 22） QBJ1 – 200/3. 2/0（YS – 1800 – Φ480A/C – 24）	CEC – EL – 049 – 013	2010 – 9 – 17

续表

序号	企业名称	注册商标	产品名称、规格型号	中国环境标志认证证书编号	认证证书有效截止日期
14	扬州日利达有限公司	Sunleada® 日利达	家用太阳能热水系统（全玻璃真空管、紧凑式、非承压）： Φ47×1500mm－18支 Φ47×1500mm－15支 Φ47×1500mm－20支 Φ47×1500mm－24支 Φ47×1500mm－30支 Φ58×1800mm－18支 Φ58×1800mm－15支 Φ58×1800mm－21支 Φ58×1800mm－24支 Φ58×1800mm－30支	CEC－EL－049－014	2010－9－17
15	北京英豪阳光太阳能工业有限公司	英豪阳光	家用太阳能热水系统（全玻璃真空管、紧凑式、非承压）： YH58/1800×16 YH58/1800×12 YH58/1800×14 YH58/1800×15 YH58/1800×18 YH58/1800×20 YH58/1800×21 YH58/1800×24 YH58/1800×30 YH58/1800×36 YH70/2008×20 YH70/2008×16 YH70/2008×24 YH70/2008×30 YH70/2008×34 YH47/1600×18 YH47/1600×12 YH47/1600×14 YH47/1600×16 YH47/1600×20 YH47/1600×24 YH47/1600×30	CEC－EL－049－015	2010－9－17

续表

序号	企业名称	注册商标	产品名称、规格型号	中国环境标志认证证书编号	认证证书有效截止日期
16	芜湖贝斯特新能源开发有限公司	貝斯特	家用太阳能热水系统（全玻璃真空管、紧凑式、非承压）： HZ480/58 - 16/1.8 HZ480/58 - 14/1.8 HZ480/58 - 18/1.8 HZ480/58 - 20/1.8 HZ480/58 - 24/1.8 HZ480/58 - 28/1.8 JYG480/58 - 14/1.8 JYG480/58 - 16/1.8 JYG480/58 - 18/1.8 JYG480/58 - 20/1.8 JYG480/58 - 24/1.8 JYG480/58 - 28/1.8 GC480/58 - 14/1.8 GC480/58 - 16/1.8 GC480/58 - 18/1.8 GC480/58 - 20/1.8 GC480/58 - 24/1.8 GC480/58 - 28/1.8 JZ480/58 - 14/1.8 JZ480/58 - 16/1.8 JZ480/58 - 18/1.8 JZ480/58 - 20/1.8 JZ480/58 - 24/1.8 JZ480/58 - 28/1.8 XC420/47 - 18/1.5 XC420/47 - 15/1.5 XC420/47 - 20/1.5 XC420/47 - 24/1.5 XC420/47 - 28/1.5 JYG420/47 - 15/1.5 JYG420/47 - 18/1.5 JYC420/47 - 20/1.5 JYC420/47 - 24/1.5 JYC420/47 - 28/1.5 GG420/47 - 15/1.5 GG420/47 - 18/1.5 GC420/47 - 20/1.5 GC420/47 - 24/1.5 GC420/47 - 28/1.5	CEC - EL - 049 - 017	2010 - 9 - 17

续表

序号	企业名称	注册商标	产品名称、规格型号	中国环境标志认证证书编号	认证证书有效截止日期
17	皇明太阳能集团有限公司	欧迪克	家用太阳能热水系统（全玻璃真空管、紧凑式、非承压）： QBJ1 - 140/1.96/0 - B36° QBJ1 - 160/2.24/0 - B36° QBJ1 - 180/2.53/0 - B36° QBJ1 - 200/2.82/0 - B36° QBJ1 - 240/3.40/0 - B36° QBJ1 - 280/3.97/0 - B36° QBJ1 - 140/1.96/0 - B50° QBJ1 - 160/2.24/0 - B50° QBJ1 - 180/2.53/0 - B50° QBJ1 - 200/2.82/0 - B50° QBJ1 - 240/3.40/0 - B50° QBJ1 - 280/3.97/0 - B50° QBJ1 - 360/5.62/0 - E34° QBJ1 - 330/4.75/0 - E35° QBJ1 - 105/1.60/0 - S33° QBJ1 - 120/1.83/0 - S33° QBJ1 - 135/2.06/0 - S33° QBJ1 - 150/2.29/0 - S33° QBJ1 - 105/1.60/0 - S42°	CEC - EL - 049 - 020	2010 - 12 - 20
		皇明	QBJ1 - 120/1.83/0 - S42° QBJ1 - 135/2.06/0 - S42° QBJ1 - 150/2.29/0 - S42° QBJ1 - 105/1.60/0 - S50° QBJ1 - 120/1.83/0 - S50° QBJ1 - 135/2.06/0 - S50° QBJ1 - 150/2.29/0 - S50° QBJ1 - 130/1.82/0 - B42° QBJ1 - 150/2.09/0 - B42° QBJ1 - 165/2.36/0 - B42° BJ1 - 185/2.62/0 - B42° QBJ1 - 130/1.82/0 - B50° QBJ1 - 150/2.09/0 - B50° QBJ1 - 165/2.36/0 - B50° QBJ1 - 185/2.62/0 - B50° QBJ1 - 310/4.37/0 - E33° QBJ1 - 395/5.62/0 - E33° QBJ1 - 300/4.37/0 - E50° QBJ1 - 385/5.62/0 - E50°		

续表

序号	企业名称	注册商标	产品名称、规格型号	中国环境标志认证证书编号	认证证书有效截止日期
17	皇明太阳能集团有限公司	欧迪克	QBJ1－310/4.37/0－E35°	CEC－EL－049－020	2010－12－20
			QBJ1－395/5.62/0－E35°		
			QBJ1－300/4.37/0－E45°		
			QBJ1－385/5.62/0－E45°		
			QBJ1－210/3.13/0－A50°		
			QBJ1－255/3.77/0－A50°		
			QBJ1－295/4.40/0－A50°		
			QBJ1－380/5.67/0－A50°		
			QBJ1－210/3.13/0－A33°		
			QBJ1－255/3.77/0－A33°		
			QBJ1－295/4.40/0－A33°		
			QBJ1－380/5.67/0－A33°		
			QBJ1－210/3.13/0－A45°		
			QBJ1－255/3.77/0－A45°		
			QBJ1－295/4.40/0－A45°		
			QBJ1－380/5.67/0－A45°		
			QBJ1－145/2.18/0－C33°		
			QBJ1－165/2.50/0－C33°		
			QBJ1－190/2.81/0－C33°		
			QBJ1－210/3.13/0－C33°		
		皇明	QBJ1－255/3.77/0－C33°		
			QBJ1－295/4.40/0－C33°		
			QBJ1－380/5.67/0－C33°		
			QBJ1－145/2.18/0－C50°		
			QBJ1－165/2.50/0－C50°		
			QBJ1－190/2.81/0－C50°		
			QBJ1－210/3.13/0－C50°		
			QBJ1－255/3.77/0－C50°		
			QBJ1－295/4.40/0－C50°		
			QBJ1－380/5.67/0－C50°		
			QBJ1－145/2.18/0－C45°		
			QBJ1－165/2.50/0－C45°		
			QBJ1－190/2.81/0－C45°		
			QBJ1－210/3.13/0－C45°		
			QBJ1－255/3.77/0－C45°		
			QBJ1－295/4.40/0－C45°		
			QBJ1－380/5.67/0－C45°		
			QBJ1－130/1.82/0－C50°		
			QBJ1－150/2.09/0－C50°		
			QBJ1－165/2.36/0－C50°		

续表

序号	企业名称	注册商标	产品名称、规格型号	中国环境标志认证证书编号	认证证书有效截止日期
17	皇明太阳能集团有限公司	欧迪克	QBJ1 –185/2. 62/0 – C50°	CEC – EL – 049 – 020	2010 – 12 – 20
			QBJ1 –220/3. 16/0 – C50°		
			QBJ1 –130/1. 82/0 – C42°		
			QBJ1 –150/2. 09/0 – C42°		
			QBJ1 –165/2. 36/0 – C42°		
			QBJ1 –185/2. 62/0 – C42°		
			QBJ1 –220/3. 16/0 – C42°		
			QBJ1 –150/2. 18/0 – D33°		
			QBJ1 –170/2. 50/0 – D33°		
			QBJ1 –195/2. 81/0 – D33°		
			QBJ1 –215/3. 13/0 – D33°		
			QBJ1 –260/3. 77/0 – D33°		
			QBJ1 –300/4. 40/0 – D33°		
			QBJ1 –385/5. 67/0 – D33°		
			QBJ1 –150/2. 18/0 – D50°		
			QBJ1 –170/2. 50/0 – D50°		
			QBJ1 –195/2. 81/0 – D50°		
			QBJ1 –215/3. 13/0 – D50°		
			QBJ1 –260/3. 77/0 – D50°		
			QBJ1 –300/4. 40/0 – D50°		
			QBJ1 –385/5. 67/0 – D50°		
			QBJ1 –150/2. 18/0 – D45°		
			QBJ1 –170/2. 50/0 – D45°		
			QBJ1 –195/2. 81/0 – D45°		
			QBJ1 –215/3. 13/0 – D45°		
			QBJ1 –260/3. 77/0 – D45°		
			QBJ1 –300/4. 40/0 – D45°		
			QBJ1 –385/5. 67/0 – D45°		
			QBJ1 –195/2. 81/0 – A33°		
			QBJ1 –215/3. 13/0 – A33°		
			QBJ1 –260/3. 77/0 – A33°		
			QBJ1 –300/4. 40/0 – A33°		
			QBJ1 –385/5. 67/0 – A33°		
			QBJ1 –195/2. 81/0 – A50°		
			QBJ1 –215/3. 13/0 – A50°		
			QBJ1 –260/3. 77/0 – A50°		
			QBJ1 –300/4. 40/0 – A50°		
			QBJ1 –385/5. 67/0 – A50°		
			QBJ1 –195/2. 81/0 – A45°		
			QBJ1 –215/3. 13/0 – A45°		

续表

序号	企业名称	注册商标	产品名称、规格型号	中国环境标志认证证书编号	认证证书有效截止日期
17	皇明太阳能集团有限公司	欧迪克	QBJ1 – 260/3. 77/0 – A45°	CEC – EL – 049 – 020	2010 – 12 – 20
			QBJ1 – 300/4. 40/0 – A45°		
			QBJ1 – 385/5. 67/0 – A45°		
			QBJ1 – 130/1. 96/0 – B50°		
			QBJ1 – 150/2. 24/0 – B50°		
			QBJ1 – 165/2. 53/0 – B50°		
			QBJ1 – 185/2. 82/0 – B50°		
			QBJ1 – 220/3. 40/0 – B50°		
			QBJ1 – 255/3. 97/0 – B50°		
			QBJ1 – 130/1. 82/0 – J50°		
			QBJ1 – 150/2. 09/0 – J50°		
			QBJ1 – 165/2. 36/0 – J50°		
			QBJ1 – 185/2. 62/0 – J50°		
			QBJ1 – 130/1. 82/0 – J42°		
			QBJ1 – 150/2. 09/0 – J42°		
			QBJ1 – 165/2. 36/0 – J42°		
			QBJ1 – 185/2. 62/0 – J42°		
			QBJ1 – 150/2. 18/0 – J50°		
			QBJ1 – 170/2. 5/0 – J50°		
			QBJ1 – 195/2. 81/0 – J50°		
			QBJ1 – 215/3. 13/0 – J50°		
			QBJ1 – 260/3. 77/0 – J50°		
			QBJ1 – 300/4. 4/0 – J50°		
			QBJ1 – 385/5. 67/0 – J50°		
			QBJ1 – 150/2. 18/0 – J45°		
			QBJ1 – 170/2. 5/0 – J45°		
			QBJ1 – 195/2. 81/0 – J45°		
			QBJ1 – 215/3. 13/0 – J45°		
			QBJ1 – 260/3. 77/0 – J45°		
			QBJ1 – 300/4. 4/0 – J45°		
			QBJ1 – 385/5. 67/0 – J45°		
			QBJ1 – 140/2. 18/0 – J50°		
			QBJ1 – 160/2. 5/0 – J50°		
			QBJ1 – 180/2. 81/0 – J50°		
			QBJ1 – 200/3. 13/0 – J50°		
			QBJ1 – 240/3. 77/0 – J50°		
			QBJ1 – 280/4. 4/0 – J50°		
			QBJ1 – 360/5. 67/0 – J50°		
			QBJ1 – 140/2. 18/0 – J45°		
			QBJ1 – 160/2. 5/0 – J45°		

续表

序号	企业名称	注册商标	产品名称、规格型号	中国环境标志认证证书编号	认证证书有效截止日期
17	皇明太阳能集团有限公司	欧迪克	QBJ1 -180/2.81/0 -J45°	CEC -EL -049 -020	2010 -12 -20
			QBJ1 -200/3.13/0 -J45°		
			QBJ1 -240/3.77/0 -J45°		
			QBJ1 -280/4.4/0 -J45°		
			QBJ1 -360/5.67/0 -J45°		
			QBJ1 -195/3.13/0 -A50°		
			QBJ1 -235/3.77/0 -A50°		
			QBJ1 -275/4.40/0 -A50°		
			QBJ1 -355/5.67/0 -A50°		
			QBJ1 -195/3.13/0 -C45°		
			QBJ1 -235/3.77/0 -C45°		
			QBJ1 -275/4.40/0 -C45°		
			QBJ1 -355/5.67/0 -C45°		
			QBJ1 -155/2.50/0 -C50°		
			QBJ1 -175/2.81/0 -C50°		
			QBJ1 -135/2.18/0 -C50°		
			QBJ1 -195/3.13/0 -C50°		
			QBJ1 -235/3.77/0 -C50°		
			QBJ1 -275/4.40/0 -C50°		
			QBJ1 -355/5.67/0 -C50°		
			QBJ1 -135/2.18/0 -C45°		
			QBJ1 -155/2.50/0 -C45°		
			QBJ1 -175/2.81/0 -C45°		
			QBJ1 -195/3.13/0 -C45°		
			QBJ1 -235/3.77/0 -C45°		
			QBJ1 -275/4.40/0 -C45°		
			QBJ1 -355/5.67/0 -C45°		
			QBJ1 -140/2.18/0 -D50°		
			QBJ1 -160/2.50/0 -D50°		
			QBJ1 -180/2.81/0 -D50°		
			QBJ1 -200/3.13/0 -D50°		
			QBJ1 -240/3.77/0 -D50°		
			QBJ1 -280/4.40/0 -D50°		
			QBJ1 -360/5.67/0 -D50°		
			QBJ1 -140/2.18/0 -D45°		
			QBJ1 -160/2.50/0 -D45°		
			QBJ1 -180/2.81/0 -D45°		
			QBJ1 -200/3.13/0 -D45°		
			QBJ1 -240/3.77/0 -D45°		
			QBJ1 -280/4.40/0 -D45°		

续表

序号	企业名称	注册商标	产品名称、规格型号	中国环境标志认证证书编号	认证证书有效截止日期
17	皇明太阳能集团有限公司	欧迪克	QBJ1 - 360/5.67/0 - D45°	CEC - EL - 049 - 020	2010 - 12 - 20
			QBJ1 - 180/2.81/0 - A50°		
			QBJ1 - 200/3.13/0 - A50°		
			QBJ1 - 240/3.77/0 - A50°		
			QBJ1 - 280/4.40/0 - A50°		
			QBJ1 - 360/5.67/0 - A50°		
			QBJ1 - 180/2.81/0 - A45°		
			QBJ1 - 200/3.13/0 - A45°		
			QBJ1 - 240/3.77/0 - A45°		
			QBJ1 - 280/4.40/0 - A45°		
			QBJ1 - 360/5.67/0 - A45°		
			HOB - 14TT16/ϕ58 - 50°		
			HOB - 16TT16/ϕ58 - 50°		
			HOB - 18TT16/ϕ58 - 50°		
			HOB - 20TT16/ϕ58 - 50°		
			HOAW - 12TT16/ϕ58 - 42°		
			HOAW - 14TT16/ϕ58 - 42°		
			HOAW - 16TT16/ϕ58 - 42°		
			HOAW - 18TT16/ϕ58 - 42°		
			HOAW - 20TT16/ϕ58 - 42°		
		皇明	HOA - 12TT16/ϕ58 - 50°		
			HOA - 14TT16/ϕ58 - 50°		
			HOA - 16TT16/ϕ58 - 50°		
			HOA - 18TT16/ϕ58 - 50°		
			HOA - 20TT16/ϕ58 - 50°		
			HOB - 16TT18/ϕ58 - 50°		
			HOB - 18TT18/ϕ58 - 50°		
			HOB - 20TT18/ϕ58 - 50°		
			HOB - 24TT18/ϕ58 - 50°		
			HOB - 28TT18/ϕ58 - 50°		
			HOB - 36TT18/ϕ58 - 50°		
			HOAW - 16TT18/ϕ58 - 42°		
			HOAW - 18TT18/ϕ58 - 42°		
			HOAW - 20TT18/ϕ58 - 42°		
			HOAW - 24TT18/ϕ58 - 42°		
			HOAW - 28TT18/ϕ58 - 42°		
			HOAW - 36TT18/ϕ58 - 42°		
			HOA - 16TT18/ϕ58 - 50°		
			HOA - 18TT18/ϕ58 - 50°		
			HOA - 20TT18/ϕ58 - 50°		

续表

序号	企业名称	注册商标	产品名称、规格型号	中国环境标志 认证证书编号	认证证书有 效截止日期
17	皇明太阳能集团有限公司	欧迪克 皇明	HOA－24TT18/ϕ58－50° HOA－28TT18/ϕ58－50° HOA－36TT18/ϕ58－50° 家用太阳能热水系统（玻璃－金属真空管、分离式、承压）： HFT300	CEC－EL－049－020	2010－12－20
18	山东亿家能太阳能有限公司	Ecoo Solar 亿家能	家用太阳能热水系统（全玻璃真空管、紧凑式、非承压）： YM－15TT21/ϕ58－50° YM－17TT21/ϕ58－50° YM－19TT21/ϕ58－50° YM－21TT21/ϕ58－50° YM－25TT21/ϕ58－50° YM－29TT21/ϕ58－50° YM－36TT21/ϕ58－50° YM－15TT21/ϕ58－50° YM－17TT21/ϕ58－50° YM－19TT21/ϕ58－50° YM－21TT21/ϕ58－50° YM－25TT21/ϕ58－50° YM－29TT21/ϕ58－50° YM－36TT21/ϕ58－50° YMW－15TT21/ϕ58－50° YMW－19TT21/ϕ58－50° YMW 21TT21/ϕ58－50° YMW－25TT21/ϕ58－50° YMW－29TT21/ϕ58－50° YMW－36TT21/ϕ58－50° YMW－15TT21/ϕ58－50° YMW－17TT21/ϕ58－50° YMW－19TT21/ϕ58－50° YMW－21TT21/ϕ58－50° YMW－25TT21/ϕ58－50° YMW－29TT21/ϕ58－50° YMW－36TT21/ϕ58－50° QBJ1－125/2.00/0－B50° QBJ1－140/2.25/0－B50° QBJ1－160/2.50/0－B50° QBJ1－175/2.80/0－B50°	CEC－EL－049－021	2010－12－20

续表

序号	企业名称	注册商标	产品名称、规格型号	中国环境标志认证证书编号	认证证书有效截止日期
18	山东亿家能太阳能有限公司	Ecoo Solar 亿家能	QBJ1 - 210/3. 30/0 - B50° QBJ1 - 150/2. 10/0 - A50° QBJ1 - 170/2. 40/0 - A50° QBJ1 - 190/2. 70/0 - A50° YNW - 15TT19/φ58 - 42° YNW - 17TT19/φ58 - 42° YNW - 19TT19/φ58 - 42° QBJ1 - 125/2. 00/0 - B50° QBJ1 - 140/2. 25/0 - B50° QBJ1 - 160/2. 50/0 - B50° QBJ1 - 175/2. 80/0 - B50° QBJ1 - 210/3. 30/0 - B50° YN - 13TT16/φ58 - 42° YN - 15TT16/φ58 - 42° YN - 17TT16/φ58 - 42° YNW - 13TT16/φ58 - 42° YNW - 15TT16/φ58 - 42° YNW - 17TT16/φ58 - 42° 家用太阳能热水系统（玻璃 - 金属真空管、分离式、承压）： YFT300	CEC - EL - 049 - 021	2010 - 12 - 20

十八、水嘴：执行标准 HJ /T411 - 2007

序号	企业名称	注册商标	产品名称、规格型号	中国环境标志认证证书编号	认证证书有效截止日期
1	广州摩恩水暖器材有限公司	摩恩 Moen	洗涤水嘴（厨房，单柄双控）： 8701、7897、7867、7887、7439、7869、7879、85210、55613、55611、55612、66111、5069、85209、7040、55511、7825、7840、57111、MCL70011、66112、7727、87315C、67315BC、7575C、7208、7590C、7590SL、7041、MCL117967、L7867、7065ORB 面盆水嘴（单柄双控）： 8414、4891、6102、4103、4104、4105、4106、4194、4422、L4422、4484、L4484、5404、5484、7048、	CEC - EL - 055 - 001	2011 - 3 - 31

续表

序号	企业名称	注册商标	产品名称、规格型号	中国环境标志认证证书编号	认证证书有效截止日期
1	广州摩恩水暖器材有限公司	摩恩 Moen	4804、4884、4894、4806、4812、4816、4821、4822、4727、4767、5044、4889、4817、4887、18121、18124、4344、11125、11122、56121、56124、MCL70000、5521MCL、57121、57123、57122、57128、55621、11121、11124、11221、11224、5049、L4817、L4887、11225、11222、6867、6102BN、L6867	CEC - EL - 055 - 001	2011 - 3 - 31
2	九牧集团有限公司	JOMOO	洗涤水嘴（厨房，单柄双控）： 3321 - 042、3323 - 034、3320 - 042、3322 - 032、3325 - 033、3326 - 037、3314 - 037、3316 - 037、3317 - 031、3317 - 034、3324 - 034、3317 - 009、3315 - 032、3318 - 032、3319 - 033、3308 - 004、3310 - H011、3324 - 034、3307 - 271、3306 - 256、3305 - 258、3328 - 042、3312 - H013、3311 - H012、3307 - 022 面盆水嘴（单柄双控）： 3268 - 043、3264 - 039、3266 - 041、3273 - 043、3272 - 032、3274 - 050、3270 - 044、3252 - 031、3254 - 032、3256 - 032、3224 - 004、3257 - 034、3259 - 033、3235 - 009、3245 - 022、3226 - 005、3247 - 021、3219 - 273、3220 - 273、3221 - 273、3222 - 273、3223 - 273、3217 - 271、3212 - 256、3210 - 258、3225 - 004、3258 - 034、3260 - 033、3241 - 009、3246 - 022、3227 - 005、3248 - 021、3218 - 271、3255 - 032、3211 - 258、3269 - 043、3265 - 039、3267 - 041、3275 - 050、3271 - 044、3253 - 031、3281 - 273、3282 - 273、3283 - 273、3277 - 053、3278 - 055、3276 - 052、3279 - 055、3213 - 256、3242 - 009、3251 - 028	CEC - EL - 055 - 002	2011 - 3 - 31

续表

序号	企业名称	注册商标	产品名称、规格型号	中国环境标志认证证书编号	认证证书有效截止日期
3	宁波埃美柯铜阀门有限公司	埃美柯 Amico	洗涤水嘴（厨房，单柄双控）： XG2、XG17 面盆水嘴（单柄双控）： MG18	CEC－EL－055－003	2011－3－31
4	辉煌水暖集团有限公司	HHSN 辉煌水暖	洗涤水嘴（厨房，单柄双控）： 12502、12518、12519、12520、 12501、12512、12521、12523、 12525、12526 面盆水嘴（单柄双控）： 12101、12121、12126、12140、 12141、12145、12155、12156、 12157、12158、12159、12161、 12167、12169、12122、12143、 12150、12163、12165、12166、 12168、12111、12111A、12111B、 12112、12112A、12112B、12222、 12223、12226、12240、12241、 12255、12256、12257、12201、 12221、12231、12250、12258、 12259、12261、12263、12233、 12243、12245、12265、12267、 12269、12266、12232、12234、 12235、12236、12237、12238	CEC－EL－055－004	2011－3－31
5	申鹭达集团有限公司		面盆水嘴（单柄双控）： SLD2995、SLD2867、SLD2967、 SLD2942、SLD2932、SLD2866、 SLD2966、SLD2884、SLD2984、 SLD2838、SLD2848、SLD2839、 SLD2849、SLD2882、SLD2892、 SLD2885、SLD2985、SLD2883、 SLD2808、SLD2855、SLD2930、 SLD2940、SLD2823、SLD4838、 SLD4832、SLD4830、SLD4834、 TT2865、TT2965、TT2705、TT2735、 TT2806、TT2708、TT2731、TT2701、 TT2202、TT2102、TT2101、TT2201、 TT2817、TT2717、TT2106、TT2206、 TT2703、TT2807、TT2709、TT2939、 TT2949、TT4837、TT4836	CEC－EL－055－005	2011－3－31

续表

序号	企业名称	注册商标	产品名称、规格型号	中国环境标志认证证书编号	认证证书有效截止日期
5	申鹭达集团有限公司	特陶 TETAO	洗涤水嘴（厨房，单柄双控）：TT4208、TT4817、TT4849、TT4821、TT4245、TT4831、SLD4867、SLD4742、SLD4842、SLD4866、SLD4884、SLD4829、SLD4885、SLD4883、SLD4831、TT4801、TT4205、TT4806 普通水嘴（单柄单控）：SLD1753、SLD1777、SLD1758、SLD1774、SLD1773、SLD1757、SLD1531、SLD1763、SLD1751、SLD1761、SLD1756、SLD1731、SLD1786、SLD1787、SLD1788、SLD5711、SLD5723、SLD5721、TT1203、TT1203C、TT1205、TT1206A、TT1205M、TT1753M、TT1773M、TT1773L、TT1205L、TT1753L、TT1206B、TT1202、TT1209、TT5721、TT1206、TT1204	CEC－EL－055－005	2011－3－31
6	台州丰华铜业有限公司	Fenghwa 丰华	洗涤水嘴（厨房，单柄双控）：FH8707－D37、FH8723－D10、FH8780－D19、FH8781－D11、FH8761－D26、FH2071－DB5、FH8727－D11、FH8726－D11、FH8729－639 面盆水嘴（单柄双控）：FH8227－D37、FH8228－D10、FH8261－D25	CEC－EL－055－006	2011－3－31
7	佛山市顺德区美洁卫浴实业有限公司	欧莎	洗涤水嘴（厨房，单柄双控）：2005、2007K6、2007U1、2008、2018、2018－2、2036B3、2038M、2051D3、2054H1、2060、2061、2064、2065、2066、2067、2068、2070、2071、2076、2077、2078	CEC－EL－055－007	2011－3－31

续表

序号	企业名称	注册商标	产品名称、规格型号	中国环境标志认证证书编号	认证证书有效截止日期
7	佛山市顺德区美洁卫浴实业有限公司	Oasa	面盆水嘴（单柄双控）：3050M、3057、3058H1、3058－1H1、3063－1B3、3063B3、3066K1、3066－1K1、3069M、3073D3、3080H1、3088B3、3098B3、3116U1、3141U1、3143Q2、3145Q2、3149K6、3150K6、3153B3、3163Q2、3173D6、3181H1、3182H1、3189D7、3190D7、3192D6、3196D7、3198D7、3199D7、3200D7、3201H1、3206D6、3207D6	CEC－EL－055－007	2011－3－31
8	鹤山市康立源卫浴实业有限公司	康立源 kangLiYuan（第1354389号商标）	面盆水嘴（单柄双控）：LY－12305、KLY－10305、KLY－12279 面盆水嘴（单柄单控）：KLY－50018、KLY－50024 洗涤水嘴（厨房，单柄双控）：KLY－30305	CEC－EL－055－008	2011－3－31
9	高仪（上海）卫生洁具有限公司	高仪 GROHE	面盆水嘴（单柄双控）：33558、33559、32468、33153、33156、33163、33265、32467、32925、33190、32469、33178 洗涤水嘴（厨房、单柄双控）：33708、32918、3281、33930、33770、33981	CEC－EL－055－009	2011－3－31

十九、室内装饰装修用溶剂型木器涂料：执行标准HJ/T 414－2007

序号	企业名称	注册商标	产品名称、规格型号	中国环境标志认证证书编号	认证证书有效截止日期
1	江苏大象东亚制漆有限公司	大象、爱地、华伦、千人掌、第1086299号图形商标	PU聚酯型装饰装修漆	CEC－EL－058－001	2011－3－20

续表

序号	企业名称	注册商标	产品名称、规格型号	中国环境标志认证证书编号	认证证书有效截止日期
2	苏州亨得利涂料有限公司	花旗 HUAQI、美标 MEI BIAO、JINPINGGUO、冠王 GUANWANG	PU 聚酯型装饰装修漆	CEC-EL-058-002	2011-3-20
3	南京天祥涂料有限公司	天祥 TIANXIANG	聚氨酯类底漆、面漆、地板漆	CEC-EL-058-003	2011-3-25
4	广东华润涂料有限公司	华润漆、爱的漆、世纪明珠	聚氨酯类清漆、聚氨酯类色漆、硝基类清漆	CEC-EL-058-004	2011-3-25
5	卜内门太古漆油（中国）有限公司	多乐士、DULUX、利登、Glidden	醇酸漆	CEC-EL-058-005	2011-4-1
		多乐士、DULUX、卡普林诺、CUPRINOL	聚氨酯漆		
6	廊坊立邦涂料有限公司	立邦、N+NIPPONPAINT、N+立邦	聚氨酯清漆、聚氨酯色漆	CEC-EL-058-006	2011-4-1

财政部、监察部、审计署、国家预防腐败局关于开展全国政府采购执行情况专项检查督导工作的通知

（2008 年 8 月 4 日 财库［2008］53 号）

各省、自治区、直辖市、计划单列市财政厅（局）、监察厅（局）、审计厅（局）：

根据财政部、监察部、审计署和国家预防腐败局《关于开展全国政府采购执行情况专项检查的通知》（财库［2008］31 号），全国专项检查领导小组根据工作计划安排从今年 8 月开始对地方政府采购执行情况专项检查工作进行督导。现将有关工作通知如下：

一、督导内容

（一）各地在落实财库［2008］31 号文件和全国电视电话会议精神方面做了哪些工作、采取了哪些措施、建立了什么工作机制。

（二）各地政府采购执行情况专项检查工作自查自纠阶段的情况。自查自纠的基本情况，存在哪些问题，是否按时、按要求完成自查自纠阶段的工作，自查自纠电子表格和报告是否按时上报，存在什么问题，如何解决的。

（三）各地专项检查工作重点检查阶段情况。重点检查的组织形式、检查重点和范围；重点检查中查出哪些问题，针对重点检查中查出的政府采购执行和操作中存在的问题、政府采购流程中存在的问题、政府采购执行中法律不协调的问题、政府采购监管中存在的问题和违法违纪问题等准备如何处理，是否存在难点问题需要督导组协调解决。下一步的打算是什么。

（四）是否已经转入整改提高或验收总结阶段。整改提高或验收总结准备如何开展。针对整改提高不到位的单位如何处理，如何保证所有单位都能按预期达到整改提高的目的并转入验收总结阶段。对全国政府采购执行情况专项检查工作有哪些意见和建议。

二、督导时间、地点和人员

督导工作时间从 2008 年 8 月初开始，安排一个月左右的时间对全国地方政府采购执行情况专项检查工作进行督导。督导地点分为华北区、东北区、华东区、中南区、西南区和西北区。

全国政府采购专项检查领导小组组织 6 个督导组，每组负责 1 个大区的督导工作。每个督导组共 4 人，由 1 位司级领导任组长。各督导组具体督导地区和时间安排另行通知。

三、督导方法

督导采取听汇报、召开座谈会和实地检查等方式进行。由督导组召集大区所属各个省（自治区、直辖市）听取汇报并选择一个或一个以上的省（自治区、直辖市）进行督导。同时，选择一些地（市、县）深入了解专项检查工作开展情况，实地听取当地专项检查领导小组和被查单位的意见，掌握第一手材料，做到点面结合。

四、督导要求

（一）各地区要重视督导工作，根据财库［2008］31号文件规定和本通知要求，结合本地实际，选择有代表性的地（市）、县和部分采购单位作为督导对象，认真组织好督导工作。

（二）各地要认真准备汇报材料，全面反映本地区政府采购执行情况专项检查工作开展的情况，工作成效要实事求是，问题和原因分析要准确深刻，政策建议要符合实际，切实通过督导促进本地区政府采购执行情况专项检查工作的开展，并为进一步深化改革创造条件。

（三）督导工作结束后，各督导小组要根据所到地区的实际情况，结合督导内容，向全国政府采购执行情况专项检查领导小组提交督导报告，报告应做到内容全面、重点突出、条理清晰、有理有据。

财政部关于做好2008年全国政府采购信息统计工作的通知

（2008年12月15日　财库［2008］97号）

党中央有关部门，国务院各部委、各直属机构，全国人大常委会办公厅，全国政协办公厅，高法院，高检院，有关人民团体，各省、自治区、直辖市、计划单列市财政厅（局），新疆生产建设兵团财务局：

现将2008年全国政府采购信息统计报表编报工作有关事项通知如下：

一、2008年政府采购信息年报在原有统计报表体系的基础上增加了三张专项统计表（表9－11）（详见附件1），即：2008年全国政府采购专项统计表－环保、2008年全国政府采购专项统计表－进口产品、2008年全国政府采购专项统计表—其他。原08表后面的报表编号往后顺延。

二、各填报单位应认真阅读《2008年度政府采购信息统计报表编制说明》（详见附件2），准确理解和掌握各项统计指标的内涵、填报方法和口径，保证政府采购信息统计和汇总工作不重不漏、内容完整、真实可靠。要增强政府采购信息统计的全面性与完整性，凡是按照政府采购法律法规和制度规定开展的采购活动，都应当统计汇总。

三、各填报单位要高度重视 2008 年政府采购信息统计汇总的组织落实工作，及时布置工作，明确职责分工，注意相互协调，准时上报政府采购信息统计资料。要认真对统计数据进行加工整理和分析，准确揭示出政府采购活动的当前状况、存在问题及未来发展趋势，为政府采购制度改革和国家制定宏观经济政策提供真实、可靠的数字依据。

四、2008 年全国政府采购信息统计管理系统分为网络版和单机版。网络版用户直接登录中国政府采购网首页“全国政府采购信息统计管理系统”（http：//report. ccgp. gov. cn/login. cfm）在线进行填报。单机版老用户在中国政府采购网“统计专栏”（http：//www. ccgp. gov. cn/tjzl/index. shtml）下载第四条“2008 政府采购信息统计管理系统单机版自动升级程序”，下载后解压运行软件将自动升级到最新版本；单机版新用户和因文件损坏自动升级失败的老用户，请直接下载第三条“2008 政府信息采购统计管理系统单机版”2008 版完整安装程序进行安装，老用户安装之前请先备份数据库。

五、新增报表的录入方法采用手工汇总后录入填报，录入金额单位为元。采用合同录入的单位，需要在生成报表后单独对新增的三张表进行手工汇总后填报。对于已上报的单位，上级需要先将报表退回，下级单位重新填报后再上报。

六、各省级财政部门和各中央一级预算单位请于 2009 年 3 月 31 日前将电子版和书面文件各 1 份报送至财政部国库司。电子版数据可通过网络版报送，也可通过软盘报送。

七、财政部国库司将对各地区、各中央单位 2008 年度政府采购信息统计工作（统计基础工作、报表报送情况、报表质量、分析报告质量等因素）继续进行考核评比，对统计工作先进单位给予通报表扬。

在报表编报过程中，如遇统计编报口径等问题，请及时与财政部国库司政府采购管理一处联系。如遇统计软件操作问题，请及时与南昌兴业科技有限责任公司联系。

财政部国库司联系人：

李承双　胡晓丽　010－68552269

南昌兴业科技有限责任公司联系人：

高传宝　010－88356251

吴木森　010－88357763

任　弈　0791－6263082

王　熙　0791－6266823

附件：1. 2008 年度政府采购信息统计报表

2. 2008 年度政府采购信息统计报表编制说明

附件1：

________年政府采购信息统计报表

单位名称：________________

组织机构代码：________________

单位负责人：________________

填表人：________________

联系电话：________________

e－mail：________________

单位地址：________________

邮政编码：________________

报送日期：________________

政府采购资金统计表

采购 01 表

单位：万元

项目	行	采购预算				采购金额				节约资金				节约率%	财政直接支付
		总计	预算内	预算外	自筹	总计	预算内	预算外	自筹	总计	预算内	预算外	自筹		
		1	2	3	4	5	6	7	8	9	10	11	12	13	14
合计	1														
货物	2														
工程	3														
服务	4														

政府采购组织形式及采购方式统计表

采购 02 表

单位：万元

项　目	行	采购金额合计	按组织形式划分			按采购方式划分					
			集中采购	部门集中采购	分散采购	公开招标	邀请招标	竞争性谈判	询价	单一来源	其他
		1	2	3	4	5	6	7	8	9	10
合计	1										
货物	2										
工程	3										
服务	4										

政府采购主体分类统计表

采购 03 表

单位：万元

项　目	行	采购金额合计	按采购单位性质划分			按行业部门分类							
			国家机关	事业单位	团体组织	行政政法	教科文	经济建设	农业	社会保障	企业	金融	其他
		1	2	3	4	5	6	7	8	9	10	11	12
合计	1												
货物	2												
工程	3												
服务	4												

政府采购合同授予统计表

采购 04 表

单位：万元

项　目	行	政府采购合同授予情况					
		国内外			省内外		
		合计	国内	进口	合计	省内	省外
		1	2	3	4	5	6
合计	1						
货物	2						
工程	3						
服务	4						

政府采购重要品目统计表

采购05表
单位：万元

采购项目	行	采购数量	采购金额	采购项目	行	采购数量	采购金额
		1	2	栏次		3	4
货物、工程、服务采购金额合计	1			B 工程类	1		
A 货物类	2			B01 建筑物	2		
A01 土地	3			B02 市政建设工程	3		
A02 建筑物	4			B03 环保、绿化工程	4		
A03 一般设备	5			其中：B0301 污水处理	5		
其中：A030201 计算机	6			B0303 园林绿化工程	6		
A0303 家具	7			B0305 天然林防护	7		
A04 办公消耗用品	8			B04 水利、防洪工程	8		
A05 建筑、装饰材料	9			B05 交通运输工程	9		
A06 物资	10			B06 油气工程	10		
其中：A0601 救灾物资	11			B07 电力工程	11		
A0602 防汛物资	12			B08 电信工程	12		
A0603 抗旱物资	13			B09 修缮、装饰工程	13		
A0604 农用物资	14			B10 系统集成、网络工程	14		
A0605 储备物资	15			B99 其他各类工程	15		
A0606 燃料	16			C 服务类	16		
A07 专用材料	17			C01 印刷、出版	17		

续表

采购项目	行	采购数量	采购金额	采购项目	行	采购数量	采购金额
		1	2	栏次		3	4
A08 成品软件	18			C02 专业咨询、工程监理、工程设计	18		
其中：A0801 操作系统	19			C03 信息技术、信息管理软件的开发设计	19		
A0802 数据库管理系统	20			C04 维修	20		
A0803 中间件软件	21			C05 保险	21		
A0804 办公软件	22			C06 租赁	22		
A0805 防病毒软件	23			C08 会议	23		
A0899 其他软件	24			C09 培训	24		
A10 专用设备	25			C10 物业管理	25		
其中：A1004 网络设备	26			C99 其他服务	26		
A1006 医疗设备、器械	27						
A1019 教学设备	28						
A1020 实验室设备	29						
A1021 广播电视、影像设备	30						
A1027 电梯和起重机	31						
A11 交通工具	32						
其中：A110101 轿车	33						
A110102 越野车	34						
A99 其他货物	35						

政府采购专项统计表——计算机

采购06表

单位：万元

项　目	行	采购金额合计	台式计算机		便携式计算机		服务器	
			采购数量	采购金额	采购数量	采购金额	采购数量	采购金额
		1	2	3	4	5	6	7
合计	1							
宏基	2							
索尼	3							
IBM	4							
LG	5							
NEC	6							
NETBOOK	7							
TCL	8							
TG	9							
八亿时空	10							
博宇	11							
长城	12							
戴尔	13							
顶星	14							
东芝	15							
方正	16							
福日东升	17							
富士通	18							
海尔	19							
华硕	20							
惠普	21							
京东方	22							
康柏	23							
联宝	24							
联想	25							
伦飞	26							

续表

项目	行	采购金额合计	台式计算机		便携式计算机		服务器	
			采购数量	采购金额	采购数量	采购金额	采购数量	采购金额
		1	2	3	4	5	6	7
明基	27							
苹果	28							
七喜	29							
清华同方	30							
清华紫光	31							
三星	32							
神达	33							
神舟	34							
思登	35							
松下	36							
索泰	37							
腾龙	38							
微星	39							
夏新	40							
新蓝	41							
优派	42							
恒生	43							
实达	44							
蓝星	45							
海信	46							
易维	47							
海星	48							
好福	49							
浪潮	50							
龙兴	51							
沐泽	52							
大恒	53							
方佳	54							
其他	55							

政府采购专项统计表——汽车

采购 07 表

单位：万元

行	轿车												越野车						其他乘用车		
	排量 1.4L 以下			排量 1.4L－2.0L			排量 2.0L－3.0L 品牌			排量 3.0L 以上品牌			排量 2.0L－3.0L 品牌			排量 3.0L 以上品牌					
	品牌	数量	金额	品牌	数量	金额	品牌	数量	金额	品牌	数量	金额	品牌	数量	金额	品牌	数量	金额	品牌	数量	金额
	1	2	3	4	5	6	7	8	9	10	11	12	13	14	15	16	17	18	19	20	21
1	汽车总计		数量			金额															
2	轿车总计		数量			金额															
3	合计			合计			合计			合计			合计			合计			合计		
4	北斗星			奥迪			奥迪			北京现代			奥铃			北京			昌河		
5	北京现代			宝来			宝马			别克			北京			长征			松花江		
6	比亚迪			宝马			北京现代			红旗			东风			东风			通宝		
7	波罗			北京现代			别克			凯迪拉克			猎豹			红岩			北京		
8	昌河			比亚迪			丰田			天籁			庐山			黄河			东南		
9	长安－奥拓			别克			红旗			其他			尼桑			解放			菲亚特		
10	长安			波罗			凯迪拉克						帕杰罗速跑			尼桑			开迪		
11	达路			东南			梅赛德斯－奔驰						切诺基			切诺基			途安		
12	东风			东风标致			蒙迪欧						三菱			三菱			长城		
13	东南			东风雪铁龙			帕萨特						神野			陕汽			航天		
14	飞度			飞度			奇瑞						田野			沈飞			华泰特拉卡		
15	菲亚特			菲亚特			切诺基						新凯			斯达－斯太尔			金杯		
16	丰田			丰田			天籁						依维柯			田野			金程		
17	阁萝			风神			雅阁						其他			铁马			奇瑞		
18	哈飞			福克斯			中华									新凯			中誉牌		

续表

行	轿车												越野车						其他乘用车		
	排量1.4L以下			排量1.4L-2.0L			排量2.0L-3.0L品牌			排量3.0L以上品牌			排量2.0L-3.0L品牌			排量3.0L以上品牌					
	品牌	数量	金额	品牌	数量	金额	品牌	数量	金额	品牌	数量	金额	品牌	数量	金额	品牌	数量	金额	品牌	数量	金额
	1	2	3	4	5	6	7	8	9	10	11	12	13	14	15	16	17	18	19	20	21
19	海马			高尔夫			其他									跃进			其他		
20	豪情			高尔												其他					
21	吉利美日			阁萝																	
22	吉利			哈飞																	
23	江南			海马																	
24	杰士达			豪情																	
25	解放			红旗																	
26	朗风			吉利美日																	
27	力帆			吉利																	
28	奇瑞			嘉年华																	
29	起亚			江南																	
30	秦川-福莱尔			捷达																	
31	神龙-富康			开迪																	
32	思迪			朗风																	
33	松花江			力帆																	
34	威乐			利亚纳																	
35	威志			马自达																	
36	威姿			梅赛德斯-奔驰																	
37	夏利			蒙迪欧																	

续表

行	轿车												越野车						其他乘用车		
	排量 1.4L 以下			排量 1.4L－2.0L			排量 2.0L－3.0L 品牌			排量 3.0L 以上品牌			排量 2.0L－3.0L 品牌			排量 3.0L 以上品牌					
	品牌	数量	金额	品牌	数量	金额	品牌	数量	金额	品牌	数量	金额	品牌	数量	金额	品牌	数量	金额	品牌	数量	金额
	1	2	3	4	5	6	7	8	9	10	11	12	13	14	15	16	17	18	19	20	21
38	雪佛兰			帕萨特																	
39	雅酷			奇瑞																	
40	一汽佳星			骐达																	
41	跃进			起亚																	
42	云雀			桑塔纳																	
43	其他			神龙－富康																	
44				思迪																	
45				思域																	
46				速腾																	
47				天籁																	
48				威乐																	
49				威志																	
50				威姿																	
51				夏利																	
52				雪佛兰																	
53				雅阁																	
54				颐达																	
55				跃进																	
56				中华																	
57				其他																	

政府采购专项统计表——节能

采购08表

单位：万元

项　　目	行	节能、节水产品采购金额	同类产品采购总金额	节能、节水产品采购比重%
		1	2	3
合计	1			
一、节能产品类	2			
空调机	3			
冰箱	4			
荧光灯	5			
电视机	6			
计算机	7			
打印机	8			
二、节水产品类	9			
便器	10			
水龙头	11			

政府采购专项统计表——环保

采购08表

单位：万元

项　　目	行	环保产品采购金额	同类产品采购总金额	环保产品采购比重%
		1	2	3
合计	1			
一、节能产品类	2			
空调机	3			
冰箱	4			
照明产品	5			
电视机	6			
电热水器				
电力金具				
中小型三相异步电动机	7			
计算机				
打印机	8			
复印机				
电源适配器				
三相配电变压器				
家用自动电饭锅				
DVD				
家用电磁灶				
饮水机				

续表

项　　目	行	环保产品采购金额	同类产品采购总金额	环保产品采购比重%
		1	2	3
数字多功能办公设备				
清水离心泵				
开关电源				
数字投影机				
不间断电源				
燃气灶具				
燃气热水器				
二、节水产品类	9			
便器	10			
水嘴				
便器冲洗阀				
水箱配件				
水暖用内螺纹连接阀门				
淋浴房				
淋浴器	11			

政府采购专项统计表——环保

采购 09 表

单位：万元

项　　目	行	环保产品采购金额	同类产品采购总金额	环保产品采购比重%
		1	2	3
合计	1			
轻型汽车	2			
复印机	3			
打印机、传真机及多功能一体机	4			
微型计算机、显示器	5			
水性涂料	6			
人造木质板材	7			
木地板	8			
家具	9			
彩色电视机	10			
轻质墙体板材	11			
塑料门窗	12			
白乳胶	13			
建筑用塑料管材	14			
陶瓷砖	15			
卫生陶瓷	16			
太阳能集热器	17			
家用太阳能热水系统	18			
水嘴	19			
室内装饰装修用溶剂型木器涂料	20			

政府采购专项统计表——进口产品

采购10表

单位：万元

项目	行	采购金额	按组织形式划分			按采购方式划分						按性质划分		
			集中采购	部门集中采购	分散采购	公开招标	邀请招标	竞争性谈判	询价	单一来源	其他	鼓励进口	既不鼓励也不限制	限制进口
		1	2	3	4	5	6	7	8	9	10	11	12	13
合计	1													
货物	2													
工程	3													
服务	4													

政府采购专项统计表——其他

采购11表

单位：万元

项目	行	采购金额	按组织形式划分			采购方式					
			集中采购	部门集中采购	分散采购	公开招标	邀请招标	竞争性谈判	询价	单一来源	其他
		1	2	3	4	5	6	7	8	9	10
合计	1										
一、中小学免费教材	2										
二、农村中小学危房改造	3										
三、财政补贴农民购置机具	4										

政府采购供应商投诉处理统计表

采购12表
单位：起

项目		行	省级	地级	县级	总计
			1	2	3	4
收到投诉总量	合计	1				
	受理	2				
	转送有管辖权的部门	3				
	不予受理	4				
受理投诉总量（按处理情况分类）	小计	5				
	撤诉	6				
	驳回	7				
	进行处理	8				
受理投诉总量（按采购方式分类）	小计	9				
	公开招标	10				
	邀请招标	11				
	竞争性谈判	12				
	询价	13				
	单一资源	14				
受理投诉总量（按行业领域分类）	小计	15				
	行政政法	16				
	教科文	17				
	经济建设	18				
	农业	19				
	社会保障	20				
	企业	21				
	金融	22				
	其他	23				
受理投诉总量（按被投诉人分类）	小计	24				
	采购人	25				
	招标代理机构	26				
	集中采购机构	27				

政府采购专家库及信息发布统计表

采购 13 表

单位：个、次、条

项目		列	省级	地级	县级	合计
			1	2	3	4
专家库建设	已建立专家库数量	1				
	专家人数	2				
专家库使用	已抽取专家的项目数量	3				
	抽取专家次数	4				
	专家参评人数	5				
信息公告	合计	6				
	采购需求信息公告数量	7				
	中标、成交结果公告数量	8				
	政策法规公告数量	9				
	处理决定公告数量	10				

政府采购当事人统计表

采购 14 表

单位：个

采购当事人				列	省级	地级	县级	地区合计
					1	2	3	4
采购管理机构	已设置数量			1				
	在编人数			2				
政府采购代理机构	机构数量合计			3				
	财政部颁发	审批（甲级）	机构数量	4				
			从事政府采购人员数量	5				
		确认	机构数量	6				
			从事政府采购人员数量	7				
	省级财政部门颁发	审批（乙级）	机构数量	8				
			从事政府采购人员数量	9				
		确认	机构数量	10				
			从事政府采购人员数量	11				
集中采购机构	已设置数量			12				
	其中独立于财政设置			13				
采购人	合计			14				
	国家机关			15				
	事业单位			16				
	团体组织			17				
参与政府采购供应商	合计			18				
	中小企业			19				
	其他			20				

政府采购机构设置统计表

采购 15 表

金额：万元

地区	行	政府采购管理机构设置情况		集中采购机构设置情况						中介机构数量	本地区本年 GDP	本地区本年财政支出
		其中：独立设置		已设立数量					未设立数量			
				小计	独立设置	设在财政部门						
						小计	管采分设	管采一家				
		1	2	3	4	5	6	7	8	9	10	11
本地区合计	1											
省级	2											
地（市）	3											
县（区）	4											

附件 2：

2008 年度政府采购信息统计报表编制说明

一、编制范围

本套报表编制范围为各级国家行政机关、事业单位和团体组织，使用财政性资金采购纳入集中采购目录以内的或者采购限额标准以上的货物、工程、服务行为。具体范围如下：

（一）编报单位

编报单位分两类，一类为采购人，指中央和地方各级国家机关、事业单位和团体组织。一类为采购代理机构，包括集中采购机构、部门集中采购机构和政府采购代理机构。

（二）编报内容

采购人要按照本级政府颁布的 2008 年政府集中采购目录及标准，填报本单位 2008 年度通过集中采购、部门集中采购和分散采购等形式签订的政府采购合同情况。

采购代理机构填报本机构 2008 年度组织的所有政府采购项目。

二、填报要求

（一）中央各部门（各单位）应对部门本级、所属下级预算单位的报表进行审核、汇总。中央各单位填报 01 - 10 表。

（二）地方各单位应对本级、所属下级预算单位的报表进行审核、汇总，上报本级财政部门。地方各单位填报 01 - 11 表。

（三）地方各级财政部门审核、汇总辖区内所有采购人和政府采购代理机构报表，同时填报 12－15 表后上报上级财政部门。

三、单位基本信息填报方法

（一）单位名称：中央一级预算单位填列主管政府采购的司（局）全称，并加盖该司局公章。中央二级及以下预算单位、地方财政部门和地方各级预算单位填列单位的全称，并加盖单位行政公章。

（二）组织机构代码：根据各级技术监督部门核发的机关、团体、事业单位代码证书填列。

（三）单位类型：根据政府采购法在政府采购活动中肩负不同职责的单位分类，在政府采购监管部门、集中采购机构、政府采购代理机构、采购人四种类型中进行选择。

（四）单位性质：依据政府编制管理部门确定的单位性质，在国家机关、事业单位和团体组织三种类型中选择填列。

国家机关，包括国家权力机关、国家行政机关、国家审判机关、国家监察机关等。

事业单位，是指政府为实现特定目的而批准设立的事业法人。

团体组织，是指各党派及政府批准的社会团体。

（五）单位级别：按单位预算分级管理的级次选择填列。

（六）所属系统：指对各采购人按照所属行业进行的划分，与财政部门预决算行业划分一致，原则上二级及以下预算单位所属行业应当与一级预算单位一致。教育部门所属院校附属医院项目除外，此类项目如果预算经费归口卫生系统，则在社会保障口填列，如果预算经费归口教育系统，则在教科文口填列。

四、政府采购资金统计表（01 表）

本表反映单位本年度的采购规模和资金节约情况。有关指标解释如下：

（一）采购预算，是指财政部门批准采购人年度部门预算中用于采购的全部预算金额或采购人在采购活动开始前计划用于采购的金额，包括年度执行中追加的预算（01 表 1－4 列）。

预算内资金，是指财政在年初部门预算中安排的政府采购资金和年度执行中通过预算追加安排给采购人的用于政府采购的资金（01 表 2 列）。

预算外资金，是指用于政府采购的行政事业性收费、政府基金等（01 表 3 列）。

自筹资金，是指采购人用预算内和预算外资金收入（包括财政部门批准留用部分）之外其他收入安排的资金（01 表 4 列）。

（二）采购金额，是指采购人根据合同约定实际支付的成交金额，按资金来源分别填报（01 表 5－8 列）。

（三）财政直接支付，是指财政部门按照政府采购合同确定的采购金额，将采购资金直接拨付给中标供应商的资金数额，按直接支付金额填列（01 表 14 列）。

（四）节约资金，是指采购预算资金与采购金额之间的差额。包括预算内资金节支额、预算外资金节支额和自筹资金节支额。填报节约资金时，按预算资金、预算外资金和自筹资金口径分别计算（01 表 9－12 列）。

（五）资金节约率，反映政府采购活动的节支效果，等于节约资金与采购预算之比（01 表 13 列）。

（六）审核公式

1 行 =2 行 +3 行 +4 行；

1 列 =2 列 +3 列 +4 列；

5 列 =6 列 +7 列 +8 列；

9 列 =10 列 +11 列 +12 列 =1 列 −5 列；

10 列 =2 列 −6 列；

11 列 =3 列 −7 列；

12 列 =4 列 −8 列；

13 列 =9 列 ÷1 列 ×100%；

1 列≥ 5 列；

5 列≥14 列≥0。

五、政府采购组织形式及采购方式统计表（02 表）

本表反映政府采购项目所采用的组织形式和采购方式的情况，按照政府采购法，共有三类组织形式和五类采购方式。有关指标解释如下：

（一）集中采购，反映集中采购机构或政府采购代理机构组织实施政府集中采购目录中项目执行情况。该项指标统计中，凡属于省级（含省级）以上人民政府公布的集中采购目录中的项目，无论由谁组织实施，均在此列反映。如：没有设立集中采购机构的地区由政府采购代理机构负责组织的集中采购项目，在该指标中反映（02 表 2 列）。

（二）部门集中采购，指政府集中采购目录中应当实行部门采购的有特殊要求的采购项目执行情况（02 表 3 列）。

（三）分散采购，指政府集中采购目录以外、政府采购限额标准之上采购项目的执行情况（02 表 4 列）。

（四）采购方式，是指在政府采购过程中所采用的购买方式，包括公开招标、邀请招标、竞争性谈判、询价、单一来源采购五种。协议供货或者定点采购，按照确定协议或定点结果时所采用的采购方式填列（02 表 5 −10 列）。

（五）审核公式

1 行 =2 行 +3 行 +4 行；

1 列 =2 列 +3 列 +4 列 =5 列 +6 列 +7 列 +8 列 +9 列 +10 列。

六、政府采购主体分类统计表（03 表）

本表反映政府采购规模按照采购主体的性质和所属行业的分类情况。有关指标解释同单位基本信息中第（四）和第（六）条指标解释。本表审核公式如下：

1 行 =2 行 +3 行 +4 行；

1 列 =2 列 +3 列 +4 列；

1 列 =5 列 +6 列 +7 列 +8 列 +9 列 +10 列 +11 列 +12 列。

七、政府采购合同授予统计表（04 表）

本表反映不同供应商获得政府采购合同的情况。有关指标解释如下：

（一）国内，是指履行工程和服务合同的是本国供应商，或指所采购的货物为非进口产品（04 表 2 列）。

本国供应商，指在中华人民共和国境内注册的法人。

（二）进口，是指《政府采购进口产品管理办法》中规定的进口产品：通过中国海关报关验放进入中国境内且产自关境外的产品（04 表 3 列）。

（三）省内，是指供应商履约时提供的货物在省内生产或者工程和服务合同由省内注册的供应商履行（04 表 5 列）。

（四）省外，是指供应商履约时提供

的货物在省外生产或者工程和服务合同由外省注册的供应商履行（04 表 6 列）。

（五）审核公式

1 行 =2 行 +3 行 +4 行；

1 列 =2 列 +3 列；

2 列 =4 列 =5 列 +6 列。

八、政府采购重要品目统计表（05 表）

本表反映政府采购对象中的部分重要品目的采购情况。有关指标解释如下：

（一）货物，是指各种形态和各种类型的物品，包括有形或无形物品（如专利），固体、液体或气体物体，动产和不动产。其中：

（1）土地，是指因公共设施建设而购置的土地使用权（05 表 3 行 2 列）。

（2）建筑物，是指购买在建或已建成的作为商品出售的房屋（包括办公用房和宿舍用房等）（05 表 4 行 2 列）。

（3）一般设备，是指普遍使用的电器、办公自动化设备（包括计算机、复印机等）、家具、空调等类设备（05 表 5 –7行 2 列）。

（4）办公消耗用品，是指办公耗用的纸张、信封、笔类、软盘、硒鼓等。（05 表 8 行 2 列）。

（5）建筑装饰材料，是指单独购买的用于房屋修缮、装修的水泥、木材、板材、金属材料、装饰石材、石膏、建筑陶瓷、玻璃、涂料、塑料和吸声保温、铺地、贴墙及吊顶材料（05 表 9 行 2 列）。

（6）物资，指用于救灾、防汛、抗旱的抢险救助物资、农用物资和储备物资，抢险救助物资包括抢修水利设施、抢修道路、抢修电力、抢修通讯、抢救伤员、卫生防疫药品、粮食、方便食品、衣被、饮用水等；农用物资包括化肥、农药、塑料薄膜等；储备物资包括粮食、棉、糖等（05 表 10 –16 行 2 列）。

（7）专用材料，指不同行业具有专业用途的工具和耗材，包括药品及医疗耗材、兽医用品、图书资料、实验室用品及小型设备、胶片胶卷、录音录像带、测量用工具和仪器、艺术部门用品、军装制服和劳保用品等（05 表 17 行 2 列）。

（8）成品软件，指具有特定功能开发完成用于销售的各类软件，包括操作系统、数据库管理系统、中间件软件、办公软件、防病毒软件等（05 表 18 –24 行 2 列）。

（9）专用设备，是指除通用设备外的其他设备，包括网络设备、医疗设备、教学设备、实验室设备、广播电视影像设备、通信设备、发电设备、农用机械、电梯和起重机等设备（05 表 25 –31 行 2 列）。

（10）交通工具，包括载货、载人用飞机、轮船和汽车（05 表 32 –34 行 2 列）。

（二）工程，是指建设工程，包括建筑物和构筑物的新建、改建、扩建、装修、拆除、修缮等，不包括网络工程、信息工程等与土建无关的工程项目。其中，建筑物是指适合人类居住的工程项目，如公用房建设、住房建设、其他用房建设等。构筑物指非人类居住需要而建造的公共工程项目（05 表 1 –15 行 4 列）。

（三）服务，是指除货物和工程以外的采购项目。包括专业服务、技术服务、信息服务、课题研究、运输、维修、会议、培训、印刷等（05 表 16 –26 行 4 列）。

（四）审核公式

（1）货物类

1 行 2 列 =2 行 2 列 +1 行 4 列 +16 行 4 列；

2 行 2 列 =3 行 2 列 +4 行 2 列 +5 行 2 列 +8 行 2 列 +9 行 2 列 +10 行 2 列 +17 行 2 列 +18 行 2 列 +25 行 2 列 +32 行 2 列 +35 行 2 列；

5 行 2 列≥6 行 2 列 +7 行 2 列；

10 行 2 列≥11 行 2 列 +12 行 2 列 +… +16 行 2 列；

18 行 2 列≥19 行 1 列 +20 行 2 列 +… +24 行 2 列；

25 行 2 列≥26 行 2 列 +27 行 2 列 +… +31 行 2 列；

32 行 2 列≥33 行 2 列 +34 行 2 列。

（2）工程类

1 行 4 列 =2 行 4 列 +3 行 4 列 +4 行 4 列 +8 行 4 列 +9 行 4 列 +10 行 4 列 +11 行 4 列 +12 行 4 列 +13 行 4 列 +14 行 4 列 +15 行 4 列；

4 行 4 列≥5 行 4 列 +6 行 4 列 +7 行 4 列。

（3）服务类

16 行 4 列 =17 行 4 列 +18 行 4 列 +19 行 4 列 +20 行 4 列 +21 行 4 列 +22 行 4 列 +23 行 4 列 +24 行 4 列 +25 行 4 列 +26 行 4 列。

九、政府采购专项统计表（06 表 -11 表）

06 表反映政府采购计算机的品牌分布情况。本表审核公式如下：

1 行 =2 行 +3 行 +… +55 行；

1 列 =3 列 +5 列 +7 列；

07 表反映政府采购汽车种类和品牌的分布情况。本表审核公式如下：

汽车总计（数量、金额）= 轿车总计（数量、金额）+越野车总计（数量、金额）+其他乘务车（数量、金额）；

3 行 2 列 = 4 行 2 列 +5 行 2 列 +… +43 行 2 列；

3 行 3 列 = 4 行 3 列 +5 行 3 列 +… +43 行 3 列；

3 行 5 列 = 4 行 5 列 +5 行 5 列 +… +57 行 5 列；

3 行 6 列 = 4 行 6 列 +5 行 6 列 +… +57 行 6 列；

3 行 8 列 = 4 行 8 列 +5 行 8 列 +… +19 行 8 列；

3 行 9 列 = 4 行 9 列 +5 行 9 列 +… +19 行 9 列；

3 行 11 列 = 4 行 11 列 +5 行 11 列 +… +9 行 11 列；

3 行 12 列 = 4 行 12 列 +5 行 12 列 +… +9 行 12 列；

3 行 14 列 = 4 行 14 列 +5 行 14 列 +… +17 行 14 列；

3 行 15 列 = 4 行 15 列 +5 行 15 列 +… +17 行 15 列；

3 行 17 列 = 4 行 17 列 +5 行 17 列 +… +20 行 17 列；

3 行 18 列 = 4 行 18 列 +5 行 18 列 +… +20 行 18 列；

3 行 20 列 = 4 行 20 列 +5 行 20 列 +… +19 行 20 列；

3 行 21 列 = 4 行 21 列 +5 行 21 列 +… +19 行 21 列。

08 表反映政府采购节能产品的情况。节能产品指“节能产品政府采购清单”中所列产品。本表审核公式如下：

1 行 =2 行 +9 行；

2 行 =3 行 +4 行 +5 行 +6 行 +7 行 +8 行；

9 行 =10 行 +11 行；

3 列 =1 列 ÷2 列 ×100%。

09 表反映政府采购环保产品的情况。环保产品指“环保产品政府采购清单”中所列产品。本表审核公式如下：

1 行 1 列 =1 列 2 行至 20 行合计；1 行 2 列同 1 行 1 列；1 列≤2 列；3 列 =1 列 ÷2 列 ×100%；

1 行 2 列合计≤01 表 2 行 5 列（货物类合计）。

10 表反映政府采购进口产品的情况。进口产品指《政府采购进口产品管理办法》中规定的进口产品。本表审核公式如下：

1 行 1 列 =1 行 2 至 4 列合计 =1 行 5 至 10 列合计 =1 行 11 至 13 列合计；2 行 1 列、3 行 1 列、4 行 1 列同 1 行 1 列

1 行 1 列 =1 列 2 至 4 行合计；1 行 2 列、1 行 3 列……1 行 13 列同 1 行 1 列

“合计”“货物”“工程”“服务”合计数≤01 表“合计”“货物”“工程”“服务”合计数

“组织形式”和“采购方式”的细项和合计数≤02 表的“组织形式”和“采购方式”的细项和合计数

1 行 1 列 =04 表 1 行 3 列（进口产品总金额相等）；2 行 1 列 =04 表 2 行 3 列；3 行 1 列 =04 表 3 行 3 列；4 行 1 列 =04 表 4 行 3 列

11 表反映中小学免费教材、农村中小学危房改造、财政补贴农民购置机具等政府采购的情况。本表审核公式如下：

1 行 1 列 =1 列 2 至 4 行合计；1 行 2 列至 10 列同 1 行 1 列

1 行 1 列 =1 行 2 至 4 列合计 =1 行 5 至 10 列合计；2 行 1 列、3 行 1 列、4 行 1 列同 1 行 1 列

1 行 1 列≤01 表 1 行 5 列；

“组织形式”和“采购方式”的细项和合计≤02 表的“组织形式”和“采购方式”的细项和合计

十、政府采购供应商投诉处理统计表（12 表）

本表反映各级政府采购监督管理部门收到并处理供应商投诉的情况，由各级财政部门根据《政府采购供应商投诉处理办法》（财政部令第 20 号）的有关规定填报。本表审核公式如下：

1 行 =2 行 +3 行 +4 行

2 行 =5 行 =9 行 =15 行 =24 行

5 行 =6 行 +7 行 +8 行

9 行 =10 行 +11 行 +12 行 +13 行 +14 行

15 行 =16 行 +17 行 +19 行 +20 行 +21 行 +22 行 +23 行

24 行 =25 行 +26 行 +27 行

4 列 =1 列 +2 列 +3 列

十一、政府采购专家库及信息发布统计表（13 表）

本表反映省级及以上财政部门专家库建设、运用情况和政府采购信息在省级及以上财政部门指定媒体发布的情况，由省级及以上财政部门负责填报。有关指标解释如下：

（一）专家库建设，指省级财政部门建设专家库的情况，地、县级该项为零，即 1 行 2 列、1 行 3 列、2 行 2 列、2 行 3 列数据应为零。

（二）专家库使用，反映省级专家库的使用情况，包括抽取专家的项目数量、专家抽取人次和参评专家人次等指标，按照抽取专家的项目预算管理级次分为省、地、县进行统计。

（三）信息公告，反映省级及以上财政部门指定媒体政府采购信息公告情况，包括招标公告数量，中标、成交公告数量，政策公告数量和处理决定公告数量等指标，按照信息公告的项目预算管理级次分为省、地、县进行统计。同一项目同时在财政部指定媒体和省级指定媒体公布，只统计一次。

本表审核公式如下：

6 行 =7 行 +8 行 +9 行 +10 行

4 列 =1 列 +2 列 +3 列

十二、政府采购主要当事人统计表（14 表）

本表反映政府采购活动的各方当事人的机构设置和人员编制等基本情况，由各级财政部门负责填报。有关指标解释如下：

（一）财政部颁发——审批（甲级），指获得财政部颁发的《政府采购代理机构甲级资格证书》的代理机构数量。

（二）财政部颁发——确认，指获得财政部颁发的《政府采购代理机构确认资格证书》的代理机构数量。

（三）省级财政部门颁发——审批（乙级），指获得省级财政部门颁发的《政府采购代理机构乙级资格证书》的代理机构数量。

（四）省级财政部门颁发——确认，指获得省级财政部门颁发的《政府采购代理机构确认资格证书》的代理机构数量。

（五）集中采购机构，是指按《政府采购法》中规定，设区的市、自治州以上人民政府专门为执行本级政府集中采购目录项目而设立的集中采购代理机构。

（六）中小企业，指满足下表任意行业条件的企业：

中小企业标准暂行规定

行业	职工人数	销售额（万元）	资产总额（万元）
工业	<2 000	<30 000	<40 000
建筑业	<3 000	<30 000	<40 000
批发业	<200	<30 000	
零售业	<500	<15 000	
交通运输业	<3 000	<30 000	
邮政业	<1 000	<30 000	
住宿和餐饮业	<800	<15 000	

（七）审核公式

4 列 =1 列 +2 列 +3 列

3 行 =4 行 +6 行 +8 行 +10 行

14 行 =15 行 +16 行 +17 行

18 行 =19 行 +20 行

十三、表间关系

单元格中的数字表示“行，列”，如：下表 1，5 表示：1 行 5 列；“（=）”表示对应“等于”的关系。

列	表一	（=）表二	（=）表三	（=）表四	（=）表五	（≥）表八
采购总金额	1，5	1，1	1，1	1，1	1，1	1，2
货物	2，5	2，1	2，1	2，1	2，1	
工程	3，5	3，1	3，1	3，1	1，2	
服务	4，5	4，1	4，1	4，1	16，2	

05 表 6 行 2 列≥06 表（计算机）1 行 1 列

05 表 32 行 2 列≥07 表（汽车）1 行汽车金额总计

（二）地方2008年政府集中采购目录

关于印发北京市2008年政府采购集中采购目录及标准的通知

（2007年7月10日　北京市财政局京财采购［2007］1486号发布）

市属各单位，各区县财政局，北京市政府采购中心：

《北京市2008年政府采购集中采购目录及标准》（以下简称《目录及标准》）已经市政府同意，现印发给你们，并就有关事项通知如下，请遵照执行：

一、市属各预算单位要以此作为编制2008年政府采购预算的依据。根据《中华人民共和国政府采购法》规定，各级国家机关、事业单位和团体组织，使用财政性资金采购集中采购目录以内的或者采购限额标准以上的货物、工程和服务的行为，必须实行政府采购。

二、各区县可结合本区县实际情况，对《目录及标准》作如下调整：适当增加集中采购目录中的品目；适当降低政府采购限额标准和集中采购目录中的附加限额标准。如需调整的区县，请将调整后的目录以书面形式上报市财政局，由市财政局统一公布。

附件：北京市2008年政府采购集中采购目录及标准

北京市2008年政府采购集中采购目录及标准

根据《中华人民共和国政府采购法》和《国务院办公厅关于印发中央预算单位2007～2008年政府集中采购目录及标准的通知》（国办发［2007］30号）精神，结合北京市具体情况，现制定北京市2008年政府采购集中采购目录及标准：

一、集中采购目录

目　　录	备　　注	采购类型
（一）通用类政府采购项目		
1. 货物类		
摄影、摄像设备	指数码照相机、数码摄像机、胶片单反照相机（含镜头）及零配件	单项或批量小于100万元为协议采购，100万元以上（含100万元）为项目采购
空气调节设备	指分体壁挂式、分体柜式、天花板嵌入式（吸顶式）、分体风管机（天井式）	
计算机	指台式机、笔记本及显示器等零配件	
打印机	指喷墨、激光、针式、多功能一体机	
传真机		
复印机	含速印机	
投影仪		
投影幕		
扫描仪	不含专用大幅扫描仪	
刻录机	指内置、外置	
UPS电源	指后备式	
移动存储设备	指U盘、移动硬盘、数码照相机伴侣、录音笔	
碎纸机		
服务器	含零配件	

续表

目　　录	备　　注	采 购 类 型
网络交换机		单项或批量小于 100 万元为协议采购，100 万元以上（含 100 万元）为项目采购
路由器		
电视机		
复印纸		
家具	指单项或批量达到 30 万元以上（含 30 万元）	项目采购
电梯和起重机		
锅炉		
轿车		车辆采购
越野汽车（吉普车）		
旅行车		
大客车		
摩托车		
其他汽车	指皮卡、箱式货车、救护车、清障车、囚车	
2. 服务类		
车辆保险		车辆三费
车辆加油		
车辆维修		
会议		定点采购
（二）专用类政府采购项目		
1. 货物类	指单项或批量达到 30 万元以上（含 30 万元）	
救灾物资		项目采购
防汛、抗旱物资		
农用物资		
储备物资		
医疗设备、器械		
交通管理监控设备		
农用机械设备		
警用设备和用品		
专用教学设备		
广播电视设备		
体育设备	不含专业运动队设备	
专用汽车		
软件		

续表

目　　录	备　　注	采购类型
信息安全产品	指防火墙、入侵检测、VPN（商密）、漏洞扫描、网页防篡改系统、网络安全审计、安全集成管理平台、反垃圾邮件产品、安全隔离与信息交换系统产品、主机安全管理系统产品	协议采购
2. 服务类		
印刷	指证照类；发票、票据类；报表类；书刊、培训类；宣传用品类；其他类	单项或批量小于100万元为定点采购（发票、票据类除外），100万元以上（含100万元）为项目采购
互联网接入费		定点采购
物业管理	指单项或批量达到30万元以上（含30万元）	项目采购
会计师事务所服务		
3. 工程类	指单项或批量达到100万元以上（含100万元）	
修缮、装饰工程		项目采购
市政建设工程		
环保、绿化工程		
水利、防洪工程		
交通运输工程		

二、政府采购限额标准

集中采购目录以外项目执行如下限额标准：

（一）货物类：单项或批量达到50万元以上（含50万元）。

（二）服务类：单项或批量达到50万元以上（含50万元）。

（三）工程类：单项或批量达到100万元以上（含100万元）。

三、政府采购公开招标数额标准

（一）货物或服务类：单项或批量采购金额一次达到100万元以上（含100万元）。

（二）工程类：按照北京市有关规定执行。

天津市2008年政府集中采购目录和采购限额标准

（2007年12月17日天津市财政局津财采［2007］24号发布）

一、政府集中采购目录

（一）货物类

1. 办公设备：计算机、打印机、传真机、复印机、速印机、碎纸机、多功能一体机、投影仪、扫描仪、刻录机、照相摄像器材；（协议供货）

2. 移动存储设备：U盘、移动硬盘、数码伴侣、录音笔；（协议供货）

3. 网络设备：服务器、路由器、交换机、硬件防火墙、UPS；（协议供货）

4. 电器设备：空调机、电视机、电冰箱、冰柜、微波炉、饮水机；（协议供货）

5. 家具；（定点采购）

6. 正版软件；（协议供货）

7. 办公消耗用品：纸张、硒鼓、碳粉；（协议供货）

8. 电梯（含安装）；

9. 锅炉；

10. 空气调节设备：中央空调机组（含安装）；

11. 专用材料：公务制服、图书资料；（批量金额5万元以上）；

12. 专用设备：印刷设备、照排设备、计划生育设备、医疗设备及器械、交通管理设备、监控设备、警用设备和用品、道路清扫设备、档案保密设备、消防设备、广播电视影像设备、炊事设备、教学设备、实验室设备、灯光、音响设备；（单价金额5万元以上或单价金额低于5万元但批量金额在10万元以上）；

13. 交通工具：轿车、面包车、大客车、越野汽车；

14. 专用车：警车、救护车、消防专用车、通讯和广播用车、洒水车、道路清扫车、垃圾车；

15. 物资：救灾物资、防汛物资、抗旱物资、农用物资、燃料。

（二）工程类

1. 现有房屋的装修、修缮；（采购预算10万元以上）

2. 系统集成、网络工程。（采购预算10万元以上）

（三）服务类

1. 印刷；（定点采购）

2. 装修、修缮工程的设计监理、信息化监理；（定点采购）

3. 车辆保险、车辆加油、车辆维修；（定点采购）

4. 物业管理；（年服务费3万元以上）

5. 信息管理系统开发及维护；

6. 出国机票；（定点采购）

7. 出差和会议。（定点采购）

二、政府采购限额标准

（一）货物类

单价金额在10万元以上或者单价金额低于10万元，但批量金额在20万元以上的货物。

（二）工程类

采购预算在20万元以上的工程。

（三）服务类

单项金额在5万元以上或者单项金额低于5万元但批量金额在10万元以上的服务。

三、政府采购公开招标数额标准

采购人采购政府集中采购目录以内或者采购限额标准以上的项目，凡达到公开招标数额标准的，应当采用公开招标方式实施政府采购。公开招标具体数额标准为：50万元以上的单项或者批量货物；30万元以上的单项或者批量服务；工程公开招标数额标准依据建设行政主管部门管理规定执行，即建设工程建筑面积在1 000平方米以上或者施工单项合同估算价在50万元以上的。

四、有关要求

（一）政府集中采购目录以内采购预算在最低金额以下的，可由采购人自行采购；采购预算在最低金额以上的，由采购人委托集中采购代理机构进行采购。未设定单价和批量最低金额的项目，不论金额大小，全部由采购人委托集中采购代理机构进行采购。

（二）政府集中采购目录以外，政府采购限额标准以下的项目，可由采购人自行采购；政府集中采购目录以外，政府采购限额标准以上的项目，采购人应当委托集中采购机构或者经省级以上人民政府财政部门认定政府采购代理资格的机构代理采购。

（三）执行协议供货或定点采购的项目按照有关办法操作执行。

（四）市教委系统部门集中采购依照《关于市教委教学仪器设备供应中心开展部门集中采购代理工作有关问题的通知》（津财采［2007］14号）操作执行。

（五）对达到公开招标数额标准的采购项目，因特殊情况需要采用公开招标以外采购方式的，采购人应在采购活动开始前获得同级财政部门的批准。

（六）对按规定应委托采购代理机构实施的采购项目，因特殊原因需要自行采购的，采购人应在采购活动开始前获得同级财政部门批准。

（七）政府采购工程进行招标投标的，适用招标投标法。

（八）政府采购项目中进口机电产品进行招标投标的，按照国家有关规定执行。

（九）政府采购协议供货和定点采购的项目由同级财政部门统一确定，其采购文件应当经财政部门核准，且采购结果由同级财政部门通知预算单位执行。具体采购工作由集中采购机构组织实施。

（十）各区县政府采购限额标准和公开招标数额标准，可根据本目录所定标准适当向下浮动，并报市财政部门备案。

五、有关说明

（一）以上目录如因政策性调整需要增减，应经市人民政府批准方可进行。

（二）上述限额标准均包括所列数额。

（三）上述“批量金额”指单次采购同类货物、工程、服务所支出的合计金额。

（四）上述“单价金额”和“批量金额”均为预算金额。

河北省财政厅关于印发河北省 2008 年集中采购目录及政府采购限额标准的通知

（2007 年 7 月 13 日　河北省财政厅冀财采［2007］20 号发布）

各设区市人民政府，省直各部门：

为了明确省级及省以下国家机关、事业单位和团体组织实施政府采购的范围和标准，进一步加强政府采购的管理，根据《中华人民共和国政府采购法》有关规定，我们制定了《河北省 2008 年集中采购目录及政府采购限额标准》（以下简称《目录》），已经省政府同意，现印发给你们，并就有关事宜通知如下，请遵照执行。

一、省级及省以下各级国家机关、事业单位和团体组织（以下统称采购人）使用财政性资金采购依法制定的集中采购目录以内的或者政府采购限额标准以上的货物、工程和服务的行为，均属于政府采购范围，必须执行政府采购制度。

二、政府采购项目的管理

（一）纳入集中采购目录以内的政府采购项目的实施。

采购人采购纳入集中采购目录，属于“政府集中采购部分”的项目，应当委托集中采购机构代理采购；采购人采购纳入集中采购目录，属于“部门集中采购部分”的项目，应当委托省级以上人民政府财政部门认定的政府采购代理机构代理采购或具有相应资质的集中采购机构代理采购。

纳入集中采购目录的省本级政府采购项目，采购单位有特殊要求并提供相关依据和说明的，经省政府或省财政厅批准后，可以自行采购；纳入集中采购目录的市、县政府采购项目，采购单位有特殊要求并提供相关依据和说明的，经设区市政府批准后，可以自行采购。

采购人采购纳入集中采购目录属于协议供货类别的项目，实行协议供货，按照政府采购监督管理部门印发的有关协议供货办法执行。

采购人采购纳入集中采购目录以内达到采购限额标准以上的公共工程、室内外装修（饰）以及公共工程的货物项目，按照《中华人民共和国政府采购法》、《中华人民共和国招标投标法》、《河北省实施〈中华人民共和国招标投标法〉办法》进行管理的，由采购人经同级政府采购监督管理部门审核后，委托省级以上人民政府财政部门认定的政府采购代理机构代理采购。

采购人采购集中采购目录以内或者政府采购限额标准以上的货物，纳入《国家商务部进出口机电产品目录》的进口机电产品，按照有关规定执行。

（二）未纳入集中采购目录的政府采购项目的实施。

采购人采购未纳入集中采购目录的政府采购项目，一次或批量采购达到政府采购限额标准的，实行分散采购，由采购人经同级政府采购监督管理部门审核后，委托省级以上人民政府财政部门认定的政府采购代理机构代理采购或具有相应资质的集中采购机构代理采购。

采购人采购未纳入集中采购目录的政府采购项目，一次或批量采购在政府采购限额标准以下的，可以自行采购，也可以委托集中采购机构在委托的范围内代理采购。

三、政府采购限额标准。采购人采购未纳入集中采购目录的政府采购项目，一次或批量采购达到50万元以上的，由采购人经同级政府采购监督管理部门审核后，委托省级以上人民政府财政部门认定的政府采购代理机构代理采购或具有相应资质的集中采购机构代理采购。

四、公开招标数额标准。货物项目：单项或者批量采购金额50万元以上的。服务项目：单项或批量金额30万元以上的。纳入政府采购的公共工程项目：施工单项合同估算价50万元以上的。

五、各设区市人民政府可结合本地实际，对《目录》中的政府集中采购部分（包括项目及采购限额标准）、部门集中采购部分（包括项目及采购限额标准）、政府采购限额标准以及公开招标数额标准提出适当调整意见，报经省财政厅审定后执行。对《目录》进行调整应当遵循以下原则：

（一）根据需要，《目录》中的政府集中采购部分和部门集中采购部分可进行合并，也可将部门集中采购部分中的部分品目调整至政府集中采购部分。《目录》范围可适当补充，原则上不得删减。

（二）《目录》中有关品目的采购限额标准、公开招标数额标准可根据当地政府采购规模情况和管理需要适当向下调整。

（三）根据需要，可对《目录》中所列的协议供货品目范围、定点采购品目范围进行调整。

六、《中国财经报》、《中国政府采购》、《公共支出与采购》、中国政府采购网（www.ccgp.gov.cn）及河北省政府采购网（www.hebgp.gov.cn）为本省指定的政府采购信息的公布媒体。

七、《目录》发布后，因特殊情况需要修改、补充的，由省人民政府或省财政厅另行公布。

八、本《目录》及有关标准由省财政厅负责解释。

河北省2008年集中采购目录及采购限额标准

一、政府集中采购部分

序号	目录名称	采购限额标准	备注
A	货物类		
A03	一般设备		
A0301	电器设备		
A030101	电视机	协议供货	
A030102	电冰箱	协议供货	包括冰柜
A030103	洗衣机	协议供货	
A030104	吸尘器	协议供货	
A030105	摄影、摄像器材	协议供货	包括照相机、摄像机、摄录一体机、数码一体机
A030106	空气调节设备	协议供货	
A030199	其他电器设备	协议供货	包括 VCD、DVD、音像
A0302	办公自动化设备		商用台式微机、笔记本电脑、激光打印机、针式打印机、制版印刷一体化速印机、喷墨打印机、桌面多功能一体机、复印机、扫描仪、传真机实行协议供货
A030201	计算机		包括小型机、微机、数据工作站、显示终端设备、刻录机
A030202	打印机		
A030203	电话机	批量采购金额在5万元以上（含5万元）	
A030204	传真机		
A030205	复印机		
A030206	速印机		
A030207	碎纸机	批量采购金额在5万元以上（含5万元）	
A030208	投影仪		
A030209	扫描仪		
A030210	视频展示台		
A030298	办公自动化设备零部件	协议供货	

续表

序 号	目 录 名 称	采购限额标准	备 注
A030299	其他办公自动化设备	单价在0.5万元以上（含0.5万元），或批量采购金额在5万元以上（含5万元）	
A0303	家具		
A030301	办公家具	批量采购金额在20万元（含20万元）	
A030302	学生桌椅、床铺、橱柜	同上	
A04	办公消耗用品		
A0401	纸张	定点采购	
A0402	信封	定点采购	
A0410	笔墨	定点采购	
A0411	资料夹	定点采购	
A0412	计算器	定点采购	
A0413	电脑打印耗材	定点采购	包括UPS、硒鼓、墨粉
A0499	其他消耗用品	定点采购	
A05	建筑、装饰材料	单项合同估算价在50万元以上（含50万元）	不包括木板、木线
A06	物资	批量采购金额在20万元（含20万元）	
A0606	燃料		冬季取暖用煤
A07	专用材料		
A0704	实验室用品	单价5万元以上（含）或批量采购20万元以上（含）	
A0706	工具和仪器（指仪表、乐器等）	单价5万元以上（含）或批量采购20万元以上（含）	
A0708	制服及劳保用品	批量采购金额在20万元以上（含）	包括大中专院校统一为学生代购床上、生活用品和学生公寓内的各种货物
A10	专用设备		
A1001	通信设备		
A100102	电话通信设备		
A1004	网络设备		
A100401	服务器		包括不间断电源
A100402	路由器		

续表

序号	目录名称	采购限额标准	备注
A100403	交换机		
A100404	调制解调器		
A100499	其他网络设备		
A1011	工程机械		
A1012	园艺机械		
A1014	道路清扫设备		
A1018	档案、保密设备	单价0.5万元以上（含）或批量采购2万元以上（含）	
A1020	实验室设备	单价5万元以上（含）或批量采购20万元以上（含）	
A1022	灯光、音响设备	同上	
A1027	电梯和起重机		
A1028	炊事设备	单价5万元以上（含）或批量采购金额20万元以上（含）	
A1029	锅炉及除尘设备		
A1030	殡仪火化设备		
A11	交通工具		
A1101	汽车		
A110101	轿车		
A11010101	普通轿车		
A11010102	高级轿车		
A110102	越野汽车（吉普车）		
A110103	卡车		
A110104	载客汽车		
A11010402	旅行面包车		
A11010403	公共汽车		
A11010404	微型客车		
A11010499	其他载客汽车		
A110105	专用汽车		
A11010501	工程汽车		
A11010502	工具汽车		
A11010503	消防车		

续表

序　号	目　录　名　称	采购限额标准	备　　注
A11010504	警车		
A11010506	通讯和广播用车		
A11010507	皮卡		
A11010508	洒水车		
A11010509	道路清扫车		
A11010510	垃圾车		
A11010511	殡仪车		
A11010599	其他专用汽车		
A110106	摩托车		
A110107	电车		
A1199	其他交通工具		
B	**工　程　类**		
B10	系统集成、网络工程	单项金额达到20万元以上（含）	
C	**服　务　类**		
C01	印刷、出版	定点采购	省级30万元以上（含）公开招投标，市级以下标准由同级财政部门制定
C03	信息技术、信息管理软件开发设计	单项金额达到30万元以上（含）	包括办公、教学、科研、医疗等系统软件的开发、设计、安装
C04	维修		
C0401	一般设备		
C0402	专用设备		
C0499	其他维修		
C0703	交通工具的维护保障		
C070301	车辆保险	定点采购	
C070302	车辆加油	定点采购	
C070303	车辆维修	定点采购	
C08	会议	定点采购	
C0801	大型会议	定点采购	包括党代会、人代会、政协会等大型会议
C0802	一般会议	定点采购	包括各种研讨会、表彰会及专业会议等

续表

序　号	目　录　名　称	采购限额标准	备　　注
C09	卫生保洁		
C0901	办公环境保洁	合同金额达到 30 万元以上（含）	

二、部门集中采购部分

序　号	目　录　名　称	采购限额标准	备　　注
A	货　物　类		
A06	物资		
A0601	救灾物资		
A0602	防汛物资		
A0603	抗旱物资		
A0604	农用物资		
A0605	储备物资		包括财政拨款购买的粮食
A10	专用设备		
A100405	网络专用设备		
A1006	医疗设备和器械	单价 5 万元以上（含）或批量采购 20 万元以上（含）	
A1007	计划生育设备	单价 5 万元以上（含）或批量采购 20 万元以上（含）	
A1008	交通管理监控设备		
A1009	港口设备		
A1010	农用机械设备		
A1013	消防设备		
A1015	警察设备和用品	单价在 0.5 万元以上（含），或批量采购金额在 2 万元以上（含）	
A1019	专用教学设备	单价 5 万元以上（含）或批量采购金额 20 万元以上（含）	
A1021	广播电视和影像设备	单价 5 万元以上（含）或批量采购金额 20 万元以上（含）	

续表

序　号	目　录　名　称	采购限额标准	备　　注
A1024	体育设备	单价在 0.5 万元以上（含），或批量采购金额在 2 万元以上（含）	
A1031	气象专用仪器设备		
A1032	人工影响天气作业设备		
A1033	航测设备		
A1034	海关专用物资装备		
A1035	税务专用物资装备		
A1036	检察诉讼设备		
A1037	法庭内部装备		
A11	交通工具		
A11010505	救护车		
A110201	救助船舶和直升机		
A110202	港务监督巡逻艇		
A110203	缉私船		
B	工　程　类	施工单项合同估算价在 50 万元以上（含）的项目、单项合同估算价在 20 万元以上的重要设备、材料等货物	使用财政性资金以及与财政性资金配套的各类建筑物和构筑物的新建、改建、扩建、装修、拆除、修缮等工程，上述工程的货物、主要建筑材料
B01	建筑物		
B0101	公用房建设		
B0102	住宅建设		
B0103	其他用房建设		
B0104	文教、卫生、音乐、体育等公益设施建设		
B0105	纪念性建筑设施建设		
B0199	其他建筑设施建设		
B02	市政建设工程		
B0201	市政道路建设		
B0202	市政公用设施建设		
B0203	自来水输水工程		

续表

序　号	目　录　名　称	采购限额标准	备　　注
B0204	集中供暖、供热供气工程		
B0205	城市道路隔离带		
B03	环保、绿化工程		
B0301	污水处理		
B0302	市政垃圾处理		
B0303	园林绿化工程		
B0304	荒山绿化		
B0305	天然林保护		
B0306	防沙工程		
B04	水利、防洪工程		
B0401	河道疏浚工程		
B0402	大坝、水库、闸门、泻洪工程		
B0403	农田水利工程		
B0404	江河、湖泊治理工程		
B05	交通运输工程		
B0501	机场、航空工程		
B0502	港口工程		
B0503	铁路工程		
B0504	公路、桥梁、涵洞		
B0505	各种公路标志、标杆、标线		
B09	修缮、装饰工程		
B99	其他各类工程		
C	服　务　类		
C02	专业咨询、工程监理、工程设计、勘察	单项合同估算价达到30万元以上（含）	
C0403	建筑物维修	单项合同估算价达到30万元以上（含）	

辽宁省人民政府办公厅关于印发辽宁省政府采购集中采购目录及相关限额标准的通知

（辽宁省财政厅辽政办发［2007］41号发布）

各市人民政府，省政府各厅委、各直属机构：

为进一步推进政府采购制度改革，完善政府采购“管采分离”的新管理体制与运行机制，根据《中华人民共和国政府采购法》（以下简称《政府采购法》）的有关规定，经省政府同意，现将《辽宁省政府采购集中采购目录及相关限额标准》印发给你们，请认真贯彻执行。

一、各级国家机关、事业单位和团体组织（以下统称采购单位）使用财政性资金购买列入政府采购集中采购目录或金额超过集中采购限额标准的货物、工程和服务，均属于政府采购集中采购范围，必须按照《政府采购法》确定的采购方式和采购程序进行。

二、采购单位购买列入政府采购集中采购目录或虽未纳入集中采购目录但项目预算超过集中采购限额标准的货物、工程和服务，按照《政府采购法》和此次颁布的《辽宁省政府采购集中采购目录及相关限额标准》有关规定，分别采取政府集中采购和部门集中采购的组织形式进行。其中，政府集中采购由依法设立的政府集中采购机构组织实施，部门集中采购由采购单位或其行政主管部门自行组织实施，也可以委托政府集中采购机构或者经认定资格的招标代理机构组织实施。

三、采购单位必须依法委托政府集中采购机构组织采购的项目范围包括：

1. 纳入集中采购目录以内的协议供货和定点采购项目；

2. 纳入集中采购目录以内且项目预算在政府集中采购资金限额以上（含本数）的采购项目。

四、采购单位可按照部门集中采购组织形式实施的项目范围包括：

1. 纳入集中采购目录以内且项目预算在政府集中采购资金限额以下的采购项目；

2. 纳入集中采购目录以内但项目要求特殊的药品及医疗耗材、兽医用品、医疗设备及器械等货物类采购；

3. 未纳入集中采购目录但项目预算超过集中采购限额标准的采购项目。集中采购限额标准具体包括：

（1）货物类。单位价值在1万元（含1万元）以上或者单位价值低于1万元，但批量购买并且当年累计价值在5万元以上的。

（2）工程类。项目预算在10万元（含10万元）以上或者工程建筑面积在100平方米以上的新建、扩建、翻建工程。

（3）服务类。项目预算在5万元

（含5万元）以上的。

五、属于政府采购集中采购范围，货物和服务类单项或者批量采购金额一次性达到100万元（含100万元）以上，必须采用公开招标方式；工程类项目规模标准达到《辽宁省招标投标管理办法》（省政府令第160号）第12条规定的，适用《招标投标法》。

六、采购单位要进一步加强部门集中采购管理，严格按照同级财政部门规定的部门集中采购工作程序和有关要求组织实施。采购单位不得采取化整为零、拆分项目等方式将应当委托政府集中采购机构组织实施的采购项目，自行组织实施或委托采购代理机构实施。违者，一经查出，将按照有关规定严肃处理。

七、各市可结合本地区经济发展状况和采购需求情况，对省制定的集中采购目录及各项限额标准进行适当补充和调整。其中，对于集中采购目录，可在此目录基础上进行适当补充；对于各项限额标准，可在此标准以下进行适当调整。各市集中采购目录和限额标准制定发布后，应报送省财政厅备案。

八、此次确定的政府采购集中采购目录和各项限额标准作为2007年度政府采购预算执行及今后年度编制政府采购预算的依据。采购单位和政府集中采购机构要认真落实好各项规定，依法实施政府采购活动，切实提高政府采购资金使用效益和采购活动的效率及质量。各级财政部门要会同纪检监察、审计等部门采取有力措施，加强对规避政府采购管理行为的监督检查，切实维护法律和政策的严肃性。

附件

辽宁省政府采购集中采购目录及相关限额标准

序　号	品 目 名 称	政府集中采购资金限额标准
A	货　物　类	
A01	土地	单位价值在20万元以上
A02	建筑物	单位价值在20万元以上
A0201	办公用房	
A0202	宿舍用房	
A03	一般设备	
A0301	电器设备	
A030101	电视机	单位价值在5万元以上或者批量价值在20万元以上
A030102	电冰箱、电冰柜	单位价值在5万元以上或者批量价值在20万元以上
A030103	洗衣机	单位价值在5万元以上或者批量价值在20万元以上
A030101	吸尘器	批量价值在20万元以上
A030105	摄影、摄像器材	协议供货
A030106	空气调节器	协议供货

续表

序　号	品 目 名 称	政府集中采购资金限额标准
A0302	办公自动化设备	
A030201	计算机	协议供货
A030202	打印机	协议供货
A030203	电话机、程控交换机	单位价值在5万元以上或者批量价值在20万元以上
A030204	传真机	协议供货
A030205	复印机	协议供货
A030206	速印机	协议供货
A030207	碎纸机	协议供货
A030208	投影仪	协议供货
A030209	扫描仪	协议供货
A0303	家具	单位价值在5万元以上或者批量价值在20万元以上。如实行协议供货，按协议供货办法执行
A04	办公消耗用品	批量价值在20万元以上
A0401	纸张	
A0402	信封	
A0403	档案夹	
A0404	软盘	
A0405	光盘	
A0406	硒鼓	
A0407	墨盒、碳粉	
A0408	U盘	
A05	建筑、装饰材料	批量价值在20万元以上
A06	物资	单位价值在5万元以上或者批量价值在20万元以上
A0601	救灾储备物资	
A0602	防汛储备物资	
A0603	抗旱储备物资	
A0604	农用物资	
A0606	燃料（取暖用煤、用油）	
A07	专用材料	
A0701	药品及医疗耗材	
A0702	兽医用品	
A0703	图书资料	单位价值在5万元以上或者批量价值在20万元以上
A070301	图书	
A070302	教科书	

续表

序　号	品 目 名 称	政府集中采购资金限额标准
A0704	实验室用品及小型设备	单位价值在5万元以上或者批量价值在20万元以上
A0705	胶片胶卷、录音录像带	批量价值在20万元以上
A0706	工具和仪器	单位价值在5万元以上或者批量价值在20万元以上
A0707	艺术部门用材料和用品	单位价值在5万元以上或者批量价值在20万元以上
A0708	军装、制服及劳保用品	批量价值在20万元以上
A10	专用设备	
A1001	通信设备	单位价值在5万元以上或者批量价值在20万元以上
A1002	印刷设备	单位价值在5万元以上或者批量价值在20万元以上
A1003	照排设备	单位价值在5万元以上或者批量价值在20万元以上
A1004	网络设备	
A100401	服务器	协议供货
A100402	路由器	协议供货
A100403	交换机	协议供货
A100404	调制解调器	单位价值在5万元以上或者批量价值在20万元以上
A1005	发电设备	单位价值在5万元以上或者批量价值在20万元以上
A1006	医疗设备、器械	
A1007	计划生育设备	单位价值在5万元以上或者批量价值在20万元以上
A1008	交通管理监控设备	单位价值在5万元以上或者批量价值在20万元以上
A1009	农用机械设备	单位价值在5万元以上或者批量价值在20万元以上
A1011	工程机械	单位价值在5万元以上或者批量价值在20万元以上
A1012	园艺机械	单位价值在5万元以上或者批量价值在20万元以上
A1013	消防设备	单位价值在5万元以上或者批量价值在20万元以上
A1014	道路清扫设备	单位价值在5万元以上或者批量价值在20万元以上
A1015	警用设备和用品	单位价值在5万元以上或者批量价值在20万元以上
A1016	保安设备	单位价值在5万元以上或者批量价值在20万元以上
A1018	档案、保密设备	单位价值在5万元以上或者批量价值在20万元以上
A1019	教学设备	单位价值在5万元以上或者批量价值在20万元以上
A1020	实验室设备	单位价值在5万元以上或者批量价值在20万元以上
A1021	广播电视、影像设备	单位价值在5万元以上或者批量价值在20万元以上
A1022	灯光、音响设备	单位价值在5万元以上或者批量价值在20万元以上
A1023	文艺设备	单位价值在5万元以上或者批量价值在20万元以上
A1024	体育设备	单位价值在5万元以上或者批量价值在20万元以上

续表

序　号	品 目 名 称	政府集中采购资金限额标准
A1025	地震设备	单位价值在5万元以上或者批量价值在20万元以上
A1026	殡仪火化设备	单位价值在5万元以上或者批量价值在20万元以上
A1027	电梯	单位价值在5万元以上或者批量价值在20万元以上
A1028	炊事设备	单位价值在5万元以上或者批量价值在20万元以上
A1029	锅炉	单位价值在5万元以上或者批量价值在20万元以上
A11	交通工具	
A1101	汽车	
A110101	轿车	协议供货
A110102	越野汽车	协议供货
A110104	载客汽车	协议供货
A110105	专用汽车	
A11010501	工程汽车	协议供货
A11010502	工具用车	协议供货
A11010503	消防车	协议供货
A11010504	警车	协议供货
A11010505	救护车	协议供货
A11010506	通讯和广播用车	协议供货
A11010507	皮卡	协议供货
A11010508	洒水车	协议供货
A11010509	道路清扫车	协议供货
A110105010	垃圾车	协议供货
A110106	摩托车	单位价值在5万元以上或者批量价值在20万元以上
A1102	船只	单位价值在5万元以上或者批量价值在20万元以上
A1103	飞机	单位价值在5万元以上
A12	正版软件	单位价值在5万元以上或者批量价值在20万元以上
A99	自主创新产品目录产品	单位价值在5万元以上或者批量价值在20万元以上

续表

序　号	品 目 名 称	政府集中采购资金限额标准
B	工　程　类	**项目预算金额达到 30 万元以上**
B01	建筑物	
B0101	公用房建设	
B0102	住房建设	
B0103	其他用房建设	
B0104	文教、卫生、音乐、体育等公益设施建设	
B0105	纪念性建筑设施建设	
B02	市政建设工程	
B0201	市政道路建设	
B0202	市政公用设施建设	
B03	环保、园林绿化	
B0301	污水处理	
B0302	市政垃圾处理	
B0303	园林绿化工程	
B0304	荒山绿化	
B0305	天然林保护	
B0306	防沙工程	
B09	修缮、装饰工程	
B10	系统集成、网络工程	
C	服　务　类	**单次采购在 5 万元以上或者年度累计采购金额在 20 万元以上。如实行定点采购，按定点采购办法执行**
C01	印刷、出版	
C02	专业咨询、工程监理、工程设计	
C03	信息技术、信息管理软件的开发设计	
C04	维修	
C0402	专用设备	
C0403	建筑物	

续表

序　号	品 目 名 称	政府集中采购资金限额标准
C05	租赁	
C06	交通工具的维护保障	
C0601	车辆保险	
C0602	车辆加油	
C0602	车辆维修	
C07	金融服务	
C08	会议	
C09	培训	
C10	因公出差住宿定点宾馆	
C11	物业管理	
C99	其他服务	

吉林省人民政府办公厅关于印发2008年吉林省政府集中采购目录政府采购限额标准和公开招标数额标准的通知

（2008年2月29日　吉林省财政厅　吉政办函［2008］24号发布）

各市（州）人民政府，长白山管委会，各县（市、区）人民政府，省政府各厅委、各直属机构：

按照《中华人民共和国政府采购法》的有关规定，为做好2008年全省政府采购工作，经省政府同意，现将《2008年吉林省政府集中采购目录》（以下简称《目录》）、《政府采购限额标准和公开招标数额标准》印发给你们，并提出以下要求，请一并遵照执行。

一、《目录》中确定的政府采购项目和政府采购限额标准及公开招标数额标准，指省本级政府采购执行的采购项目和标准，各地可结合本地实际情况适当增减变更。各地制定的政府集中采购目录、政府采购限额标准和公开招标数额标准须报省级政府监督管理部门审查备案。

二、《目录》中的门槛价指所列项目一次性的采购额度，是划分政府集中采购和分散采购的标准。采购单位不得为规避政府采购而将同一采购项目化整为零进行采购。

三、政府采购采取集中采购和分散采购相结合的方式进行。

（一）集中采购包括政府集中采购、部门集中采购、协议供货采购和定点采购等形式。全省县级以上各级国家机关、事业单位、社会团体（以下简称采购单位）使用财政性资金和自有资金购买政府集中采购目录中的政府采购项目，必须委托集中采购机构代理采购。工程类以及符合部门集中采购的项目，在政府采购监督管理部门批准和监督下，原则上委托政府采购代理机构代理采购。省本级对 20 万元以下的计算机等办公自动化设备实行协议供货采购，其中，协议供货办公自动化设备，采购单位原则上 1 年内采购金额不得超过 20 万元。车辆保险、车辆维修、印刷、办公用纸张及公务出国国际机票实行定点采购。

（二）没有列入政府集中采购目录，但达到政府采购限额标准的政府采购项目实行分散采购。

（三）《目录》中门槛价以下或未纳入《目录》的、政府采购限额标准以下的采购项目，由采购单位自行组织采购。

（四）采购单位有特殊要求的集中采购项目，经同级政府授权的政府采购监督管理部门批准，可以自行采购。

四、各地要认真贯彻执行国家关于政府采购等相关政策，大力推行政府采购制度，全面规范地开展政府采购工作。充分发挥政府采购政策功能，要严格执行国家关于节能产品、环境标志产品、自主创新产品和无线局域网认证产品的采购政策，强制、优先购买国货；要认真编制政府采购预算和政府采购计划；要加强政府采购资金的监管，实行采购资金直接支付管理办法。

五、各采购单位应严格执行政府采购制度的有关规定，执行情况将作为财政监督、审计检查和行政监察的重要内容。有关职能部门应加强监督检查工作，对违反政府采购制度的行为，依据《中华人民共和国政府采购法》及相关规定严肃处理。

附件：1. 2008 年吉林省政府集中采购目录

2. 政府采购限额标准和公开招标数额标准

附件 1

2008 年吉林省政府集中采购目录

单位：万元

目录编号及项目名称	门槛价	目录编号及项目名称	门槛价	目录编号及项目名称	门槛价	目录编号及项目名称	门槛价
A：货　物　类		A010208　服务器	协议供货	A0210　水利设备	5	A0303　其他家具	5
A01　一般设备		A02　专用设备		A0211　气象设备	5	A04　电梯和起重机	5
A0101　电器设备		A0201　通信设备		A0212　工程机械	5	A05　锅炉	5
A010101　电视机	2	A020101　移动通信设备	2	A0213　警用设备和用品	5	A06　专用材料	
A010102　电冰箱	2	A020102　电话通讯设备	2	A0214　保安设备	5	A0601　服装	
A010103　洗衣机	2	A0202　网络设备		A0215　教学设备	5	A07　物资	
A010104　吸尘器	2	A020201　服务器	2	A0216　广播电视、影像设备	5	A0701　救灾物资	10
A010105　摄影、摄像器材	2	A020202　路由器	2	A0217　灯光、音响设备	5	A0702　防汛物资	10
A010106　空气调节设备	2	A020203　交换机	2	A0218　文艺设备	5	A0703　抗旱物资	0
A0102　办公自动化设备		A020204　调制解调器	2	A0219　体育设备	5	A0704　农用物资	10
A010201　台式计算机	协议供货	A0203　印刷设备	5	A0220　炊事设备	5	A0705　储备物资	10
A010202　笔记本电脑	协议供货	A0204　照排设备	5	A0221　科研仪器及设备	5	A08　燃料（取暖用煤、用油）	
A010203　打印机	协议供货	A0205　医疗设备	10	A0222　检测（监测）设备	5	A09　建筑、装饰材料	
A010204　复印机	协议供货	A0206　计划生育设备	5	A0223　消防器材	5	A0901　水泥	5
A010205　速印机	协议供货	A0207　交通管理监控设备	5	A03　家具		A0902　木材	5
A010206　投影仪	协议供货	A0208　其他监控设备	5	A0301　办公家具	5	A0903　金属材料	5
A010207　扫描仪	协议供货	A0209　农用机械设备	5	A0302　宿舍家具	5	A0904　瓷砖	5

续表

目录编号及项目名称	门槛价	目录编号及项目名称	门槛价	目录编号及项目名称	门槛价	目录编号及项目名称	门槛价
A0905　清洁用具	5	A10010502　工具汽车		B0401　公用房建设	20	B09　消防工程	20
A0906　石材	5	A10010503　消防车		B0402　住房建设	20	**C：服　务　类**	
A0907　门窗	5	A10010504　警车		B05　市政建设工程		C01　印刷	定点采购
A10　交通工具		A10010505　救护车		B0501　市政道路建设	20	C02　办公用纸张	定点采购
A1001　汽车		A10010506　通讯和广播用车		B0502　市政公用设施建设		C03　交通工具的维护保障	
A100101　轿车		A10010507　皮卡		B05201　文教设施建设	20	C0301　车辆保险	定点采购
A10010101　普通轿车		A100106　摩托车		B050202　卫生设施建设	20	C0302　车辆加油	
A10010102　高级轿车		A1002　船只		B050203　文艺设施建设	20	C0303　车辆加油	定点采购
A100102　越野汽车（吉普车）		A11　建筑物		B050204　体育设施建设	20	C04　公务出国国际机票	定点采购
A100103　卡车		A1101　办公用房（购买）		B050205　其他公用设施建设	20	C05　国内公务机票	
A100104　载客汽车		A1102　宿舍用房（购买）	10	B06　环保绿化工程		C06　会议	
A10010401　旅行面包车		**B：工　程　类**		B0601　污水处理	20	C07　公务接待	
A10010402　公共汽车		B01　农村中小学校舍维修	10	B0602　垃圾处理	20	C08　信息技术、软件开发设计	5
A10010403　微型客车		B02　修缮、装饰工程	10	B0603　绿化工程	20	C09　工程设计	5
A100105　专用汽车		B03　系统集成、网络工程	10	B07　农业、水利、防洪工程	20	C10　项目监理	5
A10010501　工程汽车		B04　建筑物		B08　交通运输工程	20		

说明：1. 省本级车辆加油、会议、公务接待、国内公务机票的政府采购实施办法另行发布，并从发布之日起实施。

2. 市政建设工程项目包括机关、事业单位和人民团体单位内部的道路及各种设施建设。

3. 表中凡没有设定一次性采购额度（门槛价）的采购项目无论金额多少，都必须参加政府集中采购。（门槛价是指同一种货物、工程或服务单项一次性采购额度）

4. 目录内的同一种商品，不能化整为零采购，原则上一年内不能采购两次。

附件 2

政府采购限额标准和公开招标数额标准

一、政府采购限额标准

采购单位采购《目录》以外限额标准以上的货物、工程和服务类项目，要按《中华人民共和国政府采购法》的规定，委托具有政府采购代理资格的招标代理机构或集中采购机构代理采购。具体限额标准为：货物、服务类项目单项或批量采购预算金额达到 5 万元以上（含 5 万元），工程类项目采购预算金额达到 20 万元（含 20 万元）。

二、政府采购公开招标数额标准

采购单位采购《目录》内门槛价以上的项目，凡达到公开招标数额标准的，都应当采用公开招标方式进行采购；未达到公开招标数额标准的，应根据采购单位的合理要求和采购项目的技术特点，采用除公开招标以外的其他采购方式。具体标准为：采购货物、服务类项目，批量采购金额达到 50 万元（含 50 万元），工程类项目采购金额达到 100 万元（含 100 万元）。

过去有关文件规定的政府采购公开招标数额标准停止执行。

黑龙江省财政厅关于印发《黑龙江省（省级）2008 年度集中采购目录和采购资金限额标准》的通知

（2007 年 9 月 12 日　黑龙江省财政厅黑财采［2007］10 号发布）

省直各单位：

根据《中华人民共和国政府采购法》的规定，现将《黑龙江省（省级）2008 年度集中采购目录和采购资金限额标准》印发给你们，并提出如下要求，请一并遵照执行。

一、认真编报政府采购预算

（一）省直预算单位要按照省级部门预算编制的有关规定，依据省财政厅印发的《黑龙江省（省级）2008 年度集中采购目录和采购资金限额标准》，将年度部门预算中的政府采购项目及资金列出，编报 2008 年度政府采购预算。主管部门要对所属预算单位编报的政府采购预算进行认真审查，不得虚报和漏报。

（二）对于不能在年度部门预算中反映的政府采购项目及资金，预算单位要单独编报 2008 年部门预算以外其他各类资金政府采购预算（报表及说明附后），经省主管部门、省财政厅主管处审核后，于 2008 年 1 月底前报省政府采购办。

（三）未编入年度政府采购预算或未履行政府采购预算调整程序的采购项目，属于财政性资金的，政府采购部门不予采购，财政国库部门拒拨采购资金；属于自筹资金的，如果预算单位擅自自行采购，将依据相关规定予以处罚。

二、严格执行政府采购预算

（一）年度政府采购预算的财政性资金在执行过程中原则上不予调整。因特殊原因需要调整的，应当按照《黑龙江省（省级）部门预算调整管理暂行办法》（黑财预［2006］12 号）的有关规定履行审批手续，按批复意见执行。对年度追加部门预算指标安排的政府采购项目（包括上级部门拨入的专项资金），预算单位要与省财政厅主管处沟通，先行办理追加预算指标，接收到指标后，方可申报用款计划和采购计划。

（二）按月编报政府采购计划。预算单位要切实做好政府采购计划与政府采购预算的衔接，及时汇总部门（单位）内部的具体采购需求，统筹安排采购计划，实行采购计划月报制，每月的 25 日前向省政府采购办申报下一个月的政府采购计划；对达到公开招标采购限额标准的采购项目，预算单位应提前两个月申报采购计划；在编报采购计划时，不得指定品牌或提出具有倾向性的排斥潜在供应商的特定条件，对不依法规范申报的，将依法予以调整。

预算单位使用财政性资金安排的政府采购项目，在申报采购计划时，应先申报资金支付用款计划，加盖公章后，随采购计划一并报省政府采购办。对全部使用自筹资金的采购项目，预算单位可直接向省政府采购办申报采购计划，并同时附有“黑龙江省（省级）自筹资金集中采购项目资金到账承诺书”。

（三）实行优先采购节能、环保和自主创新产品制度。预算单位要严格执行财政部、发展改革委、环保总局、科技部确定的“节能产品政府采购清单”、“环境标志政府采购清单”和“政府采购自主创新产品目录”，对使用财政性资金采购涉及节能、环保和自主创新产品的，在技术、服务等指标满足采购需求的前提下，要优先采购节能、环保和自主创新产品。上报采购计划时，要标明节能、环保和自主创新产品。

（四）实行政府采购招投标制。预算单位要认真执行省级政府采购公开招标限额标准，对货物类和工程类中同类品目采购计划（预算）金额达到 100 万元的，服务类中的印刷、信息技术、信息管理软件开发设计项目，采购计划（预算）金额达到 50 万元的，要采取公开招标或邀请招标方式组织采购。

三、规范执行政府采购运行规程

政府采购项目实行集中采购与分散采购相结合。

（一）对纳入集中采购目录及采购资金在限额标准以上的采购项目，实行集中采购，由预算单位申报采购计划，委托集中采购机构代理采购。

（二）对纳入集中采购目录，采购资金在限额标准以下的采购项目，实行分散采购，履行申报、审核程序。

（三）对集中采购目录以外的采购项目，采购资金在限额标准以上的，实行分散采购，履行申报、审核程序；采购资金在限额以下的采购项目，不需编报政府采购预算和履行申报、审核程序，由预算单位自行组织采购。

（四）分散采购由预算单位按照《政府采购法》的有关规定组织实施。分散采购计划一律实行网上申报、核准，并将采购结果反馈的办事程序，未通过网上申报或反馈的分散采购计划，省政府采购办不予受理。关于网上申报分散采购计划及采购结果反馈的填报说明可登陆黑龙江省政府采购网（网址：www.hljcg.gov.cn）—省本级—办事指南栏目查询。

附件：1. 黑龙江省（省级）2008年度集中采购目录和采购资金限额标准
2. 黑龙江省（省级）集中采购计划申报表
3. 黑龙江省（省级）部门预算以外其他各类资金政府采购预算表
4. 黑龙江省（省级）部门预算以外其他各类资金政府采购预算编报说明

附件1

黑龙江省（省级）2008年度集中采购目录和采购资金限额标准

编　码	品目名称	采购资金限额标准
A	货　物　类	
A03	一般设备	
A0301	电器设备	
A030101	电视机	执行协议供货制度，执行节能、环保产品清单
A030102	冰箱	执行协议供货制度，执行节能产品清单
A030105	摄影、摄像器材	执行协议供货制度
A030106	空气调节设备	执行协议供货制度，执行节能产品清单
A0302	办公自动化设备	执行协议供货制度
A030201	计算机	执行协议供货制度，执行节能产品清单
A030202	打印机	执行协议供货制度，执行节能、环保产品清单
A030204	传真机	执行协议供货制度，执行节能、环保产品清单
A030205	复印机	执行协议供货制度，执行节能、环保产品清单
A030206	速印机	执行协议供货制度

续表

编码	品目名称	采购资金限额标准
A030208	投影仪	执行协议供货制度
A030209	扫描仪	执行协议供货制度
A030210	应用软件	批量 10 万元以上
A0303	家具	单价 5000 元以上或批量 5 万元以上，执行环保产品清单
A06	物资	
A0601	救灾物资	年批量 20 万元以上
A0602	防汛物资	年批量 20 万元以上
A0603	抗旱物资	年批量 20 万元以上
A07	专用材料	
A0706	工具和仪器	单台（件）1 万元以上或批量 5 万元以上
A0708	服装及劳保用品	批量 10 万元以上
A10	专用设备	
A1001	通信设备	单台（件）1 万元以上或批量 10 万元以上
A1002	印刷设备	单台（件）1 万元以上或批量 20 万元以上
A1003	照排设备	单台（件）1 万元以上或批量 20 万元以上
A1004	网络设备	
A100401	服务器	
A100402	路由器	单台（件）1 万元以上
A100403	交换机	单台（件）1 万元以上
A100404	调制解调器	
A100499	其他网络设备	单台（件）1 万元以上或批量 10 万元以上
A1006	医疗设备	执行黑财采［2002］2 号文件
A1008	交通管理监控设备	
A1010	农用机械设备	单台（件）1 万元以上或批量 10 万元以上
A1011	工程机械	单台（件）1 万元以上或批量 10 万元以上
A1013	消防设备	单台（件）1 万元以上或批量 10 万元以上
A1015	警用设备和用品	单台（件）1 万元以上或批量 10 万元以上
A1016	保安设备	单台（件）1 万元以上或批量 10 万元以上
A1018	档案设备	单台（件）1 万元以上或批量 10 万元以上
A1019	教学设备	执行黑财采［2002］2 号文件
A1020	实验室设备	执行黑财采［2002］2 号文件
A1021	广播电视、影像设备	单台（件）1 万元以上或批量 10 万元以上
A1022	灯光、音响设备	单台（件）1 万元以上或批量 10 万元以上

续表

编　码	品 目 名 称	采购资金限额标准
A1024	体育设备	单台（件）1万元以上或批量10万元以上
A1029	锅炉	
A1030	电梯设备	
A1099	其他专用设备	单台（件）1万元以上或批量10万元以上
A11	交通工具	
A1101	汽车	
A110101	轿车	执行环保、自主创新产品清单
A110102	越野汽车	执行环保、自主创新产品清单
A110104	载客汽车	
A110105	专用汽车	
B	工　程　类	
B01	建筑物	
B0101	公用房建设	
B0103	其他用房建设	
B0104	文教、卫生、音乐、体育等公益设施建设	
B0105	纪念性建筑设施建设	
B0199	其他建筑设施建设	
B09	修缮、装饰工程	20万元以上
B10	系统集成、网络工程	10万元以上
B11	系统网络运营升级、维护	10万元以上
B99	其他各类工程	10万元以上
C	服　务　类	
C01	印刷	同类项目年印刷量20万元以上
C02	工程监理、工程设计	单项工程10万元以上或总额20万元以上
C03	信息技术、信息管理软件的开发	10万元以上
C070301	车辆保险	执行黑财采［2005］14号文件
C08	会议	执行《黑龙江省省直机关会议费管理办法》

集中采购目录以外的采购项目采购资金限额标准

项 目 类 别	资金限额标准
货物类	批量10万元以上
服务类	单项50万元以上

附件2

黑龙江省（省级）集中采购计划申报表

年　　月　　日

采购单位			单位编码		经办人及联系电话		
采购预算	预算内资金　　元，预算外资金　　元，自筹资金　　元，合计　　元。						
采购单位申报计划	采购品目名称及代码	主要技术参数和要求	单位	参考价格	数量	总金额	供货时间
	1.						
	2.						
	3.						
	4.						
	5.						
	6.						
	合　计	×	×	×	×		×
审核意见	采购单位负责人： （公章） 年　月　日	主管部门财务处经办人： （公章） 年　月　日		财政厅主管处负责人： 经办人： （公章） 年　月　日		政府采购负责人 经办人： （公章） 年　月　日	

注：1. 预算内、外资金集中采购项目，采购单位在申报采购计划时，须同时编报资金支付用款计划。采购计划经采购办审核并编号后，采购单位、主管部门财务处、财政厅主管处、采购中心、采购办各一份。

2. 自筹资金集中采购项目，采购单位直接向采购办申报采购计划，并附“自筹资金集中采购项目资金到账承诺书”，经审核并编号后，采购单位、采购中心、采购办各一份。

附件 3

黑龙江省（省级）部门预算以外其他各类资金政府采购预算表

填报时间：　　　　单位：万元

预算类别、单位名称、采购品目	合计	当年省级财政安排的专项资金	当年中央有关部委直接下拨的各类补助资金	上年结转			其他
				小计	以前年度单位资金结转	中央专项补助资金结转	
一、基本支出预算安排的采购项目							
1. 货物类（A）：							
其中：（1）电器设备（A0301）：							
（2）办公自动化设备（A0302）：							
（3）家具（A0303）：							
（4）其他：							
二、项目支出预算安排的采购项目							
1. 货物类（A）：							
其中：（1）电器设备（A0301）：							
其中：空气调节设备（A030106）：							
（2）办公自动化设备（A0302）：							
其中：计算机（A030201）：							
打印机（A030202）：							
传真机（A030204）：							
复印机（A030205）：							

续表

预算类别、单位名称、采购品目	合计	当年省级财政安排的专项资金	当年中央有关部委直接下拨的各类补助资金	上年结转			其他
				小计	以前年度单位资金结转	中央专项补助资金结转	
速印机（A030206）：							
扫描仪（A030209）：							
（3）家具（A0303）：							
（4）服装及劳保用品（A0708）：							
（5）通信设备（A1001）：							
（6）印刷设备（A1002）：							
（7）照排设备（A1003）：							
（8）网络设备（A1004）：							
其中：服务器（A100401）：							
（9）医疗设备（A1006）：							
（10）农用机械设备（A1010）：							
（11）警用设备和用品（A1015）：							
（12）教学设备（A1019）：							
（13）实验室设备（A1020）：							
（14）广播电视、影像设备（A1021）：							
（15）灯光、音响设备（A1022）：							
（16）文艺设备（A1023）：							

续表

预算类别、单位名称、采购品目	合计	当年省级财政安排的专项资金	当年中央有关部委直接下拨的各类补助资金	上年结转			其他
				小计	以前年度单位资金结转	中央专项补助资金结转	
（17）体育设备（A1024）：							
（18）电梯和起重机（A1027）：							
（19）锅炉（A1029）：							
（20）汽车（A1101）：							
（21）其他：							
2. 工程类（B）：							
其中：（1）建筑物（B01）：							
（2）修缮、装饰工程（B09）：							
（3）系统集成、网络工程（B10）：							
（4）其他：							
3. 服务类（C）：							
其中：（1）工程监理、工程设计（C02）：							
（2）信息技术、信息管理软件的开发设计：							
（3）其他：							
总　　计							

注：此表通过电子版上报，上报时请不要改变 excel 表格的格式，填写完成后，请把填写完的 excel 表重新命名为本单位的单位代码后加大写的字母 B。操作步骤：1. 填写本单位的“黑龙江省（省级）部门预算以外其他各类资金政府采购预算表”。采购单位名称必须填写单位全称。2. 填写完成后保存。3. 右键单击此 excel 表，选“重命名”，重命名为单位编码加大写的字母 B。例如：本单位代码为 201001，那么重新命名应为 201001B。

财务负责人签字：　　　　单位公章：　　　　财政厅业务处意见：

附件4

黑龙江省（省级）部门预算以外其他各类资金政府采购预算编报说明

2008年政府采购预算分两部分编报：一是能列入“黑龙江省（省级）部门预算政府采购预算表”的随部门预算一同编报；二是不能列入“黑龙江省（省级）部门预算政府采购预算表”的其他各类资金采购项目，预算单位要单独编报“黑龙江省（省级）部门预算以外其他各类政府采购预算表”，经省主管部门、省财政厅主管处审核后，在2008年1月末前报省政府采购办。其他各类资金包括：

1. 当年省级财政安排的专项资金：指当年财政安排的，年初未确定具体使用单位的资金，在执行中属于政府采购的专项资金。

2. 当年国家有关部委直接下拨的各类补助资金：指当年国家有关部委未通过财政部门直接下拨到省级预算单位的各类专项补助中的采购资金。

3. 以前年度单位资金结转：指以前年度预算单位基本账户中滚存的不能列入当年部门预算的采购资金。

4. 中央专项补助资金结转：指中央有关部委通过财政部门下达的上年未用完结转的资金。

上海市关于发布《上海市2008年政府采购集中采购目录和采购限额标准》的通知

（2007年8月20日　上海市财政局　沪财库［2007］20号发布）

各市级预算单位，各区县财政局：

根据《中华人民共和国政府采购法》和《上海市政府采购管理办法》编制的《上海市2008年政府采购集中采购目录和采购限额标准》，已由市政府采购委员会审议通过，并报经市人民政府批准，现印发给你们，从2008年1月1日起实施。

上海市2008年政府采购集中采购目录和采购限额标准

一、政府集中采购目录

（一）集中采购机构采购项目

以下项目必须按规定委托集中采购机构组织采购：

1. 货物

（1）机动车辆（除摩托车外）；

（2）机动船艇；

（3）台式、便携式计算机；

（4）服务器、工作站、磁盘阵列、路由器、网络交换机；

（5）多功能一体机；

（6）打印机、复印机、投影机（含视频展示台）；

（7）空调器、中央空调设备；

（8）电梯；

（9）锅炉；

（10）司法及行政执法部门制服；

（11）计算机通用软件定点采购（指操作系统、数据库管理系统、中间件软件、办公软件、防病毒软件等）；

（12）复印纸、胶版印刷纸、办公用再生纸制品定点采购；

（13）单项（个、件、套）预算金额超过5万元或年批量预算金额超过20万元的医疗器械设备；

（14）药品；

（15）其他单项（个、件、套）预算金额超过30万元或年批量预算金额超过200万元的各类货物。

2. 工程

（1）预算金额超过50万元的信息管理及智能化系统（包括设备、办公、通信、消防、安保等）工程；

（2）其他预算金额超过200万元的各类工程。

3. 服务

（1）预算金额超过50万元的票据、证照、报表的印刷或制作；

（2）预算金额超过50万元的信息系统的设计、开发、集成、测试；

（3）预算金额超过50万元的工程设计、工程监理及其他专业咨询；

（4）公务车辆的维修、加油、保险（定点采购）。

（二）自行采购项目

以下项目由采购人自行组织采购，也可以委托具有政府采购代理业务资格的中介机构代理采购：

1. 货物

（1）摩托车；

（2）不间断电源（UPS）、硬件防火墙、加密设备；

（3）绘图机、照相机、摄像机、编辑设备；

（4）预算金额超过50万元的家具及办公用品；

（5）专用教学和科研实验设备、体育设备、农用机械设备、专用检测仪器。

2. 服务

除集中采购机构采购的服务项目外，其他预算金额超过50万元的服务。

二、政府采购限额标准

除集中采购机构采购项目和采购人自行采购项目外，各单位分散采购单项（个、件、套）预算金额超过5万元或年批量预算超过50万元的货物项目、预算金额超过10万元的服务项目、预算金额超过50万元的工程项目，采购过程应执行《中华人民共和国政府采购法》和《中华人民共和国招标投标法》有关规定。

三、政府采购公开招标数额标准

达到以下数额标准的货物、工程和服务项目，应当采用公开招标方式。

货物：预算金额超过100万元的各类货物；

工程：预算金额超过200万元的各类

工程；

服务：预算金额超过 50 万元的各类服务。

因特殊情况需要采用公开招标以外的采购方式的，必须在采购活动开始前获得政府采购监督管理部门的批准。

对达到公开招标数额标准的项目，采购人不具备自行招标条件的，应当委托集中采购机构或具有政府采购代理业务资格的中介机构代理采购。

四、相关问题的说明

（一）根据《中华人民共和国政府采购法》、《上海市政府采购管理办法》的规定，各级国家机关、事业单位和团体组织（以下统称采购人）使用财政性资金（包括预算内资金和预算外资金）采购依法制定的集中采购目录以内的或者采购限额标准以上的货物、工程和服务，属于政府采购范围。

本集中采购目录和采购限额标准，是采购人编制年度政府采购预算的依据，也是政府采购监督管理部门进行监督和检查的内容。

（二）无论由集中采购机构采购，还是由采购人自行采购或委托其他招标代理机构采购（包括分散采购），均必须严格按照有关部门的法律、法规规定的采购方式和程序进行。

（三）对按规定应委托集中采购机构组织采购的项目，采购人因特殊需要实行自行采购的，必须在采购活动开始前获得政府采购监督管理部门的批准。

（四）政府采购应当优先采购本国货物、工程和服务。经有关部门批准采用外汇结算的政府采购进口项目，由采购人直接委托具有相应资格的政府采购中介机构代理采购。

（五）本集中采购目录和采购限额标准发布后，因特殊情况需要修改、补充的，由上海市财政局另行公布。区、县人民政府可根据本地区实际情况，在本集中采购目录和采购限额标准的基础上作适当补充。

（六）《解放日报》、上海政府采购网（www. shzfcg. gov. cn）为本市指定的政府采购信息的公布媒体。政府采购工程项目公开招标的信息同时在上海市建筑建材业行政管理服务中心网站（www. ciac. sh. cn）上发布。

浙江省人民政府办公厅关于公布 2009 年度浙江省集中采购统一目录和省级集中采购目录及标准的通知

（2008 年 10 月 17 日　浙江省财政厅浙政办发［2008］67 号发布）

各市、县（市、区）人民政府，省政府直属各单位：

为规范政府采购行为，提高采购效率，根据《中华人民共和国政府采购法》的有关规定，经省政府同意，现将2009年度浙江省集中采购统一目录和省级集中采购目录及标准公布如下：

一、浙江省集中采购统一目录

从2009年开始，全省将逐步统一政府集中采购目录。2009年度，各市（含义乌市）政府应在浙江省集中采购目录的基础上，结合所辖各县（市、区）集中采购的实际情况进行充实和完善，统一制定全市的集中采购目录、采购限额标准及公开招标的数额标准，并依法予以公布。浙江省集中采购目录如下：

摄影摄像设备（包括摄像机、光学、数码相机等）、空气调节电器（包括多联、窗式、分体或柜式空调、恒温恒湿设备）、计算机、打印机、传真机、复印机、速印机、投影仪、扫描仪、UPS、办公家具、办公用纸、义务教育免费教科书、义务教育辅助学习资源、网络设备（服务器、路由器、交换机、集线器、调制解调器、其他网络设备）、医疗设备器械（应国际招标的除外）、档案保密设备、电梯、锅炉、中央空调、汽车、机动车辆保险、机动车辆加油、会议、培训（国内培训）。

二、省级政府集中采购目录

下列项目应当委托集中采购机构采购。因特殊情况需实行部门集中采购或分散采购的，由省政府授权省财政厅批准。

（一）货物类（28项）：电视机、电冰箱、摄影摄像设备、空气调节电器、计算机、打印机、传真机、复印机、速印机、投影仪、扫描仪、UPS、办公家具（5万元以上）、办公用纸、义务教育免费教科书、义务教育辅助学习资源、工作制服（5万元以上，限执法部门）、网络设备、医疗设备器械（20万元以下或应国际招标的除外）、档案保密设备（5万元以上）、灯光音响设备、电梯、锅炉、中央空调、汽车、商业软件（5万元以上）、发电设备、办公设备耗材。

（二）工程类（1项）：系统集成及网络设备。

（三）服务类（4项）：软件开发设计（20万元以上）、交通工具维护保障、会议、培训（国内培训）。

三、省级部门集中采购目录

消防部队技术装备（全省武警消防部队区域）、质量检测设备（全省质量技术监督系统）、教学仪器设备（全省教育系统，高教仪器设备除外）。

以上项目实行部门集中采购。省级有关主管部门应当对本部门（或本系统）所属各单位的上述项目进行集中后，依法自行组织集中采购，也可以统一委托集中采购机构或具有政府采购业务代理资格的采购代理机构进行采购。

按预算隶属关系属于市、县（市、区）的项目，采购单位应当按规定向同级财政部门办理有关政府采购手续后，委托省级有关主管部门实施部门集中采购。部门集中采购的具体办法，由省财政厅会同有关部门另行制定。

四、省级分散采购限额标准

货物、服务类项目：单项或年度批量预算金额为20万元；

工程类项目：年度预算金额（或投资总额）为50万元。

集中采购目录以外，且在上述采购限额标准以上的项目，应当实行分散采购。采购单位可以依法自行组织采购，也可以委托集中采购机构或具有政府采购业务代理资质的社会中介采购代理机构进行采购。

五、省级公开招标数额标准

政府采购的货物、服务类项目，单项或批量预算金额一次达到 80 万元以上的；非建设工程类项目，预算金额（或投资总额）达到 100 万元以上的，除法律、法规另有规定外，应当采用公开招标采购方式。

政府采购建设工程项目的公开招标数额标准按照国家有关规定执行。

六、工作要求

（一）全省各级国家机关、事业单位和团体组织凡使用财政性资金采购集中采购目录以内或者采购限额标准以上的货物、工程和服务，应当按照政府采购目录分类（见附件）及限额标准编制政府采购预算，并严格按照批准的预算执行，依法开展政府采购活动，做到无预算不采购、不支付资金。

（二）政府采购实行集中采购和分散采购相结合的执行模式。纳入集中采购目录的项目应当委托集中采购机构组织采购，集中采购机构应当予以受理并依法组织采购；分散采购项目可由采购单位依法自行组织采购或委托政府采购代理机构（包括集中采购机构和具有政府采购代理资格的社会中介机构）进行采购。

无论集中采购还是分散采购，都必须严格按照《中华人民共和国政府采购法》的有关规定执行。

（三）对纳入政府集中采购目录或公开招标限额标准以上的项目，采购单位如有特殊要求需自行采购或采用非公开招标采购方式的，应按规定报同级财政部门审查、批准。政府集中采购机构不得以任何理由将应当由本单位组织采购的集中采购项目委托给社会中介采购代理机构进行采购。

（四）各级财政部门、集中采购机构和各采购单位主管部门要按照各自职责，抓紧完善相关制度和工作程序，并加强协调与配合，认真落实各项规定，依法监督和规范政府采购行为，切实维护法律和政策的严肃性。各级监察、审计部门要加大监督和检查力度，确保政府采购活动公开、公平、公正。

附件：浙江省 2009 年度政府采购目录分类表

附件

浙江省 2009 年度政府采购目录分类表

代　码	目录名称	备　　注
A	货　物　类	
A01	土地	
A02	建筑物	
A0201	办公用房	
A0202	宿舍用房	

续表

代　码	目 录 名 称	备　　注
A0299	其他建筑物	
A03	一般设备	
A0301	电器设备	
A030101	电视机*^	包括大屏幕彩电
A030102	电冰箱*^	
A030103	洗衣机	
A030104	吸尘器	
A030105	摄影摄像设备*^	包括摄像机、光学数码相机等
A030106	空气调节设备*^	包括多联、窗式、分体或柜式空调、恒温恒湿设备
A030199	其他电器设备	
A0302	办公自动化设备	
A030201	计算机*^	包括台式、便携式电脑
A030202	打印机*^	
A030203	电话机	包括无线移动电话、车载电话
A030204	传真机*^	
A030205	复印机*^	
A030206	速印机*^	包括高速油印机、一体化速印机
A030207	碎纸机	
A030208	投影仪*^	
A030209	扫描仪*^	
A030210	UPS*^	
A030299	其他办公自动化设备	
A0303	家具	
A030301	办公家具*	5 万元以上实行集中采购
A030302	宿舍家具	
A030303	高校学生宿舍家具*	限省教育厅直属高校，由省教育厅实行部门集中采购
A030304	高校学生课桌椅*	限省教育厅直属高校，由省教育厅实行部门集中采购
A030399	其他家具	
A04	办公消耗用品	

续表

代码	目录名称	备注
A0401	办公用纸 *^	
A0402	办公设备耗材 *^	包括计算机用移动硬盘、可写光盘、优盘、软盘、刻录机、多媒体音箱、耳机、鼠标，以及打印、复印及传真设备用硒鼓、墨盒、墨粉、色带等耗材及配件
A0403	办公文具用品	包括档案夹、笔、计算器、文具架等
A0499	其他易耗品	
A05	建筑、装饰材料	包括水泥、木材、板材、金属材料、瓷砖、清洁用具、玻璃等建筑装饰材料
A06	物资	
A0601	救灾物资	
A0602	防汛物资	
A0603	抗旱物资	
A0604	农用物资	
A0605	储备物资	包括粮食、糖、棉花等
A0606	燃料	
A0699	其他物资	
A07	专用材料	
A0701	药品	
A0702	医疗耗材	
A0703	图书资料	包括电子出版物
A0704	教科书	
A070401	国家课程 *	限于义务教育，全省统一集中采购
A070402	省级地方课程 *	限于义务教育，全省统一集中采购
A070403	配套作业本	白练习本由各地集中采购
A070499	其他教科书	
A0705	辅助学习资源	
A070501	音像教材 *	限于义务教育，全省统一集中采购
A070502	学具 *	限于义务教育，全省统一集中采购
A070503	科学计算器 *	限于义务教育，全省统一集中采购

续表

代　码	目 录 名 称	备　　注
A070599	其他辅助学习资源	
A0708	工作制服*	执法部门制装，5万元以上实行集中采购
A0799	其他专用材料	包括兽医用品、实验室用品及小型设备、胶片胶卷、录音录像带、工具和仪器、艺术部门用材料及劳保用品等
A10	专用设备	
A1001	通信设备	包括移动通信、电话通信设备等
A1002	印刷设备	
A1003	照排设备	
A1004	网络设备*	
A100401	服务器*^	
A100402	路由器*^	
A100403	交换机*^	
A100404	调制解调器*	
A100405	集线器*	
A100499	其他网络设备*	包括网络安装工具、测试工具、网卡、网线、ATM设备、FDDI设备等
A1005	发电设备*	
A1006	医疗设备及器械*	应国际招标的设备及单台或批量在20万元以下的设备实行分散采购
A100601	医用放射诊治设备*	医用X射线设备、数字成像（DSR）、高能射线诊治设备、放射性核素设备等
A100602	医用超声仪器设备*	超声波、多普勒等成像诊断设备，超声治疗、监护设备等
A100603	医用电子仪器设备*	心电、脑电检测、肌电及诱发电位仪、监护仪等
A100604	物理治疗设备*	高压氧治疗、高压电位治疗、电疗设备等
A100605	医用激光设备仪器*	激光手术和治疗设备、诊断仪器及配件等
A100606	手术急救室设备*	呼吸机、麻醉机、除颤仪、手术导航、电刀、氩气刀等
A100607	临床检验分析系统*	血液、生化、免疫、细菌、生物基因和科学等分析仪器设备
A100608	体外循环及血液处理设备*	人工心肺设备、血液净化设备、体液处理设备、氧合器等

续表

代码	目录名称	备注
A100609	医用光学及窥镜设备*	显微镜（电子、手术）窥镜及主机（腹腔镜、支气管镜、电子胃镜、喉镜）等
A100610	应国际招标的医疗设备	核磁共振成像系统、CT、ECT 诊断仪、X 射线诊断装置（含 DR）、超声波诊断仪、直线加速器、伽玛刀及需办理免税手续的设备等
A100699	其他医疗设备器械*	消毒灭菌设备、病房护理设备、口腔五官科设备、理疗康复设备等
A1007	计划生育设备	
A1008	交通管理监控设备	
A1010	农用机械设备	
A1011	工程机械	
A1012	园艺机械	
A1013	消防设备及用品	指民用消防设备及用品
A1014	消防部队技术装备*	武警消防部队区域专用
A101401	消防员个人防护装备*	由省消防总队实行部门集中采购
A101402	消防专用车辆装备*	由各消防支队实行部门集中采购
A101403	消防器具、器材装备*	由各消防支队实行部门集中采购
A1015	警用设备和用品	
A1016	保安设备	
A1017	军用设备和用品	
A1018	档案、保密设备*	5 万元以上实行集中采购
A1019	教学仪器设备	包括通用、专用教学仪器设备和教学用标本、模型、实验室设备等
A101901	普教仪器设备*	高中（含）以下学校。全省教育系统所属学校由省教育厅实行部门集中采购
A101902	高教仪器设备	包括各类大学、学院、职业技术学院和中专学校
A101903	高校图书资料*	限教育厅直属高校。全省教育系统所属学校由省教育厅实行部门集中采购
A101904	机床类仪器设备*	限于中等职业教育。全省教育系统所属学校由省教育厅实行部门集中采购

续表

代　码	目录名称	备　　注
A101905	汽车维修类仪器设备*	限于中等职业教育。全省教育系统所属学校由省教育厅实行部门集中采购
A1020	科研仪器设备	包括仪器仪表及实验室设备
A1021	广播电视、影像设备	
A1022	灯光、音响设备*	
A1023	文艺设备	
A1024	体育设备	
A1025	道路清扫设备	
A1026	殡仪火化设备	
A1027	电梯*	包括起重机
A1028	炊事设备	
A1029	锅炉*	
A1030	中央空调*	包括主机、热交换器、末端设备、冷却塔、水处理设备、自控元件及安装
A1031	环境监测设备	
A103101	地表水监测设备	
A103102	空气监测设备	
A103103	海洋环境监测设备	
A103199	其他环境监测设备	
A1032	质量检测设备*	全省质监系统，由省质量技术监督局实行部门集中采购
A103201	质量检测设备*	
A103202	计量检测设备*	
A103203	特种检测设备*	
A103299	其他检测监测设备*	
A1099	其他专用设备	包括港口、地震、气象等专用设备
A11	交通工具	
A1101	汽车*^	
A110101	轿车*	
A110102	越野汽车（吉普车）*	
A110103	大客车*	
A110104	旅行面包车*	包括微型客车等
A110105	专用汽车*	包括工程车、工具车、警车、囚车、救护车、通讯广播车、洒水车、道路清扫车、垃圾车及卡车、电车、公共汽车

续表

代　码	目 录 名 称	备　　注
A1104	摩托车*	
A1199	其他交通工具	包括船只、飞机
A12	商业软件*	5万元以上实行集中采购
A1201	系统软件*	
A1202	数据库软件*	
A1203	工具软件*	
A120301	安全管理软件*	包括杀毒软件
A120302	备份软件*	
A120304	网络管理软件*	
A120305	中间件软件*	
A120399	其他工具软件*	
A1204	应用软件	
A120401	通用应用软件*	包括办公软件（桌面）、财务软件
A120402	行业应用软件	包括教学软件、医用软件
A1299	其他商业软件	
A99	其他货物	
B	工　程　类	
B01	建筑物	
B0101	办公用房建设	包括机关基建工程
B0102	住房建设	
B0103	其他用房建设	
B0104	文教、卫生、音乐、体育等公益设施建设	
B0199	其他建筑设施建设	包括纪念性建筑设施建设等
B02	市政建设工程	包括集中供暖热气工程等
B0201	市政道路建设	
B0202	市政公用设施	
B0203	自来水输水工程	
B0204	集中供暖、供热、供气工程	
B0299	其他市政建设工程	
B03	环保、绿化工程	
B0301	污水处理	
B0302	市政垃圾处理	
B0303	园林绿化	

续表

代　码	目 录 名 称	备　　注
B0304	荒山绿化	
B0305	天然、生态林保护	
B0399	其他环保绿化工程	包括自然保护区工程等
B04	农业、水利、防洪工程	
B0401	河道疏浚工程	
B0402	大坝、水库、海塘工程	
B0403	农田水利工程	
B0404	江河、湖泊治理工程	
B0405	农业综合开发治理工程	
B0499	其他水利防洪工程	
B05	交通运输工程	
B09	修缮、装饰工程	
B0901	办公用房修缮、装饰	
B0902	宿舍用房修缮、装饰	
B10	系统集成、网络工程*	
B1001	楼宇智控系统*	
B100101	综合布线系统*	
B100102	安防监控系统*	
B100103	消防系统*	
B100104	通信系统*	
B100199	其他智能控制系统*	包括有线电视、背景音响、防雷系统等
B1002	计算机网络工程*	包括机房建设
B1003	门户网站建设*	
B1004	视频会议系统*	
B1099	其他系统、网络工程*	
B99	其他工程	包括油气、电力、电信工程等
C	服　务　类	
C01	印刷、出版	
C0101	印刷	
C0102	出版	
C02	工程监理、设计	
C03	软件开发设计*	包括 20 万元以上的系统、应用、技术、管理等软件
C04	维修维护	不含机动车辆维护保障
C0401	一般、专用设备维修	

续表

代　码	目 录 名 称	备　　注
C0402	系统、网络运营维护	
C0403	房屋建筑物维修	
C0499	其他日常维修	
C05	保险	不含机动车辆保险
C0501	人身意外保险	
C0502	财产保险	
C0599	其他商业保险	
C06	租赁	
C0601	办公用房	
C0602	设备和机械	
C0603	电信线路租用	
C0699	其他租赁	包括宿舍用房、仓库租赁等
C07	交通工具维护保障*	
C0701	机动车辆保险*^	
C0702	机动车辆加油*^	
C0703	机动车辆维修*^	
C08	会议	
C0801	大型会议	包括党代会、人代会、政协会、团代会、妇代会等大型会议
C0802	一般会议*^	包括部门或单位年度工作会议、研讨会等一般会议
C09	培训	
C0901	国内培训*^	
C0902	国外培训	
C10	物业管理	包括环境保洁、绿化养护、门卫安全服务、设备设施运行维护和顾客服务等
C1001	办公楼物业管理	
C1002	宿舍物业管理	
C11	中介服务	包括审计、评估、咨询、代理等中介服务
C12	公务接待	
C13	工程管理	
C1301	工程造价	
C1302	代建制	
C1303	工程项目管理	
C1309	其他工程管理	
C99	其他服务	

注：带*号的为2009年省本级集中采购目录，带^号的为实行协议供货或定点采购管理。

安徽省省级2008年度政府集中采购目录及限额标准

（2007年9月11日　安徽省财政厅财购［2007］1018号发布）

一、集中采购目录及限额标准

目录名称	限额标准	备注
货物类		
一般设备		
电器设备		
电视机	单价在2万元以上（含2万元），或批量采购在5万元以上（含5万元）	
电冰箱		包括电冰柜、冷藏柜等
空气调节器		包括分体壁挂式、柜式、天花板嵌入式（吸顶式）、分体风管机（天井式）等
摄影、摄像器材及设备		包括数码照相机、数码摄像机、摄录一体机、胶片单反照相机（含镜头）等
其他电器设备		包括DVD，其他音响设备等
办公室自动化设备		
计算机		包括台式机、笔记本、小型机、数据工作站和其他外部设备等
打印机		
复印机		
速印机		
投影仪		
扫描仪	批量采购在2万元以上（含2万元）	
传真机		
碎纸机		
家具		
办公家具	批量采购在5万元以上（含5万元）	

续表

目 录 名 称	限 额 标 准	备 注
办公消耗用品		
复印纸		定点采购
建筑、装饰材料	批量采购在10万元以上（含10万元）	
物资		
救灾救济物资	批量采购在30万元以上（含30万元）	
防汛物资		
抗灾物资		
农用物资		包括良种等
专用材料		
药品及医疗耗材	批量采购在10万元以上（含10万元）	
图书资料		包括中小学免费教课书、大中专院校图书馆藏书等
胶片胶卷		
录音录像带光盘等		
应用软件		
专用设备		
通讯设备		
网络设备		包括服务器、路由器、交换机、调制解调器等
医疗设备、器材		
交通管理设备		
消防设备		
农用机械设备		
警用设备		
广播电视、影像设备		
灯光、音响设备		
舞台设备		
体育设备		
电梯、锅炉设备	单项或批量达到10万元以上（含10万元）	

续表

目录名称	限额标准	备注
档案设备	单价在2万元以上（含2万元），或批量采购在10万元以上（含10万元）	
教学设备		
实验设备		
炊具设备		
交通工具		
轿车		
越野汽车（吉普车）		
旅行车		
大客车		
专用汽车		包括工程用车、工具车、消防车、警车、救护车、通讯和广播用车、无线电监测车、道路清洁用车、其他专业用车等
工程类		
各类建筑物和构筑物	单项金额在50万元以上（含50万元）的建设项目	包括新建、扩建、改建、装修、装饰、拆除、修缮等工程项目
系统集成、网络工程	单项金额在20万元以上（含20万元）的项目	
服务类		
大宗书籍、资料印刷		
宣传展览		
经济鉴证类社会中介服务	价值在2万元以上（含2万元）的项目	
信息技术、信息管理软件开发	单项金额在10万元以上（含10万元）的项目	包括办公、教学、科研、医疗等软件开发、设计和安装等
车辆保险		
车辆维修		
业务培训		

二、公开招标数额标准

（一）货物类

采购金额在50万元以上（含50万元）的项目（汽车采购根据实际情况确定）。

（二）工程类

单项金额在100万元以上（含100万元）的建设工程项目，或单项金额在50万元以上（含50万元）的系统集成、网络工程项目。

（三）服务类

采购金额在30万元以上（含30万元）的采购项目。

山东省财政厅关于公布《2008 年山东省省级政府集中采购目录》的通知

（2009 年 11 月 19 日　鲁财库［2007］24 号）

省直各部门：

根据《中华人民共和国政府采购法》规定，经省政府授权，省财政厅编制了《2008 年山东省省级政府集中采购目录》，现予公布，并就有关问题通知如下：

一、政府采购目录和采购方式

2008 年省级政府集中采购目录，分为“省级机关政府采购中心集中采购目录”和“部门集中采购目录”两部分。

1. A、B、C 品目属于“省级机关政府采购中心集中采购目录”，由部门委托省级机关政府采购中心按照规定程序代理采购。

2. D、E 品目属于“部门集中采购目录”，由部门委托财政部或省财政厅认定资格的政府采购代理机构代理采购，或者委托省级机关政府采购中心代理采购。

3. 属于“省级机关政府采购中心集中采购目录”内的项目，必须由省级机关政府采购中心代理采购，不得委托其他政府采购代理机构。

4. “省级机关政府采购中心集中采购目录”中，单项或批量采购金额在 50 万元以下的计算机（包括台式计算机、便携计算机）、PC 服务器（包括塔式服务器、机架式服务器）、数码摄影摄像器材（包括数码照相机、数码摄影机）、网络设备（包括网络交换机、低端路由器）、打印机（包括激光打印机、喷墨打印机、针式打印机、激光多功能一体机）、传真机（包括激光传真机、喷墨传真机、热敏纸传真机）、复印机（包括数码复印机、速印机）、投影仪、扫描仪、光盘刻录机、移动存储设备、不间断电源（UPS）、碎纸机、硒鼓、墨盒（墨粉）、复印纸，实行协议供货方式采购。

二、政府采购限额标准

“省级机关政府采购中心集中采购目录”和“部门集中采购目录”以外、单项采购额在 5 万元以上的项目，也应按规定实行政府采购，由部门委托财政部或省财政厅认定资格的政府采购代理机构代理采购，或者委托省级机关政府采购中心代理采购。

三、政府采购预算编制

“省级机关政府采购中心集中采购目录”和“部门集中采购目录”范围内，以及政府采购限额标准以上的项目，均应按要求编制政府采购预算。年度中追加的预算指标，属于政府集中采购目录以内的项目，要调增政府采购预算。

四、政府采购计划管理

各部门要根据财政部门批准的年初政府采购预算和年中调整的政府采购预算，向省财政厅报送政府采购计划，其中属A、B、C品目的，报“省级政府集中采购计划申请表”，属D、E品目的，报“省级部门集中采购计划申请表”，待正式批准后，方可按规定程序实施采购，并接受政府采购管理部门监督。

五、公开招标数额标准

单项或批量采购金额达到50万元以上的货物和服务项目，200万元以上的工程项目（工程勘察、设计、监理为50万元），必须采用公开招标方式。

《2008年山东省省级政府集中采购目录》自2008年1月1日起实施。

附件：2008年山东省省级政府集中采购目录

2008年山东省省级政府集中采购目录

一、省级机关政府采购中心集中采购目录

品目编码	品目名称	备注
A	货物类	
A01	家具	
A0101	办公家具	
A0102	校舍、宿舍家具	
A02	公务服装	
A0201	标志服装	
A0202	非标志服装	
A0203	劳保服装	
A0204	其他公务服装	
A03	办公自动化设备及耗材	
A0301	大、中型计算机	
A0302	台式微型计算机	
A0303	便携式计算机	
A0304	服务器	
A0305	工作站	
A0306	激光打印机	
A0307	喷墨打印机	
A0308	针式打印机	
A0309	扫描仪	

续表

品目编码	品目名称	备注
A0310	光盘刻录机	
A0311	移动存储设备	
A031101	U 盘	
A031102	移动硬盘	
A0312	投影机	
A0313	视频展示台	
A0314	数码相机	
A0315	数码摄像机	
A0316	磁盘阵列	
A0317	磁带机	
A0318	中控设备	
A0319	不间断电源（UPS）	
A0320	路由器	
A0321	交换机	
A0322	集线器	
A0323	网卡	
A0324	调制解调器	
A0325	硬件防火墙	
A0326	计算机软件	
A032601	系统软件	
A032602	工具软件	
A032603	应用软件	用于财务、管理、教学等
A0327	传真机	
A0328	碎纸机	
A0329	复印机	
A0330	速印机	
A0331	一体机	
A0332	硒鼓	
A0333	墨盒、墨粉	
A0334	复印纸	
A04	视听及采编设备	
A0401	电视机	
A0402	录（放）像机	

续表

品目编码	品目名称	备注
A0403	录音机	
A0404	功放机	
A0405	激光视盘机	
A0406	组合音响	
A0407	音箱	
A0408	线性编辑机	
A0409	非线性编辑机	
A0410	摄像机及附属设备	
A0411	采访机	
A0412	其他视听及采编设备	
A05	摄影器材	照相机及配套器材
A06	乐器	
A0601	西洋乐器	
A0602	民族乐器	
A07	空气调节设备	
A0701	中央空调设备	
A070101	中央空调主机	
A070102	热交换器	
A070103	末端设备	
A070104	冷却塔	
A070105	水处理设备	
A070106	自控元件	
A0702	多联空调机	
A0703	分体式空调机	
A0704	窗式空调机	
A0705	恒温恒湿机	
A08	锅炉	
A0801	锅炉本体	
A080101	燃煤锅炉	
A080102	燃气锅炉	
A080103	燃油锅炉	
A080104	电热锅炉	
A0802	锅炉辅助设备	
A080201	燃煤锅炉炉排调速器	

续表

品目编码	品目名称	备注
A080202	燃油（气）锅炉燃烧器	
A080203	送风机，引风机及其控制设备	
A080204	锅炉上煤设备	
A080205	除尘脱硫设备	
A080206	烟囱（钢制、砖砌等）	
A080207	给水泵、放水泵、凝结水泵、循环水泵	
A080208	水处理设备	
A080209	锅炉给水除氧设备	
A080210	锅炉仪表阀门	
A080211	锅炉控制柜及其自控装置	
A080212	换热器（汽－水，水－水）	
A080213	省煤器、空气预热器	
A080214	燃油锅炉用油系统及其设备	
A080215	锅炉房内分汽包，分水包及管道	
A080216	锅炉备品、备件及工具	
A09	电梯	
A10	机动车辆	
A1001	轿车	
A1002	越野汽车（吉普车）	
A1003	载货汽车	
A1004	载客汽车	
A100401	旅行面包车	
A100402	大客车	
A100403	微型客车	
A1005	客货两用车	
A1006	专用汽车	
A100601	救护车	
A100602	警车	
A100603	囚车	
A100604	消防车	
A100605	道路清障车	
A100606	道路设施维修车	
A100607	通讯广播车	

续表

品目编码	品目名称	备注
A100608	勘察勘探车	
A100609	清扫车	
A100610	洒水车	
A100611	机场专用车	
A100612	叉车	
A100613	工程汽车	
A100614	工具汽车	
A100615	垃圾车	
A100616	粪便车	
A1007	摩托车	
A1008	其他机动车辆	
A11	飞机	
A12	船舶	
A13	机动车辆检测设备	
A1301	机动车辆检测线	
A1302	机动车辆检测车	
A1303	车辆检测诊断设备	
A1304	车辆维修设备	
A14	无线电监测设备	
A15	通信设备	
A1501	交换机	
A1502	备用电源	
A1503	无线电发射机	
A1504	无线对讲机	
A1505	无线接收机	
A1506	通讯中继设备	
A1507	GPS 设备	含接收机、发射机及后端处理设备
A1508	移动信息终端	现场应急处置警用 PDA 手机
A1509	微波传输设备	语音、数据、影像传输
A16	交通管理监控设备	
A1601	路口电子警察	摄像机、网络传输设备、硬盘录像
A1602	移动电子警察	车载摄像机、网络传输设备、硬盘
A1603	警务工作站	摄像机、网络传输设备、硬盘录像
A1604	道路监控	摄像机、网络传输设备

续表

品目编码	品目名称	备注
A1605	指挥中心	显示设备、网络设备、矩阵、存储处
A1606	数据传输设备	光纤、电缆、收发设备
A17	体育器材	
A1701	运动服饰	
A1702	竞技（训练）器材	
A1703	健身（康复）器材	
A1704	户外运动器材	
A1705	体能检测器材	
A1706	场馆设施	
A18	灯具	单次采购 5 万元以上
A19	燃料	煤炭、汽油、柴油
A20	建筑物	
A2001	办公用房	
A2002	其他建筑物	包括办公附属建筑物、公益设施建筑、纪念性建筑、公寓、宿舍用房
A21	专用物资	
A2101	救灾物资	
A2102	防汛物资	
A2103	抗旱物资	
A2104	农用物资	化肥、农药、塑料薄膜、种子
A2105	储备物资	包括粮、棉、糖
A2106	其他物资	
B	工程类	
B01	专业工程	
B0101	空调工程	
B0102	电梯工程	
B0103	消防工程	
B010301	火灾自动报警设备及安装	
B020302	水系统消防设备及安装	
B010303	气体灭火系统设备及安装	
B0104	弱电工程	指与原有建筑物维修、改造（修缮工程）相配合的综合布线工程
B0105	监控工程	
B0106	灯光音响工程	

续表

品 目 编 码	品 目 名 称	备 注
B0107	标准体育场地	
B0108	场区道路	
B02	智能大厦弱电系统集成	
B03	计算机局域网、广域网建设工程	
C	**服务类**	
C01	信息系统开发	
C02	物业管理	
C03	专业咨询、工程结算审核	
C04	交通工具的维修保障	
C0401	车辆保险	
C0402	车辆加油	
C0403	车辆维修	
C05	金融服务	
C0501	国库集中支付代理银行	
C0502	省级政府机关及事业单位工资代发	
C0503	社保基金业务代理机构	
C0504	省级政府发行债券业务代理金融机构	发行、承销、托管
C0505	住房公积金业务代理银行	存款、放款
C0506	国际金融组织贷款项目代理金融机构	
C0507	省级基础设施项目代理金融机构	含投资银行机构
C06	国际机票代理	
C07	中央空调清洗	
C08	其他服务	

二、部门集中采购目录

品 目 编 码	品 目 名 称	备 注
D	**货物类**	
D01	实验室仪器、设备	
D0101	波谱分析仪	
D0102	核磁共振波谱分析仪	
D0103	电泳仪	
D0104	质谱仪	
D0105	液相色谱仪	
D0106	衍射仪	

续表

品目编码	品目名称	备注
D0107	原子吸收光度计	
D0108	示波器	
D0109	红外分光光度计	
D0110	紫外分光光度计	
D0111	酸度计	
D0112	偏振仪	
D0113	折光仪	
D0114	激光器	
D0115	电子显微镜	
D0116	偏光显微镜	
D0117	立体显微镜	
D0118	其他实验室仪器、设备	
D02	医疗仪器设备	
D0201	诊断设备	
D020101	磁共振诊断仪	
D020102	EJCT 诊断仪	
D020103	EEJCT 诊断仪	
D020104	X 光机	
D020105	数字影仪（DSR）	
D020106	黑白超声诊断仪	
D020107	彩色超声诊断仪	
D020108	动态心电图机	
D020109	颅脑多普勒诊断仪	
D020110	电子动态喉镜	
D020111	电子胃镜	
D020112	支气管镜	
D020113	电脑验光仪	
D020114	胎心监护仪	
D020115	中央多参数监护仪	
D020116	EJC 型臂 X 光治疗系统	
D020117	脑电图机	
D020118	肺功能诊断仪	
D020119	心电图分析系统	
D020120	其他诊断设备	

续表

品目编码	品目名称	备注
D0202	治疗设备	
D020201	放疗设备	
D020202	机器人导航手术系统	
D020203	眼科准分子激光仪	
D020204	美容激光仪	
D020205	EJCO2 激光仪	
D020206	超声碎石机	
D020207	前列腺治疗机	
D020208	牙科综合治疗机	
D020209	耳鼻喉治疗台	
D020210	呼吸机	
D020211	除颤器	
D020212	关节镜	
D020213	理疗设备	
D020214	麻醉机	
D020215	腹腔镜	
D020216	高频电刀	
D020217	氩气刀	
D020218	其他治疗设备	
D0203	检验及实验室设备	
D020301	大型生化分析仪	
D020302	流支细胞仪	
D020303	血流变检测仪	
D020304	电子显微镜	
D020305	尿液分析仪	
D020306	台式显微镜	
D020307	r 计数器	
D020308	放射免疫诊断仪	
D020309	病理切片机	
D020310	脱水机	
D020311	包埋机	
D020312	其他检验及实验室设备	
D0204	实验室试剂	
D03	大、中型农用机械	

续表

品目编码	品目名称	备注
D0301	动力机械	
D030101	拖拉机	
D030102	柴油机	
D030103	汽油机	
D030104	电动机	
D0302	田间作业机械	
D030201	收获机械	
D030202	耕整机械	
D030203	播种机械	
D030204	施肥机械	
D030205	植保机械	
D030206	秸秆还田机械	
D030207	排灌机械	
D0303	场上作业机械	
D030301	脱粒机	
D030302	清选机	
D030303	烘干机	
D030304	脱壳机	
D030305	摘果机	
D0304	农产品加工机械	
D030401	粮食加工机械	
D030402	油料加工机械	
D030403	棉花加工机械	
D030404	果蔬加工机械	
D0305	农田基本建设机械	
D030501	推土机械	
D030502	挖掘机械	
D030503	装载机械	
D030504	铲运机械	
D030505	平地机械	

续表

品目编码	品目名称	备注
D0306	农用运输机械	
D030601	三轮农用车	
D030602	四轮农用车	
D0307	林牧渔机械	
D030701	林业机械	
D030702	牧业机械	
D030703	渔业机械	
D04	土地	
D05	广播电视地面发射接收设备	
D0501	电视广播发射设备	
D0502	卫星地面站	
D0503	广播电视接收设备	
D06	炊事设备	
D0601	灶具烟罩设备	
D060101	炒菜灶	
D060102	大锅灶	
D060103	煲仔炉	
D060104	抽烟机	
D060105	排油烟罩	
D0602	烹蒸烤设备	
D060201	夹层锅	
D060202	微波炉	
D060203	蒸饭车	
D060204	保温车	
D060205	笼屉	
D060206	电饼铛	
D060207	炸锅	
D060208	烤箱	
D060209	电饭锅	
D0603	食品加工设备	
D060301	搅拌机	
D060302	和面机	
D060303	馒头机	
D060304	面条机	

续表

品目编码	品目名称	备注
D060305	削皮机	
D060306	切菜机	
D060307	绞肉机	
D060308	榨汁机	
D0604	台柜	
D060401	操作台	
D060402	餐车	
D060403	橱柜	
D060404	售餐台	
D060405	餐桌椅	
D0605	洗刷设备	
D060501	水槽	
D060502	水嘴	
D060503	洗手台	
D060504	储水装置	
D0606	制冷设备	
D060601	冰箱	
D060602	冰柜	
D060603	冷藏展示柜	
D060604	冷库	
D0607	消毒设备	
D060701	洗碗机	
D060702	消毒柜	
D0608	饮水设备	
D060801	饮水机	
D060802	水净化设备	
D060803	水壶	
D07	药品	
D08	医用耗材	
D09	疫苗	

续表

品 目 编 码	品 目 名 称	备　　注
D10	图书	单次采购5万元以上
D11	残疾人专用物资	
E	**工程类**	
E01	工程勘察	
E02	工程设计	
E03	工程监理	
E04	建筑工程	工程施工及与工程建设有关的重要设备、材料等
E0401	土建工程	包括建筑物和构筑物的新建、改建、扩建、拆除等
E0402	装修工程	
E0403	修缮工程	
E0404	安装工程	
E040401	给排水工程	
E040402	采暖工程	
E05	环保、绿化工程	
E0501	污水处理	
E0502	市政垃圾处理	
E0503	园林绿化工程	
E0504	防沙工程	
E06	市政建设工程	
E0601	市政道路建设、改造、整修工程	
E0602	市政公用设施建设	
E0603	自来水输水工程	
E0604	集中供暖、供热、供气工程	
E07	交通运输工程	
E0701	铁路工程（包括地铁工程）	
E0702	公路、桥梁、涵洞	
E08	水利、防洪工程	
E0801	河道疏浚工程	
E0802	大坝、水库、闸门、泄洪工程	
E0803	农田水利工程	
E0804	江河、湖泊治理工程	

湖北省人民政府办公厅关于印发 2008 年湖北省政府采购目录及标准的通知

（2007 年 8 月 18 日　湖北省财政厅
鄂政办发［2007］92 号发布）

省政府各部门：

根据《中华人民共和国政府采购法》的规定，为进一步规范政府采购行为，提高财政资金的使用效益，经省人民政府同意，现将《2008 年湖北省政府采购目录及标准》印发给你们，请遵照执行。

附件：2008 年湖北省政府采购目录及标准

附件

2008 年湖北省政府采购目录及标准

一、政府集中采购目录

以下项目必须按规定委托省政府采购中心代理采购。

（一）货物类

计算机、打印机、传真机、复印机、速印机、投影仪、扫描仪，摄影、摄像器材，空气调节设备（含除湿设备），电视机、电冰箱、洗衣机、吸尘器、碎纸机，办公家具，学校、科研和医疗专用家具。

轿车、越野汽车、卡车、旅行车、大客车，救护车、洒水车、道路清扫车、垃圾车，工程汽车、工具汽车、警车、通信和广播用车、其他专用汽车，摩托车，船只。

系统集成、网络设备（服务器、路由器、交换机、调制解调器及其他网络设备），通信设备、印刷设备、照排设备，发电设备，电梯和起重机，炊事设备，锅炉，医疗设备，农用机械设备、工程机械、园艺机械、道路清扫设备，教学设备，监控设备（不含交通管理监控设备），税务装备，消防设备，广播电视影像设备，文艺设备，体育器材，保安设备，灯光音响设备。

应用软件，制服，工具和仪器，燃料，农用物资，储备物资，教科书。

自主创新产品目录产品。

（二）工程类

使用财政性资金以及与财政性资金配套的新建、改建、扩建、装修、拆除、修缮及网络工程。

（三）服务类

省级车辆保险、维修、加油、车辆内装饰，一般印刷业务，软件开发。

工程代建，工程监理，聘请中介机构。

二、部门集中采购目录

以下项目实行部门集中采购。具备条件的由部门按规定组织采购，条件不具备的可委托省政府采购中心或经省级以上财政部门认定资格的政府采购代理机构采购。

（一）货物类

质量技术检测设备，食品药品检测设备，公共卫生检验监督监测设备，交通管理监控设备，气象专用仪器设备，人工影响天气作业设备，航测设备，地震设备，警用器械，医疗专用器械，体育专用器材，海关专用物资装备，检察诉讼设备，法庭内部装备，保密设备，教学专用仪器、课桌椅。

劳保用品，药品，医疗耗材。

生物制品及监测试剂，动物疫病检测防治用品，艺术部门用材料和用品，图书资料。

救灾物资，防汛物资，抗旱物资。

（二）工程类

使用财政性资金以及与财政性资金配套的新建、改建、扩建、装修、拆除、修缮及网络工程。

（三）服务类

会议、培训、物业管理、特殊印刷业务。

部门确定的其他有特殊要求的专用服务项目。

三、部门采购限额标准

省级一级预算单位汇总年批量采购量10万元以下、属于政府集中采购目录以内、不属于协议供货范围内的货物和服务项目，经省财政厅批准，可由部门集中采购或自行采购。

省级一级预算单位汇总年批量采购量20万元以上、属于政府集中采购目录和部门集中采购目录以外的货物和服务项目，经省财政厅批准，可由部门自行采购。

四、公开招标数额标准

省级单项或批量采购金额一次性达到60万元以上的货物或50万元以上工程，必须实行公开招标。

服务类项目，原则上要通过公开招标方式确定一定时期内的协议供应商；对于不能通过协议服务方式采购、但省级单项或批量采购金额一次性达到30万元以上的服务项目，仍必须实行公开招标。

五、其他要求

1. 纳入集中采购目录属于通用的政府采购项目的，应当委托政府采购中心代理采购；属于本部门、本系统有特殊要求的项目，应当实行部门集中采购；属于本单位有特殊要求的项目，经省人民政府授权省财政厅批准后，可以自行采购。

2. 工程类项目方面，凡国家对政府采购代理机构规定了资质要求的项目，由省级一级预算单位委托符合资质条件的政府采购代理机构代理采购；凡国家未对政府采购代理机构规定资质要求的项目，项目金额 50 万元以上的，由省政府采购中心集中采购，50 万元以下的，由部门委托省政府采购中心或经省级以上财政部门认定资格的政府采购代理机构采购。

3. 各级行政事业单位要按照年度政府采购目录，认真编制政府采购预算，严格实行政府采购资金国库直接支付制度。凡未按规定编制政府采购预算、申报政府采购计划和实行政府采购项目的，财政部门可以拒付资金。

4. 各级行政事业单位要严格执行政府采购制度，财政部门要认真履行监管职责，加强监督检查，不断规范政府采购行为。

5. 建立健全和严格执行政府强制采购节能产品制度，充分发挥政府采购的政策引导功能，将自主创新产品目录列入年度政府集中采购目录，促进节能减排工作，支持经济社会发展。政府采购应采购本国货物、工程和服务，优先采购环保、节能产品，实现政府采购的政策目标。

6. 各地可结合实际，制定本级年度政府采购目录及标准，并报省财政厅备案。

湖南省财政厅关于印发《湖南省 2008 年政府集中采购目录及采购限额标准》的通知

（2007 年 8 月 31 日　湘财购［2007］19 号）

各市（州）财政局，省直各单位：

经省人民政府授权，根据《中华人民共和国政府采购法》的有关规定，结合我省政府采购工作实际，制定《湖南省 2008 年政府集中采购目录及采购限额标准》，现印发给你们，请遵照执行。

附件：湖南省 2008 年政府集中采购目录及政府采购限额标准

附件

湖南省 2008 年政府集中采购目录及采购限额标准

一、集中采购目录

以下项目必须按规定委托集中采购代理机构（政府采购中心）采购。

（一）货物类

1. 交通工具：所有交通工具；

2. 电器设备：电视机、电冰箱、空调（不含中央空调），吸尘器；

3. 办公自动化设备：台式计算机、便携式计算机、复印机、打印机、服务器、碎纸机、传真机、速印机、投影仪、多功能一体机、照相机、摄像机等；

4. 办公大宗消耗用品：纸张、硒鼓、碳粉、U 盘、光盘、移动硬盘；

5. 计算机通用软件（指操作系统、办公软件、防病毒软件）；

6. 办公家具（含档案密集架）；

7. 电梯（不含工程内的）；

8. 建筑装饰材料；

9. 变配电设备；

10. 救灾物资；

11. 防汛抗旱物资；

12. 教科书、图书。

（二）工程类（100 万元以内）

1. 统一组织的房屋（含宿舍）修缮、装修、改建、扩建、拆除；

2. 绿化工程。

（三）服务类

1. 会议定点、培训、接待；

2. 汽车保险；

3. 汽车维修；

4. 汽车加油；

5. 印刷项目；

6. 工程监理；

7. 物业管理；

8. 网络租赁。

二、凡属集中采购目录以外政府采购限额标准以上的项目，由采购人委托经省级以上政府采购监督管理部门认定资格的政府采购业务代理机构（招标公司）或集中采购机构（政府采购中心）实施采购。如：农用物资、农用机械设备、储备物资、网络专用设备、医疗设备和器械、计划生育设备、监控设备、系统集成、网络工程、医疗设备、气象专用仪器设备、测绘专业仪器设备、消防设备、警用设备和用品、专用教学设备、广播影视设备及专用摄影设备、文艺设备、体育设备、地震专用设备、质检专用仪器设备、检察诉讼设备、法庭内部装备、水利专用设备、公用房建设和宿舍建设、工程设计等等。

三、政府采购限额标准

预算管理单位使用财政性资金采购货物、工程和服务达到限额标准的，均应当实行政府采购制度。具体限额标准为：

（一）货物类

省级：单项在 1 万元以上或者批量在 10 万元以上金额的货物；

市州级：单项在 3 千元以上或者批量在 3 万元以上金额的货物；

县级：单项在 1 千元以上或者批量在 1 万元以上金额的货物；

（二）工程类（包括建筑物和构筑物的新建、改建、扩建、装修、拆除、修缮）

省级：20 万元以上的工程项目；

市州级：10 万元以上的工程项目；

县（市）级：5 万元以上的工程项目；

（三）服务类

省级：单项在 1 万元以上或者批量在 5 万元以上金额的服务；

市州级：单项在 1 万元以上或者批量在 3 万元以上金额的服务；

县级：单项在 1 万元以上或者批量在 2 万元以上金额的服务；

（四）协议供货

办公设备实行协议供货单个品目在 10 万元以内的；汽车实行协议供货同品

牌、同型号在 4 台以下，金额在 100 万元以内的；其他定点采购项目按相关文件规定执行。

以上单项采购项目是指单个采购品目或预算专项，由财政安排的专项采购，以预算资金为准；配套资金项目以项目总投资为准。批量采购项目按本年度本部门、本系统的采购总量为准。

复合采购项目，即一个采购项目中既含有货物又含有工程或服务的采购项目，按照采购资金比重最大的项目确定其属性。

四、公开招标数额标准

各级预算管理单位采购集中采购目录以内或者采购限额标准以上的项目，凡达到公开招标数额标准的，应当采用公开招标方式（法律规定的特殊情形除外）采购。具体数额标准：50 万元以上的单项或者批量货物；50 万元以上的单项或者批量服务；100 万元以上的工程项目。

五、相关说明

1. 采购人在政府采购活动中，应当按照《国务院办公厅关于建立政府强制采购节能产品制度的通知》（国办发［2007］51 号）和财政部《财政部关于印发〈自主创新产品政府采购预算管理办法〉的通知》（财库［2007］29 号）、《财政部关于印发〈自主创新产品政府采购评审办法〉的通知》（财库［2007］30 号）、《财政部关于印发〈自主创新产品政府采购合同管理办法〉的通知》（财库［2007］31 号）文件要求，优先或强制购买环保节能和自主创新产品。

2. 政府集中采购目录及采购限额标准是各预算单位编制年度政府采购预算和有关单位编制专项计划的依据，也是财政、监察、审计部门进行监督和检查的重要依据。各单位必须以此依据认真编制本单位的部门预算。

3. 采购限额标准以下的项目，已实行协议供货或定点采购的，各单位必须严格执行协议供货或定点采购制度，在规定的范围及中标厂商指定的协议供货商或定点采购处采购；没有实行协议供货或定点采购的，由单位自行采购。

4. 达到公开招标数额标准，因特殊情况需要采用非公开招标方式采购的，事前必须报市州以上政府采购监督管理部门批准。

5. 地市未成立集中采购机构的，采购项目的实施由当地财政部门的政府采购管理机构确定。

6. 本目录及有关标准由湖南省财政厅负责解释。各市州可根据当地实际对集中采购目录和采购限额标准作适当调整。

深圳市财政局关于印发《深圳市2008年政府集中采购目录》的通知

（2007年11月9日　深圳市财政局深财购［2007］21号发布）

市直各行政事业单位，市政府采购中心，各区财政局：

根据《深圳经济特区政府采购条例》和财政部《政府采购品目分类表》（财库［2000］10号）等相关法规规章规定，结合我市实际，我局制定了《深圳市2008年政府集中采购目录》，现印发给你们，并就有关事宜通知如下，请遵照执行。

一、纳入政府集中采购目录内的政府采购项目的组织实施

纳入集中采购目录的市本级政府采购项目，凡属于协议供货（定点）类的采购项目和预算金额在150万元（不含150万元）以上的采购项目，必须由市政府采购中心组织实施。预算金额在150万元以下的采购项目，由市政府采购中心或者依有关规定委托政府采购代理机构组织实施。

协议供货，是指由市级集中采购机构通过公开招标等方式，确定特定政府采购项目的中标供应商及中标产品的价格和服务条件，并以协议书的形式固定，由采购人在供货有效期内自主选择中标供应商及其中标产品的一种采购形式。定点采购是协议供货的特殊形式。有关协议供货的具体情况及要求请参见“深圳政府采购网”相关栏目。

采购人采购纳入集中采购目录以内的货物，属于《机电产品国际招标目录》的进口机电产品，按照国际招标有关规定执行。

二、未纳入政府集中采购目录的政府采购项目，采购人可根据《关于进一步规范采购单位自行组织分散采购工作的通知》（深财购［2003］16号）规定自行采购，也可以委托集中采购机构或者政府采购代理机构采购。

为进一步提高政府采购效率，对属于下列情形的采购项目，暂不纳入政府集中采购目录：

（一）部门自行承担的调研课题。

（二）图书类项目中的外文图书、电子图书、教材及配套教学辅助用书、中外文期刊。

（三）特定中介服务类具有唯一性的专项业务支出，如危房鉴定、强制性检验检测、考古鉴定等。

（四）带有垄断性质行业服务类采购项目，如通讯管网、煤气、天然气管道租用和维护、水电线路改造、邮政投递、公益性主流媒体广告和公告、特殊地段

（机场、车站）广告等。

（五）特殊文化艺术宣传品的创作及制作。

（六）需要考虑地段等因素的房屋购置和租赁、运动场馆和场地租赁。

（七）活体动物采购。

（八）直升机托管。

（九）国际机票代理。

（十）专业运动队设备。

（十一）河道水毁修复、水源工程抢险抢修、深圳市外水源工程管理、水务工程设备备品备件等。

（十二）原已通过政府采购确定专用设备供应商或网络系统服务商，其后续维护服务必须继续由原服务商（供应商）提供的。

（十三）市委、市政府、市人大、市政协、市纪委指定召开的或指定由部门组织承办的大型会议、演出等。

三、各区、市直各部门使用财政性资金采购属于节能产品政府采购清单范围内的产品时，应当按照《国务院办公厅关于建立政府强制采购节能产品制度的通知》（国办发［2007］51号）要求，在技术、服务等指标满足采购需求的前提下，优先采购节能产品，对部分节能效果、性能达到要求的产品，实行强制采购。节能产品政府采购清单按财政部、发展改革委制订并公布的清单执行。政府集中采购机构在组织节能产品政府采购活动中，要加强与有关部门的沟通协商，根据国务院办公厅文件规定的优先采购和强制采购的条件和原则，认真组织好节能产品采购工作。

四、应纳入我市政府集中采购目录的自主创新、循环经济产品目录，待相关部门公布自主创新、循环经济产品清单后，另行补充通知。

五、市直各预算单位要以本通知要求作为编制2008年政府采购预算的依据。各区可结合本区政府采购规模和管理实际需要，对《集中采购目录》作适当调整。

六、物业管理、保安服务、公务车加油、公务车保险、公务车维修、公务住宿接待、公务印刷、会计、审计、法律中介服务项目，长期服务合同履行期限可一定二年。绿化服务、保洁服务、履行职能的经常性维修维护服务项目，长期服务合同履行期限原则上一定三年，对个别特殊项目可专题研究确定合同履行期限。以前年度通过招标确定的上述服务项目到期时，可续签补充合同进行延期，其中：物业管理、保安服务、公务车加油、公务车保险、公务车维修、公务住宿接待、公务印刷、会计、审计、法律中介服务项目合同履行期限可自合同签订日起延满二年；绿化服务、保洁服务、履行职能的经常性维修维护服务项目合同履行期限可自合同签订日起延满三年。

附件：深圳市2008年政府集中采购目录

附件

深圳市2008年政府集中采购目录

一、货物类

（一）通用类政府采购项目

1. 轿车、越野车（吉普车）、旅行车、客车、摩托车、皮卡、箱式货车。

2. 办公自动化设备：台式电脑（整机及显示终端设备）、笔记本电脑（整机）、打印机（喷墨、激光、针式、多功能一体机）、传真机、复印机、速印机、扫描仪、碎纸机、投影机（包括视频展示台等）、刻录机、UPS电源（后备式）。

3. 网络设备：服务器、小型机、数据工作站、路由器、交换机、硬件防火墙。

4. 电视机。

5. 分体式空调。

6. 办公用纸：复印纸、打印纸、传真纸。

7. 预算金额在10万元以上（不含10万元，下同）的家具。

8. 预算金额在10万元以上的服装（含制服）。

9. 单项预算金额在10万元以上的中文图书。

10. 预算金额在10万元以上的电梯。

11. 自主创新和循环经济产品目录产品。

（二）专用类政府采购项目（预算金额在10万元以上）

1. 工程机电设备；

2. 救灾物资；

3. 防汛物资；

4. 储备物资；

5. 网络专用设备；

6. 交通管理监控设备；

7. 医疗设备、器械；

8. 港口设备；

9. 农用机械设备；

10. 工程机械设备；

11. 道路清扫设备；

12. 警用设备；

13. 消防设备；

14. 专用教学设备；

15. 实验室设备；

16. 气象专用仪器设备；

17. 测绘专业仪器设备；

18. 质检专用仪器设备；

19. 广播电视和影像设备及摄影器材；

20. 会议系统设备；

21. 光电显示设备；

22. 无线电管理设备；

23. 节能、节水设备；

24. 文艺设备；

25. 体育设备；

26. 救助船舶及直升机；

27. 执法船艇；

28. 软件；

29. 专用汽车；

30. 工程汽车；

31. 其他专用及特种设备（含车辆）。

二、工程类

1. 预算金额在20万元以上的修缮、

装饰工程；

2. 预算金额在 20 万元以上的环保、绿化工程；

3. 预算金额在 20 万元以上的系统集成、网络工程；

4. 不属于政府投资计划安排的预算金额在 20 万元以上的其他工程。

三、服务类

1. 公务车加油、维修、保险；

2. 公务住宿接待；

3. 单项预算金额在 10 万元以上的会议；

4. 单项预算金额在 10 万元以上的印刷；

5. 预算金额在 10 万元以上的物业管理；

6. 预算金额在 10 万元以上的交通设施维护服务；

7. 预算金额在 10 万元以上的课题咨询类服务；

8. 预算金额在 10 万元以上的会计、审计、法律中介服务；

9. 预算金额在 20 万元～50 万元的工程勘察、设计、监理、咨询服务；

10. 预算金额在 10 万元以上的其他服务。

云南省人民政府办公厅
关于印发云南省 2008～2009 年
政府集中采购目录及限额标准的通知

（2007 年 8 月 10 日　云南省财政厅云政办发［2007］189 号发布）

各州、市人民政府，省直各委、办、厅、局：

《云南省 2008～2009 年政府集中采购目录及限额标准》已经省人民政府同意，现印发给你们，请遵照执行。

云南省 2008～2009 年政府集中采购目录及限额标准

一、政府集中采购目录

编　号	品 目 名 称	备　　注
A1	**货　物　类**	
A11	交通运输设备	
A1101	公务用机动车辆	含轿车、越野车、客车、面包车
A12	办公自动化设备	
A1201	计算机	
A1202	打印机	
A1203	复印机	
A1204	速印机	
A1205	传真机	
A1206	扫描仪	
A1207	碎纸机	
A1208	网络设备	含服务器、交换机、路由器
A1209	计算机通用软件	
A13	一般设备	
A1301	电视机	
A1302	电冰箱	
A1303	电话机	

续表

编 号	品 目 名 称	备 注
A1304	吸尘器	
A1305	空气调节设备	
A1306	锅炉设备	
A1307	电梯	
A1308	发电机	
A1309	印刷设备	
A1310	摄影、摄像设备	
A1311	办公家具	
A1312	建筑装饰材料	批量 20 万元以上（含 20 万元）
A1313	变配电设备	
A1314	通讯和监测设备	涉密项目除外
A1315	监控设备	涉密项目除外
A1316	文艺设备	
A1317	环保设施和设备	
A1318	公务制服	特殊项目除外
A2	**工 程 类**	
A21	建筑物的修缮和装饰项目	
A22	建筑物的新扩改建和安装项目	
A3	**服 务 类**	
A31	机动车辆的定点维修	
A32	机动车辆的定点保险	
A33	国库集中支付代理	
A34	会议服务	单次预算金额 5 万元及以上
A35	印刷	批量 20 万元以上（含 20 万元）
A36	工程监理、工程设计	

续表

编　号	品 目 名 称	备　　注
A37	非生产性的绿化、环保工程项目	
A38	社会公益性的建设项目	
A99	其他有要求的采购项目	

二、部门集中采购目录

编　号	品 目 名 称	备　　注
B1	**货　物　类**	
B101	救灾物资	
B102	防汛物资	
B103	抗旱物资	
B104	农用物资和设备	
B105	储备物资	
B106	医疗设备和器械	
B107	计划生育设备	
B108	网络集成项目	
B109	交通管理监控设备	
B110	警用设备和用品	
B111	专用教学设备	
B112	广播电视和影像设备	
B113	消防设备	
B114	体育设备	
B115	税务专用物资装备	
B116	试验及检验监测设备	
B117	检察诉讼设备	

续表

编　号	品 目 名 称	备　　注
B118	法庭内部装备	
B119	地震专用仪器设备	
B120	水利专用仪器设备	
B121	测绘测量专业仪器设备	
B122	道路清扫及环卫设备	
B3	**服　务　类**	
B301	部门或系统专用软件信息管理软件的开发推广	
B302	部门或系统有特殊要求的专用服务项目	
B99	其他有要求的采购项目	

三、采购限额标准

（一）集中采购限额

集中采购目录内的项目，单项或批量金额在 10 万元以上，目录以外、单项或批量金额在 20 万元以上的货物和服务采购项目，必须纳入政府集中采购范围。按照同级财政部门批复的采购方式和相关程序，委托集中采购机构或其他政府采购代理机构（经财政部或省财政厅认定资格的）组织采购，并将采购结果报同级政府采购监管部门备案。

（二）公开招标限额

货物类 50 万元及以上、工程类 100 万元及以上、服务类 50 万元及以上。达到限额标准以上的采购项目原则上应采取公开招标方式进行采购。

四、政府采购形式

各地、各部门在组织政府采购活动中应当采购节能、环保和自主创新产品。

（一）政府集中采购目录内的项目（不含部门集中采购），必须委托集中采购机构代理采购。在协议供货范围内的项目，经同级政府采购监管部门审核后，按照协议供货相关程序办理。不在协议供货范围内的，由集中采购机构按照规定组织办理。

（二）部门集中采购目录的项目，主管部门应当根据政府采购预算的批复，按照同级政府采购监管部门对采购计划审核后的采购方式及相关程序组织集中采购。部门集中采购项目可以委托集中采购机构或其他政府采购代理机构（经财政部或省财政厅认定资格的）组织采购。

（三）对未达到采购限额标准的零星采购项目，经同级政府采购监管部门审核后实行分散采购。

五、特殊项目采购

（一）属突发事件急需或有特殊要求的专用设备、物资，经同级政府采购监管部门审核批复后，可以不采取公开招标方式采购。

（二）属于本单位有特殊要求的项目，经州（市）级以上政府采购监管部门批准，可以实行分散采购。

（三）中央各部委统一招标确定的采购项目，按照相关文件规定办理。

（四）省以下垂直管理的单位，除省级统购统配外，实行属地管理，纳入当地政府采购。

六、本目录的修订

本目录在执行过程中，因特殊情况需要调整、修订，由省财政厅另行公布。各州（市）可根据本地实际情况，对本目录的采购限额标准作适当调整，但不得对采购目录进行增减，并将调整情况报省财政厅备案。

七、本目录及相关标准由省财政厅负责解释。

西藏自治区财政厅关于印发《西藏自治区区直单位2008年政府集中采购目录及限额标准》的通知

（2007年12月20日　西藏自治区财政厅藏财采办［2007］16号发布）

区直各部门：

现将《西藏自治区区直单位2008年政府集中采购目录及限额标准》印发给你们，请严格遵照执行。

附件：西藏自治区区直单位2008年政府集中采购目录及限额标准

西藏自治区区直单位2008年政府集中采购目录及限额标准

一、集中采购目录

序　号	品 目 名 称	备　　注
货物类		
A01	土地	
A02	建筑物	办公、宿舍用房和其他建筑物
A0301	电器设备	电视机、电冰箱、吸尘器、摄影、摄像器材，空调设备等
A0302	办公自动化设备	包括计算机、打印机、电话机、传真机、复印机、速印机、碎纸机、投影仪、扫描仪等
A0303	家具	包括办公家具、宿舍家具等
A04	办公消耗用品	纸张、信封、档案夹、软盘、可写光盘、硒鼓、墨盒、墨粉、色带等
A06	物资	
A0601	救灾物资	
A0602	防汛物资	
A0603	抗旱物资	
A0604	农用物资	
A0605	储备物资	包括粮食、糖等
A0606	燃料	
A0699	其他物资	
A07	专用材料	
A0701	药品及医疗耗材	

续表

序　号	品 目 名 称	备　　注
A0703	图书资料	
A0704	实验室用品及小型设备	
A0705	胶片胶卷、录音录像带	
A0706	工具和仪器	
A0707	艺术部门用材料和用品	
A0708	专业制服及劳保用品	
A0709	应用软件	市场上出售的成套操作系统、办公自动化软件、财务软件等应用软件
A10	专用设备	
A1001	通讯设备	包括移动通信设备、电话通信设备等
A1002	印刷设备	
A1003	照排设备	
A1004	网络设备	包括服务器、路由器、交换机等
A1005	发电设备	
A1006	医疗设备、器械	
A1007	计划生育设备	
A1008	交通管理监控设备	
A1010	农用机械设备	
A1011	工程机械	
A1012	园艺机械	
A1013	消防设备	
A1014	道路清扫设备	
A1015	警用设备和用品	
A1016	保安设备	
A1018	档案、保密设备	
A1019	教学设备	

续表

序　号	品 目 名 称	备　　注
A1020	实验室设备	
A1021	广播电视、影像设备	
A1022	灯光、音响设备	
A1023	文艺设备	
A1024	体育设备	
A1025	地震设备	
A1026	数字卫星设备	
A1027	电梯和起重机	
A1029	锅炉	
A1101	汽车	各类轿车、越野车、客车、卡车、专用汽车等
A12	新能源设备	包括太阳能灶等
工程类		
B09	修缮、装饰工程	
B10	系统集成与网络工程	
服务类		
C01	印刷、出版	包括文件资料、内部刊物、信封等印刷
C02	工程监理	
C03	信息技术、信息管理软件开发设计	
C04	维修	
C0401	一般设备	
C0402	专用设备	
C0403	建筑物	
C0499	其他维修	
C05	社会中介	
C0703	交通工具的维护保障	
C070301	车辆保险	定点采购
C070302	车辆加油	
C070303	车辆维修	
C08	会议	包括大型会议、一般会议
C09	接待	

二、说明

（一）本目录严格按照政府采购法的有关规定，在财政部印发的“政府采购品目分类表”的基础上，结合我区实际情况编制。

（二）区级党政机关、事业单位和社会团体组织，使用财政性资金（包括预算内资金和预算外资金），依法采购集中采购目录以内或者采购限额标准以上的货物、工程和服务的行为，必须依照政府采购法规定的采购方式和采购程序进行。

（三）纳入集中采购目录属于通用项目的，必须委托采购机构代理采购；纳入集中采购目录属于部门和系统具有特殊要求的专用项目，经自治区财政厅采购办批准后，可采取部门集中采购或分散采购的形式组织采购；其他一些特殊的采购项目，经自治区财政厅采购办批准后也可以采取部门集中采购或分散采购的形式组织采购。

（四）目录以内品目限额。凡预算资金在5万元以上的货物类采购，30万元以上的工程类采购，5万元以上的服务类采购，20万元以上的复合性采购，必须纳入政府集中采购范围，财政厅另有规定的除外。采购管理部门将按照政府采购法的规定以及财政部的相关规定，并结合区直单位的实际采购情况，对单项采购金额在20万元以上的货物类（其中车辆采购以“辆”为单位，即单位采购两辆以上的）、50万元以上的修缮、装饰以及网络建设工程类、20万元以上的服务类采取公开招标方式进行采购，对多个项目合并采购的采购金额在30万元以上的实行公开招标方式进行采购。在公开招标限额以下的可采取协议供货等方式采购，包括印刷、办公设备、办公家具的采购以及单位采购两辆以下的可采取协议供货方式。财政厅认定的采取其他采购形式的除外。

（五）复合采购项目，即一个采购项目中含货物、工程、服务两个以上的采购项目，按照采购资金比重最大的项目确定其属性。

（六）本目录因特殊情况需要调整的，由自治区财政厅另行公布。

（七）各地（市）在编制政府采购预算时可参照执行。

（八）本目录由自治区财政厅负责解释。

陕西省人民政府办公厅关于印发2008年陕西省省级单位政府采购目录及采购限额标准的通知

（2008年3月24日　陕西省财政厅陕政办发［2008］20号发布）

各设区市人民政府，省人民政府各有关部门、各直属机构：

根据《中华人民共和国政府采购法》的有关规定，经省政府采购委员会同意，现将《陕西省省级单位2008年政府采购目录及采购限额标准》予以公布，并就有关问题通知如下：

一、省级实行预算管理的国家机关、事业单位和团体组织（以下统称采购人）使用财政性资金（包括预算内资金和预算外资金）采购集中采购目录以内、采购限额标准以上的货物、工程和服务的项目，均属于政府采购范围。

二、凡属于政府采购目录内的采购项目，采购人要根据本目录及标准编制政府采购预算，并严格执行。没有采购预算的项目一律不予采购。

三、2008年纳入协议供货范围的品目为：机动车辆、计算机、显示器、打印机、一体机、PC服务器、复印机、传真机、摄像机、数码相机、复印纸、打印纸、硒鼓、小额办公家具、空调等。定点采购的品目为：车辆保险、车辆维修、车辆加油、定点会议及接待等。具体采购执行《陕西省省级单位协议供货和定点采购管理暂行办法》。

四、各设区市、杨凌示范区可参照本规定制定本地区的政府采购目录和限额标准。

附件

2008年陕西省省级单位政府采购目录及采购限额标准

一、政府采购目录

（一）必须委托省政府采购中心组织实施的项目

1. 货物类

（1）一般电器设备（单项预算金额3万元以上）

摄影、摄像器材

舞台灯光、音响设备及器械

电视机

录像机

通讯器材

洗衣机

吸尘器

碎纸机

空气调节设备

投影仪、扫描仪 、刻录机

UPS电源

其他电器设备

（2）办公设备

计算机

打印机

传真机

复印机

速印机

硒鼓

复印纸

打印纸

单项预算金额在3万元以上的其他办公自动化设备

（3）家具

（4）机动车辆（含各种专用车辆）

（5）电梯及起重机

（6）锅炉及安装

（7）通用办公软件及软件升级

（8）公务服装

（9）图书及教材

（10）其他

2. 工程类（单项预算金额 20 万元以上）

房屋及建筑物维修、改造工程

房屋装饰、装潢工程

水暖管网维修更新

绿化、美化工程及维护

系统集成及网络工程

其他工程

3. 服务类

机动车辆统一保险

机动车辆定点加油、定点维修

各类会议定点接待、统一结算

各种专用票据、材料的印刷（单项预算金额 3 万元以上）

政府采购项目的设计费（单项预算金额 20 万元以上）

社会中介机构的选择

（二）实行部门集中采购目录

采购人可以委托经审批的社会代理机构或省政府采购中心组织实施的项目：

（1）救灾物资、防汛物资、抗旱物资、农用物资、储备物资、疫苗

（2）教学设备、实验室装置、教学模型

（3）医疗器械、计划生育设备、分析检验设备等

（4）广播电影电视设备、文艺设备

（5）环保监测设备

（6）农田水利专用设备

（7）消防部门装备的专用设备

（8）公、检、法、司等部门专用设备和用品

（9）体育专用设备及器材

（10）气象研究专用设备、无线电防震、防雷、地质勘查专用设备

（11）省政府采购中心负责实施的工程类项目以外的其他工程

（12）其他具有特殊需求的采购项目

二、采购限额标准

（一）分散采购限额标准

货物：采购目录以内的单项预算金额超过 0.5 万元不足 3 万元的各类货物，不足 0.5 万元（含）不需办理分散采购审批手续。

工程：预算金额超过 5 万元不足 20 万元的各类工程。不足 5 万元（含）不需办理分散采购审批手续。

（二）公开招标数额标准

货物、服务项目为 50 万元（含）以上；省政府采购中心组织实施的工程项目为 100 万元（含）以上。

（三）竞争性谈判数额标准

货物、服务项目预算金额在 20 万元～50 万元（含 20 万元）、工程项目为 20 万元～100 万元（含 20 万元）。

（四）询价采购数额标准

预算金额 5 万元～20 万元的货物应当委托省政府采购中心采用询价方式组织实施。

甘肃省人民政府办公厅关于印发 2007 年政府集中采购目录限额标准和货物服务项目公开招标数额标准的通知

（2007 年 1 月 8 日　甘政办发［2007］1 号）

各市、自治州人民政府，省直各部门、各单位：

根据《中华人民共和国政府采购法》（以下简称《政府采购法》）的规定，现将《甘肃省 2007 年政府集中采购目录限额标准和货物服务项目公开招标数额标准》印发给你们，请认真遵照执行。

一、全省各级机关、事业单位和团体组织（以下简称“部门单位”），使用财政性资金或与财政性资金配套采购政府集中采购目录以内或限额标准以上的货物、工程和服务，均属于政府采购范围，必须按照规定的采购方式和程序依法实施政府采购。

二、政府采购实行集中采购与分散采购相结合。集中采购目录中通用采购项目应当委托政府集中采购机构代理采购，部门集中采购和分散采购项目，采购人应当委托集中采购机构或经省级以上（含省级）财政部门认定资格的社会代理机构以及财政部门确认的部门集中采购机构采购；属集中采购范围，但因特殊原因确需采购人直接采购的，需经同级财政部门批准，并依法接受监管。

三、采购规模达到公开招标数额标准的，必须采取公开招标方式，因特殊情况需要采用公开招标以外采购方式的，应由采购人在项目实施前按规定获得同级财政部门的批准。任何部门单位不得通过化整为零、分解整体项目、增加采购批次等手段规避集中采购和公开招标采购。

四、对实行政府采购的项目，各部门单位应编制政府采购预算和实施计划，具体编制办法和报送时间按照同级财政部门的相关规定办理。在项目采购实施前，采购人首先要依法申报采购方式，经同级政府采购监管部门批准后，方可与采购执行机构签订委托协议，实施采购，并接受全程监管。执行协议供货和定点采购的项目，由政府采购监管部门统一委托代理机构通过公开招标方式确定供应商，并向社会公布中标供应商及价格与服务承诺等事项。采购人根据所需，在协议供货范围内直接选择成交。政府采购项目实施后，采购人要将合同及采购过程中形成的文件资料按法定时间（合同签定后 7 个工作日内）报政府采购监管部门备案。在实施采购过程中，要认真贯彻落实国家产业政策有关利用节能产品、自主创新产品、环保产品的规定精神。对未履行报批手续、签订委托协议、合同备案的，财政或各单位财务部门一律不予支付采购资金。各市州、省直部门要按统一规定及时向省级财政部门报送政府采购统计信息。

五、凡政府采购项目（包括政府集中采购项目、部门集中采购项目、分散采购项目），必须按规定组建评审委员会或评审小组，其中技术、经济评审专家应占到2/3以上，采购人不得以专家身份参与本部门或者本单位采购项目的评审。采购代理机构工作人员不得参加由本机构代理的政府采购项目的评审。评审专家必须在财政部门管理的“政府采购评审专家库”中随机抽取。财政部门要加强对评审专家的培训、认证和业绩考核，并实行动态管理。各部门单位要积极向财政部门推荐评审专家，创造条件，鼓励支持评审专家参加政府采购评审活动。

六、政府采购资金实行国库集中支付。各级财政部门应单独设立“政府采购资金专户”，具体运作按相关规定办理。

七、按照《政府采购法》的要求，采购公告、采购结果等政府采购信息必须在财政部门指定的媒体上及时公布。《中国财经报》、中国政府采购网（www.ccgp.gov.cn）和甘肃省政府采购网（www.gszfcg.gansu.gov.cn）为我省指定的免费政府采购信息发布媒体。全省所有的采购信息必须在上述指定媒体上发布。

八、集中采购目录中确定的政府采购项目和限额标准，系指省本级政府采购执行的采购项目和标准。鉴于我省各市州财政状况不同，省政府授权市州人民政府结合本地实际情况适当调整，制定本级及所属县区市政府集中采购目录、限额标准和公开招标数额标准，并报省财政厅备案。

九、各级财政部门、政府采购代理机构和各部门单位要严格执行《政府采购法》，认真贯彻落实各项规定，加强协调配合，努力提高采购效率和服务质量。要将政府采购执行情况作为财政监督、审计检查和行政监察的重要内容，对采购执行结果要及时反馈报告。要加强对集中采购机构和社会代理机构的监督考核，加大监督检查力度，依法严肃查处各种违法违规问题，确保政府采购活动公开、公平和公正。

甘肃省2007年政府集中采购目录限额标准和货物服务项目公开招标数额标准

一、政府集中采购目录

（一）通用类采购项目

1. 货物类。

（1）电器设备（协议供货）。包括电视机、电冰箱、摄影摄像器材、空调（不含中央空调）。

（2）办公自动化设备（协议供货）。包括计算机、打印机、传真机、复印机、速印机、碎纸机、投影仪、扫描仪、多功能一体机。

（3）办公消耗用品（协议供货）。包括文印纸、复印纸、可移动存储设备。

（4）网络设备。包括服务器、路由

器、交换机、调制解调器及其他网络设备。

（5）家具。5 万元以上的办公家具。

（6）电梯。

（7）锅炉。

（8）5 万元以上的燃料。

（9）5 万元以上的制装。

（10）5 万元以上的图书资料。

（11）车辆。包括小轿车、大轿车、旅行车、越野车、皮卡车、摩托车（协议供货）、专用汽车。

2. 服务类。

（1）车辆维修、加油，保险（定点）。

（2）银行代理服务（定点）。

（3）计算机通用软件（协议供货）。

（4）5 万元以上印刷、出版。

（5）50 万元以上的大型会议。

（6）20 万元以上的会展和社会中介服务。

3. 工程类。20 万元以上的系统集成、网络工程。

（二）专用采购项目

1. 货物类。包括 5 万元以上的救灾物资、防汛物资、抗旱物资、农用物资及设备、储备物资、药品、医疗设备和器械、工程机械、园艺机械、教学设备、实验室设备、广播电视设备、计划生育设备、消防灭火设备、健身及康复设备、警用设备和用品、文艺设备、体育设备、宿舍家具，部门拟定由政府采购监管部门认定的其他有特殊要求的专用采购项目。

2. 工程类。30 万元以上的公用房建设和宿舍建设、10 万元以上装饰、维修工程，部门拟定由政府采购监管部门认定的其他有特殊要求的工程项目。

3. 服务类。5 万元以上的本部门单位信息管理系统开发及维护、部门专用软件，部门拟定由政府采购监管部门认定的其他有特殊要求的专用服务项目。

二、政府采购限额标准

各部门单位实行分散采购的项目（集中采购目录以外但达到限额标准以上的项目），应当按照《政府采购法》有关规定执行。具体限额标准为：5 万元以上采购货物和服务的项目，30 万元以上的工程项目。

限额标准的计算方式，由财政预算安排的专项采购，以财政预算资金为准；配套资金项目以项目总金额为标准；多次采购项目按照本年度本部门单位的采购总量为准。

复合采购项目，即含货物、工程或服务两个以上类别的采购项目，按照占采购资金比重最大的项目确定其属性。

三、政府采购货物服务公开招标数额标准

政府采购货物或者服务项目，单项或批量采购金额一次性达到 50 万元以上的，必须采用公开招标采购方式。政府采购工程公开招标数额标准按照国家有关规定执行。

新疆维吾尔自治区财政厅关于印发《新疆维吾尔自治区区级2008年度政府集中采购目录和分散采购限额标准》的通知

（2007年6月12日　新疆维吾尔自治区财政厅　新财购［2007］12号发布）

伊犁哈萨克自治州财政局、乌昌财政局及各地州市财政局，自治区各委、办、厅、局，各直属单位、各大专院校、社会团体，自治区政府采购中心，相关政府采购代理机构：

加强对自治区区级国家机关、实行预算管理的事业单位和社会团体实施政府集中和分散采购的范围和标准的管理，自治区财政厅根据《中华人民共和国政府采购法》和财政部颁发的《政府采购品目分类表》以及国家和自治区的有关规定，制定了《新疆维吾尔自治区区级2008年度政府集中采购目录和分散采购限额标准》（以下简称《集中采购目录和分散采购限额标准》），现印发给你们，请遵照执行。

一、自治区区级国家机关、实行预算管理的事业单位和社会团体（以下简称采购人）使用财政预算内资金、预算外资金、自筹资金和中央专款，实施列入《集中采购目录和分散采购限额标准》的货物类、工程类和服务类的项目的采购，必须实行政府采购。

二、凡列入集中采购目录范围的采购项目，采购人必须委托集中采购机构（自治区政府采购中心）实施采购。采购人因特殊原因，确需按分散采购方式采购的，需提前就项目、预算、用途等向自治区财政厅提出书面申请，对需委托采购代理机构完成的项目的采购，经自治区财政厅（政府采购监管部门）批准后，按照财政厅《政府采购代理机构代理政府采购业务管理（暂行）办法》（新财购［2005］11号）要求实施采购。对于情况紧急、采购金额低的项目的采购，经自治区财政厅（政府采购监管部门）批准后，由单位自行按规定的政府采购方式和程序组织实施。对采购人委托招标代理机构和自行组织采购的重大项目，必须以书面形式通报自治区财政厅（政府采购监管部门），政府采购监管部门将组织相关部门现场监督。上述采购程序完毕后，采购人应将招标文件、评估报告、采购合同等相关资料报自治区财政厅备案。

三、在集中采购项目中，货物类同类项目达到60万元（含60万元）、工程类同类项目达到100万元（含100万元）、服务类同类项目达到30万元（含30万元），应当以公开招标的方式实施政府采购。如有特殊情况需采取公开招标以外方式的，应向自治区财政厅提出申请，经批准后方可实施采购。

四、属于分散采购范围的货物类、工程类、服务类项目，采购限额未达到公开招标标准的，采购人可自行组织采购，也可委托采购代理机构采购，但必须按政府采购的方式和程序组织采购事宜。采购限额达到公开招标标准的项目，采购人必须委托代理机构进行采购，既可以委托经财政部和自治区财政厅批准认定的政府采购代理机构，也可以委托集中采购机构（自治区政府采购中心）。受委托的政府采购代理机构要按照规定的政府采购方式和程序组织招投标等采购事宜。因特殊情况需采取公开招标以外方式的采购，应向自治区财政厅提出申请，经批准后，按照批准的方式采购。

五、政府采购原则上要求购买国内商品和服务，确需购买进口产品的必须通过主管部门或有关部门的批准和认定。

六、政府采购商品要优先选择环保、节能和自主创新产品。同等条件下按有关规定优先选择本地中小企业。

七、本《集中采购目录和分散采购限额标准》公布后，因特殊情况需要修改、补充的，由自治区财政厅另行公布。

八、根据《政府采购法》的规定，政府集中采购目录以内的或分散采购限额标准以上的货物、工程和服务的采购行为，要接受财政、监察、审计等部门的监督。

自治区财政厅政府采购管理办公室受理有关政府采购的举报和投诉。联系电话：0991－2826679、0991－2816875。

九、各地、州、市的政府集中采购目录及分散采购限额标准，可结合本地区实际情况参照执行。

十、本《集中采购目录和分散采购限额标准》由自治区财政厅负责解释。

附件：1. 新疆维吾尔自治区区级2008年度政府集中采购目录

2. 新疆维吾尔自治区区级2008年度分散采购限额标准

附件1

新疆维吾尔自治区区级2008年度政府集中采购目录

序　号	品目名称	备　注
A	**货物类**	
A03	一般设备	
A0301	电器设备	

序　号	品目名称	备　注
A030101	电视机	
A030102	电冰箱	
A030105	摄影、摄像器材	
A030106	空气调节设备	包括除湿设备
A0302	办公自动化设备	
A030201	计算机	
A030202	打印机	
A030204	传真机	
A030205	复印机	
A030206	速印机	
A030207	碎纸机	
A030208	投影仪	
A030209	扫描仪	
A030210	计算机通用软件	（指操作系统、数据库管理系统、中间件管理系统、办公软件、防病毒软件）
A030211	移动存储盘	
A0303	家具	
A030301	办公家具（含教学家具）	单次采购金额5万元以上，年累计采购金额20万元以上
A030302	宿舍家具	单次采购金额5万元以上，年累计采购金额20万元以上
A06	物资	
A0601	救灾物资	

序 号	品目名称	备 注
A0604	农用物资	单次采购金额 5 万元以上，年累计采购金额 60 万元以上
A0605	储备物资	单次采购金额 5 万元以上，年累计采购金额 60 万元以上
A07	专用材料	
A0708	制服及劳保用品	单次采购金额 5 万元以上，年累计采购金额 20 万元以上
A10	专用设备	
A1001	通信设备	
A100101	移动通信设备	单次采购金额 5 万元以上，年累计采购金额 20 万元以上
A100103	卫星定位仪	
A1004	网络设备	
A100401	服务器	
A100402	路由器	
A100403	交换机	
A100501	发电设备	单次采购金额 5 万元以上，年累计采购金额 20 万元以上
A100502	变配电设备	单次采购金额 5 万元以上，年累计采购金额 20 万元以上
A1006	医疗设备、器械	单次采购金额 5 万元以上，年累计采购金额 20 万元以上
A1007	计划生育设备	单次采购金额 5 万元以上，年累计采购金额 20 万元以上

序　号	品目名称	备　注
A1008	监控设备	
A1010	农用机械设备	单次采购金额5万元以上，年累计采购金额20万元以上
A1011	工程机械	
A1012	园艺机械	单次采购金额5万元以上，年累计采购金额20万元以上
A1013	消防设备	单次采购金额2万元以上，年累计采购金额20万元以上
A1014	道路清扫设备	
A1015	警用设备和用品	
A1019	教学设备	单次采购金额10万元以上，年累计采购金额40万元以上
A1020	实验室设备	单次采购金额10万元以上，年累计采购金额40万元以上
A1021	广播电视、摄影设备	
A1022	灯光、音响设备	单次采购金额5万元以上，年累计采购金额20万元以上
A1024	体育设备	单次采购金额5万元以上，年累计采购金额20万元以上
A1027	电梯	
A1029	锅炉	
A1030	安检设备	单次采购金额5万元以上，年累计采购金额20万元以上
A11	交通工具	
A11010101	普通轿车	
A11010102	高级轿车	

序　号	品目名称	备　注
A110102	越野车	
A11010402	旅行面包车	
A110105	专用汽车	
A11010501	工程汽车	
A11010502	工具汽车	
A11010503	消防车	
A11010504	警车	
A11010505	救护车	
A11010506	摩托车	
A11010508	洒水车	
A11010509	道路清扫车	
A11010510	垃圾车	
A11010599	其它专用汽车	
A99	其它货物	（财政部门要求的项目）
B	**工程类**	
B01	建筑物类	
B0101	公用房建筑	
B0102	住房建设	
B0104	公益设备建设	
B0105	纪念性建筑设施建设	
B09	修缮、装饰工程	
B10	系统集成、网络工程	
B99	其它工程	（财政部门要求的项目）

采购上述工程类项目，单项造价经财政厅投资评审中心评估后总额达到 30 万元以上的项目纳入政府集中采购。

序号	品目名称	备注
C	**服务类**	
C01	印刷、出版	单次采购额2万元以上年累计采购金额10万元以上
C02	工程设计	工程额度1 000万元以上
C0703	交通工具的维护保障	
C070301	车辆保险	
C070302	车辆加油	
C070303	车辆维修	
C08	会议	
C0801	大型会议	（二类会议）
C99	其它服务	（财政部门要求的项目）

附件2

新疆维吾尔自治区区级2008年度分散采购限额标准

（一）货物类

单项金额在5万元（含5万元）以上或单项金额低于5万元但一次批量购买金额在10万元以上的货物。对其中采购总额达到80万元（含80万元）以上的货物的采购，按照公开招标的方式进行。

（二）工程类

30万元（含30万元）以上的工程项目。对其中达到100万元（含100万元）以上的工程项目的采购，按照公开招标方式进行。

（三）服务类

单项金额在1万元（含1万元）以上或单项金额低于1万元但一次批量购买金额在5万元以上的服务项目。对其中达到50万元（含50万元）以上的项目的采购，按照公开招标方式进行。

六、大 事 记

2008年政府采购工作大事记

1月份

1月25—26日，财政部组织召开全国政府采购工作会议，张通部长助理作了重要讲话。会议全面总结了《政府采购法》实施五年来政府采购制度改革取得的成绩，提出了深化改革的新思路和新任务，通报了我国加入《政府采购协议》（GPA）相关工作进展情况，并提出了谈判应对工作要求。

2月份

2月4日，财政部印发《2008年政府采购工作要点》，部署2008年政府采购工作重点。

2月18—21日，财政部率团赴日内瓦就我国加入GPA开展首轮谈判。其间，代表团与美国、日本、韩国、加拿大和欧盟等GPA成员开展了双边谈判。WTO秘书处和GPA参加方对我国启动加入GPA谈判给予了高度肯定。

2月20日，张通部长助理就政府采购制度改革有关情况接受中国新闻网的采访，对政府采购制度5年改革成效给出总体评价。

2月下旬，财政部在烟台组织财政系统政府采购监督管理人员培训，就政府采购投诉处理、进口产品管理办法、自主创新管理办法、电子化政府采购、招标实务等内容进行了培训。

2月28日，詹静涛司长接受中国政府网专访，在线回答国库改革和政府采购改革有关问题。

3月份

3月25日，财政部、国家发展改革委在京启动了“高效照明产品推广项目”。该项目通过政府采购公开招标方式确定了高效照明产品中标企业、产品规格型号、协议供货价格等，并明确了地区、部门推广任务承担企业。

4月份

4月8日，财政部按照GPA谈判工作的整体安排，部署GPA研究工作组2008年研究工作。

4月10日，中央国家机关2008年政府集中采购工作会议在京召开，财政部就如何做好集中采购工作提出具体要求。

4月22日，财政部、监察部、审计署和国家预防腐败局联合召开全国政府采购执行情况专项检查电视电话会议，监察部部长马驭、财政部部长谢旭人、审计署副审计长董大胜和国家预防腐败局副局长屈万祥分别作了重要讲话，全面动员部署专项检查工作。该会议的召开标志着全国政府采购执行情况专项检查工作正式启动。

4 月下旬，财政部与欧盟内部市场服务总司分别于北京和上海联合举办了两期政府采购研讨会，财政部国库司詹静涛司长和欧盟内部市场与服务总司政府采购政策司卡森司长共同出席研讨会。

5 月份

5 月 4 日，由财政部、监察部、审计署和国家预防腐败局联合组织的全国政府采购执行情况专项检查全面展开，此次检查对中央、省、市、县四级共 27.5 万个采购单位、近 2 400 个集中采购机构和 1 100多个社会代理机构开展了检查。

5 月 6 日，财政部组织召开中央单位政府采购工作会议，张通部长助理作了重要讲话。会议肯定了中央单位政府采购改革成效，对 2008 年中央单位政府采购工作做出部署。

5 月 29 日，财政部印发《关于加强汶川地震救灾采购管理的紧急通知》（财库［2008］43 号)，对紧急采购和灾后恢复重建中的采购行为提出了规范性管理要求，确保紧急采购有效开展的同时也保证了救灾资金的规范使用。

6 月份

6 月 1 日，财政部正式启用“中央单位变更政府采购方式审批管理系统”，并选择了 12 家中央单位进行试点。该系统以中国政府采购网为平台，为中央单位提供了网上申报采购方式变更的渠道，同时也实现了财政部审批流程的电子化。截至 2008 年年底，通过该系统报送的政府采购方式变更和进口产品审批达到 680 件。

6 月 20 日，中央单位政府采购执行情况重点检查工作如期开展，由部分财政监察专员办、监察部驻部分中央单位监察部门的检查力量共 80 人组成 10 个重点检查小组对 23 家中央单位、3 家集中采购机构和 10 家甲级代理机构开展了重点检查。

6 月 23 日，财政部与美国代表团就中国加入 GPA 进行双边磋商。

6 月 25 ~ 26 日，财政部与美国贸易发展署在北京联合举办了政府采购培训班。财政部张通部长助理和美国贸易发展署来瑞士·沃特署长共同出席培训班开幕式并致辞。

7 月份

7 月 3 日，财政部和环境保护部联合印发《关于调整环境标志产品政府采购清单》的通知，将优先采购的环境标志产品从 14 类 2 823 种增加到 19 类 6 814 种。

7 月 9 日，财政部印发《关于政府采购进口产品管理有关问题的通知》（财办库［2008］248 号)，对《政府采购进口产品管理办法》（财库［2007］119 号）的适用范围、关境和海关特殊监管区域产品认定、境内多次流转进口产品认定、行业主管部门意见等问题进行细化。

9 月份

9 月 23 日，北京北辰亚奥科技有限公司诉江苏鱼跃医疗设备有限公司政府采购案在北京市一中院开庭。

9 月 15 日，财政部代表我国政府向

WTO秘书处提交了《中国政府采购国情报告》。

9月16日，詹静涛司长赴美参加19届中美商贸联委会有关政府采购议题的磋商。

9月22～24日，财政部率团赴日内瓦就我国加入GPA开展第二轮谈判，代表团分别与美国、欧盟、加拿大、日本开展了双边谈判。政府采购委员会主席和GPA参加方对我国提交报告给予了高度肯定。

10月份

10月6日，财政部国库司世行项目“加强中国电子化政府采购能力”全部完成，并向世行正式提交研究报告，该项目成果对研究我国电子化政府采购工作提供重要参考。

10月10日，国务院系统2008年度计算机等信息类产品协议供货补充招标完成，此次补充招标要求投标货物必须为本国企业生产的具有自主知识产权的产品，在扶持自主创新产品和民族品牌企业发挥政府采购政策功能方面做出有效尝试。

11月份

11月25日，中欧政府采购法律对话在京举行。财政部国库司詹静涛司长和欧盟内部市场与服务总司政府采购政策司卡森司长共同出席并开展了对话。

12月份

12月9日，财政部向国务院提交了《关于全国政府采购执行情况专项检查工作的请示》，就专项检查中发现的问题和下一步工作向国务院请示。

12月9日，财政部会同有关部门参加了WTO政府采购委员会第五次会议。期间，代表团分别与美国、欧盟和加拿大就中国加入GPA开展了技术级磋商。

12月17日，国务院办公厅印发《中央预算单位2009～2010年政府采购集中采购目录及标准》。

12月26日，纪念改革开放30年中国政府采购高峰论坛在海南举办，财政部张通助理出席论坛。

12月，财政部通过政府采购确定了2009～2010年党政机关出差和会议定点饭店名录。

七、文选、案例

关于政府国货采购若干问题研究

通过采购国货保护和促进民族产业的发展，是政府采购重要政策功能之一，也是世界各国政府采购普遍遵循的原则。尤其是对于一些在国民经济和社会发展中具有战略意义、核心意义的产业，情况更是如此。在《政府采购法》颁布以前，我国政府采购既没有加入世界贸易组织《政府采购协议》，没有与相关国家对等开放政府采购市场，也没有关于政府采购保护本国产业的具体规定。因此，我国政府采购市场，除曾经因一些政府部门过度采购进口汽车采取过控购措施以外，基本上是毫无保留地对外开放。自2003年《政府采购法》实施以来，政府采购在保护民族产业方面有了明确的法律依据，并在促进民族产业发展中开始发挥作用。更现实的是，在当前国际金融危机加剧之际，不少国家和地区出现了贸易保护主义抬头趋势，纷纷利用采购限制其他国家产品和服务，以扩大本国需求。但是，另一方面，我国政府国货采购方面却遇到了国货标准不明确、国货采购缺乏具体操作依据、国货文化缺失等实际问题。如何清楚认识国货采购相关问题、落实政府国货采购政策功能，仍然需要研究和探讨。

一、政府国货采购的客观性分析

从采购学原理看，在市场经济条件下，采购作为人们实现对使用价值需求目标的手段，对社会产品的销售总量及结构发挥着重要的扩张、抑制、调整或引导作用。人们采购什么、采购多少、向谁采购以及何时采购等，都会直接或间接地影响到经济总量及某些产业和产品的生产与发展。因此，利用采购调节和促进经济发展，历来为世界各国所重视。政府采购应该采购本国货，则是由政府采购本质及政府采购的特殊功能决定的。政府采购资金是社会公共资金，政府作为社会公共利益的代表，在处理采购什么、采购多少、为谁采购及向谁采购等问题时，必须从全社会公共利益和总体利益出发，兼顾政府多方面的政策目标。实际上，为了促进民族产业的发展，许多国家都通过行政或法律手段，要求本国政府部门或机构在采购货物、工程和服务时，必须优先购买本国产品，以保护本国供应商的利益。典型的如美国20世纪30年代颁布的《购买美国产品法》，从政策上和法律上确保政府机关优先购买美国产品。根据该法的规定，美国的一般产品可以享受6%的优惠，而如果是小型企业或少数民族企业，则可以享受高达 12% 的优惠。同时，对外国政府在政府采购中对美国产品的歧视性政策规定了严格的报复性程序。澳大利亚在筹备 2000 年奥运会时规定，所有场馆建设必须由本国企业承担。在 1946 年起草《关税与贸易总协定》时，由于政府采购的公共性及其他复杂的原因，各国政府采购是否对等开放的问题并没有被纳入谈判的内容之中。因此，在一般性市场开放以后，不开放的政府采购市场更被各国用来作为保护民族产业的重要手段。

直到 20 世纪 70 年代，由于政府采购的规模越来越大，对于国际贸易发展的影响也日益增强。在 1979 年东京回合多边贸易谈判中签订的《政府采购协议》，要求“关税与贸易总协定”成员加入这一协议，对等开放政府采购市场。但即便如此，该协议仍有两个重要的保护空间：第一，每个成员可以自愿决定是否参加。第二，各成员可以通过谈判有选择、有条件地开放政府采购市场。对于一些对民族产业和国家安全有重要影响的产业和产品，可以不开放或者暂缓开放。可见，从保护本国产品的角度出发，各国对于政府采购市场的开放持相当谨慎的态度。

政府采购本国货受到各国政府的高度重视，也源于其巨大的采购金额和对市场的巨大影响力。随着社会经济的发展，政府采购性支出占 GDP 的比例日益增多。据统计，目前，市场经济国家政府采购规模一般占年度 GDP 的 10% ~ 15% 左右。在中国，2007 年政府集中采购的货物与服务金额约为 5 000 亿元。如果包含巨额的政府公共工程采购，采购总额则高达万亿元。其中，2008 年出台的政府应对经济危机的 4 万亿元投资，本身就足以证明政府采购数额巨大。如此巨额的、集中性的、有计划性的政府采购金额，其采购什么、向谁采购，无论如何都会对市场供应及供应商利益产生巨大影响。

政府采购国货可以在多方面发挥政策功能作用。首先，政府采购国货是促进产业发展和拉动经济增长的重要途径。政府采购本国货，可以增加本国供应商的销售金额和市场占有量，促进经济增长，提高就业率，增强竞争力，发挥西方经济学所阐述的乘数效应。相反，则会增加外国供应商的竞争能力。其次，政府采购本国货，可以发挥保护特定产业、促进自主创新的重要作用。现代经济以高科技为核心，一些对于经济全局和经济发展持续性具有决定性影响的产业和行业，如汽车发动机、计算机芯片、软件等，成为决定经济自主能力、控制能力和持续发展能力的决定性因素。这些产品与服务往往是政府履行职能所需要的。因此，在未加入 WTO《政府采购协议》之外，开展贸易，运用政府对具有自主创新性质的高科技产品实行优先采购、优惠采购以及对有重大创新的产品实行政府首购和持续订购等方法，对于稳定和推进这类产业及自主创新产品的发展具有不可替代的作用。第三，政府采购国货是实现国家安全的重要条件。现代技术特别是现代信息技术的发展，诸如 IT、军事产品与服务的使用，涉及国防、重要信息及经济的安全。2006 年美国政府采购了部分被联想收购的 IBM 公司的个人电脑，一度引起美国舆论哗然。最终美方以涉嫌妨碍国家安全为由而设置了诸多使用限制。可见西方国家对于政府采购涉及的安全问题的重视。从我国的情况看，政府采购中，包括电脑、各类软件以及一些涉及国防安全的产品都不乏外国货，为经济安全、信息安全和国防安全埋下了隐患，必须引起高度重视。第四，政府采购国货具有引导作用和倍数效应。政府是社会的领导者和示范者，政府采购国货，会形成政府对民间、上级政府对下级政府的示范作用，并可推动形成国货精神和国货文化。

按照世界贸易组织倡导贸易自由化的精神，一般都鼓励 WTO 成员积极参加旨在对等开放政府采购市场的《政府采购协议》。虽然我国加入该协议的程序也已经启动，但起码目前还没有加入，也就是说，我国政府采购并没有义务采购非本国的产品和服务。而且即使今后我国加入了《政府采购协议》，也不可能全面加入，而是选择特定区域、特定行业或特定行政级次的加入，没有加入的部分，仍然需要坚持采购国货原则；同时，加入《政府采购协议》还有门槛价格限制，门槛价以下的，仍需遵循采购国货原则。

但是，必须看到的是，我国政府采购国货的形势并不乐观。比如，法律规定尚不十分严密，采购人的国货意识淡薄，国货判断依据不明确，国外政府采购对中国供应商没有开放而我国实际上在大量采购非国货产品，对于国货与非国货审查过于宽松，等等。这些问题的存在已经严重影响了政府国货采购的有效进行。

二、政府采购国货标准界定

在政府国货采购中，所面临的基本问题之一是国货标准界定。可以说，国货判断标准问题，是实现政府国货采购规范化的首要问题。没有明确的国货标准，国货采购就无法规范操作。我国《政府采购法》规定政府采购应该采购本国货，但究竟什么是本国货，目前仍没有十分明确的界定。因此，国货标准问题需要我们进行专门讨论。

关于什么是国货，世界各国都有自己不同的概念和定义，其中最原始最简单的定义，大都是指在本国境内生产和提供的工程、货物和服务。随着社会经济的日趋复杂，特别是经济发展全球化、经济投资主体多元化和经济成分的复杂化，原有的简单的判定国货与非国货的方法已经不适应新的形势，国货标准需要从不同的角度和考虑多种因素来确定。笔者认为，在当今国际经济条件下，判断是否属于国货，应该把握好以下几个主要标准。

（一）纯原产地标准

判断是否是国货，首先应该掌握原产地标准。原产地标准是指工程、货物和服务最初提供地。凡是由境内提供的是国货，由境外提供的，就是非本国货。原产地标准是世界各国划分本国货与非本国货最原始、最根本的依据。1992 年 3 月 8 日，我国政府发布了出口货物原产地规则，其中第六条规定，符合下列标准之一的货物，其原产地为中华人民共和国。在这种原产地规则中，又分为全部在中华人民共和国境内生产或者制造和部分在本国制造的产品。在此，我们首先关注全部由中华人民共和国提供的部分，即纯原产地标准。其中主要包括：（1）从中华人民共和国领土和大陆架提取的矿产品。（2）在中华人民共和国境内收获或采集的植物及其产品。（3）在中华人民共和国境内繁殖和饲养的动物及其产品。（4）在中华人民共和国境内狩猎或捕捞获得的产品。（5）由中华人民共和国船只或者其他工具从海洋获得的海产品和其他产品及其加工制成的产品。（6）在中华人民共和国境内制造、加工过程中回收的废料及在中华人民共和国境内收集的其他废旧物品。（7）在中华人民共和国境内完全用上述产品以及其他非进口原料加工制成的产品。根据这些标准，可以清楚地判断纯本国货与非本国货的界线。

（二）价值比率标准

所谓价值比率标准，就是人们通常所说的产品价值中国产因素在产品总价值中所占的价值比率。实际上，我们知道，单纯的本国货与非本国货的判断并不难。但在经济全球化的今天，各国经济已经相互融合，随着跨国公司业务的增加及经济投资主体的多元化，许多产品已经形成了国产与非国产你中有我、我中有你的混合产品。在政府采购操作过程中，难以判断的正是介于本国货与非本国货之间的混合产品（工程、货物与服务）。这些混合产品可能是多国合作的结晶，兼有多个国家或地区的“身份”。改革开放以来，我国已有大量的中外合资、中外合作、外国独资等外商投资企业。这种外资机构大都在我国注册，是我国的企业法人，它们生产的产品或提供的劳务应属本国的产品和劳务。但这类企业往往是利用外国的原材料、零配件和外国的品牌价值，因此，它们提供的产品并不一定都是国货。还有一种情况，一些国内法人投资注册的企业虽然并不是外资企业，但是，其生产的产品主要是通过进口外国的原材料、装备、技术及零配件进行装配或组装而形成的。因此，使用价值比率标准，就是在对这种混合型产品做本国货与非本国货的认定时，主要依据是产品或服务在境内与境外形成的价值比率高低。也就是说，看产品或服务的成本与价值中国产与非国产的部分哪个占的比例更高，以此作为划分的界线。一般情况下，衡量比率高低的基本依据是比率为 50%。就是说，在国内形成的价值比率超过 50%，就是本国货，否则就是非本国货。价值比率法是世界各国最普遍使用的办法，大多数国家和地区在对待非 GPA 采购项目时，要判断含有多种价值成分的产品是本国货还是非本国货，都是遵循价值含量最高者归属原则。

关于价值比率判断法，有几个具体的情况需要特别说明。其一，中外合资、中外合作、外国独资企业在中国生产、加工、制造或提供服务，其产品或服务价值在中国境内的增值部分超过 50%，可以判定为本国货。反之为非本国货。其二，本国企业在外国注册，其生产和制造的产品主要使用的是境外原材料、劳务，其中在国外形成的产品或服务价值超过 50%，销售到国内时，仍应该判定为非本国货。反之，可以判定为本国货。其三，中国出口的产品，没有经过复杂加工，又销回中国，其价值成份中国产比率仍在 50% 以上，仍应属于本国货。

使用价值比率标准在实际操作中有一定难度，需要做比较细致的工作。这主要是因为，价值比率标准需要对产品成本的价值量进行计算。特别是在 50% 之间的区域确定，需要更精确的计算。而目前我国产品成本价值计算比较复杂，一些成本分摊划分没有十分明确的界限。因此，使用价值比率方法还需要有明确的制度约束，即规定采购机构有权利和义务要求所有涉及国货与非国货混合因素的产品，都必须清楚地提供产品成本的国内、国外价值构成数据，并承担法律责任。因此，也需要相应的财务会计制度支持。

（三）注册或国籍标准

注册或国籍标准是针对供应商的国籍和注册地而言的。在工程与货物采购方面，划分本国货与非本国货，与供应商的国籍和注册地并不一定产生必然联系，但是在劳务服务采购方面，划分本国劳务服务与非本国劳务服务，与供应商的国籍和注册地是有内在联系的。一般情况下，国籍和注册地是劳务服务原产地认定的重要依据。例如，某地区对于非《政府采购协议》成员在劳务服务上的认定，就是以注册地为主要依据的："劳务之原产地，除法令另有规定者外，依实际提供劳务者之国籍或登记地认定之。属于自然人者，依国籍认定之；非属自然人者，依登记地认定之。"实际上，随着社会经济的发展，政府对于劳务服务的采购也会不断增加，劳务服务采购是否能把握好"国货"的标准，同样十分重要。

三、规范政府国货采购的措施与对策

政府国货采购在明确国货标准之后，对于具体的采购实施，需要从观念改变、制度完善、过程控制和监督管理等多方面、全方位采取措施。

（一）强化国货文化的塑造与培育

国货采购从某种意义上说也是一个文化问题。塑造保护国货、使用国货、采购国货的国货文化，是做好政府国货采购的基础和根本。对于国民及政府机构及其工作人员而言，热爱国货、支持民族产业发展，还是热爱时尚和享受，追求名牌、高档、进口产品，在很大程度上影响着他们采购什么和向谁采购。在过去很长的时间里，由于生产力落后及其他一些原因，一些人产生了崇洋媚外的心理，以使用进口货为荣，甚至鄙视国货，或者不计成本地、片面地追求高价位、多功能的进口产品。加上过去我国没有政府采购本国货的相关法律规定，人们更缺乏这方面的意识和习惯。一些采购人单位为了使用习惯和出于个人便利等原因，不计公共成本，仍坚持采购进口产品或服务，如汽车、电器，特别是软件产品。也有一些采购人单位法制观念、规则意识淡漠，不按照法律办事，或者采取上有政策、下有对策的方式，逃避采购国货的约束。此外，国货采购还涉及责任感、国家安全等多方面的观念和文化。2002 年我国《政府采购法》颁布以后，政府采购国货的意识有了很大的增强，但必须看到，文化和习惯的改变并不是轻而易举的事，需要我们运用宣传、教育、惩处等方式，强化政府部门和机关单位热爱国货、使用国货、采购国货的意识和观念。同时，政府倡导采购国货的观念和文化，还能在很大程度上影响社会其他主体的采购行为，从而在更大程度上形成一种国货精神与文化。

（二）完善政府国货采购法律制度，明确法律解释

我国《政府采购法》规定"政府采购应该采购本国货物、工程和服务"，法律意向与要求都十分明确。但是，在政府采购实践中，国货采购仍缺乏明确规定和依据。因此，实现政府国货采购规范化，必须从以下几个方面加强制度建设：

1. 建立完善的国货认定制度。政府需要建立明确的国货认定制度，包括明确国货认定标准、认定程序及认定主体。虽然本文前面已经讨论过国货认定标准，但操作中必须有明确的法定标准；认定程序是指在哪个环节必须确定国货属性，对国货属性进行审定；同时，必须明确国货认定主体，即明确由什么机构认定国货属性才具有法律效力。

2. 建立非国货采购许可制度。当国货无法满足社会公共需求和政府履行职能

的需要时，政府仍然需要采购非国货。因此，为了控制非国货的采购，必须建立非国货采购许可制度。在我国现行《政府采购法》中，也有政府采购非国货的三方面的条件：（1）需要采购的货物、工程、服务在中国境内无法获取或无法以合理的商业条件获取的；（2）为在中国境外使用而进行的采购；（3）其他法律、行政法规另有规定的。也就是说，如果符合这三个方面的条件，政府可以采购非本国货。但是，非国货采购条件也存在不够明确的问题，需要进一步明确和完善。

其一，应该明确“国内无法获取”的含意。由于采购实质上是为了获取某种特定的功能，因此，法律细则至少应该规定三个条件：一是证明采购的是为政府所需要的；二是采购的是国内无法获取的功能；三是采购的是国内其他产品无法替代的功能。由此可知，只有在功能必要，且无法在国内获取和无法由国内产品替代的情况下，才能考虑采购非本国货。

其二，“合理的商业条件”需要界定。无论是价格还是质量、服务或其他内容，其“合理”还是“不合理”，应该有明确的判断标准。以价格因素为例，什么情况下采购本国货的价格是不合理的？是高于非本国货 10% 还是 50%？需要有一个界定。同时，如果出现了不合理的价格条件，是否能够通过相应的办法很好地解决等问题也都应是确定判断标准时要考虑的因素。否则，“不合理的商业条件”一定会成为采购国货的阻碍、采购非国货的借口。

其三，法律规定“为在中国境外使用而进行的采购”可以采购非国货。这里是否也需要明确，在中国境外使用，并在境外采购的部分，可以采购非国货，但是如果在中国境外使用，而在中国境内采购，是否仍应该采购国货。对此需要从制度或制度说明中加以明确。

其四，法律规定“其他法律、行政法规另有规定的”采购，可以随其规定。对此，也需要有明确的原则。因为存在“法律”与“法律”、“法律”与“行政法规”可能产生冲突的问题。处理这种问题的一般规则应该是：当《政府采购法》仍有法律效力时，不应该有与之相冲突的其他法律（除《宪法》调整以外），更不能出现行政法规与法律相违背的情况。

（三）加强政府国货采购的监督与管理

政府国货采购在文化形成与制度规范之后，关键在于监督执行。从我国的情况看，政府国货采购显然还存在监督管理方面的问题，例如：政府国货采购规则不够完善，监督依据难以把握；政府采购是一项新事业，一些相关的监督管理部门存在人员少、琐事多、业务不够熟练及相关产品技术知识缺乏等问题，对政府国货采购问题或者无暇顾及，或者不能明确判断；政府采购的产品千差万别，既有纯国货或纯外国货，更有国内、国外不同价值构成、不同股份构成等众多的混合型产品，在价值构成测算体系不健全的情况下，监督管理难度大。此外，一些采购人单位及监督管理部门对于政府国货采购认识不足，也是经常导致政府国货采购疏于管理的重要原因。

加强政府国货采购监督管理，需要从多方位、多环节进行。（1）在政府采购预算环节，需要对采购需求进行审核，剔除各种没有正当理由的非国货采购安排。（2）在采购实施环节，加强对供应商的审查，对于“身份”非常明确的外国供应商，有权利按照《政府采购法》的规定加以拒绝。对于存在价值混合情形的产品或服务，需要提供产品价值构成比例。对于国内价值增值没有超过50%的产品不能采购。对于需要采购的非本国货的产品，对其采购条件实行严格限制和审核。(3) 在采购结果和验收环节，发现无合法理由采购非本国货的情况，需要及时纠正和查处。(4) 在投诉环节，对于各种关于国货采购的投诉认真对待，按照投诉的线索进行调查和处理。只有在监督与管理方面做好了工作，实现政府国货采购才真正成为可能。

（作者：中央财经大学政府管理学院　徐焕东）

发挥政府采购政策功能促进经济社会和谐发展

2008年12月10日，湖北省“2009年政府采购省级协议供应商公开招标”开标。此次招标明确规定，计算机协议供应商只招国产品牌。这可以说是国货首次在招标阶段成为湖北省政府采购的指定产品。这一做法在业界引起一些讨论，有支持也有质疑。本文将就湖北省出台这一规定的思考，以及支持“国货”的实际行动作简要说明。

政府采购的政策功能是指政府采购的宏观调控功能，是指政府采购在满足政府自身基本要求的前提下所发挥的调控国家宏观经济的功能作用。西方经济学中，政府采购是国家用来调控宏观经济总量和结构的重要政策杠杆。实际上，世界上政府采购制度成熟的国家都把政府采购作为调控经济社会的主要手段之一。政府采购政策功能主要包括调节社会总需求；保持宏观经济稳定；促进经济结构调整，诸如促进民族产业发展，促进中小企业发展，促进节能环保等。

一、发挥政府采购政策功能的理论思考

（一）发挥政策功能是政府采购的本质要求

政府采购的本质是支持本国产品，保护本国产业。它有助于实现国家的经济和

社会发展政策目标，如保护环境，扶持不发达地区和少数民族地区，促进中小企业发展等。美国于1933年颁布了《购买美国产品法》，要求美国联邦政府采购要购买美国产品。德国历来也是尽可能地将采购合同授予本国企业，2003年德国将97.4%的政府采购合同授予了本国企业。日本则是通过充分利用政府采购例外条款来保护本国企业。法国则坚持将60%份额的政府采购合同授予本国的中小企业。印度政府规定政府各级官员必须使用国产汽车，严禁使用进口汽车。阿根廷规定只要本国产品的价格不高于进口产品的5%，就必须优先购买本国产品。我国《政府采购法》第十条规定："政府采购应当采购本国货物、工程和服务。"许多国家还在政府采购中使用首购和定购方法支持自主创新企业和产品。这些都证明了政府采购决不是一种简单的变换采购方法的制度，它是通过政府采购制度调控国民经济，实现支持本国产品、保护本国产业的目的。从政府采购本质出发，调控国民经济、支持本国产品、保护本国产业的结果必然会促进民族工业的发展，进而促进整个经济的发展和社会的进步。

（二）发挥政策功能是政府采购的首要目标

政府采购目标从理论上可以分为基本目标和具体目标。基本目标是在政府采购理论和实践中处于支配地位和导向作用的目标。它是政府采购所要达到的终极境界，直接制约政府采购具体目标。具体目标是对政府采购基本目标的表达和实现，是在基本目标的统驭下，从事政府采购活动所要达到的直接目标。政府采购的基本目标是促进发展。当前，中国政府采购管理的具体目标主要有三个，即源头治腐、公共管理和政策功能。对政府采购管理的这三个目标进行分析，源头治腐和公共管理的目标已基本实现，但政府采购的政策功能尚未完全发挥，特别是在利用政府采购管理政策发展自主品牌、促进自主创新方面还有较大的空间。因此，新时期的政府采购目标应进行调整。政府采购的政府主体性和社会公共性特征，决定了政府采购不仅仅是完成公共物品的采购任务，也不仅仅是节约政府财政资金的问题，而是必须从社会公共大局出发，围绕国家要实现的总体社会经济目标，通过政府采购政策性手段，实现一种全方位、系统的公共服务目标。新时期的政府采购管理目标应调整为以促进发展为首要目标，在此基础上发挥源头治腐、公共管理的作用。

二、发挥政府采购政策功能的主要内容

发挥政府采购政策功能，要求在制度设计、操作方法、管理措施等方面重点支持本国产品，促进自主创新，倡导绿色采购。

一是支持本国产品，鼓励购买国货，加强对进口产品的审批，限制购买进口产品。购买本国产品是世界上实行政府采购制度的国家制定政府采购法的基本原则和主要目标，目的就是通过立法保护国内政府采购市场，保护国内产业，支持本国企业的发展。

美国《购买美国产品法》要求，美国联邦采购购买美国产品，在同等条件下，给予国内投标商10%至30%的优惠价格。在政府采购的国外报价中，如果本国供应商的报价比外国供应商的报价高出不超过6%的幅度，必须优先交由本国供应商采购。国际采购必须至少购买50%

使用国内原材料的产品。

二是支持自主创新。自主创新是关系我国社会经济发展大局的问题，在现代市场经济社会，自主创新能力直接决定国家经济竞争力，成为经济发展的主要根基。政府采购作为一种公共采购模式，有责任从公共利益出发，激励自主创新事业的发展。政府采购中政府的主导作用，决定政府可以通过政府的政策能力达成激励自主创新的目标。政府在自主创新方面的优先、优惠政策措施，在影响供应商的生产与消费行为的同时，也会对其他社会主体的采购行为产生示范和引导效应。实际上，政府采购的示范效应可能大大高于政府采购政策与资金本身所发生的直接作用，形成一种正向的倍数影响效应。20世纪50年代和60年代，美国航天航空技术、计算机、半导体等产业的建立和发展基本都是靠政府采购给予了第一推动力。1998年美国政府的采购合同总额中，来自高科技企业的产品价值占35%。美国通过政府采购扶持了IBM、惠普、德克萨斯仪器公司等一批国际IT业巨头。

三是强制采购节能产品和优先购买环保产品。通过政府采购节能产品和环保产品，引导全社会的可持续消费，是国际上应对可持续发展的一个重要战略。2002年联合国全球可持续发展峰会的声明中明确提出，有关国家和地方政府应推动政府采购政策改革，积极开发、采用环境友好产品和服务。

事实证明，由政府机构推动节能产品和环保产品采购是卓有成效的。2003年ICLEI可持续采购工作组代表欧洲委员会环境司进行了一次调研，主要是评估政府节能产品和环保产品采购在欧盟15个国家中的作用现状。调研结果表明，丹麦有40%、瑞典有50%的政府机构所采购的产品50%以上属环境标志产品。欧洲委员会2004年3月31日正式启用了政府绿色采购手册。美国1991年发布总统令，规定政府采购节能产品和环保产品清单。加拿大的环境责任采购法案要求政府使用环境标志产品。日本2001年开始实施绿色采购法。韩国2004年年底颁布了鼓励采购环境友好产品法。在我国，财政部和国家发改委2004年发布了《节能产品政府采购实施意见》，并发布了《节能产品政府采购清单》；2006年财政部和环保总局联合发布了《关于环境标志产品政府采购实施意见》，并发布《环境标志产品政府采购清单》。这是中国充分发挥政府采购政策功能、倡导节能产品和环保产品采购的举措，必将给中国经济和社会发展带来巨大影响。

三、发挥政府采购政策功能的实践探索

（一）强制采购节能产品，优先购买环保产品

在政府采购活动中，监督、指导政府集中采购机构和政府采购代理机构在标书制作、采购程序、评审方法和标准确定等方面，严格按照节能产品政府采购制度规定操作执行。2008年，采购节能产品3亿元，占同类产品的81%；采购环保产品5亿元，占同类产品的93%。

（二）严格审批进口产品采购

从2006年起，湖北省就对政府采购进口产品实行严格审批，采用单位申请、专家论证、财政审批的程序，主要审批需要采购的产品是否在中国境内无法获取，或者无法以合理的商业条件获取，以及确

需采购进口产品的法律法规依据。对于重要的用于检测、监测、鉴定（例如食品药品检测、环境气候监测等）方面的设备和物资，坚持质量、技术标准第一的原则，购买最先进的。因为这类设备和物资关系人民群众生命安全，因此，应鼓励购买最先进的。但采购人需要聘请专家对此类进口设备和物资的先进性进行论证。

（三）优先采购自主品牌

2008 年 12 月 10 日，湖北省政府采购 2009 年省级协议供应商招标工作顺利开标，湖北卫视、湖北人民广播电台、湖北日报三大主流媒体到场作现场报道。这次协议供应商招标的最大特点是：计算机协议供应商只招国内品牌；汽车、服务器、打印机、复印机、摄影摄像机、办公家具等采购项目中，凡属我国自主品牌的产品，在评分标准中赋权值 5%。

四、发挥政府采购政策功能的基本方略

为了进一步发挥政府采购政策功能，贯彻落实《政府采购法》关于支持本国产品、支持自主创新、支持节能环保的政策，需要采取必要的方法和策略。

（一）建立购买本国产品的保障体系，明确购买本国产品的可操作性规程

要落实支持本国产品的政策，当前紧迫的任务是明确本国产品的基本概念和判断标准。美国对本国产品的界定为：政府拟采购的最终产品必须是在美国制造的，而且，最终产品采用的“实质上全部的”组件也必须是在美国制造的。国际上许多国家判定本国产品都是以原产地作为标准。本国产品可以从以下几个方面予以确认：首先是自主品牌。自主品牌是指由企业自主开发，拥有自主知识产权的品牌；是中资控股企业注册为中国产品的品牌。其次是在中国生产。最终产品必须是在中国生产和制造的。第三是最终产品所使用的零部件限制。参考美国对零部件的规定，中国对零部件的限制，可表述为在中国生产或者制造的零部件的成本必须超过所有零部件成本的 50%，零部件成本包括运输费和税收。

购买本国产品的保障体系包括购买本国产品的方法、例外原则和外国产品审批办法等三个方面的内容。关于购买本国产品的方法，至少有以下几种：（1）清单法。根据中国产业发展政策和产品发展前途，以及国家安全的需要，确定无条件购买本国产品的产业和产品清单，在政府采购中应无条件地购买清单内的本国产品。湖北省在 2009 年协议供应商招标中，就明确规定计算机类只招自主品牌。（2）优先法。对于有些采购项目，当本国产品与进口产品的质量、技术、商务等条件相同时，应优先购买本国产品。湖北省在 2009 年协议供应商招标中，对于属中国自主品牌的汽车、打印机、复印机、照相机、摄影摄像机、服务器、办公家具等，在评分标准中，明确规定赋予 5 分的权值。（3）优惠法。借鉴国际惯例，在国际招标中，给予本国产品 10% 至 30% 的价格优惠。关于例外原则，目前主要有两个因素需要考虑。一是特殊项目，如重要的检测、监测、鉴定等设备和物资，应坚持质量、技术标准第一的原则，购买最先进的。二是紧急项目。对于因发生重大紧急情况而需执行的采购任务，应以时间和效率作为政府采购选择产品的标准。关于外国产品审批办法，财政部已发布了《采购进口产品审批办法》，建议将这个办法改为《采购外国产品审批办法》，因

为在本国产品和进口产品之间还存在一个既不是本国产品也不是进口产品的类型，如外商独资企业在国内生产的属于外方知识产权的产品，可将这类产品归到外国产品中去。因此，用外国产品的概念代替进口产品的概念，是比较准确和具有操作性的。

（二）建立对自主创新的有效激励机制，落实自主创新产品首购和订购制度

全面贯彻落实《国务院关于实施〈国家中长期科学和技术发展规划纲要（2006～2020年）〉若干配套政策的通知》，充分发挥政府采购在鼓励、扶持自主创新产品的研究和应用方面的作用，对于属于自主创新产品且符合首购和订购条件的产品，政府采购实行首购和订购制度。首购是指对于国内企业或科研机构生产和开发的、暂不具有市场竞争力，但符合国民经济发展要求、代表先进技术发展方向的首次投向市场的产品，通过政府采购方式由采购人或政府首先采购的行为。订购是指对于国家需要研究开发的重大创新产品、技术、软科学研究课题等，通过政府采购方式面向全社会确定研究开发和生产机构的行为。实行首购和订购制度，是政府采购激励自主创新最直接最有效的办法，20世纪50、60年代，美国的航天航空技术、计算机、半导体、集成电路等产业的建立和发展，基本都是靠政府采购的首购和订购推动的。中国当前应尽快出台自主创新的类别和目录，确立政府采购激励自主创新的重点领域、重点企业和重点产品。特别要强调的是首购和订购产品应具备科技创新水平属于世界前列、对增强中国未来竞争力有核心价值、属外国对我国封锁和限制技术的产品等条件。

（三）建立强制购买节能产品和优先购买环保产品的绿色采购制度

推行环境标志认证制度，完善节能产品清单和环保产品清单，将其整合为“绿色产品”清单，制定专门的政府绿色采购条例，以法律的形式明确政府绿色采购的权利和义务。建立政府绿色采购的激励机制，对绿色企业和绿色产品进行科学的分类，根据不同的类别，分别采用绿色清单法、绿色功能法、绿色优先法、绿色标准法、绿色资格法、绿色成本法、最低权值法等方法进行政府采购。建立政府绿色采购监督机制，对违反绿色采购规定的行为进行有力的惩治。

（四）理顺政府采购法律体系，建立以《政府采购法》为核心的政府采购法规制度体系

《政府采购法》第四条规定：“政府采购工程进行招标投标的，适用招标投标法。”而《政府采购法》和《招标投标法》在立法宗旨、适用范围、法律体系等方面存在很大差别，包括对“工程”这一概念的内涵、预算管理、合同备案管理、监督检查、投诉处理、法律责任追究、代理机构资质、信息发布媒体、专家库建立使用等的规定皆有不尽相同之处。特别是关于政府采购政策功能方面的规定，《政府采购法》要求政府采购发挥政策功能，支持本国产品，激励自主创新，而《招标投标法》则对此没有规定。由于两法存在如此大的区别，又没有协调方案，导致实际工作中或是无所适从，不知道执行哪部法律是正确的，或是为我所用，哪部法律对我有利就用哪部法律，极大地破坏了法律的严肃性，也肢解了政府采购的规模，使政府采购政策功能的发挥受到限制。据报道，两部法律的实施条例都已报到国务院，如果两部法律的实施条

例还是“两张皮”，不能充分协调衔接，那对政府采购管理的冲击将是巨大的。建议将两部法律合并为一部法律，因为世界上还没有第二个国家的政府采购工作是由两部法律规范的，所以，两部法律合并为一部法律是大势所趋，早合并比晚合并更为主动。由于法律的合并有一个过程，作为过渡措施，建议在法律上，将《政府采购法》定位为全方位、全过程规范政府采购活动的法律，将《招标投标法》定位为规范招标投标规则和程序的法律。

（作者：湖北省财政厅　魏承玉）

几起政府采购典型案例的分析及启示

案例 1　乙肝疫苗项目——潜在供应商的质疑投诉该不该受理

[案情介绍]

某疾病控制中心采购一批用于新生儿接种的乙肝疫苗。根据生产工艺不同，乙肝疫苗分为“酵母型”和“细胞型”两种。采购人提出要“酵母型”不要“细胞型”，理由是安全、无毒副反应，以保证新生儿安全。

招标公告正式发布前，根据采购人的委托，代理机构在网站上发布信息，公开征集具备供货能力的供应商，希望所有潜在的供应商都能参与该项目竞标。某生产“细胞型”乙肝疫苗的供应商 H 看到后提出质疑，认为招标文件指定只采购“酵母型”乙肝疫苗属于限制性条款，违反了《政府采购法》相关规定，对其他供应商有失公平。但采购人单位坚持要“酵母型”不要“细胞型”，提出乙肝疫苗是用于新生儿接种的，疫苗的安全关系千秋万代，如果有一例有毒副反应就不好交待。同时，还以笔记本电脑与台式电脑、玻璃杯与纸杯、皮沙发与布沙发作比喻，认为这个要求不能算限制性条款。经组织专家论证，专家出具了书面意见，认为“酵母型”乙肝疫苗安全、无毒副反应，同意采购人的要求。但供应商 H 不断到代理机构质疑，到监管部门反映，非常执着。

问题：

1. 供应商提出的要求是否合法？
2. 采购人提出的要求是否合理？

3. 潜在供应商是否可以提起质疑投诉？

4. 采购文件包括哪些内容？

[**案例分析**]

1. 供应商H有权维护自己的合法权益。《政府采购法》第五条规定："任何单位和个人不得采用任何方式，阻挠和限制供应商自由进入本地区和本行业的政府采购市场。"本案中，作为乙肝疫苗生产供应商的H，应有自由进入政府采购市场的权力，也有依法维护自己合法权益的权力。

2. 采购人提出的要求依据不足。《政府采购法》第二十二条规定："采购人可以根据采购项目的特殊要求，规定供应商的特定条件，但不得以不合理的条件对供应商实行差别待遇或歧视。"法律允许采购人规定特定条件，但关键要看要求是否"合理"。本案中，采购人提出要"酵母型"不要"细胞型"，理由是前者安全、无毒副作用，应该属于合理要求。但"安全、无毒副作用"如何认定？标准是什么？由谁来认定？专家论证后，供应商不服，认为没有合法依据。经向卫生部请示，答复是：只要进入《中华人民共和国药典》的，都经过长期实验论证，应该是安全有效的。经查《中华人民共和国药典》，"酵母型"和"细胞型"乙肝疫苗均是该药典中常规收录的品种，适用人群均为新生儿。后又请示财政部。财政部的意见是，除使用国际组织和外国政府贷款的，均适用《政府采购法》相关规定，不能以电脑、杯子、沙发等来类比。本案中，国家有关部门的答复及《中华人民共和国药典》具有权威性，应予采信。

3. 潜在的供应商是否可以提起质疑和投诉？《政府采购法》第五十二条规定："供应商认为采购文件、采购过程和中标成交结果使自己的权益受到损害的，可以在知道或者应知其权益受到损害之日起七个工作日内，以书面形式向采购人提出质疑。"在本案中，由于采购活动尚未开始，H供应商是在看到网站发布的公开征集供应商信息，发现采购文件中某些条款有限制性后，提出质疑和投诉的，属于潜在供应商。

潜在供应商是否可以提起质疑和投诉？对此问题目前存在不同理解。一种意见是可以。理由是，既然采购人在网上发布信息，公开征集供应商，征求对招标文件的意见，就是希望供应商响应并提出意见的。如果有供应商响应并提出意见，实际就已经参与了该项政府采购活动，虽然采购活动尚未开始，但其应作为潜在供应商。而且，因招标文件限制，有些供应商可能没有资格参加采购活动，也就不可能成为投标供应商。另一种意见是不可以。理由是，《政府采购供应商投诉处理办法》第十条规定："投诉人是参与所投诉政府采购活动的供应商。"在采购活动尚未开始前，潜在供应商不能提起质疑、投诉。且招标文件是上网公开发布的，每天有成千上万的人看，如果都算潜在供应商，都可以提出质疑、投诉，政府采购工作就难以执行了。

本文认为，是否可以提起质疑投诉，关键看供应商是否参与了该项政府采购活动。如果在招标活动开始前，代理机构公开征集供应商、征求对招标文件的意见时有供应商响应，那么尽管招标活动尚未开始，但该项政府采购活动已经启动，这些供应商就可以被认为已经参与了该项政府采购活动。供应商如认为采购文件使自己的权益受到损害，可以在知道或者应知其权益受到损害之日起七个工作日内，以书面形式提出质疑。

4. 采购文件涵盖的内容比较宽泛。《政府采购法》第四十二条规定："采购文件包括采购活动记录、采购预算、招标文件、投标文件、评标标准、评估报告、定标文件、合同文本、验收证明、质疑答复、投诉处理决定及其他有关文件资料。"从这个定义看，采购文件涵盖的内容较广，从采购预算开始，包括采购活动全过程的相关文件资料。

［**案例处理**］

1. 向上级主管部门请示。为依法妥善处理，先后向卫生部、财政部等主管部门请示。

2．查找合法依据。查阅《政府采购法》、《中华人民共和国药典》相关条款、规定。

3. 与相关当事人协调沟通。根据《政府采购法》、《中华人民共和国药典》及国家有关部门的意见，监管部门及时向相关当事人反馈情况，通过与相关当事人协调沟通，同意去掉招标文件中只要"酵母型"不要"细胞型"条款，允许所有生产乙肝疫苗的供应商参加投标活动，供应商撤诉。

最终该采购项目取得良好成效，每支疫苗比以往采购价便宜了20%。有关各方面对此结果都非常满意。

［**案例启示**］

要依法采购。采购人提出的要求，要有合法依据；遇到疑难问题要多方请示、反复论证，寻找法律依据；加强协调与沟通，尽可能依法妥善处理。

案例2　办公家具项目——做诚实守信的供应商

［**案情介绍**］

2008年9月，某采购中心受采购人委托，组织对办公家具项目进行公开招标采购，采购金额为600多万元。某家具公司参加了该项目招标活动，按要求提交了投标文件，并承诺提供的所有材料均是真实有效的。10月公布招标结果，该家具公司中标。

中标结果公布后，采购人、采购代理机构先后接到书面质疑和电话举报，反映该中标供应商有提供虚假材料谋取中标的行为。

经调查查明：该家具公司在办公家具公开招标政府采购活动中，确有提供虚假材料谋取中标的行为。

一是伪造中国名牌产品证书。当事人在招标文件中，提供了由国家质量监督检验检疫总局（以下简称"质检总局"）颁发的中国名牌产品证书。经国家质检总局法规司查证："办公家具产品未列入过中国名牌产品评价目录，其提供的编号为××××的中国名牌产品证书应为××省××市××××有限公司持有，产品为蚕丝被。"

二是冒用产品质量免检证书。当事人在招标文件中提供了国家质检总局颁发的产品质量免检证书。经国家质检总局产品质量监督司调查证明："1. ××公司未获得过质检总局颁发的产品质量免检证书；2. ××××年的免检证书有效期始于××××年×月；3. 编号为××××的产品质量免检证书应为××公司所持有。"

此外，在采购代理机构收到质疑和举报进行调查时，当事人仍继续作虚假陈述，并出具虚假说明称："中国名牌产品证书及产品质量免检证书均是我公司出口产品的相关证书。”在有关部门查清事实、国家权威部门出具证明后，为规避法律处罚，当事人又提出：“因工厂年底前生产任务较重，2009年春节提前放假，工期安排和交货时间无法保证，为此，郑重申请放弃××办公家具的制作工程。”

当事人的行为破坏了公开、公平、公正和诚信的政府采购市场环境，干扰了政府采购市场秩序，给此项政府采购的其他相关当事人造成了一定的损失和不良影响。当事人的行为违反了《政府采购法》第三条“公平竞争”、“诚实信用”的原则和第二十五条“供应商不得采取其他不正当手段谋取中标或者成交”的规定，因此，拟对当事人处以采购金额千分之八的罚款，列入不良行为记录名单，在两年内禁止其参加××政府采购活动。

由于罚款数额较大，根据国家及省有关规定，处罚前需要进行公开听证（对经营活动中的法人，财政部规定罚款5万元以上、省规定罚款2万元以上需要公开听证）。监管部门为此做了大量前期准备工作。

关于行政处罚的依据。《政府采购法》第七十七条规定：“供应商有下列情形之一的，处以采购金额千分之五以上千分之十以下的罚款，列入不良行为记录名单，在一至三年内禁止参加政府采购活动。（一）提供虚假情况谋取中标、成交……。”

关于行政处罚的考虑。监管部门对本案的处罚非常慎重，严格依照《政府采购法》规定，从维护政府采购市场公开、公平、公正和诚信的环境等方面综合考虑，并多次向上级主管部门请示，包括向财政部条法司、国库司请示。同时多次向全国知名政府采购法律专家请教；多次召集有关当事人开会研究，广泛听取相关当事人的意见；召开行政处罚听证会。在此基础上，做出了上述行政处罚决定。

关于行政处罚的把握。根据《政府采购法》第七十七条第一款的规定，对此案当事人可以给予“处以采购金额千分之五以上千分之十以下的罚款，列入不良行为记录名单，在一至三年内禁止参加政府采购活动…”的处罚。首先，此案事实清楚，证据确凿，法律依据充分，按照法律，必须给予处罚；第二，作为政府采购监管部门，在接到投诉和举报后，必须按照法律进行调查处理，否则就是行政不作为，政府采购监管部门自已将会成为被告；第三，在此案中，当事人的行为没有可从轻处理的情节，特别是其在调查期间仍出具伪证，性质恶劣；第四，在法律许可的范围内，适当考虑当前经济形势对企业的影响、企业的态度，以及当地经贸局、家具协会来函说明情况、提出整改措施、加强教育管理等方面的因素，在处罚把握上采用“取中”尺度。如罚款，法律规定为“千分之五以上千分之十以下”，本案给予千分之八罚款处罚；禁入，法律规定是“一至三年”，本案给予禁入两年处罚。

关于禁入范围。《政府采购法》第七十七条对“一至三年内禁止参加政府采购活动”没有地域范围限制，本案考虑处罚对企业的影响，在地域上作了一定的限制，将处罚限制在管辖范围内。

关于罚款和禁入可否并处。《政府采购法》第七十七条对第一款情形的处罚规定中的罚款、列入不良记录、禁入是并列关系，而不是选择关系，因此，罚款和禁入可以并处。

关于行政处罚的执行。由于被处罚单位远在外地，应针对执行中可能遇到的一些问题认真研究，查找依据，寻求妥善解决的办法。（1）如执行难、追缴成本高，是否可以不做罚款处理？依照法律，该罚就罚。处罚决定是根据违法事实和相关证据依法做出的，不能因为执行难就不做处罚。（2）如罚款不到位，是否会对财政部门及政府采购监管部门造成不利影响？应该不会。可申请当地法院强制执行，也可请当地财政部门协助，实在处罚不到也不会有什么影响。（3）给予罚款和禁入处罚是否需要听证？根据《财政机关行政处罚听证实施办法》，对法人或者其他组织做出 5 万元以上罚款处置的，需要进行听证；对禁入没有要求。

[案例启示]

一要依法采购。政府采购各方当事人，无论是监管部门、代理机构、评审专家还是供应商，在采购活动中都要严格按照《政府采购法》规范自己的行为，共同营造公开、公平、公正的政府采购环境。

二要公平竞争。公平竞争是政府采购应当遵循的基本原则之一。政府采购活动的结果是通过公平竞争产生的。家具行业竞争激烈，在竞争中，应当以优质的产品、优良的服务取胜，弄虚作假迟早要被发现，并受到法律的惩罚。

三要诚实守信。诚实守信也是政府采购应当遵循的基本原则之一。首先不能抱有侥幸心理。竞争是残酷的，但不要为在竞争中胜出而采用不正当的手段。弄虚作假终会被发现，且要付出代价。其次不要因小失大。本案例中的这家企业无论是产品的质量、价格、市场占有率在同类产品中都有很强的竞争力，但由于这个错误受到法律的处罚，确属因小失大，得不偿失。

四要依法妥善处理。作为政府采购监管部门，非常不愿意看到供应商违法现象的发生。但是，法律赋予监管部门职责，如果不处罚，就是行政不作为，就无法维护公平、公正的政府采购的管理秩序，对其他当事人也不公平。为依法、妥善处理，政府采购监管部门动了很多脑筋，向上级有关部门请示，向法律专家咨询，召开各类座谈会，听取各方当事人的意见，既严格执行法律规定，也实事求是、综合考虑，尽可能依法妥善处理，将此案对各方面的不良影响降到最低。据跟踪了解，这家企业的态度是积极的，并用实际行动改正错误，令人感到很欣慰。

案例 4　视频系统项目——有理有据，依法处理投诉

[案情介绍]

某代理机构受采购人委托，采购会议视频系统。采购结果公布后，采购人提出，第一中标人的产品技术参数有偏差，不能满足招标文件要求，要求取消其中标结果，由第二中标人中标。

经调查查明，该供应商的投标产品在个别技术参数上确实有偏差，不完全响应招标文件要求。评标委员会在评标过程中已经发现该问题，经现场研究，认为有偏差的技术参数不是主要技术参数，不影响使用，可不作为负偏离。在评审时，专家均对此给予扣分处理。中标供应商承认，因具体经办人在制作投标文件时发生粘贴错误，有个别指标出现负偏离，但也有一些指标是正偏离。供应商态度积极，及时承认错误，表示积极改正错误，并承担相应的责任，愿意采取补救措施，在原报价不变的情况下，完全依据招标文件的要求履行合同，并表示，如果采购人决定取消中标结果，将认真吸取教训。代理机构为此多次与采购人沟通，提出两个解决方案——给予补偿或取消中标结果，但采购人均不同意。采购人提出，供应商的行为严重违法，监管部门应认真调查，严肃处理。采购人还要求废标，并直接由得分排名第二的供应商中标。

问题：

1. 根据现有证据，能否认定供应商违法？

2. 是否可以作废标处理？

3. 能否认定中标结果无效？

4. 可否取消供应商中标资格？

5. 取消第一中标人资格后，是否可以直接由得分排名第二的供应商中标？

［**案例分析**］

1. 根据现有证据，违法性质不能认定。此案中，如果不是对招标文件中打*号、下划线等重要技术参数不响应，则只能认定其部分技术指标有偏离、有失误。供应商没有如实说明情况，但不能认定其“提供虚假材料”。其性质属于有轻微错误或不诚信，但认定其违法则依据不足。即如一个人是大专学历，但在填写履历表时填大学，是提供情况不实，属于不诚实，而如果伪造学历，就属于造假，这二者性质是不同的。

2. 不符合法律规定的废标情形，废标理由不充分。

《政府采购法》第三十六条规定了四种情况下应予废标：一是符合专业条件的供应商或者对招标文件作实质性响应的供应商不足三家的；二是出现影响采购公正的违法、违规行为的；三是投标人的报价均超过了采购预算，采购人不能支付的；四是因重大变故，采购任务取消的。

《政府采购货物和服务招标投标管理办法》第五十七条规定：“废标后，除采购任务取消情形外，招标采购单位应当重新组织招标。需要采取其他采购方式的，应当在采购活动开始前获得设区的市、自治州以上人民政府财政部门的批准。”

如果要废标，须由财政部门认定其违法，中标结果无效，取消中标资格。本案中，不能认定其违法，也不符合法律规定的废标情形，因此，不能做废标处理。

3. 不能认定中标结果无效。根据《政府采购货物和服务招标投标管理办法》第七十七条的规定，认定中标结果无效的关键是供应商的行为有无影响中标结果。从调查情况看，在评审过程中，评标委员会已经发现投标文件技术响应上存在偏差，但认定其并不影响用户使用，经研究后“一致认为属轻微负偏离，应重点考虑性价比”。7位评审专家在技术响应指标评审打分时均对此做了扣分处理，可见，该偏差没有影响中标结果的合理性。

4. 取消中标人资格依据也不充分。《政府采购货物和服务招标投标管理办法》第五十四条规定，评标委员会在评标过程中发现有重大失误时，可以取消中标候选人资格。本案已经评审结束，如果要取消中标候选人资格，需要组织评标委员会重新进行评审，如属于重大失误，才可以取消。

5. 取消第一中标候选人资格后，可否直接由得分排名第二的供应商中标？《政府采购法》第八十一条规定：“有本办法规定的中标无效情形的，由同级或者上级财政部门认定中标结果无效。中标无效的，应当依照本办法规定从其他中标人或者中标候选人中重新确定，或者依照本办法重新进行招标。”经查阅招标文件，评标委员会按招标文件规定只推荐了 1 名中标候选人。因此，如果本案废标，取消第一中标人候选人资格后应当重新进行招标，不能直接由得分排名第二的供应商中标。

［**案例处理**］

1. 组织调查组。监管部门受理后，根据采购人的强烈要求，考虑采购人的特殊需要，决定由监管部门牵头组织调查组，由采购人、代理机构、专家等相关人员参加。

2. 制定调查方案。制定详细调查方案，经调查组讨论通过，报相关单位领导同意后组织实施。

3. 调查取证。采取多种方法调查取证，包括查阅现场记录、调看现场录相、向原厂商发函要求提供技术参数证明、向评审专家调查取证等。

4. 召开协调会，反复沟通协调。

5. 请法律专家现场咨询、论证。

6．积极向采购人宣传《政府采购法》，有理有据做好工作。

经过两个多月的工作，采购人最终接受了处理结果。

［**案例启示**］

政府采购人员一定要坚持依法行政。要积极宣传《政府采购法》及相关法律法规，不断提高采购人依法采购的意识；要依法采购，对采购人提出的要求，合理合法的可以满足，不合理不合法的不能迁就；要注意方法，有理有据，耐心做好解释工作。

（江苏省财政厅供稿）

没有厂家授权能参加政府采购吗？[①]

某地采购中心受采购人委托，通过公开招标方式组织采购一批小型机，招标文件中对合格投标人的资格要求之一是：如投标人非生产厂家，则必须获得生产厂家的授权，否则将视为无效投标。某品牌小型机的代理商看过招标文件后，向该中心提出质疑，认为自己是该品牌小型机的代理商，不需要生产厂家的授权也应该有资格投标，招标文件中要求生产厂家授权才能投标的要求损

① 本文选自《中国政府采购》杂志 2008 年第 3 期。

害了代理商的利益，并认为这种方式可能造成生产厂家控制销售渠道，使投标价格过高，也损害了政府采购利益。该采购中心主任对此质疑感到头疼，因为外界已经有人向其建议，取消生产厂家的授权更合理，中标价格可能更优惠。但采购人坚持认为获得生产厂家授权必不可少。这种情形在政府采购过程中经常发生。到底代理商参加政府采购需不需要生产厂家授权呢？

一、生产厂家授权的利弊分析

要确定代理商是否需要生产厂家的授权，应该首先分析厂家授权这种行为的利弊。

（一）生产厂家授权的有利之处

1. 生产厂家同样受到法律约束。从《中华人民共和国合同法》的角度来看，无论生产厂家授权给一个或多个代理商，这些代理商都是以生产厂家代理人的身份参加政府采购，其参与政府采购活动期间的行为将受到生产厂家授权的约束，在授权范围内所有行为产生的法律后果最终均由生产厂家承担，因此，通过授权的方式，实际上使生产厂家受到了政府采购相关法律的约束。中标或成交后，采购人形式上是与代理商签订政府采购合同，实质上是与生产厂家建立了合同关系。通过这种方式，采购人还可以直接了解到生产厂家的最新产品和技术，生产厂家也能得到产品使用情况的第一手资料。

2. 采购产品销售渠道得到保证。通过生产厂家授权的方式，可以使生产厂家了解到产品的最终用户，保证授权代理商提供的产品是由该生产厂家生产。对一些知名产品而言，产品销售渠道的正宗意味着产品质量和服务能够得到生产厂家的保证。

3. 能够获得生产厂家的技术支持。尤其对于一些技术含量较高、对售后服务水平要求较严的产品，一般的代理商不一定具备能够满足采购人需要的专业技术人员和服务水平，通过生产厂家授权的方式，可以实现产品的销售由授权的代理商完成，而相关的技术支持和售后服务直接由生产厂家承担。

4. 提高了代理商资信的可信度。为了避免政府采购遭遇“皮包公司”或信誉不良的公司，致使合同履约结果得不到保证的情形发生，在招标文件中要求生产厂家授权，其实质是要求以生产厂家的信誉对其授权的代理商的经营情况进行担保，从而提高代理商的可信度。

（二）生产厂家授权的弊端

代理商参加政府采购必须经生产厂家授权，除有其有利之处外，也确实存在着一些问题。

1. 政府采购价格虚高。笔者参与的采购项目中，曾经发生过生产厂家通过授权方式控制市场销售渠道和价格的情形，使得政府采购并没有得到真正优惠的价格，尤其在指定品牌采购或采购协议供货产品，以及采购文件有一定的倾向性时，生产厂家授权更是演变成了维护代理商利益的高效“法宝”。

2. 变相垄断采购市场。与生产厂家授权结合最紧密的是生产厂家销售中的报备制度，即生产厂家会把“权”授予最先将确切的采购信息提供给该生产厂家的代理商或其他供应商，不允许其他代理商参与该采购项目，或安排其他代理商在采购过程中作陪衬，维护获得授权的代理商的利益。通过这种方式变相鼓励代理商以不正当手段获得采购人采购该生产厂家产品的承诺，达到垄断采购市场的目的，使采购人代表、代理商、生产厂家诸方的利益一体化、最大化。

3. 容易引发腐败行为。生产厂家授权还为采购人和生产厂家的代表发生腐败行为提供了便利。授权给哪个代理商，除了生产厂家的报备制外，主要还有两种情形：一是采购人与生产厂家有意向性采购意见后，采购人代表直接要求生产厂家授权给其指定的供应商；二是生产厂家销售代表知道采购信息后，直接授权给其指定的供应商。无论发生哪种情形，都可能造成采购人代表或生产厂家的销售代表发生腐败行为。

二、取消生产厂家授权是否更好

在政府采购过程中，对参加采购活动的代理商，取消生产厂家授权是否会比给予授权更好呢？

（一）取消生产厂家授权的优势

1. 有利于市场充分竞争，采购价格更优惠。没有生产厂家授权的限制，参加政府采购活动的代理商更多，市场竞争更充分，代理商可以自行选择想参加的采购项目，根据自身的价格体系、经营实力和市场判断来制定相应的投标策略，而不必考虑生产厂家的约束，并对自己做出的决定完全负责，政府采购价格会更有竞争力。

2. 为代理商提供平等机会，降低代理商运作成本。取消生产厂家授权，同时通过在政府采购信息指定发布媒体上发布采购公告的方式，可以使每个代理商均等地获得参与政府采购的机会，避免由于代理商之间的信息不对称而给个别代理商带来特别收益，同时可以降低生产厂家对采购项目的控制，鼓励代理商之间公平竞争，发挥代理商各自的优势，防范腐败行为发生。

3. 借助代理商综合平台，提供更优质服务。由于地理位置、人员状况、经营理念等方面的原因，有些项目的代理商自身可能拥有比生产厂家更独立、更完善的售后服务体系，没有生产厂家授权的限制，代理商可能能够提供比生产厂家更优质的售后服务。

（二）取消生产厂家授权的劣势

1. 生产厂家可能不供货。笔者曾遇到这样一个项目，由于招标文件中没要求代理商必须有生产厂家授权，某代理商在没有经生产厂家授权的情况下直接投标，经综合评审，获第一中标候选人资格。之后，生产厂家以该代理商未经授权为由，拒绝接受该代理商订货，最终造成该代理商只能放弃中标结果，被招标采购单位没收投标保证金。

2. 产品质量得不到保证。由于没有生产厂家的授权，生产厂家对代理商销售产品的最终去向可能并不了解，代理商在提供产品过程中，可能会出现各种问题。尤其是 IT 和电子产品，经常出现以次充好、以旧换新的现象，用销售过的返修、退货产品或已淘汰、虚假伪劣产品冒充全新产品，提供的进口设备可能是走私、逃税或在国内得不到服务保障的产品。一旦出现类似情形，生产厂家不会承担任何责任，最多尽一点协助相关部门调查的义务。

3. 履约能力得不到保障。许多产品在使用过程中需要依靠完善的售后服务，才能在设计寿命周期内保证产品的正常使用。代理商虽然具备一定的服务能力，但对一些技术复杂的项目或可能出现的突发事件，缺乏足够的支持能力。同时，有些代理商的综合能力有限，一旦出现意外情况，采购人可能无法追究代理商应负的相应的法律责任。

4. 个别项目必须要授权。对有些项目而言，生产厂家无法直接向采购人提供产品，必须通过代理商进行销售，如非中国大陆注册的公司，或虽然在中国大陆注册但经营范围不具备直接销售的资格的公司。有的进口设备必须通过具有进出口代理资格的外贸公司才能在中国大陆销售。这些情形就必须要求生产厂家给予代理商授权，否则无法保证采购标的物的可获得性。

三、多个代理商参加同一个采购项目如何处理

在政府采购过程中，如果生产厂家授权多个代理商参加同一个采购项目，又会出现什么情形？

财政部《关于多家代理商代理一家制造商的产品参加投标如何计算供应商家数的复函》的规定如下：原则上同一品牌同一型号产品只能有一家投标人，但应当在招标文件中对此作出明确规定。如果有多家代理商参加同一品牌同一型号产品投标的，应当作为一个供应商计算。公开招标以外采购方式以及政府采购服务和工程，也按此方法计算供应商家数。

虽然财政部对此问题作出了答复，但在实际采购工作中，还存在一些不能解决的问题。最无法解决的问题是：如果出现了多家代理商以同一品牌同一型号产品参加投标，应当以哪一个代理商为准？

方案1：以投标报价最低的代理商为准。在以最低评标价法为评标方法时，这一方案比较容易被接受。但如果评标方法是综合评分法或性价比法，报价最低的代理商并不一定得分最高，选择报价最低的代理商很难让其他代理商接受。同时，如果这些代理商都属于合格投标人，投标文件都没有出现《政府采购货物和服务招标投标管理办法》中规定的无效投标的情形，招标采购单位把任何一个代理商的投标文件视为无效投标都不合理。

方案2：不以任何一个代理商为准，评标时还是按不同代理商评，计算供应商时按照一家供应商算。这样可以给每个代理商平等竞争的机会。在有许多品牌的产品参加投标时，这种做法具备一定的可行性，但有时会遇到以下一些特殊的情形：(1) 三家及以上代理商以同一品牌同一型号产品参加投标。按照财政部上述复函的意见，此情形只能按一个供应商计算，如果采用招标方式进行采购，必须终止招标。如果改为单一来源采购，是选择报价最低的代理商为成交人吗？(2) 三家及以上供应商以两个品牌的产品参加投标。如果按照两家供应商计算，则必须作为废标处理。关键是下一步怎么办？如果选择竞争性谈判方式采购，必须选择报价最低的代理商吗？

通过以上分析，我们不难发现，在政府采购过程中，如果没有生产厂家的授权，将发生很多变数，很容易引起代理商的质疑。为了避免不必要的麻烦，在有些采购代理机构的采购文件中，已经出现这样的规定：不接受任何级别的代理商作为投标人，必须是生产厂家或其授权的中国境内最高级别专业销售公司才能作为合格的投标人。

四、不接受代理商参加政府采购合理、合法吗?

生产厂家授权代理商参加政府采购活动的行为，根据《中华人民共和国合同法》的规定，实质上是在生产厂家和代理商之间建立了一种委托与被委托的法律关系。生产厂家作为委托人，代理商作为受托人。代理商可以在生产厂家授权范围内参加政府采购活动，包括签订政府采购合同。采购人在订立合同时知道代理商与生产厂家之间的代理关系，则该合同就直接约束了生产厂家和采购人。因此，只要生产厂家在授权时明确了与代理商的委托范围和权利、义务关系，那么不接受具备生产厂家授权的代理商作为投标人，只能是采购代理机构给自己方便，但并不符合我国的法律规定。同时，笔者参考有关国际招标文件范本和规定，也从未发现不接受经生产厂家授权的代理商投标的情形，这种情形在我国出现，也算是我国政府采购工作开展初期的一种“创新”吧。

五、如何合理运用生产厂家授权?

生产厂家授权是一把双刃剑，代理商参加政府采购需不需要生产厂家授权，关键在于衡量：对具体的采购项目而言，通过授权是利大于弊，还是弊大于利。一些对工作影响不大、技术不复杂、市场上代理商较多的采购项目，不同代理商之间存在利益冲突，不需要生产厂家授权可以促进更多代理商的竞争，有利于政府采购活动的公平、公正、公开进行。但一些对工作影响大、技术复杂、需要较完善售后服务的项目，笔者认为，应要求代理商提供生产厂家授权，因为毕竟代理商不是生产厂家，得不到生产厂家的保证，采购人的合法权益也无法真正得到落实。同时，应当在采购文件中明确，以什么标准确定以同一品牌同一型号产品参加政府采购活动的不同代理商中哪一个为合格代理商，或直接明确生产厂家只能授权唯一的代理商，否则作为无效投标处理。

本案例中，由于采购的是网络设备中比较关键、需要一定售后服务保证的小型机项目，笔者认为，要生产厂家授权比不要授权更合理，毕竟政府采购的首要目的是满足采购人的合理需求，当风险大于收益时，节约资金应在其次，前提是采购文件中没有排他性条款。

（作者：江苏省政府采购中心　龚云峰）

八、统计资料

2008 年全国政府采购资金情况表

采购 01 表

金额：万元

项目	行次	采购预算				采购金额				节约资金				节约率（%）	财政直接支付
		总计	预算内	预算外	自筹	总计	预算内	预算外	自筹	总计	预算内	预算外	自筹		
		1	2	3	4	5	6	7	8	9	10	11	12	13	14
合计	1	67 494 364.52	44 855 848.91	9 275 882.82	13 362 632.80	59 908 774.74	39 916 092.85	8 124 067.11	11 868 614.78	7 585 589.78	4 939 756.06	1 151 815.72	1 494 018.01	11.24	25 211 298.83
货物	2	28 402 933.86	19 177 532.74	3 247 393.65	5 978 007.47	25 592 144.00	17 368 746.78	2 887 964.59	5 335 432.62	2 810 789.86	1 808 785.96	359 429.06	642 574.85	9.90	11 507 868.49
工程	3	34 065 563.79	21 819 525.03	5 530 352.01	6 715 686.75	29 783 507.89	19 039 565.82	4 800 119.80	5 943 822.28	4 282 055.90	2 779 959.22	730 232.21	771 864.47	12.57	11 591 409.89
服务	4	5 025 866.87	3 858 791.13	498 137.17	668 938.57	4 533 122.85	3 507 780.25	435 982.72	589 359.88	492 744.02	351 010.88	62 154.45	79 578.69	9.80	2 112 020.46

2008 年全国政府采购组织形式及采购方式统计表

采购 02 表

金额：万元

项目	行次	采购金额合计	按组织形式划分			按采购方式划分					
			集中采购	部门集中采购	分散采购	公开招标	邀请招标	竞争性谈判	询价	单一来源	其他
栏次		1	2	3	4	5	6	7	8	9	10
合计	1	59 908 774. 74	40 507 124. 92	10 984 072. 09	8 417 577. 72	42 889 943. 14	2 888 297. 32	5 622 828. 10	5 218 746. 31	3 284 530. 53	4 429. 34
货物	2	25 592 144. 00	16 481 124. 58	5 600 107. 14	3 510 912. 28	14 847 768. 67	867 949. 72	3 684 980. 52	3 954 437. 96	2 235 552. 07	1 455. 05
工程	3	29 783 507. 89	20 833 787. 99	4 735 447. 97	4 214 271. 94	25 269 331. 54	1 862 531. 91	1 389 267. 58	794 862. 54	465 112. 63	2 401. 69
服务	4	4 533 122. 85	3 192 212. 36	648 516. 98	692 393. 51	2 772 842. 93	157 815. 69	548 580. 00	469 445. 81	583 865. 83	572. 60

2008 年政府采购主体分类统计表

采购 03 表

金额：万元

项目	行次	采购金额合计	按采购单位性质划分			按行业部门分类							
			国家机关	事业单位	团体组织	行政政法	教科文	经济建设	农业	社会保障	企业	金融	其他
栏次		1	2	3	4	5	6	7	8	9	10	11	12
合计	1	59 908 774. 74	30 971 062. 18	26 201 237. 44	2 736 475. 12	19 590 177. 20	10 826 760. 51	13 244 536. 11	4 272 727. 03	5 686 314. 06	1 847 196. 78	521 833. 87	3 919 229. 18
货物	2	25 592 144. 00	13 007 582. 38	11 998 658. 17	585 903. 45	8 272 627. 67	6 468 968. 53	2 232 939. 72	2 172 040. 33	4 084 063. 73	339 218. 68	260 274. 40	1 762 010. 94
工程	3	29 783 507. 89	15 169 487. 37	12 600 406. 37	2 013 614. 16	9 056 255. 97	3 744 691. 67	10 446 885. 76	1 855 122. 58	1 230 249. 60	1 450 146. 13	160 783. 34	1 839 372. 85
服务	4	4 533 122. 85	2 793 992. 44	1 602 172. 90	136 957. 51	2 261 293. 56	613 100. 31	564 710. 63	245 564. 13	372 000. 74	57 831. 97	100 776. 12	317 845. 39

2008 年全国政府采购资金节约情况

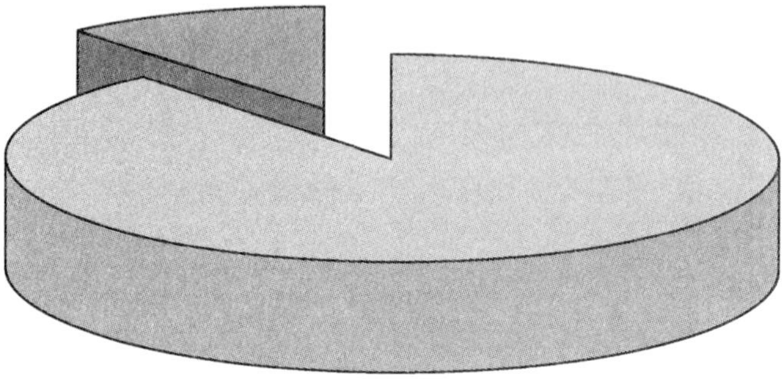

2008 年全国政府采购品目类别所占比重

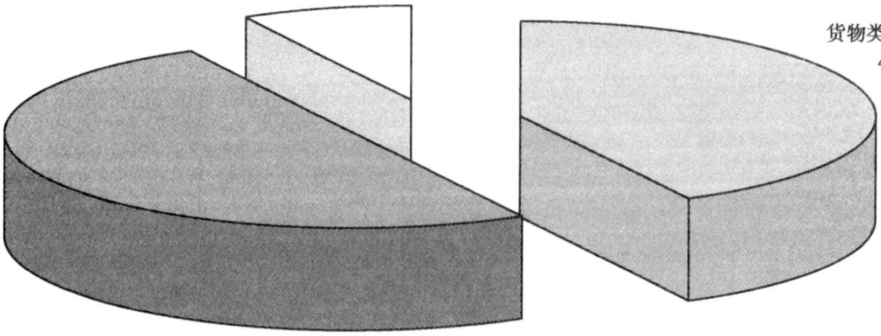

2008 年全国政府采购公开招标比重

总　　况

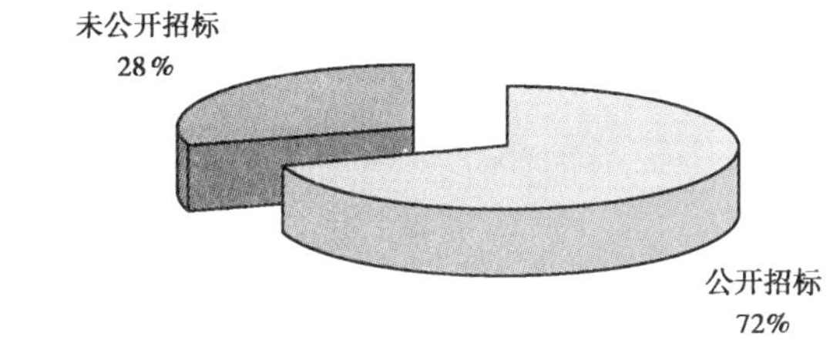

货物类采购

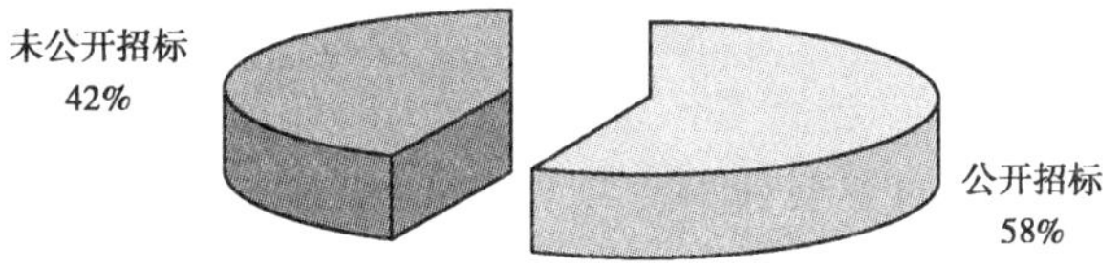

工程类采购

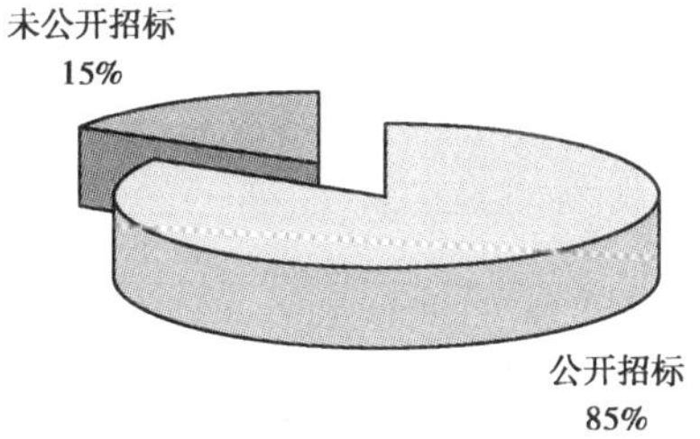

服务类采购

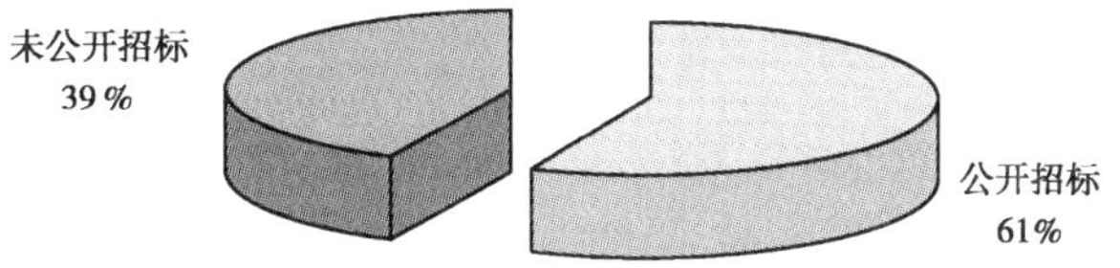

2008 年全国政府采购信息统计分析

2008 年，面对罕见的自然灾害和复杂多变的经济环境，全国政府采购工作以科学发展观为指导，以全国政府采购执行情况专项检查为重点，创新机制、扎实工作，在强化监管、规范操作，提高工作质量和效率等方面取得了新成效。2008 年全国实施政府采购预算 6 749.4 亿元，实际采购规模 5 990.9 亿元，占当年财政支出的 9.6%，占全国 GDP 的 2%，节约资金 758.6 亿元，节约率 11.2%。现将有关情况分析如下：

一、采购规模持续增长，改革发展势头良好

2008 年，全国实际政府采购规模 5 990.9亿元，比上年增加 1 330 亿元，增长 28.5%。实施政府采购改革 10 多年来，全国政府采购规模年平均增长 56.8%（见图一）。

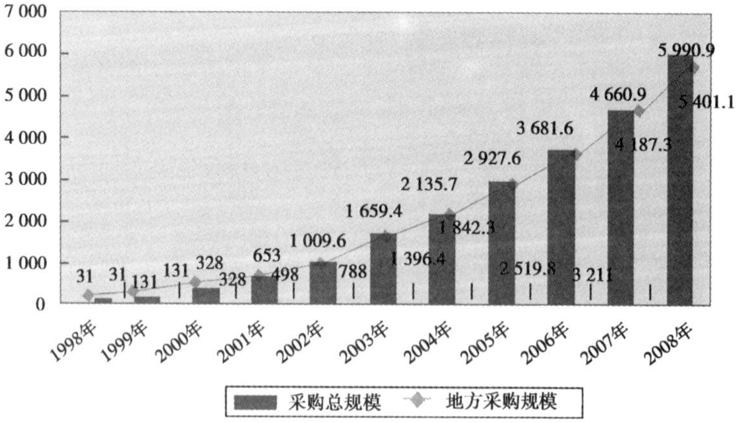

1998—2008 年全国政府采购总规模和地方采购规模图（图一）

（一）货物、工程和服务采购全面增长

2008 年全国货物类采购规模为 2 559.2亿元，比上年同期增长 29.7%，占采购总规模的 42.7%。工程类采购

2 978.4亿元，比上年同期增长 27.8%，占采购总规模的 49.7%。服务类采购 453.3 亿元，比上年同期增长 27%，占采购总规模的 7.6%（见图二）。

2008 年货物类采购中，规模较大的项目有：专用设备 741.9 亿元、一般设备 454.6 亿元以及交通工具 301.2 亿元；工程类采购中，规模较大的项目有：建筑物 854.2 亿元、市政建设工程 766.3 亿元以及交通运输工程 252.5 亿元；服务类采购中，规模较大的项目有：信息技术、信息管理软件的开发设计 36.7 亿元、维修 33.6 亿元以及会议 32.7 亿元。

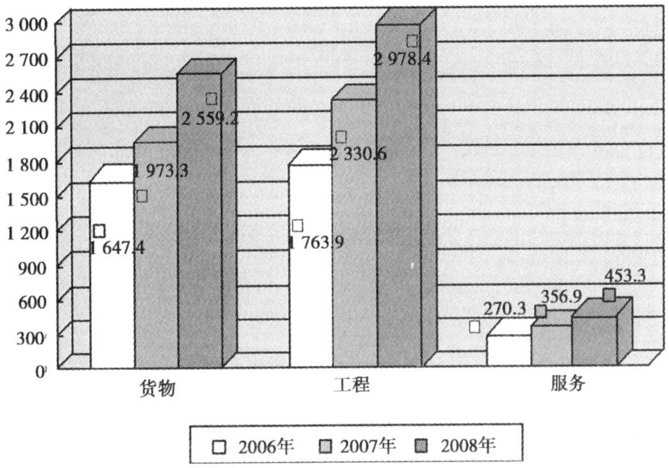

2006 年、2007 年和 2008 年货物、工程、服务采购规模对比图（图二）

（二）地方和中央采购规模再创新高

2008 年地方政府采购规模 5 401.1 亿元，比上年同期增长 29%。其中，采购规模突破 600 亿元的有两个省，江苏省采购规模最高，达 602.3 亿元，占地方采购总规模的 11.2%，广东省采购规模次之，达 600.3 亿元，占地方采购总规模的 11.1%。采购规模在 100 亿元 ~500 亿元的地区达到 15 个，其采购规模为 3 299 亿元，占地方采购总规模的 61.1%，采购规模在 50 亿元 ~100 亿元之间的地区有 10 个，其采购规模为 803.2 亿元，50 亿元以下的地区只有 4 个，其采购规模为 96.3 亿元。

2008 年中央单位政府采购规模 589.8 亿元，比上年同期增长 24.6%。其中，采购规模超过 10 亿元的中央单位有 16 个，其采购规模为 500.2 亿元，占中央单位采购总规模的 84.8%。采购规模较大的中央单位有：教育部 113.2 亿元、国家税务总局 78.3 亿元、卫生部 43.1 亿元、中国人民银行 41.6 亿元、质检总局 35.7 亿元以及水利部 25.4 亿元。

采购规模持续增长的主要原因：一是采购人依法采购意识增强，纳入政府采购法范围的项目基本实施了政府采购。二是由于财政收支规模增大，政府采购项目不断增加，促进了政府采购规模的增长。三是政府采购范围不断扩大，在工程类方面，许多地区对财政投资工程项目实行政府采购做出制度规定，将社会关注度高、群众关心的公益性工程项目和涉及民生项目的基础设施建设等逐步纳入政府采购实施范围和统计范围；在服务类方面，许多地区将信息网络开发和咨询、银行代理、法律咨询、施工监控、物业管理、交通车租赁、卫生保洁、企业职工素质培训、公共场所绿化养护等服务类采购项目也都实行了政府采购。

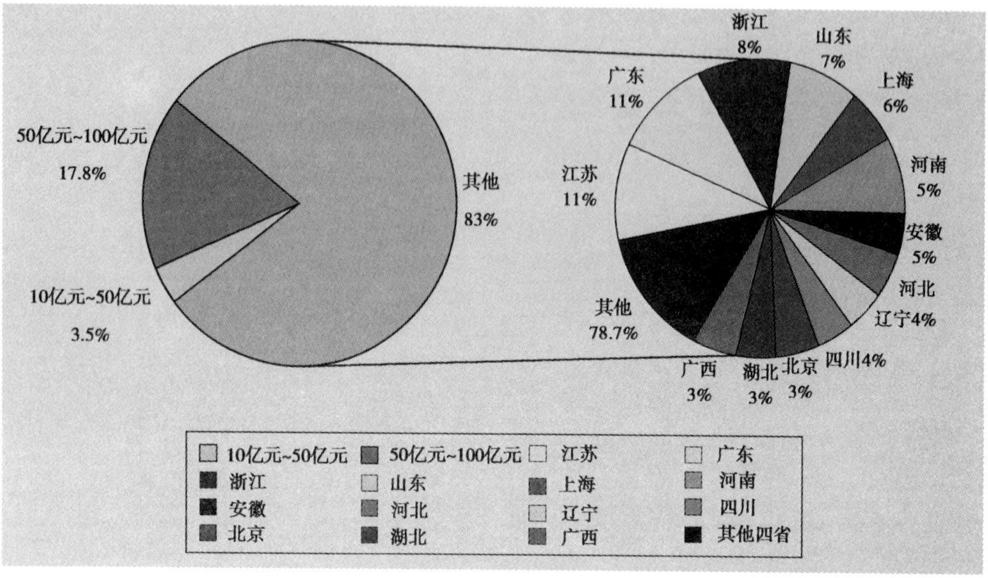

2008 年地方政府采购规模分布图（图三）

此外，无论在货物、工程、服务项目中，与信息化建设相关的网络设备、系统集成、网络工程、信息技术、信息管理软件的开发设计等都占较大比重，政府采购为信息化建设提供了有力支持。

二、采购方式选择日渐规范，集中采购实施成效显著

（一）公开招标采购比例不断提高

2008 年通过公开招标采购方式进行的政府采购规模为 4 289 亿元，占采购总规模的 71.6%，比上年增长 1.5 个百分点。其主要原因：一是各级政府进一步明确公开招标的项目数额标准，大力推行以公开招标为主要方式的采购活动，财政部门对超过公开招标数额标准而采用非公开招标方式的项目审批严格把关。二是工程类项目主要采用公开招标方式进行采购，2008 年工程项目公开招标金额 2 526.9 亿元，占工程采购的 84.8%。三是办公通用项目和服务项目的采购多采用协议供货和定点采购方式进行采购，协议供货的入围产品和定点采购的入围服务商全部通过公开招标方式确定。

随着采购人规范采购程序、提高资金使用率意识的增强，许多采购人主动要求采取公开招标方式提高采购透明度、实现充分竞争和采购结果物有所值。

（二）集中采购的主导地位继续保持

2008 年全国集中采购机构采购 4 050.7亿元，比上年同期增长 32.6%，占采购总规模的 67.6%，其中，地方集中采购机构采购 3 915.5 亿元，比上年同期增长 33.7%，中央单位集中采购机构

采购 135.2 亿元，比上年同期增长 7.5%；全国部门集中采购 1 098.4 亿元，比上年同期增长 20.8%，占采购总规模的 18.3%，其中，地方部门集中采购 851.2 亿元，中央单位部门集中采购 247.2 亿元；全国分散采购 841.8 亿元，比上年同期增长 20.7%，占采购总规模的 14.1%。

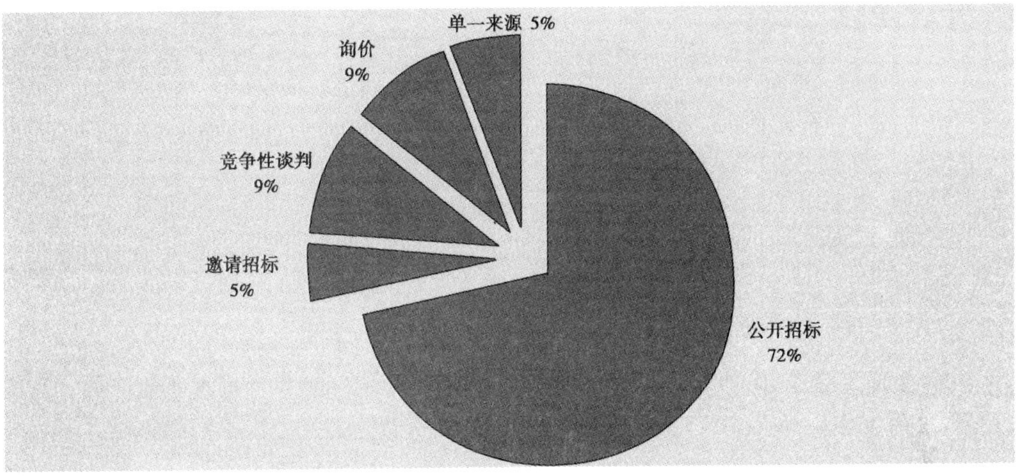

2008 年全国政府采购方式比重图（图四）

三、民生项目投入比例增大，政府采购政策功能作用日益显现

2008 年许多地区将中小学免费教材、农村中小学危房改造、财政补贴农民购置机具等公益性强、关系民生的采购项目也实行了政府采购。2008 年全国中小学免费教材采购金额为 78.1 亿元，农村中小学危房改造采购金额为 20.6 亿元，财政补贴农民购置机具采购金额为 18.1 亿元，共计 116.9 亿元，占全国采购总规模的 2%。

继续推行优先采购环境标志产品和强制采购节能产品政策，全国节能、节水产品政府采购金额为 131.9 亿元，比上年同期增长了 21.9%，占同类产品采购金额的 64%，其中节能产品采购金额 131.4 亿元，节水产品采购金额 0.5 亿元。节能、节水产品中采购规模较大的有：计算机 95.7 亿元、空调机 17.5 亿元，打印机 13.5 亿元。全国环保产品采购金额为 171.2 亿元，占同类产品采购总金额的 69%，其中环保产品采购规模较大的有：轻型汽车 62.6 亿元，微型计算机、显示器 60.8 亿元，家具 20.9 亿元。

四、政府采购基础工作不断加强，监管机制进一步完善

目前财政部和地方各级财政部门都建立了政府采购专家库，对专家实行集中管理，统一使用。2008 年全国专家库数量为 1 426 个（包括省、地、县），专家人数达 189 366 人。通过专家库抽取评审专家的项目共 121 376 个，比上年同期增加 39 403 个；抽取专家次数 420 254 人次，比上年同期增加 171 627 人次。

2008 年全国信息公告数量为 349 806 条，比上年同期增加 151 965 条。其中采购需求信息公告数量为 181 415 条，中标、成交结果公告数量 161 436 条。

2008 年中央和地方各级政府采购监督管理部门共接到供应商投诉 781 起，比

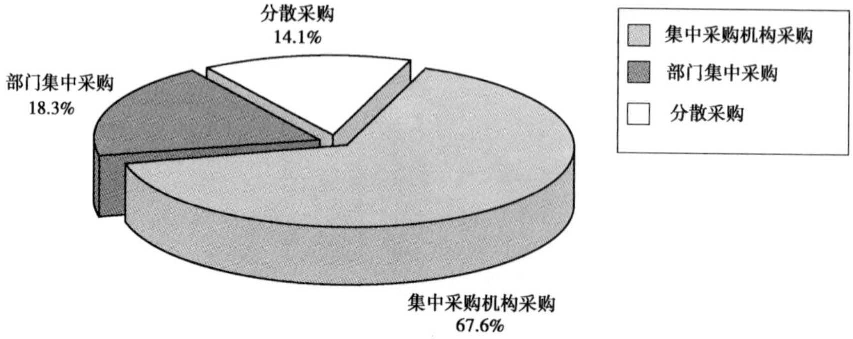

2008 年全国政府采购规模图（图五）

上年同期增加 96 起。其中，受理 702 起。在受理的案件中，做出处理决定的 431 起，驳回 142 起，撤诉 128 起。从被投诉人的角度看，采购人被投诉的有 149 起，招标代理机构被投诉的有 276 起，集中采购机构被投诉的有 277 起。

总体来说，2008 年全国政府采购执行情况是好的，但也应看到，政府采购制度改革日益深化与相关运行机制和配套措施还不到位之间的矛盾和问题依然突出。一是两法不衔接，大量的公共工程采购游离于政府采购制度管辖范围之外，仅靠货物和服务采购范围的扩大，政府采购发展的空间非常有限。二是各地采购制度不尽相同、专家库和供应商库不能互通、采购信息不充分公开、采购结果不能共享，导致部分采购活动效率低下。三是政府采购虽然在支持国内产业、节能环保产品、自主创新等方面取得了积极的成效，但由于相关配套措施和政策不完善，制约了政府采购政策功能的更好发挥。四是组织机构和队伍建设相对滞后，难以适应政府采购事业快速发展的形势要求等等。

对此，我们将积极采取措施，强化监管和操作执行，加大制度建设和体制机制创新的力度，通过进一步深化改革，逐步解决上述问题。

九、地方政府采购机构及信息发布媒体

（一）部分省（自治区、直辖市、计划单列市）政府采购管理机构

表 1

地区	机构全称	负责人	办公地址	邮政编码	电话	传真	电子信箱
北京市	北京市政府采购办公室	陈志环	北京市海淀区阜成路 15 号	100048	68430032	68430035	
东城区	东城区政府采购办公室	翟　勤	北京市东城区东直门外新中街 2 号	100027	64164817	64164817	
西城区	西城区政府采购办公室	王　欣	北京市西城区太平桥大街 107 号	100032	66218013	66218014	
崇文区	崇文区政府采购办公室	樊　英	北京市崇文区长青园 1 号楼	100061	67123440	67123440	
宣武区	宣武区政府采购办公室	李洪志	北京市宣武区长椿街甲 24 号	100053	83154195	63011078	
朝阳区	朝阳区政府采购办公室	张　京	北京市朝阳区日坛北路 3 号	100020	65090252	65090343	
海淀区	海淀区政府采购办公室	刘　雁	北京市海淀区西四环北路 9 号鑫泰大厦	100097	88488285	88488214	
丰台区	丰台区政府采购办公室	王亚丽	北京市丰台区西四环南路 58 号	100073	63895390	63895390	
石景山区	石景山区政府采购办公室	孙　静	北京市石景山区古城北路	100043	68878427	68876148	
门头沟区	门头沟区政府采购办公室	陈晓梅	北京市门头沟区滨河路 56 号	102300	69856741	69844196	
房山区	房山区政府采购办公室	赵连生	北京市房山区良乡西门外南路	102488	69377957	69377957	
大兴区	大兴区政府采购办公室	唐胜明	北京市大兴区黄村东大街 35 号	102600	69266957	69266957	
通州区	通州区政府采购办公室	李　军	北京市通州区梨园北街 15 号	101101	61537806	61537806	
顺义区	顺义区政府采购办公室	张丽芸	北京市顺义区新顺南大街 17 号	101300	69468480	69468480	
昌平区	昌平区政府采购办公室	赵学军	北京市昌平区东环路	102200	69742904	69742904	
怀柔区	怀柔区政府采购办公室	彭兴臣	北京市怀柔区南华大街 17 号	101400	69647078	69649233	

续表

地区	机构全称	负责人	办公地址	邮政编码	电话	传真	电子信箱
平谷区	平谷区政府采购办公室	王晓彦	北京市平谷区府前西街18号	101200	69962702	69962702	
密云县	密云县政府采购办公室	段玉枝	北京市密云县鼓楼东大街1号	101500	69046612	69046612	
延庆县	延庆县政府采购办公室	刘银燕	北京市延庆县新城街8号	102100	69103054	69188493	
燕山	燕山政府采购办公室	赵锦华	北京市房山区燕房路50号	102500	69346173	69346173	
经济开发区	经济开发区政府采购办公室	李晓红	北京市亦庄经济开发区	100076	67880043	67880041	
天津市	天津市政府采购办公室	栗庆林	天津市和平区曲阜道4号	300042	022－23123741	022－23311740	togp@ sina. com
和平区	和平区财政局国库科	任瑞金	天津市和平区保定道10号	300040	022－23306912	022－23306912	hpzhc@ yahoo. com
河东区	河东区财政局政府采购办公室	孙相群	天津市河东区大王庄西锦路7号	300171	022－24153950	022－24153950	hedongzfcg@ sina. com
河西区	河西区财政局政府采购办公室	臧宝幸	天津市河西区苏州道6号	300202	022－23278781	022－23278782	
南开区	南开区财政局政府采购办公室	王　健	天津市南开区南门外大街盛欣园382号	300100	022－27315129－813	022－27315129－813	
河北区	河北区财政局政府采购办公室	张　颖	天津市河北区狮子林大街284号	300143	022－26296174	022－26296174	hbqzc@ 163. com
红桥区	红桥区财政局政府采购办公室	张德新	天津市红桥区勤俭道区政府大院西配楼	300131	022－86516611	022－86516602	hq－cgb@ 126. com
塘沽区	塘沽区财政局政府采购办公室	王学霞	天津市塘沽区营口道468号	300450	022－66897249	022－66897249	tgcb2005@ hotmail. com
汉沽区	汉沽区财政局协税科	傅建国	天津市汉沽区新开中路96号	300480	022－25693949	022－25693949	
大港区	大港区财政局政府采购办公室	康　悦	天津市大港区世纪大道9号	300270	022－63236539	022－63236539	dgzc518@ sina. com
东丽区	东丽区财政局政府采购办公室	郝玉全	天津市东丽区先锋路9号	300300	022－84375903	022－84376988	
西青区	西青区财政局政府采购办公室	高天伟	天津市西青区杨柳青青远路5号	300380	022－27913240	022－27913240	tjgtw@ 126. com
津南区	津南区财政局政府采购办公室	刘　晔	天津市津南区咸水沽镇红旗路	300350	022－28391454	022－28391454	zfcg_ tjjn@ 163. com

续表

地区	机构全称	负责人	办公地址	邮政编码	电话	传真	电子信箱
北辰区	北辰区财政局综合科	吴俊江	天津市北辰区京津公路北医道14号	300400	022-26811914	022-26811914	
武清区	武清区财政局政府采购办公室	庞志伟	天津市武清杨村雍阳东路12号	301700	022-29372323	022-29372323	
宝坻区	宝坻区财政局政府采购办公室	王民强	天津市宝坻区城关镇广川路29号	301800	022-29241598	022-29241598	bdzfcg@eyou.com
蓟县	蓟县财政局行政事业科	王元春	天津市蓟县新华大街21号	301900	022-29141367	022-29141367	tjjxhysh@126.com
宁河县	宁河县财政局政府采购办公室	刘俊军	天津市宁河县芦台镇光明路62号	301500	022-69591881	022-69591881	
静海县	静海县财政局政府采购办公室	贺海军	天津市静海县静文路24号	301600	022-28914407	022-28914407	jhzfcg@eyou.com
经济技术开发区	经济技术开发区政府采购和投资管理中心	吕　瑛	天津市开发区宏达街19号	300457	022-25201212	022-25202612	
保税区	保税区财政局基建科	张淑香	天津市空港物流加工区管委会保税区财政局	300461	022-25763870	022-25763872	
新技术产业园区	新技术产业园区财政局政府采购办公室	王　伟	天津市南开区华苑产业区华天道6号	300384	022-83715902	022-83715902	czqc@thip.gov.cn
天津中新生态城	天津中新生态城财政局	段　喆	天津生态城汉北路7号	300467	022-66328896	022-66328899	
河北省	河北省政府采购办公室	邢永春	河北省石家庄市华安街14号	050051	0311-87018938	0311-87028290	lisn@hebcz.gov.cn
石家庄市	石家庄市政府采购办公室	李戈耀	河北省石家庄市中山东路216号	050011	0311-26687719	0311-86687632	sjzzfcg@163.com
承德市	承德市政府采购管理办公室	梁淑萍	河北省承德市开发区雹神庙	067000	0314-2255610	0314-2255113	cdkb2008@126.com
张家口市	张家口市财政局政府采购办公室	陈广维	河北省张家口市桥东区东河沿49号	075000	0313-2014260	0313-2020666	zjkcgw@hecz.cn

续表

地区	机构全称	负责人	办公地址	邮政编码	电话	传真	电子信箱
秦皇岛市	秦皇岛市政府采购办公室	宋瑞军	河北省秦皇岛市海港区和平大街 21 号	066000	0335 - 3035555	0335 - 3035555	qhdcgb@ 163. com
唐山市	唐山市财政局政府采购管理办公室	肖和谦	河北省唐山市路北区西山道 7 号	063007	0315 - 2822835	0315 - 2822835	cgbymj@ 163. com
廊坊市	廊坊市财政局政府采购办公室	赵金亭	河北省廊坊市新华路 209 号	065000	0316 - 2180430	0316 - 2180430	wangmingyan88256@ sina. com
保定市	保定市政府采购办公室	马　强	河北省保定市五四东路 366 号	071000	0312 - 5056987	0312 - 5056987	wangri88@ tom. com
沧州市	沧州市人民政府采购办公室	申学增	河北省沧州市解放西路 40 号	062650	0317 - 2021775	0317 - 2021775	qiruihai@ sohu. com
衡水市	衡水市政府采购办公室	刘风营	河北省衡水市永兴西路 819 号	053000	0318 - 2126615	0318 - 2162950	hsszfcg01@ sina. com
邢台市	邢台市人民政府采购管理办公室	王少英	河北省邢台市郭守敬北路 281 号	054000	0319 - 2222075	0319 - 2222075	zhangss666888@ sina. com
邯郸市	邯郸市政府采购办公室	白风丽	河北省邯郸市人民路 88 号	056002	0310 - 3055765	0310 - 3055765	hdszfcgbgs@ sohu. com
辽宁省	辽宁省政府采购管理办公室	孙中才	沈阳市和平区南京北街 103 号	110002	(024) 22821981 22700983 22823174 22821482	(024) 22700983	Tianguiweisyln@ sina. com
沈阳市	沈阳市政府采购管理办公室	刘东伟	沈阳市沈河区北一经街 78 号	110014	(024) 22873958 22873618 22873723	(024) 22873958	sycgbyxl@ yahoo. com. cn
大连市	大连市政府采购管理办公室	徐崇君	大连市中山区长江路 138 号	116001	(0411) 82817474	(0411) 82816655 - 8090	ccgp@ dl. gov. cn

续表

地区	机构全称	负责人	办公地址	邮政编码	电话	传真	电子信箱
鞍山市	鞍山市政府采购管理办公室	赵长臣	鞍山市南胜利路8号	114002	(0412) 2248236 2231700 2230462 2201233	(0412) 2201233	asczcgb@ sina. com. cn
抚顺市	抚顺市政府采购管理办公室	李　莉	抚顺市顺城区新华大街17号	113006	(0413) 7760092	(0413) 7760093	fswsy@ 163. com
本溪市	本溪市政府采购管理办公室	宁　然	本溪市平山区平山路3号	117000	(0414) 2836561 2836625 2844892	(0414) 2844892	lnbxczjcgb@ sohu. com
丹东市	丹东市政府采购管理办公室	李成珍	丹东市元宝区金汤街9号	118000	(0415) 2854860 2815105	(0415) 2815105	ddcgb@ 163. com
锦州市	锦州市政府采购管理办公室	吉八会	锦州市凌河区解放路3段25号	121001	(0416) 3122773 3123853	(0416) 3122773	jzpangzhi@ yahoo. com. cn
营口市	营口市政府采购管理办公室	范作森	营口市站前区渤海大街西6号	115000	(0417) 2840575 2838518	(0417) 2838518	ykcgbzm@ 163. com
阜新市	阜新市政府采购管理办公室	崔　涛	阜新市细河区中华路51－2号	123000	(0418) 2823638	(0418) 2823638	fxczjcgb@ 163. com
辽阳市	辽阳市政府采购管理办公室	刘封泽	辽阳市白塔区中华大街63号	111000	(0419) 2289115 2289116	(0419) 2289115	lyzfcg@ 126. com

续表

地区	机构全称	负责人	办公地址	邮政编码	电话	传真	电子信箱
铁岭市	铁岭市政府采购管理办公室	李世范	铁岭市银州区市府路 26 号	112000	(0410) 2812218 2812416	(0410) 2812416	zzhhll668@ sohu. com
朝阳市	朝阳市政府采购管理科	娄　静	朝阳市双塔区朝阳大街 3 段 7 号	122000	(0421) 2611485 2622038	(0421) 2622038	guojiabao@ 163. com
盘锦市	盘锦市政府采购管理办公室	魏　榕	盘锦市财政大厦	124010	(0427) 2837811 2839399	(0427) 2839399	Pjcgb168@ 163. com
葫芦岛市	葫芦岛市政府采购管理办公室	刘德胜	葫芦岛市龙湾新区龙程路 5 号	125000	(0429) 3156033 3119511	(0429) 3119511	macaiyunlove@ 126. com
吉林省	吉林省财政厅政府采购办公室	李　铮	长春市人民大街 3646 号	130021	0431 －88550620	0431 －88550620	
长春市	长春市财政局政府采购办公室	陈沪萍	长春市西民主大街 809 号	130021	0431 －88562910	0431 －88562878	
吉林市	吉林市财政局政府采购办公室	崔宝金	吉林市松江中路 83 号	132011	0432 －2049077	0432 －2049096	
四平市	四平市财政局政府采购办公室	陶化成	四平市政新街 1 号	136000	0434 －3268285	0434 －3268369	
辽源市	辽源市财政局政府采购办公室	杨佳惠	辽源市人民大街 524 号	136200	0437 －3252584	0437 －3252584	
通化市	通化市财政局政府采购办公室	杨　莉	通化市滨江东路 2819 号	134000	0435 －3652562	0435 －3652510	
白山市	白山市财政局政府采购办公室	王瑞莲	白山市滨江东街 23 号	134400	0439 －3222167	0439 －3222167	
白城市	白城市财政局政府采购办公室	裴鸣春	白城市幸福大街 9 号	137000	0436 －3325548	0436 －3325548	
延边自治州	延边自治州财政局政府采购办公室	徐志国	延吉市延龙路 608 号	133001	0433 －2876060	0433 －2876061	
松原市	松原市财政局政府采购办公室	刘明武	松原市长宁南街 19 号	138000	0438 －5075056	0438 －5075056	

续表

地区	机构全称	负责人	办公地址	邮政编码	电话	传真	电子信箱
长白山管委会	长白山管委会财审局政府采购办公室	李洪刿	安图县二道白河镇警民路	133613	0433 –5710193	0433 –5710193	
黑龙江省	黑龙江省政府采购管理办公室	赵　谦	哈尔滨市南岗区建设街 146 号	150001	0451 –53001088	0451 –53650829	hljcg@ 126. com
哈尔滨市	哈尔滨市政府采购管理办公室	商立成	哈尔滨市道里区友谊路 421 号	150010	0451 –84853325	0451 –84853325	lrj81030877@ sina. com
齐齐哈尔市	齐齐哈尔市政府采购管理办公室	杨　涛	齐齐哈尔市永安大街 108 号	161005	0452 –2400543	0452 –2400543	yt88999@ 126. com
牡丹江市	牡丹江市政府采购管理办公室	张丁洲	牡丹江市太平路 129 号财政局 116 室	157000	0453 –6238442	0453 –6238442	mdjcgb@ 126. com
佳木斯市	佳木斯市政府采购管理办公室	董　爽	佳木斯市友谊路 159 号	154003	0454 –8668706	0454 –8225064	jmsds2007@ sina. com
大庆市	大庆市政府采购管理办公室	庄永久	大庆市行政服务中心三楼	163311	0459 –4671885	0459 –4671883	dqzfcg@ 163. com
鸡西市	鸡西市政府采购管理办公室	黄成祥	鸡西市和平北大街财政局 8 楼	158100	0467 –2353655	0467 –2353655	jxgmx@ 126. com
鹤岗市	鹤岗市政府采购管理办公室	刘建华	鹤岗市工农区东解放路 67 号	154001	0468 –3450339	0468 –3450339	hgscgb@ sohu. com
双鸭山市	双鸭山市政府采购管理办公室	王光炎	双鸭山市尖山区文化路 61 号	155100	0469 –4275300	0469 –4282792	syszfcg@ 163. com
伊春市	伊春市政府采购管理办公室	宋立祥	伊春市伊春区永红小区 3 号楼	153000	0458 –3978070	0458 –3978076	jym_ 0458@ 126. com
七台河市	七台河市政府采购管理办公室	宋修忠	七台河市桃山区学府路 111 号	154600	0464 –8688010	0464 –8688130	qthcgb@ 163. com
绥化市	绥化市政府采购管理办公室	李永喜	绥化市祥和东街 43 号	152054	0455 –8101260	0455 –8101262	shsczjlyx@ 163. com
黑河市	黑河市政府采购管理办公室	裴安保	黑河市王肃街	164300	0456 –8228580	0456 –8228580	HHPAB@ 163. COM
大兴安岭地区	大兴安岭地区政府采购管理办公室	王玉玺	大兴安岭加格达奇区人民路 43 号	165000	0457 –2123272	0457 –2423272	lyy0457@ 163. com
江苏省	江苏省财政厅政府采购管理处	吴小明	南京市北京西路 63 号	210024	83633054	83633054	
南京市	南京市财政局政府采购管理处	赵群力	南京市长江路 66 号	210005	51808860	51808860	
无锡市	无锡市财政局政府采购管理处	李子元	无锡市石皮路 8 号	214000	82793160	82793160	

续表

地区	机构全称	负责人	办公地址	邮政编码	电话	传真	电子信箱
徐州市	徐州市财政局政府采购管理处	韩　松	徐州市新城区昆仑大道 1 号	221018	83731182	83739293	
常州市	常州市财政局政府采购管理处	万薇薇	常州市龙城大道 1280 号	213022	85681829	85681829	
苏州市	苏州市财政局政府采购管理处	李　琛	苏州市三香路 998 号	215004	68615855	68615855	
南通市	南通市财政局政府采购管理处	褚作人	南通市越龙路 38 号	226001	85594208	85594208	
连云港	连云港市财政局政府采购管理处	陆　翔	连云港新浦海连中路 99 号	222003	85521497	85521497	
淮安市	淮安市财政局政府采购管理处	张　标	淮安市健康东路 65 号	223001	83168062	83168062	
盐城市	盐城市财政局政府采购管理处	季吕彬	盐城市亭湖区文峰路 41 号	224001	88365441	88365441	
扬州市	扬州市财政局政府采购管理处	王　琥	扬州市淮海路 108 号	225300	87342525	87346729	
镇江市	镇江市财政局政府采购管理处	韩年庚	镇江市正东路 141 号	212001	84428920	84424763	
泰州市	泰州市财政局政府采购管理处	邱步道	泰州市海陵南路 302	225700	86888091	86888091	
宿迁市	宿迁市财政局政府采购管理处	程思亮	宿迁市人民大道 2 号	223800	84363062	84363081	
浙江省	浙江省财政厅政府采购监管处	俞建玉	杭州市环城西路 37 号	310006	0571 – 87055741	0571 – 87055741	
杭州市	杭州市政府采购领导小组办公室	毛慧敏	杭州市东新路 155 号 4 楼	310004	0571 – 85085030	0571 – 85085030	maohuimin@ hz. cn
温州市	温州市财政局政府采购监管处	胡　钧	温州市勤奋路 59 号	325005	0577 – 88588506	0577 – 88588506	Hujun@ wztax. gov. cn
嘉兴市	嘉兴市政府采购办公室	俞东方	嘉兴市环城西路 2588 号	314001	0573 – 82031731（82031217）	0573 – 82033317	jxscgb@ yahoo. com. cn
湖州市	湖州市政府采购办公室	屠培红	湖州市红旗路 258 号	313000	0572 – 2150003	0572 – 2150037	
绍兴市	绍兴市财政局政府采购监管处	俞乃锋	绍兴市人民西路 333 号	312000	0575 – 85209806	0575 – 85209806	
金华市	金华市财政局政府采购监督管理处	周祝生	金华市双龙南街 801 号	321017	0579 – 82468736	0579 – 82468734	zzs@ jhcs. gov. cn
衢州市	衢州市政府采购办公室	徐深义	衢州市柯城区白云街道三江东路 28 号	324000	0570 – 3055203	0570 – 3055203	xushenyi@ 163. com

续表

地区	机构全称	负责人	办公地址	邮政编码	电话	传真	电子信箱
舟山市	舟山市财政局政府采购管理办公室	蒋丽虹	舟山市新城海天大道 681 号 5 号楼	316021	0580 - 2282602	0580 - 2282592	zfcg@ zhoushan. gov. cn
台州市	台州市财政局政府采购监督管理处	许　乐	台州市开发区纬一路 66 号	318000	0576 - 88206705	0576 - 88206705	tzzfcgjgc@ 163. com
丽水市	丽水市财政局政府采购监管处	管伟春	丽水市北苑路 190 号	323000	0578 - 2669335	0578 - 2669165	
安徽省	安徽省财政厅政府采购处	孙学鹏	合肥市阜南路 238 号	230061	0551 - 5100290	0551 - 5100141	sxpzfcg@ yahoo. com. cn
合肥市	合肥市财政局政府采购处	刘勇军	合肥市潜山南路 1 号	230071	0551 - 3532068	0551 - 3532353	liuyongjun@ hefei. gov. cn
淮北市	淮北市财政局政府采购科	徐安东	淮北市人民路财政工行大厦	235000	0561 - 3053881	0561 - 3053881	xuanton881@ 163. com
宣城市	宣城市财政局政府采购科	方桂贞	宣城市状元路 16 号	242000	0563 - 3036073	0563 - 3023813	xcczfgz2007@ 126. com
马鞍山市	马鞍山市财政局政府采购科	陈　涛	马鞍山市花雨路 3 号	243011	0555 - 2364145	0555 - 2364145	mascgc@ mas. gov. cn
宿州市	宿州市财政局政府采购科	金共银	宿州市淮河中路 168 号	234000	0557 - 3905932	0557 - 3905932	
阜阳市	阜阳市财政局政府采购科	崔　巍	阜阳市奎星路 14 号	236034	0558 - 2261464	0558 - 2261464	fuyangcz@ sohu. com
铜陵市	铜陵市财政局政府采购科	朱长英	铜陵市财政局西四楼	244000	0562 - 2129043	0562 - 2835778	tlczhxj@ 163. com
淮南市	淮南市财政局政府采购科	吴　倩	淮南市陈洞路金海大厦	232001	0554 - 6667820	0554 - 6667413	huainanwq@ sina. com
池州市	池州市财政局政府采购科	何世桂	池州市池阳路 60 号	247000	0566 - 2035631	0566 - 2022820	
蚌埠市	蚌埠市财政局政府采购科	卢　勇	蚌埠市南山路 76 号	233000	0552 - 2070726	0552 - 2070726	ahbbczjcgk@ 126. com
黄山市	黄山市财政局政府采购科	姜来久	黄山市财政局大楼	245000	0559 - 2355179	0559 - 2355179	hsszfcgk@ 163. com
六安市	六安市财政局政府采购办公室	汪　斌	梅山南路政务中心 12 楼财政局	237000	0564 - 3378213	0564 - 3378213	wb@ laczj. gov. cn
滁州市	滁州市财政局政府采购办公室	黄宁辉	滁州市开发区会峰大厦六楼	239000	0550 - 3216532	0550 - 3216532	czhnh5@ sina. com
巢湖市	巢湖市政府采购管理办公室	王继文	巢湖市姥山路市财政局	238000	0565 - 2336081	0565 - 2336081	chwangjw@ 126. com

续表

地区	机构全称	负责人	办公地址	邮政编码	电话	传真	电子信箱
安庆市	安庆市财政局预算编制办公室	刘敦本	安庆市菱湖北路 32 号	246003	0556－5288985	0556－5288993	wgc195808@163. com
亳州市	亳州市财政局预算科	陈淑敏	亳州市光明路	236800	0558－5119502	0558－5131719	quyunshan@sohu. com
芜湖市	芜湖市财政局资产调配科	王德园	芜湖市北京东路 257 号	241000	0553－3122143	0553－3122113	
福建省	福建省财政厅政府采购监督管理办公室	王仁渠	福州市中山路 5 号	350003	0591－87097833	0591－87097176	fjzfcg@sina. com
福州市	福州市财政局政府采购监督管理办公室	阮孝忠	福州市乌山支路 34 号	350001	0591－87116700	0591－83372739	fzzfcg@163. com
莆田市	莆田市人民政府采购委员会办公室	陈志强	莆田市荔城中大道机关事业楼 8 号	351100	0594－2675926	0594－2675926	
南平市	南平市政府采购委员会办公室	陈献晨	南平市光荣岭 4 号	353000	0599－8852978	0591－8830139	
宁德市	宁德市政府采购委员会办公室	黄　勤	宁德市焦城区暑前路 26 号	352100	0593－2838116	0593－2821313	fjndzfcg@163. com
漳州市	漳州市政府采购委员会办公室	王春亚	漳州市芗城区平等路 72 号	363000	0596－2026322	0596－2023932	zzcgb@tom. com
泉州市	泉州市政府采购委员会采购办公室	许文彬	泉州市丰泽区妙云街 160 号泉州市行政服务中心四楼	362000	0595－22135519	0595－22135521	qzczcgb@163. com
龙岩市	龙岩市政府采购委员会办公室	徐初纯	龙岩市和平路新罗区 62 号	364000	0597－2291068	0597－2291068	zgfjlyxcc@sina. com
三明市	三明市政府采购委员会办公室	吴昌秋	三明市梅列区红岩新村 15 幢	365000	0598－8222443	0598－8236965	sm8222443@126. com
厦门市	厦门市政府采购管理办公室	方文江	厦门市湖滨北路 98 号	361012	0592－5398218	0592－5398216	fwj@xm. gov. cn
济南市	济南市财政局政府采购管理处	王传秋	济南市经五路 169 号财税大厦 2006 房间	250001	0531－87949163	0531－87030156	jnsczjcgc@163. com
青岛市	青岛市政府采购管理办公室	谢宜豪	青岛市宁夏路 208 号	266071	0532－85850850	0532－85850850	qdzfcgb@126. com

续表

地区	机构全称	负责人	办公地址	邮政编码	电话	传真	电子信箱
淄博市	淄博市政府采购办公室	房景贤	淄博市张店区联通路 306 号	255000	0533 –3887137	0533 –2307046	zfcgzm@ tom. com
枣庄市	枣庄市政府采购管理办公室	刘善忌	枣庄市新城区枣庄市财政局	277800	0632 –3256035	0632 –3313055	sdzzlsz@ 163. com
烟台市	烟台市政府采购管理办公室	任信美	烟台市芝罘区玉溪路 17 –1 号	264000	0535 –6688070	0535 –6688095	yantaizfcgb@ 163. com
东营市	东营市政府采购办公室	袭祥珠	东营市东城府前大街 122 号	257091	0546 –7828355	0546 –8329315	Zfcg402@ 126. com
潍坊市	潍坊市政府采购中心	李元春	潍坊市奎文区文化路 439 号	261041	0536 –8198311	0536 –8198311	songlaizhong@ 126. com
济宁市	济宁市财政局国库科	孙宗友	济宁市吴泰闸路 75 号	272023	0537 –2606058	0537 –2606057	jngkk@ 163. com
泰安市	泰安市政府采购管理办公室	李清明	泰安市温泉路中段泰安市财政局	271000	0538 –6220370	0538 –6220370	tazfcg@ 126. com
威海市	威海市政府采购管理办公室	张春晓	威海市海滨北路 60 号	264200	0631 –5212818	0631 –5212818	d212818@ 163. com
日照市	日照市政府采购管理办公室	刘　军	日照市黄海 2 路 13 号	276826	0633 –8668097	0633 –8668001	rzzfcglj@ 126. com
莱芜市	莱芜市财政局国库科	李　波	莱芜市莱城区龙潭东大街 29 号	271100	0634 –8891125	0634 –8891125	lwcuipeng@ 126. com
临沂市	临沂市政府采购监督管理办公室	王绍中	临沂市沂蒙路 161 –1 号中银大厦	276000	0539 –8113015	0539 –8113015	lyzfcg@ sina. com. cn
德州市	德州市政府采购管理办公室	许欣君	德州市德城区湖滨中大道 1268 号	253014	0534 –2381893	0534 –2381885	dzzfcg@ 163. com
滨州市	滨州市政府采购管理办公室	鲁新国	滨州市斌城区黄河五路 357 号	256600	0543 –3187655	0543 –3781653	bz_ zzfcg@ 163. com
聊城市	聊城市政府采购管理办公室	井庆河	聊城市东仓西路 119 号	252000	0635 –8681136	0635 –8681136	lczmz@ tom. com
菏泽市	菏泽市政府采购办公室	曹海涛	菏泽市中华西路 2626 号	274000	0530 –5613728	0530 –5613729	caoht3339@ 163. com

续表

地区	机构全称	负责人	办公地址	邮政编码	电话	传真	电子信箱
武汉市	武汉市政府采购办公室	吴　东	解放大道 1499 号	430016	027－85730335	027－85730335	
黄石市	黄石市政府采购办	周汉桥	黄石市亚光新村金苑小区特 1 号	435000	0714－6208278	0714－6208355	
十堰市	十堰市政府采购办	何士东	十堰市北京北路 89 号	442000	0719－8102790	0719－8102790	Syzjb123@ tom. com
荆州市	荆州市政府采购办	郑荆陵	荆州市塔桥路 35 号	434100	0716－8253268	0716－8261806	
襄樊市	襄樊市政府采购办	梅亚芳	襄樊市财苑路 5 号	441021	0710－3535306	0710－3535307	
宜昌市	宜昌市政府办	吕云胜	宜昌市发展大道 7 号	443005	0717－6332462	0717－6343206	ycgb@ 163. com
黄冈市	黄冈市政府采购办	朱华刚	黄冈市七一路 3 号	438000	0713－8616543	0713－8616543	
孝感市	孝感市政府采购科	唐诗增	孝感市后湖西路	432100	0712－2836013	0712－2836003	
咸宁市	咸宁市政府采购管理科	童　勤	咸宁市咸宁大道 45 号	437100	0715－8273640	0715－8273640	xnyau@ yahoo. com. cn
恩施州	恩施州政府采购办	伍学荣	恩施州舞阳大街一巷 21 号	445000	0718－8221964	0718－8221964	hbescz@ 163. com
荆门市	荆门市政府采购办	黎清华	荆门市金虾路 30 号	448000	0724－2351224	0724－6032851	
鄂州市	鄂州市政府采购办	桂新元	鄂州市滨湖西路 129 号	436000	0711－3388609	0711－3388608	
随州市	随州市政府科	江崇岗	随州市城南新区	431300	0722－3596911	0722－3596912	szzfcgk@ 126. com
长沙市	长沙市政府采购办	孙勇江	长沙市岳麓大道 218 号政府二办公楼四楼市政府采购办	410007	0731－8666345	0731－8666346	
株洲市	株洲市政府采购办	王庆玲	株洲市黄河南路 455 号市财政局政府采购办	412000	0733－8681166	0733－8681200	
湘潭市	湘潭市政府采购办	刘子慧	湘潭市大湖路 69 号市财政局政府采购办	411100	0732－8276076	0732－8276064	
衡阳市	衡阳市政府采购办	王秋林	衡阳市解放大道 30 号市财政局机关大院	421001	0734－8867617	0734－8867617	
怀化市	怀化市政府采购办	冯济柏	怀化市迎丰中路 376 号市财政局政府采购办	418000	0745－2722768	0745－2722076	

续表

地区	机构全称	负责人	办公地址	邮政编码	电话	传真	电子信箱
邵阳市	邵阳市政府采购办	傅华亮	邵阳市大安街18号	422000	0739－5393250	0739－5393249	
娄底市	娄底市政府采购办	孙伟清	娄底市石马路1号市财政局二办公楼二楼政府采购办	417000	0738－8285669	0738－8282475	
永州市	永州市政府采购办	刘贤华	永州市冷水滩沿江路36号市财政局政府采购办	425000	0746－8369636	0746－8369636	
郴州市	郴州市政府采购办	郭远宏	郴州市南街82号	423000	0735－2239772	0735－2239707	
岳阳市	岳阳市政府采购办	周湘鳌	岳阳市邕园路南湖广场市财政局政府采购办	414000	0730－8850162	0730－8850162	
益阳市	益阳市政府采购办	刘小平	益阳市梓山西路88号市财政局政府采购办	413000	0737－6102225	0737－6102298	
常德市	常德市政府采购办	袁志	常德市武陵区北正街市财政局政府采购办	415000	0736－7265996	0736－7231158	
张家界市	张家界市政府采购办	聂仁红	张家界市市政府办公大楼六楼市财政局政府采购办	427000	0744－8389051	0744－8389031	
自治州	自治州政府采购办	向华堂	吉首市人民北路2号州财政局政府采购办	416000	0743－8711033	0743－8711033	
深圳市	深圳市财政局政府采购办公室	孟　晓	深圳市景田东路9号	518034	83938989	83938675	
罗湖区	深圳市罗湖区财政局政府采购管理办公室	刘　颖	深圳市罗湖区湖贝路1030号	518007	82201832	82201832	
福田区	福田区政府采购监督管理办公室	陈俊明	深圳市福民路123号区委大楼10楼	518048	82918397	82918397	
南山区	南山区财政局国库科（政府采购办）	覃菊坤	南山区深南大道劳动大厦十楼	518052	26662574	26662587	
盐田区	深圳市盐田区财政局国库科（政府采购监管办公室）	孙伟平	盐田区梧桐路2002号桐桦楼603	518081	25355600	25351333	

续表

地区	机构全称	负责人	办公地址	邮政编码	电话	传真	电子信箱
龙岗区	龙岗区财政局财监科（政府采购办）	刘剑	龙岗区中心城财政大厦	518172	28922383	28922281	
宝安区	宝安区财政局监督科	江雪影	宝安区湖滨路 31 号	518101	27789626	27789626	
广西壮族自治区本级	自治区财政厅政府采购监督管理处	黄明锦	南宁市桃源路 69 号财政大厦七楼	530021	0771－5331586	0771－5331544	
南宁市	南宁市政府采购管理监督管理办公室	刘 艳	南宁市东葛路 129 号财政大厦	530023	0771－2189102	0771－2189082	
柳州市	柳州市政府采购管理办公室	周冬萍	柳州市滨江东路 1 号 1 栋 4 楼	545001	0772－2830323	0772－2830320	lzzfcg@ vip. lz160. net
桂林市	桂林市政府采购管理办公室	许春燕	桂林市中山北路 23 号	541001	0773－2816067	0773－2816067	glzfcg@ 126. com
梧州市	梧州市政府采购管理办公室	吴 江	梧州市文澜路 97 号	543002	0774－3866434	0774－3866434	wzcg123@ sina. com
北海市	北海市财政局政府采购管理科	韦国猛	北海市北部湾西路 69 号	536000	0779－3031432	0779－3039002	
防城港市	防城港市政府采购管理办公室	陈远光	防城港市财政局		0770－6102319	0770－2881150	
钦州市	钦州市政府采购办	黎 翔	钦州市银河大街财政局	535000	0777－2818582	0777－2895258	
贵港市	贵港市财政局政府采购监督管理科	周 鹏	贵港市金港大道中段	537100	0775－4560240	0775－4555290	
玉林市	玉林市政府采购管理办公室	吴冬玲	玉林市建安街一号	537000	0775－2684925	0775－2684925	
百色市	百色市政府采购管理办公室	罗玉英	百色市财政局	533000	0776－2849555	0776－2848963	
贺州市	贺州市政府采购管理办公室	林 峰	贺州市贺州大道财政局	542800	0774－5135551	0774－5135553	Hzzfcg5503@ 163. com
河池市	河池市财政局国库科（政府采购科）	兰凌英	河池市新建西路 25 号	547000	0778－2103396	0778－2284294	
来宾市	来宾市财政局政府采购中心	韦国华	来宾市维林大道维林新城一巷	546100	0772－4233186	0772－4233186	govstock@ sohu. com
崇左市	崇左市政府采购管理办公室	吴桂	崇左市城西路 66 号	532200	0771－7823980	0771－7823980	

续表

地区	机构全称	负责人	办公地址	邮政编码	电话	传真	电子信箱
海南省	政府采购管理处	陈　华	海口市滨海大道 109 号	570105	0898 －68546705 0898 －68543236	0898 －68543236	hnzfcg@ 163. com
贵州省	贵州省财政厅政府采购管理处	张羽振	贵阳市中华北路 242 号省府 7 号楼	550004	（0851）6892917	（0851）6893267	Zyz. 2881@ 163. com
云南省	云南省财政厅政府采购管理处	程　彪	昆明市五华山	650021	0871 －3637530	0871 －3623173	ynszfcg@ 163. com
昆明市	昆明市财政局政府采购监督管理处	杨玉玲	昆明市永安路 43 号	650011	0871 －3522761	0871 －3544951	401772375@ qq. com
昭通市	昭通市财政局政府采购管理科	侯　昆	昭通市昭阳区迎丰路 50 号	657000	0870 －2158247	0870 －2158247	ztcjnk@ 126. com
曲靖市	曲靖市财政局政府采购管理科	金学义	曲靖市财政局	655000	0874 －3125412	0874 －3125412	jinxueyi2001@ 163. com
玉溪市	玉溪市财政局政府采购管理办公室	张梅芳	玉溪市财政局	653100	0877 －2024675	0877 －2039820	zhuliping2188@ sohu. com
保山市	保山市财政局政府采购管理科	鲁云春	保山市财政局	678000	0875 －2216045	0875 －2216045	bsczjlyc@ 126. com
楚雄州	楚雄州财政局政府采购管理科	李红波	楚雄市鹿城北路 25 号	675000	0878 －3122365	0878 －3122356	cxcgb@ 163. com
红河州	红河州财政局政府采购管理科	刘玉蓉	蒙自县凤凰路北段红河州财政局	661100	0873 －3732517	0873 －3732517	hhcgk@ 163. com
文山州	文山州财政局政府采购管理科	王彦山	文山县开化镇普阳路州财政局二楼	663000	0876 －2184204	0876 －2184334	wscgzx123@ 163. cm
普洱市	普洱市财政局政府采购管理科	李亚萍	普洱市茶城大道 67 号	665000	0879 －2165930	0879 －2165930	smczlp@ 126. com
西双版纳州	西双版纳州财政局政府采购管理办公室	陈红梅	景洪市勐泐大道 67 号西双版纳州财政局	666100	0691 －2122572	0691 －2122572	ynbnchm@ 126. com
大理州	大理州财政局政府采购管理科	杨振宣	大理市龙山行政办公区	671000	0872 －2316273	0872 －2316273	dlzfcgglk@ sina. com
德宏州	德宏州财政局政府采购管理科	刘向东	德宏州财政局	678400	0692 －2104485	0692 －2104485	cgzx@ tom. com
丽江市	丽江市财政局政府采购管理科	和士军	丽江市古城区香格里拉大道	674100	0888 －5161514	0888 －5161514	ljcgzx@ sina. com

续表

地区	机构全称	负责人	办公地址	邮政编码	电话	传真	电子信箱
怒江州	怒江州财政局政府采购管理科	师尚军	怒江州泸水县六库镇	673100	0886 - 3622743	0886 - 3622743	1159116879@ qq. com
迪庆州	迪庆州财政局政府采购管理科	杨继才	迪庆州财政局	674400	0887 - 8229131	0887 - 8229131	dqzzfcg@ 163. com
临沧市	临沧市财政局政府采购监督管理科	李　敬	临沧市财政局大楼	677000	0883 - 2147839	0883 - 2147839	xiao ling yun@ 126. com
西藏自治区	西藏自治区财政厅政府采购管理办公室	周登慧	拉萨市北京西路 23 号	850000	0891 - 6284713	0891 - 6284713	
拉萨市	拉萨市财政局国库科	王　君	拉萨市江苏路 32 号	850000	0891 - 6331769	0891 - 6326149	
山南地区	山南地区财政局政府采购管理办公室	美朵卓嘎	乃东县泽当镇格桑路 20 号	856000	0893 - 7835596	0893 - 7832619	
日喀则地区	日喀则地区政府采购管理办公室	许雪光	日喀则市山东路 100 号	857000	0892 - 8837813	0892 - 8837813	
昌都地区	昌都地区政府采购办公室	李保奎	昌都县昌都西路 40 号	854000	0895 - 4843032	0895 - 4843032	
西安市	西安市财政局采购处	董林科	西安市财政局		029 - 87279710		
咸阳市	咸阳市财政局采购科	王　勇	咸阳市财政局		029 - 33224793		
宝鸡市	宝鸡市财政局采购科	刘启忠	宝鸡市财政局		0917 - 3262072		
渭南市	渭南市财政局采购科	贾宗敏	渭南市财政局		0913 - 2100007		
杨凌区	杨凌区财政局采购股	罗银军	杨凌区财政局		029 - 87036957		
铜川市	铜川市财政局采购科	温晓宏	铜川市财政局		0919 - 3281620		
汉中市	汉中市财政局采购科	姚本继	汉中市财政局		0916 - 2514015		
安康市	安康市财政局采购科	田　勇	安康市财政局		0915 - 3215810		

续表

地区	机构全称	负责人	办公地址	邮政编码	电话	传真	电子信箱
商洛市	商洛市财政局采购科	杨书弐	商洛市财政局		0914－2330993		
延安市	延安市财政局采购科	张　刈	延安市财政局		0911－8210675		
榆林市	榆林市财政局采购科	张榆林	榆林市财政局		0912－3595812		
甘肃省	甘肃省财政厅政府采购办公室	李有定	兰州市东岗西路696号	730030	0931－8899991	0931－8899922	
兰州市	兰州市财政局政府采购办公室	毛新华	兰州市中山路46号	730030	0931－8105031	0931－8105031	
酒泉市	酒泉市政府采购办公室	万兴东	新城区广场东路财政大厦	735000	0937－2672409	0937－2672406	Wxd5999@163. com
嘉峪关市	嘉峪关市政府采购办公室	徐惠云	嘉峪关市财政局	735100	0937－6318398	0937－6318880	xgfh1989@sina. com
金昌市	金昌市财政局政府采购办公室	刘兴邦	金昌市财政局	737100	0935－8213453	0935－8212430	
张掖市	张掖市政府采购办公室	吴康宁	张掖市民主西街	734000	0936－8360304	0936－8360304	Zyzfcg1994@sina. com
武威市	武威市政府采购办公室	蔡登喜	武威市财政局	733000	0935－2258352	0935－2258352	
白银市	白银市政府采购办公室	牟克鹏	白银区人民路122号	730900	0943－8221502	0943－8221502	mingfei319@163. com
定西市	定西市政府采购办公室	尚玲凤	安定区小北街11号	743000	0932－8221023	0932－8212943	
天水市	天水市政府采购管理处	郭玉琴	秦州区合作北路62号	741000	0938－8289186	0938－8214987	
平凉市	平凉市政府采购办公室	杨鸿莲	平凉市西大街61号	744000	0933－8213295	0933－8213295	plzfg@126. com
庆阳市	庆阳市政府采购管理办公室	刘慧珍	西峰区南大街62号	745000	0934－8225042	0934－8225042	
陇南市	陇南市财政局政府采购办公室	李　彬	武都区人民路286号	746000	0939－8235552	0939－8235552	LMZ－615@163. com
临夏州	临夏州财政局政府采购办公室	石建华	临夏市团结路23号	731100	0930－6222647	0930－6222647	
甘南州	甘南州财政局政府采购办公室	才　老	甘南州财政局	747000	0941－8225102	0941－8225102	
青海省	青海省财政厅国库处（政府采购管理办公室）	张小新	青海省西宁市黄河路30号	810000	0971－6142178		
青海省西宁市	青海省西宁市政府采购采购管理办公室	张英伦	青海省西宁市五四西路11号	810000	0971－6310711		
青海省海东地区	青海省海东地区政府采购办	赵海峰	青海省平安县平安大道221号	810600	0972－8612053		
青海省海西州	青海省海西州政府采购办	尕　洛	青海省海西州德令哈市人民路1号	817000	0977－8223557		

（二）部分省（自治区、直辖市、计划单列市）政府采购集中采购机构

地区	机构全称	负责人	隶属单位	办公地址	邮政编码	电话	传真
北京市	北京市政府采购中心（处级）	许大卫	北京市国有资产监督与管理委员会	北京市海淀区西四环北路9号鑫泰大厦	100097	88488617	88488605
东城区	东城区政府采购中心（科级）	李照宏	区行政服务中心	北京市东城区金宝街52号	100005	65258800－8525	65594781
西城区	西城区政府采购中心（科级）	王　峰	区发展与改革委员会	北京市西城区金融大街26号	100032	88087462	88087476
崇文区	崇文区政府采购中心（科级）	马庆良	区财政局	北京市崇文区长青园1号	100061	67120238	67120238
宣武区	宣武区政府采购中心（科级）	孙振海	区政府投资项目建设中心	北京市宣武区骡马市大街临42号	100052	63132357	63027289
朝阳区	无	无	无	无			
海淀区	海淀区政府采购中心（科级）	常立凯	区机关事务管理处	北京市西四环北路11号海淀区政府第二办公区北140	100089	88487000	88487032
丰台区	丰台区政府采购中心（科级）	曹继凤	区国有资产监督与管理委员会	北京市丰台区丰台镇东安街3条2号	100071	63812915	63812915
石景山区	石景山区政府采购中心（科级）	王　惠	区发展与改革委员会	北京市石景山区八角南路7号	100043	68816115	68878644
门头沟区	门头沟区政府采购中心（科级）	晨　勇	区发展与改革委员会	北京市门头沟区新桥大街21号	102300	69828109－11	69844751
房山区	房山区政府采购中心（科级）	张学军	区国有资产监督与管理委员会	北京市房山区良乡昊天北大街18号	102445	89352231	89352231

续表

地区	机构全称	负责人	隶属单位	办公地址	邮政编码	电话	传真
大兴区	大兴区政府采购中心（科级）	刘爱玉	区国有资产监督与管理委员会	北京市大兴区黄村镇兴丰大街5号	102600	69233030	69231333
通州区	通州区政府采购中心（科级）	李　军	区财政局	北京市通州区梨园北街15号			
顺义区	顺义区政府采购中心（科级）	于宏伟	区国有资产经营中心	北京市顺义区新顺南大街17号	101300	69468493	69468493
昌平区	昌平区政府采购中心（科级）	张艳红	区国有资产监督与管理委员会	昌平区南环东路1号光电大厦14层1411室	102200	69716670	69716670
怀柔区	怀柔区政府采购中心（科级）	郭云洲	区公务局	北京市怀柔区南大街37号	101400	69631015	69631016
平谷区	平谷区政府采购中心（科级）	吴亚东	区政府办公室	北京市平谷区新平东路3号	101200	69962352	69962352
密云县	密云县政府采购中心（科级）	张义增	县机关事务管理办公室	北京市密云县新东路285号	101500	69044099	69044960
延庆县	延庆县政府采购中心（科级）	贺石锁	县国有资产监督与管理委员会	北京市延庆县新城街108号	102100	69181270	
燕山	燕山政府采购中心（科级）	李　丁	燕山财政分局	北京市房山区燕山燕房路50号	102500	69346183	69346183
经济开发区	无	无	无	无			
天津市	天津市政府采购中心	陈燕平	隶属于市财政局	天津市河东区红星路和卫国道交口，天津市行政许可服务中心二楼	300161	022－24538177	022－24538174
和平区	和平区政府采购投资和评审中心	王富强	隶属于和平区财政局	天津市和平区保定道10号	300040	022－23130526	022－23130526
河东区	河东区政府采购中心	杨连平	隶属于河东区财政局	天津市河东区大王庄西锦路7号	300171	022－24153950	022－24153950
河西区	河西区政府采购中心	房　磊	隶属于河西区财政局	天津市河西区苏州道6号	300202	022－23278871	022－23278871

续表

地区	机构全称	负责人	隶属单位	办公地址	邮政编码	电话	传真
南开区	南开区政府采购中心	赵俊华	隶属于南开区财政局	天津市南开区南门外大街盛欣园 382 号	300100	022 – 27315129 –813	022 – 27315129 –813
河北区	河北区政府采购中心	董种田	隶属于河北区财政局	天津市河北区狮子林大街 284 号	300143	022 –26296179	022 –26296179
红桥区	红桥区政府采购中心	杨　程	隶属于红桥区财政局	天津市红桥区勤俭道区政府大院西配楼	300131	022 –86516602	022 –86516602
塘沽区	塘沽区政府采购中心	陈常年	隶属于塘沽区财政局	天津市塘沽区营口道 468 号	300450	022 –25866109	022 –25866109
大港区	大港区政府采购中心	王　旭	隶属于大港区财政局	天津市大港区世纪大道 9 号	300270	022 –63236539	022 –63236539
东丽区	东丽区政府采购中心	张　翠	隶属于东丽区财政局	天津市东丽区先锋路 9 号	300300	022 –84376988	022 –84376988
西青区	西青区政府采购中心	袁爱军	隶属于西青区财政局	天津市西青区杨柳青青远路 5 号	300380	022 –27394697	022 –27394697
津南区	津南区政府采购中心	孙树森	隶属于津南区财政局	天津市津南区咸水沽镇红旗路	300350	022 –28513141	022 –28513141
武清区	武清区政府采购中心	陈文强	隶属于武清区财政局	天津市武清杨村雍阳东路 12 号	301700	022 –29372323	022 –29372323
宝坻区	宝坻区政府采购中心	吴雅文	隶属于宝坻区财政局	天津市宝坻区城关镇广川路 29 号	301800	022 –29243822	022 –29243822
静海县	静海县政府采购中心	耿国生	隶属于静海区财政局	天津市静海县静文路 24 号	301600	022 –28914407	022 –28914407
河北省	河北省省级政府采购中心（处级）	辛培堂	河北省省直机关事务管理局	河北省石家庄市师范街 98 号	050051	0311 –87908680	0311 –87908679
石家庄市	石家庄市政府采购服务中心（副处级）	张志军	石家庄市财政局	河北省石家庄市中山东路 216 号	050011	0311 –86688585	0311 –86687632
承德市	承德市政府采购中心（科级）	丁贺琴	承德市财政局	河北省承德市开发区雹神庙	067000	0314 –2255240	0314 –2033895

续表

地区	机构全称	负责人	隶属单位	办公地址	邮政编码	电话	传真
张家口市	张家口市政府采购中心（科级）	张汉敏	张家口市政府机关事务管理局	河北省张家口市桥西区长青路19号5楼	075000	0313－8058660	0313－2082165
秦皇岛市	秦皇岛市政府采购中心（科级）	李大志	秦皇岛市人民政府	河北省秦皇岛市海港区红旗路233号	066000	0335－3602218	0335－3602218
唐山市	唐山市政府采购中心（科级）	路宝忠	唐山市财政局	河北省唐山市路北区西山道7号	063007	0315－2826204	0315－2826204
廊坊市	廊坊市政府采购服务中心（科级）	张殿峰	廊坊市财政局	河北省廊坊市建设北路60号	065000	0316－2054648	0316－2054648
保定市	保定市政府采购服务中心（科级）	宋景良	保定市财政局	河北省保定市七一东路68号	071000	0312－3355073	0312－3355073
沧州市	沧州市政府采购中心（科级）	段建志	沧州市财政局	河北省沧州市解放西路40号	062650	0317－2027690	0317－2028155
衡水市	衡水市政府采购中心（科级）	崔培英	衡水市财政局	河北省衡水市永兴西路819号	053000	0318－2162950	0318－2162950
邢台市	邢台市人民政府采购中心（科级）	畅兴国	邢台市财政局	河北省邢台市郭守敬北路281号	054000	0319－2210175	0319－2210175
邯郸市	邯郸市政府采购中心（科级）	武志国	邯郸市财政局	河北省邯郸市人民路289号	056002	0310－2031778	0310－2031778
辽宁省	辽宁省政府采购中心（副厅级）	段君明	省政府办公厅	沈阳市和平区抚顺路64号	11002	（024）23496745	（024）23496749
沈阳市	沈阳市政府采购中心（副局级）	邹　昊	市政府办公厅	沈阳市和平区和平北大街59号	110003	（024）22896615	（024）22896612
鞍山市	鞍山市政府采购中心（正处级）	任雅芹	市政府办公厅	鞍山市铁东区中华南路236－3号	114001	（0412）5586806	（0412）5586806
抚顺市	抚顺市政府采购中心（正局级）	赵　建	市政府办公厅	抚顺市顺城区新华大街17号	113006	（0413）7674331	（0413）7673371

续表

地区	机构全称	负责人	隶属单位	办公地址	邮政编码	电话	传真
本溪市	本溪市政府采购中心（正县级）	冯大文	市财政局	本溪市明山区峪明路 10 号	117000	（0414）3620963	（0414）3620963
丹东市	丹东市政府采购中心（副县级）	张庆吉	市政府办公室	丹东市元宝区金汤街 9 号	118000	（0415）2854851	（0415）2854851
锦州市	锦州市直政府采购中心（副县级）	刘启振	市政府办公厅	锦州市市府路 68 号	121000	（0416）3865013	（0416）3865010
营口市	营口市政府采购中心（副县级）	王连洪	市政府	营口市渤海大街西 15 号	115000	（0417）2838718	（0417）2835577
阜新市	阜新市政府采购中心（副县级）	郭庆兴	市政府	阜新市解放大街 36 号	123000	（0418）3899908	（0418）3899908
辽阳市	辽阳市政府采购中心（副县级）	赵　同	市政府办公室	辽阳市白塔区六一街 24 号	111000	（0419）3795569	（0419）3795551
铁岭市	铁岭市政府采购中心（正县级）	闫振广	市政府	铁岭市银州区工人街 25 号	112000	（0410）4839747	（0410）4890025
朝阳市	朝阳市政府采购中心（副县级）	李洪凯	市政府办公室	朝阳市双塔区新华路二段 11 号	122000	（0421）2839146	（0421）2839145
盘锦市	盘锦市政府采购中心（副县级）	齐　峰	市政府办公室	盘锦市兴隆台区惠宾街 115 号	124010	（0427）2839146	（0427）2839145
葫芦岛市	葫芦岛市政府采购中心（科处级）	赵成志	市政府办公室	葫芦岛市龙湾大街 17 号	125000	（0429）3037988	（0429）3037188
吉林省	吉林省政府采购中心（副厅级）	王　琦	省直机关事务管理局	长春市文化街 158 号	130051	0431－86767308	0431－86767308
长春市	长春市政府采购中心（处级）	孙晓梅	市政府	长春市普阳街 3177 号	130021	0431－88779601	0431－88779619

续表

地区	机构全称	负责人	隶属单位	办公地址	邮政编码	电话	传真
吉林市	吉林市政府采购中心（副处级）	罗赋坤	市机关事务管理局	吉林市松江路65号	132011	0432－2048504	0432－2048509
四平市	四平市政府采购中心（副处级）	康　岩	市政府办公室	市政务大厅	136000	0434－3268339	0434－3268339
辽源市	辽源市政府采购中心（副处级）	杨永全	市政府	市政务大厅	136200	0437－3195255	0437－3195255
通化市	通化市政府采购中心（科级）	吴学军	市政府办公室	市政务大厅	134001	0435－3652501	0435－3652550
白山市	白山市政府采购中心（科级）	曾庆宝	市政府办公室	白山市浑江大街152号	134000	0439－3225396	0439－3243822
白城市	白城市政府采购中心（科级）	侯焕君	市政府	白城市公园东路14号	137000	0436－3219877	0436－3219876
延边自治州	延边自治州政府采购中心（科级）	朴　哲	州机关事务管理局	延吉市 河南街1088号	133000	0433－2878802	0433－2878806
松原市	松原市政府采购中心（副处级）	白凤宇	市政府	松原市长宁南街19号	138000	0438－5075081	0438－5075081
长白山管委会	长白山管委会政府采购中心（科级）	孙宏禹	管委会服务中心	安图县二道白河镇	133613	0433－5710040	0433－5710642
黑龙江	黑龙江省政府采购中心（副厅级）	陈佩钢	省政府	哈尔滨市南岗区汉水路379号	150001	0451－87220785	0451－87220785
哈尔滨	哈尔滨市政府采购中心（副局级）	宝亚君	市财政局	哈尔滨市道里区经纬十二道街52号	150010	0451－84202987	0451－84202987
齐齐哈尔	齐齐哈尔市人民政府物资采购中心（副处级）	邓玉才	市财政局	齐齐哈尔市党政办公中心6号楼	161006	0452－2796924	0452－2796924
牡丹江	牡丹江市政府采购中心（副处级）	孙敬辉	市政府	牡丹江市东二条路长安街46号	157000	0453－6298998	0453－6268068

续表

地区	机构全称	负责人	隶属单位	办公地址	邮政编码	电话	传真
佳木斯	佳木斯市政府采购中心（副处级）	解国本	市财政局	佳木斯市友谊路 159 号	154002	0454 - 8225340	0454 - 8246572
大庆	大庆市政府采购中心（副处级）	梁家祥	市政府	大庆市行政服务中心三楼	163311	0459 - 6378088	0459 - 6378088
鸡西	鸡西市政府采购中心（副处级）	王玉堂	市财政局	鸡西市鸡冠区东风路 88 号	158100	0467 - 2350824	4672350824
鹤岗	鹤岗市政府采购中心（副处级）	宁晓霞	市财政局	鹤岗市工农区东解放路 47 号	154001	0468 - 3450380	0468 - 3450380
双鸭山	双鸭山市政府采购中心（副处级）	田新义	市政府	双鸭山市尖山区八马路 252 号	155100	0469 - 4282793	0469 - 4207077
伊春	伊春市政府采购中心（副处级）	李恒军	市政府	伊春市伊春区永红小区 3 号楼	153000	0458 - 3906558	0458 - 3978286
七台河	七台河市政府采购中心（副处级）	井青山	市财政局	七台河市桃山区学府路 111 号	154600	0464 - 8688069	0464 - 8688069
绥化	绥化市政府采购中心（正科级）	赵国生	市财政局	绥化市祥和东街 43 号	152054	0455 - 8115666	0455 - 8115077
黑河	黑河市政府采购中心（正科级）	朱　志	市财政局	黑河市王肃街	164300	0456 - 8224523	0456 - 8224523
大兴安岭	大兴安岭地区政府采购中心（正科）	刘志波	地区财政局	大兴安岭加格达奇区人民路 43 号	165000	0457 - 2123272	0457 - 2123272
江苏省	江苏省政府采购中心	顾岳良	江苏省财政厅	南京市山西路 43 号	210009	83633806	83633800
江苏省	江苏省省级行政机关政府采购中心	尹存月	江苏省省级机关事务管理局	南京市中央路 42 号	210008	83286900	83286920
南京市	南京市政府采购中心	陈　泽	南京市财政局	南京市北京西路 2 - 1 号	210008	83279818	83326529
无锡市	无锡市政府采购中心	曹　琦	无锡市人民政府	无锡市西门坝桥沿河 43 号	214001	82714886	82722173

续表

地区	机构全称	负责人	隶属单位	办公地址	邮政编码	电话	传真
徐州市	徐州市政府采购中心	姚宾礼	徐州市财政局	徐州市彭城路 1 号	221005	85747257	85830927
常州市	常州市政府采购中心	窦玉明	常州市财政局	常州市局前街 176 号	213003	6683218	6683218
南通市	南通市政府采购中心	余桂成	南通市财政局	南通市跃龙路 38 号	226001	85765599	85765599
连云港市	连云港市政府采购中心	张瑞新	连云港市财政局	连云港市连中路 99 号	222002	5521497	5521497
淮安市	淮安市政府采购中心	孙建英	淮安市财政局	淮安市健康东路 65 号	223001	3662912	3662913
盐城市	盐城市政府采购中心	季　涛	盐城市财政局	盐城市文峰路 41 号	224001	8350164	8350162
扬州市	扬州市政府采购中心	沈家宽	扬州市财政局	扬州市淮海路 43 号	225002	7343585	7343585
镇江市	镇江市政府采购中心	张晓祥	镇江市财政局	镇江市正东路 141 号	212001	5999333	5999333
泰州市	泰州市政府采购中心	陈锦林	泰州市财政局	泰州市海陵南路 302 号	225300	6888091	6888033
宿迁市	宿迁市政府采购中心	赵昌文	宿迁市机关事务管理局	宿迁市人民大道 2 号	223800	8105576	8105591
浙江省	浙江省政府采购中心	毛激翔	浙江省机关事务管理局	杭州市环城北路 305 号	310007	0571 －88907701	0571 －88907751
杭州市	杭州市政府采购中心	毛慧敏	杭州市财政局	杭州市东新路 155 号四楼	310004	0571 －85085030	0571 －85085410
温州市	温州市公共资源交易中心（温州市政府采购中心）	柯小敏		温州市民航路 128 号	325000	0577 －88151206	0577 －88151206
嘉兴市	嘉兴市公共资源交易中心	赵仁荣	嘉兴市公共资源交易管理委员会办公室	嘉兴市广场路 350 号公共资源交易中心政府采购科	314001	0573 －82512021 0573 －83966305	0573 －82512032
湖州市	湖州市招投标中心政府采购分中心	戴勇韦	湖州市招投标中心	杭州市凤凰路 800 号	313000	0572 －2220018	0572 －2220019
绍兴市	绍兴市公共资源交易中心	许建国	绍兴市人民政府（绍兴市公共资源交易管理委员会）	绍兴市车站路 216 号	312000	0575 －88012117	0575 －88012117
金华市	金华市公共资源交易中心	严明南	金华市行政服务中心	双龙南街 1698 号	321017	0579 －83187200	0579 －83187200
衢州市	衢州市招投标中心	舒　畅	衢州市行政服务中心	衢州市荷花西路 107 号	324002	0570 －3890781	0570 －3890781
舟山市	舟山市招投标中心	黄义盛	舟山市招投标管理办公室	舟山市新城海天大道 681 号 6 号楼	316021	0580 －2282880	0580 －2280958
台州市	台州市招投标中心	蔡云清	台州市行政服务中心	台州市新台州大厦 4 楼	318000	0576 －88685057	0576 －88685061

续表

地区	机构全称	负责人	隶属单位	办公地址	邮政编码	电话	传真
丽水市	丽水市政府采购中心	胡献如	丽水市政府行政审批中心	丽水市解放街 373 号四楼	323000	0578 – 2292509	0578 – 2292509
安徽省	安徽省政府采购中心	姜　毅	省财政厅代管	合肥市长江路华都大厦	230001	0551 – 2637800	0551 – 2637803
淮北市	淮北市政府采购管理中心	戴红侠	市财政局	淮北市淮海路 1 号	235000	0561 – 3053090	0561 – 3053515
马鞍山市	马鞍山市政府采购中心	章家菊	市财政局	马鞍山市花雨路 3 号	243011	0555 – 2364113	0555 – 2364113
宿州市	宿州市政府采购中心	张　民	市财政局	宿州市淮河中路 168 号	234000	0557 – 3905703	0557 – 3905772
阜阳市	阜阳市政府采购中心	周　波	市财政局	阜阳市颍州中路 109 号	236000	0558 – 2201298	0558 – 2230865
淮南市	淮南市政府采购中心	吴　鹰	市财政局	淮南市陈洞路金海大厦	232001	0554 – 6667382	0554 – 6667382
黄山市	黄山市政府采购中心	何申明	市财政局	黄山市财政局大楼	245000	0559 – 2355306	0559 – 2355306
安庆市	安庆市政府采购中心	张德华	市财政局	安庆市菱湖北路 32 号	246003	0556 – 5288952	0556 – 5288952
蚌埠市	蚌埠市政府采购中心	刘景森	市政府	蚌埠市南山路 76 号	233000	0552 – 2041056	0552 – 2067193
巢湖市	巢湖市招标采购交易中心	何乐平	市政府	巢湖市巢湖中路 180 号	238000	0565 – 2399301	0565 – 2399300
宣城市	宣城市招投标中心	唐玉祥	市政府	宣城市梅溪路飞彩办公楼	242000	0563 – 2139905	0563 – 2139905
合肥市	合肥市政府采购中心	阮怀荣	市招管办	合肥市信泰大厦 3 楼	230001	0551 – 2692051	0551 – 2692111
六安市	六安市政府采购中心	荣发聪	市政务中心	六安市梅山南路政务中心 16 楼	237000	0564 – 3378195	0564 – 3378187
池州市	池州市招投标交易中心政府采购部	黄文先	市政务中心	池州市秋浦东路 75 号	247000	0566 – 2318290	0566 – 2318290
亳州市	亳州市招投标服务中心	牛志强	市行政服务中心	亳州市站前路	236800	0558 – 5123660	0558 – 5113469
芜湖市	芜湖市政府招标采购代理处	黄小云	招标采购中心管委办	芜湖市北京东路 237 号	241000	0550 – 3121816	0550 – 3121812
福州市	福建省政府采购中心（正处级）	薛寿唐	福建省人民政府机关事务管理局（上级主管部门）	福州华林路 128 号屏东写字楼 14 层	350003	0591 – 87819286	0591 – 87819300
福州市	福州市政府采购中心（正科）	陈　春	福州市机关事务管理局	福州市鼓楼区乌山路 71 – 1 号	350001	0591 – 88083793	0591 – 8805175
莆田市	莆田市政府采购中心（正科）	李振邦	莆田市招投标中心（上级主管部门）	莆田市新市政府 7 号楼 4 层	351100	0594 – 2221219	0594 – 2221219

续表

地区	机构全称	负责人	隶属单位	办公地址	邮政编码	电话	传真
南平市	南平市招投标服务中心（正科）	张章容	南平市政府行政服务中心	南平市解放路101号	353000	0599－8832754	0599－8842031
宁德市	福建省宁德市政府采购招投标中心（正科）	范理宝	宁德市财政局	宁德市闽东中路26号东侨科技楼三层	352100	0593－2837336	0593－2099010
漳州市	漳州市政府采购中心（正科）	何瑞清	漳州市纪委公共资源管理中心	漳州市芗城区新华南路86号	363000	0596－2026201	0596－2022787
泉州市	泉州市政府采购中心（正科）	王建晋	泉州市财政局	泉州市丰泽区妙云街160号泉州市行政服务中心四楼	362000	0595－22132298	0595－22132291
三明市	三明市人民政府采购中心（正科）	黄明道	三明市经济贸易委员会	三明市梅列区杜鹃新村13幢105－106室	365000	0598－8241447	0598－8241447
厦门市	厦门市政府采购管理办公室	方文江		厦门市湖滨北路98号财经大厦1201室	361012	0592－5398218	0592－5398216
山东省	山东省省级机关政府采购中心	王　沛	山东省政府委托山东省省级机关事务管理局代管	济南市高新技术产业开发区伯乐路190号	250101	0531－67800509	0531－67800508
济南市	济南市政府采购中心（县处级）	李深河	济南市市级机关事务管理局	济南市奥体西路1177号	250099	0531－66603117	0531－66603117
济宁市	济宁市政府采购中心（副县级）	冯伟华	济宁市招投标监督管理委员会办公室	市中区红星中路1－1号	272000	0537－3202116	0537－3202126
莱芜市	莱芜市市级机关政府采购办公室（副县级）	吕明星	莱芜市机关事务管理局	莱芜市龙潭东大街1号	271100	0634－6286689	0634－6213300
临沂市	临沂市政府采购中心（副县级）	王贤圣	临沂市市直机关事务管理局	临沂市兰山区沂蒙路228号	276000	0539－8727306	0539－8727307
菏泽市	菏泽市政府集中招标采购服务中心（县处级）	潘杰功	菏泽市政府财政局	菏泽市中华西路128号	274000	0530－5613723	0530－5613723

续表

地区	机构全称	负责人	隶属单位	办公地址	邮政编码	电话	传真
湖北	省政府采购中心	饶建国	省政府	武汉市中北路特1号	430071	027－873027472	027－87835105
新洲区	新洲区政府采购中心	李建十		新洲区新城街齐安大街381号	430400	13971307895	
武昌区	武昌区政府采购中心	方　军		武昌区紫阳路167号	430060	18971036477	
东西湖	东西湖采购中心	龙志业		东吴大道49号	430040	027－83255920	027－832559
黄石市	黄石市政府采购中心	程功奏	市政府	黄石亚光新材金苑小区特1号	435000	0714－6207939	0714－6207939
十堰市	十堰市政府采购中心	张　志	行管局	十堰市北京中路9号	442000	0719－8118701	0719－8118701
荆州市	荆州市政府采购中心	李启华	政府办	荆州市江津路262号	434000	0716－8278281	0716－8278285
襄樊市	襄樊市政府采购中心	邓广彦	财政局	襄城区南街79号	442021	0710－3528438	0710－3528256
宜昌市	宜昌市政府采购中心	尚　杰	市直机关事务管理局	宜昌市夷陵路22号	443000	0717－6089077	0717－6089068
黄州区	黄州区政府采购中心	饶曼	财政局	黄州区西湖二路36号	438000	0713－8662065	
孝感市	孝感市政府采购中心	张胜杰	财政	孝感市槐荫大道311号	432000	0712－2839510	0712－2827837
咸宁市	咸宁市政府采购中心	张丽华	财政局二级单位	咸宁市咸宁大道45号	437100	0715－8273683	0715－8273640
恩施州	恩施州政府采购中心	吴绍明	政府办	恩施市施州大道58号	445000	0718－8243379	0718－8243806
荆门市	荆门市政府采购中心	李生溢	市政府办	荆门市象山二路20号	448000	0724－6032861	0724－6032865
鄂州市	鄂州市政府采购中心	邓细平	市政府	市粮食局6楼	436000	0711－3259126	0711－3259012
随州市	随州市政府采购中心	周厚国	政府直属	随州市青年路216号	441300	0722－3316269	0722－3316951
仙桃市	仙桃市政府采购中心	唐良军	市财政局	仙桃大道29号	433000	0728－3232666－5151	0728－3232666－5151
天门市	天门市政府采购中心	张翠蓉	财政局	天门市钟星大道18号	431700	0728－85339357	0728－85339357
潜江市	潜江市政府采购中心	刘升平	财政局	潜江市章华大道34号	433100	0728－6297047	0728－6238550
神农架林区	神农架林区政府采购中心	孔燕林	政府直管	中国银行五楼	442400	0719－3338270	0719－3338270

续表

地区	机构全称	负责人	隶属单位	办公地址	邮政编码	电话	传真
怀化市	怀化市直采购中心	吴良冰	怀化市机关事务局	怀化市政府	418000	0745－2725538	0745－2725538
娄底市	娄底市采购中心	姜志宏	娄底市财政局	娄底市乐平街	417000	0738－8223725	0738－8223726
永州市	永州市直采购中心	罗基华	永州市政务中心	永州市冷水滩逸云路1号	425000	0746－8329385	0746－8329385
湘西自治州	湘西自治州采购中心	田昌月	湘西自治州政务中心	吉首市人民中路	416000	0743－8251079	0743－8222163
株洲市	株洲市政府集中采购中心	唐文星	株洲市招标局	株洲中山路	421000	0733－8681378	0733－8681378
深圳市	深圳市政府采购中心（副局级）	李健成	市政府	深圳市景田东路9号附楼	518034	83938808	83938753
罗湖区	深圳市罗湖区政府采购中心（副处级）	黄海滨	区直属	罗湖区湖贝路1030号	518001	82205318	82255111
福田区	深圳市福田区政府采购中心（正处级）	陈建文	区直属	深圳市福民路123号区委大楼29楼	518048	82917626	82918282
南山区	南山区物料采购供应中心（科级）	黄心泉	区财政局	南山区深南大道劳动大厦917室	518052	26662655	26662655
盐田区	深圳市盐田区政府采购中心（副处级）	张智奎	区直属	沙头角田心东路58号	578081	25552138	25355551
龙岗区	深圳市龙岗区政府采购中心（副处级）	李永芳	区直属	龙岗区财政大楼2楼	518172	28922213	28922822
宝安区	深圳市宝安区政府采购中心（副处级）	詹　烂	区财政局	宝安区湖滨路40号	518101	29993098 29993108	27758320
广西壮族自治区本级	广西壮族自治区政府采购中心	梁戈敏	广西壮族自治区机械设备成套局	南宁市纬武路165号	530022	0771－2816992	0771－2821953
南宁市	南宁市政府采购中心	陆　勤	本级政府	南宁市金花路3号	530022	0771－5555268	0771－5555268
北海市	北海市政府采购中心	韦成文	本级政府	北海市北海大道金弯大厦12楼	536000	0779－3069259	0771－3069259

续表

地区	机构全称	负责人	隶属单位	办公地址	邮政编码	电话	传真
梧州市	梧州市政府采购中心	许贤信	梧州市东泰国有资产经营公司	梧州市北环路 88 号	543001	0774 – 2822337	0774 – 2839515
贺州市	贺州市政府采购招投标中心	何　平	本级政府	贺州市江滨山四建委办公大楼二楼	542800	0774 – 8630083	0774 – 5137828
海南省	海南政府采购中心	席传亮	海南省商务厅	海口市华海路安海大厦七楼	570125	0898 – 66529858	0898 – 66529858
云南省	云南省招标采购局（正厅级）	高天森	省政府	昆明市大观路 170 号云南民族大厦四楼	650032	0871 – 5300818	0871 – 5301658
昆明市	昆明市市级机关事务管理局政府采购办公室（正科级）	陈一凡	昆明市市级机关事务管理局	市政府大院内	650011	0871 – 3100026	0871 – 3135835
昭通市	昭通市政府采购中心（正科级）	康戈权	昭通市财政局	昭通市昭阳区迎丰路 50 号	657000	0870 – 2158640	0870 – 2159484
曲靖市	曲靖市政府采购中心（正科级）	梁雄鹰	曲靖市财政局	曲靖市财政局	655000	0874 – 3117726	0874 – 3117726
玉溪市	玉溪市政府采购工作处（正科级）	施令凯	玉溪市财政局	玉溪市财政局	653100	0877 – 2039820	0877 – 2039820
保山市	保山市政府采购中心（正科级）	姜　华	保山市财政局	保山市财政局	678000	0875 – 2216983	0875 – 2216983
楚雄州	楚雄州机关事务管理局政府采购中心	张光明	楚雄州机关事务管理局	楚雄市开发区太阳历大道 79 号	675000	0878 – 3389886	0878 – 3389886
红河州	红河州政府采购中心（正科级）	张　瑞	红河州财政局	云南省红河州蒙自县凤凰路北段	661100	0873 – 3729812	0873 – 3729812

续表

地区	机构全称	负责人	隶属单位	办公地址	邮政编码	电话	传真
文山州	文山州州级政府采购中心	王彦山	文山州财政局	文山县开化镇普阳路 119 号州财政局二楼	663000	0876－2184204	0876－2184334
普洱市	普洱市人民政府采购中心（正科级）	吴发昆	普洱市财政局	普洱市茶城大道 67 号	665000	0879－2165932	0879－2165932
西双版纳州	西双版纳州财政局政府采购中心（正科级）	李　纳	西双版纳州财政局	景洪市勐泐大道 67 号西双版纳州财政局	666100	0691－2126061	0691－2122572
大理州	大理州政府采购中心（正科级）	杨耀斌	大理州财政局	大理市龙山行政办公区	671000	0872－2316224	0872－2316224
德宏州	德宏州政府采购中心	张春梅	德宏州财政局	德宏州财政局	678400	0692－2121105	0692－2121105
丽江市	丽江市政府采购中心（正科级）	唐作敏	丽江市财政局	丽江市财政局	674100	0888－5161378	0888－5161378
怒江州	怒江州政府采购中心（正科级）	师尚军	怒江州财政局	怒江州泸水县六库镇	673100	0886－3622743	0886－3622743
迪庆州	迪庆州政府采购中心（正科级）	周玉宝	迪庆州财政局	迪庆州财政局	674400	0887－8229131	0887－8229131
临沧市	临沧市财政局政府采购中心（正科级）	杨秋铭	临沧市财政局	临沧市财政局大楼	677000	0883－2147841	0883－2147841
西藏自治区	西藏自治区政府采购中心（正县级）	达瓦桑珠	西藏自治区财政厅	拉萨市北京中路 23 号	850001	0891－6284207	0891－6284209
山南地区	山南地区政府采购中心（正科级）	刘　军	山南地区财政局	乃东县泽当镇格桑路 20 号	856000	0893－7835970	0893－7835970

续表

地区	机构全称	负责人	隶属单位	办公地址	邮政编码	电话	传真
日喀则地区	日喀则地区政府采购中心（正科级）	郝信斌	日喀则地区财政局	日喀则市山东路 100 号	857000	0892－8837813	0892－8837813
昌都地区	昌都地区政府采购中心（正科级）	李保奎	昌都地区财政局	昌都县昌都西路 40 号	854000	0895－4843032	0895－4843032
阿里地区	阿里地区政府采购中心（正科级）	刁　敏	阿里无区财政局	阿里地区狮泉河镇文化路 21 号	859000	0897－2828820	0897－2828820
那曲地区	那曲地区政府采购中心（正科级）	尼玛次仁	那曲地区财政局	那曲地区那曲镇罗布热地路	852000	0896－3822789	0896－3822789
林芝地区	林芝地区政府采购中心（正科级）	旦知尖措	林芝地区财政局	林芝地区八一镇深圳大道 10 号	860000	0894－5822636	0894－5822636
西安市	西安市采购中心	张湘莹	西安市财政局	西安市二府街 27 号		029－87278679	
咸阳市	咸阳市采购中心	于克俭	咸阳市财政局	咸阳市渭阳西路 3 号		029－33213749	
宝鸡市	宝鸡市采购中心	王晓进	宝鸡市财政局	宝鸡市代家湾行政中心 5 号楼		0917－3659192	
渭南市	渭南市采购中心	王西印	渭南市财政局	渭南市朝阳街中银大厦 11 楼		0913－2100082	
杨凌区	杨凌区采购中心	罗银军	杨凌示范区财政局	陕西杨凌示范区新桥北路政务大厦		029－87036960	
铜川市	铜川市采购中心	魏长峰	铜川市财政局	铜川市新区金谟东路 1 号财税大厦		0919－3281683	
汉中市	汉中市采购中心	徐　力	汉中市财政局	汉中市汉台区将台西路 19 号楼		0916－2527675	

续表

地区	机构全称	负责人	隶属单位	办公地址	邮政编码	电话	传真
安康市	安康市采购中心	孙莲萍	安康市财政局	安康市汉滨区大桥南路1号		0915－3220036	
商洛市	商洛市采购中心	刘建斌	商洛市财政局	商洛市商州区工农路12号		0914－2333171	
延安市	延安市采购中心	张向前	延安市财政局	延安市北关街		0911－2311100	
榆林市	榆林市采购中心	褚明虎	榆林市财政局	榆林市榆阳区新建北路180号		0912－3595892	
甘肃省	甘肃省政府采购中心	张　健	甘肃省财政厅	兰州市东岗西路696号	730030	0931－8899935	0931－8899935
兰州市	兰州市政府采购中心（副处级）	李笔强	市财政局	兰州市中山路46号	730030	0931－8105037	0931－8105036
嘉峪关市	嘉峪关市政府采购中心（科级）	郭　强	市财政局	嘉峪关市财政局	735100	0937－6318428	0937－6318880
金昌市	金昌市政府采购中心（科级）	景环明	市财政局	金昌市财政局	737100	0935－8333928	0935－8212430
武威市	武威市政府采购中心（科级）	陈　力	市财政局	武威市财政局	733000	0935－2258352	0935－2258352
白银市	白银市政府采购中心（副处级）	高维治	市财政局	白银区人民路122号	730900	0943－8230269	0943－8230269
定西市	定西市政府采购中心（科级）	刘　仁	市财政局	安定区小北街11号	743000	0932－8216573	0932－8212943
天水市	天水市政府采购中心（副处级）	乔　钧	市财政局	秦州区合作北路62号	741000	0938－8297842	0938－8297842
平凉市	平凉市政府采购中心（科级）	张　磊	市财政局	平凉市西大街61号	744000	0933－8232460	0933－8213295
庆阳市	庆阳市政府采购中心（副处级）	范宗柏	市财政局	西峰区南大街62号	745000	0934－8225042	0934－8225042

续表

地区	机构全称	负责人	隶属单位	办公地址	邮政编码	电话	传真
陇南市	陇南市政府采购中心（科级）	赵社德	市财政局	武都区人民路 286 号	746000	0939 －8235552	0939 －8235552
临夏州	临夏州政府采购中心（副处级）	薛广洲	州财政局	临夏市团结路 23 号	731100	0930 －6222647	0930 －6222647
甘南州	甘南州政府采购中心（科级）	昂　杰	州财政局	甘南州财政局	747000	0941 －8225102	0941 －8225102
青海省	青海省政府采购采购服务中心	史生德		青海省西宁市黄河路 30 号	810000	0971 －6124620	
西宁市	青海省西宁市政府采购服务中心	殷听社		青海省西宁市五四西路 11 号	810008	0971 －6310726	
海南州	青海省海南州政府采购管理中心	高迎喜		青海省共和县恰卜恰镇	813000	0974 －8513214	
海北州	青海省海北州政府采购中心	王海成		青海省海北州西海镇	810200	0970 －8643943	
黄南州	青海省黄南州政府采购中心	辛东才		青海省黄南州同仁隆务镇	811300	0973 －8722347	
果洛州	青海省果洛州财政局采购中心	宋旭惠		青海省果洛州大武镇团结路 267 号	814000	0975 －8381471	
玉树州	青海省玉树州财政局采购中心	拉　毛		青海省玉树州结古镇民主路 7 号	815000	0976 －8829515	

（三）部分省（自治区、直辖市、计划单列市）级政府采购信息发布媒体

序号	省（市）	媒体类型	媒体全称	信息发布周期
1	北京	网络（网址）	中国政府采购网（www. ccgp. gov. cn）	
			北京政府采购网（www. bj – procurement. gov. cn）	
2	天津	报纸	《中国财经报》	
			《政府采购信息报》	
			《经济日报》	
			天津《今晚报》	
		杂志	《中国政府采购杂志》	
		网络（网址）	《中国政府采购网》（www. ccgp. gov. cn）	
			《天津市政府采购网》（www. tjgp. gov. cn）	即时
3	河北	报纸	中国财经报	不定期
		杂志	中国政府采购	不定期
			公共支出与采购	不定期
		网络（网址）	中国政府采购网（www. ccgp. gov. cn）	不定期
			河北省政府采购网（www. hebgp. gov. cn）	不定期
4	辽宁	报纸	辽宁日报	不定期
		网络（网址）	中国辽宁政府采购网（www. ccgp – liaoning. gov. cn）	每日
			东北新闻网（www. nen. com. cn）	每日

续表

序号	省份	媒体类型	媒 体 全 称	信息发布周期
5	吉林	报纸	吉林日报	
		网络	吉林省政府门户网站（www. jl. gov. cn）	
6	黑龙江	报纸	中国财经报	
		杂志	《中国政府采购》	
		网络（网址）	中国政府采购网（www. ccgp. gov. cn）	
			黑龙江政府采购网（www. hljcg. gov. cn）	
			中国招标周刊网（www. ctw. net. cn）	
7	江苏	报纸	新华日报	
		网络（网址）	江苏政府采购网（www. ccgp – jiangsu. gov. cn）	
8	浙江	报纸	浙江日报	每天
		网络（网址）	浙江政府采购网（www. zjzfcg. gov. cn）	每天
9	安徽	网络（网址）	安徽省政府采购网（www. ccgp – anhui. gov. cn）	即时
		杂志	《中国政府采购》	不定期
		报纸	《中国财经报》	不定期
			《政府采购信息报》	不定期
10	福建	报纸	中国财经报	
		杂志	中国政府采购	
		网络（网址）	中国政府采购网	
			福建政府采购（中国政府采购网福建专区）	
			福建省政府采购网络	
11	厦门	网络	厦门市政府采购网（www. xmzfcg. gov. cn）	
12	山东	网络（网址）	山东政府采购网（www. ccgp – shandong. gov. cn/site/default. php）	
13	湖南	湖南政府采购网	www. ccgp – hunan. gov. cn	实时发布

续表

序号	省份	媒体类型	媒 体 全 称	信息发布周期
14	深圳	报纸	深圳特区报	每周一、三、五
		网络（网址）	www. szzfcg. cn	
15	广西	网络（网址）	广西政府采购网	常年
			广西财政网	常年
16	海南	报纸	中国财经报	
			海南经济报（非指定，但常用）	一、二、三、四、五、七
		杂志	中国政府采购	月
		网络（网址）	中国政府采购网（www. ccgp. gov. cn）	每天
			海南省人民政府网（www. hainan. gov. cn）	
17	贵州	报纸	《贵州商报》、《中国财经报》	
		网络（网址）	中国贵州政府采购网（www. ccgp – guizhou. gov. cn）	
18	云南	报纸	云南日报	
		网络（网址）	云南省政府采购网（www. yngp. com）	
19	西藏	报纸	《西藏日报》、《西藏商报》、《拉萨晚报》	
		网络（网址）	中国政府采购网（www. ccgp. com. cn）	
			中国西藏新闻网（www. chinatibetnews. com）	
			西藏自治区人民政府门户网站（www. xizang. gov. cn）	
20	陕西	报纸	陕西日报	
		网络（网址）	ccgp – shaanxi. gov. cn	
21	甘肃	杂志	财会研究	
		网络（网址）	甘肃政府采购网（www. gszfcg. gansu. gov. cn）	
22	青海	广播电台	青海省人民广播电台	周
		报纸	青海日报	日
		网络（网址）	中国政府采购网青海网站	日
23	新疆	网络（网址）	新疆政府采购网（www. xjzfcg. gov. cn）（www. ccgp – xinjiang. gov. cn）	

神州数码
Digital China
acto 雅图
商教无忧 精英之选
中国红
LX640/LX645/LX650/LX660
"风神"散热
雅图"晶彩"技术
全新设计的灯泡防爆网，有效阻挡碎片
超强散热
防尘设计
网络操作
内置喇叭
捕捉图像
记录故障
● 低噪音，给您一个静谧的观看环境
● 双路防尘过滤网，灰尘无孔可入
● 四重安全保护，防护滴水不漏
● 关机冷却时间自由调节，轻松等待
● 画轴式菜单，体现中国美学概念
● 智能搜索开机，省时省力
● Closed Caption功能，听觉障碍者的福音
● 异常日志管理，及时诊断故障
SHENZHEN ACTO DIGITAL VIDEO TECHNOLOGY CO., LTD.
深圳雅图数字视频技术有限公司
分享想象 Imagine Together TM

KONL® 康力电梯
CANNY ELEVATOR
中国驰名商标
不止电梯 还有梦想
Elevators
lift your dreams
从完整走向完善，从认知走向认可，从制造走向创造，
从丰富走向丰厚，从中国走向世界……
康力电梯——中国电梯行业的希望和骄傲，
一直抱着执著追求的坚定信念，
努力追求梦想，奋力实现梦想……

● 康力工业园

志高空调 CHIGO

世界品质　志高创造

香港上市公司
股份代号：00449

2009
感谢世界·感谢中国·感谢您

2009年，志高在香港联交所主板成功上市、
荣获国家出口免验企业、行业首家院士专家企业工作站牌、
国家节能产品惠民工程双夺冠、中标上海世博会、
国内销量逆势增长20%……

每一步，都溢满您的智慧与汗水；辉煌业绩，属于我们共同所有。
2010年的号角已吹响，让我们再次扬帆，创享节能新世界，未来一定是我们的！

感谢中国

志高节能惠民夺冠，
亿元补贴普惠千家万户

感谢世界

志高香港成功上市，
聚拢全球亿万资源展宏图

更要感谢您

千千万万消费者，
与我们并肩跨越危机迈步新里程

终身无忧服务工程

中国名牌　ISO14001:2004 环境管理体系认证　ISO9001:2000 国际质量体系认证　CNAS 国家认可试验室　中国强制认证

广东志高空调有限公司　地址：广东佛山南海里水胜利工业区　电话:(0757)85660491　传真:(0757)85662764　网址 http://www.china-chigo.com　全国统一服务热线：9510—5668

HUAYI LIGHTING
华艺照明
艺术品质 光耀百年
政府补贴
绿照工程
华艺照明
华艺灯饰照明股份有限公司创立于1968年，雄踞“中国灯饰之都”中国
山市古镇镇。历经二十多年的发展，坚持走“优质”、“专业”线路的“华
”成为业界享有盛名的灯饰品牌。华艺以致力推出更多经典、环保、经济的
饰照明产品，提升和改善人们的生活品质为使命，诚信经营，成就客户，追
共赢，回报社会。
节能
三基色节能灯
比白炽灯节能80%
高效
11W
60W
持久
寿命
1只节能灯
8只白炽灯
华艺灯饰照明股份
HUAYI LIGHTING COMPANY LIMITED
全国免费服务热线：400-830-5666
www. huayilighting. com
国家体育场
NATIONAL STADIUM
国家体育场照明系统指定供应商
中国名牌产品
中国节能认证
地址：广东省中山市古镇镇岐江公路冈东路段华艺大厦
Add：Huayibuilding, Gangdong, Qijiang Highway,
Guzhen, ZHongshan, Guangdong.
邮编(Post)：528421
电话(Tel)：+86-760-22348390 22358988
传真(Fax)：+86-760-22349820 转 380